메리와 메리

메리와 메리

샬럿 고든 | 이미애 옮김

메리 울스턴크래프트와 메리 셸리,
열정과 창조의 두 영혼

교양인
GYOYANGIN

어머니의 기억은 언제나 내 삶의 자랑이자 기쁨이었다.

— 메리 셸리

1797년 8월 30일에 영국 런던에서 갓 태어난 여자 아기가 사투를 벌이고 있었다. 몸이 작고 허약한 아이라서 생존하리라 기대할 수 없었다. 아이의 어머니는 태반을 배출하려고 몸부림쳤지만 기운을 소진한 상태라서 의사를 불러 도움을 청했다. 의사가 태반을 잘라낼 때 손을 씻지 않고 시술하는 바람에 의도치 않게 당시 가장 위험한 질병 중 하나였던 산욕열을 일으키는 세균을 옮겼다. 열흘 후에 어머니는 사망했지만, 모두 놀라워하는 가운데 아기는 살아남았다. 그 아이는 평생에 걸쳐 어머니의 죽음을 애도했고, 어머니의 유산을 지키는 데 헌신했으며, 어머니의 죽음을 두고 자신을 탓했다.

이는 문학사에서 가장 유명한 출생 이야기 중 하나이다. 죽은 여성의 이름은 메리 울스턴크래프트(Mary Wollstonecraft, 1759~1797)였다. 죽기 오 년 전에 메리 울스턴크래프트는 18세기 여성들의 삶을 구속한 불공정한 법과 편견을 맹렬히 비판한 《여성의 권리 옹호》를 발표함으로써 대중의 분노를 샀다. 그녀의 딸은 너무나 유명해서 설명할 필요도 없는 소설 《프랑켄슈타인》을 열아홉의 나이에 쓴 전설적인 작가, 바로 메리 셸리(Mary Shelley, 1797~1851)가 되었다.

하지만 메리 울스턴크래프트와 메리 셸리를 각각 알면서도 두 사람이 모녀라는 사실을 알게 되면 깜짝 놀라는 사람들이 아직도 간혹 있다. 여러 세대에 걸쳐 많은 학자들은 울스턴크래프트의 때 이른 죽음 때문에 그녀가 딸에게 미친 강력한 영향을 간과해 왔다. 그들은 어머니와 딸을 각각 상이한 철학적 입장과 문학 사조를 대표하는, 서로 무관한 인물로 간주했다. 셸리는 울스턴크래프트의 생애를 기록한 전기의 맺음말에 등장하고, 울스턴크래프트는 셸리의 전기 서두에 등장한다.

《메리와 메리》는 처음으로 두 여성의 생애를 상세히 탐구한 책이다. 이미 오래전에 이루어졌어야 할 일이긴 하나, 그럼에도 이 책은 앞선 학자들의 연구에서 큰 도움을 받았다. 그들의 노력이 없었더라면 울스턴크래프트가 메리 셸리의 생애와 작품에 기여한 바나 어머니에게 집착한 셸리의 감정을 탐구할 수 없었을 것이다.

이 말은 기이하게 들릴 수도 있다. 아이를 낳고 열흘 만에 죽은 어머니가 어떻게 딸에게 그토록 엄청난 영향을 미칠 수 있을까? 이상하게 보일 수 있지만 울스턴크래프트는 딸에게 깊은 영향을 미쳤다. 울스턴크래프트의 급진적 철학은 메리 셸리를 형성했고, 대단한 인물이 되어 자기 힘으로 걸작을 창조하겠다는 결의에 불을 붙였다. 셸리는 평생 어머니의 책들을 읽고 또 읽었으며 종종 암기하기도 했다. 셸리가 어린 시절에 살았던 집의 벽에는 울스턴크래프트의 큰 초상화가 걸려 있었다. 어린 소녀는 초상화를 자세히 살펴보고 어머니와 자신을 비교하며 닮은 점을 찾아내고 싶어 했다. 메리 셸리의 아버지와 그의 친구들은 울스턴크래프트를 미덕과 사랑의 귀감으로 여겼고 그녀의 재능과 용기, 지성, 독창성에 찬사를 보냈다.

메리 셸리는 아내의 죽음을 결코 극복하지 못한 아버지에게 양육되었고, 자라서는 어머니의 사상에 깊이 빠졌다. 그리하여 셸리는 어머니의 원칙에 따라 살아가고 어머니의 열망을 실현하며 어머니를 역사의 그늘에서 되살려 울스턴크래프트까지는 아니더라도 어머니의 이상적인 딸이 되기를 열망했다. 셸리는 거듭거듭 과거를 다시 상상하고 미래를 재구성하면서 죽은 자를 부활시키려는 부질없는 노력을 기울였고, 자신이 되찾을 수 없는 것을 돌아보면서 전혀 다른 시대에 다시 만들어내고자 했다.

울스턴크래프트는 자기 아이와 단 열흘을 같이 살았을 뿐이지만 후손이라는 '관념'에 깊이 매료되어 있었다. 울스턴크래프트는 대체로 다음 세대를 지향하며 평생의 작업을 이끌어 갔고, 미래 세대의 삶은 어떠할 것인지 그리고 그들이 더욱 정의로운 세상을 살 수 있도록 어떻게 도와야 할지를 상상했다. 울스턴크래프트가 그 유명한《여성의 권리 옹호》를 발표하기 전에 쓴 책들은 아동 교육에 관련된 지침서로서 특히 딸들을 어떻게 가르치고 무엇을 가르칠 것인가에 관한 내용이었다. 자기 시대에 비난을 받자 울스턴크래프트는 이후에 올 사람들을 바라보았고, 사후에 자기 책을 읽을 사람들에게서 영감을 이끌어냈다. 그러나 가장 중요한 독자가 바로 자신이 세상에 남긴 딸이 되리라고는 꿈에도 생각하지 못했다.

《메리와 메리》는 울스턴크래프트와 셸리의 생애를 번갈아 살펴보면서 독자들에게 셸리의 편지와 일기, 소설에서 메아리치는 울스턴크래프트의 생각을 들려주고 울스턴크래프트가 미래에, 자신이 키우려했던 딸에게 얼마나 자주 말을 걸었는지를 보여준다. 이전 세대의 뛰어난 몇몇 문학 연구가들이 두 여성에 대해 포괄적으로 기술한 전기는 많지만,《메리와 메리》는 울스턴크래프트와 셸리의 생애에서 교차하는 지점들을 탐구함으로써 두 여성의 삶을 새롭게 밝혀준다.

어머니와 딸 모두 점잖은 사회의 족쇄에서 벗어나려고 시도했고, 사랑과 교제를 향한 욕구와 자립의 욕구 사이에서 균형을 찾으려고 몸부림쳤다. 두 사람은 동료들의 비판에 용감히 맞서 당대의 가장 위험한 논쟁거리와 대결하는 글을 쓰려 했다. 용감하고 열정적이며 미래에 대한 비전을 품었던 그들은 깨뜨릴 수 있는 규칙은 거의 다 깨뜨렸다. 두 사람 다 혼외자를 낳았다. 둘 다 여성들이 직면한 부당함에 맞서 싸웠고, 둘 다 역사를 근본적으로 바꾼 저서를 남겼다.

여성이 자기 삶을 영위할 수 없다고 여겨졌던 시대에 살았기 때문에 그들이 남긴 업적은 더더욱 놀랍다. 당시는 혁명의 시대―울스턴크래프트가 생존했을 당시에 미국혁명과 프랑스혁명이 일어났고 셀리는 낭만주의의 절정기에 성년이 되었다―였지만 당대 사람들은 대부분 여성의 권리라는 개념이 침팬지의 권리처럼 터무니없다고 여겼다. 사실 침팬지(다른 동물들도 포함해)는 1824년에 법적 보호를 받게 되었는데 그로부터 20년이 지난 후에야 여성에 대한 폭력을 (금지한 것이 아니라) 제한하는 법이 처음으로 통과되었다. 전문가들은 여성이 비합리적이고 나약하다고 설교했다. 소녀들은 남자 형제와 아버지와 남편에게 순종하도록 교육받았다. 아내는 재산을 소유할 수 없었다. 극히 드문 경우를 제외하면 여성은 주도적으로 이혼에 착수할 수 없었다. 자녀들은 아버지의 재산이었다. 남편이 아내를 구타하는 일은 합법이었고 그뿐 아니라 제멋대로 구는 여자를 억제하고 처벌하도록 권장되었다. 이런 의무를 다하지 못하는 남자는 치맛자락에 휘둘린다고 간주되었고 남성성을 의심받았다. 잔인하거나 폭력적인 남편에게서 달아나려는 여자는 범법자로 여겨졌고, 남편은 그런 아내를 감방에 가둘 합법적 권리가 있었다.

이런 분위기에서 당대 비평가들이 어머니와 딸의 저작을 조롱했다는 것은 놀랍지 않은 일이다. 동시대 사람들은 두 사람을 조롱하고 모욕했으며 매춘부라든가 그보다 심한 욕설도 퍼부었다. 두 사람의 가족도 그들을 배척했다. 적들에게 그들은 번쩍이는 번개처럼 파괴적이고 예측할 수 없는 존재였다. 그들이 직면해야 했던 적의를 헤아려볼 때, 그들이 살아간 삶의 이야기는 엄청난 용기와 영감을 준다. 울스턴크래프트와 셸리는 가난과 증오, 외로움, 추방을 견뎠을 뿐만 아니라 무시와 뒷공론, 침묵과 외면을 견디며 자신들이 써서는 안 될 말을 쓰고 자신들에게 허락되지 않은 삶을 살고자 했다. 그들은 자신들이 죽고 오랜 시간이 지난 후 독자들이 자기들의 생각에 동의할 날을 꿈꾸며 꿋꿋하게 버텨 나갔다. 여성은 남성과 동등하고, 모든 인간은 동일한 권리를 누릴 자격이 있으며, 인간의 이성과 사랑할 수 있는 능력이 세상을 변화시킬 수 있고, 행복을 빼앗아 가는 숙적은 무지, 가난, 잔혹함, 압제이며, 모든 인간은 정의와 자유를 누릴 자격이 있다는 생각 말이다. 특히 마지막 부분이 중요했다. 어머니와 딸, 두 사람 모두 가장 중요한 것은 자유였다. 자유야말로 변화의 문을 열 수 있는 열쇠였다.

차례

◆ —— 머리말

1장

죽음과 탄생

메리와 메리 1797~1801

1801년 8월 하순의 어느 화창한 오후, 런던에서 몇 킬로미터 북쪽에 있는 세인트 판크라스 교회 묘지 대문으로 세 살 먹은 메리 고드윈이 아버지의 손을 잡고 들어섰다. 묘지에 있는 어머니 무덤에 가는 길이었는데 메리에게는 자기 집처럼 친숙한 곳이었다. 메리와 아버지 윌리엄 고드윈(William Godwin, 1756~1836)은 거의 매일 이곳에 왔다. 교회 묘지는 매장지라기보다는 초원처럼 보였다. 풀들이 들쑥날쑥 무리 지어 자라 있었고, 오래된 비석이 땅에 쓰러져 있었고, 나지막한 울타리가 묘지와 그 너머 탁 트인 시골 초원을 갈라놓으며 주위를 두르고 있었다.

윌리엄 고드윈은 전혀 이상하게 생각하지 않으며 어린 딸에게 어머니의 묘비에 쓰인 글자를 가르쳐주었다.[1] 그리고 메리는 아버지가 가르쳐주는 것은 무엇이든 열심히 배우려 했다. 아이의 눈에 아버지는 "누구보다도 위대하고 현명하고 좋은" 사람이었다.[2] 또한 아이에게 남아 있는 전부이기도 했다.

아이는 손가락으로 각 글자 모양을 더듬기 시작했다. "메리 울스턴

"어머니의 묘비명이 나의 첫 철자 교본이었다. 여기서 나는 읽는 법을 배웠다." 윌리엄 고드윈이 출판한 책 《레스터 부인의 학교》(저자는 찰스 램, 메리 램)에 실린 삽화.

크래프트 고드윈". '울스턴크래프트'를 제외하면 이 이름은 자기 이름 메리 고드윈과 똑같았다. 한 사람은 죽었고, 한 사람은 살아 있다. 이 묘비는 자기 것일 수도 있었다. 아이는 어머니 메리 울스턴크래프트를 다시 만날 수 있기를 열망했다. 한 번도 보지 못했지만 그럼에도 사랑한 여성을.

메리 고드윈은 1797년 8월 30일에 태어났다. 그달 말에 혜성이 불타며 런던 하늘을 가로질렀을 때, 잉글랜드 전역의 사람들이 그 현상의 의미를 숙고했다. 메리의 부모는 좋은 징조라고 생각했다. 울스턴크래프트가 열흘 후에 산욕열로 죽음을 맞으리라는 것, 너무 작고 허약해서 곧 어머니를 따라갈 듯한 딸을 남긴 채 떠나게 되리라는 것을 그때는 알 수 없었다. 그러나 울스턴크래프트의 친한 친구 마리아 레블리의 보살핌을 받으며 어린 메리는 차차 건강해졌다. 한 달쯤 지났을 때 메리는 아직 평균보다 작은 몸이었지만 낮이고 밤이고 쉴 새 없이 울어댔다. 울스턴크래프트가 다른 남자에게서 낳은 사생아로 메리의 언니인 세 살배기 상냥한 패니가 아기의 울음을 달래려고 애썼지만, 아무 소용이 없었다. 메리는 위로를 받아들이지 않으려 했다.

고드윈은 골상학 전문가인 친구 윌리엄 니콜슨에게 메리의 두개골과 이목구비를 측정해 달라고 부탁했다. 검사하는 동안 아기가 내내 소리를 질러대서 화가 난 니콜슨은 "입이 한시도 가만히 있지 않아서 잘 관찰할 수 없었네"라고 말했다.[3] 하지만 '예민한 감수성'뿐 아니라 '상당한 기억력과 지능'의 증거를 보았다고도 했다. 단 하나 부정적인 면모로 아이가 "발끈하며 반항"할 가능성이 있다고 니콜슨은 아이의 비명 소리에 주목하며 말했다.

고드윈과 패니, 메리는 폴리곤 29번지에 살았다. 폴리곤은 세인트 폴에서 북쪽으로 3킬로미터쯤 떨어진 서머스타운에 조지 시대 양식(Georgian style)으로 지어진 높은 집들이 반원형으로 모여 있는 단지였다.

지금은 폴리곤을 볼 수 없다. 이미 오래전에 허물어져 사라졌다. 대신에 워링턴 거리의 어느 명판에 고드윈 가족이 한때 이곳에 살았다고 적혀 있지만 오늘날 세인트 판크라스 뒤쪽에 살았던 그들을 그려 보려면 상상력을 발휘해야 한다. 메리의 어린 시절에 있었던 상점들과 장미 정원, 외양간 자리에 병원과 새로운 개발지, 공영주택 단지가 들어섰다. 1800년대 초에 메리의 집은 외딴 시골에 있었다. 먼지 자욱한 오솔길을 따라 하얀 회전식 문을 지나면 클래런던 광장에 이르렀고, 그곳에 비슷하게 생긴 서른두 채의 집들이 교외의 생활 방식을 처음 시도한 실험 주택으로 지어져 있었다. 29번지 주택에는 넓은 응접실에 대리석 벽난로 선반이 있었다. 그 응접실에서 고드윈은 손님을 맞았고 어른들이 대화하는 동안 메리와 패니는 조용히 있는 법을 배웠다. 이 가족은 위층 식당에서 저녁을 먹었고 연철 난간이 있는 발코니로 나가면 거친 황야와 햄스테드, 하이게이트를 바라볼 수 있었다. 꼭대기 층의 침실 창문에서 메리는 플리트강과 어머니의 무덤으로 이어지는 좁은 길을 볼 수 있었다.

넓찍하고 세련된 이 집들은 부유한 계층이 선호한 웨스트엔드와 멀리 떨어져 있었기에 가격이 비싸지 않았다. 하지만 서머스타운은 고드윈 가족이나 그들과 비슷한 많은 사람들에게 이상적인 타협책이었다. 오늘날 부동산 중개인들의 판에 박힌 표현을 빌리자면, 런던에서 도보 거리 내에 위치한 조용한 소도시였다. 그리고 당대의 누군가가 그런 주택 개발지에 대해 말했듯이 런던의 '혹'처럼 성장한 곳이었다.[4] 메리는 조금 자랐을 때 패니와 보모와 함께 광장을 돌아다니며 약제 상점이나 장난감 가게, 포목상, 재봉용품 가게, 마구 판매점, 모자 가게의 판유리 창을 들여다보았다. 때로 리본을 고르거나, 찻집에서 크림에 와인과 설탕, 과일 등을 넣은 디저트나 달콤한 생크림이 든 과자를 먹을 수 있었다. '개럿 시장'이라는 별명으로 불린 머핀 장수는 수레를 밀고 손으로 종을 치면서 광장을 돌았다.[5] 시계 제조공들과 금 세공인들이 작업대 위에서 고개를 숙인 채 귀금속을 망치로 두들기거나 돋보기를 대고 회중시계를 살펴보았다. 이 사람들은 프랑스혁명을 피해 떠나온 난민들이었다. 운이 좋은 날에는 한 사람이 고개를 들어 소녀들에게 약간 고개 숙여 인사하거나 열린 문 사이로 "봉주르"라고 말하곤 했다. 이국적인 경험이었다.

고드윈은 일상의 규칙적인 습관을 고수했는데, 딸들에게는 돌에 새겨진 듯이 변함없고 꾸준히 째깍거리는 시계처럼 느껴졌다. 저명한 정치철학자이자 소설가인 고드윈은 글을 쓰고 있을 때 어떠한 방해도

윌리엄 고드윈이 두 딸 패니, 메리와 함께 살았던 서머스타운의 폴리곤. 그림은 1850년경 풍경이다.

용납하지 않았다. 고드윈 집안에서는 사상이 가장 중요했다. 그는 오후 1시까지 일했고 점심 식사 후에 딸들에게 책을 읽어주었다.[6]

이 가족은 샤를 페로의 《엄마 거위》와 장 드 라퐁텐의 《우화》를 즐겨 읽었다.[7] 특별한 날이면 고드윈은 아내가 죽기 전에 패니를 위해 쓴 책을 읽어주었다. 울스턴크래프트의 따뜻하고 친밀한 어조 덕분에 그녀가 실제로 방 안에 있는 것처럼 느껴졌다. "너는 배가 고프면 울기 시작했단다." 울스턴크래프트는 패니에게 직접 말하듯이 썼다.[8] "일곱 달이 되었지만 이가 없어서 늘 빨아먹었지. 그런데 이가 하나 난 후에는 빵 껍질을 물어뜯기 시작했어. 오래지 않아 또 다른 이가 톡 튀어나왔어. 열 달이 되어 하얗고 예쁜 이가 네 개 생기니까 나를 깨물곤 했단다. 가엾은 엄마를!"

이 사랑스러운 어머니를 떠올리게 하는 것은 고드윈의 서재에 걸린 초상화부터 선반에 늘어선 책들에 이르기까지 어디에나 있었다. 고드윈은 죽은 아내를 기리기 위해 최선을 다했지만 어린 딸들을 교육하는 데 썩 적합한 사람은 아니었다. 그는 생애 대부분을 독신으로 살았고, 마흔한 살이 되어서야 메리 울스턴크래프트와 결혼했다. 엄격한 칼뱅파 집안에서 자랐기에 극도로 과묵했고 시간과 돈을 극도로 아꼈으며 작업 시간을 조금도 낭비하지 않도록 시간을 신중하게 배분해 썼다.

늦은 오후에는 유명한 남자들과 여자들이 고드윈에게 경의를 표하기 위해서 몰려들었다.[9] 방문객 중 많은 이들이 울스턴크래프트의 딸들, 특히 메리를 보고 싶어 했다. 그 아이는 대단히 중요한 두 지성인의 딸로서 유명해질 운명을 타고난 것 같았다. 자라나면서 메리는 방에 들어설 때마다 자신이 마치 고관이라도 되는 듯이 쉿! 하는 소리나 급하게 숨을 들이켜는 소리를 듣곤 했다. 사람들은 메리의 붉그레하고 섬세한 머리칼과 커다란 회색 눈을 가리키며 어머니를 많이 닮았다고 말했다. 어머니 메리는 얼마나 경이로운 인물이었던가. 얼마나 현명하고 용감하며, 얼마나 사랑스러웠던가. 천재이자 아름다운 여인이었다. 분명 그녀의 딸은 어머니의 발자취를 따를 것이다.

갈색 머리칼에 수두를 앓아 흉터가 있던 패니는 사람들이 방문할 때면 뒤로 물러났다. 자신은 메리 다음이라는 것을 알고 있었다. 고드윈은 울스턴크래프트와 결혼할 때 그녀가 전 애인 길버트 임레이(Gilbert Imlay, 1754~1828)와 사이에서 낳은 딸 패니를 입양했다. 고드윈은 패니를 사랑했지만 '자기' 딸은 떠받들었고, 메리가 '영리'하고 '예쁘며' 패니보다 "월등하게 탁월하다"고 묘사했다.[10] 패니는 '아둔하고' '나태한 기질'이 있었다. 그의 두드러진 편애를 누군가 지적했다면 고드윈은 자신은 다만 사실을 말하고 있을 뿐이라고 대답했을 것이다. 어떤 증거를 보아도 어린 메리가 우월하다는 사실이 드러났으니까. 한편으로 여기에는 고드윈 자신이 임레이보다 우월하다는 것을 입증한다는 이점이 있었다. 그는 울스턴크래프트의 연애 사건을

1797년 여름에 화가 존 오피가 그린 메리 울스턴크래프트.

결코 비판하지 않았고 이 점은 마땅히 칭찬받을 만하다. 하지만 고드
윈은 울스턴크래프트가 임레이에게 느꼈던 열정을 질투했고 그 질투
심을 결코 넘어서지 못했다.

　고드윈은 딸에게 푹 빠져 있었지만, 다른 사람들에게 어린 메리는
특이한 아이로 보였다. 기이할 정도로 창백한 피부에 구릿빛 곱슬머
리를 가진 허약한 아이, 커다란 눈과 작은 입술을 가진 이 아이는 너
무나 비극적인 방식으로 세상에 태어났고, 웨딩드레스 뒷자락처럼 슬
픔을 끌고 다녔다. 메리에게 말을 걸던 손님들은 아이의 비상한 총명
함에 깊은 인상을 받았다. 고드윈의 지지자인 조지 테일러는 메리가

돌이 되기 전에 홀아비가 된 고드윈을 두 번 찾아갔다. 첫 번째 방문에서는 아기 메리와 재미있게 놀았지만 비범한 면모는 전혀 보지 못했다. 두 번째로 방문했을 때 그는 아홉 달 된 아이가 "나를 즉시 알아보고 두 팔을 내뻗은" 것 같아서 깜짝 놀랐다.[11] 아기가 어떻게 그를 기억할 수 있었을까?

메리를 특히 좋아했던 사람들 중에 시인 새뮤얼 테일러 콜리지(Samuel Taylor Coleridge, 1772~1834)가 있었다. 콜리지는 메리가 두 살이던 1799년 겨울에 처음으로 폴리곤을 방문했다. 고드윈을 존경하기는 했지만 울스턴크래프트를 더 흠모했던 스물일곱 살의 젊은 시인은 그 당시 아내와 별거하고 가족과 떨어져 외롭게 지내고 있었다. 그는 저녁 식사에 초대받아 와서는 두 딸들이 잠자리에 들 시간이 훌쩍 넘도록 오래 머물렀고, 고드윈 가족은 그의 이야기를 들으며 늦게까지 앉아 있었다.

소녀들에게 콜리지는 《엄마 거위》에 나오는 마술적인 존재 같았다. 움푹 파인 데가 있는 턱과 통통한 얼굴, 헝클어진 긴 머리칼, 텁수룩한 눈썹, 놀랍도록 붉은 입술을 가진 콜리지는 사람들의 혼을 빼놓는 이야기꾼이었다.[12] 현학적인 고드윈조차 기꺼이 그의 이야기에 귀를 기울였다.

하지만 콜리지는 쥐 죽은 듯이 고요한 청중에 깜짝 놀라곤 했다. 고드윈이 딸들에게 손님 앞에서 얌전하게 처신하도록 가르친 모양이라 아이들이 지나치게 얌전하다고 콜리지는 생각했다. 언니보다 훨씬 자유분방한 메리도 손님들 앞에서 몇 시간이고 입을 꾹 다물고 있었고 꼼지락거리지도 않았다. 훗날 메리는 아버지가 딸을 사랑했지만 엄격한 감독이나 다름없었고 살갑게 구는 일이 거의 없었다고 말하곤 했다. 메리는 소설 속에서 아버지와 자신의 관계를 바탕 삼아 부녀 관계를 그리면서 이렇게 썼다.

(아버지는) 절대로 나를 어루만지지 않았다. 어쩌다가 내 머리를 쓰다듬거나 나를 무릎에 앉히면 나는 두려움과 기쁨이 뒤섞인 뭐라 말하기 어려운 감정을 느꼈다. 하지만 이상한 말이지만, 아버지는 나를 숭배에 가까울 정도로 사랑했다. 나는 그것을 알고 있었고, 아버지의 과묵함과 내 경외심에도 불구하고, 아버지의 애정에 열렬하고 맹목적인 사랑으로 보답했다.[13]

콜리지는 고드윈의 차가운 태도가 딸들에게 해롭다고 생각했다. 패니와 메리는 자신의 어린 아들과 비슷해야 했다. 세 살배기인 아들 하틀리는 조용히 있는 적이 거의 없고 한시도 가만히 있지 않았다. 자기 아들은 "불어오는 산들바람을 줄넘기 줄처럼 이용해서" 새처럼 바람을 타고 날아다닌다고 콜리지가 말했다.[14] 처음에 고드윈은 이 활기찬 어린애를 자랑스럽게 묘사한 그 아버지의 말에 깊은 인상을 받았지만 실제로 하틀리를 만나고 나선 생각이 달라졌다. 콜리지의 기억에 따르면, 하틀리가 "볼링 핀으로 그 철학자의 정강이를 너무 세게 두드리는 바람에 고브윈(하틀리가 부른 이름)이 극심한 통증을 느끼며 (콜리지의 아내에게) 아이의 난폭성에 대해 훈계했다."[15]

하지만 고드윈은 그 시인을 매우 존중했기에 자신의 벗이 자기 딸들을 재미있게 해주려고 애쓰는 것을 내버려두었다. 콜리지는 〈낙담: 송가〉와 〈늙은 선원의 노래〉 같은 음울한 시를 쓴 시인이었지만 온갖 농담을 좋아했고 어마어마하게 다양한 묘기를 부릴 줄 알았다. 그는 유령 이야기를 좋아했고 수많은 자장가를 알았다. "나는 말장난을 하고, 수수께끼를 내고, 귀를 기울이고 춤춘다네." 콜리지는 어느 친구에게 이렇게 말한 적이 있었다.[16] 그는 손가락들로 말처럼 질주하거나 "사냥개에게 쫓기는 수사슴처럼 달아나는" 모양을 만들었다.[17] 또한 워즈워스(William Wordsworth, 1770~1850)에게 보낸 편지에서 6보

영국의 낭만주의 시인 새뮤얼 테일러 콜리지. 울스턴크래프트와 고드윈을 존경했던 그는 두 사람의 딸들에게 따뜻한 애정을 보여주었다.

격 시행의 "깡충깡충, 총총걸음, 전속력 질주"를 손으로 어떻게 흉내 낼 수 있는지를 동료 시인에게 설명해줌으로써 이 묘기를 영원히 남기게 되었다.

콜리지의 매력에 저항할 수 있는 사람은 거의 없었고, 패니와 메리도 예외가 아니었다. 시인은 소녀들이 알던 사람들과 완전히 다른 흥미진진한 사람이었다. 그가 앞쪽 응접실에 앉아 있으면 마녀가 굴뚝에서 굴러떨어지거나 유령이 옆에서 둥둥 떠다니거나 아무튼 무슨 일이든 벌어질 것만 같았다. 콜리지가 카펫에 포도주를 흘리면, 고드윈은 딸들이 그런 실수를 저지를 때와 달리 얼굴을 찌푸리지 않고 실제로 웃음을 터뜨렸다. 시인은 두통을 앓거나 목이 아프거나 눈이 감염되고 위경련을 일으키는 등 언제나 통증에 시달렸지만 이런 질환 때문에 고드윈의 딸들에게 헌신하지 않는 경우는 없었다.

콜리지는 사람들을 매료시키는 자신의 비범한 능력을 활용해 어린 소녀들에게―그 위대한 시인의 첫 방문을 거의 기억할 수 없었던 메리에게도―그들이 사랑스러운 아이들이고 그들의 생각은 귀담아들을 가치가 있는 것이라는 느낌을 선사했다. 콜리지는 소녀들에게 앞으로 나서라고 촉구했다. 패니는 저항했지만 메리는 커튼 뒤에서 앞으로 나오는 느낌을, 아버지가 절대적으로 지배하는 집안에서 무대 위로 떠밀려 오르는 느낌을 좋아했다. 콜리지가 자기 가족과 재결합하려고 레이크 컨트리로 떠난 1802년의 어느 날은 메리에게나 고드윈 가족 모두에게 슬픈 날이었다. 하지만 몇 주 지나지 않아 메리와 패니는 놀이방의 장난감들과 조용하고 규칙적인 일상에 다시 빠져들었다. 다만 고드윈은 계속 고통스러워했다. 불안정하고 외로웠던 그는 재혼을 원했다. 자신의 생활과 침실, 그리고 양육의 부담을 나눌 아내를 찾고 싶었다. 고드윈은 딸들에게는 자신이 줄 수 있는 것보다 더 많은 것이 필요하다는 사실을 콜리지를 통해 분명히 알게 되었다. 아이들에게는 어머니의 손길이 필요했다.

2장

배움을 갈망하는 반항아
메리 울스턴크래프트 1759~1774

메리 울스턴크래프트의 어린 시절은 자기 딸의 어린 시절과 달라도 너무 달랐다. 울스턴크래프트는 귀여움을 받기는커녕 일곱 남매 중에서 눈에 띄지 않는 둘째 아이였다. 고드윈은 절제되고 예측할 수 있는 사람이었던 반면에 울스턴크래프트의 아버지는 다혈질에 변덕스러운 사람이었다. 가산을 탕진한 알코올 중독자였던 에드워드 울스턴크래프트는 아내와 아이들을 잔인하게 다루었다. 메리의 어머니 엘리자베스는 너무 주눅이 들어서 자녀들을 전혀 지켜주지 못했다. 어머니가 특별히 좋아한 자식은 첫아들 네드뿐이었다. 1759년 4월 27일에 메리를 낳았을 때는 아들을 낳았을 때처럼 모유 수유를 하지 않고 갓 태어난 딸을 어떤 유모에게 보내버렸다. 그로 인해 메리가 생전 처음 경험한 것들—처음 돋아난 이, 처음 지은 미소, 첫걸음마—이 모두 흔적도 없이 사라졌지만, 그 시대의 관행이 그러했다. 네드에게 모유를 먹인 것은 일반적인 관행이 아니라 예외였다. 훗날 메리는 이런 관행을 비판하며 "(어머니의) 모성애는 … 자녀에게 젖을 먹이려는 행동으로 나아가지 못할 때 그렇게 불릴 자격이 거의 없다"라고 썼다.[1]

메리는 한 살이 되어 젖을 뗀 후 가족에게 돌아왔다. 그리고 오래지 않아 둘째 아이가 의지가 약한 어머니보다 아버지를 더 닮았다는 사실이 분명히 드러났다. 그 아이 메리는 자라면서 아버지의 야만성을 증오하게 되었기에 이것은 유전과 가족에게서 물려받은 기질이 빚어낸 역설적 반전이었다. 메리는 사나운 기질과 규제에 대한 증오를 아버지에게서 물려받았다. 오빠가 괴롭힐 때 맞서 싸웠고, 어머니의 규칙에 저항했고, 아버지에 맞서 평생 계속될 반란을 시작했다. 아버지에게서 물려받은 격노와 완고한 고집, 더 나은 삶을 살 자격이 있다는 뿌리 깊은 감정이 메리의 무기였다.

메리가 처음 사 년을 보낸 곳은 지금의 런던 리버풀 스트리트 역 근처 프림로즈 거리에 있는 그리 특별하지 않은 집이었다. 프림로즈 거리는 오래전에 사라졌지만, 메리의 어린 시절에 그 거리는 스피탈필즈의 옛 장이 서던 시가지의 중심으로 구불구불 이어졌다. 성곽 오른쪽으로 고대 로마 묘지가 있던 곳에 자리 잡은 이 마을은 근처 제혁 공장에서 사용한 소변을 담아놓은 엄청나게 큰 통에서 풍기는 악취로 공기가 오염되어 있었다. 이 지역은 18세기 런던 근교에서 가장 폭력적이고 계층 분열이 심한 곳에 속했다. 메리의 할아버지를 포함해서 스피탈필즈의 일부 주민들은 상당한 재산을 축적했고 푸르니에 거리나 새로 지어진 스피탈 광장의 훌륭한 집에서 살았지만, 대다수 주민은 상업이나 제조업으로 생계를 이어갔다. 상인, 무두장이, 판매원, 방직공, 가발과 망토 만드는 사람, 짐꾼, 노점상, 그리고 이들을 등쳐먹는 도둑이나 거지, 매춘부 들이 있었다. 런던 이스트엔드에 자리한 이 혼잡하고 시끄럽고 불결한 마을은 메리의 아버지처럼 점잔을 빼려는 열망을 지닌 사람에게 적합한 곳이 아니었다.

사 년이라는 기간은 특히 인생의 출발점에서 많은 인상을 각인할 만큼 긴 시간은 아니다. 그러나 세상을 바라보는 스피탈필즈의 방식,

스피탈필즈의 질병이 아버지를 통해 내려오면서 어린 메리는 가난한 사람들이 부자들로 인해 겪는 비열하고 부당한 처사를 민감하게 의식하게 되었다. 울스턴크래프트 가족은 대다수 스피탈필즈 주민들보다 돈이 많았지만 그렇다고 해서 상류층에게 느끼는 분노가 덜하지는 않았다. 자기보다 낮은 계층의 많은 사람들이 그렇듯 에드워드 울스턴크래프트는 자기 위에 있는 사람들에 관해서 전문가였고, 이미 그 계층에서 최고 알짜를 핥아먹고 있는 운 좋은 녀석들과 달리 자신이야말로 그곳에 속할 자격이 있다고 믿었다. 이처럼 불공정한 삶, 이러한 계급과 경제의 법칙은 에드워드 울스턴크래프트가 언제나 세상에 대해 느끼는 원한의 근원이었고, 메리는 말을 하기도 전에 이런 태도를 흡수했다.

에드워드의 부친 에드워드 시니어는 실크 방직공으로 출발했고, 출세해서 벌이가 좋은 실크 가게를 소유하게 되었다. 그는 자기 가게에서 장갑과 가운, 넥타이를 산 귀족들 덕분에 부유해졌지만 그들을 몹시 싫어했고, 이런 감정을 느낀 사람은 그만이 아니었다. 스피탈필즈의 견직공들은 상류층을 향한 강렬한 적개심으로 유명했다.[2] 길거리 구석에서 열변을 토하는 급진주의자들은, 지루한 장시간 노동에 시달리는 데다 음식은 충분하지 않고 독주인 진을 너무 많이 마셔 불안정한 사람들의 마음을 흔들었다. 가난한 사람들은 짓밟혔다, 어떤 나쁜 놈들이 값싼 외국산 실크를 곧바로 들여왔다, 자유무역이 세상을 망칠 것이다. 누군가 어리석게도 프랑스산 실크 옷을 입고 프림로즈 거리를 걸어간다면 방직공들은 그 옷을 산산조각으로 찢어놓았을 것이다. 그들은 폭동을 일으켰고 빈번히 항의 시위를 벌였다. 그들에게 항의 시위는 일종의 생활 방식이자 신분증이나 마찬가지였다. 메리가 여섯 살이던 1765년에 방직공들은 프랑스산 실크 수입을 막기 위해서 상원의 회기를 중단시키려고 폭력을 동원해 위협했다. 또한 베드퍼드

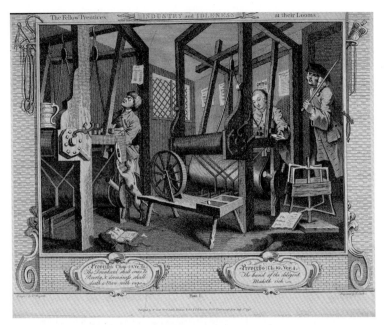

18세기 런던 근교 스피탈필즈의 방직공 견습생들을 묘사한 윌리엄 호가스의 판화. 울스턴크래프트의 할아버지는 스피탈필즈 견직공 출신으로서 상류층에 대한 적개심이 몸에 배어 있었다.

공작의 저택을 공격해서 담장을 무너뜨리려 했고 그 공작이 프랑스와 교역을 원하는 사람들에게서 뇌물을 받았다고 비난했다. 스피탈필즈가 내놓은 메시지는 명확했다. 상류층이여, 조심하라! 귀족들이여, 우리가 시키는 대로 하라! 아무리 신분이 높은 사람이라도 방직공들의 분노를 살 위험에서 벗어날 수 없었다.

에드워드 시니어와 그의 아들은 결코 급진주의자가 아니었지만 폭동의 주동 세력인 방직공들의 불만에 공감했다.[3] 젠트리*는 웨스트민스터 근방의 웅장한 저택에 사는데 자신들, 울스턴크래프트 가족은

젠트리(gentry) 영국에서 신분상 귀족은 아니지만 가문의 문장을 사용하도록 허용받은 상류층을 말한다. 본래 지방의 중소 지주가 중심이었으나 16세기 중반부터 경제력과 지위가 크게 상승했다.

무두질 공장 옆에 사는 것이 어떻게 공정하다는 것인가? 어디 그뿐인가. 귀족들은 브랜디를 마시고 숙녀들을 희롱하고 도박으로 재산을 날리고 우아한 파티를 즐기고 훌륭한 말을 경주에 내보내고 굴을 마음껏 먹는데, 왜 울스턴크래프트 가족은 장시간 실크 장갑을 자르고 방적기를 돌리며 일해야 하는가?

하지만 방직공들은 정부의 교역 정책을 바꾸도록 물리력을 행사하려 했던 반면에, 울스턴크래프트 집안의 남자들은 오로지 부자가 되기를 원했다. 원래 필요 이상으로 허세를 부리는 거만한 성격이었던 메리의 할아버지는 갈수록 스피탈필즈에 대한 불만이 커져서 말년에는 적들의 대열에 합류하려 애썼다. 할아버지는 스스로 신사(gentleman)라고 칭하며 아들이 실크 장사의 더께를 떨어버리도록 밀어붙였다. 사실 울스턴크래프트 집안 남자들에게 혁명적이라 부를 수 있는 신념이 있다면 바로 이것이었다. 사회 계층은 바뀔 수 있다. 돈을 많이 벌어서 적합한 사람과 결혼하거나 적합한 이웃으로 이사하면 사회에서 나의 위치를 바꿀 수 있다. 백 년 전에는 들어볼 수도 없는 일이었겠지만 급격히 발전하는 산업혁명 덕분에 생겨난 기회였다.

자신이 누구 못지않게 훌륭한 인간이라는 믿음에 힘입어 메리의 할아버지는 아들 가족을 당당하게 중산층 집단에 넣어줄 새집을 찾아보았다. 1763년에 에핑에서, 에핑 숲 언저리에서 그런 집을 찾았다. "집 앞에 안뜰이 있는 오래된 대저택"이었다. 런던 북동쪽으로 25킬로미터쯤 떨어져 있어서 스피탈필즈에서 하루 이상 가야 하는 곳이었다.[4] 이제 여기서는 손수건을 꿰매거나 손님들의 시중을 드는 일이 없을 것이다. 에드워드 주니어는 방직공의 아들이 아니라 농장을 소유한 신사로 행세할 수 있을 것이다. 그의 손주들은 더 높은 계급과 어울릴 수 있을 것이다.

런던의 불결한 곳을 떠나 이사한 에핑은 낙원 같았다. 숲과 연못,

습지, 들판에서 놀 수 있었으므로 메리는 밖에서 가급적 많은 시간을 보내며 공상에 빠지거나 주위를 탐색했다. 부모의 눈길을 벗어나면, "인형을 경멸했던" 메리는 너도밤나무 고목에 기어 올라가서 몇 시간이고 구름을 바라보며 자연에서 영감과 들뜬 기쁨을 얻곤 했다.[5] 그렇게 발견한 기쁨은 앞으로 다가올 세월에 그녀에게 큰 도움이 된다. 메리는 일곱 살 먹은 오빠 네드를 피하려고 늘 조심했고, 그를 '집안의 대리 폭군'이라고 불렀다.[6] 네드가 하는 짓거리는 거의 다 불쾌했다. 그는 곤충과 작은 동물들을 고문했을 뿐 아니라 어리고 약한 형제자매들을 괴롭혔다. 네 살 먹은 메리, 스피탈필즈에 살고 있을 때 가족에게 돌아온 두 살배기 헨리, 심지어 에핑에 이사한 직후에 태어난 갓난아기 일라이자도 괴롭혔다. 어머니는 그런 행동을 장남의 권리라고 여겼기에 한 번도 꾸짖지 않았고, 그래서 네드는 기분에 거슬리면 누구든지 멋대로 벌줄 수 있었다.

에핑에서 일 년을 보낸 후 에드워드는 술집 가까운 곳에 살려고 마을로 이사했다. '태양과 고래 뼈'라는 술집에서 그는 더욱 손쉽게 술에 탐닉할 수 있었다. 원래도 변덕스러운 사람이었지만 에드워드는 알코올이 들어가면 무서울 정도로 종잡을 수 없었다. 어떤 때는 다정하게 굴었지만—터무니없이 다정하게 굴었다고 메리는 말했다—그는 "조급하고 충동적인 기질"을 지니고 있었다.[7] 에드워드는 아내를 끌어안고 아이들에게 키스를 하다가 갑자기 탁자를 뒤집어엎고 제일 가까이 있는 아이를 때리곤 했다. 아마 그 아이가 무언가를 넘어뜨렸거나 열린 창문으로 빗줄기가 들이쳤기 때문이었다. 어느 끔찍한 날에는 뚜렷한 이유도 없이 집에서 키우던 개를 목매달았다. 그것은 이성을 잃은 행동이었기에 더욱 끔찍했다. 메리는 개 짖는 소리를 평생 싫어했는데, 그 소리가 이른바 어린 시절의 '고뇌'를 되살리기 때문이었다.[8] 밤이면 에드워드는 아내를 위협해서 강제로 범하고 비명을 도저히 억누를 수 없을 정도로 심하게 구타했다. 말없이 내지르는 어머니의 끔찍한 절규는 집의 얇은 벽들을 뚫고 지나 곧바로 메리의 방에 들려왔고, 그곳에서 메리는 어머니의 무력함뿐 아니라 자신의 무력감으로 애를 태웠다. 결국 메리는 십 대가 되었을 때 반기를 들었다. 어머니의 방문 앞에 잠자리를 마련하고 아버지가 돌아오기를 기다렸다. 아버지가 문지방을 넘지 못하도록 막으려는 것이었다. 그러나 어머니를 구하려는 노력은 상황을 악화시켰을 뿐이었다. 에드워드는 딸을 밀쳐버렸고 어머니는 아버지의 화에 불을 붙인다고 메리를 비난했다. 그러나 메리는 노력을 멈추지 않았다. 밤마다 자기 자리를 지켰다.

1765년 메리가 여섯 살이었을 때 할아버지가 사망했고 아들에게 1만 파운드*의 재산을 남겼다. 그 아들은 이 기회를 이용해 가족의 재산을 늘리거나 딸들의 지참금을 마련할 수 있었겠지만 그 돈을 자신이 조금 아는 사업에 투자하거나 최소한 장래를 위해 저축하는 대신 런던에서 동쪽으로 약 10킬로미터 떨어진 마켓 타운인 바킹 근방의 값비싼 대저택으로 이사했다. 이 새로운 집은 그가 감당할 수 없을 정도로 웅장했지만, 세상이 자신에게 큰 보상을 해줘야 한다는 그의 허황된 관념을 만족시켜주었다. 바킹에서 에드워드와 엘리자베스는 다른 부유한 가족들과 정찬을 함께하고 때로 런던 시내에 나들이를 다니면서 빈둥거렸다. 런던에 가면 엘리자베스는 물건을 사고 에드워드는 흰 손잡이가 달린 지팡이를 들고 프림로즈 거리를 뚜벅뚜벅 걷는 신사들과 어울릴 수 있었다.

어린 소녀에게 바킹의 시골 지역은 에핑보다 더 매력적이었다. 풀밭에는 양들과 소떼가 점점이 박혀 있고 언덕은 완만한 비탈을 이루고 있었다. 로딩강은 조용히 흐르기도 하고 폭풍우처럼 몰아치기도

---

* 오늘날 화폐 가치로 환산하면 한화로 대략 16억 원가량으로 추정된다.

하면서 변화가 심했지만 위협적이지는 않았다. 메리는 몇 시간이고 혼자 돌아다니면서 그 초원을 눈에 보이지 않는 친구들로 가득 채우며 외로움을 달랬다.[9] 남쪽으로 습지가 있었는데 그곳에서 "달을 바라보고, 어두운 길을 거닐며 구름의 갖가지 형상을 관찰하고 멀지 않은 곳에서 들려오는 바닷소리에 귀를 기울였다."[10]

메리가 아홉 살이었던 1768년에 에드워드의 돈은 결국 바닥이 났다. 임대료를 지불하지 않으려고 그는 가족을 데리고 북쪽의 워킹턴으로 달아났다. 이스트라이딩에 있던 그 작은 마을은 가장 가까운 소도시 베벌리에서 5킬로미터 이상 떨어져 있었다. 이곳의 임대료는 남쪽보다 훨씬 쌌다. 땅이 거칠고 사람들이 배타적이라고 악명이 높아서 그런 외딴 지역에 살고 싶어 하는 가족은 거의 없었다.

울스턴크래프트 집안에는 이제 세 살 먹은 에버리나와 갓난아기 제임스도 있었지만 어머니는 어린 자녀들에게 거의 관심을 쏟지 않았다. 언제나 그랬듯이 네드만 특별히 귀여워했다. 그러나 메리는 어머니의 관심을 간절히 바랐기에 어머니를 도우려고 애썼다. 어머니가 쉬는 동안 제임스와 헨리, 일라이자, 에버리나를 돌보았다. 하지만 어머니는 고마워하기는커녕 메리에게 가혹한 벌을 주려고 궁리했다. 자기도 어느 정도 권력이 있다는 것을 자기 자신에게 그리고 맏딸에게 납득시키려는 것 같았다. 어머니는 사소한 것을 어겼다고 메리를 난롯가에 앉혀놓고 서너 시간 동안 "입도 뻥긋하지 못하게" 했다.[11] 훗날 메리는 자신이 잘못을 저질러서 벌을 받았다면 순순히 받아들였을 거라고 썼다. 메리가 싫어한 것은 어머니의 부당한 처사였다. 엘리자베스가 주는 벌은 일관성이 없었고 앞뒤가 맞지 않기도 했다. 엘리자베스는 아주 사소한 일까지 규제했고 네드를 제외한 모든 아이들에게 명령에 무조건 복종하라고 강요했다. 하지만 메리는 따스한 애정에 대한 희망을 놓지 않았다. 때로 메리는 다정한 반응을 기대하며 어머

니에게 사소한 비밀을 들려주려 했지만 어머니는 딸을 밀쳐낼 뿐이었다.[12]

이후 이 년 반에 걸쳐 에드워드 울스턴크래프트는 잉글랜드 북부에서 농사를 지으려고 시도했지만, 그처럼 살기 힘든 지대에서는 의지와 전문 지식이 부족한 에드워드는 말할 것도 없고 누구라도 빠듯하게 생계를 잇기조차 어려웠다. 작물 수확에 실패하고 양들이 병에 걸렸을 때 에드워드는 술을 마시며 절망감을 달랬다. 온 가족이 좁은 오두막에 갇혀 살았기에 자녀들은 아버지의 변덕스러운 기분을 피하기 어려웠다. "명령이 떨어지면 온 집안이 쏜살같이 움직여야 했다"고 메리는 말했다.[13] 가산이 줄면서 에드워드의 행동은 더 고약해졌다. 마침내 1770년 여름에 엘리자베스가 막내 찰스를 낳은 직후에 에드워드는 워킹턴 농장을 포기하고 근방의 베벌리로 이사했다.

1770년대에 이 마켓 타운은 약 오천 명의 주민을 뽐내는 소도시였는데, 메리가 네 살 이후로 살아온 작은 농촌 마을들에 비하면 꽤 큰 도시였다. 메리에게는 그 도시의 모든 것이 신기하고 세련돼 보였다. 여러 해가 지난 후 그 소도시가 자신이 상상했던 것보다 훨씬 보잘것없다는 사실을 알았을 때 메리는 충격을 받았다.[14] 하지만 열한 살이었을 때 메리는 로마나 파리처럼 이국적이고 즐거운 외국 도시에 도착한 기분이었다. 가게에는 모자나 구두, 리넨, 말안장, 직물류, 벽지, 금 세공품, 치즈, 장갑, 유리그릇, 우산까지 없는 것이 없었다.[15] 메리는 거친 흑빵이나 달걀, 사과 같은 시골 음식을 먹는 데 익숙했고 어쩌다 아버지가 돼지를 도살하거나 이웃에서 고기를 사 올 때만 쇠고기와 양고기, 돼지고기를 먹었다. 베벌리의 가게들은 메리가 이제까지 맛보지 못한 시나몬이나 오렌지, 사프란, 쿠민, 초콜릿, 솜사탕 케이크 같은 음식을 팔았다. 런던에서 발행된 신문이 역마차로 배달되었다. 순회 도서관과 가장무도회도 있었다. 극장에서는 연극이 상연

되었다.

　에드워드는 사라진 재산을 곧 다시 벌어들일 거라고 확신하며 베벌리에서 가장 비싼 구역인 웬즈데이 마켓에 있는 집을 빌려 달라고 순진한 집주인을 설득했다. 멋진 문과 내리닫이창, 고전적인 몰딩 장식이 있는 이 층짜리 벽돌집이었다.[16] 에드워드의 돈벌이 계획이 대체로 근처 경마장에서 내기를 거는 것이었음을 알았더라면 아마 주저했겠지만 집주인은 에드워드의 허세를 믿었다. 그래서 울스턴크래프트 가족은 곧 우아한 셋집에 자리를 잡았다. 장이 열리는 날이면 메리는 굴 튀김 냄새를 맡고 사과주를 맛보고 책방에 경탄하고 리본 값을 비교할 수 있었다. 농부들과 꽃 파는 아가씨들, 파이 만드는 사람, 우유 짜는 여자, 행상들이 각자 물건을 팔러 다녔다. 소들이 나지막하게 음메 하며 울어댔다. 말들이 달아났다. 가축을 모는 사람이 양과 거위들을 우리에 가뒀다. 상인들은 망치를 두들겨 간이 점포를 세웠다. 집시들은 불을 삼켰고, 실루엣 초상화가들은 옆모습을 스케치했다. 실크 차양이 문장이 그려진 중세의 깃발처럼 펄럭였다. 이 모든 광경 위로 고색창연한 베벌리 민스터의 석회암 탑이 솟아 있어 으스스한 기분과 영감을 일으켰다. 대성당이라 불릴 정도는 아니었지만 그 탑 안에 일렬로 달린 높은 창문으로 햇빛이 들어올 때면 조각품들을 감상할 수 있었다. 음악가 길드의 기부금으로 구입한 조각품에는 완벽하게 조각된 악기를 연주하는 아주 작은 남자들과 여자들, 감탄하는 생쥐를 위해 바이올린을 켜는 고양이, 연기를 내뿜는 용, 거위에게 편자를 신기는, 아니 신기려 하는 대장장이가 있었다.[17]

　몸져누운 엘리자베스는 과거에 실망했던 일들을 곰곰이 생각하고, 남편의 죄상을 하나씩 늘어놓고, 부담스러운 가사일을 불평했다. 네드는 런던에서 법률가 도제 교육을 받으려고 집을 떠났다. 그러나 메리에게는 자신에게 의존하는 동생들, 헨리와 일라이자, 에버리나, 제임스, 아기 찰스가 있었다. 메리는 동생들의 양말을 기워주고 토스트에 버터를 발라주고 안아주고 아버지에 맞서 보호해줘야 했다. 열한 살인 메리는 동생들보다 나이가 몇 살 더 많을 뿐이었지만 그 아이들 눈에는 어른처럼 보였다.

베벌리로 이사하면서 메리가 가장 신났던 일은 학교에 갈 기회를 얻은 것이었다. 집에서 읽기를 배웠지만 메리는 더 많은 교육에 굶주려 있었다. 학교에 간 첫날 아침에 헨리와 제임스는 역사와 수학, 라틴어를 배우러 재빨리 베벌리 문법학교로 걸어갔다. 그러나 메리와 일라이자, 에버리나는 인근 여학교에 갔고, 그 학교의 교육 과정은 바느질과 간단한 덧셈에 한정되어 있다는 것을 알았다.

메리는 화가 나서 씩씩거렸다. 자신이 배울 수 없는 것을 열거해보면 끝이 없었다. 라틴어, 그리스어, 프랑스어, 독일어, 역사, 철학, 수사학, 논리학, 수학. 그런데다 학교 친구들도 문제였다. 훗날 메리는 그 소녀들이 자신에게 "농담을 하고 왈패질을" 했던 것을 회상하며 분개하곤 했다.[18] 메리는 지역 방언을 전혀 알아듣지 못했다. 밖에서 비가 내리고 있으면 요크셔 아이들은 비가 '실링 다운(siling down)'한다고 말했다. '버핏(buffit)'은 나지막한 의자를 뜻했다. 술에 취한 사람은 '캣 하웨드(Cat Hawed)'였다. 점심 식사는 '로원스(lowances)'라고 불렀다.[19] 베벌리 급우들에게 울스턴크래프트 집안의 딸들, 어설프고 진지한 메리와 기묘한 여동생들은 손쉬운 놀림감이었다. 두 여동생은 말이 거의 없었고 언니는 말이 너무 많았다. 메리 울스턴크래프트라는 소녀는 예의 바른 아가씨가 되는 데 관심이 없음이 분명했다. 교육을 너무 많이 받으면 멋진 결혼을 할 기회를 놓친다는 것을 알지 못한단 말인가? 급우들의 놀림은 그 시절 통념의 되풀이였다. 딸에게 "혹시라도 학식을 조금 얻게 되면 비밀로 깊이 간직해라"라고 말하며 그런 것으로 구혼자들을 겁주어 쫓아버리지 말라고 가르치는 아버지도 있었다.[20] 당대의 유명한 지식인이었던 레이디 메리 워틀리 몬터규는 재능 있는 손녀에게 뛰어난 수학적 재능을 "굽은 허리나 절름거리는 다리를 숨기듯이 최대한 노심초사하며" 감추라고 조언했다.[21]

다행히도 어느 한 소녀가 울스턴크래프트 집안의 딸들을 비웃지 않고 메리의 별난 행동을 존중하는 듯이 보였다. 제인 아든은 메리보다 한 살 많았고, 책을 많이 읽은 진지한 소녀였다.[22] 메리는 제인의 애정을 얻겠다고 결심했다. 베벌리 민스터에서 메리는 제인 옆자리에 앉았다. 메리는 제인의 집에서 식사도 했고 오후에 방과 후에는 제인 뒤에 붙어 다녔다. 오래지 않아 메리는 사랑하는 소녀에게서 우정 고백을 이끌어냈다. 제인이 안쓰럽게 느껴질 정도였다. 이 관계에 어떤 일이 잇따를지 제인이 어찌 알 수 있었겠는가? 입씨름과 말다툼, 질투 어린 타협, 사과, 사랑 고백, 눈물 자국이 있는 긴 편지들이 이어졌다. 메리는 제인이 다른 소녀들과 어울리는 것을 원치 않았다. 제인은 자신을 가장 사랑해야 한다. 제인이 교회에서 다른 사람 옆에 앉으면 메리는 심장이 찢어질 것 같았다. "내가 너를 사랑하지 않는다면 이런 편지는 쓰지 않을 거야"라고 메리는 외쳤다.[23]

난 우정에 대해 낭만적으로 생각하게 되었어. … 사랑과 우정에 대한 내 생각은 약간 특이할지 몰라. 난 첫 번째 자리를 차지하든지 아니면 전혀 차지하지 않을 거야. 네 행동이 세상 사람들의 의견에 더 잘 맞는다는 것은 인정하지만 그런 좁은 한계를 깨뜨려버리겠어. 내가 이런 말을 하는 이유를 알려줄게. C양이 여기 왔다 간 후에 너는 나를 더없이 차갑게 대했지. 한때 나는 우리의 우정이 영원한 초석 위에 세워지기를 바랐어.

이런 편지를 연달아 보내면서 메리는 자신의 요구 사항을 제시했다. 제인은 메리를 각별하게 대해야 한다. 제인은 다른 소녀들에게, 심지어 다른 곳에서 온 손님에게도 호의를 보여서는 안 된다. "사랑과 질투는 쌍둥이야." 메리는 자기들의 우정을 지키기 위해 따라야 할 규칙을 이야기하며 이렇게 선언했다.[24] 메리는 제인의 친구 R과 싸웠고 미안하다는 말을 하지 않았다. 제인이 자신의 불편한 심기를 달래주지 않았을 때 다른 소녀들과 극장에 가기를 거부했고 집에 남아서 부루퉁한 얼굴로 성을 냈다. 제인과의 관계를 끝내려고 결심했지만 친구를 잃는다는 것은 생각만 해도 견딜 수 없어 이렇게 고백했다. "눈물로 밤을 지샜어. … 난 내가 사랑하는 사람들의 무시를 견딜 수 없어."[25]

메리는 제인의 아버지도 무척 좋아했다. 자칭 계몽주의 특사인 존 아든은 가톨릭 배교자로서 과학이라는 복음을 퍼뜨렸고 전기, 중력, 자력, 광학에 대한 강연으로 상당한 생활비를 벌어들였다.[26] 당시에는 과학과 철학에 관해 적어도 수박 겉핥기식의 지식이라도 갖추는 것이 유행이었다.[27] 하지만 이 시대에는 과학적 탐구나 철학적 탐구를 구성하는 요소에 관해 엄격한 원칙이 없었기에 과학자와 쇼맨을 구분하기 어려웠다. 연금술과 화학, 점성학과 천문학, 철학과 미신이 뒤섞여도 개의치 않는 열렬한 관중은 증명과 실험을 보기 위해서 많은 돈을 지불했다.

제인의 아버지는 순회 강연장을 지배한 허풍쟁이들보다는 엄격한 과학자였다. 그는 딸의 진지한 친구에게 관심을 느껴서 자기 자녀들을 가르칠 때 메리를 끼워주었고, 현미경 속을 골똘히 들여다보고 망원경을 올려 하늘로 향하도록 가르쳐주었다.[28] 메리는 어떤 행성도 발견하지 못했지만 자신의 넓디넓은 호기심을 발견했다. 천문학을 통해 지식을 다른 방식으로 탐구할 수 있음을 배웠다. 300년 전에는 태양이 지구 주위를 돈다고 생각했다면, 그처럼 잘못된 생각은 또 무엇이 있을까? 오늘날에는 무엇을 발견할 수 있을까?

가만히 있지 못하는 메리의 기질은 이미 아버지와 할아버지와는 다른 양상을 띠고 있었다. 그들과 마찬가지로 메리는 야심만만하고 불만이 많았지만 그들은 알지 못한 것을 이해했다. 바로 교육이 자신의 미래를 좌우하리라는 것이었다. 자기 가족을 특징짓는 퇴폐적이고 폭력적인 생활에서 벗어나는 길은 학교 교육을 받는 것이다. 그래서 아든 가족이 존 드라이든의 왕정복고 시대 무대극*《그라나다 정복》과 영국의 예의범절을 풍자적으로 묘사한 올리버 골드스미스의《어느 세계시민의 편지》처럼 두껍고 어려운 책을 함께 읽자고 제안했을 때 메리는 그 기회를 재빨리 잡았다.[29] 책을 한 권씩 읽어 가면서 메리는 자신과 부모의 거리를 더 벌릴 수 있었다.

제인은 메리 때문에 온갖 마음고생을 했지만 그래도 발끈하기 잘하는 친구에게 충실했다. 맑은 오후면 소녀들은 소들이 풀을 뜯는 마을 변두리의 공유지 웨스트우드를 한가로이 거닐었다. 그들은 공회당**에서 열리는 무도회와 음악회에 갔고, 거기서 목격한 장난스런 연애 행각에 대해 속삭거렸다. "여태껏 본 적 없는 기묘한 사람이 C양에게 구혼했대." 제인이 메리에게 이렇게 써 보내면 메리는 이런 뒷공론을

---

* 영국사에서 '왕정복고'는 올리버 크롬웰이 이끈 청교도혁명으로 1649년에 왕정이 폐지되고 공화정이 수립되면서 외국으로 피신했던 찰스 2세가 1660년에 군주제를 부활시킨 일을 가리킨다. 찰스 2세가 국왕으로 즉위한 1660년에서 17세기 말 사이의 연극을 '왕정복고 시대 연극'이라 부르는데, 영웅 비극으로 유명한 존 드라이든이 이 시대를 대표하는 극작가 중 한 명이었다.
** 영국에서 공회당(assembly rooms)은 18세기, 19세기에 중상류층의 사교 모임을 위해 쓰인 건물을 가리킨다. 당시로선 드물게 남성과 여성 모두에게 개방된 장소였다. 런던을 제외한 다른 지역에는 극장 말고 이렇게 남성과 여성이 함께 이용할 수 있는 공공 오락 장소가 거의 없었다. 상류층 남성에게는 커피하우스나 신사 클럽 같은 사교 장소가 더 있었다.

재밌어하며 답장을 보냈다. "너무 들뜬 그녀와 너무 심각한 그 남자는 최고로 우스꽝스러울 거야. 요컨대 내가 폭소를 터뜨리더라도 내버려 두길 바라."[30] 메리는 잃어버린 시간을 보충하고 있었다. 시골에서 몇 년간 오직 가족과 살아온 후 이제 메리는 열정적으로 사교의 소용돌이에 뛰어들었다. 제인을 옆에 끼고 많은 파티에 갔고, 새로운 사람들을 아주 많이 만나며 새로운 경험을 즐거워했다. 메리는 자신의 사교 능력을 발견했다. 사람들은 메리의 열렬한 성격에 끌렸고, 메리는 그런 모임에서 오가는 발랄한 농담과 재치 있는 답변에 뛰어난 재주를 보였다.

1774년에 메리의 아버지는 혹스턴에서 새로운 사업 기회를 찾았다고 말했다. 런던 북쪽의 음울한 마을 혹스턴은 정신병원 세 곳이 있어 악명 높은 곳이었다. 열다섯 살의 메리는 제인을 두고 떠나야 했다. 이사를 많이 다닌 후 이제는 베벌리에서 영원히 정착할 거라고 안심하고 있었기에 이 소식은 예상치 못한 충격이었다. 하지만 메리의 아버지는 경마장에서 돈을 너무 많이 잃었기에 웬즈데이 마켓에서 거주할 여유가 있는 척도 할 수 없었다. 이웃들은 진작에 울스턴크래프트 가족이 몰락할 거라고 예상했기에 메리는 수치스러웠다. 메리는 사람들이 "우리 가족의 몰락을 거리낌 없이 예상했고 그(아버지)가 처신하는 방식이 그들의 생각이 옳았음을 증명했어"라고 제인에게 불평했다.[31]

울스턴크래프트 가족이 이사한 겨울철은 혹스턴이 가장 덜 매력적으로 보이는 때였다. 마을의 튜더 시대 장원(莊園)의 쓰러져 가는 건물에 런던에서 온 정신병자들이 수용되어 있었고, 가난한 사람들을 수용하는 구빈원도 몇 군데 있었다.[32] 황량한 오후에 메리는 바퀴 자국이 깊게 패인 거리를 걸으며 눈앞에 보이는 것들에 경악했다. 메리는 거리에 거지들이 있는 것만으로도 고약한데 정신병자들을 보면 "가장 끔찍한 파멸—인간 영혼의 파멸"을 숙고하게 된다고 말했다.[33] 쇠락, 정신이상, 감금. 훗날 메리는 자신의 마지막 책 《마리아》의 배경을 정신병원으로 설정했다. "길을 따라 헤매는 가엾고 비참한 자들의 얼굴에 우울하고 백치 같은 표정이 특징적으로 박혀 있었다." 여러 해 후에 메리는 그곳에서 지낸 시절을 떠올리며 말했다.[34]

하지만 메리의 이웃이 모두 정신병자는 아니었다. 영국에 반대한 비국교도들이 그곳으로 몰려들었다. 비국교도는 다른 대학에 입학이 금지되어 있어 그들은 여기서 자신들만의 대학 '혹스턴 아카데미'를 세웠다. 지금은 '뉴 칼리지 런던'에 속한 그 대학에서 학생들은 인간 존재가 본래 선하며 자유를 누릴 권리가 있다는 급진적인 원칙을 배웠다. 이것은 인간이 죄인이고 악한 충동을 억제하기 위해서 엄격한 규칙과 권위주의적인 통제가 필요하다고 주장한 영국국교회의 가르침과 정반대였다. 혹스턴의 어느 학생은 이런 사상을 너무 열렬히 흡수했기에 이 아카데미를 떠나면서 자유를 위한 싸움에 남은 인생을 바치겠다고 결심했다. 그의 이름은 윌리엄 고드윈이었고, 이십 년 후에 메리 울스턴크래프트와 결혼할 사람이었다.

그러나 미래의 남편이 인생의 과업을 형성할 이념에 몰두할 때 메리는 가사 의무에 사로잡혀 있었다. 사실 혹스턴 시절의 윌리엄 고드윈과 메리 울스턴크래프트의 상황만큼 18세기 중산층 남자와 여자를 가르는 차이를 잘 보여주는 것은 거의 없다. 두 사람은 고작 이삼백 미터쯤 떨어져 살았을 뿐이지만 그들의 생활은 달라도 너무 달랐다. 메리는 동생들을 돌보고 가정을 꾸리는 데 전념했고, 고드윈은 독서에 열중하며 정치철학을 연구하고 라틴어 동사를 변화시켰다. 두 사람 다 부당한 사회에 대항해 주먹을 들고 격전장으로 진격하기를 바랐다. 그러나 고드윈은 교육을 많이 받은 청년으로서 많은 기회가 있었지만, 메리는 가족에 봉사하리라 여겨졌다. 여성은 그 시대의 격론장에 중요한 전투원은 고사하고 하찮은 전투원으로도 참여할 수 없었다.

혹스턴 아카데미의 개혁적 정신을 지닌 남자들도 여자들은 집 안에 머물러야 한다는 원칙에 동의했다. 그들은 혁명을 추진했고, 분노한 아메리카 식민지 주민들과 프랑스 급진주의자들과 서신을 주고받았으며, 노예 제도와 종교적 편협성에 맞서 싸웠다. 전제정의 정체를 폭로했고, 폭정에 반대했고, 불합리한 신앙 퇴치를 위해 기도했다. 하지만 단 한 번도 여성의 독립성을 옹호하거나 여성이 공적으로 자기 신념을 주장하도록 허용해야 한다는 생각을 지지한 적이 없었다. 그들은 불공정에 항의하도록 훈련받았지만 자신의 어머니와 딸, 아내를 결박한 사슬을 알아보지 못했다.

혹스턴은 고드윈에게 도약대였지만 메리에게는 결코 그렇지 않았다. 고드윈이 자신의 지평을 확장하고 있을 때 메리의 지평은 축소되고 있었다. 메리의 벗은 고작해야 어린 형제자매들뿐이었다. 하지만 사내애들은 곧 집을 떠날 것이다. 세상은 그들이 정복할 곳이었다.

3장

두 철학자의 딸
메리 고드윈 1801~1812

메리 고드윈의 첫 번째 비극이 어머니의 죽음이었다면, 두 번째 비극은 아버지가 1801년에 옆집으로 이사 온 서른다섯 살의 통통한 메리제인 클레어몬트라는 여성과 결혼한 사건이었다. 어린 두 자녀가 있었던 메리제인은 열심히 남편감을 찾았다. 체면을 세우려고 과부라고 주장했지만 실은 결혼한 적이 없었고, 두 아이는 아버지가 달랐다. 메리제인은 십 대 때 프랑스에 거주하는 사촌들과 살기 위해 영국에서 달아났고, 성인이 되어서는 대체로 외국에서 살았다. 이제 고국에 돌아온 그녀는 결혼을 통한 안정을 얻으려 했고, 편리하게도 가까이에서 신랑감으로 적절한 홀아비를 발견하고 아주 기뻤다. 고드윈의 매력적이지 못한 외모—그는 키가 작고 코는 길고 삐뚜름했다—와 같은 사소한 점에 구애받지 않고 조심스럽게 접근하려고 계획했다. 고드윈의 위대한 저서 《정치적 정의에 대한 고찰》을 참을 수 있는 만큼 최대한 읽었고, 그의 습성을 알아냈다. 이 일은 어렵지 않았는데, 고드윈은 무슨 일이든 즉흥적인 것을 싫어해서 틀에 박힌 일상의 습관을 중세 수사처럼 헌신적으로 고수했기 때문이다.

두 사람이 처음 만난 것은 어느 5월 저녁, 메리제인이 이사 온 직후였다. 고드윈이 습관대로 봄철 공기를 쐬기 위해 이층 발코니에 나섰을 때였다. 메리제인은 서둘러 정원으로 들어가 이웃에게 소리쳤다. "제가 지금 불멸의 고드윈을 뵙고 있는 걸까요?"[1] 아첨에 약하기로 유명했던 고드윈은 품위 있게 미소를 짓고는 그렇다고, 자신이 실로 윌리엄 고드윈이라고 인정했다. 메리제인은 손뼉을 치고는 나직이 말했다. "당신이 그 위대하신 분이라니, 제가 당신을 얼마나 숭배하는지 몰라요!"[2]

1798년에 급진적 정치사상을 발표하고 평판이 나빠진 후 적대감에 둘러싸여 있던 고드윈에게는 기분을 전환해주는 듣기 좋은 말이었다. 1791년에 《정치적 정의에 대한 고찰》을 발표한 후 개혁 운동의 지적 선구자로서 한때 유명했던 고드윈은 모든 정부는 본질상 인간의 천부적 권리를 침해하기 때문에 철폐되어야 한다고 주장했다. 행정 당국에 대한 이 과감한 공격은 극적인 정치적 변화를 요구하도록 개혁자들을 고무했다. 진보주의자들은 고드윈의 대담한 철학에 찬사를 보냈다. 하지만 1790년대가 끝나 갈 무렵 정치적 풍향이 바뀌었다. 프랑스혁명의 혼란상과 유혈 사태는 대부분 영국인들에게 자유보다 안정, 안전, 질서가 훨씬 더 중요하게 보이도록 만들었다. 이제 고드윈은 다른 급진주의자들과 함께 말썽꾼으로 보였고, 더 심하게는 '프랑스인'—정치인이나 지식인에게 붙일 수 있는 최악의 모욕—으로 여겨졌다. 1798년에 울스턴크래프트가 사망한 후 고드윈은 아내의 회고록을 자신이 써서 출간하여 그녀의 성적 행각을 대중에게 드러냄으로써 상황을 더욱 악화시켰다. 고드윈은 신랄한 비난을 받았고 지지자들을 많이 잃었다. 이제는 늙은 급진주의자들과 콜리지 같은 젊은 낭만주의 시인들만 그를 보러 찾아왔다.

고드윈이 자기 사상을 포기하지 않고 시대에 맞서서 고수했다는 사

'최초의 무정부주의자'라 불리는 영국의 정치철학자 윌리엄 고드윈. 1801년 7월에 그린 초상화를 바탕으로 한 판화이다. 고드윈은 이 초상화가 자신의 본질을 가장 잘 포착했다고 느꼈다.

실은 칭찬받아 마땅하다. 하지만 그는 외로웠다. 메리 울스턴크래프트가 죽은 지 삼 년이 지났고 새로운 아내를 찾는 일은 순조롭지 못했다. 언제나 진실을 따라야 한다고 믿는 사람으로서 그는 친구들뿐 아니라 교제하는 여자들에게도 메리 울스턴크래프트의 완벽함에 비할 수 있는 사람은 없다고 계속해서 단언했다.[3] 결과적으로 고드윈은 여러 번 퇴짜를 맞았고, 그런 상황에서 메리제인의 열렬하고 지속적인 관심은 반갑고도 신선한 전환이었다. 고드윈은 첫 만남이 있던 날 저녁에 일기에 만남을 기록하며 "클레어몬트 부인을 만나다"라고 썼다.[4] 자기 삶의 중대한 사건들을 기록할 때 종이에 가로로 줄을 그어서 (메리 울스턴크래프트의 죽음을) 표현하거나[5] 세인트 판크라스 교회에서 올린 결혼식을 네 글자 'Panc'로 줄여서 기록하거나[6] 프랑스어

구절과 일련의 점과 대시를 써서 성관계를 표현했던 사람으로서는 많은 글자를 쓴 셈이었다.[7]

이후 몇 주간 고드윈이 바깥에 나갈 때마다 메리제인은 산책을 하거나 문간에서 잡담을 나눌 준비가 된 상태로 나타나곤 했다. 그녀는 자기 아이들, 다섯 살 먹은 찰스와 세 살 먹은 제인을 메리와 패니에게 소개해주었다. 오래지 않아 두 가족은 거의 매일 저녁 어울리게 되었다. 7월 초가 되었을 무렵에 그들은 함께 나들이를 갔고, 램버스의 애스틀리 극장에서 〈장화 신은 고양이〉를 보았고, 가까운 시골로 소풍을 갔다. 7월 둘째 주에 메리제인과 고드윈은 관계를 가졌고, 그 사건을 고드윈은 일기에 X자로 기념했다.[8] 울스턴크래프트 사망 후 처음으로 맺은 성관계였다.

새로운 관계가 점점 진지해지고 있었지만 고드윈은 메리제인에게 한 가지 비밀을 알려주지 않았다. 울스턴크래프트를 대체할 여성은 누구든지 자기 벗들의 적대감에 직면하리라는 것을 그는 알았다. 그런데다 메리제인은 귀감이 될 사람이 아니었다. 영리하고 책도 꽤 읽었고 빈정거리는 유머 감각이 있었지만 걸핏하면 화를 잘 내는 고약한 성질이 있어서 무시당했다고 느낄 때는 사람들 앞에서 소란을 피웠는데 그런 일이 꽤 자주 있었다. "화를 다스리고 절제하도록 해요."[9] 고드윈이 충고했다. "까다롭고 버릇없는" 사람이 되지 말아요.[10] 그러나 메리제인은 자기가 비난하는 사람들은 다 그런 대우를 받을 만하다고 느꼈고, 자제하려고 노력하지 않았다.

9월에 메리제인은 임신했다는 사실을 알게 되었다. 고드윈은 전에도 울스턴크래프트와 이런 일을 겪은 적이 있었다. 그때까지 두 사람 모두 결혼이라는 관습에 반대했지만 뜻밖에 메리를 임신하게 되었을 때 어쩔 수 없이 결혼을 했던 것이다. 《정치적 정의에 대한 고찰》에서 고드윈은 결혼을 통한 남편의 합법화된 '여성 소유'는 '불쾌한 이기주의'라고 주장했다.[11] 급진적인 울스턴크래프트는 그 주장에 동의했지만 패니를 낳았을 때 세상이 미혼모에게 얼마나 잔인할 수 있는지 경험한 바 있었다. 패니가 앞으로 겪으리라고 염려한 모욕을 둘째 아이도 겪는 것은 바라지 않았다. 그래서 그들은 자신들의 원칙에 어긋나지만 관습에 순응하기로 결정했다.

울스턴크래프트가 죽은 후, 두 딸의 유일한 보호자가 된 고드윈은 더 보수적인 사람이 되었다. 고드윈은 《정치적 정의에 대한 고찰》을 개정해 자기 견해를 고쳐 말했고, 결혼이 철폐되어야 한다는 예전의 주장에서 물러나 19세기 영국처럼 결함이 많은 사회에서는 결혼이 필요악이라고 인정했다. 만일 자기 딸이 혼외 임신을 한다면 그는 딸이 사회적으로 추방당하지 않도록 그 아기의 생부가 딸과 결혼하기를 바랄 것이다. 그렇다면 메리제인과 새로운 아기도 마땅히 자기 이름으로 보호해주어야 했다. 게다가 그는 동반자를 얻는 것이 좋았고, 콜리지가 알려주었듯이 어린 딸들에게는 그가 줄 수 없는 것이 필요했다. 딸들에게는 어머니가 필요했다. 걸핏하면 화를 내는 메리제인의 기질과 질투심, 나서기 잘하고 전반적으로 신경에 거슬리는 성격 때문에 고드윈은 처음부터 앞으로 겪을 고충을 예상할 수 있었지만 그는 단념하지 않았다. "당신의 모든 결함을 없애려고 … 하지 말아요." 고드윈이 메리제인에게 말했다.[12] "나는 그중 몇 가지를 사랑하니까. 인간적인 면, 다정함과 연약함과 전반적으로 나긋나긋하고 상냥한 분위기를 사랑해요."

고드윈은 메리제인이 만난 남자들 중 아버지의 의무를 받아들인 첫 번째 남자였다. 그에 대한 경계심을 내려놓은 메리제인은 결혼한 적이 없었다는 사실을 포함해서 자신의 연애 편력을 고백했다. 첫 애인이었던 프랑스인 병사는 메리제인에게 젖먹이 찰스를 남기고 비극적으로 죽었다.[13] 불한당이었던 두 번째 애인은 둘째 아이 제인과 메리제인이 갚을 수 없는 청구서 더미를 남기고 떠났다. 메리제인은 아기들과 함께 채무자 감옥에 석 달간 수감된 일을 포함해서 많은 불행을 견디고 살아남았다. 나중에 의붓딸 메리가 인정한 것보다 더 용감하게 능력을 발휘해서 말이다. 감방에서 나왔을 때 메리제인은 유창한 프랑스어 실력을 이용해 번역가로서 일거리를 얻었다. 메리제인이 번역한 《스위스인 가족 로빈슨》(1814)은 출간 후 백 년 이상 영어판 정본으로 인정받았다.

이런 고초를 겪은 후라서 메리제인은 안정을 얻고 싶었다. 고드윈과 울스턴크래프트와 달리 메리제인은 공상가가 아니라 현실적인 사람이었다. 최고 관심사는 돈이었다. 돈을 벌고, 돈을 쓰고, 돈을 저축하고, 돈을 가진 듯이 보이는 것이 중요했다. 고드윈은 메리제인의 물질주의 성향을 좋아하지 않았지만, 이따금 자신의 견해에 도전했던 울스턴크래프트와 전혀 다른 여자와 함께 있으면서 안도감을 느꼈다.

그해 12월 말에 두 사람은 아이들에게 말하지 않고 슬며시 교회에 갔다. 메리제인의 정체를 드러내지 않으려고 그들은 과감한 계획을 생각해냈다. 두 사람은 친지들을 위해서 메리제인이 가짜 신원인 미망인 클레어몬트로 행세하는 불법적인 결혼식을 연출했다. 그 식이 끝난 후 그들은 마차를 타고 다른 교회로 갔다. 여기서 그들은 합법적인 결혼식을 치렀다. 윌리엄 고드윈과 노처녀 메리제인 바이얼이 1801년 12월 21일에 결혼한 것이다.

그들은 신혼 첫날밤을 시골 여관에서 보내고 다음 날 집으로 돌아왔다. 고드윈은 두 딸에게 자신이 새어머니, '두 번째 엄마'를 선사했다고 말했다.[14] 하지만 메리와 패니는 두 번째 엄마를 원하지 않았고, 그동안 침입자로 느꼈던 메리제인은 더욱이나 아니었다. 네 살이었던 메리는 훗날 말했듯이 아버지에게 '지나치게 낭만적인' 애정을 품고 있었기에, 메리제인의 등장은 재앙을 의미했다.[15] 전에는 감정을 잘 드러내지 않던 아버지가 이제는 복도에서 메리제인을 열정적으로 끌어안고 키스하며 일종의 연인의 밀어에 탐닉하는 바람에 보는 사람들을 당황하게 만들었다. 이제 그는 사랑하던 딸에게 관심이 없어진 걸까? 그 딸의 어머니는? 고드윈은 울스턴크래프트를 완전히 잊은 것일까?

이 주일 안에 클레어몬트 가족은 29번지로 이사했고, 고드윈 집안의 조용한 질서를 산산이 부서뜨렸다. 메리제인은 쾅쾅거리며 문을 닫았고, 편지를 요란하게 찢었고, 하인에게 소리쳤고, 자기 아이들을 찰싹 때렸고, 그러고는 용서를 구했다. 메리제인은 고드윈이 메리를 응석받이로 키웠다고 생각했고 그것을 바로잡겠다며 어린 소녀를 부당하게도 엄격하게 대했다. 패니에 대해서는 대체로 무시했다.

메리제인의 세 살배기 딸 제인은 버릇이 좋은 아이가 아니었다.[16] 떼쓰기 잘하고 야단을 맞으면 입을 삐죽거리고 격렬하게 울어댔다. 패니와 메리는 반항하는 일이 거의 없었으므로 고드윈 집에서는 새로운 광경이었다. 찰스는 집 안에서 일어나는 소동을 피하려고 밖에서 놀았다. 어린 제인은 새로 생긴 의붓자매들을 어떻게 대해야 할지 몰랐다. 패니와 메리는 제인이 어울리곤 했던 놀이 동무들과 달랐기 때문이다.[17] 사실 고드윈의 딸들은 다른 여자아이들과 달랐다. 키득거리지 않았고 화장 놀이도 하지 않았고 노래도 부르지 않았고 마음에 들지 않는 일이 있어도 소리 지르지 않았다. 패니는 아둔해 보였다. 똑똑한 메리는 벌써 글을 읽고 쓸 수 있었다. 제인은 메리처럼 되고 싶었다. 그러면 새아버지가 자기를 주목할지 모르니까. 제인은 고드윈이 자기 딸들에게 보이는 관심을 질투했다. 고드윈은 친절하게 대하려고 애썼지만 클레어몬트의 아이들에게 거의 말을 걸지 않았다. 찰스는 개의치 않는 것 같았다. 여자애들에게 수적으로 압도된 그는 층계를 뛰어 오르내렸고 밖에 나가 폴리곤 근처 들판을 달렸다. 그러나 제인은 그 어머니에 그 딸이었다. 아이는 고드윈의 사랑을 얻기 위해 분투했고 메리에게 승리를 거두려고 애썼다.

시간이 지나면서 고드윈은 제인은 빼고 메리에게만 책을 읽어주거나 자기 딸과 철학과 정치에 관해 얘기하면서 의붓딸은 무시함으로써 상황을 악화시켰다. 이렇게 두 소녀 사이에 박힌 쐐기는 세월이 흐르면서 더욱 깊이 파고들었다. 제인은 평생 자신이 의붓자매 다음 차례고 두 번째에 불과하다는 느낌에 시달려야 했다. 메리 쪽에서는 오래지 않아 의붓자매를 경쟁자로, 아버지의 애정을 훔치기 위해 자신이 실패하기를 바라는 사람으로 보게 되었다. 두 소녀 사이에는 서로를 향한 진실한 감정과 애정도 있었다. 하지만 부모로서 고드윈의 두드러진 결함 때문에 매우 복잡한 관계가 형성되었다.

두 가족의 차이점은 오래지 않아 서로를 향한 변치 않을 증오로 굳어졌다. 클레어몬트 가족은 고드윈 가족의 우월감에 분개했고, 고드윈 가족은 클레어몬트 가족의 가식적인 행동을 경멸했다. 나이가 더 들었을 때 메리는 '클레어몬트'라는 말을 이기심과 자기 과시, 천박함을 뜻하는 형용사로 쓰곤 했다.[18] 메리제인은 메리를 거짓말쟁이라고 비난했고 자기 권위를 강요하기 위해 비상한 노력을 기울임으로써 상황을 더욱 악화시켰다. 메리제인은 메리의 의지를 꺾는 것이 자기에게 달린 문제라고 느꼈다. 그녀는 집 안에서 고드윈의 전 부인을 언급하지 못하게 금지했고, 자기에게 '엄마'라고 부르라고 강요했으며, 메리가 저항하면 맹렬히 화를 냈다. 또한 패니와 메리가 사랑한 유모 마르그리트를 해고했을 뿐만 아니라 고드윈이 고용한 하녀들과 요리사도 해고했다. 고드윈의 딸들을 그 어머니가 죽은 이후로 아껴주던 여자들이었다. 메리제인은 그들 대신에 가정교사와 개별 교사를 포함해 낯선 사람들을 고용했다. 하룻밤 사이에 고드윈의 딸들은 안락한 놀이방에서 쫓겨나 엄격한 교실에 갇혔다. 고드윈은 양육 문제를 모두 새 아내에게 위임하기로 결정했으므로 간섭하지 않았다.

메리제인이 언제나 잔인한 것은 아니었다.[19] 그녀는 살림살이를 잘 꾸리는 뛰어난 재주가 있어서 아주 적은 돈으로도 네 아이를 먹이고 입혔고, 아이들의 이불이 깨끗한지 침대 매트리스가 바람에 잘 말랐는지 그리고 단단한지 반드시 확인했다. (평생 메리는 푹신한 침대에서는 제대로 잠을 이룰 수 없었다.) 메리제인은 아이들을 햄스테드 히스 유원지로 데려가 뛰놀게 했고 연극과 전시회, 볼 만한 행사에 데려갔다. 아이들이 아플 때는 간호했고, 소녀들에게 바느질하고 수놓는 법을 가르쳤고, 아이들을 잠자리에 들게 했고, 그들의 행동거지에 대해 걱정했다. 그러나 고드윈 딸들을 진심으로 사랑할 수는 없었다. 메리제인의 불친절한 행동이 예전에 일하던 사람들을 쫓아낸 것뿐이었다 하더라도, 실제로는 그렇지 않았지만, 그것은 의붓딸들에 대한 공감 부족을 단적으로 보여준 일이었다. 특히 패니는 유모와 갑자기 헤어져서 몹시 슬퍼했다. 어머니와 자신을 이어주는 마지막 연줄이었기 때문이다.

6월에 메리제인은 사내아이를 낳았는데 분만한 지 몇 분 만에 아기가 죽었다. 분개하고 비통해하면서 메리제인은 이전보다 더 성을 잘 내게 되었다. 열여덟 달 뒤에 메리제인은 다시 아이를 낳았다. 아기 윌리엄 주니어가 살아남자 늘 아들을 원했던 고드윈은 기뻐했다. 하지만 메리는 충격을 받아 노골적으로 반항하기 시작했다. 이제 아버지를 아기 윌리엄과 공유하게 된 메리는 게릴라 대원처럼 메리제인과 싸워서 고드윈을 격분하게 만들었다. 집안일과 관련된 문제든, 어떤 옷을 입을지 머리를 어떻게 빗을지 같은 사소한 문제라도 좋은 공격거리가 되었다. 제인은 의붓언니를 시기했지만 그런데도 대개 메리 편을 들었고 그래서 메리제인을 더 화나게 했다. 반면에 패니는 늘 고개를 숙이고 있었다. 메리제인을 좋아하지 않았지만 자신감이 없어서 반항하지 못했다.

메리가 여덟 살 때 콜리지가 런던을 방문했다. 아버지가 메리제인과 결혼한 후 메리와 패니는 콜리지를 만나지 못했지만 고드윈은 그의 편지와 시를 소리 내어 읽어줌으로써 시인에 대한 기억을 되살려주었다. 메리제인은 최선을 다해 콜리지의 방문을 막으려 했다. 그녀는 고드윈의 옛 친구들에게 의혹을 품었고, 그들이 자신과 울스턴크래프트를 은밀히 비교한다는 것을 잘 알고 있었다. 그러나 콜리지의 경우에는 메리제인이 아무리 애써도 소용이 없었다. 고드윈은 그 젊은이를 너무 사랑했기에 돌려보내지 않았다.

콜리지가 방문한 날 저녁에 메리제인은 심술 사납게 자기 힘을 과시하며 네 아이가 늦게까지 시인의 이야기를 듣도록 두지 않고 침실로 보냈다.[20] 일부러 의붓딸의 반감을 사려 했더라도 이보다 더 효과적일 수는 없었을 것이다. 의붓딸은 몰래 아래층으로 다시 내려왔고 제인이 찬탄하며 언니 뒤를 따랐다. 두 소녀는 고드윈의 서재로 기어들어 가서 긴 의자 뒤에 몸을 숨겼는데, 그때 콜리지가 〈늙은 선원의 노래〉를 암송하기 시작했다. 콜리지의 낭랑하게 울리는 목소리는 메리에게 결코 잊지 못할 황량한 상상 속 풍경을 심어주었다. 메리는 죽을 때까지 시어를 모두 떠올릴 수 있었고 훗날 알게 될 시인들에게 그 시를 암송해주어서 콜리지가 다음 세대의 낭만주의 작가들에게도 영향을 미칠 수 있게 했다.

그 시에 묘사된 이야기는 메리에게 무시무시하기도 하고 친숙하기도 했다. 한 선원이 알바트로스를 죽임으로써 동료 선원들의 죽음을 야기했다. 메리 자신이 태어남으로써 어머니의 죽음을 야기했듯이. 당시 메리가 이 시를 얼마나 이해했는지는 다른 문제이다. 하지만 콜리지가 이 유명한 시구를 읊조렸을 때, 메리는 선원의 심정에 공감할 수 있었다.

아! 슬프다! 늙은이와 젊은이들에게서
얼마나 험악한 눈길을 받았던가!
십자가 대신 알바트로스가
내 목에 걸려 있으니.[21]

  메리도 무거운 죄의식에 짓눌려 괴로워했다. 그 이유를 아직은 분명히 표현할 수 없었지만, 이 부담감은 언젠가 그녀로 하여금 자신의 예술 작품을 창조하도록 자극할 터였다. 그리고 그 작품에서 메리는 평생 자신을 괴롭힌 억압적 자책감을 털어놓고 탐구할 것이다.

  동시에 메리는 더 심란한 또 다른 이야기, 시인이 자신의 창조물과 벌이는 무기력한 갈등을 흡수하고 있었다. 콜리지의 선원은 그 이야기에서 벗어날 수 없었다. 그는 자신이 지은 '죄'에 따른 벌로 끊임없이 그 이야기를 되풀이해야 한다. 어른이 된 후에 메리는 〈늙은 선원의 노래〉가 본질적으로 깊은 심연에서 나온 보고서이자, 콜리지의 마음속에 있는 어두운 동굴에 대한 탐구임을 이해하게 되었다. 하지만 어린 소녀일 때 메리는 이 점을 본능적으로 경험했고, 창조물이 창조자를 어떻게 통제할 수 있는지를 직접 체험하듯이 느꼈다.

  고드윈과 콜리지 두 사람에게는 시를 낭송하는 일이 메리제인의 규칙보다 더 중요한 일이었다. 그들이 두 어린 소녀를 보았더라면 아마도 내쫓지 않았을 것이다. 하지만 메리제인은 시를 존중하는 마음이 없었다. 두 아이의 침대가 비어 있는 것을 본 그녀는 고드윈의 서재로 뛰어 들어와 그 범죄자들을 의자 뒤에서 끌어냈고 재빨리 이층 침실로 돌려보냈다. 메리제인은 이 작은 접전에서 승리했지만 대가를 치렀다. 의붓딸은 이 굴욕을 결코 잊지 않았다. 현명한 부모라면 메리의 분노를 달래주려 했겠지만 메리제인은 그러지 못했다. 분노한 어린 적과 화해하는 데는 한결같음과 상냥한 차분함이 도움이 되었을 텐데 메리제인에게는 그런 면이 부족했다.

고드윈은 메리와 메리제인의 갈등을 누그러뜨리려는 노력을 하지 않았다. 금전적 고충에 시달렸던 그는 집안의 분쟁을 신경 쓰지 않았다. 언제나 일정치 않았던 그의 수입은 새로운 가족 때문에 한계 이상으로 지출되었다. 오래지 않아 메리제인은 외상으로 식료품을 사야 했고, 화가 난 상인들을 달래고 집주인에게 임대료에 관해 거짓말을 해야 했다. 채무자 감옥에 갇혔던 기억에 시달리며 메리제인은 새 남편에게 수입을 늘리기 위해 작업 방식을 바꾸라고 재촉했다. 철학 서적에서 손을 떼고 잘 팔리는 책을 써야 한다. 아니면, 인기 없는 주제를 계속 추구해야겠다면, 돈을 더 벌어들일 수 있게 글을 빨리 써야 한다.

그러나 고드윈은 다른 주제의 책을 쓰는 것도 더 빨리 쓰는 것도 할 수 없었거나 그럴 마음이 없었던 듯하다. 둘 중 어느 쪽인지 메리제인은 알 수 없었다. 고드윈은 지적으로 엉성하거나 부정확한 것을 싫어했고, 그래서 그가 받은 선불금은 책을 끝내기 훨씬 전에 고갈되었다. 더욱 걱정스러운 점은 고드윈이 꽤 긴 시간 동안 의식을 잃었던 일이다. '딜리퀴움'이라고 부른 발작 증세 때문에 이미 불안해하던 아내는 걱정에 시달렸고 그의 집필 계획은 더욱 지연되었다.[22] 의사는 고드윈의 발작을 정신적 스트레스 때문이라고 진단하고 설명했다.[23] 그런데 스트레스는 줄어들 조짐이 보이지 않았다. 그의 저작은 계속 판매가 줄었다.

삼 년간 동네 상인들과 집주인의 위협을 견딘 후, 약삭빠른 사업가 기질이 있었던 메리제인은 스스로 일을 추진하겠다 마음을 먹고 이제 우리가 서점을 열어야 할 때라고 선언했다. 아동 문학 시장이 성장하고 있다는 것을 알고 있었기에 아동 문학을 전문으로 취급해야 한다고 결정했고, 새로 생겨나는 그런 서점을 열자고 제안했다. 확고하게 자리 잡은 다른 서점들과 경쟁하지 않아도 될 터여서 훌륭한 계획이었다. 또한 이 가족은 자신들이 가진 자료를 공급할 수 있었다. 고드윈이 딸들을 위해 쓴 이야기들이 있었는데 그중에는 폭정의 폐해와 자유의 중요성을 강조하며 옮긴 《이솝 우화》도 있었다.

그러나 고드윈은 상업 세계에 발을 들이는 것이 내키지 않았다. 재정 상황이 더욱 극적으로 악화된 뒤에야 마지못해 메리제인의 계획에 동의했다. 1807년 여름 메리가 열 살이 되기 직전에 가족은 런던으로 이사했고, 밀린 집세를 지불하지 않으려고 폴리곤에서 슬그머니 자취를 감췄다.

스키너 거리 41번지, 고드윈 가족의 새집은 금방이라도 무너질 듯한 5층 건물이었다.[24] 페인트칠도 되지 않은 누추한 곳이었다. 한 블록 떨어진 곳에 뉴게이트 감옥이 있었는데, 사형 집행일에는 이웃에 있는 세인트 세펄커 교회의 종이 울려 사형수의 처형을 알렸고 사람들은 교수형을 지켜보려고 서둘러 지나갔다. 메리와 패니, 제인이 매일 수업을 받는 꼭대기 층의 공부방 창문에서는 죄수들이 뉴게이트에서 나와 타이번 교수대로 마지막 걸음을 옮기는 모습을 볼 수 있었다.

그 방에서는 유독해 보이는 시커먼 플리트강도 볼 수 있었다. 저것이 어떻게 세인트 판크라스 교회 묘지를 지나 구불구불 흐르는 강과 같은 것일 수 있을까? 이곳의 강은 홀번 언덕 기슭에서 똬리를 튼 검은 뱀처럼 보였다. 집에서 강보다 가까이 있는 뉴게이트 시장의 정육점 앞에는 죽은 소, 양, 돼지들이 받침대 위에 널려 있어서 피 웅덩이에 빠지지 않고는 걸어가기 어려웠다. 뜨거운 여름날에는 근처 스미스필드 도살장에서 나는 동물들의 비명 소리가 열린 창문으로 흘러들어왔다.

스키너 거리의 소음과 빈곤, 악취는 견딜 수 없을 정도로 지독했다.

런던 파터노스터 광장의 뉴게이트 시장 풍경(1850년경).

상인들은 손님을 붙잡으려고 경쟁하고 자기 물건을 팔려고 요란하게 소리치며 돌아다녔다. 메리제인이 일층에 가게를 열자 소녀들의 자유 시간은 연기처럼 사라져버렸다. 그들은 책을 꾸리고, 포장을 풀고, 선반에 얹었다. 조금 더 나이를 먹게 되자 메리제인을 도와서 손님들의 시중을 들었다. 찰스는 기숙학교에 들어갔기에 이런 의무에서 벗어났고, 윌리엄은 너무 어려서 도울 수 없다고 여겨졌다.

메리는 이런 제약에 짜증이 났고, 메리제인에 대한 불만 사항을 기록한 긴 목록에 이것을 추가했다. 메리에게 스키너 거리는 '두 번째 엄마'와 함께 사는 생활의 해악을 상징했고, 반면에 폴리곤 근처 평온한 목초지는 메리 울스턴크래프트의 미덕을 상징했다. 서머스타운에서는 소녀들이 마음대로 돌아다닐 수 있었지만 여기서는 혼자 밖에 나가면 안전하지 않았다. 세인트 판크라스 교회 묘지는 향수에 물든 특별한 빛을 띠었다. 어쨌든 그곳은 어머니가 묻힌 곳일 뿐 아니라 메리가 아버지와 단둘이 시간을 보내던 곳이었다.

약간 괜찮은 부분도 있었다. 고드윈 가족은 출판계의 중심에 들어선 것이었다. 작가들이 찾아와 잠시 머물렀다. 책들이 어디에나, 의자와 바닥에 쌓여 있었다. 고드윈은 자신과 울스턴크래프트가 존경했던 사회 이론가, 장자크 루소(Jean-Jacques Rousseau, 1712~1778)와 존 로크(John Locke, 1632~1704) 쪽으로 메리를 이끌어갔다. 저녁 식사 시간은 종종 이런 사상가들에 관한 토론으로 이어졌다. 고드윈은 사회가 인간의 본성을 타락시켰다는 루소의 사상에 동의했고, 따라서 아주 어린 시절부터 메리는 관습의 사슬을 깨뜨려야 한다는 낭만주의 사상을 흡수했다. 그 아버지는 모든 개혁가들이 당면하는 물음에 답해보라고 메리에게 촉구했다. 사회를 변화시킬 최선의 방법은 무엇인가? 정부는 사람들의 삶에서 어떤 역할을 해야 하는가? 정부가 존재해야 할까? 패니와 제인이 경외심을 느끼며 입을 다물고 바라보는 가운데 메리는 자기 의견을 진술했고 아버지가 읽으라고 준 책들에 나오는 예를 능숙하게 인용했다.[25]

스키너 거리가 시내 중심에 있었기에 고드윈의 지지자들은 그에게 훨씬 쉽게 접근할 수 있었다. 여전히 그를 악명 높은 급진주의자로 여기는 보수주의자들이 많았지만 정치 개혁가들은 계속해서 그를 찾았다. 가장 주목할 사람은 미국의 3대 부통령 에런 버(Aaron Burr Jr., 1756~1836)였다. 1808년에 버는 정적들에 의해 미국에서 쫓겨났다. 토머스 제퍼슨(Thomas Jefferson, 1743~1826) 대통령의 부관으로 일한 지 삼 년이 지난 1804년에 자신의 정적인 알렉산더 해밀턴과 결투를 벌여 그에게 치명적인 부상을 입혔기 때문이었다. 쉰두 살에 버는 인생의 최저점으로 떨어졌고, 고드윈은 용감하게도 그에게 친절하게 대해준 극소수의 사람 중 한 명이었다.

평생 메리 울스턴크래프트의 열렬한 추종자였던 버는 남녀평등을 믿었고, 사랑하는 딸 시어도시아에게 라틴어와 논리학, 고등 수학을 배우도록 권장했다. 그러나 1811년에 비극이 닥쳤다. 스물아홉 살의 시어도시아가 사우스캐롤라이나 연안에서 배가 난파하는 바람에 익사한 것이다. 상심한 버는 고드윈의 세 딸에게 각별한 관심을 기울이며 위안을 삼았고 소녀들에게 '여신'이라는 별명을 붙여주었다.[26] 아이들은 버를 사랑했다. 그는 소녀들에게 격식을 차리지 않았고 자신을 갬프*라고 부르게 했다. 때로는 아이들의 요청으로 위층 놀이방에 올라가기도 했다. 한번은 놀이방에 있을 때 메리가 쓴 연설문 〈정부가 사람들의 성격에 미치는 영향〉을 여덟 살 먹은 윌리엄이 낭독하여 들려주기도 했다.[27] 패니는 차를 대접했고, 버는 제인의 노래를 칭찬했다. 제인은 늘 그렇듯이 메리에게 뒤지지 않겠다고 작정했다.

버는 차와 노래를 칭찬했지만 가장 큰 찬사는 그 연설과 연설문 작성자에게 돌아갔다. 열세 살이라는 어린 나이에도 메리는 자신이 월계관을 썼다는 사실을 알았다. 펜으로 버의 관심을 얻었던 것이다. 아버지는 메리에게 글을 쓰는 것이 그녀가 받은 유산이라고, 그녀는 울스턴크래프트와 고드윈의 딸이자 두 철학자의 아이라고 가르쳤다. 메리는 외롭고 자기를 사랑해줄 어머니가 그리울 때마다 운명이 자신을 평범한 사람들보다 높이 들어 올렸다고 생각하며 스스로 위로하려고 했다. 자신에게는 클레어몬트 가족이 절대로 없앨 수 없는 혈통이 있었다. 하지만 이런 위안은 외로움을 떨쳐내는 데 거의 도움이 되지 않았다. 이제 메리는 아버지를 독차지할 수 없었고, 메리제인이 아버지를 장악했다. 패니는 너무 소심해서 위로가 되지 않았다. 제인은 패니보다 훨씬 나은 동무였지만 위험한 경쟁자였고, 메리가 넘어지면 그 자리를 차지하려고 언제나 노리고 있었다.

---

* 갬프(Gamp)는 볼품없는 우산을 일컫는다.

4장

소녀 가장이 되다
메리 울스턴크래프트 1774~1782

열다섯 살의 메리 울스턴크래프트는 혹스턴의 새집에서 한 주 한 주 시간이 지날수록 점점 더 우울해졌다. 어린 동생들이 학교에 간 동안 집에서 어머니와 지내면서 기운을 내려고 애쓰며 친구 제인 아든에게 편지를 썼다. "내 종교뿐 아니라 철학은 언제든 불운을 축복으로 여기라고 가르치겠지."[1] 하지만 최선을 다해 노력해도 어둠은 깊어만 갔다. 아버지가 술에 취해 사납게 날뛰는 일이 더 잦아졌고 어머니는 신체적으로나 감정적으로 점점 허약해졌다. 좌절감과 분노에 싸인 메리는 불같이 화를 냈고 그러고 나면 화낸 것을 자책하면서 자기가 점점 아버지를 닮아 가고 있다고 고민했다. 메리는 기도에 매달리며 "위대한 조물주를 생각하기 시작했고, 그분의 속성들을 올바로 이해했고, 특히 그분의 지혜와 선함에 대해 곰곰이 생각했다."[2]

한편 메리의 어머니는 몸을 따뜻하게 감싸고 침대 겸용 소파에서 시간을 보내며 자신의 질병을 두고 불평을 늘어놓고 로맨스 소설을 읽거나 낮잠을 자곤 했다. 메리는 어머니의 무력함을 경멸했지만 그래도 어머니의 관심을 계속해서 바라지 않을 수 없었다. 메리가 어렸을 때와 달라진 것은 많지 않았다. 네드는 집을 떠났지만 여전히 어머니가 가장 총애하는 자식이었고, 지금도 어머니가 조금이라도 관심을 기울이는 유일한 자식이었다. 메리는 어렸을 때처럼 어머니에게 속마음을 털어놓으려 했지만 어머니는 메리를 비웃었다.[3] 아든 가족도 가까이 없고 책을 읽거나 공부할 기회도 없는 상태에서 메리는 우울한 기분을 떨쳐낼 수 없었다. 아버지의 학대를 목격한 이후 결혼에 강력하게 반발했지만, 결혼을 하지 않으면 평생 어머니와 함께 살아야 할 처지였다. 이제 열여덟 살인 네드는 런던의 법률사무소에서 일했고 열세 살의 헨리는 베벌리에서 어느 의사의 도제로 들어갔다. 18세기의 불공정한 상황을 보여주는 전형적인 사례였다. 둘 다 가족에게서 독립했고 자립해서 살아가는 데 반해 세상에 나아가기를 열망했던 메리는 가정의 울타리 안에 계속 머물러야 했다.

그해 말에 메리는 신경쇠약증을 일으킬 지경에 이르렀다. 식사를 중단했고 머리도 감지 않았고 두통과 열병에 시달리며 신경 발작을 일으켰다. 생각에 잠겨 거의 밤새도록 앉아 있었고 낮이면 기진맥진했다. 다행히도 이웃인 클레어 부인이 이 음울한 십 대 소녀에게 관심을 갖고 차를 마시러 오라고 초대했다. 첫 방문이 순조로웠기에 연달아 방문이 이어졌고, 오래지 않아 클레어 부인과 그 남편 헨리 클레어 목사는 메리에게 몇 주간 함께 지내자고 요청해 왔다. 메리의 어머니는 딸이 집에서 집안일을 하는 것을 더 좋아했겠지만 초대를 거절할 용기가 없었다. 또한 이런 방문이 어디로 이어질지 그려볼 능력도 없었다. 만일 그런 능력이 있었다면 강하게 반대하며 싸웠거나 남편을 싸움에 끌어들였을 것이다.

헨리 클레어는 기인이었다. 정신병자들의 마을인 혹스턴에서도 그는 눈에 띄게 기묘해 보이는 인물이었다. 그는 14년간 똑같은 신발을 신었는데 밖에 나가는 일이 거의 없기 때문이었다. 놀랍도록 여위고

등이 굽고 얼굴빛이 종이처럼 창백했던 그는 오래전부터 시와 철학을 연구하는 데 전념했고 사소한 잡담을 할 줄 몰랐다. 명랑하고 열심히 일하는 그의 아내가 친지들과 이웃과의 관계를 유지해 왔고 집안일을 도맡아 처리하면서 남편이 밤늦도록 앉아서 글을 쓰고 거의 아무도 읽지 않을 문장들과 씨름하도록 해주었다. 클레어 목사의 행동은 엘리자베스 같은 사람에게는 무의미해 보였겠지만, 열다섯 살의 메리 울스턴크래프트는 사도처럼 치열한 그의 정신, 일상적 관심사를 묵살하는 그의 고결한 태도에 마음이 끌렸다. 실로 클레어 목사는 바로 메리가 필요로 했던 것의 화신이었다.

클레어 부부는 메리가 유행과 결혼에 관심을 쏟는 또래 여자애들과 다르다는 것을 곧 확실히 알아차렸다. 메리는 혹스턴으로 이사하면서 중단된 교육에 불만스러워하면서 어떤 책을 읽어야 할지, 어떤 철학자들을 공부해야 할지 클레어 씨에게 조언을 구했다. 클레어는 메리를 서재에 들어오게 했다. 그는 자기 내실에 사람을 들이는 일이 거의 없었으므로 이것은 영광스러운 일이었다. 여기서 메리는 성인이라도 기뻐했을 헌신으로 그를 사모했다. 비세속적인 클레어는 그러한 헌신을 신성한 의무로 받아들였다. 클레어는 메리에게 존 로크의 사상을 소개했다.[4] 1701년에 옥스퍼드대학에서 금서가 된 로크의 책은 클레어 같은 비국교도 진보주의자들이 지금까지 성서 연구에만 적용했던 분석적 열정을 쏟아 그를 연구하도록 자극했다.

위대한 정치철학자 로크의 원칙 — "동일한 인종과 계급의 인간들은 … 평등해야 … 한다."[5] 그리고 아내에게 남편의 삶을 지배할 권리가 없듯이 남편에게는 "(아내의 삶을 지배할) 권리가 없다."[6] — 은 메리에게 새로운 활력을 주었다. 메리는 아버지에게 가족을 억압할 권리가 없으며 네드를 특별 대우하는 것은 불공정하다고 느껴 왔다. 이제 로크의 책을 읽으면서 자신이 느낀 감정에 윤리학적 토대가 마련되었다. 스스로 미래를 만들어 가는 것은 자신의 권리일 뿐 아니라 모든 사람의 권리였다. 사실 로크의 사회 계약론은 저항을 불의에 대한 유일하게 합리적인 반응으로 보이게 만들었다. 폭정을 무너뜨리는 것은 인간의 의무이며, 인민의 자유를 보호하지 않는 정부는 불법적이다. 아내와 자식을 학대하는 아버지는 자기 권리를 상실한다.

1775년은 혁명의 해였다. 이 시기의 선동가 몇 명만 들자면 토머스 페인(Thomas Paine, 1737~1809), 패트릭 헨리(Patrick Henry, 1736~1799), 존 애덤스(John Adams, 1735~1826)와 새뮤얼 애덤스(Samuel Adams, 1722~1803)는 모두 미국의 독립이라는 동일한 결론을 향해 줄달음치고 있었다. 십 대의 메리 울스턴크래프트가 로크를 읽고 있을 때 애덤 스미스(Adam Smith, 1723~1790)는 《국부론》을 쓰고 있었고, 에드워드 기번(Edward Gibbon, 1737~1794)은 기독교를 가차 없이 비판하며 이교도의 로마를 칭송하는 《로마 제국의 쇠락과 멸망의 역사》 1권을 끝내고 있었다. 3월에 아일랜드 출신 정치인 에드먼드 버크(Edmund Burke, 1729~1797)는 미국 식민지 주민들을 위한 주장을 펼치면서 미국은 "자유의 성소"가 되어야 한다고 의회에서 역설했다.[7] 유니테리언 교파*의 성직자이자 철학자인 리처드 프라이스(Richard Price, 1723~1791)도 6만 부가 팔리며 큰 성공을 거둔 저서 《시민의 자유의 성격에 관한 고찰》(1776)에서 미국의 자유를 옹호했다. 메리가 열여섯 번째 생일을 맞기 전 주에 폴 리비어는 그 유명한 질주를 했고,** 렉싱턴그린에서 발사된 소총탄 소리***가 전 세계에

---

* 18세기에 등장한 비주류 기독교 교파로 이신론의 영향을 받아 반(反)삼위일체론을 주장했다.
** 은 세공사였던 폴 리비어(Paul Revere)는 1775년 4월 18일 영국군이 미국 독립파 민병대의 무기고를 야간에 습격할 것이라는 소식을 알려 미국독립전쟁에서 큰 공을 세웠다. 리비어 덕분에 민병대는 첫 전투인 렉싱턴 전투와 콩코드 전투에서 영국군을 물리칠 수 있었다.

울렸고, 서른한 살의 버지니아인 토머스 제퍼슨은 로크의 《통치론》을 샅샅이 뒤져 일 년 후 미국의 독립을 옹호하는 자신의 주장에 불어넣을 사상을 찾았다.

그해 봄 어느 날 클레어 부인은 메리를 데리고 템스강 남쪽의 뉴잉턴 버츠 마을에 사는 블러드 가족을 방문했다. 소박한 정원을 갖춘 자그마한 집들이 모인 평범한 마을이었다. 그러나 메리와 클레어 부인이 블러드 가족의 오두막에 도착해서 열여덟 살 먹은 패니 블러드의 환영을 받았을 때 메리는 경탄스러운 마음에 압도되었다. 그 집 장녀의 온화한 우아함에 메리는 마음이 설렜다. 클레어 부인이 블러드 부인과 한담을 나누는 동안 메리는 연약한 패니가 분주하게 어린 동생들을 먹이고 보살피는 것을 지켜보았다.[8] 패니와 이야기를 나눌 기회가 생겼을 때 메리는 자기보다 나이가 많은 그 소녀의 영리하고 재치 있고 참을성이 강한 성품에 매료되었다. 방문이 끝날 무렵 메리는 패니와 친구가 되겠다고 속으로 맹세했다.[9]

메리와 마찬가지로 패니 블러드는 자식이 많은 집의 장녀였다. 또한 메리처럼 패니의 아버지도 알코올 중독자이자 도박꾼이었으며 폭력적이지는 않았지만 생활비를 벌지 못했다. 블러드 부인은 소소한 바느질거리를 맡아서 일했지만 실제로 가족을 부양한 것은 패니였다. 재능 있는 화가였던 패니는 식물학자인 윌리엄 커티스에게 고용되어 그의 두 권짜리 책 《런던의 꽃》에 실릴 야생화 표본을 그렸다.[10] 패니의 직업은 메리에게 여성이 풍부한 재능으로 어떤 능력을 발휘할 수 있는지를 보여준 진정한 첫 번째 사례였다. 패니는 어머니의 도움을 받아 가족의 생계를 유지했고, 남자의 도움 없이도 가족이 품위 있는 생활을 누릴 수 있게 만들었다.

*** 매사추세츠주 렉싱턴에서 영국군과 미국 민병대가 맞붙은 사건을 가리킨다. 이곳에서 미국독립전쟁의 서막을 알린 최초의 충돌이 벌어졌다.

두 소녀는 너무 멀리 떨어져 살았기에 서로를 자주 볼 수 없었으므로 메리는 편지를 주고받을 수 있게 해 달라고 패니에게 요청했다. 이 편지들은 하나도 남아 있지 않지만 메리는 패니의 글이 자신의 글보다 훨씬 탁월하다고 생각했다. 메리는 패니가 '남성적'인 지성을 갖고 있다고 말했는데, 그 형용사는 '건전한 판단력'을 지닌 여성에게 붙이는 단어였다.[11] 메리가 패니처럼 글을 잘 쓰는 법을 알고 싶다고 고백하자 패니는 가르쳐주겠다고 제안했다. 메리는 패니만큼 다른 사람을 사랑한 적이 없다고 선언했다. "나는 (패니를 향한) 찬사를 언제까지고 되풀이할 수 있어."[12] 메리는 제인 아든에게 보낸 편지에서 이렇게 말했다. 새 친구를 찾으며 자신을 저버린다고 과거에 제인을 비난했던 그대로 제인을 대하고 있었지만 그런 행동을 뉘우치는 모습은 보이지 않았다. 다행히도 너그러운 제인은 친구의 변덕스러운 애정에 상처를 입었다는 말을 전혀 하지 않았다.

오래지 않아 메리는 새로운 미래를, 결혼하지 않고도 가족에게서 벗어날 수 있을 방안을 꿈꾸기 시작했다. 패니와 가정을 꾸리면 방해받지 않고 독서하고 연구하며 서로 동등한 존재로 살아갈 수 있을 것이다. 메리는 어떤 남자와 결혼하기보다는 새 친구와 함께 살아가고 싶다고 제인에게 쓰면서 이렇게 단언했다. "이 결심이 조금 기이하게 보이리라는 것은 알고 있어. 하지만 나는 내 성향뿐 아니라 이성의 명령에 따라서 그렇게 결심한 거야."[13]

18세기에 여자 친구들 사이에서 과장된 애정을 표현하는 편지를 주고받고, 손을 잡고, 함께 춤추고, 자신들을 연인이라고 생각하지 않으면서 서로를 향해 열렬한 그리움을 표현하는 것은 일종의 시대 풍속이었다. 심지어 메리도 다른 여성에 대한 열정에 종종 휩쓸렸지만, 가까운 여자 친구들끼리 "점잖게 신체적으로 자제"하는 것이 중요하다고 생각했다.[14] 메리는 패니와 우정 관계에서 "가장 합리적인" 다음 단계는 동거라고 생각했다.[15] 패니의 학식과 교양을 통해 메리 자신을 향상시키는 데 도움을 받을 수 있을 테고, 메리 자신은 힘과 용기로써 이 가혹한 세상에서 자기 두 사람을 보호할 것이었다. 두 사람이 함께 살아가면 각자 집안 남자들의 횡포에서 벗어날 수 있을 터였다.

그런데 메리는 패니가 약혼했다는 중요한 사실을 간과했다. 패니의 구혼자는 휴 스키스라는 약간 통통하고 자기 만족에 빠진 남자였다. 그는 일 년 이상 패니에게 구애했는데, 자신의 작은 초상화를 남기고는 자기 사업을 감독하기 위해 포르투갈로 떠나버렸다. 그러면서 재정적으로 자신의 미래가 탄탄하게 자리 잡을 수 있겠다는 확신이 들면 돌아와서 결혼하겠다고 약속했다. 메리의 관점에서 볼 때 휴 스키스는 패니를 진심으로 사랑하지 않았다. 그가 떠났다는 사실이 곧 그 증거였다. 하지만 패니는 휴가 돌아올 거라는 생각에 매달렸다. 패니는 휴에게 애정을 품고 있었다. 게다가 휴와 결혼하면 패니와 그녀의 가족은 경제적 안정을 얻을 수 있을 것이었다. 메리는 패니에게 이런 경제적 지원을 해줄 수 없었다. 패니와 같은 재능을 갖지 못한 중산층 여성이 얻을 수 있는 일거리는 고작해야 교사나 가정교사, 또는 노부인의 말동무 같은 보수가 낮은 자리뿐이었다. 가능한 선택지들이 썩 달갑진 않았지만 메리는 친구와 새로운 삶을 시작하겠다고 결심했고, 그래서 일자리를 얻기로 결정했다. 이것도 쉽지 않은 일이었다. 제대로 가정교육을 받은 젊은 여성이 일자리를 구하기 위해서 낯선 사람들에게 접근하는 것은 볼썽사나운 일로 여겨졌기 때문이다. 다행히도, 아마 클레어 씨를 통해서, 메리는 배스에 사는 나이 많은 과부의 말벗이 될 기회를 얻게 되었다. 메리는 교사나 아니면 가정교사라도 되는 쪽을 선호했겠지만 정말로 중요한 것은 돈을 버는 것이었다. 가족에게서 금전적 지원을 받지 못하리라는 것은 분명했다. 네드는 최근에 성년이 되면서 할아버지가 물려준 상당한 유산─집안 재산의

3분의 1 혹은 대략 5천 파운드—을 받았지만 아무 도움도 주지 않을 것이다. 관습적으로 결혼할 때 남자 형제들은 미혼의 누이들에게 약간의 지참금을 제공하거나 함께 살자고 제안하지만, 실제로 네드는 결혼하면서 울스턴크래프트 집안의 재산을 독차지했다. 이런 불공정한 처사에 메리는 격분했다. 지참금이 없으면 여동생들이 남편감을 찾기 어려울 터였다. 메리 자신은 결혼을 원하지 않지만 일라이자와 에버리나에게는 결혼할 기회가 주어져야 마땅하다고 느꼈다. 메리 자신을 놓고 보자면, 아주 적은 비상금이라도, 오빠가 소유한 재산의 극히 일부라도 있었으면 새로운 삶을 시작하는 데 도움이 되었을 테고 불가피한 노동에서 벗어날 수 있었을 것이다.

1778년 봄에 열아홉 살의 메리는 역마차를 타고 새 고용주의 집으로 갔다. 성미가 고약하고 교만한 세라 도슨은 이미 말벗들을 계속해서 쫓아낸 적이 있었다.[16] 하지만 메리는 앞서 고용된 여자들보다 더 강했다. 메리는 도슨 부인을 싫어했지만 그 일을 필요악으로 여겼고, 고통스러운 심정을 제인 아든에게 보내는 긴 편지에 쏟아냈다. "괴로움과 실망감이 늘 나를 따라다녀. … 나는 예전의 모든 관계에서 멀리 떨어져 나와 낯선 사람들 한가운데 있지. … 바쁘게 돌아다닐 기운도 없어."[17]

하지만 세상의 다른 사람들에게 배스는 꼭 가봐야 할 명소로서 한창 인기를 누리고 있었다. 부유하고 유명한 사람들은 대부분의 질병에 효력이 있다고 여겨진 광천수를 마시러 왔고, 공회당을 거닐며 다른 사람들을 구경하기도 하고 자기들 모습을 과시하기도 했다.

생전 처음 상류사회를 접했을 때 메리는 사람들의 위선적인 매너에 대해 불평했고, "매일 눈앞에서 보이는 무의미한 문안 인사"를 조롱했다.[18] 메리는 도슨 부인이 가는 곳이 어디든 동행해야 했지만 옆으로 물러나서 계속 지켜보고 누가 말을 걸지 않는 한 입을 열지 않아야 했다. 이렇게 주변적 인물로 내몰리는 처지에 메리는 격분했다. 그것은 어머니가 받았던 학대를 연상시키기도 했다.

상류사회에 대한 메리의 조롱은 상대적 빈곤에서 기인했을 것이다. 메리는 원했더라도 유행에 맞게 옷을 입을 경제적 여유가 없었다. 젊은 여성들은 줄무늬가 있는 고급 태피터로 속치마를 만들어 입었고, 값비싼 코르셋을 몸에 너무 꼭 끼게 끈으로 묶어 졸도하기도 했다. 그들은 엉덩이 주위로 스커트가 퍼지도록 뻣뻣한 실크 테를 둘렀는데 엄청나게 비쌌고, 넓이가 최소한 150센티미터는 되어서 무도회장을 걸어 다니거나 좁은 문간을 통과하거나 심지어 무릎을 굽혀 절할 때도 넘어지지 않도록 아주 조심해야 했다.

사교계 여성들은 납 성분이 들어간 값비싼 분으로 얼굴을 뒤덮었는데, 그 '하얀' 분 때문에 상류층 여자들, 가장 유명한 인물로 거닝 자매가 죽음에 이르렀다는 것을 모두 알고 있었다.[19] 하녀들은 안주인들의 뺨에 볼연지를 여러 번 칠했고, 때로 입술 옆에 검은 점을 그려 넣었다. 머리카락은 적어도 60센티미터의 가파른 탑 모양으로 올렸는데, 이런 헤어스타일은 많은 돈이 드는 기술의 개가였다. 고도로 훈련된 하인이 있어야 정수리에 철사로 만든 원뿔을 붙이고, 머리칼을 빗어 올려 길고 작은 천 조각에 붙여 그 아래의 구조물을 감추고, 그것을 "거꾸로 빗어"서 "곱슬곱슬"하게 보이도록 만들 수 있었다.[20] 만약 그런 헤어스타일을 만들 때 머리숱이 충분하지 않으면 가발 가게에서 말총이나 머리칼로 만든 인조 곱슬머리를 살 수 있었다. 전체 구조물 위에 종종 희귀한 (그리고 값비싼) 타조 깃털이나 리본을 달고 그런 다음에 분가루를 뿌렸다.

18세기 미용의 핵심은 부유함을 과시하는 것이었다. 당시의 반듯반듯하고 질서정연한 정원이 자연스러운 성장을 억제하고 일정한 형태를—상록수는 딱딱한 원뿔형으로 전지하고, 오솔길은 말끔하게 기하학적 형태로 구성하고, 그리스 신전을 본뜬 건물은 완벽한 대칭을 이루도록—만드는 정원사의 능력에 중점을 두었듯이, 여성의 외모는 얼마나 많은 하녀를 부릴 수 있고 보석을 얼마나 많이 소유하고 있는지를 내보이도록 꾸며졌다. 숙녀들은 타고난 자질을 감추거나 키우기 위해서 열심히 노력했다. 드레스는 아무리 화려해도 괜찮았고, 스커트는 아무리 넓어도 괜찮았고, 헤어스타일은 아무리 별나도 괜찮았다. 인공적인 꾸밈은 미덕이었고, 정교한 공예술과 뛰어난 취향의 증거였다. 해전에서 거둔 승리를 기념하기 위해서 어떤 여자는 아주 별스럽게도 정수리에 값비싼 선박 모형을 붙였다. 다른 여자들은 나무나 새, 과일 모형을 자랑스럽게 과시했다. 사람들은 세련미와 매너를 가르치는 책을 사서 연구했다. 복잡한 댄스 스텝이 대유행이었다. 바로 사 년 전(1774년)에 프랑스 왕비가 된 마리 앙투아네트를 이상형으로 여겼기에, 양재사들은 앙투아네트의 드레스를 모방했고, 앙투아네트의 취향을 칭송했다. 마리 앙투아네트가 언젠가 부유한 귀족의 가증스러운 상징이 되리라고는 상상조차 할 수 없었다. 또한 우아하기보다 꾸밈없는 것, 세련되기보다 자연스럽게 보이는 것을 선호하는 사람이 있으리라고는 생각할 수 없었다.

배스의 귀족적 상류사회에 넘치는 호사스러운 사치품의 수렁 속에서 메리는 이곳은 분명 자기에게 맞지 않는 환경이라고 느꼈다. 늘 그랬듯이 메리는 소외감을 미덕으로 삼았고 제인 아든에게 이렇게 썼다. "나는 가급적 (이런 세계에서) 물러나고 싶어. 특히 상류층 생활이 역겨워. 나는 관객일 뿐이야."[21] 하지만 이 말은 정확하지 않은 묘사였음이 분명하다. 고용된 말벗에 불과한 존재였지만 메리는 사람들의 관심을 끌었다. 메리의 불그레한 금발은 고리처럼 곱슬거렸는데, 도슨 부인이 고집을 부리며 강요할 때만 마지못해 머리에 분을 뿌렸다. 입술 모양은 완벽했고 몸매는 여성적이었다. 피부는 크림색이고 뺨은 발그레했다. 웃거나 미소를 지으면 얼굴이 따뜻하게 달아올랐다. 철학이나 문학이 화제에 오르면 말하기를 좋아했고, 인상적이고 매우 영리해 보였다. 남자들은 메리에게 매력을 느꼈다. 메리는 도슨 부인과 지내는 동안 연애 장난을 즐겼던 듯하다. 메리보다 나이가 많고 유명한 목사 조슈아 워터하우스가 죽은 후 그의 소지품에서 메리의 편지 몇 통이 발견되었다.[22] 당시에 독신 남자와 여자가 편지를 주고받는 것은 둘의 관계를 적어도 잠재적 연애 관계로 간주할 만큼 이례적인 일이었다.

하지만 메리는 워터하우스 같은 남자는 자기 수준을 넘어선다고 생각했을 것이다. 자기 가족은 너무 가난했고 워터하우스는 사회적으로 너무 높은 신분이었다. 그러나 메리는 이런 일로 낙심하지 않고 가난을 훈장처럼 여겼으며, 함께 지내는 사람들과 달리 자신은 원칙이 있고 자기 훈련이 가능한 여성이라서 우월하다고 주장했다. 메리는 수수한 옷밖에 없었고 화장도 전혀 하지 않았다. 사치스러운 생활을 갈망하지도 않았다. 그 대신 교회에 갔고, 가난한 사람과 병든 사람들을 걱정했고, 그들의 고통을 덜어줄 수 있기를 바랐다.[23] 메리는 존 밀턴(John Milton, 1608~1674)의 《실낙원》과 제임스 톰슨(James Thomson, 1700~1744)의 사색적인 장시 〈사계절〉을 읽었다. 할 수 있을 때마다 긴 산책을 나가서 "빛과 그림자의 다양한 배치"와 "햇살이 멀리 떨어진 언덕을 언뜻 비출 때의 아름다운 색조"에서 위안을 구했다. 도슨 부인과 그 친구들이 페이스트리 케이크와 육즙이 많은 구운 고기를 게걸스레 먹고 뜨거운 초콜릿에 크림을 부어 마실 때 메리는 수도사가 먹을 법한 음식을 고집했다. "난 이제 혼자서 포도 한 송이와 빵 껍질로 저녁을 먹을 거야." 메리는 제인에게 이렇게 썼다. "깨끗한 물 한 잔으로 네 건강을 위해 건배할게."[24]

도슨 부인은 예전의 말벗들이 자기 비위를 맞추고 자신의 미모와 우아함, 세련미를 칭찬했던 것과 달리 이 새로 온 아가씨는 모든 사람과 모든 것을 경멸하는 듯이 보인다는 것을 곧 알게 되었다. 왕족이라도 메리의 독설에서 자유롭지 못했다. 어느 왕의 가엾은 말들이 쓰러져 죽을 때까지 달렸다는 이야기를 들었을 때 메리는 제인에게 쓴 편지에서 정의로운 분노를 표출했다. "음식으로 필요하거나 우리에게 해를 끼친 경우가 아니라면 어떤 생물이든 끝장을 내는 것은 살인이라고 생각해."[25]

이 시기에 메리는 가급적 집에 편지를 보내지 않았다. 자신이 보나마나 듣게 될 비난을 피하기 위해서였다. 메리가 배스로 떠나올 때 어머니는 화가 나서 맏딸이 가족에 대한 '배려'가 부족하다고 비난했다.[26] 동생들은 버림받았다고 느꼈다. 메리는 항상 살림을 꾸려 왔고, 가족 모두를 돌보았으며, 술 취한 아버지의 위협을 막아냈다. 이제 메리의 자리를 대신 채워야 했던 여동생들은 분노했고 무능함을 느꼈다. 우리가 어린 형제자매들과 병든 어머니를 어떻게 돌볼 수 있는가? 가사를 꾸리는 것은 맏딸인 언니의 일이지, 우리의 일이 아니다. 메리는 왜 우리를 두고 떠났을까? 자신이 우리보다 더 낫다고 생각한 걸까? 어떻게 감히 독립하려고 마음을 먹을까? 메리는 가족에게 충실해야 한다. 동생들이 보내온 편지는 분노에 차 있었고, 메리는 당대 여성이 직면할 수 있는 최악의 비난, 즉 이기적이라는 비난에 맞서 자신을 변호했다.[27]

메리는 로크의 이론과 루소의 저서에서 용기를 얻었다. 루소는 로크의 사상을 한 단계 더 발전시켜 자유야말로 가장 중요하고 복종과 종속은 사회적 억압의 징후라고 주장했다. 그에 따르면 인간은 완전한 독립이라는 천부적 권리를 누려야 했다. 여성도 그래야 한다고 메리는 추론했고, 그것은 곧 자신에게 가족의 요구에 저항할 권리가 있다는 뜻이었다. 메리는 자신이 관습을 어기고 있음을 알았고, 자매들에게 미안한 마음이 들었으며, 어머니에게 비난받기 싫었다. 하지만 자신이 혹스턴에서 너무나 절망적인 기분에 빠져 있었고 집에 갇혀 폐소 공포증을 앓던 것을 떠올리면서 집에 돌아가면 다시 위험해지리라고 생각했다. 자유를 위해 다시 도전할 힘을 잃을지도 모른다. 집에 갇히기보다는 도슨 부인의 명령대로 움직이고 도슨 부인의 손님들에게 무시당하고 다른 하인들에게 경멸받고 배스 상류층의 경박한 언동을 견디는 편이 더 나았다. 적어도 도슨 부인은 임금을 지불했고, 그 덕분에 아무리 요원하더라도 미래에 독립할 수 있으리라는 가능성이 생겨났다. 자매들과 어머니와 함께 살아가는 미래는 하루하루 단조롭고 공허할 것이었다.

1781년 가을에 엘리자베스 울스턴크래프트의 질병이 중증으로 악화했다. 그 바람에 메리는 도와 달라는 동생들의 요청에 더는 버틸 수 없어 마지못해 집으로 돌아갔다. 어머니는 명확히 밝혀지지 않은 질병으로 몸이 부어 고통스러워했다. 메리는 그것을 수종이라 생각했다. 오늘날에는 간이나 신장의 기능장애로 인한 온몸의 체액이 정체하는 부종으로 알려져 있다.[28] 한 달 한 달 지날 때마다 엘리자베스의 피부는 압력을 받아 더 팽팽해져서 손발을 움직이기가 더욱 힘들어졌다. 그녀는 봄이 오기도 전에 스스로 밥을 먹을 수 없게 되었다. 딸들이 옷을 입히고 목욕을 시키고 통증을 가라앉히려고 애써야 했다. 역설적이게도 엘리자베스가 가장 의존한 사람은 메리였고, 침대 옆에 맏딸이 보이지 않으면 불평을 심하게 늘어놓았다.

놀랄 일도 아니지만, 울스턴크래프트 집안의 남자들은 도와야 한다는 의무감을 전혀 느끼지 않았다. 에드워드는 아내의 투병이 시작되자 종적을 감췄고 거의 얼굴을 보이지 않았다. 그래도 가족의 생활비를 보태주었고 가장 긴급한 청구액을 지불하기 위해서 이따금 집에 들렀다. 메리는 모자라는 생활비를 자신이 번 돈으로 충당했다. 네드는 거의 관여하지 않았다. 헨리는 완전히 종적을 감춰서 어디에 있는지도 알아낼 수 없었다. 제임스는 선원이 되려고 멀리 떠났고, 찰스는 아직 열두 살밖에 되지 않았다. 하지만 메리가 집에 돌아가기를 거절했더라면 가족은 그녀를 용서하지 않았을 테고, 메리도 자신을 용서할 수 없었을 것이다. 딸의 자기 희생이라는 사회적 가치가 너무 확고하게 주입되어 있었던 것이다.

다음 이 년간 스물세 살이 될 때까지 메리는 어머니를 돌보는 데 온 힘을 쏟았다. 메리가 도슨 부인과 지내는 동안에 그 가족은 여러 차례 이사했고 결국에는 채링크로스 북쪽으로 약 16킬로미터쯤 떨어진 엔필드에 정착했다. 그 소도시에서 상류층이 거주하는 지역의 우아한 집에 살 능력이 없었으므로 그들은 변두리의 값싼 집에서 살았다. 메리는 친구 패니 블러드와 멀리 떨어진 채 여동생들과 그 집에 갇혀 지내면서 고립된 느낌이 들었다. 1782년 4월 19일에 엘리자베스는 마지막 혼수상태에 빠졌다. 그때 어머니가 처음에 중얼거린 말을 메리는 평생 잊지 못했다. 듣고 싶은 말이 아니기 때문이었다. "조금만 참으면 다 끝날 거야."[29] 이처럼 수동적으로 고통을 수용하는 말은 메리가 갈망했던 임종 시의 화해가 아니었다. 메리가 몇 년 후에 쓰게 될 소설 《메리》에서 죽어 가는 어머니는 이렇게 말한다. "아, 내 딸아, 내가 네게 늘 친절하지는 않았지."[30] 그러나 엘리자베스는 맏딸에게 결코 사과하지 않았다. 장남에 대한 편애도 버리지 않았고, 예의 바른 여성적 태도를 무시하는 메리의 성향과 메리의 열렬한 성격에 대한 혐오감도 극복하지 못했다.

어머니의 죽음 이후 메리는 제인 아든에게 심신이 "지쳤다"고 편지를 쓰면서 자신의 비참한 심정과 제인의 쾌활함을 비교했다.[31] "너는 여전히 잘 웃는 사람이지만 난 무감각한 멍텅구리야. 네가 나와 일주일을 같이 지내면 내게 죽도록 싫증이 날 거야." 엘리자베스가 죽고 며칠이 지난 후 메리의 아버지가 새 아내 리디아와 함께 집에 왔다. 그 관계는 엘리자베스 생전에 시작되었지만, 두 사람이 얼마나 오래 함께 살아왔는지는 누구도 알지 못했다. 그들은 막내 찰스를 데리고 웨일스로 떠났다. 메리는 얼마 남지 않은 어머니의 유물을 정리해 나눠주고, 자신과 여동생들이 살 곳을 찾아보고, 음식과 의복을 위한 돈을 긁어모아야 했다. 메리는 네드를 찾아냈고, 런던 탑 근처 세인트 캐서린 거리에 있는 그의 큰 집에 여동생 둘을 받아 달라고 설득했다. 그런 다음 패니의 강력한 권고에 따라 메리 자신은 월럼그린에 있는 블러드 가족의 집으로 옮겨갔다. 월럼그린은 템스강의 퍼트니 다리 근처 첼시에서 서쪽으로 몇 킬로미터 떨어진 곳에 있는 쾌적한 마을이었다. 여기서 메리는 블러드 부인의 바느질을 도우며 경제적 부담을 조금이라도 분담하려고 최선을 다했다. 메리가 블러드 가족과 일 년간 함께 지내는 동안, 원래 튼튼한 편이 아니었던 패니의 건강이 악화되었다. 패니는 기침을 하면서 피를 토했고 결핵 진단을 받았다. 패니의 병세는 비교적 심하지 않은 편이었지만 메리는 친구를 보호하려는 맹렬한 욕구를 느꼈다. 패니의 수입이 줄면 그들이 함께 살아가는 미래라는 꿈은 더욱 멀어지겠지만 그래도 작업 시간을 줄이라고 촉구했다. 메리에게는 패니의 회복이 가장 중요한 문제였다.

이런 근심에도 불구하고 메리는 자신이 사랑하고 또 자신을 사랑하는 가족과 살고 있었다. 한편 일라이자와 에버리나는 위세를 부리는 오빠와 인색하게 구는 올케의 집에서 달갑지 않은 궁핍한 누이로 얹혀살고 있었다.[32] 임금을 받는 가정교사나 말벗으로 일자리를 구할 수도 있었지만 그들에겐 언니 같은 진취적인 기질이 없었다. 오히려 메리가 남편 없이 스스로 자기 삶을 꾸려나가려고 필사적으로 몸부림치는 것을 보았으므로, 쾌활하고 매력적인 열아홉 살의 일라이자는 점잖은 미혼남이자 조선업자인 메러디스 비숍의 팔에 안겼다. 일라이자는 어머니가 죽은 지 여섯 달밖에 지나지 않은 1782년 10월 20일에 결혼했다. 메리는 동생이 "잘 선택했고, 신랑감으로 바람직한 직업을 가진 가치 있는 사람과 결혼했다"고 제인 아든에게 써 보냈다.[33] 메리는 일라이자가 이처럼 안정을 얻는 길을 택했다고 해서 비난하지 않았고, 실은 약간 안도감을 느꼈다. 이제 일라이자는 비숍의 책임이었다. 그가 일라이자를 돌봐줄 것이므로 메리는 걱정해야 할 사람이 하나 줄었고 패니와 함께하는 삶을 만들어 가는 데 집중할 수 있는 시간이 늘어났다.

5장

스코틀랜드의 백스터 가족
메리 고드윈 1810~1814

어린 메리 고드윈은 어머니가 살아 있었다면 훨씬 행복했을 것이라 믿었다. 우선 계모와 경쟁적인 의붓여동생, 또는 아버지의 관심을 빼앗아 간 남동생과 다툴 필요가 없었을 것이다. 다른 무엇보다, 어머니가 자기를 몹시 사랑했으리라고 메리는 확신했다. 울스턴크래프트가 패니를 위해 쓴 책들만 읽어봐도 어머니가 얼마나 사랑이 넘치는 사람인지 알 수 있었다.

외부 사람들에게는 메리와 의붓남매들이 행복한 가정생활을 누리는 것처럼 보였지만 메리와 새어머니의 반목은 시간이 지나면서 더욱 거세지기만 했다. 그 갈등은 열세 살이었던 메리의 손과 팔에 매우 고통스러운 습진이 돋았을 때 명백히 드러났다. 메리제인은 메리를 의사들에게 데려가고 바닷가로 여행을 데려가는 등 의붓딸을 도우려고 할 수 있는 일을 했다. 하지만 메리는 새어머니의 권위에 계속 저항했다. 제인처럼 떼를 쓰지는 않았지만, 돌처럼 차가운 침묵과 교묘하고 냉소적인 말로 새어머니를 존중하지 않음을 분명히 드러냈다.

습진이 낫지 않자 고드윈 부부는 메리를 런던 중심에서 약 130킬로미터 떨어진 인기 있는 해변 휴양지 램즈게이트에 있는 기숙학교로 보냈다. 그들은 공기가 맑은 곳에서 오래 머무르는 것이 치료에 도움이 되리라 희망했다. 하지만 메리는 온천 치료를 위해 몰려든 관광객들 사이에서 불행했고 습진도 낫지 않았다. 결국 메리는 6개월 만에 학교를 그만두었다. 집으로 돌아온 메리는 메리제인이 돈을 그러모아서 제인에게—오로지 제인에게—프랑스어와 성악 교습을 받게 해준 것을 알았다.[1] 메리제인은 자기 딸이 손님들 앞에서 노래를 부르게 했다. 제인은 관심을 받고 즐거워했고 패니는 의붓여동생의 재능에 갈채를 보냈지만, 메리는 자신과 패니가 의도적으로 배제되었다는 사실에 분개했다.

패니는 혹시 메리와 같은 분노를 느꼈더라도 그 감정을 절대 드러내지 않았다. 자신이 의붓부모에게 짐스러운 존재일 거라고 걱정했기에 말썽을 일으키지 않으려고 애썼다. 패니는 자기를 내세우지 않았고, 떨쳐버릴 수 없는 '무기력 상태', 우울증에 시달렸다.[2] 메리는 패니를 안쓰러워했지만, 제인은 패니에게 짜증을 냈다. 패니의 우울증을 '나태함'으로 오해한 고드윈도 마찬가지였다.[3] 패니는 아무것도 기대하지 않는 것 같았다. 패니는 남들 눈에 띄지 않는 것을 좋아했는데, 문제 있는 성향이었지만 고드윈 부부는 그 점에 관해 진심으로 우려한 적이 없었다. 패니의 침묵은 제인의 과장된 행동이나 고드윈이 메리의 '대담한' 태도라고 부른 것보다 대처하기가 훨씬 쉬웠.

고드윈은 메리가 나이가 들수록 '오만'해졌다고 생각했지만 그러면서도 딸에게 더 많은 것을 기대했고 바쁜 일과 중에도 시간을 내어 딸의 지적 발달을 관리했다. 후일 메리는 아버지의 가르침이 어떠했는지 회상했다.[4]

고드윈은 … 교육이라는 과업에 최대한 관심을 쏟았지만, 여러 면에서 그 일에 적합하지 않은 사람이었다. 그의 혹독한 처사는 말에 국한되었지만 그 말은 신랄하고 치욕적이었다. 그의 엄격함은 한 치도 벗어나는 때가 없었다. … 그의 질책은 지나치게 세밀했고 그의 가르침은 지나치게 엄숙하고 가혹했다.[5]

고드윈 자신도 비판적인 성향이 지나치다고 인정했지만 어쩔 도리가 없었다.[6] 그는 메리가 더욱 활기차게 노력하기를 원했다. 메리에게는 대단한 잠재력이 있었다. 그런데 왜 전력을 다하지 않는가? 메리는 언제나 아버지를 존중했지만 그런 압박을 받을 때면 반발감이 들지 않을 수 없었다. 고드윈은 딸의 나이를 고려하지 않았고, 메리가 다른 아이들보다 우월해야 한다고 믿었다. 설상가상으로 메리와 메리제인 사이에 갈등이 생기면 그는 늘 아내를 지지했다. 메리에게 이것은 배신행위였다. 그는 자기 아내, '두 번째' 아내를 가장 우선시했고 반면에 자기 딸 메리는 왠지 늘 잘못했다고 여겼다.

메리가 느끼는 외로움과 분노는 점점 커졌고, 결국 고드윈은 메리가 열네 살이 되었을 때 불행한 딸을 스코틀랜드로 보내기로 결정했다. 이렇게 이례적인 결정을 내리게 된 것은 윌리엄 백스터의 초대 때문이었다. 여러 해 전에 《정치적 정의에 대한 고찰》을 읽고 고드윈과 서신을 교환하기 시작한 급진적인 스코틀랜드인 백스터는 스코틀랜드의 외진 마을에서 삶의 영광을 논하고 있었다. 최근에 홀아비가 된 백스터는 메리에 관한 고충을 듣자 고드윈에게 메리를 자기에게 보내라고 말했다. 딸 네 명을 둔 백스터는 고드윈이나 메리제인과 달리 여자아이들이 가득한 집에 익숙했다. 메리는 문제없이 잘 어울릴 테고, 스코틀랜드의 맑은 공기가 병을 낫게 해줄 것이라고 백스터는 주장했다.

고드윈은 백스터를 실제로 만난 적이 없었지만 그의 계획에 동의했다. 고드윈은 백스터가 메리의 도착에 맞춰 준비할 수 있도록 다소 학교 교사처럼 자기 딸을 묘사한 편지를 보냈다. "나는 내 딸에게 흔히 악덕이라 불리는 것이 전혀 없고 상당한 재능이 있다고 믿습니다. 나는 메리가 … 철학자처럼 성장하기를 열망합니다. … 그 애가 특별한 관심과 대우를 받는 것은 원치 않습니다. 또한 메리에게 열심히 공부하려는 열의가 일어나기를 바랍니다. 그 애는 때로 대단한 인내심을 발휘하지만, 또 때로는 분발하도록 일깨워야 할 필요가 있습니다."[7] 고드윈은 백스터 가족이 메리를 어린 지식인으로 진지하게 받아들이기를 바랐고, 응석받이로 만들기 않기를 바랐다.

1812년 6월 7일에 메리는 스코틀랜드로 가는 오스나버그호에 올랐다. 아버지와 패니와 제인이 메리를 배웅하러 나왔지만, 메리제인은 슬픈 척도 하지 않았고 집에서 자신의 승리를 만끽했다. 메리는 뱃멀미를 하는 경향이 있었다. 고드윈은 일주일이나 걸리는 항해에 열네 살짜리 딸을 혼자 보내게 되어 '수천 가지 걱정'이 들었다고 잠시 방심한 순간에 백스터에게 고백했다.[8] 그는 딸을 돌봐줄 믿을 만한 나이 든 여성을 갑판 위에서 찾았지만, 그 여성은 배가 출항하자마자 메리를 내팽개쳤다. 경험이 없는 메리는 항해 내내 지독하게 앓았고 배에서 돈을 도둑맞았기에 돈도 한 푼 없이 뱃멀미로 기진맥진한 상태로 던디에 도착했다.

하지만 메리는 불평하지 않았다. 이 힘든 여행은 인생에서 새로운 장을 여는 것이었다. 마침내 메리는 계모로부터 해방되었다. 아버지는 그립겠지만 그의 감시와 가혹한 질책에서 벗어나 후련한 심정이었다. 전에 기숙학교에 있을 때 메리는 집에서 떨어져 사는 것이 어떤지를 맛보았다. 하지만 그곳에서는 규칙에 에워싸여 있었고, 메리제인과 아버지가 가까이 있었기에 계속 감시받을 수밖에 없었다. 결국 기숙학교는 두 세계가 최악으로 결합한 상황이었다. 런던 생활의 편안한 점은 전혀 없으면서, 스키너 거리의 집에서 메리제인에게 강요받는 것보다 더 많은 제약이 있었다.

게다가 스코틀랜드는 램즈게이트가 아니었다. 유럽에서 가장 문명화된 도시 중 하나인 에든버러가 남동쪽에 있었다. 이 도시는 계몽주의 철학자 데이비드 흄(David Hume, 1711~1776)과 애덤 스미스의 고향일 뿐만 아니라 뛰어난 대학의 본산이었다. 한편으로 하일랜드*는 세계에서 가장 거칠고 위험한 장소에 속했고, 잉글랜드의 지배에 저항한 수많은 반란의 무대이기도 했다.

19세기 잉글랜드인 관광객에게 스코틀랜드는 특별한 곳이었다. 메리는 초기 낭만주의 여행자들의 발자취를 따르고 있었다. 그들은 문명에서 탈출하기 위해 스코틀랜드에 갔고, 그곳에서 한 경험을 열광적으로 서술했다. 1803년에 낭만주의 시인 윌리엄 워즈워스와 여동생 도로시 워즈워스는 콜리지와 함께 탁 트인 시골 지역을 걸어 다녔고, 인적이 없는 외곽 지역과 외딴 오두막, 푸른 언덕과 드넓게 펼쳐진 황야에 매료되었다. 도로시 워즈워스는 스코틀랜드의 개천에는 다리가 필요 없다고 말했다. 신발을 신는 잉글랜드인들과 달리 스코틀랜드인들은 맨발이 물에 젖는 것을 개의치 않기 때문이었다.[9] 여관은 지저분했지만, 워즈워스 남매 같은 낭만주의자들은 울퉁불퉁한 바위투성이 시골 지역, 오래된 석조 교회, 고요한 시골길과 요새들로 이루어진 험준한 땅을 여행하면서 사소한 불편을 겪는 데 개의치 않았다. 여행이 끝난 후 도로시는 "스코틀랜드는 내가 본 어떤 곳보다 상상력이 풍부한 사람이 자기 나름의 즐거움을 얻을 수 있는 땅"이라고 선언했다. 메리도 오래지 않아 같은 생각에 이르게 된다.[10]

메리 고드윈이 1812년 6월 스코틀랜드에 도착했을 때, 하일랜드 사람들은 영국 국왕에 항복한 뒤에도 여전히 칼을 휘두르며 조지 3세를

하일랜드(Highland) 산지와 고원이 많은 스코틀랜드 북쪽 지역.

타도할 기회를 노리고 있었다.* 반란자들은 영국 군대가 각 씨족(clan)의 영역으로 너무 깊이 들어오면 게릴라전을 펼치며 진입을 방해했다. 영국군 지휘관들은 반란을 조장하는 혐의가 있는 자는 누구나 고문하고 투옥하고 처형했다. 백파이프를 지니고 있거나 연주만 해도 하일랜드 사람들을 투옥했다. 타탄 무늬 직물은 지난 세기 내내 불법으로 금지되었고 최근에야 금지 규정이 해제된 상태였다. 십 대 소녀에게 이러한 위험은 오히려 오싹할 정도로 낭만적으로 보였다. 에든버러 출신의 시인이자 역사가 월터 스콧(Walter Scott, 1771~1832)이 1810년 시극 〈호수의 여인〉을 출판한 뒤, 수많은 관광객들이 하일랜드로 몰려와서 스콧의 시를 암송하며 협곡을 따라 내려가거나 떨어지는 폭포를 바라보았다. 스콧의 작품에 등장하는 고결한 여주인공 엘런 더글러스는 메리가 원하는 모든 것을 구현한 인물이었다. 사랑스럽고, 용감하고, 비극적인 존재였다.

백스터 가족은 던디에서 동쪽으로 몇 킬로미터 떨어진 브로티 페리 마을에 살았다. 북해와 남쪽 하일랜드에서 멀지 않은 브로티 페리는 테이 만(灣)의 북쪽 기슭에 자리 잡고 있었다. 메리는 예전에는 자연을 특별히 사랑하지 않았지만, 이제 자연 찬미자가 되었다. 브로티 페리에는 늘 바람이 부는 것 같았다. 하늘은 끊임없이 새로워졌고 그런 하늘을 가로지르는 구름은 런던 거리를 뒤덮은 더러운 연무와 달리 깨끗하고 넓었다. 해가 지거나 뜰 때면 오렌지색과 분홍색으로 물든 창공이 머리 위에서 펼쳐졌고 붉은색이 강렬하게 폭발했다. 아버지가 할리 거리의 화랑에 데려가서 보여준 윌리엄 터너의 그림과 같았다.

---

* 스코틀랜드 왕국과 잉글랜드 왕국은 1707년 5월 1일에 체결된 연합법(Acts of Union)에 따라 '그레이트브리튼 연합왕국'이라는 단일 국가로 통합되었다. 이후 그레이트브리튼 왕국은 1801년 1월 1일에 아일랜드 왕국을 합병하고 '그레이트브리튼 아일랜드 연합왕국'으로 국명을 바꾸었다.

도시 뒤쪽으로 언덕이 경사져 오르며 하일랜드로 이어졌고, 남쪽으로 협만(峽灣)에서는 바닷물이 바람 부는 대로 반짝이거나 어두워지면서 변덕스럽게 요동쳤다.

백스터는 고드윈의 딸을 오래된 웅장한 저택, '코티지'에 반갑게 맞이했고, 메리는 따뜻한 환대에 기뻐했다. 백스터는 구(舊)급진파였지만 여전히 프랑스혁명의 신조를 받아들였고, 딸들에게 메리가 꿈도 꾸지 못했던 독자성을 허용해주었다. 훗날 메리는 다른 사람들은 스코틀랜드의 이 지역을 '공허하고 음산한' 곳으로 느낄지 모르지만 자신은 던비에서 '자유의 보금자리'를 발견했다고 말했다.[11]

메리와 나이가 가장 가까운 백스터의 딸 이저벨라는 열여섯 살이었고, 용수철처럼 꼬인 검은 곱슬머리와 검은 눈에 얼굴은 민감하고 영리해 보였다. 이저벨라는 활기차고 다정했으며, 메리가 되고 싶어 한 바로 그런 모습이었다. 이저벨라는 재잘거리며 웃음을 터뜨렸고 대체로 매사의 중심에 있었다. 반면에 메리는 침묵을 지키곤 했고, 주도적이기보다는 관찰자였다. 이저벨라 쪽에서 볼 때 메리는 어머니의 유산 덕분에 더욱 매력적으로 보였다. 메리는 이저벨라가 숭배한 메리 울스턴크래프트의 딸이었고, 조용한 태도는 신비롭게 보였다. 마치 메리가 숨기고 있는 비밀이 있는데 그녀의 호감을 얻지 못하면 알려주지 않을 것 같았다.[12] 메리가 그저 수줍어할 뿐이라는 생각은 떠오르지 않았다.

이저벨라는 자신의 아버지처럼 프랑스혁명에 열광했다. 그래서 프랑스혁명의 크고 작은 사건들을 공부하고 혁명 지도자들의 전기를 읽었다. 이저벨라는 혁명가인 샤를로트 코르데(Charlotte de Corday, 1768~1793)와 롤랑 부인(Manon Roland, 1754~1793)을 존경했으며, 그들을 마치 개인적으로 아는 듯이 이야기했다.[13] 단두대에서 처형되기 전에 롤랑 부인이 한 말—"오, 자유여! 너의 이름으로 얼마나 많은 범죄가 저질러졌는가!"—은 참을 수 없이 가슴에 사무치는 것 같았다. 샤를로트 코르데가 장폴 마라(Jean-Paul Marat, 1743~1793)를 용감하게 살해했듯이 이저벨라도 조국을 위해 자기 희생을 하고 싶었다. 이저벨라의 역사에 대한 열렬한 관심은 메리에게 계시와 같았다. 아버지 고드윈은 늘 역사 연구를 찬미했지만 이저벨라는 과거를 샅샅이 뒤져 현재에 관한 실마리와 낭만적 삶을 살아가는 방법에 대한 아이디어를 찾으려 했다. 연구를 위한 연구보다 훨씬 매력적인 전망을 이저벨라에게서 볼 수 있었다.

브로티 페리는 황야의 언저리에 있었지만 이저벨라와 메리가 몇 시간 동안이나 때로는 온종일 사라져 보이지 않아도 아무도 걱정하지 않았다. 이따금 메리는 이저벨라를 남겨 두고 바닷가 들판에서 혼자 여러 시간을 보냈다. 이곳에서 메리는 "그 시간을 창조물로 채워준" 상상력에 의지하여 '환상적인' 이야기를 쓰려는 꿈을 처음으로 꾸기 시작했다고 훗날 말했다.

백스터 가족의 집 근처에 15세기에 세워진 요새가 측면을 드러낸채 똑바로 서서 테이강 하구를 지키고 있었다. 요새의 탑 꼭대기에 오르면 강 건너 뉴버러 마을이 보였다. 그 마을에는 이저벨라의 큰언니 마거릿이 괴짜 남편 데이비드 부스와 살고 있었다. 날이 맑으면 두 소녀는 협만을 건너 부스 부부의 집으로 놀러 갔다. 회색 지붕널로 덮인 그들의 집은 언덕 비탈에 붙어 있어서 바다를 내려다볼 수 있었다. 마거릿은 환자여서 두 소녀를 대접해줄 수 없었다. 마거릿이 흔들의자에 앉아 앞뒤로 흔들리며 낮잠을 자는 동안, 마흔일곱 살인 남편은 독재의 폐해와 자유의 영광에 관해 메리와 이저벨라에게 이야기했다. 부스는 이웃 사람들에게 '악마'라고 불렸는데, 그의 급진적 정치관과 어마어마하게 축적한 불가사의한 지식 때문이었다.[14] 고드윈은 부스가 급진주의자로서 자기보다 영리한 유일한 사람이라고 평가했고, 메리는 그런 인물이 자신을 어른처럼 대해주자 가슴이 두근거렸다. 부스는 고드윈과 울스턴크래프트의 딸과 생각을 나누기를 열망했고, 메리에게 그녀가 특별한 존재이며 메리의 부모처럼 비범한 천재인 듯이 말했다.

백스터 가족의 집에서 이저벨라와 메리는 한방을 썼고 종종 밤늦게까지 앉아 비밀과 이야기를 나누었다. 그 대화의 많은 부분을 차지한 것은 두 소녀 모두 경탄한 데이비드였다. 이저벨라는 언니와 자리를 바꿀 수 있기를 꿈꾸기도 했다.[15] 두 소녀는 마거릿의 집에 갔을 때 다이아몬드 반지로 창유리를 긁어 자기들 이름의 첫 글자를 새긴 적도 있었다. 나중에 메리의 팬들이 창문에 그녀가 새긴 삐뚤빼뚤한 글자 MWG를 보려고 수천 킬로미터를 여행할 날이 오리라고는 꿈에도 생각하지 못한 채 말이다.[16] 부스 부부의 작은 집은 1970년대에 누군가 창문을 훔쳐 갈 때까지 순례지가 되었다.

이따금 백스터 가족은 던디에 가곤 했다. 이저벨라는 수많은 시를 외웠고 던디의 전설과 유령 이야기를 사랑했다. 거스리 거리의 끝자락에 작은 언덕이 있었는데 그곳에서 수백 명의 여자들이 마녀로 몰려 화형당했고 그들의 영혼이 아직도 떠돈다고 주민들이 말했다. 마을 뒤에는 '로'라고 불리는, 나무가 자라지 않는 현무암 언덕이 솟아 있었다. 그 지역 전설에 따르면, 처녀가 그 언덕 꼭대기에 올라가 소원을 빌면 이루어진다고 한다. 메리와 이저벨라가 실제로 소원을 빌었는지는 알 수 없다. 하지만 두 소녀는 많은 것을 원했다. 그들은 평범한 삶을 살고 싶지 않았다. 비극과 희생, 영광과 명성이 넘쳐나는 엄청나게 성공한 오페라 같은 삶을 꿈꾸었다. 그들의 외모가 여주인공처럼 보인 것도 그런 소망을 품는 데 한몫했다. 메리는 놀라울 정도로 피부가 희고 붉은 금발은 광채가 났으며, 이저벨라는 또렷한 검은 눈동자에 흐트러진 곱슬머리가 매력적이었다. 현재 유일하게 남아 있는 이저벨라의 초상화를 보면 그녀는 학식과 미모로 유명했던 비극적인 젊은 여왕 레이디 제인 그레이의 의상을 입고 있다. 제인 그레이는 1553년 7월 10일부터 잉글랜드를 겨우 9일 동안 통치하고 폐위된 후 처형되었다.

매주 시간이 지나면서 메리는 건강해지고 튼튼해졌으며 습진이 사라졌다. 하지만 고드윈과 백스터는 다만 다섯 달의 짧은 방문에 합의한 것이었기에 메리는 더 머물고 싶었지만 11월에 잉글랜드로 돌아와야 했다. 스키너 거리에 돌아오자 마치 집을 떠난 적이 없었던 것 같았다. 예전의 말다툼이 다시 격화되었고, 새로운 다툼이 생겨났다. 메리제인은 전과 마찬가지로 고집스러웠다. 고드윈은 자기 서재에 칩거하며 시끄러운 소리에 대해 불평했다. 패니는 전보다 더 눈에 띄지 않게 물러났다. 제인은 강아지처럼 메리를 졸졸 따라다녔다. 메리 자신은 분개했고 걸핏하면 싸우려 들었다. 다행히도 백스터 가족이 메리를 다시 초청하는 편지를 보내서, 1813년 6월에 날씨가 좋아지자마자 고드윈은 다시 메리를 스코틀랜드로 보냈다.

따스한 봄이 끝나 갈 무렵에 도착한 메리는 딘디를 향해 북쪽으로 나아가면서 가슴이 부풀어 올랐다. 공기는 축축했고 땅은 초록색으로 물들었다. 밤나무 숲에는 꽃이 만발했고 푸른 언덕은 신비로움과 설레는 낭만적 조짐을 드러냈다. 하지만 코티지에 도착했을 때 그 집 식구들은 슬픔에 잠겨 있었다. 이저벨라의 언니이고 데이비드 부스의 아내인 마거릿이 세상을 떠난 것이었다. 마거릿의 죽음은 가족에게 고통스러운 일이었지만 그로 인해 흥미로운 난국이 전개되었다. 데이비드 부스는 이제 마음대로 재혼할 수 있었다. 처음에 그는 메리에게 관심을 보였다. 메리는 우쭐한 기분이 들었지만, 도저히 믿을 수 없을 정도로 낭만적인 남자에게 매혹되고 싶었다. 부스는 이제 마흔여덟 살이었고 작은 체구에 가슴이 벌어진 남자였다. 교조적이고 근엄한 그는 이상적인 구혼자와는 거리가 멀었다.

데이비드 부스는 메리가 자신에게 관심이 없다는 것을 알게 되자 재빨리 방향을 바꾸었다. 몇 주가 지나자 그는 이저벨라와 사랑에 빠졌다고 선언했다. 남자가 아내의 여동생과 결혼하는 것은 교회법을 어기는 일이었기에 그의 행동은 지역 교회의 입장에서 보면 완전히 죄를 저지르는 선택이었다.

하지만 부스의 충격적인 청혼은 이저벨라가 늘 원했던 것이었다. 그녀는 규칙을 깨뜨리고 금기를 받아들이기를 늘 바랐다. 게다가 언니에게 늘 약간의 질투심을 느꼈다. 메리는 방관자 입장에서 이저벨라를 부추겼다. 엄청난 논란을 일으켰기 때문에 두 사람의 관계가 더 흥미진진해 보였다. 메리는 두 사람이 서로 사랑한다고 확신했고, 그렇다면 삼십 년 이상의 나이 차도, 교회의 반대도 장애가 되어서는 안 되는 것이었다.

이저벨라의 아버지도 메리와 마찬가지로 사랑이 모든 것을 넘어 승리해야 한다고 믿었다. 백스터는 격렬한 항의가 있을 것을 알았지만, 그해 가을에 두 사람이 약혼을 선언한 후 가족 전체가 파문을 당했을 때에도 충실하게 딸의 편에 섰다. 메리에게는 만족스러운 결말이었다. 백스터 가족은 전통적 규칙과 제약을 거부하고 사랑과 자유를 옹호했다.

1814년 3월 메리가 다시 잉글랜드로 돌아갈 때가 되었다. 메리는 슬픈 마음으로 백스터 가족에게 작별 인사를 했다. 메리는 언젠가 이저벨라와 다시 만나 낭만적 모험에 헌신하는 두 여주인공이 되어 힘을 합쳐 낫을 휘두르며 세상을 헤쳐 나갈 날을 꿈꾸었다.

스코틀랜드를 기억하려고 산 타탄 무늬 직물을 움켜쥐고 집으로 돌아왔을 때 메리 자신도 굉장한 연애를 하고 싶은 마음이 들었다. 이저벨라의 연애처럼 반역과 추방, 그리고 추문 같은 요소들이 섞인다면 더 좋을 것이다. 메리는 자신이 선택한 상대를 온 세상이 반대하더라도 아버지는 지지할 거라고 굳게 믿었다. 이저벨라의 아버지는 어쨌든 결국 고드윈의 제자였고, 그는 인습에 어긋나는 딸의 혼인을 축복했다.

하지만 실제로 메리의 아버지는 늘 그렇듯 냉담했고, 눈앞에 닥친 재정적 파산을 피하려고 필사적으로 애쓰고 있었다. 고드윈은 빚을 갚을 수 있는 마지막 희망은 메리가 스코틀랜드에 있는 동안 자신이 만난 상류층 청년에게 달려 있다고 말했다. 갈색 곱슬머리에 크고 푸른 눈을 가진 퍼시 비시 셸리(Percy Bysshe Shelley, 1792~1822)는 부유하고 제멋대로 행동하는 매력적인 젊은이였다. 그는 짓궂은 유머 감각과 급진적인 정치적 견해를 지니고 있으며 사람들에게 충격을 주는 경향이 있었다. 셸리는 종교를 통렬하게 비판한 글을 발표한 대가로 가장 친한 친구인 토머스 호그(Thomas Hogg)와 함께 옥스퍼드대학에서 쫓겨났다. 고드윈 집안은 셸리의 배교 행위에 호감을 느꼈다. 셸리는 과거에 《정치적 정의에 대한 고찰》을 읽었고, 스물한 살의 나이에 고드윈의 자유의 철학에 고무되어 아일랜드로 달려가 영국의 지배를 거부하는 저항 세력의 조직을 도왔다. 고드윈의 조언에 대한 답례로 셸리는 재정적 도움을 약속했다. 메리가 떠나 있는 동안 셸리는 고드윈의 집에 자주 찾아왔다. 패니에게 아주 부드럽고 조용히 이야기를 건네고 제인의 오두방정에는 폭소를 터뜨리며 웃었기에 두 소녀는 그를 약간 사랑하게 되었다. 어쩌면 사실이 아닐 수도 있지만 오랜 세월이 지난 후에 고드윈 부부는 그렇게 말했다. 불행히도 셸리에게는 벌써 아내가 있었다. 열아홉 살인 해리엇 웨스트브룩의 우아한 드레스와 미모에 패니와 제인은 깊은 인상을 받았다.

고드윈은 메리에게 가족과 함께 이 젊은이를 즐겁게 해주어야 한다고 말했다. 셸리가 찾아오면 최대한 예의 바르게 행동해야 한다. 그가 돈을 빌려주면 고드윈은 기울어진 가세를 바로잡을 수 있지만, 그러지 않으면 모든 것을 잃을 수 있었다.

고드윈이 알지 못했던 것은 셸리의 자금 조달력이 순전히 그의 부친이 통제하는 불안정한 미래 유산에 달려 있다는 사실이었다. 셸리의 아버지 티머시 경은 아들이 옥스퍼드대학에서 쫓겨나자 연락을 끊었다. 셸리가 가족 재산에서 짜낸 돈은 동전 한 푼까지도 길고 까다로운 소송 절차의 결과이거나, 사후 지불 날인 채무 증서라고 알려진 구식 대출 제도를 이용한 결과였다. '사후' 지불 규정에 따르면 셸리가 퍼시 경이 될 때 빌린 돈의 이자로 원금의 네 배까지 갚아야 했다.[17] 가족 재산을 자기가 좋아하는 혁명적 기획의 자금원으로 여겼던 셸리는 자신의 수혜자 목록에서 고드윈이 다음 순위라고 그에게 약속했다.

고드윈은 늘 변덕스러운 기분에 따라 행동하는 셸리가 그해 봄에 특히 불안정한 상태라는 사실을 알지 못했다. 셸리는 6개월 전에 해리엇을 떠났고, 아내와 살고 싶지 않았지만 아내가 없어서 외로웠다. 처음에 셸리는 자신의 결혼을 명예로운 구조 임무라고 생각했다. 열여섯 살의 해리엇 웨스트브룩을 숨 막히는 인습적인 가정에서 해방시켜준 것이다. 사실 여부는 분명치 않지만—해리엇은 셸리를 만나기 전까지 자신이 갇혀 있다고 느낀다는 낌새를 보이지 않았다—셸리는 그렇게 믿었다. 두 사람은 북부로 달아났고, 오로지 해리엇의 고집스러운 주장 때문에 결혼했다. 셸리는 결혼에 반대했다. 그는 결혼에 관한 고드윈의 초기 생각과 더불어 메리 울스턴크래프트가《여성의 권리 옹호》에서 결혼 제도를 경멸하듯 비판한 것을 읽었다. 고드윈은 개정되지 않은《정치적 정의에 대한 고찰》초판본에서 다음과 같이 선언했다.

현재 이해되는 바와 같이 결혼은 독점일 뿐 아니라 최악의 독점이다. 두 인간이 현재의 제도에 의해 자기 마음의 명령을 따를 수 없도록 금지되는 한, 편견이 살아남아 활개를 칠 것이다.[18]

이 문제에 대한 고드윈의 견해는 이미 오래전에 뒤집혔지만, 셸리는 자신의 멘토가 마음을 바꾸었다는 사실을 알지 못했고 고드윈이 여전히 자유로운 사랑의 신념을 지지할 거라고 믿었다.

해리엇은 셸리에게 완전히 매혹되어 있었기 때문에 그가 결혼 맹세에 저항하는 것을 가볍게 보아 넘겼다. 해리엇은 그를 따라 아일랜드로 갔고 그런 다음에 웨일스로 갔다. 웨일스에서 셸리는 선동적인 메시지를 병에 넣어 바다에 던지는 방법을 비롯해 항의 시위를 조직할 새로운 방안을 생각해냈다. 하지만 1813년에 모든 것이 바뀌었다. 해리엇이 딸 이안테를 낳더니 하룻밤 사이에 (셸리에게는 그렇게 느껴졌다) 돈과 잦은 이주를 두고 잔소리를 하기 시작했다.[19] 셸리는 환멸을 느꼈다. 철학은 어떻게 하란 말인가? 아일랜드의 반란은? 이제 해리엇은 자유라는 원대한 이상에 관심이 없어진 걸까? 셸리는 해리엇과 벌인 도피 행각을 후회하기 시작했고, 자신들의 결혼을 재앙이자 '경솔하고 열정이 없는 결합'으로 여겼다.[20] 그에게 가장 괴로운 점은, 만일 해리엇이 그가 생각한 여자가 아니라면, 그들의 결합은 거짓에 근거해 있으며, 어떤 대가를 치르더라도 진리에 헌신하고 철학자의 삶을 살려는 그의 꿈을 오염시킨다는 것이었다. 셸리는 자신의 위선 때문에 죄의식에 시달렸다. 몇 달 후 이런 심정을 친구인 호그에게 털어놓았다. "나는 마치 죽은 몸과 산 몸이 연결되어 역겹고 끔찍한 교감을 하는 듯이 느꼈다네."

셸리가 떠난 직후에 해리엇은 다시 임신했다는 사실을 알고 그에게 돌아오라고 애원했다. 하지만 셸리는 그 생각에 몸서리를 쳤다. 해리엇과 다시 사는 것은 퇴보하는 길 같았다. 그는 예전 삶에서 해방되고 싶었고, 이제 어떤 길을 선택해야 할지를 알려줄 무언가를, 어떤 징후—매, 일식, 꿈—를 찾았다.[21]

메리도 그해 봄에 변화의 전조를 찾고 있었다. 스코틀랜드 시골의 고요한 청록색 풍광은 도시의 소음과 먼지 속에서 잃어버린 꿈처럼 느껴졌다. 들판에 홀로 존재하던 적막의 시간은 사라졌다. 언덕에서 하던 긴 배회도 사라졌다. 그 대신에 메리제인과 패니, 제인, 이복 남동생 윌리엄과 티타임을 가져야 했다. 식구가 많은 스키너 거리의 집에서 사생활은 존재하지 않았다. 메리는 외로웠다. 영혼의 벗 이저벨라가 그리웠다.

메리의 어머니가 진술했듯이, 메리 같은 처지에 있는 젊은 여성이 선택할 수 있는 것은 거의 없었다.[22] 고드윈의 빚과 악명 때문에 딸인 메리의 미래는 밝지 않았다. 지참금 없는 신부를 원하는 구혼자는 아무도 없을 것이다. 메리가 교사나 가정교사, 또는 귀부인의 말동무가 되기를 원하지 않는다면, 가정의 수입을 늘리기 위해 서점에서 손님들의 시중을 들거나 아동용 책을 써야 할 것이다. 메리가 꿈꾸던, 사랑과 열정이 넘치는 삶은 불가능해 보였다. 다른 사람들에게는 놀라운 모험이 일어났지만 메리에게는 아니었다.

6장

뉴잉턴그린 학교의 교장
메리 울스턴크래프트 1783~1785

1783년 8월에 스물네 살의 메리 울스턴크래프트는 이모가 되었다. 열아홉 살인 일라이자가 메러디스 비숍과 결혼한 지 일 년이 안 되어 귀여운 여자 아이를 낳은 것이다. 일라이자는 자신의 어머니와 언니, 그리고 패니 블러드에게 경의를 표하는 의미에서 아기의 이름을 엘리자베스 메리 프랜시스 비숍이라고 지었다. 처음에 메리는 그 다행스러운 소식에 기뻐했다. 건강하고 귀여운 여자 아이. 자기와 이름이 같은 아이. 하지만 그들이 '작은 메리'라고 불렀던 아이가 세례를 받고 두세 달쯤 지난 11월에 일라이자의 남편이 긴급한 편지를 보냈다. 일라이자가 실성했다는 내용과 함께 메리에게 와서 도와 달라고 간청했다.

동생과 매제는 템스강 남쪽의 중산층 거주지인 버몬지에 살고 있었다. 메리가 그들의 큰 집에 도착했을 때, 일라이자는 언니 메리의 표현에 따르면 '광란의 발작'을 일으키고 있었다.[1] 눈동자가 돌아갔고 고열에 시달리는 듯이 온몸을 떨었다. 혼자서 중얼거리며 언니를 알아보지 못했다. 집안사람들은 혼란에 빠졌지만 일라이자는 아무것도,

아무도 알아차리지 못하는 것 같았다. 자기 내면으로 깊이 들어가 있어서 아무도 거기에 접근할 수 없었다. 메리가 묘사한 바에 따르면, 일라이자에게는 "이성의 흔적조차 남아 있지 않았다."

메리는 버몬지에 하루 이틀만 머물 계획이었지만 동생이 너무나 극단적인 상태에 빠져 있어서 내버려 둘 수 없다고 느꼈다. 메리는 매일 몇 시간이고 옆에 앉아서 동생을 품에 안고 책을 읽어주고 함께 기도하고 마차를 타고 다니면서 최선을 다해 동생에게 다가가려 했다. 이삼 주가 지나자 일라이자의 발작은 멎었지만 아직 정신이 돌아오지 않았다고 메리는 에버리나에게 편지를 보냈다. "일라이자의 머릿속에선 온통 혼란스럽고, 터무니없고 변덕스러운 수많은 생각이 상상 속을 떠돌다가 바로잡히지 않은 채 떨어져 나가고 있어."[2]

메리는 일라이자의 망상이 출산의 트라우마에서 생겼고 자상하게 돌봐주면 회복될 것 같다고 생각했다. '산후 우울증'이란 용어는 아직 만들어지지 않았지만 출산 직후가 여성에게 신체적으로나 정서적으로 위험한 시기라는 것은 널리 알려져 있었다. 수십 년 후 작가 윌리엄 새커리의 아내가 둘째 아이를 출산한 후 너무 실의에 빠진 나머지 아내를 보호시설에 보내야 했던 것은 유명한 사례다. 처음에는 메리의 생각이 맞는 것 같았다. 한 달여 정도 메리가 주의 깊게 돌본 후 일라이자는 서서히 조리 있게 말을 할 수 있게 되었다. 그런데 상황이 새롭게 전개되었다. 남편이 다가올 때마다 일라이자가 몸을 떨면서 소리를 지르고 그가 잔인하다고 비난하는 것에 메리는 주목했다. 이 반응은 정신착란이 더 진행된 증거일까 아니면 일라이자가 일으킨 신경쇠약의 근본 원인일까? 메리는 확신할 수 없었다. 상냥해 보이는 비숍이 여동생에게 가혹하게 대했을까? 그는 아내의 질병으로 상심한 것 같았다. 위기가 발생한 처음 며칠 동안 메리는 비숍의 감정에 동정심을 느끼며 귀를 기울였지만, 그가 옆에 있을 때면 일라이자가 공포에 사로잡히는 모습을 보면서 점차 의심을 품게 되었다. 어린 시절에 아버지 에드워드의 기분이 위태롭게 요동치는 것을 목격했기에, 메리는 밖에서 싹싹하게 구는 사람이라 해도 집 안에서 폭력적으로 굴고 끔찍한 비난을 늘어놓지 말란 법이 없다는 것을 알고 있었다. 그래서 비숍의 친구가 비숍은 "사자가 될 수도, 스패니얼이 될 수도" 있다고 말했을 때 메리의 근심은 더욱 깊어졌다.[3] 그 말은 에드워드 울스턴크래프트에게도 꼭 들어맞는 말이었다.

이렇게 마음을 정하지 못한 채 몇 주를 보내며 메리는 여동생과 자신의 마음 상태를 곰곰이 들여다보고 자기 감정을 정리하려고 애쓰면서 자주 편지를 썼다. 에버리나에게 보낸 흥미로운 편지에서 메리는 자신이 얼마나 혼란스럽게 느끼는지를 묘사했다. "무엇을 해야 할지 모르겠어. 가엾은 일라이자의 상황 때문에 내 머리가 돌 지경이야. 여기 머물면서 이 끝없는 고통을 지켜볼 수가 없구나. 그런데 위로해줄 사람 하나 없이 일라이자를 혼자서 견디라고 내버려 두는 건 더욱 괴로운 일이야. 일라이자를 현재 상황에서 구할 수만 있다면 무엇이든 하겠어."[4]

게다가 또 다른 시급한 문제가 있었다. 비숍이 정당하게 처신했는데 일라이자가 정신착란을 일으켰든 그렇지 않든 상관없이 남편에게는 아내를 정신병원으로 보낼 법적 권한이 있었다. 영국의 법은 결혼 관계에서 남편에게 절대적인 권한을 부여했기 때문에 보호시설에 보내는 것은 골치 아픈 아내를 처리하는 매우 일반적인 해결책이었다. 아내는 아무것도 소유할 수 없었고, 법적으로 아무 권리도 없었다. 훗날 메리는 "아내는 남편의 말이나 당나귀와 마찬가지로 그의 재산이어서 자기 소유물이라고 부를 수 있는 것이 하나도 없다"고 말하곤 했다.[5] 법적 보호가 없으므로 여성은 온갖 종류의 학대에 취약했다. 남편은 아내를 구타하고 나서 아내가 정신이상이라고 주장할 수 있었다. 아내가 도망가면 남편은 강제로 아내를 데려올 권리가 있었다. 남편은 아내를 굶기고 집 안에 감금할 수 있었다. 또한 아내가 의사의 치료를 받지 못하게 막을 수 있고, 아내의 고통을 덜어주고 도와줄 사람의 방문을 막을 수 있었다. 대부분 여성에게 비참한 결혼 생활에서 벗어날 수 있는 길은 죽음이나 도망뿐이었다. 이혼을 하려면 의회에 청원하는 과정을 거쳐야 했는데, 시간도 오래 걸리고 차마 엄두를 내지 못할 정도로 비용이 많이 들었다. 1800년 이전에 오직 132건의 이혼이 허락되었는데 원고는 모두 남자였다. 18세기에는 단 네 명의 여성이 법적 별거 소송에서 승리했다. 1857년이 되어서야 이혼법에 따라 양성 모두 이혼 절차를 시작할 수 있었다.

이 부당한 사법 제도의 문제는 메리의 마음을 떠나지 않았고, 그녀의 가장 유명한 저서 《여성의 권리 옹호》의 주장을 만들어내기에 이른다. 오랜 세월이 흐른 후에 쓴 마지막 소설 《마리아》에서도 그 흔적을 여전히 찾아볼 수 있다. 이 소설에서 메리는 사악한 남편이 법의 전적인 비호를 받으며 정숙하고 (온전히 정상인) 아내를 정신병원에 감금할 때 일어나는 고통을 묘사했다.

12월이 되자 일라이자는 순간순간 제정신으로 돌아오는 때가 있었지만, 비숍이 자기에게 무슨 짓을 했는지 설명하지 못했고 '학대'당했다는 말만 되풀이했다.[6] 메리가 짐작할 수 있는 최선의 가정은 비숍이 '성욕의 충족'을 자제할 수 없었다는 것이었다. 그것은 합의하지 않은 섹스를 가리키며 메리가 쓴 단어였다. '부부 강간'이라는 용어가 없었던 시절이었으므로. 사실상 결혼 관계에서 벌어지는 강간은 1991년까지 영국에서 범죄로 인정되지 않았다. 비숍이 무신경해서 그렇게 행동했는지 아니면 노골적인 공격이었는지 여부는 중요하지 않았다. 메리에게 중요한 점은 일라이자가 겁에 질려 있다는 사실이었다. 비숍도 본색을 드러내기 시작했다. 그는 일라이자의 비난에 화를 내며 부인했고, 그의 인정머리 없는 태도를 보고 메리는 내심 놀랐다. 비숍이 겁먹은 어린 아내에게 작은 공감이라도 표현했다면 메리는 그의 반대편에 서지 않았을 것이다. 하지만 일라이자가 제정신을 차리기 시작하자 비숍은 메리가 폭정이라고 부른 방식을 동원해 일라이자에게 다시 부부 관계를 강요하려고 시도했다. 비숍이 너무나 안달하고 있어서 메리는 자신이 거기서 동생을 보호하지 않으면 어떤 일이 일어날지 염려스러웠다. 에버리나에게 쓴 편지에서 메리는 "B가 안됐지만 어쨌든 그가 달라질 때까지 고통을 겪는 것은 그의 운명이야. 그가 바뀐다면 그건 기적이겠지."라고 말했다.[7]

일라이자의 고통은 단지 힘든 출산 경험에서 비롯된 것이 아니라는 사실이 이제 분명해졌다. 메리는 비숍에게 일라이자의 두려움을 이해하려고 노력해 달라고 요청하면서 거듭 그를 설득하려고 애썼다. 하지만 비숍은 귀담아들으려 하지 않았고 잘못된 것이 없다고 주장했다. 메리는 에버리나에게 "정반대라는 사실이 대낮처럼 명료한데 말이야"라고 썼다.[8] 1월 초가 될 때쯤 메리는 마음을 굳혔다. 일라이자가 계속 비숍과 살도록 내버려 두지 않을 삭정이었다. 메리는 네드에게 일라이자가 그의 집에 피신할 수 있을지 물어보았다. 네드는 거절했다. 아내가 남편을 떠나는 것은 불법이었기에 추문을 피하고 싶은 것이 분명했다. 사태가 불리한 방향으로 흐르고 있었다. 만약 일라이자가 오빠와 함께 살 수 있다면 장기 가족 방문이란 명분으로 아기를 데려갈 수 있었기 때문이다. 그렇지 않은 경우에 18세기 영국에서 어머니는 자식에 대한 권리가 전혀 없었기 때문에 일라이자는 작은 메리를 남기고 떠나야 했다. 아기는 이제 다섯 달이 되어 미소를 짓고 다정한 품에 파고들며 머리를 들 수도 있었지만, 엄밀히 말하자면 비숍의 재산이었다.

자신들이 직면할 위험을 알고 있었지만 메리는 일라이자의 탈출 계획을 궁리하기 시작했고, 먼저 일라이자를 안전한 곳으로 옮기고 나서 바로 아기를 구조하겠다고 다짐했다.[9] 네드와 달리 메리는 여동생이 미쳐서 비참해지는 꼴을 두고 볼 수 없었다. 일라이자가 남편과 살면 절대로 완전히 회복되지 않을 거라고 확신했다. 정의와 도덕의 보편적 원칙은 메리에게 행동을 요구하고 있었다. 메리는 그렇게 느꼈다. 그녀는 로크에게서 자신의 입장을 정당화하는 데 필요한 이론적 근거를 찾았다. 비숍은 일라이자의 천부적 자유를 침해함으로써 남편으로서 권리를 파기한 것이다. 실로 일라이자의 '상황'은 단지 일라이자 한 개인에 관한 문제가 아니었다. 비숍의 죄가 무엇이든 간에 일라이자를 그에게서 자유롭게 해주는 일은 온갖 형태의 자유 즉 개인적, 성적, 금전적, 정신적, 법적, 그리고 정치적 자유와 관련된 문제였다. 마침내 여기에 메리가 평생 격분했던 불의를 바로잡을 수 있는 기회가 있었다. "베스(일라이자)를 구하려는 사람은 말이 아니라 행동을 해야 해"라고 메리는 에버리나에게 썼다.[10] 메리에게 이제 남은 문제는 언제, 어디로 갈 것인가라는 것뿐이었다.

메리가 전략을 능숙하게 짜는 모습을 보면 마치 평생 이런 비상사태를 준비해 온 듯했다. 여러 면에서 실제로 그러했다. 메리는 어머니를 보호하는 데 실패했으므로 여동생이 희생자의 삶을 살지 않도록 막겠다고 굳게 결심했다. 메리는 런던 중심부에서 북쪽에서 8킬로미터쯤 떨어진 해크니 마을에 셋방을 얻어 에버리나와 함께 필요한 물건들을 쌓아 두었다. 에버리나는 템스강 반대편에 있는 네드의 집에 아직 살고 있었고, 얼마 되지 않지만 어렵게 돈을 모았다. 메리가 일라이자에게 계획을 속삭였을 때 여동생은 아기를 데려갈 수 없어 울음을 터뜨렸지만 언니의 계획을 기꺼이 받아들였다.

1월의 어느 흐린 날 그들은 준비를 끝냈다. 비숍이 점심을 먹고 집을 나서자 메리는 달려 나가 마차를 불렀다. 하지만 일라이자가 정문을 막 닫으려다가 망설이는 바람에 메리는 겁이 덜컥 났다. 일라이자는 차마 아기와 헤어질 수 없었고 마차에 타지 않으려 했다. 결국 메리는 동생을 억지로 끌어당겨 마차에 태웠다. 처음에는 집에서 멀어지면서 안도감을 느꼈지만, 분주한 오후라 길이 막힐 수밖에 없었고 마차가 설 때마다 일라이자는 점점 동요하는 기색이었다. 눈빛이 사나와지고 결혼 반지를 물어뜯기 시작하는 바람에 메리는 덜컥 겁이 났다.[11] 메리는 동생을 진정시키려고 애썼지만 일라이자는 반지를 물어뜯어 조각낼 때까지 멈추지 않았다.

그들은 비숍을 따돌리려고 마차를 갈아탔고, 한 시간 넘게 긴장한 상태로 이동해서 마침내 조용한 해크니 셋집에 도착했다. 그들은 다소 진부한 '존슨 자매'라는 가명을 그 집의 기록부에 적었다. 다행히 집주인 도드 부인은 세를 들 수 있는 그들의 권리에 문제를 제기하지 않았다. 안전하게 방에 들어온 후에 메리는 에버리나에게 "비숍이 우릴 찾아내지 못하길 바라"라고 편지를 썼다. 그러고는 "차라리 사자에 맞서는 편이 낫겠어"라고 말하며 "마차가 지날 때마다 그 소리에 맞춰 심장이 뛰고 문을 두드리는 소리가 나면 기절할 지경이야"라고 고백했다.[12] 한편 일라이자는 아주 조용해졌고, 메리가 근심스럽게 지켜보는 동안 평화롭게 잠들었다.

비숍이 쫓아오지 않자 메리는 안도했다. 대신 그는 네드를 통해서 일라이자가 돌아오면 "B부인이 행복하도록 노력하겠다"는 전갈을 보냈다.[13] 하지만 메리의 지지를 받으며 일라이자는 남편에 대한 마음을 누그러뜨리지 않았다. 일라이자는 네드에게 비숍과 함께 사는 것은 불가능하다고 말했고, 네드는 처음에는 거부했지만 결국 여동생과 남편 사이에서 중재자가 되었다. 비숍은 퇴짜 맞은 데 분개해서 일라이자가 딸을 보지 못하게 하고 돈 한 푼도 주지 않고 관계를 끊었다.

가출한 아내에게 자식과 떼어놓는 벌을 주는 것은 아내를 정신병원에 가두는 것과 마찬가지로 일반적인 방식이었고, 종종 더 효과적이었다.[14] 결국 아내들은 남편을 증오하더라도 아이는 사랑했다. 그리고 이런 취급에서 예외인 여자는 없었다. 사교계 명사로 유명한 데번셔 공작부인(조지아나 캐번디시)은 남편의 불륜을 견뎌야 했고 심지어 남편의 정부를 집에 들이고 혼외 자식들을 키우기도 했다. 남편이 자기가 원하는 대로 복종하지 않으면 아내가 낳은 딸들을 빼앗겠다고 위협했기 때문이었다.

남편이 아내를 잔인하게 대했다는 증거가 있어도, 달아난 아내에 대한 동정심은 찾아보기 어려웠다. 메리는 비숍이 퍼뜨렸을 소문을 들었다. 메리 자신이 "이 충격적인 사건의 수치스러운 선동자"이며 "모든 행위 규범에 어긋나게" 행동한 것에 대해 비난받아 마땅하다는 것이었다.[15] 울스턴크래프트 자매들에게는 다행히도 가까운 친구들이 끝까지 충실하게 그들 편에 서주었다. 목사의 아내인 클레어 부인은 음식과 포도주를 가지고 해크니까지 와서 돈을 빌려주겠다고 제안했다.[16] 블러드 가족은 자기네 집에서 지내라고 제안했다. 그러나 이런 지지에도 불구하고 울스턴크래프트라는 이름의 가치는 훼손되었다. 일라이자는 이혼을 하지 않고는 다시 결혼할 수 없었다. 그리고 추문을 고려할 때 에버리나에게 구혼자가 나타날 것 같지 않았다. 생존을 위해 자매들은 일자리를 구해야 했지만, 그것은 잠재적 고용주가 일라이자의 가출에 관해 들은 바가 없을 때에만 가능한 일이었다.

메리가 생각해낸 해결책은 여러 해 동안 꿈꾸어 왔던 일, 즉 학교를 시작하는 것이었다. 친구 제인 아든은 몇 년 전에 여동생과 학교를 세웠고, 메리는 열렬히 지지하는 편지를 보냈다. "작은 어려움에 겁먹지 않기를 간청할게. 의존 상태에 빠지기보다는 어떤 난관과도 싸우길. 난 진심으로 말하는 거야. 나는 무거운 부담을 느껴 왔는데, 넌 어떻게든 그런 것을 피하면 좋겠어."[17]

일라이자의 위기가 터지기 전에 메리는 학교에 관심을 보이는 학생 몇 명을 애써 모은 적이 있었다. 이제 메리는 자신이 직면한 많은 문제에 다시 관심을 돌렸다. 자금이 필요했고, 학생이 필요했다. 이런 일은 쉽지 않은 문제였지만 메리는 여동생을 비숍에게서 성공적으로 구출한 경험에서 용기를 얻었다. 어머니를 아버지로부터 구하려고 수년간 노력한 이후 메리는 여동생을 위험에서 구했다. 새롭게 활기를 얻은 메리는 자기 앞에 놓인 도전을 극복할 수 있다고 믿었다.

메리는 또한 새로운 결론에 이르렀다. 비숍의 가정사에 깊이 관여한 후 메리는 일라이자의 나약함도 비숍의 분노나 둔감함 못지않게 문제라는 사실을 깨달았다. 겁에 질린 아내는 남편에게 결코 맞설 수 없을 테고, 겁먹고 고개를 숙이면 상황이 악화될 뿐이다. 일라이자가 스스로 자신을 지킬 수 있었다면 비숍과 여전히 함께 살고 있을지 모르고, 작은 메리는 자기 자신을 존중하는 강한 어머니에게 양육되었을 것이다.

이런 사실을 깨달으면서 학교를 시작해야겠다는 생각이 더욱더 절실해졌다. 소녀들의 몸과 마음을 계발하여 독립적인 여성이 되도록 가르친다면, 아내들이 스스로 자신을 지키고 독신 여성들이 자기 나름의 방식대로 존재할 수 있는 사회를 만들어 가는 데 도움이 될 것이다. 그런 유토피아에서는 일라이자 같은 여성을 구조할 필요가 없을 것이다. 그 여성들이 스스로를 구할 수 있을 테니까.

하지만 메리 울스턴크래프트도 자신의 강한 열정만으로 학교를 만들 수는 없었다. 자금과 후원자, 건물이 필요한데, 이 모든 것을 손에 넣기란 불가능한 일로 보였다. 부유한 데다 유명한 교육 개혁가인 버그 부인을 만나기 전까지는 말이다. 버그 부인은 1775년에 세상을 떠난 교육자이자 작가 제임스 버그(James Burgh)의 아내였다. 두 여성이 어떻게 만나게 되었는지 울스턴크래프트의 전기 작가들은 알지 못하지만, 어쩌면 클레어 목사 부부가 만남을 주선했을 수 있다. 여하튼 해나 버그(Hannah Burgh)가 메리의 인생에서 결정적인 시점에 필요했던 것, 즉 자금과 조언, 그리고 실질적인 지원을 제공했다는 사실은 모든 전기 작가들이 동의하는 바다.[18]

해나 버그는 젊은 여성들을 교육하여 훌륭한 기독교인이자 쓸모 있는 시민으로 키우는 일이야말로 신이 자신에게 부여한 소명이라고 믿었다. 소녀들은 사회에 공헌할 수 있도록 독립적이 여성이 되는 방법을 배울 필요가 있었다. 버그 부인은 젊은 중산층 여성에게 필요한 교육이 프랑스어를 조금 배우고 최신 댄스 스텝을 익히고 몇몇 피아노 소품을 연주함으로써 세련미를 약간 습득하는 것이라고 주장하는 당대인들의 생각에 동의하지 않았다. 그녀는 메리를 처음 만났을 때 지성과 신념, 자신감으로 빛나는 여성을 보았고, 교장을 맡을 적임자를 찾았다는 것을 알았다. 그들이 함께 일하면 소녀들이 의미 있고 올바르게 살아가는 방법을 배울 환경을 만들 수 있을 것이었다. 두 여성은 놀랍게도 효율적으로 합의에 도달했다. 버그 부인은 메리에게 집과 스무 명의 학생을 제공하고, 메리는 원하는 대로 자유롭게 학교를 운영할 것이다.

그런데 버그 부인은 한 가지 요구사항을 제시했다. 학교를 자신이 사는 마을 뉴잉턴그린에 세워야 한다는 것이었다. 런던에서 북쪽으로 약 3킬로미터 떨어진 이 쾌적한 시골 마을은 왕정복고 시대 이후 비국교도들의 중심지였지만 비국교도의 온상처럼 보이지 않았다. 그곳은 마을 중심에 양들이 풀을 뜯는 그늘진 풀밭과 웅장한 조지 시대 양식의 저택들, 첨탑이 있는 교회, 화원 같은 안정된 영국 마을의 특징을 모두 갖추고 있었다.[19] 그리고 런던에 깨끗한 식수를 제공하는 아름다운 강이 마을 변두리를 돌아 흘렀다.

하지만 뉴잉턴그린의 거주자들은 18세기 잉글랜드에서 가장 급진적인 집단에 속했다. 그들이 이 마을에 이끌린 것은 마을의 혁명적인 전통과, 현재 뉴잉턴그린 유니테리언 교회의 목사이며 선동적인 설교자로 유명한 리처드 프라이스 때문이었다. 메리가 이제 들어갈 정치적 · 종교적 공동체는 그녀가 일찍이 경험해보지 못한 곳이었고 잉글랜드의 다른 어떤 공동체와도 다른 곳이었다.

1784년 이른 봄에 메리는 런던을 떠나 새로운 모험을 시작했다. 에버리나와 일라이자를 교사로 데리고 갔다. 어머니가 돌아가신 후 처음으로 울스턴크래프트 자매들은 모두 함께 버그 부인이 학교로 구입한 텅 빈 큰 집에 정착했다. 메리는 학생들의 부모가 미리 보낸 수업료—4분기당 2분의 1 파운드—로 가구와 책, 바느질용 바늘을 구입하고 요리사와 하녀를 고용했다. 두 학생의 부모들이 자식을 기숙시키기로 결정하고 추가로 기숙비를 내놓아 비용 마련에 도움이 되었다. 메리는 패니에게 편지를 써서 함께 일하자고 설득했다. 패니가 합류하기로 결심하고 여름이 되기 전에 도착해서 메리는 기뻤다. 패니의 흐리멍덩한 약혼자 휴 스키스는 결혼에 관심을 보이지 않은 채 여전히 포르투갈에 있었고, 패니는 소중한 친구와 함께 있고 싶었다. 결핵 때문에 아직 몸이 허약했지만 식물학과 회화 수업을 몇 개 맡으면서 학교에 기여할 수 있었다. 메리의 세계는 이제 완벽했다. 세상에서 가장 사랑하는 여성과 함께 있었고, 가장 깊이 간직한 자신의 신념에 따라 살고 있었다. 메리는 독립을 성취했다. 하지만 이 기획에 따르는 근심거리에 시달릴 때는 완전히 독립적이라고 느끼기 어려웠다. 학교가 독자적으로 생존하려면 학생을 얼마나 받아야 할까? 자신의 혁명적인 생각들을 일부 실행에 옮기면 학부모들이 항의할까? 한 가족이라도 수업료를 체납하면 학교 문을 닫아야 할 것이다.

하지만 이런 두려움에도 불구하고 메리는 타협하지 않기로 결심했다. 학생들이 스스로 생각하도록 가르치고 싶었다.[20] 학교에 남학생이 몇 명 있기는 했지만 대부분은 일고여덟 살부터 열대여섯 살까지 여학생들이었다. 메리는 학생들이 당대 문학의 진부한 표현을 암기하는 것보다 더 멀리 나아가도록 격려했다. "나는 밀턴의 숭고함이니 (알렉산더) 포프의 우아함과 조화로움, 셰익스피어의 독창적이고 천부적인 천재성 같은 말을 듣는 데 신물이 난다"고 메리는 주장했다.[21] 학생들이 자기 생각을 가치 있게 여기는 법을 배운다면 사교계의 함정에 빠질 가능성이 낮아지고 사회에 더욱 공헌할 수 있을 것이다. 메리는 학생들 각자가 독특하며 따라서 "서로 다르게 대우하는 방식"이 필요하다고 믿었다. 이 믿음은 오늘날 진보적인 학교의 원칙이지만 1784년에는 거의 완전히 독창적인 접근 방식이었다.[22] 학생들을 개인으로 대우하라! 여학생들에게 이성을 사용하도록 요구하라! 보수주의자들이 메리가 무엇을 하려는지 풍문으로 들었다면 신랄하게 비판했을 것이다. 반면에 메리의 동료 개혁가들은 그 생각이 매우 마음에 들어서 자신들의 주간 토론 모임에 메리를 초대했다.

메리가 그들의 지도자인 리처드 프라이스를 처음 만났을 때 그는 62세였다. 프라이스는 키가 작고 말랐으며 검은 눈썹은 숱이 많았고 수수한 검은 코트를 입고 빽빽이 정돈된 흰색 가발을 쓰고 있었다. 엄격해 보이는 외모가 내면의 온화함을 가리고 있었다. 그는 교회의 설교단에서 계몽주의의 이상을 설파했는데, 너무나 조용히 말해서 앞줄에 앉지 않으면 알아듣기 힘들었다. 그해 봄에 프라이스는 미국이 영국에 거둔 승리를 증거로 들면서 세계가 진보하고 있다고 선언했다. 미국의 독립혁명을 공식적으로 종결한 파리조약(1783년)이 몇 달 전에 체결되었다. 프라이스 박사를 지지한 사람들의 목록은 벤저민 프랭클린(Benjamin Franklin, 1706~1790), 존 애덤스와 애비게일 애덤스(Abigail Adams, 1744~1818), 토머스 제퍼슨과 토머스 페인 등 혁명가들의 이름으로 채워져 있었다. 메리는 프라이스의 낙관주의를 좋아했

영국의 도덕철학자이자 진보적 정치
개혁가였던 리처드 프라이스. 미국독
립전쟁과 프랑스혁명의 대의를 지지했
으며 메리 울스턴크래프트에게 영향을
주었다.

다. 폭정으로부터 해방, 이것은 그의 주제였으며 동시에 메리의 주제
였다.

제인의 아버지나 클레어 목사와 마찬가지로 프라이스 박사는 즉각
메리의 독창성과 배우려는 열의를 알아차렸다. 또한 개혁에 대한 메
리의 열정에 관심이 갔다. 프라이스 박사도 메리와 마찬가지로 미래
의 급진주의자들을 교육하려는 야심을 품고 있었다. 그에게 교육은
더 완벽한 미래로 나아가는 길이었다. 그는 미국을 예로 들면서 계몽
된 시민들이 없다면 미국의 실험은 분명히 실패할 것이며, 이것은 결
국 모든 인류에게 비극이 될 거라고 말했다.[23] 이 말은 메리의 가슴
에 깊이 박혔다. 결국 메리의 삶을 바꾼 것은 교육이었다. 로크를 읽
지 않았다면 그리고 불의에 대해 느끼는 감정과 분노의 감정을 말로
표현할 수 없었다면, 지금 자신과 다른 사람들의 자유를 위해 싸우고
있지 않을 것이다. 여동생을 구할 용기를 내지 못했을 것이다. 학교를

여는 것은 진정으로 숭고한 노력이었다. 그것은 한갓 개인적 독립을 얻으려는 노력이 아니라 개혁으로 나아가는 길이었다. 메리는 학생들이 자신의 삶을 구축하도록 격려하고 고무할 것이었다.

학생들이 도착한 순간부터 메리는 어릴 때 자신이 바랐던 대로 그들을 존중하고 다정하게 대했다. 또한 학생들이 강하고 유능한 사람으로 성장할 수 있게 건강한 식습관을 갖추고 활발히 운동하도록 독려했다.[24] 그들에게 망신이나 벌을 주는 대신 메리는 친절하게 공감을 보여주며 그들을 설득했다.[25] 메리는 학생들에게 프랑스어 수업이나 음악 수업을 제공할 수는 없었다. 많은 학생들이 가정 형편상 값비싼 교육을 감당할 경제적 여유가 없었지만 기본적인 교육을 필요로 했다. 메리는 그들에게 초급 독본 교재의 글을 읽히는 대신 자신들의 이야기를 쓰도록 장려했다.[26] "가슴에서 우러나는 진실한 감정을 숨기지 않도록 하라"고 메리는 후일 기록했다.[27] 메리는 암기식 교육을 떨쳐냈고 자기가 맡은 학생들이 스스로 생각하고 '정해진 궤도'에서 벗어난 것을 탐구하도록 장려했다.[28] 특히 메리는 진실함, 창조성, 자기 훈련을 소중하게 여겼다. 다른 학교에서는 사소한 잘못을 매로 처벌하고 음식과 난방을 제한하여 돈을 절약하던 시절에, 학교에서 방치하는 바람에 어린 제인 오스틴(Jane Austen, 1775~1817)이 애비 스쿨에서 거의 죽을 뻔했던 시절에(실제로 몇 세대 후에 브론테 집안의 장녀와 차녀는 코원 브리지 스쿨에서 결핵에 걸려 사망한다) 메리가 주장한 학생들의 신체적·정신적·도덕적 복지는 계몽주의의 가치를 횃불처럼 비추어주었다.[29]

메리는 여동생들이 자신을 본보기로 삼아 가르치는 임무에 헌신하기를 바랐다. 하지만 일라이자와 에버리나는 온종일 힘들게 일하는 것을 싫어했고 어떻게든 의무를 피하려 했다.[30] 동생들은 독해와 작문, 바느질을 가르치기로 되어 있었다. 에버리나는 패니의 스케치 수

업도 도왔다. 메리와 달리 그들은 세상을 바꾸고 싶어 하지 않았다. 완강히 저항하는 학생에게 학생들을 맡긴 격이었다. 그들은 별 부담 없이 즐겁게 살기를 원했다. 끔찍한 탈출 후 아직 회복 중이었던 일라이자는 심신이 약했고, 자신의 아기가 첫돌이 되기 한 달 전인 8월에 죽었다는 끔찍한 소식을 들었다. 하녀와 유모 손에 맡겨진 아이가 몸이 약해져서 병에 걸린 것이었다. 메리는 이 일을 비숍이 악랄한 인간이라는 또 다른 증거라고 생각했다. 아마도 그는 배신한 아내를 벌주기 위해 자기 딸을 방치했을 것이다. 일라이자는 자신의 결정을 후회한다는 말을 결코 하지 않았지만 떨쳐버릴 수 없는 우울증에 빠졌다. 자신의 자유는 아이의 생명을 바쳐 얻은 것이었다.

열아홉 살인 에버리나도 몸부림치고 있었다. 에버리나는 학생들보다 나이가 많지 않았는데 그녀는 자신과 학생들을 메리의 교육 수준에 맞추기 어렵다는 것을 알았다. 에버리나는 수업 운영 방식에 대한 메리의 조언에 분개했고, 일라이자와 한편이 되어 뒤에서 큰언니에 대한 불평을 늘어놓았다. 결과적으로 울스턴크래프트 집안의 세 자매는 계속 신경이 곤두서 있었다. 분노가 폭발하고 말다툼이 끝없이 이어졌다. 동생들의 무기력에 메리는 격분했다. 이 과업이 얼마나 중요한지 모른단 말인가? 그들 자신의 자립이 걸려 있을 뿐만 아니라, 여성의 삶을 향상시키고 사회를 개혁할 기회를 누리고 있지 않은가?

하지만 메리의 이상주의에 동생들은 공감하지 않았다. 메리가 지닌 자립을 위한 강한 추진력도 그들에게는 없었다. 메리가 심술궂은 도슨 부인을 위해 일했던 지긋지긋한 기억이 그들에게는 없었다. 대신에 그들은 메리가 자기들을 돌봐주기를 기대했고, 당연히 그래야 한다고 느꼈다. 메리는 그들의 언니였다. 어머니는 죽었고 아버지는 쓸모가 없었다. 그렇다면 누가 우리를 돌볼 것인가? 일라이자와 에버리나는 뉴잉턴그린의 지식인 공동체에 참여하는 데 관심이 없었다. 메리가 강연이나 토론 모임에 가고 없을 때 남아서 학생들을 돌보고 싶지 않았다.[31] 두 사람은 문학계에 인맥이 있는 작가 지망생이자 메리의 새 친구였던 목사 존 휼릿(John Hewlett, 1762~1844)이 언니를 병든 새뮤얼 존슨(Samuel Johnson, 1709~1784)에게 데려갈 때 자기들에게 같이 가자고 청하지 않아서 더욱 화가 났다. 존슨은 당대에 가장 유명한 작가였다. 학교에서 온갖 궂은일을 도맡아 하는 자기들은 무시당하고 과소평가되는 반면에 언니는 사람들의 관심을 독차지한다고 그들은 말했다.

메리가 패니와 가장 친밀하게 지냈기 때문에 상황이 훨씬 더 어려워졌다. 전에는 여동생들과 친구와 다함께 같은 집에서 지낸 적이 없었다. 그들이 함께 있는 것은 재앙이었다. 메리에게도 일부 책임이 있었다. 메리는 동생들에게 속마음을 이야기하지 않았고 중요한 결정을 내릴 때 그들의 생각을 묻지 않았다. 그래서 동생들은 자신들이 배제되었다고 느꼈고 자기들의 의견은 무시당하는 것 같았다. 또한 메리가 자기들을 어른으로 존중하지 않고 학생처럼 대해서 짜증이 났다. 다행히 패니는 메리보다 부드러운 성격이었고, 상대의 마음을 달래는 재주가 있었다.[32] 패니는 메리가 외출할 때 집에 머물렀고, 메리의 반대에도 불구하고 학교와 관련된 결정을 할 때 여동생들을 포함시켜야 한다고 주장했다. 패니는 메리와 동생들 사이의 긴장이 전면적인 싸움으로 번지지 않게 막음으로써 학교가 유지되도록 도왔다. 하지만 건강을 대가로 치러야 했다. 패니는 발작적인 기침에 시달렸고 점점 허약해졌다. 학교의 첫해가 끝날 무렵 추위가 본격적으로 다가오면서 패니의 결핵은 악화되었다. 1784년 가을이 되자 계속 축축하고 싸늘한 잉글랜드에 있으면 패니가 분명히 죽을 것 같았다. 두려움에 사로잡힌 메리는 패니에게 결혼을 망설이는 휴에게 연락하라고 강력하게 권했다.

여러 해 동안 말을 바꾸던 끝에 휴는 결혼할 준비가 되었다고 얼마 전에 패니에게 편지를 보내왔다. 리스본에서 사업이 잘되어 이제 가족을 부양할 수 있다는 것이었다. 하지만 상황이 너무 갑작스럽게 변하자 패니는 그리 확신이 서지 않았다. 휴는 너무 오랫동안 기다리게 하면서 굴욕감을 주었다. 게다가 두 사람은 몇 년 동안이나 보지 못했다. 서신 교환은 기껏해야 어쩌다 있을까말까 하는 정도였다. 휴는 편지를 잘 쓰지 않는 사람이었고 포르투갈과 영국 사이의 우편 배달을 신뢰하지 못했다. 더구나 패니는 사랑하는 메리를 그리워할 것이다. 그러나 휴의 청혼을 받아들이라고 설득한 사람이 바로 메리였다. 결혼으로 패니를 잃는 편이 죽음으로 잃는 것보다 낫다고 생각했다. 어쩌면 덥고 건조한 리스본에서 친구의 건강이 좋아질지 모른다. 그래서 패니는 휴와 결혼하기 위해 포르투갈로 떠났다. 휴는 그 사이에 많이 늙어 있었다. 패니는 "휴는 살이 많이 쪘고 적어도 십 년은 더 늙어 보여"라고 2월에 편지를 보냈다. 또한 결혼한 지 한 달 만에 임신했다고 밝혔다.[33]

이 소식을 듣자 메리는 큰 걱정이 들었다. 출산은 건강한 여성에게도 상당히 위험한 일인데 만성 질병을 앓아 허약해진 사람에게는 매우 위험하고 치명적일 가능성이 있었다. 바로 패니에게 달려가고 싶었지만 그렇다고 동생들 손에 학교를 맡기고 떠나고 싶지는 않았다. 긴 여름 휴가 동안 메리는 가장 소중한 친구를 잃을지 모른다는 생각과 학교의 미래를 위태롭게 하고 싶지 않은 마음 사이에서 괴로워했다. 일라이자와 에버리나는 의지할 수 없었고, 사랑하기 힘들었다. "내가 그 애들에게 마음을 터놓는 것보다 날아다니게 되는 편이 더 빠를 거야"라고 메리는 패니의 남동생 조지에게 말했다.[34]

1785년 6월에 뉴잉턴그린은 대서양을 건너온 두 명사 존 애덤스와 애비게일 애덤스를 초청했다. 쉰 살의 애덤스는 최초의 미국 대사 자격으로 1785년 런던에 왔다. 애덤스 부부는 웨스트엔드의 우아한 교회에 참석하지 않고 대신 프라이스 박사의 교회를 선택했다. 런던 사람들은 프라이스 박사보다 더 유명한 성직자의 설교를 마다하고 늙은 비국교도의 설교를 선택한 두 미국인을 비웃었다.[35] 그러나 애덤스 부부는 자신들이 어느 교구에 속할 것인지를 두고 의문의 여지가 없었다. 프라이스 박사는 예전부터 한결같이 미국의 대의명분을 옹호한 가장 중요한 인물들 중 한 명이었다. 프라이스의 사상은 '내 삶의 모든 영역'을 대변했다고 애덤스는 말했다.[36] 게다가 애덤스 부부는 그곳에 잘 어울렸다. 애비게일이 직접 만든 투박한 보닛 모자와 존의 어색한 매너는 웨스트엔드의 상류층 사이에서는 웃음거리였지만, 뉴잉턴그린의 급진파에게는 이 부부가 런던의 최신 유행보다 자유의 원칙을 더 소중하게 여긴다는 확실한 증거였다. 법은 강자로부터 약자를 보호하고 시민 각자의 자유를 지키는 데 필수적이라고 존 애덤스는 기록했다. 애비게일은 남편의 말에 동의했을 뿐만 아니라 여성의 법적 권리를 위해 싸웠다. 그녀는 남편과 동료 식민지인들이 독립을 선언하기 직전에 남편에게 편지를 썼다.

당신이 반드시 만들어야 할 새 법전에서 여성들을 기억하고 조상들보다 더 관대하고 호의적인 배려를 보여주기 바랍니다. 남편들의 손에 무한한 힘을 쥐어주지 마세요. 남자들은 할 수만 있다면 모두 폭군이 될 거라는 사실을 기억해야 합니다. 여성들에게 특별한 주의와 관심을 기울이지 않으면 우리는 반란을 일으킬 작정입니다. 우리의 목소리가 들어 있지 않은, 즉 우리의 대표자가 제정에 참여하지 않은 법에는 결코 구속되지 않을 것입니다.[37]

메리가 애덤스 부부를 실제로 그해 여름에 만났다는 기록은 없지만 이 작은 마을에서 그들의 동선은 아마 교차했을 것이다. 분명 애덤스 부부는 아직 메리가 누군지 몰랐지만, 메리는 그들이 누구인지 알았다. 그리고 몇 년 지나지 않아 상황이 바뀌어서 애비게일은 메리가 쓴 책의 팬이 되었고, 존은 아내를 '울스턴크래프트의 제자'라고 불렀다.[38] 그 자신도 프랑스혁명에 관한 메리의 책을 읽고, 그녀가 미국혁명을 찬미한 책장의 여백에 "W양에게 감사하오. 우리가 당신의 존중을 오래 받을 수 있기를 기원하겠소."라고 적었다.[39]

1785년 가을이 되자 메리는 패니의 건강에 관한 우려를 더는 떨칠 수 없었다. 메리는 버그 부인에게 돈을 빌려 달라고 설득해 리스본행 여객선 표를 샀다. 학부모들은 메리가 학교를 책임지지 않으면 아이들을 데려가겠다고 위협했다. 하지만 메리는 그들의 우려를 무시하고 런던을 떠나 13일간의 항해 끝에 패니의 진통이 막 시작될 즈음 리스본에 도착했다. 메리가 방에 들어선 지 네 시간 만에 패니는 남자아이를 낳았다.[40] 하지만 패니가 진통으로 기력이 쇠진했기에 휴도 메리도 기뻐할 수 없었다. 이후 며칠간 패니는 아기를 안거나 메리를 바라볼 때만 얼굴이 환해지다가 시름시름 앓았다. 그리고 그 주가 지나기도 전에 패니와 아기 모두 죽었다.

메리에게 그 상실은 엄청난 충격이었다. 메리는 신앙심에 의지하려 애썼지만, 패니의 남동생에게 이렇게 편지를 썼다. "삶의 짐이 너무 무거워 견딜 수 없을 것 같아. … 머리는 멍하고 가슴은 아프고 메말라버렸어… 고통밖에 기대할 게 없구나… 난 오래 살고 싶지 않아."[41]

7장

퍼시 비시 셸리를 만나다

메리 고드윈 1814

1814년 4월에 열여섯 살의 메리가 스코틀랜드에서 돌아온 직후에 고드윈은 가족에게 최악의 상황에 대비하라고 말했다. 모아 두었던 돈이 거의 바닥나서 이제는 채무자 감옥과 굴욕, 그리고 몰락을 직시해야 할 상황이었다. 마지막 희망으로 고드윈은 돈을 빌려주겠다는 약속을 지키라고 재촉하려고 그 젊은이를 저녁 식사에 초대했다.

그 운명적인 저녁에 셸리를 포함해서 모두가 긴장했다. 실패한 결혼으로 궤도에서 이탈한 그는 의기소침해 있었고 아무 목적도 없는 것 같았다. 그러나 스키너 거리 41번지의 응접실에 들어선 순간 어떤 변화가 일어날 것임을 즉시 직감했다. 그로부터 며칠 전 저녁에 긴 산책을 하던 중 "내 사람이 될 운명의 여성"을 곧 만나게 되리라는 '계시'를 보았다고 셸리는 훗날 대학 친구인 토머스 호그에게 보낸 편지에 썼다.[1] 그 계시를 본 후 셸리는 심지어 "다른 여성을 향한 내 열정에 관해 해리엇에게 편지를 쓰기" 시작했다. 그날 저녁, 응접실 문이 열리고 타오르는 듯한 붉은 머리칼의 창백한 소녀가 나타났을 때 셸리는 자신의 환상이 실현되었음을 알았다. 이 어린 소녀는 그가 꿈에 그리던 여자였다. 그녀는 울스턴크래프트의 딸이자 아직 만난 적 없던 고드윈의 딸이었다. 셸리는 얼어붙은 듯 꼼짝 못하고 응시했다. 메리는 데이비드 부스의 관심을 받은 후 자신이 남자들에게 미치는 영향을 새롭게 의식하며 장난기 어린 곁눈질로 그를 바라보았다.[2]

헝클어진 머리카락과 진흙투성이 부츠, 열정적인 눈을 가진 셸리는 낭만주의 시인의 정수처럼 보였다. 그는 마치 세상이 너무나 놀라워서 헤아릴 수 없다는 듯이 전반적으로 혼란스럽고 당황한 기색이었다. 셔츠의 단추를 풀어놓아 그의 흰 가슴이 언뜻 보였다. 몇 달 전에 호그는 그를 "하늘에서 막 내려온 정령처럼, 바로 그 순간에 땅속에서 솟아난 악마처럼, 거칠고, 지적이고, 비현실적인" 존재라고 묘사한 적이 있었다.[3] 고드윈과 메리제인에게는 호그의 묘사가 섬뜩한 예언이었음이 드러나게 된다. 셸리는 처음에는 천사처럼 보였지만 오래지 않아 자신의 의도와 무관하게 고드윈의 모든 딸들에게 해를 끼치게 되었으니 말이다.

모두 식탁에 자리를 잡았을 때, 제인은 평소처럼 수다스러웠고 메리는 침묵을 지켰다. 그들의 언니 패니는 집에 없었다. 그해 이른 봄에 패니가 너무 우울해 보여서 메리제인이 짐을 싸서 울스턴크래프트 이모들에게 보냈기 때문이다. 나중에 메리제인은 패니의 문제가 셸리에 대한 짝사랑 때문이었다고 주장했다.

셸리에게는 메리가 멀리 떨어진 창백한 달처럼 아득하게 보였는데 그 이미지를 시로 표현했다. 메리는 '사려 깊은' 회녹색 눈과 갸름한 얼굴, 작은 입, 그리고 부드러운 목소리를 지녔다.[4] 하지만 가장 두드러진 특징은 머리카락이었다. 제인은 메리의 머리칼은 "석양의 햇살이 어루만지는 가을의 나뭇잎처럼 화사하고 눈부시게 타오르며, 하늘하늘한 웨이브가 얼굴을 감싸며 어깨에 흘러내리고, 머리카락이 너무나 가늘어서 바람이 함께 얽어 금빛 망사에 넣은 것 같다. … 그녀의

낭만주의 시인 퍼시 비시 셸리의 초상화(1819년).

머리카락은 너무 섬세해서 그 아름다움이 흐트러질까 봐 겁이 났다."
고 썼다.[5] 메리는 대체로 입을 다물고 있었지만, 말을 할 때는 암시적
인 표현과 인용을 자주 사용하여 박식함을 드러냈다. 셸리는 온통 혼
란스러웠다. 그는 메리 고드윈 같은 여자를 만난 적이 없었다. 지적인
여성, 아름다운 철학자. 그녀의 어머니가 바로 이런 여성이었을 것이
다. 식사가 진행되면서 셸리는 점점 더 흥분했다. 그가 찾아 헤맨 답
이 여기 있었다. 메리 고드윈은 그의 천재성에 불을 붙일 것이다.

　퍼시 셸리가 메리 고드윈과 사랑에 빠지는 것은 여러 면에서 불가
피한 일이었던 듯하다. 그는 메리를 만나기도 전에 이미 반쯤 사랑에
빠져 있었다. 거의 종교적 열정으로 존경한 두 정치적 자유의 지도자,
고드윈과 울스턴크래프트에게 딸이 있다는 사실에 매료되어 있었던

것이다. 그런 부모를 두었으니 메리는 지극히 예외적인 존재일 수밖에 없었다. 셸리는 아직 해리엇과 행복한 결혼 생활을 하고 있던 때에 고드윈을 처음 만났다. 그리고 그때 그는 고드윈의 서재에 있는 메리 울스턴크래프트의 커다란 초상화를 음미하듯이 뚫어지게 바라보았고 어린 메리가 "어머니를 매우 많이 닮았다"는 고드윈의 말에 강한 호기심을 느꼈다.[6] 이 년 후 셸리는 메리 고드윈이 물려받은 유산을 묘사하며 영원성을 부여했다.

> 그대는 태어날 때부터 사랑스러웠다고 하네,
> 그대, 영광스러운 부모의 열망에 찬 아이여.
> 난 놀라지 않네 — 한 사람이 그때 이 지상을 떠났네,
> 그분의 생명은 저무는 온화한 행성 같았어,
> 떠나가는 영광의 더럽혀지지 않은 광채를
> 그대에게 입혔지. 그녀의 명성은 여전히
> 그대 위에서 빛나네, 근래의 날들을 뒤흔든
> 어둡고 거친 폭풍우를 뚫고; 그대는 아버지에게
> 불멸의 이름을 가진 은신처를 요구할 수 있지.[7]

메리는 셸리가 자기를 바라보듯이 주의 깊게 셸리를 바라보았다. 그와 마찬가지로 메리도 이미 반쯤 사랑에 빠져 있었다. 처음 만난 날 밤에 셸리는 이따금 넋을 잃은 듯이 메리를 쳐다보았고, 메리의 눈을 똑바로 응시했다. 이제껏 어느 누구도 그녀를 그렇게 바라본 적이 없었다. 훗날 셸리는 "정결한 불이 타오르는 램프"처럼 빛나는 메리의 영혼을 볼 수 있었다고 말했다.[8]

정찬이 끝날 때쯤 메리에게 셸리는 지상에서 가장 매혹적인 남자로 보였다. 또한 이 젊은이와 친구가 되는 것보다 아버지의 마음을 얻기

에 더 좋은 방법은 없을 거라는 생각이 들었다. 고드윈은 셸리가 말할 때마다 고개를 끄덕이며 가족들에게 청년의 의견을 존중하라는 신호를 보냈다.[9] 메리는 셸리가 이미 결혼했다는 사실에 실망했지만 아버지의 암시에 기꺼이 따랐다. 메리는 해리엇이 당장 자기 눈에 보이지 않는다는 점과 셸리가 자신의 결혼 생활에 내재한 보이지 않는 비극, 가혹하고 가슴 아픈 불화를 암시했다는 점을 위안으로 삼았다. 사실 셸리는 길을 잃고 머뭇거리는, 사랑이 필요한 아이처럼 보였다.

그 후 며칠간 셸리와 메리는 셸리가 저녁 식사를 하러 오거나 메리가 가족 서점의 계산대 뒤에서 일하고 있을 때 서로를 보았다. 함께 보내는 시간이 많아질수록 그들은 서로에게 더욱 끌렸다. 메리에게 셸리는 매혹적이면서도 심오해 보였고, 지금까지 보지 못한 매력적인 남자였다. 그러나 자기들이 연애를 하게 되면, 메리 자신도 이저벨라처럼 적대적인 세상에 맞서 싸워야 한다는 사실을 잘 알고 있었다. 당시에 유부남과 불륜을 저지르는 것보다 더 큰 금기는 거의 없었다. 하지만 메리는 이저벨라의 아버지가 딸을 축복했듯이 아버지도 자신을 지지할 것이라 믿었다. 메리는 어머니의 이야기를 알고 있었다. 울스턴크래프트는 패니를 사생아로 낳았지만, 고드윈은 그래도 그녀와 결혼했다. 아버지는 자유를 신봉하는 위대한 철학자였다. 그는 사회의 규범을 경멸했던 메리 울스턴크래프트를 사랑했다. 특히 아버지는 셸리를 열렬히 추천했으니 분명히 셸리와의 연애를 지지할 것이다.

6월이 되자 메리와 셸리는 아직 '친구' 사이였지만 서로 은밀히 만나고 싶어졌다. 둘은 자기들이 살짝 빠져나갈 수 있게 도와 달라고 제인에게 부탁했다. 제인은 셸리가 자기가 아닌 메리를 선택한 사실에 질투가 났지만 동의했다. 두 자매의 관계는 거의 달라지지 않았다. 제인은 메리를 부러워하면서도 경탄했고, 뛰어난 의붓언니를 계속 본보기 삼아 따랐다. 이제 제인은 메리가 이저벨라에게 해주었듯이 두 젊은이의 만남을 준비하고 전갈을 주고받도록 도와주었다. 하지만 제인은 비밀을 지키고 극적인 사건을 즐기면서도 속으로는 셸리가 마음을 바꿔 자신을 선택해주기를 바랐다.

오후가 되면 메리와 제인은 스키너 거리에서 함께 외출했다. 패니가 울스턴크래프트 이모들을 방문하고 돌아왔지만, 메리와 제인은 패니가 메리의 비밀을 지켜줄지 믿을 수 없어서 그녀를 두고 나섰다. 집에서 멀리 떨어져 안전한 곳에 이르면 셸리가 나타났고 제인은 조심스럽게 뒤로 물러났다.

이맘때 런던 거리는 아름다웠다. 상점 주인들은 통에 제라늄을 심었고, 여성들은 화려한 모슬린 드레스를 입고 거리를 지나갔으며, 포목 상인들은 문을 활짝 열고 실크와 새틴으로 고객을 유혹했다. 공원이 어디 있는지를 아는 사람에게는 도시 곳곳에 공원이 흩어져 있었다. 셸리도 알고 있었다. 훗날 어느 수다쟁이 정원사는 고드윈 부인에게 "예쁜 아가씨와 젊은 신사가 항상 정자에 앉아 쉬는 동안에" 제인은 차터하우스 광장의 오솔길을 혼자 오르내리며 걸어 다녔다고 말해주었다.[10]

두 사람의 관계가 깊어지면서 호기심 많은 눈에 그들의 감정을 숨기기가 점점 더 어려워졌다. 셸리를 찾아온 토머스 호그는 해턴 가든에 있는 셸리의 숙소에서 고드윈의 서점까지 함께 걸어갔다. 호그는 서점에서 유명한 철학자를 만날 수 있으리라 기대했다. 셸리와 호그가 서점에 도착했을 때 "문이 살짝 조금 열렸다." 문을 연 사람은 고드윈이 아니라 "머릿결이 예쁘고 실로 창백하며 꿰뚫어보는 눈빛을 가진" 자그마한 여성이었다고 호그는 회상했다.[11] 타탄 무늬 옷을 입은 그녀가 "기쁨에 넘치는 목소리로 '셸리!' 하고 부르자, 또 다른 기쁨에 넘치는 목소리가 '메리!'라고 대답했다." 메리는 셸리에게 손짓했고 두 젊은이는 호그를 상점에 혼자 남겨 둔 채 재빨리 빠져나갔다.

메리가 세인트 판크라스 교회 묘지에 있는 성스러운 장소, 어머니의 무덤으로 셸리를 데려가면서 두 사람의 관계는 더욱 진지해졌고, 곧 이곳은 단둘이 있기에 가장 좋은 장소가 되었다.[12) 이곳에서 두 사람은 들고 간 책, 종종 메리 어머니의 책을 소리 내어 읽었고, 다양한 주제를 놓고 토론했다.[13) 메리제인의 천박함이나 해리엇에게 부족한 공감, 셸리의 아버지가 저지른 잘못, 자유, 문학, 상상력, 남녀 간의 진실하고 평등한 사랑의 가능성 등이 그들이 좋아한 주제였다. 그들은 둘 다 꿈과 환상, 그리고 사후에 일어나는 일에 흥미를 느꼈다. 환생이 있을까? 사후 세계가 존재할까? 메리의 어머니는 그들에게는 보이지 않지만 그렇더라도 살아서 어딘가에 유령으로 머물러 있을까? 메리는 그렇다고 확신했고, 이따금 가까이에서 어머니의 '창백한 유령'[14)을 느낄 수 있었다. 틀림없이 힘든 일이었겠지만 제인은 사려 깊게 거리를 유지하며, 엿듣는 사람 없이 이야기할 수 있도록 기회를 만들어주었다.

처음 여섯 주 동안 두 사람은 엄격하게 신체적 거리를 유지했다. 그들에게 언어는 열정적인 매개체였고, 대화는 친밀한 결합의 필수 요소였다. 훗날 셸리는 메리를 사랑한 이유가 어떤 남자라도 경탄할, 설명이 필요 없는 그녀의 미모나 섬세한 매너 때문이 아니라고 호그에게 설명했다. 그것은 메리의 독창성 때문이었다. 그는 메리의 독창성이 '진정한 숭고함과 웅대함'에 있어서 자신의 독창성을 능가한다고 느꼈다.[15) 또한 그는 메리의 '열정적이고 고상한 감정'과 사회의 불의에 '뜨거운 분노와 증오'를 느끼는 능력에 매료되었다. 메리는 아버지가 가치 있게 생각하며 교류를 원했던 남자, 자신의 신념 때문에 박해를 받으면서도 과감하게 자기 사상을 세상에 발표한 남자, 그런 남자가 메리 자신을 만나기 전에 무척 비참했고, 해리엇과의 결혼은 가짜였으며, 지난겨울에 "유용하거나 행복하게 살아갈 전망을 모두 포기"

세인트 판크라스 교회 경내의 퍼시 셸리와 메리 고드윈. 그곳에는 메리의 어머니이자 두 젊은이가 존경한 메리 울스턴크래프트의 무덤이 있었다. 이 그림은 두 사람이 죽고 오랜 시간이 지난 후 1877년에 그려진 것이다.

하고 기진맥진한 상태에서 '역겹고 경멸스러운 고정관념'에 불과한 결혼의 덫에 갇혀 있었다고 말했을 때 감동받았다.

6월 중순에 셸리는 열흘간 계속해서 고드윈 부부의 집에서 식사를 했다.[16] 이상하게도 메리제인과 고드윈은 저녁마다 두 젊은이가 긴 산책을 나가 몇 시간 동안 집에서 보이지 않아도 두 젊은이 사이에 점점 커지는 사랑을 눈치채지 못한 것 같다. 아마도 그들이 항상 제인을 데리고 나섰기 때문일 수도 있고, 고드윈 부부가 돈 문제에 골몰했기 때문일 수도 있다. 어쨌든 비밀을 일러바칠 패니가 없었기 때문에 그들의 행각은 완전히 비밀에 부쳐졌다.

마침내 6월 27일에 메리는 스스로 관계를 진전시켰다. 어머니의 묘비 앞에 서 있던 메리는 셸리의 눈을 똑바로 들여다보며, 그 당시 젊은 여성이 해서는 안 될 행동을 했다. 셸리를 사랑한다고 말하고는 그의 품에 안긴 것이다. 셸리는 이렇게 회상했다. "메리는 사물의 진실을 꿰뚫어 보는 영혼에서 용기를 얻었다. … 아주 오랫동안 은밀히 그녀의 것이었던 내게, 그녀 자신이 내 것이라고 고백한 그 숭고하고 황홀한 순간은 어떻게 해도 인간이 상상할 수 있도록 그려낼 수 없다."[17]

메리가 나중에 기록한 바에 따르면, 그들은 잔디밭에 누워 "사랑의 충만한 열정"으로 서로 접촉했다.[18] 이 말로 메리가 정확히 무엇을 의미했는지는 분명하지 않다. 당시 영국 여성들이 겹겹이 껴입었던 속옷은 말할 것도 없고, 메리의 무경험과 묘지라는 공공장소 등 관련된 어려운 사정을 고려할 때 그들이 울스턴크래프트의 무덤에서 성적 결합으로 낭만적 관계를 완성했을 것 같지는 않다. 그렇지만 두 사람은 이날을 성적인 관계의 시작점으로 삼았다.

메리와 셸리는 이 사적인 순간이 유명해지고, 그들의 키스가 문학 학술대회와 대학 강의실에서 논의되고, 그들의 연애가 추측의 대상이 되고 문학 비평가들에게 관심의 초점이 되리라는 것을 알았더라면 깜짝 놀랐을 것이다. 하지만 두 사람의 결합은 유례없는 문학적 순간이었다. 그들의 사랑은 낭만주의 운동 전체에서 가장 위대한 작품 몇 편을 낳았다. 셸리는 시 〈이슬람의 반란〉의 헌사에 메리에 대한 자신의 감정을 영원히 남겼다.

그대는 얼마나 아름답고 침착하고 자유로웠던가,
그대의 젊은 지혜로, 관습의 치명적 사슬을
끊어 두 갈래로 찢었을 때.[19]

메리에게 이 순간은 처음으로 거리낌 없이 자신을 표현한 순간이었고, 남녀 관계에 대한 자신의 급진적인 생각을 주장할 기회였다. 또한 스키너 거리를 떠나는 길이자, 메리제인에게서 자유로워지는 길이기도 했다. 언제나 그 어머니에 그 딸이었던 메리는 셸리와 자신들만의 규칙을 만들 수 있다고 믿었다. 훗날 셸리는 시 〈로절린드와 헬렌〉에 메리의 말을 정확히 담아냈다. 이 시에서 메리의 분신인 헬렌은 연인에게 "하지만 우리의 교회는 별이 빛나는 밤/ 우리의 제단은 펼쳐진 풀밭/ 우리의 사제는 중얼거리는 바람이리라"고 말한다.[20]

훗날 사람들은 이날을 셸리의 생일, 그가 진정으로 태어난 날이라고 언급했지만, 메리의 생일이라고 부르는 편이 더 정확할 것이다. 더 결정적인 전환점을 맞이한 것은 메리의 삶이었기 때문이다. 셸리는 이미 사회에서 추방된 자였다. 그는 무신론을 옹호한 탓에 대학에서 쫓겨났고, 아버지와의 관계도 단절되었으며 해리엇과 눈이 맞아 달아났다. 메리와 연애한다고 해도 그의 평판은 더 나빠질 게 없었다. 하지만 메리는 셸리와 키스함으로써 셸리보다 훨씬 심각한 위법 행위를 저지른 것이었다. 여성의 행실을 규제하는 관습은 남성의 행실을 규제하는 관습보다 훨씬 엄격했다. 메리가 셸리와 풀밭에 누워 있던 그때 출간을 준비 중이던 제인 오스틴의 소설 《맨스필드 파크》에서는 탈선한 젊은 여성이 맞는 운명이 엄정한 그리스 비극처럼 그려진다. 잘생긴 악당과 달아난 아름다운 마리아는 결국 파멸하고 평생 유형 생활을 해야 하는 벌을 받는다.

이런 것이 규범이었고, 메리는 여느 중상류층 아가씨들과 마찬가지로 그것을 잘 알고 있었다. 하지만 고충이 있으리라고 생각했지만 미래를 두려워하지는 않았다. 오히려 그 반대였다. 이것이 바로 그녀가 꿈꿔 왔던 것, 멋진 로맨스였다! 메리는 마치 발을 들인 사람이 거의 없는 성스러운 구역으로 이끌려 들어선 듯한 느낌이었고, 셸리가 들려주는 고통스러운 이야기에 열렬히 귀를 기울였으며, 그 많은 이야기가 거짓이라고는 추호도 의심하지 않았다. 셸리는 아버지가 자신을 내쫓아 정신병원에 넣었다고 주장했지만 사실이 아니었다.[21] 또한 아내 해리엇이 바람을 피웠고 곧 출산할 아이가 정말 자기 아이인지 확신할 수 없다고 암시했는데, 이것도 꾸며낸 이야기였다.

이렇게 진실과 기만이 뒤섞여 있던 것을 보면, 셸리는 메리의 천진난만함을 이용하려던 난봉꾼이었다고 쉽게 생각할 수 있다. 하지만 메리는 그렇게 생각한 적이 없었다. 나이가 들어 셸리를, 그리고 자신들의 구체적인 상황을 더 균형 잡힌 시각에서 제대로 볼 수 있게 되었을 때에도 그랬다. 사실 메리는 셸리가 그 자신이 지어낸 이야기를 대체로 믿었다고 이해했기에, 그런 이야기들 때문에 셸리를 탓하지 않았다. 물론 셸리는 자기 이야기가 진실이라고 '느꼈다'.[22] 해리엇이 애인을 사귀어 그를 배신한 것은 아닐지 모르지만, 아이를 낳은 후 달라짐으로써 그를 배신했다. 셸리의 마음속에서 철학적 부정(不貞)은 성적으로 놀아나는 것보다 훨씬 심각한 잘못이었다. 그의 아버지가 문자 그대로 그를 정신병원에 집어넣은 것은 아닐지 모르지만 젊은 셸리는 아버지가 그렇게 했다고 느꼈다. 셸리가 옥스퍼드에서 무신론자 선언을 한 후 티머시 경은 퍼시가 미쳤다고 가족에게 말했고, 그가 사랑하는 어머니와 여동생들과 일체 접촉을 하지 못하도록 막았다. 잔인하고 가혹한 티머시 경은 용돈을 끊으면 아들이 채무자 감옥에 갈 수 있는데도 돈을 주지 않으려 했다. 그러니 셸리는 아버지가 자신의 투옥을 바랐다고 쉽게 믿을 수 있었다.

어쨌든 메리는 의심을 품지 않는 성격이었고, 셸리의 이야기에서 진실을 가려내려 애쓰며 시간을 낭비하지 않았다. 자신이 세운 목표에 사로잡힌 채 메리는 어머니의 유산에 부응하고 계모의 지배에서 벗어나기를 열망했다. 이 사건에 당연히 분개했던 해리엇은 훗날 이렇게 썼다. "메리는 그를 유혹하기로 작정했다. 모든 잘못은 그녀에게 있다. 그녀는 자기 어머니에 관해 이야기하고 매일 그와 함께 어머니의 무덤에 가서 그의 상상력을 뜨겁게 달구었다. 그리고 마침내 그를 죽도록 사랑한다고 말했다."[23] 사실 메리는 셸리와의 관계를 주도하면서 자신이 했던 일을 결코 부인하지 않았을 것이다. 메리는 그것을 자랑스럽게 생각했다. 그리고 아버지가 자기 두 사람의 관계를 축복해줄 것이라 가정했기 때문에 사실은 그 반대임을 알게 되자 충격을 받았다. 7월 초에 메리와 셸리가 고드윈 부부에게 그들의 사랑을 고백하자 경악한 아버지는 메리를 위층 교실로 가라고 명령하고 셸리를 집에서 쫓아냈다. 그러나 고드윈은 두 연인을 과소평가했다. 작가로서 싹을 틔운 단계에 불과했지만 두 사람은 당장 긴 편지를 쓰는 데전념했다. 제인은 즉시 그것을 전달했고, 반란의 중개자가 되어 기뻐했다.

날이 지날수록 이 극적인 사건은 점점 악화되었다. 소문에 놀란 해리엇은 런던의 자기 아버지 집에 머물렀는데, 7월 14일에 셸리는 해리엇과 공식적으로 만나 자신들의 결혼이 끝났다고 선언했다. 셸리는 고드윈의 승인을 얻을 수 있으리라 생각하고 이 일을 고드윈에게 알렸다. 하지만 셸리의 행동에 큰 충격을 받은 고드윈은 다음날 해리엇에게 달려가 셸리와 메리에게 해리엇의 입장을 옹호해주겠다고 해리엇을 안심시켰다. 그날 오후에 고드윈은 딸에게 그녀의 행동이 야기할 끔찍한 결과에 대해 설교했고, 마침내 메리는 셸리의 사랑을 부추기지 않겠다고 마지못해 약속했다.

하지만 이 연애 사건을 끝내려는 고드윈의 노력은 그 자신의 절박한 재정 상황 때문에 약화되었다. 두 젊은 연인을 헤어지게 하려고 애쓰면서도 그는 셸리에게 대출받는 문제를 마무리하려고 노력했다. 7월 셋째 주에 고드윈은 매일 오후 셸리와 만나 금전 문제를 논의했다. 고드윈은 아무 문제도 없는 듯이 대화를 지속할 수 있었지만, 셸리는 그렇게 할 수 없었다. 마침내 젊은이의 감정이 갑자기 폭발했다. 7월 마지막 주에 셸리는 스키너 거리의 고드윈 집 문을 쿵쿵 두드렸고, 문을 열어준 하녀를 쏜살같이 지나쳐 고드윈 부인을 옆으로 밀치고 계단으로 돌진하여 메리에게 갔다.[24] 메리제인이 그를 따라잡았을 때 그는 권총을 꺼내 들고 사나운 표정으로 휘두르며 메리 없이는 살 수 없다고 소리쳤다. 그는 아편팅크제 병을 꺼내 흔들며 메리가 이 약을 삼키면 자신은 스스로 총을 쏴서 로미오와 줄리엣이나 트리스탄과 이졸데처럼 함께 죽겠다고 선언했다. 메리제인은 공포에 질려 비명을 질렀다. 고드윈이라면 셸리의 곤두선 감정을 달랠 수 있었을지 모르지만 그는 집에 없었다. 메리는 하염없이 눈물을 흘리며 연인에게 진정하고 집으로 돌아가라고 간청했다. 다른 남자를 절대로 사랑하지 않겠다고 맹세하면서 그에게 자살하면 안 된다고 분명히 말했다.

셸리는 일단 떠났다. 하지만 그 주 후반에 셸리의 집주인이 고드윈의 집 문을 두드리며 셸리가 다량의 아편팅크제를 삼켰다고 소리쳤다.[25] 고드윈과 메리제인이 셸리의 방에 도착했을 때는 이미 의사가 와서 극도로 흥분한 환자를 돌보고 있었다. 고드윈 부인은 다음 날에도 셸리와 함께 지내며 그의 상태가 나아질 때까지 간호했다.

셸리가 회복하는 동안 메리는 위층 교실에서 셸리의 편지를 거듭거듭 읽고 그의 장편 시 〈매브 여왕〉을 살펴보았다. 그는 시 끝에 적은 메모에서 남편과 아내가 "애정이 시들어버린 후에도" 함께 살도록 요구하는 법은 "가장 참을 수 없는 폭정"이라고 선언했다.[26] 셸리가 해리엇과 관계를 끝내고 메리와 사랑을 시작한 논리적 근거가 여기 있었다. 한 사람이 결혼 서약에 영원히 묶인다고 말한다면 그것은 그의 천부적 권리를 침해하는 것이라고 셸리는 선언했다. 물론 메리도 동의했다. 그녀의 부모도 같은 생각을 지지했다. 고드윈이 자신의 입장을 철회하기 전까지는 말이다. 메리가 생각하기에 결혼은 불합리한 제도가 분명했다. 누가 마음을 통제할 수 있겠는가? 단지 사회의 규범 때문에 누군가와 함께 살아서는 안 된다. 언제나 자신의 열정에 충실해야 한다. 그녀의 연인이 선언했듯이, "사랑은 자유"이며 "같은 여자를 영원히 사랑하겠다고 약속하는 것은 같은 신조를 영원히 믿겠다고 약속하는 것처럼 터무니없는 짓"이다.[27]

메리는 그 소중한 원고의 뒷면에 자신도 메모를 썼다.

이것은 내게 신성한 책이다. 다른 누구도 이 책을 들여다보지 못할 테니 나는 이 안에 내가 쓰고 싶은 것을 쓰겠다. 하지만 이루 말로 표현할 수 없을 정도로 이 저자를 사랑하지만 그와 헤어졌다는 것 외에 무슨 말을 더 쓸 것인가.

우리가 서로에게 약속한 그 사랑으로 가장 소중한 유일한 사랑이여. 내가 당신의 것은 아닐지라도 절대 다른 사람의 것은 될 수 없다.

그러나 나는 당신의 것이며, 오로지 당신의 것이다. 사랑의 키스로.[28]

메리는 셸리가 결코 이 메모를 읽지 못할 거라고 생각했을 것이다. 자신은 집에서 나갈 수 없기에 다시는 그를 볼 수 없을 것 같았다. 그래서 셸리에게서 들은 마지막 말을 그가 임종 시에 남긴 말인 양 경건하게 적었다.

나는 당신의 말을 기억해요. 당신은 이제,
메리, 많은 사람들과 어울리겠지요.
잠시 나는 떠나겠지만 고독한
당신의 방에서 당신과 함께 있을 거예요. 그래요,

당신은 언제나 나와 함께 있어요, 성스러운 환영으로.[29]

하지만 자기 욕망을 포기하는 것이 메리에게는 쉬운 일이었지만 셸리에게는 그렇지 않았다. 메리가 라푼첼처럼 꼭대기 방에 갇혀서 그의 시를 읽고 또 읽고 있을 때 셸리는 자신의 무력함에 격분했다. 자신이 원하는 일을 하지 못하도록 방해받는 것만큼 분노를 일으키는 것도 없었다. 셸리의 인생 목표는 억압으로부터 자신을 (그리고 물론 다른 사람들을) 해방하는 일이었다. 그가 해리엇을 데리고 달아나면서 느꼈던 기쁨은 깊은 낭만적인 감정보다는 해리엇의 아버지와 자기 아버지에 대한 승리감에서 비롯한 것이었다. 그는 아버지의 권위를 더 약화시키려고 자신의 여동생들을 납치해서 데려가려고 생각한 적도 있었다. 따라서 그가 메리에게 접근하지 못하게 막으려는 고드윈의 시도는 셸리의 욕망을 저지하기는커녕 오히려 더 자극해서 극단적인 행동에 나서게 만들었다.

물론 '억압'에 대한 셸리의 정의는 다소 특이했다. 어렸을 때 그는 아버지가 합리적인 제약—예컨대, 집안에 뱀을 가져오지 말 것, 불장난을 하지 말 것—을 가하더라도 대수롭지 않게 무시했다. 훈육을 받으면 달아났고,[30] 아버지의 소중한 전나무를 베어버렸고, 요정을 찾느라 천장에 구멍을 뚫었고,[31] 화약을 사용해서 놀이터의 울타리와 교실 책상을 날려버렸고,[32] 우연히 집사에게 불을 붙였고, 유령 이야기를 들려주고 각종 실험을 하면서 여동생들을 공포에 떨게 했다.[33] 여동생 헬렌은 그가 여동생들을 "모아서" "놀이방 탁자 주위로 손에 손을 잡고 전기가 통하도록" "배치"했던 것을 기억했다.[34] 어느 날 밤에는 전기를 고친답시고 어설프게 손을 댔다가 부모의 대저택에 불을 낸 적도 있었다.[35] 불은 꺼졌지만 어린 셸리는 잘못을 뉘우치기는커녕 집을 불태우지 못해 실망했다.

메리를 만날 때까지 셸리의 '실험'에 대한 열정은 아버지의 희망과는 달리 나이를 먹어도 줄지 않고 오히려 더 커졌다. 그 당시 대부분의 지식인들처럼 셸리는 과학을 철학의 한 분야로, 때로는 비술(祕術)의 한 갈래로 여겼다. 그는 일광 확대경을 열심히 들여다보듯이 열렬히 혼령을 찾았고, 악마를 불러오려고 애쓰면서 화학을 공부했다.[36] 어느 날 밤에는 유령을 보려고 교회에 몰래 들어가 지하 납골당에서 하룻밤을 보냈다.[37] 셸리의 과학적 탐구는 메리에게도 큰 관심사였다. 메리도 전기나 전깃불이 생명을 탄생시키고 무생물에 생기를 불어넣어 죽은 사람을 무덤에서 불러올 수 있다는 생각에 흥미를 느꼈다. 실제로 그런 일이 가능하리라고 진심으로 믿지는 않았지만, 인간의 삶에 영향을 미치는 자연력이란 주목하지 않을 수 없는 아이디어였다.

셸리에게는 이런 '탐구'가 자신의 아버지와 연결되어 있었다. 그의 마음속에서 과학적 탐구와 유령, 폭발, 열기구, 악귀, 개인의 자유, 정의, 사랑, 반항은 모두 뒤섞여 있었다. 그래서 메리가 다락방에 앉아 말없이 책을 읽고 글을 쓰는 동안에 셸리는 창의적 능력을 발휘해서 탈출 계획을 세웠다. 그 계획으로 연인을 감방에서 해방시킬 것이었다. 그리고 그보다 더 좋은 것은, 이로써 고드윈을 능가하는 자신의 의지를 단호하게 보여줄 수 있다는 것이었다. 메리 고드윈과 함께 달아난다면 멋진 모험이자 아주 신나는 새로운 혁신이 될 것이다. 세상을 뒤흔들고, 활기를 불어넣고, 뒤집어엎을 필요가 있었다. 그 일을 할 사람은 바로 셸리, 그 자신이었다.

8장

여성 교육의 옹호자

메리 울스턴크래프트 1785~1787

메리 울스턴크래프트는 몹시 상심한 채 1785년 12월에 포르투갈에서 출항해 잉글랜드로 향했다. 패니 블러드의 죽음으로 인해 더는 전진하는 것이 불가능해 보였다. 뉴잉턴그린에 도착했을 때는 날이 어두웠다. 세면기의 물은 얼어붙어 있었고, 여동생들은 마치 피해를 입고 혹사라도 당한 듯이 행동했다. 학교는 간신히 유지되고 있었지만, 많은 학생들이 자퇴했고 더 많은 학생들이 학교를 떠날 예정이었다. 하지만 패니가 없으니 메리는 이제 개의치 않았다. 그래서 버그 부인이 학년 말에 학교 문을 닫겠다고 결정했을 때에도 메리는 항의하지 않았다. 메리는 패니의 남동생 조지에게 "나를 사로잡은 무감각을 뭐라 불러야 할지 모르겠어. 하늘 아래 모든 일에 염증이 나."라고 썼다.[1] 메리는 패니의 죽음이 자기 탓이라고 생각하며 괴로워했다. 패니에게 휴와 결혼하라고 부추기지만 않았던들 친구는 지금도 자신과 함께 있을 테고, 학교는 발전하고, 여동생들이나 자신의 장래를 걱정할 필요도 없었을 것이다. 메리는 "행복에 대한 희망이 다 꺼져버렸다"고 말했다.[2]

봄이 되자 마지막 학생이 떠났다. 버그 부인이 학교에 재정적 지원을 많이 했지만, 메리는 자신과 여동생들의 생활비를 충당하기 위해 따로 돈을 빌렸다. 이제 채권자들은 '복수의 세 여신'처럼 메리를 쫓아다니며 돈을 갚으라고 요구했다.[3] 어느 날 밤에 메리는 패니가 손짓으로 부르더니 천국에 함께 가자고 말하는 꿈을 꾸었다.[4] 친구들은 절망한 메리의 모습을 보고 걱정했다. 메리의 원대한 생각과 확신은 어떻게 된 것일까? 이 년 전에 도착했던 활기찬 젊은 여성은 어디에 있는가? 한때 확신에 차 있던 만큼 이제는 길을 잃은 암울하고 낙담한 스물여섯 살의 메리가 있었다.

다행히도 메리를 데리고 새뮤얼 존슨을 만나러 갔던 친구 존 휼릿에게 좋은 생각이 떠올랐다. 메리보다 다섯 살 어린 휼릿은 뉴잉턴의 만찬에서 메리를 처음 만났을 때 불처럼 타오르는 그녀의 이상주의에 감탄했었다. 지식인이자 수학자였던 휼릿은 메리의 교육관에 동의했는데, 더 중요한 사실은 그가 메리가 큰 슬픔을 극복하도록 자신이 도울 수 있다고 확신했다는 점이다. 휼릿은 메리가 책을 써야 한다고 말했다. 세상은 그녀의 생각을 들을 필요가 있다.

독실한 기독교 신자였던 휼릿은 메리에게 패니의 죽음에서 교훈을 얻어야 한다고 말했다. 인간의 삶이 무상하고 이 세상의 쾌락이 덧없다는 것을 기억할 수 있다면, 진정한 미덕의 길에 전념할 수 있을 것이다. 그 길은 바로 '지적 능력'을 "부지런히 향상"시키는 것이었다.[5] 휼릿에 따르면, 신은 바로 순수한 지성, 인간의 약점이 전혀 없는 완벽한 두뇌였다.[6] 메리는 비탄에 젖어 있었지만, 배움에 전념하는 것이 신이 자신에게 부여한 의무라는 생각이 마음에 들었다. 휼릿은 메리가 일터로 돌아가는 것이 기독교인으로서 그녀의 의무이며, 패니도 그녀가 교육 개혁을 위한 사명을 계속 이어가길 원할 거라고 말했다. 메리는 휼릿의 말에 귀를 기울였다.

이렇게 되어 마지막 학생이 떠난 후 메리는 글을 쓰기 시작했다. 메리는 독신 여성이 스스로 자신을 부양하는 일이 얼마나 어려운 일인지 세상에 알리고 싶었다. 마음속에서 그녀는 이 문제를 패니의 삶과 연결하여 생각했다. 패니가 돈을 더 많이 벌 수 있었다면, 패니가 가족을 경제적으로 부양할 수 있었다면 결혼할 필요성을 느끼지 않았을 것이다. 그리고 패니가 결혼하지 않았다면 아직 살아 있을 것이다.

부당하다는 느낌에 불이 붙자 메리는 활력이 돌아오는 것을 느꼈다. 메리는 자신과 여동생들 같은 미혼 여성에게 선택권이 거의 없는 것은 공정하지 않다고 생각했다. 여성은 왜 선택할 수 있는 권리와 기회가 이토록 제한되어 있는지 스스로 물었다. 그것은 여성에게 나쁠 뿐 아니라 세상에도 나쁜 일이었다. 이삼 주 만에 메리는 49쪽 분량의 《딸들의 교육에 관한 성찰: 삶의 더욱 중요한 의무에 있어서 여성의 행위에 대한 숙고와 함께》를 완성했다. 긴 제목에서도 알 수 있듯이 메리는 이 글이 진지하게 받아들여지기를 원했다. 조언을 제공하려는 의도도 있었지만, 이성적인 존재로서 자신의 권리를 주장하려고 이 글을 썼다. 메리는 패니와 여동생들, 그리고 자신을 염두에 두고, '풍속에 따른 교육을 받고 재산 없이 남겨진 여성들의 불행한 상황'이라는 제목의 장(章)을 작성했다. 이 장은 다음과 같이 시작했다.

(독신 여성이) 생계비를 벌 수 있는 방법은 거의 없고, 있다 해도 매우 굴욕적인 방법이다. … 고통스럽게 불친절을 의식하며 그녀는 모든 것을 민감하게 느낀다. 빈정거리는 많은 말들이 그녀의 귀에 닿는다. … 그녀는 홀로 차단되어 있고 … 동료 인간의 변덕에 의존한다.[7]

당시 메리의 사상은 문장의 표현 못지않게 대단히 독창적이었다.[8] 1786년 당시에 자립을 원하는 젊은 여성이 겪는 고충을 자세히 말하는 사람은 아무도 없었다. 매춘의 위험에 대한 경고는 예외였다. 다른 작가들은 그들의 권위를 과시하려고 격식을 차려 발표했지만 메리는 구어체로 자신의 분노를 표현했다. 그녀는 빚이 늘어나는 상황에서 감정적으로, 금전적으로 살아남으려고 글을 썼다. 지난 이 년간 친구들과 뉴잉턴의 만찬 모임에서 육아와 학교, 여성, 교육, 결혼에 관해 토론해 왔고 이제 그 생각들이 충분히 무르익어 지면에 쏟아낼 준비가 되어 있었기에 글을 빨리 쓸 수 있었다. 이상적인 여성은 어떤 사람인가? 메리는 물었다. 쉽게 지치고 천진난만하며 걸핏하면 졸도하는 아가씨인가? 아니! 이상적 여성은 재주가 많고 영리한 인간이다.

늘 그렇듯이 그런 생각을 지닌 사람은 메리 혼자뿐이었다. 메리 울스턴크래프트는 어둠 속에 빛나는 하나의 촛불이었다. 비교적 계몽된 작가들이 쓴 여성 '교육'에 관한 조언 책자들이 당시에 인기를 누렸는데, 이러한 소위 전문가들은 터무니없이 잘난체하는 어투로 말했다. 심지어 그 전문가 중에 여성이 많았는데 그들조차 그랬다. 교양 있는 작가이자 여학교 교장이었던 시인 애나 바볼드(Anna Babauld)는 정신병에 걸린 남편을 돌보고 혼자 가족을 부양하면서도 소녀들이 너무 '연약해서' 남성으로부터 독립할 수 없다고 선언했다.[9] 바볼드는 여성이 "오로지 즐거움과 기쁨을 위해" 창조되었기 때문에 교사들은 여자아이에게 기쁨을 주는 방법을 가르치는 데 집중해야 한다고 생각했다. 블루스타킹*의 일원이었던 해나 모어(Hannah More)는 부모와 교사가 소녀들에게서 "대담하고 독립적이며 진취적인 정신"을 몰아내

---

* 1750년대 초 런던에서 작가인 엘리자베스 몬태규, 식물학자이자 작가인 벤저민 스틸링플릿 등을 중심으로 문학을 토론하는 모임이 만들어졌는데 이 모임의 별칭이 '블루스타킹(Blue Stockings Society)'이었다. 블루스타킹은 다른 사교계 모임과 달리 지적인 문학 모임이었으며 특히 여성들이 적극 참여했다. 여기서 유래해 18세기 영국에서 '블루스타킹'이 문학을 좋아하는 여성, 여성 문인을 조롱하는 말로 쓰이기도 했다.

고, 소년들에게서 이런 정신을 육성해야 한다고 믿었다. 이는 여성이 남성에게 종속되어야 하며, 여성은 주도하는 방법이 아니라 순종하는 방법을 배워야 한다는 원칙에 토대를 둔 생각이었다.[10] 메리는 이런 생각을 참을 수 없었다. 메리는 여성의 정신이 교육을 받으면 얼마나 강해질 수 있는지에 대해서는 판단을 유보했지만—여성의 재능을 개발하기 전에는 여성의 진정한 능력을 누구도 알 수 없다고 주장했다—소녀들을 바보처럼 웃기만 하는 사교계 여자가 되도록 훈련하는 것은 그들에게 해로울 뿐만 아니라 우리 모두에게 해롭다고 확신했다. 그러한 교육의 결과로 위기에 처했을 때 남편을 부양하지 못하고, 자녀를 제대로 키우지 못하고, 또한 지역사회에 기여하지 못하는 어리석은 젊은 여성 세대가 탄생한 것이다.

훌릿은 메리의 완성 원고를 친구인 조지프 존슨(Joseph Johnson, 1738~1809)에게 바로 보냈다. 런던의 유명한 출판업자였던 존슨은 개혁의 대의에 헌신한 사람이었다. 그는 벤저민 프랭클린, 윌리엄 블레이크(William Blake), (유명한 찰스 다윈의 할아버지인) 이래즈머스 다윈(Erasmus Darwin), 조지프 프리스틀리(Joseph Priestley), 윌리엄 쿠퍼(William Cowper) 등 당대에 가장 급진적인 작가들의 저서를 출판했다. 18세기 후반에 이런 작가들을 대중에게 알리는 것은 위험한 일이었다. 작가가 정부를 비판하면 출판업자는 반역죄로 기소될 수 있었는데, 존슨이 책을 발간한 작가들은 대부분이 그러했다. 하지만 존슨은 작가들에게 개인적 · 윤리적 책임을 느꼈다. 1799년에 그는 의회를 맹공격하는 책자를 출간한 혐의로 감옥에 들어간다.

존슨은 메리의 책에 상업적 잠재력이 있음을 즉시 간파하고 출판 가능성을 의논하자고 메리를 런던으로 초대했다. 18세기 후반에 개혁가들이나 개혁 반대자들 모두 여성 교육 문제에 점점 더 관심을 쏟았다. 여성 교육 전문가들은 메리의 주장에 부분적으로 동의했다. 그들도 제대로 교육받지 못한 어머니는 자식을 이기적이고 버릇없게 키워 사회에 혼란을 일으킬 수 있다고 생각했다. 하지만 젊은 여성을 위한 적절한 교육 과정이 무엇인가를 두고는 격렬한 논쟁이 벌어졌다. 의학 전문가들이 공식적으로 선언한 대로 여성이 남성보다 약하다면 여성의 두뇌에 지나친 부담을 주지 않도록 주의해야 했다. 이러한 우려에 정면으로 맞서서 메리는 여성 교육을 개선하고 여성이 생계를 유지할 수 있는 기회를 확대해야 한다고 설득력 있게 주장했다. 게다가 메리의 문체는 특별히 쉽게 이해할 수 있었다. 메리는 작가의 성별에 관계없이 화려한 문체를 혐오했다.[11] 그래서 일부러 자신이 말하는 방식대로, 불필요한 미사여구를 배제하고 솔직하게 글을 썼다. 존슨 같은 저명한 인물을 만나고 싶었던 메리는 즉시 마차를 타고 세인트 폴 성당 근처에 있는 존슨의 사무실로 갔다.

마흔여덟 살의 존슨은 작은 체구에 옷차림이 수수하고 매너에 꾸밈이 없어 메리는 편안하게 느꼈다. 그가 원고료로 10파운드를 제시했을 때 메리는 깜짝 놀랐다. 문학계를 잘 알지 못했지만 존슨의 인정이 대단한 의미를 지닌다는 정도는 알고 있었다. 새 작품을 보내주면 출간을 고려하겠다고 존슨이 파격적인 제안을 했을 때 메리는 더 놀랐다. 그의 사무실을 나서면서 메리는 스물일곱 살의 노처녀는 물론이고 대부분 사람들의 손에 닿지 않는 새롭고 다른 길, 즉 진정한 작가로 나아가는 길을 얼핏 보았다.

새로운 꿈이 생기면서 갑자기 미래가 매력적으로 보였지만 그래도 돈 문제가 남아 있었다. 10파운드는 오늘날의 1,500파운드에 해당하는 꽤 많은 금액이었지만, 빚을 갚기에는 부족했다. 게다가 그녀는 여동생들을 부양해야 했고, 경제적으로 어려움을 겪고 있는 블러드 가족을 돕고 싶었다. 글을 써서 살아갈 수 있을 때까지 생계를 유지할 수 있는 일자리가 필요했다. 친구들이 이 사실을 주위에 퍼뜨렸고, 그

18세기 런던의 명망 높은 출판업자였던 조지프 존슨. 개혁의 대의에 헌신했던 존슨은 메리 울스턴크래프트, 토머스 맬서스 등 많은 급진 사상가들의 책을 출판하고 그들을 후원했다.

해 초여름에 프라이스 박사를 거쳐 제안이 들어왔다. 아일랜드 미첼스타운의 로버트 킹스버러 경과 캐럴라인 킹스버러 부인이 가정교사를 구하고 있었다. 킹스러버 부부는 메리에 대한 평가가 마음에 들었다. 메리는 나이도 적당하고 교사로서 경험도 있었다. 부부는 일 년에 40파운드를 제안했는데, 메리의 기대보다 훨씬 후한 급료였다. 메리는 20파운드로 빚을 갚고, 나머지 20파운드는 자신과 여동생들이 새로운 삶을 시작하는 데 발판이 될 거라고 (나중에 드러났듯이 부정확하게) 계산했다.

킹스버러 부인이 당장 일을 시작하기를 원했기 때문에 메리는 1786

년 10월에 미첼스타운에 도착했다. 대부분의 사람들은 화려한 킹스버러 대저택에 감탄했지만 메리는 감옥에 들어왔다고 느꼈다.[12] 메리의 마음은 오히려 새 거주지로 오는 길에 지나치며 보았던 작고 더러운 오두막의 소작농들에게로 향했다. 메리는 온갖 형태의 억압을 싫어했지만 어쩔 수 없는 형편 때문에 자신이 경멸하는 자들, 아일랜드의 땅을 훔친 영국인 권력자와 살 수밖에 없었다. 더구나 킹스버러 경과 부인은 평범한 권력자가 아니라 아일랜드의 최대 지주였다. 그들은 아일랜드인들과의 전쟁에 적극 참여했고 그 보상으로 코크주(County Cork)의 영지를 받았다. 메리가 보기에 그들은 불의한 체제인 영국의 식민 지배를 강화하는 데 기여했다. 결과적으로 아일랜드 가톨릭 신자와 잉글랜드 출신 개신교 신자를 위한 두 가지 상이한 법규가 효율적으로 확립되었다. 가톨릭 신자들은 공직을 맡을 수도, 투표를 할 수도, 총을 소지할 수도, 변호사가 될 수도, 학교에 다닐 수도, 심지어 값비싼 말을 소유할 수도 없었다. 반면에 잉글랜드인들은 이웃인 아일랜드 사람들을 희생하며 자신들은 자유를 누릴 자격이 있다고 느꼈다.

미첼스타운은 최신 양식으로 개조된 성처럼 거대한 저택이었다. 주목이 죽 늘어선 마찻길을 지나면 기둥들이 늘어선 저택과 별채가 있었는데, 마구간, 세탁소, 부엌, 제빵소, 대장간, 사무실 등 별채의 모든 건물은 모두 개방된 주랑으로 연결되었다. 바로 이런 것이 메리가 싫어한 과도한 소유였다. 왜 고용주는 너무 많이 소유하고 소작인은 너무 적게 소유해야 하는가? 이 집의 멋진 위치도 메리의 영혼을 오싹하게 했다.[13] 원래 요새였던 이 사유지는 섬처럼 고립되어 있어 바깥으로 나가기 어려웠기 때문에 감옥에 갇혀 있다는 느낌이 더욱 강했다. 킹스버러 경은 자기 집에서 보이는 경관을 더 낫게 만들려고 원래 있던 마을을 허물고 눈에 보이지 않는 곳으로 옮겼다.

저택 현관으로 안내되었을 때 메리의 눈에는 천장에 그려진 페르세포네 강간 장면이 들어왔다. 그 젊은 처녀는 양팔을 뒤로 늘어뜨린 채 속수무책으로 유린당하고 있었다.[14] 강간은 그 당시 가정교사라는 직업에 따라오는 위험이었다. 한 세대 후에 샬럿 브론테(Charlotte Bronte, 1816~1855)는 《제인 에어》에서 젊은 가정교사와 고용주의 관계를 낭만적으로 묘사했지만, 고용주의 성적 접근에 가정교사들이 희생되었을 때 당사자 간 합의 같은 것은 아예 없었다. 메리는 유명한 바람둥이인 킹스버러 경이 지난번 가정교사를 성적으로 이용했고 레이디 킹스버러가 앙심을 품고 그녀를 해고했다는 소문을 들은 적이 있었다.[15] 큰 응접실에서 메리는 잘 훈련된 많은 하인들과 "한 무리의 여인들―안주인―그녀의 계모와 세 자매―그리고 많은 부인네들과 아가씨들"을 만났다.[16] 경악스럽게도 부인들은 메리를 찬찬히 구석구석 뜯어보았다. 보석이 박힌 가운을 입고 머리를 탑처럼 장식해서 실제보다 키가 커 보이는 이 뻣뻣한 여자들을 대하자 메리는 자신감이 빠져나가는 것을 느꼈다. "내가 감당할 수 있는 것 이상을 기대하는 게 분명해." 메리는 에버리나에게 고백했다.

처음에 킹스버러 부인은 새 식구가 된 메리에게 친절하게 대했다. 열다섯 살에 결혼한 그녀는 메리를 고용했을 때 겨우 서른 살이었고 자신이 좋은 고용주라는 자부심을 지니고 있었다. 킹스버러 부인은 메리에게 선물을 주었고, 가족들과 하는 식사에 초대하고, 무도회와 음악회에 자신들과 함께 참석하자고 초대하는 등 사소한 호의와 관심을 보였다. 가정교사처럼 높은 직급의 하인들은 대개 그런 제안을 고맙게 여겼지만, 자존심과 더불어 수치심에 시달리던 메리는 킹스버러 부인의 제안을 무시했고, 그 선물에 고통을 느끼며 초대를 거절했다. 혹시 킹스버러 부부의 파티에 가고 싶은 마음이 있었더라도 새 드레스를 사거나 하녀에게 머리 치장을 맡길 돈이 없었다.

킹스버러 부인은 메리의 거절이 어리둥절했다. 그녀가 원한 것은 자신의 명령을 서둘러 수행할 공손하고 겸손하고 인습적인 가정교사였다. 하지만 메리는 이전 어느 때보다 급진적이었다. 지난여름에 귀족 집안의 후손을 교육하는 게 아니라 마치 혁명을 이끌어 나갈 준비를 하듯이 정치철학을 공부했던 것이다. 물론 메리는 프랑스어, 음악, 미술 등 자신이 가르쳐야 할 과목의 실력을 향상시키려고 노력했다. 하지만 새 일터에 도착하기도 전에 이미 자신이 새로 맡은 일에 분개하고 있었기에 건성으로 노력했을 뿐이었다.

메리는 미첼스타운 전반을 비판했는데 그 비판의 대상에 자신이 맡은 아이들도 포함되었다. 메리는 땅딸막하고 반점이 있는 열네 살의 마거릿과 언니보다 예쁜 열두 살의 캐럴라인, 일곱 살 된 메리를 처음 보았을 때 "제멋대로 구는" 애들이라고 경멸하듯이 생각했다.[17] 세 소녀는 새 가정교사를 쫓아내려는 열망으로 똘똘 뭉쳤고, 메리는 그 아이들이 "그다지 마음에 들지 않는다"고 적었다.

그러나 얼마 지나지 않아 메리는 자기 학생들을 가엾게 여기게 되었다. 킹스버러 부인은 딸들을 거들떠보지도 않았고, 메리의 표현에 따르면, "태도에 다정한 구석이 전혀" 없었다.[18] 부인은 파티를 좋아했고, 남자들과 불장난을 즐겼고, 친구들에 대해 그리고 그들의 연애에 대해 뒷공론하기를 좋아했다. 그들은 누구에게도 충실한 마음을 갖지 않은 것 같았다. 집에서 부인은 사납게 짖어대는 개들을 오락거리로 삼았다. 개들을 품에 안고 차를 마셨고, 개들이 자신의 방을 뛰어다니거나 베개를 씹거나 메리의 발뒤꿈치를 물어뜯으면 웃으며 즐거워했다. 개들이 방 한가운데 대변이나 소변을 보아도 모른 척했다. 킹스버러 부인은 개들에게 아기 말투로 말했다. 메리는 그런 말투를 동물은 물론 아이들에게 쓰는 것도 못마땅하게 여겼다.[19]

메리가 미첼스타운에 온 지 한 달쯤 되었을 때 세 딸이 모두 앓아누웠다. 킹스버러 부인은 딸들을 돌보기는커녕 오히려 병실을 피했다. 부인의 냉정한 마음에 경악한 메리는 즉시 나서서 아이들의 간호를 맡았다.[20] 메리가 베푼 친절은 킹스버러 집안의 딸들에게는 새로운 경험이었고, 그러면서 아이들의 반항심이 사라졌다. 킹스버러 부인의 고약한 성질로 가장 큰 타격을 받았고 "어머니를 몹시 무서워"했던 큰딸 마거릿이 메리에게 가장 많이 애착을 느끼게 되었다.[21] 냉정하고 쌀쌀한 어머니를 둔 것이 어떤 느낌인지 알고 있었기에 메리는 소녀들에게 관심을 보였고, 얼마 지나지 않아 마거릿이 영리하고 다정한 성향을 지녔다는 사실을 알게 되었다.[22]

학생들을 가르치면서 메리는 킹스버러 부인에 대한 경멸과 자신이 사교계 여성들의 천박한 삶을 업신여긴다는 점을 숨기지 않았다. 메리는 자매들의 어머니가 대단히 중요하게 여기는 화려한 자수와 프랑스식 사교 인사 같은 재주를 "쓰레기 더미"라고 불러서 자매에게 충격을 주었다.[23]

메리는 아침마다 아이들을 데리고 밖으로 산책을 나갔다. 교실에서 꼼짝도 안 하고 앉아 있는 데 익숙한 아이들에게 그 산책은 놀라운 혁신이었다. 메리는 또한 아이들의 관찰과 질문을 바탕으로 삼아 수업을 구성했다. 아이들이 가난한 사람들에게 공감하는 능력이 부족할 것을 염려해서 메리는 그들을 데리고 소작농들을 찾아갔다. 교실에서는 아이들의 생각에 대해 이야기했을 뿐 아니라 그들이 걱정하거나 슬퍼할 때는 위로해주었다. 세 소녀는 메리처럼 자기들을 진지하게 받아들여주고 자기들의 감정에 실제로 관심을 주는 사람을 만난 적이 없었다. 크리스마스가 될 때쯤 세 자매 모두 가정교사에게 애정을 쏟았다.

하지만 학생들의 애정만으로는 메리의 머리 위에 드리운 먹구름을 걷어낼 수 없었다. 《딸들의 교육에 관한 성찰》이 런던의 책방에 나왔다는 소식조차 즐겁지 않았다. 밤이면 메리는 거대한 저택 뒤편에 있는 자기 방에서 문을 닫고 패니의 죽음뿐 아니라 자신이 독립을 위해 치러야 하는 희생을 생각하며 울었다. 여동생들에게 자신의 불행한 심정을 적어 보냈다. 겨울이 깊어지면서 메리는 전업 작가가 되고 싶다는 꿈을 서서히 실행에 옮기기 시작했다. 자신이 처한 상황에 느끼는 분노를 표현하고, 미첼스타운에서 일하면서 숨겨야 했던 사상과 의견을 드러낼 책의 개요를 작성했다.

1787년 1월이 되자 메리는 킹스버러 부인의 '오만'과 '거들먹거리는 태도'에 대한 비판을 더는 숨길 수 없었다.[24] 숙녀로 대접받는 것은 즐거웠지만 메리의 지위는 계속 외로운 것이었다. 메리는 킹스버러 부부를 위해 일하는 80명이 넘는 하인들과 공통점이 거의 없었고, 귀족들과도 마찬가지였다. 메리는 두 계급 사이의 기이한 감옥에, 자신의 표현대로 "이도 저도 아닌" 중간에 끼어 갇혀 있었다.[25]

어쩌다가 킹스버러 부인의 우아한 연회에 참석하게 되면 메리는 이른바 '합리적인' 참석자를 찾아내려 했는데, 특히 그 합리적인 사람이 잘생긴 남성이라면 더욱 그러했다. 그러나 킹스버러 부인은 탐탁잖아했다. 부인의 사고방식으로 볼 때 메리는 하인답지 않게 행동했다. 자신이 속한 뒷자리로 물러나 있지 않고, 주제넘게 활기찬 대화의 중심에 끼어들어 여주인에게 쏠려야 할 사람들의 관심을 빼앗아 갔다. 3월 말경에 메리는 킹스버러 경의 친구인 조지 오글에 대해 에버리나에게 썼다. 오글은 "마흔에서 쉰 살 사이의 천재이자 불행한 사람"이며, "그런 남자라면 네 언니의 눈길을 끌 거라고 생각해도 돼"라고 말했다.[26] 하지만 킹스버러 부인도 오글을 좋아했고, 그의 관심을 끌려고 메리와 경쟁하면서 두 사람 사이의 마찰이 커졌다. 메리는 안주인에게 승리를 거두어 기뻤다. 그녀는 에버리나에게 보낸 편지에서 "레이디 K는 불장난을 칠 상대로 그를 선택했어. 내 말을 오해하지 마. 그녀가 불장난치는 것은 전혀 해롭지 않으니까. 그녀는 오글이 하는 이야기를 이해하지도, 즐기지도 못해."라고 썼다.

봄이 서서히 여름으로 넘어가면서 마거릿의 반항적인 행동 때문에 긴장이 높아졌다. 메리에게 영향을 받은 마거릿은 어머니의 티타임에 항의하고 사교계의 결혼에 저항했다. 마거릿은 남편이 아니라 교육을 원했다. 유행을 경멸하는 가정교사의 견해를 받아들였으므로 마거릿은 이제 "엄청난 돈을 들인 의상이나 장신구, 여자들의 허영심을 자극하는 모든 물건들을 혐오"한다고 말해서 어머니를 충격에 빠뜨렸다.[27] 킹스버러 부인은 가정교사의 괴짜 같은 점에는 기꺼이 눈을 감아줄 수 있었을지 모른다. 하지만 부인은 진작에 딸을 위한 장래 계획을 세우고 잠재적인 구혼자들까지 골라놓은 상태였다. 그 계획이 열매를 맺도록 돕는 것이 바로 메리의 임무였다.

하지만 메리는 불안하고 초조한 심경을 더는 숨길 수 없었다. 메리는 세 자매가 잠든 후 혼자 방에서 루소의 《에밀》을 읽었고, 작가가 주인공의 감수성을 찬미하는 것을 음미했다. 어쩌면 자신의 침울한 기분도 나약함이 아니라 강함의 징후일지도 몰랐다. 메리는 통증과 내적 고뇌에 대한 묘사로 편지를 채웠고, 그것을 훈장처럼 달고 다녔다. 어떤 날에는 교회에서 극심한 신경 장애를 일으켰다. 메리는 편지에 이렇게 썼다. "나는 … 발작적으로 격렬하게 몸이 떨렸고 … 정도는 다소 완화되었지만 하루 종일 계속되었어. 졸도할 지경에 이를 때도 자주 있고, 거의 언제나 목구멍에서 치밀어 올라와. 내가 알기로는 신경병일 거야."[28]

메리는 루소의 글에 감탄했고 그가 감정과 정치적 자유를 중요시한 것에서 영감을 받았지만, 루소가 여성을 묘사하는 방식은 좋아하지 않았다. 《에밀》에서 여자 주인공 소피는 오로지 남자 주인공을 위해 존재한다고 메리는 불만을 토로했다. 소피는 욕망의 주체이자 대상일 뿐이며, 그녀의 유일한 역할은 유혹하고 매력으로 사로잡는 것이다. 소피의 내적 삶은 어디에 있는가? "루소는 여성이 결코, 한순간도 독립적이라고 느껴서는 안 된다고 선언한다"라고 메리는 썼다. 그는 "여성은 두려움에 의해 통제되어야 하며 … 자신을 더 매력적인 욕망의 대상, 남성의 더욱 '달콤한' 동반자로 만들기 위해 애교를 부리는 노예가 되어야 한다"고 말했다.[29] 메리는 독자들에게 '여성의 정신'을 보여줄 때가 되었다고 주장했다.[30]

그해 6월에 메리는 오래지 않아 소설의 형태를 띠게 될 글을 집필하는 데 진력했다. 소설 첫 쪽에 적은 '통지문'에서 메리는 자신의 여자 주인공은 '소피'가 아니라 '생각하는 힘'을 지닌 여성으로서, 남성 작가들이 일반적으로 묘사하는 여성과는 다른 인물일 것이라고 밝혔다.[31] 자전적 요소를 가미해서 메리는 여주인공의 이름을 메리라고 붙였고, 에드워드라는 이름의 억압적인 아버지와 리스본에서 살다가 결핵으로 사망한 절친한 친구처럼 대체로 자신의 실제 경험을 이용해서 플롯을 구성했다. 소설 후반부에서 메리는 마지못해 악당과 결혼하지만 첫날밤을 치르기 전에 쓰러져 죽게 되는데 이때 "결혼도 없고 어쩔 수 없는 결혼에 얽매이지도 않는 세상"에 곧 들어가게 되리라고 기뻐한다.[32] 처음부터 끝까지 메리는 여성이 오로지 남성을 위해 존재하지 않는다는 것을 입증하려고 여주인공의 내적 삶을 강조했다. 그러면서 적들에게, 특히 여주인공 어머니의 모델로 삼은 킹스버러 부인에게 복수했다.

그녀는 … 아주 아름다운 개를 두 마리 키웠다. 개들은 그녀와 침대를 함께 쓰며 온종일 그녀 옆의 쿠션에 누워 있었다. 그녀는 더없이 세심하게 개들을 보살피고 더없이 다정하게 쓰다듬어주었다. 이처럼 동물을 좋아한 것은 생명체에게 먹이와 안락함을 제공하며 즐거움을 느끼는 '연민'에서 비롯된 것이 아니었다. 허영심에서 나온 것이었다. 덕분에 그녀는 황홀한 애정을 표현하는 아름다운 프랑스어 몇 마디를 다정함으로 조율되지 않은 악센트로, 혀가 잘 돌아가지 않는 발음으로 말할 기회를 얻었다.[33]

《메리》는 당대 다른 소설들의 특징—한숨을 쉬고 눈물을 흘리는 여주인공이나 고딕 플롯*—을 많이 공유하고 있지만, 결혼에 대한 메리의 암울한 전망은 정숙한 여주인공이 행복한 결혼으로 보상을 받으리라는 18세기 소설의 원칙과 상반된다. 메리는 어머니와 여동생의 고통을 목격했으므로 여성이 남성에게 속박당하거나 학대당하지 않고 자유롭게 발전할 수 있는 세상을 만들기 위해 싸우도록 독자들을 자극하고 고무하기를 바랐다.

메리는 1787년 늦여름에 초고를 완성했다. 초고가 완성되었을 무렵, 메리는 자신의 보잘것없는 지위 때문에 조바심에 사로잡혔다. 마거릿의 충성심도 절망감을 달래주지 못했다. 메리는 짜증을 삼키고, 하찮은 대화를 견디고, 자기 의견이 없는 척하며 지내는 데 진절머리가 났다. 7월에 킹스버러 부인과 몇 차례 본격적으로 다투었고, 8월 말에 부인은 마침내 메리를 해고했다. 메리는 일자리도, 머물 곳도 없이 세상으로 쫓겨났다.

이것은 메리에게 꼭 필요한 극적인 휴식이었다. 메리는 분노했지만

---

* 고딕 소설은 사실주의 소설과 달리 환상과 현실을 뒤섞고 유령 같은 초자연적인 이미지를 사용하며 비현실적인 상황에 놓인 실제적 인물들의 행동을 그려내는 장르이다. 퇴락한 곳을 배경으로 벌어지는 복수나 가족의 비밀, 저주, 예언 등을 플롯으로 사용하며 극도의 긴장감으로 공포와 충격, 혐오감을 자아낸다. 빅토리아 시대의 고딕 소설은 로맨스와 관능, 관습에 어긋난 생각이나 욕망을 탐구했고, 약탈적인 악한에 의해 고통받는 순수하고 무기력한 여성을 중요한 모티프로 삼아 가부장제적 가치를 조명하기도 했다.

겁내지 않고 안도감을 느끼며 짐을 쌌다. 킹스버러 부인을 두 번 다시 만나지 못했지만 메리는 평생 킹스버러 부인을 강력하게 비판했다. 그 뒤로 쓰는 작품에서 귀족 계층을 비판적으로 묘사할 때 그 귀부인이 모델이 되었다. 한편 킹스버러 부인은 메리가 자기 딸들을 망쳐놓았다고 굳게 믿었다. 그 가정교사가 머물렀던 것을 다행스럽게 생각한 사람은 마거릿뿐이었다. 메리가 죽고 나서 오래 지난 후 말년에 이른 마거릿은 메리가 "자기 마음을 온갖 불합리한 고정관념에서 해방시켜주었다"고 단언했다.[34] 마거릿의 결혼 생활은 불행했지만 그녀는 고통스러운 삶에 체념하지 않고 맞섰다. 마거릿은 남자로 변장하고 독일로 건너가서 의사 훈련을 받고 연인과 함께 이탈리아로 이주했다. 그리고 어느 날 메리 울스턴크래프트의 성장한 딸, 어머니 없이 자란 메리 셸리가 찾아왔을 때, 마거릿은 울스턴크래프트가 한때 자신의 벗이 되어주었듯이 자신이 사랑했던 가정교사의 딸에게 벗이 되어주었다.

9장

낭만적 연애

메리 고드윈 1814

스키너 거리 41번지에 극적으로 침입한 사건 이후 셸리는 며칠 내로 행동에 돌입했다. 제인이 편지를 전달하다가 발각되었기 때문에, 하인 한 명을 뇌물로 포섭해서 메리에게 상세한 계획이 담긴 쪽지를 보냈다. 삼 년 전에 달아난 경험이 있었기에 어떻게 진행해야 할지 정확히 알고 있었다. 셸리는 메리가 해리엇과 달리 결혼하지 않고 남자와 동거하는 미래에 경악하지 않는다는 사실을 알고 기뻤다. 사실 이것은 메리가 스코틀랜드에서 꿈꿔 왔던 흥미진진한 모험이었다. 메리는 관습을 혐오했다. 두 사람의 마음이 하나인데 결혼이 무슨 상관인가? 메리가 망설이는 이유는 오로지 하나, 아버지를 떠나야 한다는 것이었다.

제인과 메리의 관계는 경쟁심과 질투와 우월감이 뒤얽혀 매우 복잡했지만 메리가 진심으로 마음을 터놓을 수 있는 사람은 그래도 제인뿐이었다. 패니라면 모든 사정을 아버지에게 알려야 한다고 느꼈을 것이다. 반면에 제인은 비밀을 혼자 아는 것을 즐겼다. 제인이 요구한 것은 단 하나, 자신도 집에 남고 싶지 않다는 것이었다. 제인은 연인들이 도망간 후 고드윈과 메리제인을 대면할 일이 두려웠을 뿐 아니라 메리가 언제나 특별한 존재라는 사실이 싫었다. 처음에는 고드윈에게, 그리고 지금은 셸리에게.

메리는 제인의 질투심을 잘 알고 있었기 때문에 의붓동생이 합류하는 게 달갑지 않았다. 하지만 셸리는 두 젊은 여성을 가정의 감옥에서 풀어준다는 생각이 마음에 들었다. 그것은 자기 여동생들을 위해 꿈꾸었던 것이기도 했다. 게다가 제인은 그들의 여행에 멋진 동행이 될 것이다. 제인은 발랄한 열여섯 살의 곱슬머리 소녀였고, 프랑스어를 할 줄 알았기 때문에 그들이 바라는 파리까지 가는 데 도움이 될 것이다. 셸리는 패니도 데려가고 싶었지만, 열아홉 살의 가엾은 순종적인 처녀가 그들의 계획을 비밀로 지킬지 믿을 수 없다는 메리의 의견에 동의했다.

셸리는 메리와 제인에게 7월 28일 새벽 4시에 만나자고 전갈을 보냈다. 전날 밤 두 자매는 평소처럼 행동하려고 노력했다. 그들은 가족과 저녁을 먹고 평소와 같은 시간에 잠자리에 들었다. 메리제인과 고드윈이 더 주의를 기울였다면 메리가 평소보다 조금 더 창백했고 제인이 말수가 적었다는 점을 알아차렸을 것이다. 하지만 그들은 딸들에게 잘 자라고 말한 뒤, 곧 전개될 극적인 사건은 꿈에도 생각하지 못한 채 잠자리에 들었다. 두 딸은 온 신경이 팽팽하게 긴장해서 잠을 이루지 못했다. 제인은 모험이 시작될 거라고 들떠 있었지만 메리는 불안했다. 그녀는 셸리와 함께 있고 싶었지만 일단 스키너 거리를 떠나면 자기 삶이 절대로 예전과 같지 않으리라는 사실을 알았다. 마침내 떠날 시간이 되자, 아직 별이 떠 있고 새벽이 되기 전의 어둠 속에서 두 사람은 살그머니 계단을 내려와 해턴 가든 모퉁이에서 기다리고 있는 마차를 향해 달려갔다. 제인은 기대감에 부풀어 있었지만 메리는 여전히 확신하지 못했다. 마차에서 기다리는 셸리를 보았을 때

제인은 곧장 마차에 올라탔지만 메리는 그 자리에 얼어붙었다. 아버지가 느낄 실망과 상처, 분노를 상상할 수 있었고, 그것은 견디기 힘들었다. 메리는 발걸음을 돌려 집으로 달려갔고, 아버지에게 이해해 달라고 간청하는 마지막 메모를 휘갈겨 썼다. 그러고는 아버지의 화장대 위에 쪽지를 올려놓고 발끝으로 살금살금 계단을 내려와 연인에게 달려갔다. 마차가 자갈길 위를 덜컹거리며 달려가자 셸리는 메리를 꼭 안았다.[1]

프랑스혁명 당시에 메리의 어머니가 프랑스에 살았기 때문에 그들은 프랑스를 목적지로 선택했다. 하지만 먼저 도버까지 약 120킬로미터를 가야 영국해협을 건널 수 있었다. 도버로 가는 길은 마차 바퀴 자국이 깊게 패여 있어 험했고, 언제나 여행을 힘들어했던 메리는 마차 쿠션에 몸을 파묻는 것 외에는 달리 할 수 있는 일이 없었다. 메리보다 튼튼한 제인은 신이 났지만 붙잡힐까 봐 두려운 마음으로 창밖을 내다보았다. 셸리도 추격자가 있을까 걱정되었기 때문에 애인이 괴로워해도 마차의 속도를 늦추지 않았고 몇 번만 마차를 멈추고 쉬었다. 다트퍼드에서 말 네 마리를 새 말로 바꾸었고, 열두 시간을 달려 오후 4시에 도버에 도착했다. 메리는 너무 힘들어서 의식을 잃을 지경이었다. 그래도 셸리는 멈추지 않았다. 자신들이 추격당하고 있으리라 확신했고 영국을 빨리 떠나려는 초조한 마음에 즉시 프랑스로 데려다줄 어선을 빌렸다. 메리는 셸리의 품에 안겨 뱃멀미와 추위에 시달리고 두려움에 떨었다. 자정이 지나자 바람이 거세지더니 파도가 뱃머리를 덮쳤고 해 뜨기 전에 천둥 번개가 몰아치면서 그들은 비에 흠뻑 젖었고 작은 배는 물바다가 되었다. 메리는 셸리의 무릎을 붙잡은 채 바닥에 웅크리고 있었다. 셸리는 황홀경에 빠졌다. 그가 사랑한 것이 바로 이런 위험이었다. 제인은 죽을까 봐 걱정이었지만 뱃멀미를 하지 않은 것을 자랑스러워했다.

아침이 되자 하늘이 개었고 세찬 바람이 불어와 그들을 곧바로 칼레 항구로 데려다주었다. 몇 시간 전에 폭풍우가 몰아쳤던 것이 믿기지 않을 만큼 화창하고 상쾌한 날이었다. "메리, 여기 봐요. 프랑스에 해가 떴어." 셸리가 외쳤다.[2] 메리는 기뻤다. 이 아름다운 날은 자신의 탄생을 알린 혜성처럼 찬란한 전조라고 믿었다.

칼레에서 그들은 부유한 영국 관광객들이 즐겨 찾는 데생 호텔의 가장 비싼 방에 투숙했고 모험에 지친 나머지 낮잠에 빠졌다. 그날 저녁에 하인이 방문을 두드리며 '뚱뚱한 부인'이 딸을 찾으러 왔다고 말했다.[3] 어떻게 알았는지 모르지만 메리제인이 그들을 찾아낸 것이다. 그녀는 제인을 붙잡아 자기 방으로 데려가서 집으로 돌아가자고 설득했다. 메리제인은 젊은 시절에 경솔한 행동으로 고통을 받았기 때문에 딸이 수상쩍은 소문이 도는 미혼 여성으로서 어떤 어려움을 겪게 될지 너무나 잘 알고 있었다. 제인은 흔들렸다. 하지만 셸리는 제인을 데리고 나가 산책을 하면서 노예제로부터의 해방이나 부르주아적 가치관에 대한 거부, 열정적인 삶 등 자신들의 이상을 상기시키면서 함께 지내자고 설득했다.[4] 제인이 진정한 급진주의자가 되고 싶다면 울스턴크래프트의 발자취를 따라 메리제인과 사회의 인습적인 세력에 맞서 끝까지 싸워야 했다. 셸리에게 매료된 제인은 어머니의 애원을 물리쳤고, 결국 메리제인은 패배를 인정했다. 그녀는 셸리를 비난했지만, 그 분노는 대부분 지난 12년간 숙적이었던 의붓딸에게로 향했다. 마침내 메리가 승리했다. 어머니에게 상처를 주는 가장 좋은 방법은 그 딸에게 해를 입히는 것이었다.

하지만 메리제인은 위험한 적이었다.[5] 그녀는 나름대로 유능한 작가였고, 펜으로 복수하는 방법을 알고 있었다. 메리제인은 친구들에게 장문의 편지를 보내 메리 고드윈이 제인을 타락시켰다고 주장하면서 메리에 대한 분노를 격렬하게 표출했다. 셸리에게 버림받은 그의 아내 해리엇도 편지를 보내는 작전에 돌입했다. 해리엇은 메리뿐만 아니라 고드윈 가족 전체를 비난했다.[6] 셸리가 메리 고드윈과 사랑에 빠졌다고 이미 아내에게 말했지만, 해리엇은 남편의 열병 같은 사랑이 지나가고 자신들의 아기가 태어나기 전에 집으로 돌아오기를 바랐다. 상황이 절망적으로 보이자 해리엇은 친구들에게 고드윈이 셸리에게 두 딸을 1,500파운드에 팔았다고 말했다. 셸리가 달아나기 직전에 고드윈에게 약속했던 돈을 마침내 빌려주어서 철학자를 재정적 파탄에서 구해주었기 때문에 해리엇의 비난에는 일말의 진실이 있었다.

세 사람은 옹호해주는 사람이 하나도 없었기에 런던 사교계에서 매도되고 말았다. 이 스캔들은 몇 년간 뜨겁게 달아올랐다. 저명한 작위의 상속자인 셸리가 십 대 소녀 두 명과 함께 달아났고, 그중 한 명은 과거에 비슷한 추문을 일으켰던 메리 울스턴크래프트의 딸이었다. 한 명으로 충분하지 않았을까? 셸리는 두 자매 모두와 잘 계획이었을까? 고드윈이 정말 딸들을 성 노예로 경매에 부친 것일까? 셸리의 아버지 티머시 경은 깊은 수치심을 느꼈고, 아들의 두 번째 도망을 결코 용서하지 않았으며, 고드윈과 울스턴크래프트의 딸을 창녀로 치부했다.

하지만 셸리는 메리제인을 태운 배가 수평선 너머로 사라지는 것을 보며 의기양양했다. 그가 승리했다.[7] 부모들은 패배했고, 자식들이 장악했다. 그의 승리는 아일랜드 사람들이나 농민, 노예 등 도처에서 억압받는 자들의 승리였다. 메리도 메리제인이 돌아가는 모습을 보고 감격했지만, 셸리보다 복잡한 심정이었다. 계모는 증오했지만 아버지로부터 벗어나고 싶었던 적은 한 번도 없었다. 기억할 수 있는 최초의 어린 시절부터 언제나 아버지가 메리제인보다 자신을 더 사랑해주기를 바랐다. 몇 년 후 메리는 아버지가 딸에게 근친상간적인 사랑을 고백하는 소설을 쓰기도 했다. 메리는 셸리와 달리 고드윈을 폭군으로 여긴 적이 없었고, 아버지의 마음을 아프게 하고 싶지 않았다. 언제나 아버지의 칭찬을 갈망했고, 아버지를 영원히 잃어버렸을까 봐 불안했다. 하지만 셸리와 함께 있으면서 마냥 침울해할 수는 없었다. 날씨가 무더워서 말들은 땀으로 번들거리고 두 자매는 목이 높은 검은 여행복을 입은 탓에 몹시 불편했지만, 세 젊은이는 큰 기대를 품고 파리로 출발했다.

하지만 1814년 8월 2일에 지치고 먼지를 뒤집어쓴 몸으로 프랑스의 수도에 도착했을 때 '형제애'와 '자유'는 어디서도 찾아볼 수 없었다. 그들은 마레 지구 가장자리에 있는 평범한 호텔 드 비엔에 투숙한 후 파리 시내를 돌아다녔다. 파리 시민들이 대체로 전쟁에 지치고 냉소적이어서 실망했다. 그해 초에 나폴레옹(Napoléon Bonaparte, 1769~1821)의 패배는 전쟁이 끝났다는 의미에서 많은 사람들에게 안도감을 주었지만 프랑스의 명예에 심각한 타격을 준 사건이기도 했다. 이제는 아무도 혁명을 설파하지 않았다. 그들이 만난 사람들 다수는 프랑스의 '영광'을 회복하려는 왕정주의자들이었다. 정의와 자유는 철 지난 말이었다. 스코틀랜드에 있을 때 메리는 친구 이저벨라에게서 순교한 혁명가 롤랑 부인과 샤를로트 코르데 이야기를 듣고 큰 감명을 받았지만, 그 혁명가들은 이미 오래전에 세상을 떠났다. 그런 점에서 보자면 메리 울스턴크래프트도 마찬가지였다.

이런 순례 여행에서는 죽은 사람이 모습을 나타낼지도 모른다는 생각이 들기 마련이다. 그 사람의 옛집을 방문하거나 그가 자주 찾았던 장소를 걸어 다니다 보면 죽은 사람이 돌아올지 모른다는 생각이 든다. 종종 그랬듯이 세 사람이 울스턴크래프트의 작품을 큰 소리로 낭독할 때면 그녀가 가까이 있는 듯이 느껴졌다. 그들이 아주 꼼꼼히 찾아보면 어쩌면 모슬린 드레스 뒷자락을 끌면서 좁은 골목을 당당하게 걸어가는 울스턴크래프트의 모습을 얼핏 볼 수 있었을지 모른다. 그러나 세 사람의 눈에 들어온 것은 말쑥하게 차려입은 남자들이 커

피를 한 모금씩 마시고, 젊은 남녀들이 혁명이라고는 일어난 적도 없는 듯이 시시덕거리며 수다를 떠는 모습이었다. 상류층 여성들이 굽이 높고 앞코가 뾰족한 신발을 신고 착 달라붙는 가벼운 스커트 자락을 손으로 들고 짧은 걸음으로 재빨리 지나다녔다. 메리와 제인은 턱까지 단추를 채운 수수한 드레스를 입고 있었기 때문에 자신들이 틀림없이 영국인으로 보일 거라고 생각했다.[8] 그들은 검은 보닛을 쓰고 여학생들처럼 귀 뒤로 머리를 빗어 넘긴 반면, 프랑스 여성들은 머리칼을 고정해 정교한 조각 작품처럼 만들었다.

하지만 이런저런 실망에도 불구하고 파리에 도착한 첫날 밤에 방문을 닫았을 때 메리와 셸리는 "너무 행복해서 잠을 이룰 수 없었다."[9] 셸리는 훗날 이날을 '첫날밤'이라고 불렀다.[10] 처음으로 추격자도 제인도 없이 두 사람만 홀로 남았다. 제인은 안전하게 자기 방에 있었다. 메리는 어머니의 무덤에서 셸리에게 사랑을 고백한 이후로 이 순간을 열렬히 기다려 왔다. 셸리도 걱정이나 죄책감 없이 메리와 함께할 시간을 꿈꾸어 왔다. 셸리에게 섹스는 거의 신비 체험이자 영적 '황홀경'으로 들어가는 통로였다. 그는 메리를 간절히 원했지만—어느 시에서 "장미꽃 같은 그녀의 간절한 입술"과 "그늘진 개울처럼 흘러내리는 머리카락 사이로 들어 올린 하얀 팔"을 찬미하며 기념했듯이—침대로 돌진하지는 않았다.

먼저 두 사람은 글쓰기에 대한 꿈과 문학적 미래에 대해 이야기했다. 메리는 셸리에게 스코틀랜드에서 보낸 시절을 이야기하고 이저벨라가 보낸 편지 몇 통을 보여주었다.[11] 두 사람은 바이런(George Gordon Byron, 1788~1824)의 시를 낭송했고, 그러고 나서야 사랑을 나누었다. 셸리는 나중에 이렇게 썼다.

나는 느꼈지, 그녀 몸속에서

불타는 피가 내 피와 섞여

불처럼 내 심장 주위에 떨어지는 것을.

셸리의 표현에 따르면, 그 후 그들은 "이루 말할 수 없는 기쁨의 황홀경"에 빠졌다. 셸리는 지난 몇 달간 휩싸였던 광란의 불안 끝에 마침내 평정과 평온을 되찾았다. 메리는 셸리에게 그의 품을 영원히 떠나고 싶지 않다고 말했다.

하지만 다음 날 아침에 두 사람은 각자 책임져야 할 일에 직면했다. 배려해야 할 제인이 있었고, 밥도 먹어야 했다. 메리는 밥을 먹지 않아도 된다고 말했다. 그래도 될 만큼 너무 행복했으니까. 가장 큰 걱정은 그들이 거의 무일푼이라는 사실이었다. 셸리는 급하게 영국을 떠나는 바람에 여유 자금을 가져올 생각을 하지 못했고, 이제 현금이 바닥난 상태였다. 오랜 수소문 끝에 어느 용감한 은행가를 찾아냈는데 그는 셸리가 귀족 집안 자식이라는 것을 믿고 60파운드를 선불로 빌려주었다. 이 액수가 메리와 제인에게는 큰돈으로 보였지만 그들이 계획한 긴 순례 여정을 고려하면 오래가지 못할 돈이었다. 셸리는 이 사실을 알고 있었지만 모든 걱정을 애써 떨쳐냈다. 그는 어떻게든 자금을 마련해 버텨 나갈 거라고 믿었다.

날이 지날수록 파리의 매력은 빛을 잃었다. 노트르담 성당은 기대했던 것만큼 인상적이지 않았다. 튀일리 정원은 보기 흉했다. 호텔은 어둡고 비좁고 참을 수 없이 더웠다. 파리에 도착한 지 일주일쯤 지난 8월 8일에 세 사람은 파리에서 혁명의 흔적을 찾아내려는 시도를 포기하고 시골로 향했다. 돈을 절약하기 위해서 셸리는, 호텔 지배인의 충고를 무시하고, 마차를 빌리는 것보다 걷는 편이 더 '즐거울' 거라고 결정했다.[12] 셸리가 제인과 함께 짐을 운반할 당나귀를 사러 갔을 때, 메리는 기운이 없고 불안해서 호텔에서 쉬고 있었다. 하지만 셸리나 제인은 어떤 당나귀를 골라야 할지 잘 알지 못했다. 가엾은 당나귀는 순하고 말을 잘 들었지만 여행을 시작한 지 얼마 지나지 않아 더위에 지쳐 쓰러지고 말았다. 책과 옷과 상자들을 운반해야 하는 상황에서 그들은 오도 가도 못하게 되었다. 다음 마을에서 당나귀를 노새와 바꾸었지만, 노새와 여행을 시작한 지 나흘 만에 셸리는 사고를 잘 저지르는 곤란하기 짝이 없는 특기를 드러내며 발목을 삐어 걷지 못하게 되었다. 그들은 노새의 짐을 내리고 셸리를 노새에 태웠고 제인과 메리가 짐을 들고 터벅터벅 노새 뒤를 따라갔다. 시골 여관이나 친절한 농부의 초가집에서 쉬면서 기운을 차리고 싶었다.

하지만 친절한 농부도, 쾌적한 시골 여관도 없었다. 뺨이 발그레한 우유 짜는 아가씨나 잘생긴 목동, 기름진 땅을 경작하는 부지런한 농부 등 프랑스 농촌의 목가적 풍경을 그린 18세기 그림들을 보면서 여행을 준비했던 세 젊은이에게 이것은 전혀 예상치 못한 충격이었다. 그들 눈앞에 보이는 땅은 나폴레옹 전쟁의 마지막 몇 해를 간신히 견딘 폐허였다. 불과 몇 달 전에 나폴레옹의 러시아 침공에 대한 보복으로 카자크족이 오스트리아·프로이센 군대와 함께 프랑스로 쳐들어왔다. 그들은 가축을 훔치고 밭을 짓밟고 마을을 불태우고 아이들을 죽이고 여자들을 강간했다. 나폴레옹의 군대도 그리 나을 게 없었다. 그들도 식량과 보물을 얻으려고 시골을 약탈했다. 결국 1814년 4월 11일에 나폴레옹이 황제 자리에서 물러났지만 프랑스는 여전히 위기에 처해 있었다. 번성하던 농장과 살진 소가 풀을 뜯던 들판은 먼지 자욱한 흙길과 짓밟힌 농작물, 황량한 언덕으로 바뀌었다. 사람들은 굶주렸다. 셸리는 "오물과 고통, 기근이 도처에 널려 있다"고 말했다.[13] 셸리에 따르면 프랑스인들은 "매우 퉁명스럽고 불친절하고 배타적인" 사람들이었다. 세 사람처럼 후줄근한 떠돌이 영국인 방문객들은 굶주린 농민들에게 손쉬운 먹잇감이었다. 그들은 심지어 사워

밀크 한 잔을 비롯해 무엇이든 엄청난 돈을 요구했다. 때로는 마른 빵 조각밖에 찾을 수 없었는데 그런 빵은 물에 불려야 간신히 목에 넘길 수 있었다. 밤에는 농가의 건초 더미나 간이 침대에서 잠을 잤다. 파리에서 동쪽으로 약 160킬로미터 떨어진 트루아에서 여관을 구하기는 했지만, 한밤중에 쥐가 제인의 얼굴 위로 뛰어다니는 바람에 질겁한 제인이 메리와 셸리의 방으로 도망쳐 왔다. 제인이 너무 크게 비명을 질러서 그녀를 두 사람의 침대에 재워야 했다.[14]

낙담한 셸리는 방향을 바꾸어 스위스로 가자고 제안했다. 스위스야 말로 진정한 자유와 기쁨의 땅이라고 선언했다. 그 근거로 빌헬름 텔*과 스위스의 자유를 쟁취한 '영광스러운 창시자들'을 찬미한 고드윈의 소설 《플리트우드》을 제시했다.[15] 고드윈에 따르면, 스위스인은 부르주아적 삶의 하찮은 제약을 극복한 고상한 사람들이었다.

하지만 그들은 그 이야기를 믿을 정도로 어리석어서는 안 되었다. 고드윈은 스위스에 가본 적이 없었다. 고드윈은 신중하게 연구하는 사람이었지만 그가 《플리트우드》를 쓴 목적은 정확한 여행기를 제공하는 것이 아니라 좋은 소설을 쓰는 것이었다. 메리는 그 사실을 알고 있었다. 하지만 진실로 아버지를 그리워했기에, 만일 자기들이 소설에 그려진 여정을 쫓는다면 아버지가 자신의 행동을 인정해주거나 적어도 자기가 아버지를 얼마나 존경하고 사랑하는지 알아주지 않을까 싶었다. 8월의 더위 때문에 여행은 힘들었다. 특히 셸리가 여전히 다리를 절었기 때문에 여행은 더디게 진행되었다. 자금이 급속히 줄어들었지만 결국 그들은 마차를 빌리고 마부를 고용해 뇌샤텔로 향했다.

메리와 셸리는 이 여행을 시작할 때부터 공동 일기를 썼다. 여기서

---

* 스위스에 전해 내려오는 전설적인 영웅. 18~19세기 귀족 통치에 대항한 저항의 상징이기도 했다.

셸리는 메리의 뛰어난 재능과 진정한 사랑의 본질, 자신이 쓰고 싶은 소설에 대해 열변을 토했고, 메리는 경치와 자신들이 겪는 고난을 기록했다. 셸리와 메리는 제인에게 짜증이 났고, 제인은 그들과 옥신각신한 것을 자기 일기에 기록했다. 속으로 제인은 셸리와 사랑에 빠졌다고 생각했지만, 그는 메리에게 너무 빠져서 제인에게 그다지 관심을 기울이지 않았다. 하지만 셸리는 해리엇을 다정하게 기억했고 심지어 자신이 그녀에게 '변함없는 확고한 친구'라고 선언하며 자신이 창조하려는 유토피아적 공동체에 동무로 합류하라고 초청하는 편지를 보냈다.[16] 해리엇은 당연히 답장을 하지 않았다.

마침내 그들이 눈 덮인 알프스 봉우리를 보았을 때 셸리는 공동 일기에 "장엄함이 상상을 초월한다"고 적었다.[17] 하지만 여행은 서서히 심신에 부정적 영향을 미쳤고, 정신없이 돈을 찾아 헤매야 하는 것도 큰 타격이었다. 메리는 아버지를 그리워했고, 셸리가 자신이 상상했던 낭만적인 영웅이 아니라는 사실을 점차 알게 되었다. 파리에서 새 연인과 한 침대에서 지낸 것은 파리에서 느낀 실망감을 보상하고도 남았다. 하지만 열흘 동안 무더운 날씨를 견디며 황량한 프랑스 시골 길을 걷고 난 후에는 전과 똑같이 마음을 뒤흔드는 열정을 느끼기 어려웠다. 그들은 배고프고, 땀에 젖고, 지쳤다. 게다가 건초 창고나 농부의 부엌에서 사적인 공간을 찾는 것은 거의 불가능했다. 장엄한 산봉우리를 보아도 기운이 솟구치지 않았다. 메리는 말이 없어졌고 자기 속으로 침잠했다. 어느 날 오후에는 사람들이 생각하는 대로 되는 일은 아무것도 없다고 우울한 기분에 잠겨 생각했다. 아무리 좋은 의도로 행동하더라도 여전히 고통스러운 결과를 초래할 수 있다. 메리는 일반적인 철학적 의미로 말했지만 셸리는 그녀의 심중을 이해했고 그녀가 그와 함께 도망치기로 한 결정을 후회한다고 비난했다. 메리는 재빨리 반박했지만 제인은 일기에 메리가 거짓말을 했다고 적었다.[18] 셸리의 말이 맞았다. 메리는 자신의 연인에게도, 도피 행각에도 불만이었다. 그들은 그가 약속했던 자유로운 에덴동산에서 사는 것이 아니었고, 런던을 떠난 후 계속 재앙의 언저리에 있었다.

숨 막힐 정도로 더위가 기승을 부리던 어느 날 오후에 셸리는 메리에게 길에서 보이는 숲속 웅덩이에 들어가 몸을 담그라고 제안했다. 그가 행인들이 메리를 보지 못하게 가려주고 풀과 나뭇잎으로 몸을 말려줄 것이다. 이 제안에 메리는 셸리의 예상과 달리 매혹적으로 받아들이기는커녕 화를 냈다. 이 얼마나 무례한 제안인가! 우연히 지나갈 낯선 사람은 말할 것도 없고 마부도 고려해야 했다. 메리는 셸리의 눈을 즐겁게 해주려고, 아니 어느 누구의 눈을 위해서라도, 숲 한가운데서 옷을 벗고 싶지 않았다. 제인은 메리가 터무니없이 청교도적이라고 생각했다.[19] 셸리가 자기에게 알몸으로 목욕하라고 권했다면 그 제안을 덥석 받아들였을 거라고 일기에 심술궂게 써넣었다.

마침내 일행이 국경을 넘을 때 비가 내렸다. 그들은 거의 3주간 길 위에서 지냈고 스위스인들을 보면 반가워할 준비가 되어 있었다. 그러나 영국인 관광객들을 대체로 즐겁게 해주었던 근면한 사업가, 깨끗한 거리, 깔끔한 현관 계단, 영양 상태가 좋은 아이들, 쾌활한 아내들이 세 사람에게는 깊은 실망을 안겨주었다. 제인이 스위스 사람들은 "부유하고 만족하고 행복해 보이지만 어처구니없이 어리석고 기형적으로 못생겨서 흥미롭지 않다"라고 기록했을 때 이 말은 세 사람 모두의 생각을 대변했다.[20] 점잖은 마을 사람들은 여행으로 지저분해진 이 기이한 삼인조가 분명히 궁금했을 것이다. 아니면 적어도 젊은 이탈자 세 명은 그러기를 바랐다. 메리가 말했듯이 그들은 자신들이 색다르게 보이는 것을 좋아했고, 자신들과 마주친 사람들이 "얼마나 놀랐을지 추측"하기를 좋아했기 때문이다.[21]

비가 와서 8월의 더위가 한풀 꺾였다. 반가운 변화였지만, 안개가 자욱이 끼어서 루체른 호수가 거의 보이지 않았다. 고드윈이 소설에서 묘사한 너도밤나무와 소나무 숲, 또는 주인공 플리트우드가 모험을 벌인 거칠고 낭만적인 시골 지역도 찾을 수 없었다.[22) 셸리가 파리에서 빌린 60파운드의 절반에 가까운 돈이 남았기에 그들은 브루넨에서 호숫가의 집을 6개월간 빌렸다. 하지만 하루가 지나자 지루해졌다. 결국 스위스는 그들에게 맞지 않는 곳이었다. 프랑스로 돌아가는 것은 불가능했다. 어디로 갈 것인지 의논한 결과 세 사람 모두 집으로 돌아갈 마음이 있다는 것이 드러났다. 사실 그들은 지금 당장이라도 떠나고 싶었다. 하지만 세탁부가 옷을 돌려줄 때까지 기다려야 했고, 세탁부가 옷을 가져왔을 때 옷이 아직 마르지 않아서 출발을 다음 날로 미뤘다. 셸리는 이 짜증스러운 일을 일기에 적었다.[23) 메리와 셸리는 서로 타키투스를 읽어주며 마음을 달래려 했다. 하지만 제인은 부루퉁했다. 두 사람이 자신을 못 본 척하는 것이 마음에 들지 않았다.

더는 프랑스 농민들과 마주치지 않으려고 그들은 바지선을 타고 라인강을 따라 올라가 네덜란드에서 영국해협을 건너기로 결정했다. 이 코스는 육로로 프랑스를 거쳐 돌아가는 길보다 비용이 저렴하다는 추가적인 장점도 있었다. 그때 형편으로는 런던으로 돌아갈 경비를 넉넉히 남겨 두어야 했기 때문에 아주 신중하게 처신해야 했다.

강을 따라 배를 타고 가는 여행은 황폐한 프랑스 시골길을 걷는 것보다 확실히 즐거웠다. 메리는 라인강 계곡에 인상적으로 드넓게 펼쳐진 풍경에 감탄했다. 하지만 진종일 술을 마시고 시간이 지날수록 점점 더 소란스러워지는 저속한 동료 여행자들에게 경악했다. 메리와 제인은 그들과 마주치지 않으려고 애썼지만 작은 배에서는 그래봐야 소용이 없었다. 첫날이 지난 후 메리는 일기에 날카롭게 비난했다. "우리의 유일한 소원은 그처럼 정화될 수 없는 동물을 절멸시키는 것이다. 신은 이런 괴물들을 정화하려고 애쓰느니 완전히 새로운 인간을 창조하는 편이 쉬울 것이다. … 혐오스러운 벌레들."[24]

9월 초의 어느 날 바지선은 만하임에서 북쪽으로 몇 킬로미터 떨어진 게른스하임에 정박했다. 메리와 셀리는 제인 몰래 배에서 빠져나와 박공지붕의 오두막들을 지나 자갈길을 따라 주위의 전원 지역을 거닐었다. 저 멀리 하늘을 배경으로 프랑켄슈타인이라는 이름으로 불리는 그림 같은 성의 탑이 눈에 들어왔다.

이 성에 얽힌 섬뜩한 전설이 있었는데, 동전을 몇 닢 주자 마을 사람이 그 이야기를 들려주었다.[25] 콘라트 디펠이라는 악명 높은 연금술사가 1673년에 이 성에서 태어났다. 디펠은 죽음의 '치료법'을 찾는 데 집착했고, 무시무시한 실험을 통해 시체를 되살리려고 시도했다. 그는 무덤을 파헤쳐서 신체의 여러 부분을 훔치고 뼛가루를 만들어 피와 섞어 시체에 투여했다. 디펠은 결국 실험에 실패하고 죽었지만 그가 제기한 질문은 여전히 풀리지 않은 채로 남아 있었다. 과연 죽은 자를 다시 살릴 수 있을까?

그 후에 메리와 셀리는 바지선에서 이 이야기와 그들이 읽은 책들, 그리고 앞으로 쓰고 싶은 책들에 관해 이야기를 나누며 시간을 보냈다. 제인은 울스턴크래프트가 좋아했던 루소의 《에밀》에 푹 빠져들었다. 제인은 울스턴크래프트와 마찬가지로 프랑스 철학자의 사상에 찬탄했지만 여성에 대한 묘사는 혐오했다. 제인이 울스턴크래프트의 견해에 대체로 동의했다는 사실을 고려하면 그것은 놀라운 일이 아니었다.

여행의 마지막 며칠 동안 그들은 번갈아 가며 울스턴크래프트의 글을 낭독했다. 세 사람 모두 메리의 어머니를 여행의 동반자로 삼으니 용기가 났다. 하지만 제인은 울스턴크래프트의 급진주의를 다시 접하면서 자기 어머니 메리제인과 다른, 새로운 정체성을 구축하겠다는 결심이 더욱 굳어졌다. 메리나 셀리와 마찬가지로 제인은 자신들 모두 울스턴크래프트의 제자라고 믿었지만, 실제로는 자신이 울스턴크래프트의 진정한 후계자라고 생각하기 시작했다. 셸리는 남자였기 때문에 다른 범주에 속했고, 메리는 뛰어나지만 때로 나약했다. 실은 너무 나약해서 울스턴크래프트의 기수가 될 수 없다고 제인은 생각했다. (제인이 일기에 기록했듯이) 어쨌든 메리는 여러 번 잘못을 저질렀다. 메리는 알몸으로 목욕하기를 거부했고, 자주 몸이 아팠고, 그들의 위대한 모험에 의심을 품었다. 메리와 달리 제인은 자신의 강인함과 결의를 자랑스럽게 여기며 그들의 모험적 기획에 끝까지 충실했다.

악천후 때문에 세 사람은 네덜란드의 항구 도시 마슬라위스에서 옴짝달싹 못했다. 거기서 메리는 '증오'라는 분노에 찬 제목으로 이야기를 쓰기 시작했다. 안타깝게도 이 초기 작품의 원고는 남아 있지 않지만, 이 제목에서 당시 메리의 마음 상태를 짐작할 수 있다. 메리는 지난 이삼 주간 몸이 점점 불편하다고 느꼈고, 영국행 배에 오르기 전에 이유를 알게 되었다. 임신이었다.

10장

런던의 급진주의자들
메리 울스턴크래프트 1786~1787

킹스버러 부인이 가정교사를 해고함으로써 완패시키기를 바랐다면 애석하게도 메리 울스턴크래프트를 과소평가한 것이었다. 1786년 8월에 미첼스타운을 떠난 사건은 스물여덟 살의 메리에게 새로운 시대의 시작을 알렸다. 메리는 다시는 그런 굴욕적인 상황에서 일하지 않을 테고, 펜으로 생활비를 벌겠다고 결심했다.

메리는 책과 완성된 원고가 든 가방을 들고 브리스톨에서 런던행 역마차를 탔다. 자신이 어디로 가는지 일라이자와 에버리나에게도 알리지 않았다. 이렇게 비밀을 간직한 것이 오늘날 독자들에게는 사소한 일로 보이겠지만, 메리에겐 자신의 삶을 구축할 권리를 주장하는 행동이었다. 메리는 아일랜드로 떠나기 전에 맏언니로서 책임을 지려고 최선을 다했다. 일라이자를 뉴잉턴 인근 학교의 교사로 취직시키고, 네드를 설득해서 에버리나가 오빠 집에 머물 수 있도록 했다. 그러나 여동생들은 고마워하기는커녕 불평을 늘어놓았고, 지친 메리에게는 그들에 대한 동정심이 거의 남지 않았다. 메리 자신을 포함해서 중산층의 미혼 여성들은 대부분 자신에게 주어지는 대로 가져야 했다. 굴욕적인 임금을 받으며 노동을 하거나, 친척들과 친구들에게 의존해 살아야 했다. 여동생들은 길거리에 나앉지 않은 것을 고마워해야 한다. 만일 그들이 행복하지 않다면 언니에게 전적으로 의존하지 말고 스스로 분발해야 한다고 메리는 느꼈다.

메리는 열여섯 시간 걸리는 마차 여행 끝에 런던에 도착했다. 무덥고 혼잡한 런던은 킹스버러의 한적한 시골 영지와 극적으로 대조되는 곳이었다. 하지만 북적이는 낯선 사람들, 생소한 상점들, 심지어 하수구의 악취조차 희망을 상징했다. 도시의 익명성 속에서 자신을 억누르던 복잡한 관계를 떨쳐버릴 수 있을 것이다. 이 목표를 염두에 두고 메리는 소설 원고를 넘겨주려고 곧장 조지프 존슨의 서점으로 갔다.

메리는 단출한 홈스펀 시프트 드레스와 밑창이 두터운 실용적인 보행화, 머리에 납작하게 붙은 비버 가죽 모자 아래로 머리카락을 등에 늘어뜨린 차림이었는데, 유행을 따르는 젊은 여성들에 비해 자신이 촌스럽게 보인다는 것을 잘 알았다. 그 여성들은 얇은 여름 모슬린 드레스에 페티코트, 챙이 넓은 모자, 우아한 신발을 갖춘 차림새였다. 하지만 메리에게 유행에 대한 무관심은 새로 발견한 자유의 한 부분이었다. 혐오스러운 세상에 자신을 맞출 필요가 없었다. 사실, 새로운 지인 중 일부가 뒤에서 그녀를 '꾀죄죄한 철학자'라고 불러도 전혀 괴롭지 않았을 것이다.[1] 결혼 시장에서 물러났을 뿐 아니라 부유하고 유력한 친지가 많은 상류층의 응접실에서도 물러났으므로, 메리는 이제 더는 타인을 위해 자신을 매력적으로 만드는 데 시간을 낭비할 필요가 없었다.

세인트 폴 처치야드 72번지에 있는 존슨의 사무실은 세인트 폴 성당의 코트야드에서 가장 높은 건물이었다. 흥미롭게 보이는 수많은 사람들이 바깥 자갈길에서 돌아다녔다. 메리는 귀족과 하인들이 사는 저택에서 외톨이로 지내다가 '어중간한 부류'에 섞이니 마음이 편했다. 런던에서 책 판매의 중심지인 이 지역에 귀족이 찾아오는 경우는 거의 없었다. 이 근방 리든홀 거리, 파터노스터 로, 아베마리아 레인에 40여 개의 출판사가 모여 있었다. 그 때문에 종이 판매업자, 홍보 담당자, 책 구매자, 작가, 경매인들이 왕래했고 더불어 변호사, 법학자, 그리고 호기심 많은 구경꾼들이 근처 교수대에서 집행되는 교수형을 보려고 이곳을 지났다. 악명 높은 플리트 감옥과 뉴게이트 감옥이 불과 몇 블록 떨어져 있었다. 다른 여성들이라면 안전을 염려했을 수 있고 당대 대중소설의 낭만적인 여주인공이라면 이 지역의 불결한 위생 상태에 분명히 기절했을 것이다. 하지만 메리는 전율을 느꼈다. 바로 자신이 꿈꾸던 곳이었다.

존슨의 사무실 문을 두드렸을 때 메리는 그가 친절하게 맞아주리라 기대했지만, 실제로 그의 너그러운 태도는 놀라울 정도였다. 존슨은 번잡한 서점을 피해 메리를 자신이 혼자 쓰는 어수선한 이층으로 안내했다. 두 사람은 성당이 내다보이는 식당에 앉아서 메리의 장래에 관해 이야기를 나누었다. 메리는 존슨에게 새로운 소설 《메리》를 보여주고, 자신이 구상 중인 다른 책에 대해서도 말했다. 교사와 가정교사 경험에 토대를 둔 교육과 관련된 이야기 모음집이 될 것이었다. 존슨은 그 소설을 출간하는 데 동의했고, 교육에 관한 책도 완성되는 대로 출간하겠다고 말했다. 그리고 메리가 부지런히 일하면 생활비를 벌 수 있을 거라고 장담했다.

존슨은 메리에게 새 숙소를 찾아주겠다고 제안했고, 적절한 숙소를 찾을 때까지 자신의 숙소에서 지내도 좋다고 말했다. 독신 남성과 독신 여성이 감독하는 사람 없이 한집에서 잠을 잔다는 것은 흔치 않은 부절적한 제안이었지만 메리는 그의 제안을 받아들였다. 그녀는 동거인으로서 존슨을 신뢰할 수 있다고 믿었다. 직접 만난 시간은 얼마 되지 않지만 아일랜드에 있을 때 그와 편지를 주고받았고, 존슨은 메리뿐 아니라 어떤 여성에게도 연애 감정을 내비친 적이 없었다. 그리고 메리는 연애가 아니라 작가로서 자신의 앞날을 개척하는 데 집중하고 있었다.

존슨의 숙소는 우아함과는 거리가 멀었다. 바닥은 울퉁불퉁했고 벽은 거칠었다. 바닥부터 사방 벽까지 사용할 수 있는 표면은 모두 책과 먼지투성이 서류로 덮여 있었다. 심지어 침실과 식당에도 책들이 늘어서 있었다. 밖에서 노점상의 고함 소리와 사람들이 외치는 소리가 밤늦게까지 들렸다. 하지만 메리는 기쁨이 넘쳤다. 그녀는 날마다 아일랜드 시골의 숨 막히는 고요함에서 해방되어 활기를 되찾는다고 느꼈다. 아침 식사 후 존슨은 거의 하루 종일 아래층 서점에서 시간을 보냈고, 메리는 존슨을 따라다녔다. 기본적으로 남성의 세계인 장소에서 유일한 여성이었다. 존슨은 다른 여성 작가 몇 명의 책을 출판했지만 그것은 예외적인 일이었고 그들의 책은 공공장소에서 거의 보이지 않았다.

존슨의 작가들 중 많은 이들이 정치를 논하거나 자기 작품의 선불금을 요청하기 위해 서점에 들렀다. 종종 그들은 함께 저녁을 먹기도 했다. 날이 갈수록 메리는 존슨의 정치관과 문학관이 자신과 유사하다는 사실을 알게 되었다. 존슨이 유명한 급진주의자들의 작품을 출판하여 자신의 이름을 알렸다는 것은 익히 알고 있었다. 그런데 새로 깨닫게 된 것은 온갖 형태의 불의에 대해 메리가 느끼는 증오를 존슨이 깊이 공유하고 있다는 점이었다. 존슨은 여성과 유대인, 노예의 권리를 신장하는 데 헌신했고, 아동 노동의 남용에 반대하는 운동을 벌였다. 메리와 마찬가지로 존슨도 인습과 위선을 증오했다. 또한 사상이 세상을 변화시킬 수 있고, 글이 인간을 개혁할 수 있다고 믿었다.

하지만 존슨은 그저 공상적인 이상주의자가 아니었다. 매우 영리하고 노회한 협상가로서 당대에 대단히 성공한 출판인이었다. 그는 책

값을 싸게 하려고 인색할 정도로 제작비를 아꼈다. 그래서 그가 만든 책은 그리 세련되어 보이지 않았지만, 그는 작가들을 지원했다. 불같은 토머스 페인을 보석으로 출옥시키고, 윌리엄 블레이크에게 판화 일감을 계속 주고, 시인 윌리엄 쿠퍼가 처음 작품 활동을 시작했을 때 돈을 빌려준 사람이 그였다. 한 작가의 작품이 이익을 내기 시작하면 존슨은 그 수익을 아낌없이 나누어주었다. 메리는 작가로 살아가도록 도와줄 적임자를 찾은 것이었다. 그해 여름에 3주간 함께 지내면서 두 사람은 메리의 인생에서 가장 중요한 우정의 토대를 쌓았다.

존슨의 집에서 나갈 무렵에 메리는 자신이 '절망감과 분노'에 몹시 시달리고 있다고 솔직히 털어놓았다.[2] 자신뿐 아니라 여동생들을 돌볼 수 없을까 봐 걱정이었고, 그들을 돌보려고 암울한 가정교사 생활로 돌아가야 할지도 몰라 두려웠다. 존슨은 공감을 표하며 자신이 돌봐주고 있는 여성에게 용기를 내라고 말했다. 그녀는 앞길을 막고 있는 장애물을 자기 재능으로 극복할 수 있을 것이다. 또한 그는 메리에게 정기적인 수입을 올릴 수 있도록 꾸준히 집필 거리를 주겠다고 제안했다. 하지만 한 가지 주의해야 할 점이 있었다. 메리가 자신을 믿어야 한다는 것이었다. 사실상 메리의 자신감이 두 사람이 세운 모든 기획에서 핵심이었다. 메리는 자기 의심에 빠지는 성향을 경계해야 한다. 그러지 않으면 우울한 전망 때문에 자기 앞에 온 기회를 놓칠 것이다.

그해 초가을에 존슨은 메리에게 조지 거리(현재 돌벤 거리) 49번지의 작은 노란 벽돌집을 찾아주었다. 템스강 건너편에 최근 세워진 블랙프라이어스 다리 근처에 있는 집이었는데, 세인트 폴 성당에서 걸어서 10분 정도 걸렸다. 템스강 남쪽은 인기가 없는 동네였지만 메리는 개의치 않았고 자기만의 집을 갖게 되어 기뻐했다. 메리는 방을 꾸미는 데 신경 쓰지 않았다. 그녀에게 필요한 물건은 침대와 식탁, 의자가 전부였지만, 존슨은 요리나 장보기, 청소 등 일상적인 집안일을 도와줄 사람을 구해주었다. 메리는 꼭대기 층에서 일했는데 그곳에서는 창문을 통해 지붕 꼭대기들로 가득한, 어느새 자신이 사랑하게 된 지저분한 도시의 풍경을 바라볼 수 있었다.

1787년에 런던은 폭발적으로 성장하고 있었다. 1750년부터 1801년 사이에 런던 인구는 67만 5천 명에서 90만 명으로 급증했고 18세기 파리 인구의 거의 두 배가 되었다.[3] 일찍이 소설가 헨리 필딩은 "이곳에서는 고독의 장점을 고독의 단점 없이 누릴 수 있다. 혼자이면서 동시에 무리 속에 있을 수 있기 때문이다. 쳐다보는 사람 하나 없이 앉아 있거나 걸어 다니는 동안, 소음과 소동, 끊임없이 이어지는 대상들이 마음을 즐겁게 한다."라고 썼다.[4]

십 년이 지날 때마다 런던의 사망률이 높아졌던 점을 고려할 때 런던의 성장은 더욱 놀라웠다. 당시 스코틀랜드의 의사 조지 체인은 런던의 높은 사망률이 도시의 인구 과밀과 열악한 위생 때문이라고 지적하며 다음과 같이 기록했다.

다양한 질병에 걸린 인간과 동물의 배설물은 말할 것도 없고, 사방에서 풍기는 구취와 땀 냄새, 붐비는 교회, 교회 묘지와 공동묘지의 썩어 가는 시체, 개수대, 도살장, 마구간, 똥과 거름 더미… 이런 것들이 주변 30킬로미터 근방의 공기를 썩게 하고 오염시키고 감염시켜서 시간이 지나면 가장 건강한 사람도 변화시키고 약하게 만들어 파괴한다.[5]

시인 윌리엄 쿠퍼는 런던을 "상스럽고 가장 역겨운 하수구"라고 묘사했다. 메리도 런던에서 누리는 새로운 삶을 사랑했지만 쿠퍼의 말에 일리가 있다고 인정했을 것이다.[6] 사망자 수가 출생자 수보다 두 배나 많았다. 가난한 사람들이 가장 즐겨 마시는 술은 진이었다. 매춘에서 살인에 이르기까지 폭력과 범죄가 거리를 지배했다. 오물과 쓰레기, 심지어 시체가 큰 자갈길에 널려 있었다. 사생활이란 존재하지 않았다. 바깥과 차단된 '화장실'은 아직 발명되지 않았다. 사람들은 요강을 창문 밖으로 쏟아 비웠고, 그 오물 웅덩이 위로 행인들이 철벅거리며 걸어가야 했다. 깨끗한 물 부족, 비좁은 공간, 빈곤에 짓눌려 겨울에는 천연두, 여름에는 이질 같은 계절성 전염병이 각각 빠르게 퍼졌다. 많은 주민들이 너무 일찍 죽어서 평균 사망 연령이 37세 정도였다. 따라서 런던의 성장은 새로운 이주자들의 유입에 달려 있었다.[7] 도시 생활의 위험에도 불구하고 이주자의 수는 꾸준히 증가했다. 런던은 임금이 높았을 뿐만 아니라, 가족이나 친구들이 사회적 인습과 규제를 강요하는 지방 생활의 제약에서 벗어날 수 있었다. 게다가 런던은 신나고 짜릿한 곳이었다. 항상 새로운 볼거리와 즐길 거리가 있었다. 새뮤얼 존슨의 유명한 표현대로 "런던에 진절머리가 난다면, 인생에 진절머리가 난 것이다."

메리가 사는 지역에서 도시의 왁자지껄한 소음은 인근의 분주한 선창가 때문에 한층 요란했다. 공간이 부족해서 선장들이 배들끼리 너무 가까이 붙여놓는 바람에 "온갖 나라에서 온 상선이 강을 거의 덮어버렸다."[8] 시인 제임스 톰슨은 길게 늘어선 배들을 '돛대 수풀'로 뒤덮인 '긴 겨울 숲'에 비유했다.[9]

메리에게 이런 환경의 장점은 쉽게 섞여들 수 있다는 점이었다. 런던의 이 지역에는 전문적인 여성 작가보다 더 기묘한 사람들이 많았다. 누구도 메리의 외모나 습관을 두고 이러쿵저러쿵하지 않았다. 메리는 낮에는 존슨의 제안대로 《메리》를 수정했고 외국어를 공부했다. 메리의 첫 번째 임무는 아마도 프랑스어와 독일어 번역이 될 거라고 존슨이 말했기 때문이었다. 또한 메리는 새로운 교육 이야기를 집필하기 시작했다. 그 원고의 제목은 '참신한 이야기'라고 부를 생각이었다. 오후 5시가 되면 다리를 건너 존슨의 집으로 걸어가서 저녁을 먹었다. 그곳에서 다양한 사람들을 만나곤 했다. 독일계 스위스인으로서 주로 영국에서 활동한 화가 헨리 푸젤리(Henry Fuseli, 1741~1825)는 자신의 성적 위업을 자랑하고 인습적 도덕을 조롱했다. 수학자 존 보니캐슬(John Bonnycastle, 1751~1821)은 일반 독자들이 수학과 과학에 쉽게 접근할 수 있도록 책을 써서 출판했다. 이래즈머스 다윈은 베스트셀러가 된 장편 시 〈식물의 사랑〉에서 꽃을 성적으로 묘사했는데 최근에 미혼 여성 독자가 읽기엔 지나치게 노골적이라는 논란이 있었다. 이들의 관심사는 다양했지만 푸젤리를 제외한 이 남자들은 여성을 포함해서 사회의 모든 구성원을 빠짐없이 교육하면 사회가 개선되리라는 신념을 메리와 공유했다. 볼테르(Voltaire, 1694~1778)와 마찬가지로 그들은 스스로를 창안가라기보다는 지식을 대중에게 전달하는 사람으로 여겼고, 글을 아주 명료하게 쓰면 독자들이 그들의 생각에서 뭔가를 배우고 영감을 얻어 개혁을 추진할 거라고 믿었다.

저녁 식탁에는 간단한 생선과 채소 요리가 올랐고, 가끔 디저트로 푸딩을 먹었다. 푸젤리의 약간 외설적인 그림 〈악몽〉이 식탁 위에 걸려 있었다. 아름다운 젊은 여성이 고통스러운 황홀경에 빠져 고개를 뒤로 젖히고, 악마가 외설적으로 그녀의 허리 위에 앉아 있는 것을 묘사한 이 그림을 보고 평범한 구경꾼들은 충격을 받았다. 하지만 존슨의 손님들은 평범하지 않았다.

내숭을 떠는 여자라면 존슨의 식탁에 앉을 수 없었다. 메리는 성적 경험은 없었지만 그런 여성이 아니었다. 존슨의 손님들은 간통에서 양성애에 이르기까지 일반 여성이 듣기에 부적절하다고 여겨지는 주제에 대해 즐겨 논의했다. 이러한 주제는 여성의 삶과 직결된 문제였기 때문에 메리는 큰 관심을 가졌다. 처음에는 조용히 관찰자 역할을 했지만, 얼마 지나지 않아 열정적으로 대화에 참여하여 자신의 의견과 생각을 열렬히 제시했다. 예전 뉴잉턴그린의 급진주의자들과 마찬가지로 이 지식인 그룹도 메리의 독창성과 솔직담백함을 높이 평가했다. 오래지 않아 메리 울스턴크래프트는 존슨의 저녁 식사 모임에서 중요한 일원이 되었다.

11월에 메리는 소설 수정을 마쳤다. 작가가 되려는 결정이 인습에 맞지 않는다는 것을 알았지만 이제는 자신감을 얻었기에 동생들에게 편지를 보내 새로운 일을 설명했다. 하지만 두려움을 감추려고 거창한 용어를 동원했다. "그러면 나는 새로운 종족의 시조가 될 거야. … 나는 독립해야 해. … 이 일은 오랫동안 내 마음을 떠돌았어. 알다시피 난 밟아 다져진 길을 걸어가려고 태어나지 않았어. 타고난 독특한 성향이 날 밀고 나가는구나."[10] 메리는 친구들과 그 가족에게는 말하지 말라고 동생들에게 부탁했다. 아무에게도 만류되고 싶지 않았다. "이 시점에 동정과 조언이 얼마나 불쾌하게 여겨질지 너희는 상상할 수 없을 거야."

펜으로 생계를 유지한 다른 여성들도 있었는데, 유명한 사람으로 애나 바볼드와 패니 버니(Fanny Burney) 같은 작가들이 있었다. 하지만 메리는 출판사에서 의뢰 비용을 보장받고 안정적으로 일감을 받은 최초의 여성 작가였다.[11] 존슨은 1780년대에 출판업이 호황을 맞아 작가들을 넉넉하게 대우해줄 여유가 있었다. 18세기 초에는 대부분의 독자들이 귀족이었고 재산과 유력한 가문이 있는 사람들이었다. 하지만 메리가 런던에 도착했을 때쯤에는 중산층이 출판 시장에 등장했다. 그들은 자신들의 정신과 매너를 향상시켜주고 영국 사회의 최고 집단에 들어가는 데 필요한 지식을 제공해줄 책을 요구했다. 전국 곳곳에 책을 빌려주는 도서관과 북클럽이 생겨났다. 여행기, 조언서, 설교집, 로맨스, 시집, 아동 도서에 이르기까지 인기 있는 종류의 도서 목록은 계속 늘어났다.

메리의 여동생들은 언니가 런던에서 살고 있다는 소식을 듣자마자, 언니와 함께 살겠다고 아우성을 쳤다. 하지만 메리는 그들과 한집에서 같이 살고 싶지 않았다. 혼자 있어야 자신이 원하는 대로 살 수 있었다. 원할 때 먹고 자고, 방해받지 않고 글을 쓰고 공부하며, 존슨의 저녁 모임에 갈 수 있었다. 메리는 패니의 남동생 조지에게 편지를 썼다. "나는 한 가지를 결심했어. 절대 여동생들과 함께 살지 않겠다고. 내 고독한 생활 방식은 그들에게 맞지 않을 테고, 억지로 그들의 행동에 따라야 한다면 내 공부를 계속할 수 없을 거야."[12] 그러나 메리는 소녀들—메리는 동생들을 여전히 그렇게 불렀다—을 자기 책임이라고 생각했다. 그래서 크리스마스가 되기 전에 그들을 위한 계획을 세웠는데, 동생들이 무엇을 원하는지 상의해서 결정한 것은 아니었다. 계획에 따르면 일라이자는 현재의 교사직에 머물 것이었다. 에버리나는 파리에 가서 프랑스어를 배우면 장차 지금보다 나은 교사직을 구할 수 있을 것이다. 이렇게 하면 메리의 독자적인 생활도 방해받지 않을 터였다. 하지만 동생들은 분개했다. 큰언니는 늘 독단적이었는데 이번에는 선을 넘었다고 생각했다. 에버리나는 파리에 가고 싶지 않았고, 일라이자는 영국에 남게 되었다고 질투했다.

하지만 메리는 그 계획을 추진했다. 여동생들의 더 나은 삶을 추구했지만 그들의 희망을 고려해야 한다는 생각은 들지 않았다. 1월이 되자 메리는 그동안 모은 돈에 존슨에게서 빌린 돈을 합쳐 에버리나를 프랑스에 보낼 자금을 마련했다. 포부르 생제르맹 지역의 중심지인 투르농 거리에 있는 멋진 아파트를 얻어 '마드무아젤 앙리'라는 여성과 함께 살 수 있도록 준비를 끝냈다. 당시에도 지식인과 예술가 들로 북적이던 동네였다. 메리가 살기에는 완벽한 장소였을 테지만, 에버리나에게는 그렇지 않았다. 에버리나는 도착한 순간부터 메리에게 편지를 보내 사소한 '불행과 어려움'에 대해 불평을 늘어놓고 외로우니 언니가 와 달라고 애원했다.[13] 에버리나를 위해 궁핍한 생활을 감수했던 메리는 짜증이 나서 여동생에게 단호하게 답장을 썼다. "만일 내 만족을 위해 쓸 수 있는 돈이 한 푼이라도 남아 있다면 물론 프랑스에 가고 싶어. 그건 오랫동안 내 머릿속에서 떠돌던 욕망이었으니까."[14] 아무리 자기밖에 모르는 사람이라 해도 에버리나는 언니가 한 말의 요지를 알아차리지 못할 수 없었다. 메리는 부탁하지도 않은 동생의 파리 거주를 위해 돈을 이미 다 썼기 때문에 파리에 갈 수 없었다.

메리가 런던에 도착한 지 불과 9개월 만인 1788년 봄에 존슨은 메리 울스턴크래프트의 《메리》와 《실생활 속의 참신한 이야기들》을 출간했다. 소설 《메리》는 비평가들로부터 별 주목을 받지 못했지만, 《실생활 속의 참신한 이야기들》은 거의 50년간 아동의 도덕적 발달에 관한 권장 문헌에서 중요한 책이 되었다. 교육에 관한 이 두 번째 저서에서 메리는 《딸들의 교육에 관한 성찰》에서 강조했던 주제로 되돌아왔다. 하지만 거기서 더 나아가 메이슨 부인이라는 이름의 가정교사가 가르치는 일련의 수업을 묘사하면서 어린 소녀들에게 윤리적 교육을 해야 할 필요성을 강조했다. 메리는 메이슨 부인을 통해서 소녀들을 얼마나 쉽게 교육할 수 있는지 입증함으로써, 여성의 지력이 너무 부족해서 도덕적 진리나 논리적 문제를 이해할 수 없다는 루소의 신념을 반박했다. 또한 사회적·경제적 불의를 적극적으로 공격했다. 메이슨 부인은 가난한 사람들의 고통에 관해 이야기를 들려주는데, 존슨이 삽화를 그려 달라고 고용한 천재, 윌리엄 블레이크 덕분에 그 고통이 더욱 생생하게 다가왔다. 블레이크가 메리의 책을 위해 그린 여섯 장의 목판화는 겁에 질린 낙담한 거지들과 뺨이 움푹 꺼진 굶주린 고아들을 묘사했다. 메이슨 부인은 궁핍한 사람들에게 관심을 쏟아야 할 필요성을 가르칠 뿐 아니라 상류층의 냉담함을 지적한다. 바

울스턴크래프트의 《실생활 속의 참신한 이야기들》 표지 그림과 본문 삽화. 이 책에는 윌리엄 블레이크의 목판화 여섯 장이 들어갔는데, 가난한 사람들의 고통을 더없이 생생하게 묘사했다.

로 메리가 킹스버러 영지에서 목격한 것이었다.

　사실 빈곤은 메리를 끈질기게 괴롭히는 문제였다. 현재 존슨으로부터 고정적으로 임금을 받고 있었지만, 어린 시절에 겪은 불안정한 재정 상황은 위태로운 작가 생활과 마찬가지로 메리의 뇌리를 떠나지 않았다. 돈이 고갈되리라는 두려움 때문에 메리는 정신없이 재빨리 글을 쓰고, 공부하고, 출간했다. 1787년 여름에는 아직 외국어 실력이 미덥지 않았지만 두 권의 번역 작업에 착수했다. 프랑스 재무총감 자크 네케르(Jacques Necker, 1732~1804)의 논문 〈종교 이론의 의미〉와 독일의 교육 개혁가 크리스티안 잘츠만(Christian Salzmann,

1744~1811)의 교육서 《어린이를 위한 도덕성의 요소들》을 번역했다. 두 책 모두 메리의 능력으로 감당하기 어려운 수준이었지만 그럭저럭 번역을 끝냈다.

오늘날 독자들이 이 책들에 주목해야 하는 이유는 메리가 원어를 잘못 이해해서가 아니라 순전히 철학적인 이유로 원문에서 극적으로 벗어나게 번역한 경우가 많기 때문이다.[15] 잘츠만의 저서에서 특히 그러했다. 메리는 잘츠만의 이론에 동의하지 않거나 그가 중요한 점을 소홀히 다룬다고 느꼈을 때 죄책감을 느끼지 않으며 그의 문장을 바꾸었다. 예컨대 잘츠만의 귀족 찬양, 가족 생활에 대한 감상적 토로, 특히 아내가 남편에게 완전히 종속되어야 한다는 신념을 메리는 혐오했다. 그래서 때로 문단 전체를 생략하기도 했고, 그 자리에 여성에게 유행하는 패션이 미치는 해악과 소녀들에게 훌륭한 교육을 제공하는 것이 왜 중요한지를 다룬 자신의 글을 끼워 넣었다. 삽입된 부분들은 메리가 앞으로 자신의 저작에서 다룰 가장 중요한 주제 몇 가지를 미리 보여주었다. 메리는 잘츠만의 여주인공 이름을 메리로 바꾸고 새로운 장면을 추가했다. 그 장면에서 메리는 가족이 초대받은 결혼식에 정장을 갖추어 입고 참석하게 해 달라고 애원한다. 어머니는 반대하지만, 메리는 고집을 부린다. 결국 메리는 결혼식 날 처음으로 코르셋을 입어보고는 '족쇄' 같다는 것을 알게 된다.[16] 미용사가 도착했을 때 상황은 더 고약해진다.

(미용사는) 그녀의 목과 어깨로 자연스럽게 흘러내린 머리 타래를 종이로 쌌다. 그 타래를 아주 세게 비틀고 머리카락을 지지는 뜨거운 인두로 꼭 집었다. 불쌍한 메리는 매 순간 부들부들 떨면서 뜨거운 인두가 이마나 뺨에 닿지 않을지, 곧 끝나는지를 물었다. 하지만 미용사는 참을성을 가지라고 말하고는, 30분이 넘도록 곱슬곱슬하게 지지

고 거울을 보라고 했다. 거울 속에는 곱슬머리 장식 안에서 살짝 내다보는 작은 얼굴이 있었다. 그러고 나서 몸에 꼭 끼는 끈 달린 실크 속치마를 입고 그 위에 테두리 장식과 모조 꽃들이 튀어나온 길고 얇은 드레스를 입었다. 그녀는 장식들이 걸리적거려 거의 움직일 수 없었다.[17]

메리는 결국 어머니에게 결혼식에서 일찍 나와 집에 가자고 간청한다. 어머니가 "이렇게 훌륭한 사람들과 재미있는 것을 보고 있는데 왜 가고 싶어 하니?"라고 묻자 메리가 대답한다.[18]

나는 아무것도 즐길 수 없는데 … 저런 것들이 내게 무슨 소용이 있어요? 면 재킷을 입고 밀짚모자를 썼다면 명랑하게 달리고 깡충깡충 뛰겠지요. 그런데 이 드레스를 입고 죄수처럼 묶여 있어요. 머리카락이 가끔 따끔거리고 깃털과 꽃 때문에 머리가 뻣뻣하고, 코르셋 때문에 아파요. 놀고 싶어도 주름 장식과 꽃, 드레스가 나무에 걸려요. 그뿐 아니라, 남자애들이 내가 바보처럼 보이도록 일부러 내 드레스 자락을 밟아요.

물론 '메리'의 푸념은 저자의 말이 아니라 번역가의 말이었다. 하지만 울스턴크래프트의 이름이 《어린이를 위한 도덕성의 요소들》에 붙어 있지 않았기 때문에 독자들은 여성의 의상이 자유를 구속한다는 점을 생생하게 묘사한 사람이 독일 학자라고 믿게 되었다. 이것은 메리 울스턴크래프트의 뛰어난 책략이었다. 이렇게 함으로써 논란의 소지가 많은 의견을 피력하고도 대중의 비난을 피할 수 있었다. 여성에게 부과된 제약을 다루는 논쟁에 뛰어들 때 외국 남성 작가의 가면을 쓰는 것보다 더 좋은 방법이 있을까? 잘츠만 자신은 이 사실을 알지 못했다. 아이러니한 점은, 위장이 너무나 효과적이었던 나머지, 이 주제에 관한 메리의 견해가 그리 많이 읽히지 않은 이 두꺼운 책에 200년 이상 묻혀 있다가 최근에야 문학 연구자들에 의해 발굴되었다는 사실이다.

그러나 1787년에 메리는 잘츠만 번역본에 분노를 표하는 사람이 아무도 없다는 사실에 용기를 얻었다. 자기 의견을 표현하고 발표할 수 있다는 자신감이 점점 커졌다. 그래서 존슨과 그의 친구 토머스 크리스티(Thomas Christie, 1761~1796)가 새로 만드는 문학 잡지의 주요 서평자로 일해 달라고 요청해 왔을 때 메리는 아주 기쁘게 제안을 받아들였다. 그 잡지는 급진적 지식인 집단의 글을 싣고 보수주의자들에 맞서 개혁의 대의를 옹호할 것이었다. 이 새로운 도전을 통해 메리는 순전히 혼자서 작가의 길을 닦는 것이 아니라, 작가 집단의 일원으로서 생각을 발전시키고 기량을 연마할 기회를 얻게 되었다.

11장

삼각관계

메리 고드윈 1814~1815

메리와 제인, 그리고 셸리는 9월 폭풍이 몰아치는 가운데 영국으로 돌아가는 배를 탔다. 제인은 메리가 "죽을 듯이 아파서 침대에 누울 수밖에 없었"고 그래서 "산더미 같은 파도가 우리를 덮치는 동안" 갑판 위에 셸리와 단둘이 있었다고 즐겁게 기록했다.[1] 그들은 선장에게 뱃삯으로 지불할 돈이 없었지만 셸리는 영국에 도착하면 돈을 찾을 수 있을 거라고 말하며 걱정하는 소녀들을 안심시켰다. 런던에 도착하자마자 셸리는 런던은행으로 가서 현금을 찾으려 했지만 해리엇이 그의 계좌에서 현금을 모두 인출했다는 사실을 알게 되었다. 셸리는 해리엇을 찾아가서 돈을 돌려 달라고 요구하려 했지만 메리는 셸리에게 정면으로 부딪치지 말라고 충고했다. 그 대신 어린 시절의 벗이자 제인과 메리 또래의 두 딸을 둔 보이시 가족에게 가서 돈을 빌려 달라고 하고 머물 곳을 부탁하자고 제안했다. 하지만 그들이 보이시 가족의 집에 도착했을 때 보이시 부인은 그들을 만나기를 거부했다.

이것은 앞으로 그들이 겪을 배척, 퇴짜, 냉대를 처음으로 맛본 사건이었다. 대도시 런던의 급속한 성장에도 불구하고 이곳의 중산층 사회는 여전히 작았다. 모두들 세 사람의 도피 행각을 소문으로 들었고 그들에게 친구가 되어주려는 사람은 거의 없었다. 추문, 특히 성적인 과오는 전염성이 강했다. 어떤 젊은 여성이 메리 고드윈을 안다고 인정하기만 해도 자신의 평판뿐 아니라 온 가족의 평판을 위험에 빠뜨렸다. 사회적으로 생존하려면 인습의 경계를 넘은 사람들을 피하는 것이 필수였다. 이 규범을 깨뜨릴 상상력이나 용기를 지닌 사람은 거의 없었다.

셸리는 다른 가능성이 없다고 생각하고 마차를 불러 그로브너 광장 근처 조용한 채플 거리에 있는 웨스트브룩 부부의 집으로 갔다. 임신 말기인 해리엇은 부모의 위풍당당한 집에서 함께 지내고 있었다. 이 부유한 동네는 메리와 제인이 여태까지 살았던 어느 곳과도 굉장히 달랐다. 또한 그들이 유럽에서 견딘 지저분한 여인숙과 대비되어 두 자매는 자신들의 궁핍을 새삼 강렬하게 실감했다. 메리와 제인은 자신들의 가난을 자유의 대가로 여기려 했지만 쥐와 오물, 마른 빵 껍질은 로맨스의 소재가 아니었다. 그리고 둔감한 부르주아인 해리엇이 셸리의 돈을 차지하고 있고 자신들은 그렇지 않다는 사실이 불공평해 보였다.

선장은 셸리가 돌아올지 믿지 못해 선원 한 명을 보냈고 그들이 돈을 지불할 때까지 따라다니도록 했다. 셸리가 웨스트브룩 가족의 집 안으로 사라지자 선원과 두 자매는 두 시간 넘게 밖에서 기다릴 수밖에 없었다. 어색한 상황이었기 때문에 농담을 하며 기운을 북돋아도 도움이 되지 않았다. 메리와 제인은 셸리의 마음이 변할까 봐 걱정되었다. 해리엇이 그에게 결혼 생활을 다시 시도해보자고 할 수도 있고, 이보다 더 나쁜 경우로, 해리엇이 일행에 합류하기로 결정할 수도 있었다. 두 자매는 두 번째 가능성을 전혀 좋아하지 않았지만, 셸리는 여전히 자유로운 정신을 지닌 사랑스러운 젊은이들로 이루어진 공동체를 만들 생각을 품고 있었다.

마침내 셸리가 필요한 돈을 들고 웃으며 나타났다. 옥스퍼드 거리
의 한 여관에서 하룻밤을 보낸 후, 셸리는 해리엇과 쉽게 협상을 이어
갈 수 있도록 채플 거리 근처 마거릿 거리에 있는 소박한 집을 구했
다. 한편 메리는 자신에게 동정심을 느낄 만한 친구나 지인을 찾아보
려고 노력했다. 마리아 스미스라는 늙은 가정교사에게 도움을 청했지
만 스미스는 이미 고드윈 부부의 말을 듣고 메리에게 등을 돌린 상태
였다. 어느 날 오후 메리제인과 패니가 마거릿 거리의 집으로 찾아왔
다. 어색하게도 그들은 벨을 누르고 나서 집 안으로 들어오라는 셸리
의 권유를 거부하고 밖에 서 있었다.[2] 다만 제인을 보고 싶을 뿐이라
고 했다. 그들은 창으로 내다보는 메리를 그대로 둔 채 현관 계단에서
제인하고만 이야기를 나누었다. 셸리는 그들로 인해 메리가 상처받
은 데 분노했고 그날 오후 고드윈에게 편지를 써서 그들의 잔인한 처
사에 대해 이유를 물었다.[3] 자신과 메리는 잘못한 것이 전혀 없고, 오
로지 고드윈의 자유와 자유로운 사랑에 대한 철학에 따라 행동하려고
노력했을 뿐이라고 했다. 일주일 후 고드윈이 답장을 보냈다. 그는 메
리와 관계를 끊고 싶으며, 자기 가족과 친지들에게 메리를 그들의 삶
에서 배제하도록 명령했다고 말했다.

메리에게 남은 것은 셸리뿐이었다. 메리는 눈물을 흘리며 이제 셸
리가 아버지이자 연인이고 친구가 되어주어야 한다고 말했다.[4] 물론
제인이 있었다. 하지만 제인은 점점 더 골치 아픈 존재가 되었다. 임
신 초기에 메리는 일찍 잠자리에 들었는데, 셸리는 침대에서 메리 곁
을 지키지 않고 밤늦게까지 제인과 이야기를 나누었다. 메리는 제인
이 셸리와 단둘이 있는 시간을 즐긴다는 것을 이미 알고 있었기에 그
상황에 대해 전혀 오해하지 않았다. 가을이 깊어지면서 셸리와 제인
은 더욱 가까워졌다. 셸리는 이제 제인을 프랑스에서처럼 매력적인

골칫거리로 여기지 않았다. 이제는 일부러 제인을 찾았고, 속마음을 털어놓았고, 메리가 쉬는 동안 제인을 데리고 소풍을 나가 도시 곳곳을 돌아다녔다.

10월 초의 어느 날 밤에 셸리는 제인을 즐겁게 해준답시고 군대에서 병사들이 반항하면 날카로운 칼로 그들의 등가죽을 벗기는 벌을 내렸다는 이야기를 소름 끼치게 묘사하며 들려주었다. 셸리는 사람들, 특히 어린 여자아이들을 공포에 질리게 하는 장난을 좋아했고, 어린 여동생들을 겁주던 시절의 습관이 남아 있었다. 제인은 감미로운 공포에 몸부림쳤다. 초가 거의 다 타 내려가자 셸리는 그 밤을 멋지게 마무리하고 싶은 유혹을 참을 수 없었다. 그가 지금은 악령이 땅 위를 떠돌고 유령이 사람의 몸을 차지하는 "마법의 시간"이라고 말하자, 제인은 비명을 지르며 위층 자기 방으로 도망쳤다.[5] 셸리는 그날 밤 장난에 만족하고 메리와 함께 쓰는 침실로 돌아왔지만, 결국에는 흥분한 제인에게 방해를 받았다. 셸리는 그 밤에 일어난 일을 기록했다.

새벽이 달빛과 씨름하고 있을 때 제인은 좀전에 자신에게 큰 공포를 안겨주었던, 말로 표현할 수 없는 표정을 내게서 다시 보았다. 깊은 슬픔을 드러낸 그 표정에 자신에 대한 의도적인 지배력이 뒤섞여 있다고 묘사했다. … 그녀의 공포와 고뇌는 점점 커져서 더없이 끔찍한 경련으로 치달았다. 그녀는 바닥에서 비명을 지르며 몸부림쳤다.[6]

셸리는 자신이 제인에게 끼치는 영향력을 즐겼다. 흥분하기 잘하는 제인의 기질은 자제심 강한 연인의 침묵과는 너무나 달랐다. 과장하기 잘하고 상상력이 풍부한 제인은 완벽한 관객이었다. 제인은 셸리의 이야기에 숨을 헐떡였다. 그리고 나서는 그가 위로해주기를 바랐다. 사실 제인은 메리처럼 성숙하지 못했다. 메리처럼 그의 예술적 영혼에 대해 이야기하거나, 그의 천재성을 장담해주거나, 타키투스에 대한 이야기로 그를 진정시켜주거나, 바이런의 시를 이해하도록 도울 수 없었다. 하지만 제인은 놀라운 것을 좋아했기 때문에 그의 기분을 들뜨게 해주었다. 흥미진진한 일이 일어나지 않으면 제인은 당장 지루해했다.

그들의 생활에서 제인의 욕구를 충족시킬 만큼 신나는 일이 실제로 있었을지도 모른다. 하지만 제인은 사회적 배척이 예상보다 더 따분하다고 느꼈다. 그들은 메리 울스턴크래프트의 제자로서 명사 대접을 받기는커녕 완전히 무시당했다. 아무도 그들을 찾아오지 않았다. 누구도 그들에게 경탄하는 것 같지 않았다. 셸리가 돈을 구하러 런던 거리를 돌아다니는 동안 메리와 제인은 낮잠을 자고, 바느질을 하고, 책을 읽었다. 셸리는 평소처럼 과장된 몸짓으로 자기가 모든 일을 처리할 수 있다고 장담했다. 그러나 해리엇은 남편이 돌아오지 않을 것이 분명해지자 은행에서 가져간 나머지 돈을 돌려주지 않았다. 어쨌든 해리엇도 임신 중이었고 곧 아기가 태어날 예정이었다. 셸리의 아버지도 도움이 되지 않았다. 티머시 경은 아들의 행동에 충격을 받고 선금을 주려 하지 않았다. 결국 빚을 갚을 수 없게 된 셸리는 채권자들을 피하는 데 선수가 되었다. 그는 채무자 감옥에 갇히지 않으려고 집을 떠나 잠을 자거나 집에서 멀리 떨어진 곳에서 시간을 보냈다.

이러한 궁핍은 두 소녀에게 새로운 경험이었다. 늘 돈이 부족한 집안에서 자랐지만, 그들은 항상 새 옷을 입었고, 몸에 좋은 음식을 먹었으며—메리제인은 요리 솜씨가 좋았다—여름에는 런던을 떠나 휴가를 갔다. 그들은 가난하다는 것이, 정말로 가난하다는 것이 얼마나 힘든 일인지, 큰 도시에서 삶이 얼마나 외로울 수 있는지 몰랐다. 셸리를 돕기 위해 그들은 은행 사무실에서 몇 시간이나 보냈고, 채권자들을 달래거나 피하고, 자신들을 도와줄 가능성이 있는 지인들에게 편지를 썼다. 가장 싫은 일은 짐을 싸서 옮기고 계속해서 옮겨 다녀야 하는 것이었다. 성난 상인들을 피하고, 감당할 수 없는 임대료를 내지 않으려고 첫해에 숙소를 네 번이나 옮겼다. 안전하지 않은 지역의 작은 아파트에서 모든 것을, 심지어는 음식도 아끼면서 사는 생활은 재미도 없었고 극적이지도 않았다. 임신한 메리는 일을 많이 할 수 없어서 제인과 고용된 하인 한 명이 힘든 일을 도맡았다. 그렇다면 제인과 셸리가 흥분의 도가니에서 그날 밤을 즐긴 것은 놀랍지 않다. 어둠이 감싸면 제인은 무력하고 열정적이며 매력적이고 흥미롭게도 연약하고 아름다운 처녀가 될 수 있었다. 처음으로 제인은 자신이 메리보다 우월하다고 느낄 수 있었다. 셸리 입장에서 보면, 제인과 함께 있으면 점점 커지는 무력감에서 벗어날 수 있었다. 파렴치한이자 구원자, 고문을 하는 자이자 위안을 주는 자. 이쪽이 빚에 허덕이는 버림받은 아들, 해리엇의 무책임한 남편, 메리의 실망스러운 연인이 되는 것보다 나았다.

그해 가을은 날씨가 아름다웠다. 오후에 채권자들을 막아내지 않을 때면 세 사람은 팔러먼트 힐 근처 연못으로 산책을 갔다. 거기서 셸리는 거실에서 여러 시간 걸려 만든 작은 종이배를 띄웠다. 때로 그들은 저녁에 연못으로 돌아가서 종이배에 불을 붙였고, 불붙은 배가 가라앉는 것을 지켜보았다. 종이배는 물 위에서 번쩍이며 지글거렸고 새카맣게 탄 해골 같은 잔해가 잠시 떠 있다가 가라앉았다. 오랜 세월이 지난 후, 메리는 셸리가 그 작은 종이배를 열심히 띄우려던 것을 회고하면서 그것이 그가 "자신의 인생을 괴롭힌 폭풍우와 실망, 고통과 슬픔으로부터 자기 자신을 보호"하는 방법이었다고 말했다.[7]

메리제인은 제인이 스키너 거리의 집으로 돌아오리라는 희망을 포기하지 않았다. 가족들은 모든 상황을 두 연인 탓으로 돌리면 손상을 입은 제인의 평판을 회복할 수 있고 제인은 큰 어려움 없이 예전 생활에 정착할 수 있다고 주장했다.

하지만 제인은 다시 평범한 소녀가 되는 것을 좋아하지 않았고, 어머니의 지배에서 벗어나고 싶었다. 자신이 메리 울스턴크래프트의 '진정한' 딸이라는 느낌에 따라 행동하기로 결심하고 울스턴크래프트의 생일(4월 27일)을 자기 생일로 삼았다. 자신의 새로운 탄생을 알리고 메리제인으로부터 독립을 주장하는 데 이보다 나은 방법이 있을까? 이런 생각으로 제인은 이름도 바꾸기로 결정했다.[8] 이제부터 자신의 어머니를 연상시키는 '제인'이 아니라 낭만적으로 들리는 '클레어(Claire)'로 불릴 것이었다. 제인의 탈바꿈을 어떻게 느꼈는지 메리는 기록하지 않았다. 하지만 여동생은 갈수록 짜증스러운 대상이 되어 갔다. 제인/클레어는 셸리를 훔치려 했을 뿐 아니라 메리의 유산도 갖고 싶어 했다. 두 자매는 옥신각신하며 싸웠다. 하지만 제인은 메리의 반대에 개의치 않고 고집을 부렸다.

제인에게 바뀐 이름의 가장 매력적인 부분은 그것의 상징성이었다. 제인이 잘 알고 있었듯이, 프랑스어에서 claire(clair의 여성형)는 원래 '깨끗한' 또는 '투명한'이라는 뜻이었는데 프랑스혁명 기간에 '진정한,' '진지한,' '진실한'이라는 의미도 지니게 되었다. 게다가 Claire의 영어식 표현인 클라라(Clara)는 루소의 베스트셀러 소설 《신 엘로이즈》의 영어 번역본에 등장하는 인물의 이름이기도 했다. (영어 번역본에서) 여주인공 줄리와 그녀의 사촌이자 가장 친한 친구 클라라는 가정교사 생프뢰와 사랑에 빠지면서 낭만적인 삼각관계를 이룬다. 생프뢰는 줄리를 사랑하지만 클라라에게 자기 마음을 털어놓으면서 역설적으로 클라라에게 점점 가까워진다. 그러던 어느 날 줄리가 비극적으로 죽는다. 줄리가 사라진 후 생프뢰는 자신이 내내 클라라를 사랑했음을 깨닫고 그녀를 찾아가지만 클라라는 그를 거부한다.

이것은 새롭게 태어난 클레어의 관점에서 볼 때 만족스러운 플롯이었다. 루소는 메리와 셸리 사이에서 클레어가 차지한 위치를 찬미했다. 그녀는 단순히 연인들 사이에 끼어든 쓸모없는 인물이 아니라, 주인공과 그의 연인이 모두 마음을 털어놓는 가장 가까운 존재로서 정당한 권리가 있는 주인공이었다. 물론 클레어에게 가장 좋은 부분은 결국 클라라가 승리하고 이야기의 마지막에 주목을 받는다는 점이었다. 루소는 《고백록》에서 두 여주인공을 '유사한 인물들'로 구상했다고 말했다.

나는 한 명은 가무잡잡하고 다른 한 명은 희게, 한 명은 활기차고 다른 한 명은 온순하게, 한 명은 분별 있고 다른 한 명은 나약하게, 하지만 너무 애처롭게 약해서 그로 인해 미덕이 돋보이는 듯이 그랬다. 나는 한 사람에게는 연인을 주었다. 다른 사람은 그 애인의 다정한 친구였으며 그 이상이기도 했다. 하지만 나는 경쟁이나 다툼, 질투를 허용하지 않았다. 불쾌한 감정을 상상하기 어렵기 때문이다.[9]

여름이 끝날 무렵에 루소에게 빠져 있던 클레어는 이처럼 상응하는 관계를 놓치지 않았다. 클레어 자신은 클라라처럼 가무잡잡했고 메리는 줄리처럼 희었다. 자신은 활기찼고 메리는 온순했다. 자신이 각별히 분별 있는 것은 아니었지만 메리는 확실히 나약했다. 사실 메리는 줄리처럼 일찍 죽을지 모른다. 슬픈 생각이지만 동시에 클레어에게는 유혹적인 생각이었다. 메리가 죽으면 자신의 앞길이 분명해질 것이기 때문이었다.

문학 작품의 주인공이 된 자신을 상상하자 클레어의 평범한 순간들이 고상해졌고 여러 가지로 궁핍한 생활에 광채가 더해졌다. 셸리에

메리 고드윈의 의붓동생 클레어 클레어몬트의 초상화. 1819년. 클레어
는 메리를 선망하고 질투했으며 메리의 친어머니 울스턴크래프트를
흠모했다.

게 고무되어 클레어는 심지어 '여성 공동체'를 만드는 것에 대해 말하
기 시작했다.[10] 여주인공이 자기 욕망을 가로막는 모든 것을 용감하
게 무시하는 소설을 쓰는 것도 꿈꾸었다. 가장 중요한 것은 진정성을
지니고 사는 것이라고 믿었다.[11] 셸리는 클레어에게 자신이 매우 좋
아한 책, 제임스 로런스(James Lawrence)의 《나이르족(族)의 제국, 또
는 여성의 권리》를 읽도록 권했다. 메리도 이 책을 읽었지만 로런스
가 펼치는 사랑에 관한 특이한 주장에 열광하지 않았다. 로런스는 "모
든 여성이 어떤 남자에게도 지배받지 않고 여태껏 남성만 누려 왔던
모든 자유를 누리며 살게 하라. 원하는 대로 애인을 선택하고 바꿀 수
있도록 하라."고 주장했다.[12] 메리는 여성의 독립에 대한 로런스의
생각을 높이 평가했다. 결국 그것은 어머니의 핵심적 원칙이었다. 하

지만 여러 애인을 두어야 한다는 로런스의 생각은 별로 마음에 들지 않았다. 메리에게 이상적인 관계는 영속적인 관계였다. 메리는 셸리를 기쁘게 하려고 로런스의 비전을 지지한다고 말했지만 마음속으로는 헌신에 대한 믿음을 고수했다. 하지만 클레어는 셸리처럼 로런스의 철학에 고무되었다. 앞으로 클레어는 이런 원칙을 고수하며 모든 청혼을 거절할 생각이었다.

어느 날 메리는 거리에서 아버지를 보았다. 하지만 그는 딸을 외면했다. 다른 날 오후에 메리는 스키너 거리의 문을 두드렸지만 고드윈은 하녀를 시켜 딸이 집 안에 들어오지 못하게 했다. 패니는 용기를 내서 메리를 찾아와서는 아버지가 메리와 이야기하는 것을 금지했다고 여동생들에게 말했다. 메리는 평생 이어갈 생활 패턴을 세워서 체계적인 학습 계획을 세우고 거기에 관심을 돌려 위안을 얻으려 했다. 메리는 고대 그리스어를 배우기 시작했다. 셸리의 가르침을 받으며 동사를 옮겨 쓰고 명사의 격 변화를 연습했다. 세 사람 모두 울스턴크래프트의 삶을 본보기 삼아 생활을 지탱했고, 울스턴크래프트의 책을 읽고 또 읽었다. 그해 겨울에 그들은 울스턴크래프트의 무덤 가까이 있으려고 서머스타운에 있던 두 자매의 옛집 근처에 숙소를 얻었다.

메리가 고통받는 모습을 보고 싶지는 않았지만 셸리는 그전에도 아내의 임신을 진심으로 좋아한 적이 없었다. 해리엇이 첫아이를 가졌을 때 그는 다른 여자와 바람을 피우기 시작했다. 그와 관계를 맺었던 시골 학교 교사는 인생을 망치고 말았다. 해리엇이 둘째 아이를 가졌을 때 그는 아내를 떠나 메리에게 갔다. 이제 임신 때문에 허약하고 지친 메리에게서 자신이 바라는 관심을 얻지 못하자 셸리는 점점 클레어에게 눈길을 돌렸다. 집행관을 피해 숨어 있는 동안에 클레어에게는 장문의 편지를 썼지만 메리에게는 짧은 메모만 보냈다. 메리는 셸리가 여동생에게 관심을 쏟는 것을 보며 점점 더 괴로워했다. 셸리가 사회적 관습에서 자유로운 삶을 살고 싶어 한다는 것은 알고 있었다. 그들은 다른 사람과 사랑에 빠지면 자유롭게 감정에 따라 행동할 수 있었다. 그러나 셸리가 자신이 아니라 클레어를 선택할 거라고는 꿈에도 생각하지 못했다. 하지만 메리는 셸리를 비난하지 않고 클레어에게 분노의 화살을 돌렸다. 아버지의 애정을 '훔친' 메리제인을 비난했던 것과 마찬가지였다.

그해 11월에 해리엇은 아들을 낳았고, 셸리는 상속자의 탄생을 자랑스럽게 생각했다. 새로 태어난 아이에게 열광하는 셸리를 보며 메리는 짜증이 일었다. 메리는 평소 습관대로 침묵에 빠져들었고, 공동 일기에 냉소적인 글을 썼다. 이 사건은 "종을 울리고 기타 등등을 하며 환영해야 한다. 왜냐하면 그 아이는 그의 '아내'의 아들이니까."라고 메리는 투덜거렸다.[13] 우울한 기분에 사로잡혔던 인생의 이 시기에 메리는 해리엇을 동정할 여유가 없었다. 그러는 대신 자기 아기가 태어나면 셸리가 다시 자신에게 애정을 보이기를 바랐다. 만일 그가 계속 냉담하게 군다 해도 자신이 사랑할 수 있고 또 자신을 사랑해줄 아이를 상상하면서 스스로 달랬다. 하지만 훗날 메리 자신도 끔찍한 상실을 겪게 되었을 때, 셸리가 해리엇에게 가한 고통을 자신이 거들었다는 사실을 몹시 후회하게 된다. 지나치게 비판적인 시대에 버림받은 아내로서 해리엇의 처지는 절망적이었다.

임신이 진행될수록 메리는 기분이 더 안 좋아졌다. 셸리는 계속해서 클레어와 사라졌고 몇 시간씩 보이지 않았다. 전기 작가들은 대부분 그 겨울에 그들이 연인이 되었다고 가정하지만 셸리나 클레어는 그 시기에 서로에 대한 감정을 기록으로 남기지 않았다. 실은 이 중요한 시기를 기록한 클레어와 메리의 일기가 찢어졌으므로, 그들 자신이나 빅토리아 시대*의 후손들 가운데 누군가 실제 일어난 일을 은폐하려 했으리라고 짐작할 수 있다.

셸리와 클레어가 실제로 낭만적으로 얽힌 관계였든 아니든 간에 메리에게는 마찬가지였다. 메리는 너무나 외로웠다. 이 상황을 해결하려고 셸리는 전혀 인습적이지 않은 조치를 취했다. 친구 토머스 호그를 부추겼던 것이다. 그해 겨울에 호그는 메리의 애정을 얻으려고 런던에 도착했다. 셸리는 메리가 호그와 연애하면 클레어에 대한 질투심에서 벗어날 테고 또한 자유로운 사랑에 기초한 공동체를 만들려는 계획도 진척되리라 희망했다. 친구의 생각을 잘 알고 있던 호그는 계획에 동의했다. 메리는 호그의 구애에 호의를 보이려 했지만 셸리를 너무 사랑했기에 다른 사람은 원치 않았다. 셸리와 클레어가 모험을 한답시고 함께 외출하거나 다른 방에서 낄낄거리고 웃을 때는 날카로운 고통을 느꼈다. 하지만 메리는 셸리를 기쁘게 해주려고 최선을 다해 그의 친구와 가까워지려고 노력했다. 두 사람은 '지혜와 자유 의지에 대한 사랑' 같은 철학적 주제를 놓고 토론했는데, 이 정도가 불장난에 가장 근접한 셈이었다.[14] 하지만 지적인 벗으로 삼기에도 호그는 셸리보다 열등했다. 자유의 원칙에 관해 이야기할 때 호그의 주장이 근거가 약하고 혼란스럽다고 메리는 생각했다.[15] 그는 따분했고 매너도 거칠었다. 결국 메리는 자신이 셸리를 얼마나 사랑하는지 새 구애자에게 고백하지 않을 수 없었다. "나는 … 그를 너무나 다정하게 온 마음으로 사랑해요. … (내) 삶은 그의 눈빛에 달려 있고 (내) 온 영혼은 그 사람 안에 완전히 감싸여 있어요."라고 단언했다.[16]

호그는 셸리의 조언을 듣고 작전을 한 단계 높였다. 그는 그들의 집에 진을 치고 매일 밤 그 집에서 잤다. 마침내 1월에 메리는 입장을 바

* 영국사에서 1837년부터 1901년까지 빅토리아 여왕이 다스린 시대를 일컫는다. 이 시기에 영국은 막강한 경제력과 군사력을 바탕으로 세계 곳곳에 식민 영토를 보유한 최고의 제국주의 열강이었다. 사회적, 문화적으로는 위선적인 도덕주의와 엄숙주의, 보수적인 가정관과 성 관념이 강조되었다.

꾸어 호그에게 (그리고 셀리에게) 4월에 아이가 태어나면 성관계를 고려하겠다고 약속했다.[17] 이 지연 작전은 호그의 열정을 더욱 고조시킬 뿐이었다. 하지만 상황은 비극적인 전환을 맞았다. 2월 22일에 메리는 작은 여자 아기를 조산했다. 8주나 일찍 태어난 아기는 단 13일만 살아 있었다. 3월 6일에 메리는 호그에게 어떤 일이 있었는지를 알려주는 눈물로 얼룩진 편지를 썼다.

> 내 아기가 죽었어요—가급적 빨리 내게 와줄 수 있겠어요—당신을 보고 싶어요—내가 잠자리에 들었을 때 아기는 아무 탈도 없이 건강했어요—젖을 주려고 밤에 깼는데 아기가 너무 조용히 자는 것 같아 깨울 수 없었어요—그때 죽었나 봐요. 하지만 우리는 아침까지 그걸 몰랐어요—겉으로 보기에는 분명히 경련으로 죽은 것 같아요—
>
> 와주실 수 있을까요—당신은 아주 차분한 분이고 셀리는 내가 젖몸살을 앓을까 봐 걱정해요—[18]

셀리가 메리를 두려워했는지 아니면 자기 자신을 두려워했는지는 분명하지 않지만, 그들 관계의 또 다른 한계가 명확히 드러나고 있었다. 셀리는 메리에게 의지해서 위로와 지혜를 얻었지만, 메리는 그에 보답하는 지지를 셀리에게서 얻을 수 없었다. 셀리는 자신의 공포증에 시달리고 있어서 메리에게 마음에서 우러나는 공감을 느낄 수 없었다. 메리가 위안을 원한다면 다른 곳에서 찾아야 했다.

호그는 오긴 했지만 거의 도움이 되지 못했다. 상황이 좋을 때에도 재치 있고 대화에 능한 사람이 아니었지만 눈물을 흘리는 친구를 마주하자 그저 어쩔 줄 몰랐다. 그래서 메리는 죽은 아기를 혼자 애도했다. 밤마다 아기가 살아 있는 꿈을 꾸었고 일기에 이렇게 적었다. "내 작은 아기가 다시 살아나는 꿈을 꾸었다. 아기의 몸이 차가웠을 뿐이었다. 우리가 난롯가에서 문질러주니 살아났다. 잠에서 깨었는데 아기가 옆에 없었다. 나는 온종일 그 작은 것에 대해 생각한다."[19]

마침내 4월에 셸리는 자기 감정에만 집착하던 상태에서 벗어나 메리를 데리고 런던에서 서쪽으로 약 30킬로미터 떨어진 (슬라우 인근) 솔트힐에 갔다. 그들은 예쁜 시골 여관에서 여러 날을 보냈다. 과일나무에 꽃이 만발하고 들판은 블루벨로 뒤덮여 있었다. 마을 공원에는 스위트피, 미나리아재비, 디기탈리스가 화사하게 빛나고 있었다. 클레어가 사라지자 두 사람의 로맨스가 다시 불붙고 메리는 소생하는 기분이 들었다. 하지만 메리는 죄책감에 시달렸다. 만일 자신이 다르게 행동했더라면 아기가 아직 살아 있지 않을까? 더 자주 젖을 먹여야 했을까? 엄마로서 자기 건강에 더 주의를 기울였어야 했을까? 하지만 10개월 전 런던에서 달아난 이후 처음으로 셸리와 단둘이 보내는 시간에 너무 비참한 기분에 빠질 수는 없었다. 메리는 호그에게 재치 있는 메모를 보냈고, 호그는 자기 목표가 물 건너갔다는 것을 깨닫고 시무룩하게 자기 숙소로 물러났다.[20] 셸리 자신은 이전보다 낙관적인 기분이었다. 몇 달 전 할아버지가 별세한 후 그는 아버지와 오래 줄다리기를 한 끝에 연간 1천 파운드의 수입에다 남은 빚을 갚을 돈까지 추가로 받기로 합의했던 것이다.

모든 징후가 더 행복한 미래를 가리키고 있었다. 하지만 메리와 셸리가 런던으로 돌아왔을 때 클레어는 버림받았다고 분노했다. 그녀는 메리의 임신 기간 동안 셸리가 자기를 이용했을 뿐이라고 믿었다. 셸리는 두 자매 가운데 누구를 더 사랑했을까? 클레어는 루소의 작품에서 클라라가 줄리를 대하는 것처럼 메리를 대하려던 것도 잊어버렸다. 두 자매 사이에 늘 존재했던 질투심은 이제 노골적인 전투로 불타올랐다. 그들은 소리를 지르며 싸웠고, 훗날 클레어와 메리는 이때를 돌아보며 자신들의 인생에서 가장 암울했던 시기로 회상하곤 했다.

그래도 그 긴장이 곪아서 터지기까지 그렇게나 오랜 시간이 걸렸다니 놀라운 일이었다. 두 소녀는 경쟁 상대로 자랐다. 고드윈은 메리를 편애했고 메리제인은 클레어를 편애했다. 부모가 경쟁했고, 딸들이 경쟁했다. 패니만 싸움에 끼지 않고 옆에서 지켜보았다.

5월쯤 메리는 클레어의 이름조차 더는 입 밖에 낼 수 없었기에 한 집에 머무르기에는 어색하기 그지없는 상황이 되었다. 메리는 의붓동생을 셸리의 '친구'라고 불렀고, 자신이 '누구도 좋아하지 않는 버려진 존재'가 될까 봐 두려워하며 셸리와 클레어가 함께 보내는 시간을 일기에 집요하게 기록했다. 셸리가 '그의 친구'와 산책했다든가 '그 부인'과 이야기를 나누었다고 적었다.[21] 두 경쟁자를 진정시킬 수 없었던 셸리는 세네카를 읽으면서 그 스토아 철학자에게서 평온을 찾으려고 했다. 그러다가 마침내 클레어가 5월 13일에 갑자기 그들을 떠났다. 클레어는 남쪽으로 내려가서 데번이라는 작은 마을에 갔는데 그곳에 셸리가 그녀를 위해 임대한 작은 집이 있었다. 사람들의 발길이 거의 닿지 않는 외진 곳이었다. 두 자매는 서로 멀리 떨어져 있게 되어 안도했다. 클레어는 패니에게 "너무 많은 불만과 격렬한 대립, 열정과 증오로 야단법석…"을 벌인 후 약간 평온을 얻게 되어 기쁘다고 썼다.[22]

셸리가 클레어를 아는 사람 하나 없는 곳으로 보내기로 결정한 것은 그와 클레어 사이에 실제로 성관계가 있었음을 암시한다. 또한 메리와 클레어의 싸움이 갑자기 격렬해진 이유도 설명해준다. 일반적으로 클레어 같은 어린 아가씨가 시골에 은신할 때는 임신했을 때뿐이었다. 만일 클레어가 셸리의 아기를 가졌다는 것을 알게 되었고 이 사실을 메리와 셸리가 주말 여행에서 돌아왔을 때 알렸다면, 자매 간의 다툼이 격렬해진 이유가 충분히 설명된다. 또한 그 결정은 메리가 셸리에게 최후통첩을 했으리라는 것을 암시한다. 셸리는 메리 자신과 함께 있거나 클레어와 함께 있을 수 있지만 두 사람 모두와 함께 있을 수는 없다고 말이다. 안타깝게도 메리의 일기에서 이 부분의 몇 쪽이 사라졌기 때문에 정확히 무슨 일이 일어났는지는 알 수 없다. 그러나 사건의 진행을 숨기려는 이런 시도를 보면, 또한 그들이 자유로운 사랑을 지지했다는 사실을 고려하면, 셸리와 클레어는 연인관계였을 것이다.

메리는 클레어가 떠난 다음에야 다시 일기를 쓰기 시작했는데 새 일기장을 사용했다. 날짜가 기록되지 않은 메모에서 메리는 셸리와의 "재결합"을 축하했다.[23] 적어도 지금은 그의 사랑을 쟁취하려는 전투에서 승리했다. 그러나 메리는 셸리와의 관계가 얼마나 쉽게 부서질 수 있는지를 알게 되었다. 셸리가 클레어를 그리워한다는 사실을 알았고, 혹시나 그가 몰래 자신을 떠날 계획을 세우고 있지는 않은지 그의 기분을 주의 깊게 살폈다.

클레어가 떠나고 몇 주 후에 메리는 피곤하고 몸이 아프기 시작했고, 다시 임신했다는 사실을 알게 되었다. 셸리도 기운이 없고 무기력한 느낌이 들었는데 그가 유일하게 윤리적 생활 방식이라며 채식을 고집한 탓이 아닌가 싶었다. 의사를 찾아간 셸리는 결핵 진단을 받았다. 나중에 오진이라고 밝혀졌지만 메리는 몹시 걱정했다. 여기에 그들의 행복을 위협하는 새로운 요소가 있었고, 그것은 클레어보다 위험했다. 셸리가 건강을 돌보지 않으면 메리는 그를 영원히 잃을 수 있었다. 메리는 도시에서 살 수 없다고 결정했다. 셸리에게는 폐 건강을 위해 시골 공기가 필요했다.

6월에 셸리는 할아버지에게 물려받은 돈으로 이튼 근처 비숍스게이트에서 넓은 정원이 딸린 이층으로 된 붉은 벽돌 저택을 임대했다. 비숍스게이트는 윈저 마을에서 1.5킬로미터쯤 떨어져 있었고 윈저 대공원의 동쪽 입구까지는 몇 걸음 거리였다. 셸리는 잉글랜드의 이 지역을 사랑했다. 어린 학생일 때 이곳을 돌아다닌 행복한 추억이 있어서 메리에게 이 아름다운 곳을 보여주고 싶었다.

새집에서 메리는 처음으로 요리사와 하인 몇 명을 고용했다. 그래서 아침에 집안일을 하는 대신 읽고, 쓰고, 그리스어를 공부했다. 규칙적인 일과를 강조하는 고드윈의 소신을 물려받았기에 메리는 아버지에게 배운 대로 오전에 일하고, 식사하고, 오후에 산책하는 일정을 고수했다. 이러한 체계적인 행동은 영감을 갈망하며 집 안팎을 들락날락하고 불규칙하게 지내는 셸리를 안정시키는 데 도움이 되었다. 그는 식사 시간을 의식하지 않았고 배가 고플 때만 먹었는데, 그리 자주 먹지 않았다. 하지만 먹을 때에는 빵을 몇 덩어리나 먹어 치웠다. 그리고 어린 남학생처럼 빵을 말아서 총알처럼 만들어 사람들에게 던지는 습관이 있었다. 때때로 그는 "메리, 나 밥 먹었어?"라고 묻곤 했다.[24] 메리는 셸리의 건망증이 천재성에서 비롯된 거라고 생각하고 신경 쓰지 않았다. 그녀는 요리사에게 셸리가 고집하는 채식 요리를 준비하고 푸딩에서 설탕을 빼라고 말했다. 노예를 부려 사탕수수를 재배하는 대농장을 지원하지 않으려는 노력이었다. 하지만 단 것을 배제한 요리는 설탕을 좋아했던 셸리에게는 큰 희생이었다. 호그의 말에 따르면 셸리는 직접 만든 요리 한 가지를 좋아했다.[25] 먼저 빵 몇 덩어리를 찢어서 그릇에 넣고 끓는 물을 부어 잠시 불린 다음 물을 짜내고 숟가락으로 잘게 자르고 나서 엄청난 양의 설탕과 육두구 가루를 뿌렸다. 호그는 셸리가 이 '빵 죽'을 너무 게걸스럽게 먹어 치워서 마치 "살해된 자의 피를 벌컥벌컥 마시는" 발키리* 같다고 놀렸다.

"그럼!"(셸리가) 험상궂은 얼굴로 기뻐하며 외쳤다. "난 살해된 자들의 피를 벌컥벌컥 마셨어!"

---

* 북유럽 신화에 나오는 최고 신 오딘을 받드는 여전사들.

그 후 셸리는 이 설탕 범벅을 먹을 때마다 집에 찾아온 손님들이 깜짝 놀랄 정도로 "나는 살해된 자들의 피를 마시겠어. 살해된 왕들의 피를 마시겠어!"라고 외쳤다.

셸리는 또한 진저브레드를 사랑했고 푸딩은 종류를 가리지 않고 좋아했다. 하지만 이제 이 맛있는 음식을 모두 포기하기로 결심했다. 이 세상에 노예가 존재하는 한 달콤한 음식이 주는 기쁨에 탐닉하기를 거부할 생각이었다.

메리와 셸리의 건강은 점차 좋아졌다. 셸리는 야외에서 여러 시간을 보내면서 더 튼튼해졌다고 느꼈고, 메리는 임신 초기의 어려움을 견뎌내고 메스꺼움이 사라졌다. 아침 식사 후 메리는 공부했고, 셸리는 작은 공책이나 시집을 들고 밖을 돌아다녔다. 이른 오후가 되면 대개 다시 나타나서 메리와 함께 윈저 대공원을 거닐거나 근처 쿠퍼스 힐에 올랐고 폐허가 된 수도원들과 왕실의 옛 성, 비숍스게이트 히스, 채플 우드, 윈저의 초원을 탐색했다. 메리는 어머니처럼 운동이 대부분의 질병을 치료한다고 믿었고 이제는 더 튼튼해졌다고 느끼며 오후 내내 산책을 하자고 주장했다. 특히 날씨가 좋은 날이면 두 사람은 책을 들고 공원에 나가 떡갈나무 고목 아래에서 책을 읽었다. 가끔 사슴이 지나가거나 토끼가 진녹색 덤불에서 바스락거리기도 했다. 두 사람은 예술과 철학, 그들의 열망에 관해 이야기했다. 셸리는 메리의 차분하고 조용한 태도와 예리한 지성을 존중했고, 그것을 메리의 '물려받은 귀족성'이라고 불렀다.[26] 그는 또한 위선을 경멸하는 메리의 태도를 좋아했다. 메리는 자신들이 어머니의 꿈을 실현하며 동등한 존재들 간의 결합을 확실히 이루어냈다고 다시 믿게 되었다. 이런 결합에서 남자와 여자 모두 해야 할 중요한 일이 있었고, 셸리는 이 견해를 전적으로 지지했다. 그렇지만 문제는 과연 그 일이 무엇인가였다.

메리를 처음 만났을 무렵에 셀리는 철학과 시 중에서 어느 것을 추구할 것인지 고민하고 있었다. 그가 처음 발표한 시 〈매브 여왕〉은, 셀리가 이 시에 붙인 광범위한 주석에서 알 수 있듯이, 시와 철학을 묘하게 섞어놓은 작품이었고 채식주의와 성적 해방, 자유의 미덕을 주장했다. 메리는 고드윈에게서 논리적으로 사고하는 훈련을 받았기에, 셀리가 자신이 어떤 삶을 살아야 한다고 생각하느냐고 물었을 때 주저 없이 대답했다. 메리는 그에게 시를 진정한 소명으로 받아들이라고 조언했다. 그러면서 철학이 아니라 시가 인간 성취의 정점이라는 어머니의 신념을 인용했다. 셀리는 메리의 말이 틀림없이 옳다고 믿었다. 메리는 현명하고 박식할 뿐만 아니라 누구보다 그를 완벽하게 이해하기 때문이었다. 셀리는 시가 자신의 평생 과업이라고 선언했고, 일단 그 결정을 내리자 크게 안도감을 느꼈다. 그는 호그에게 "예전에는 내 진정한 본성을 느끼지 못했네"라고 말했다.[27] 그는 메리에게 "오직 당신이 나를 나 자신에게, 그리고 내 소중한 희망에 결합시켜주었어요"라고 썼다.[28]

일단 목표를 정하자 셀리는 바로 작업에 착수했다. 그는 근방에 사는 학교 친구인 작가 토머스 피콕(Thomas Peacock)과 런던에서 종종 놀러 오던 호그와 함께 그리스와 이탈리아의 시인들을 철저하게 연구하기 시작했다. 메리와 함께 영국 시에 빠져들었다. 그들은 에드먼드 스펜서(Edmund Spenser)의 장편 서사시 〈요정 여왕〉을 읽었고, 메리는 그 시에 고무되어 셀리를 '요정 기사'라고 불렀다.[29] 두 사람은 복잡하게 얽힌 형용사구와 화려한 연들이 이어지는 스펜서의 로맨스에 열광했지만 설교하는 어조는 좋아하지 않았다. 정절, 절제, 순종. 이런 것들은 그들이 옹호하는 가치가 아니었다. 자유는? 상상력은? 그해 가을에 두 사람은 《실낙원》을 읽고 밀턴이 너무도 생생하게 묘사한 사탄의 반역에 전율을 느꼈다. 여기 하찮은 도덕적 설교에서 해방된 시인이 있었다. 여기에 모방할 가치가 있는 시가 있었다.

이러한 토론이 메리와 셸리의 작품과 궁극적으로 후대 작가들의 작품에 미친 영향력은 헤아릴 수 없다. 셸리는 《시의 옹호》에서 그들이 발전시킨 생각을 표현했고, 상상력을 자유롭게 발휘한 밀턴을 찬미하며 철학적 한계를 드러낸 스펜서를 비판했다. 19세기 초에 대부분의 독자들은 밀턴에게 경탄하기는 했지만, 영국의 가장 위대한 시인으로 간주된 스펜서보다 밀턴을 우위에 둔 것은 충격적인 사건이었다. 하지만 이삼백 년이 지난 후에도 셸리와 메리의 사상은 여전히 영향력을 발휘하고 있다. 셸리의 《시의 옹호》는 여러 세대에 걸쳐 대학생들이 읽었고, 여전히 강의실의 필수 교재로서 수많은 학자와 작가들의 관점을 형성했다. 문학 창작에서 가장 중요한 것은 상상력이며, 작가는 설교하지 말고 비전과 영감에 의지해야 한다는 셸리와 메리의 신념은 오늘날에는 문학의 상식이다. 젊은 작가들은 말하는 것이 아니라 보여주어야 하고, 훈계나 설교가 아니라 이미지와 플롯을 사용해서 자기들의 생각을 전달해야 한다고 배운다. 이러한 신조는 이제 과거만큼 영향력을 발휘하지 못하지만, 셸리의 《시의 옹호》는 의심할 여지 없이 위대한 낭만주의 선언문이다. 이 선언문은 영문학에서 가장 소중하게 여겨졌던 원칙 몇 가지를 전도했을 뿐 아니라 문학을 개종의 도구로 강조한 기독교적 관점을 뒤집었다.

그렇지만 셸리가 혁명적 이론을 형성하는 과정에 메리가 끼친 영향은 거의 인정되지 않는다. 오히려 비평적 논의는 셸리가 메리에게 끼친 영향에 집중되었다. 이러한 상황은 부분적으로 메리가 자초한 것이다. 메리가 자신들의 상황을 설명한 것을 보면, 셸리는 위대한 인간이고 메리는 작은 추종자였다. 하지만 두 사람의 관계에 대한 메리의 설명은 비숍스게이트에서 두 사람이 구축한 실제 동반자 관계보다는 메리 자신의 복잡한 상황과 더 관련이 있었다. 이렇게 주장하는 근거는 셸리의 작품이 그해 여름과 가을에 극적인 변화를 겪었다는 데 있다. 두 사람이 함께 발전시킨 생각을 바탕으로 해서 셸리는 〈알라스토르〉를 쓰기 시작했다. 이 시는 셸리가 메리를 만난 다음에 처음으로 쓴 상당한 길이의 장시이고 일반적으로 그가 성숙한 문학적 노력을 기울인 첫 번째 작품으로 간주된다. 셸리는 〈매브 여왕〉에서 자기 생각을 표현하기 위해 작품 끝에 긴 주석을 붙였지만, 〈알라스토르〉에서는 직유, 은유, 암시, 신선한 이미지를 사용해서 자기 생각에 생명을 불어넣었다. 더 중요한 점은 셸리가 〈알라스토르〉에서 처음으로 자신의 의식을 탐구했고, 메리가 "고독한 시인의 마음"이라고 부른 것을 드러내면서, 〈매브 여왕〉에 결여된 정교한 심리를 〈알라스토르〉에서 보여주었다는 점이다.[30]

셸리가 시인으로서 정체성을 받아들이는 동안, 메리도 문학 견습생으로서 연구에 몰두했지만 아직 무엇을 쓰고 싶은지 확신하지 못했다. 메리는 그리스어를 공부하고 상세히 작성한 독서 목록에 따라 열심히 책을 읽었다. 그 목록에는 자기 부모의 저서뿐 아니라 철학, 과학, 고전 문학, 정치 이론, 여행기, 역사, 고딕 소설 한두 권도 포함되어 있었다. 임신 말기의 몇 달간 메리를 가장 사로잡은 이슈는 노예제였다.[31] 1807년 노예제 폐지법으로 영국 땅에서 인신매매는 불법이 되었지만 서인도제도와 브라질, 쿠바는 물론 북미에서도 여전히 노예제가 성행하고 있었다. 노예들의 상황과 그들이 받은 학대에 깊은 충격을 받은 메리는 노예무역에 관한 목격자들의 이야기를 읽고 그 역사를 연구했다. 진통이 시작되어 책을 내려놓을 수밖에 없었을 때에도 노예제에 관한 책을 읽고 있었다. 1816년 1월 24일에 메리는 사내아이를 낳았다. 아이의 이름은 자기 아버지의 이름을 따서 윌리엄이라 지었고, 이런 제스처가 부녀 사이에 생긴 틈을 메우는 데 도움이 되기를 바랐다. 하지만 고드윈의 마음은 풀리지 않았고 여전히 딸과 연락을 거부했다. 하지만 그는 대출과 관련해서 셸리를 계속 괴롭혔다. 마침내 셸리가 화를 냈다.

놀랍군요. 제가 귀하에게서 대단히 가혹하고 잔인한 대우를 받았을 때, 제 본성을 잘 알고 계시는 귀하께서 무엇을 고려하셨더라도 그토록 가혹하고 잔인하게 처신했어야 했는지 제 분노가 극에 달했다는 것을 고백하겠습니다.[32]

한편 메리는 건강한 아들을 돌보는 데 몰두함으로써 아버지에게 거부당한 아픔을 달래려고 애썼다. 노예 제도에 관한 독서는 다시 시작하지 않고 그 대신 그리스어 동사를 외우고 어머니의 책을 읽고 일기를 썼다. 그해 봄에 메리가 겪은 한 가지 고충은 셸리의 잦은 외출이었다. 할아버지가 사망한 지 일 년이 지났지만 그는 자신의 상속 지위와 관련해서 여전히 아버지의 변호사들과 다투고 있었다. 이 일로 셸리가 런던에 자주 가는 것이 메리는 마음에 들지 않았다. 다행히도 셸리의 법적 분쟁은 잘 마무리되었다. 티머시 경은 셸리의 빚을 일부 갚아주고 매년 1천 파운드의 연금을 주기로 동의했다. 셸리는 연 소득 1천 파운드에서 200파운드를 해리엇에게 주었다. 자신의 두 아이를 낳고 기르는 어머니에게 주기에는 인색한 금액이었지만 셸리는 해리엇을 배신자로 평가 절하했고, 그녀가 자제력을 발휘하면 그 돈으로도 독립적으로 살 수 있으리라 생각했다.

남은 연 소득 800파운드로 셸리는 부자는 아니라도 편안하게 살수 있었다. 당시 숙련 노동자의 연 소득이 50파운드에서 90파운드였고, 변호사의 연봉은 많아야 450파운드 정도였다. 젠트리는 씀씀이에 꼼꼼히 신경 쓰면 연간 500파운드 미만의 수입으로 생활할 수 있었다.[33] 스펙트럼의 다른 쪽 끝에 있는 제인 오스틴의 《오만과 편견》 속

'미스터 다시(Mr. Darcy)'는 연 소득이 1만 파운드였고 오늘날의 백만 장자에 견줄 만한 어마어마한 부자였다.

3월에 클레어가 일종의 유배에서 돌아와 메리를 찾아왔다. 그녀가 아이를 낳았더라도 증거가 없었다. 아마도 아이를 멀리 입양 보냈거나, 유산을 했거나, 산파와 상의해서 낙태했을 수도 있다. 어쩌면 임신을 하지 않았을지 모른다. 어떤 경우이든 클레어와 메리는 곧바로 예전의 불편한 동지 관계로 돌아갔다. 자매는 더는 노골적으로 싸우지 않았다. 메리는 이제 셸리의 아들이 있었기에 너그러울 수 있었다. 클레어의 질투는 다시 점화된 애정과 감탄에 의해 다소 줄었지만 메리는 여전히 의붓여동생의 질투를 느낄 수 있었다.

클레어에게는 또다시 메리가 애인과 아이, 집까지 모든 것을 가진 듯이 보였다. 동시에 메리의 삶은 참을 수 없을 정도로 지루해 보였다. 벽난로 옆에 앉아 아기를 어르거나 유모차에 아기를 태우고 다니는 일은 열여덟 살의 활기찬 클레어에게는 몹시 불만스러운 일이었다. 하지만 만일 클레어가 실제로 자기 아이를 포기했다면 두 모자를 보면서 가슴이 아팠을 것이다. 얼마 지나지 않아 클레어는 런던을 오갔고 셸리의 임시 숙소에서 그와 함께 지냄으로써 메리를 화나게 했다. 때로 클레어는 어머니와 고드윈을 방문하러 스키너 거리에 갔다. 셸리와 메리는 클레어가 고드윈 부부에게 자신들을 부부로 인정해 달라고 말해주기를 바랐다. 하지만 클레어는 의붓언니의 삶을 더 편안하게 해줄 생각이 없었다. 그녀는 다른 계획에 열중하고 있었는데, 각광을 받고 싶은 욕망과 모험에 대한 갈망으로 빚어진 계획이었다. 하지만 클레어 자신에게 극심한 고통을 가져다줄 계획이었다. 훗날 클레어는 돌진하기 전에 멈추고 차분히 고려했더라면 좋았을 거라고 생각했다.

12장

《인간의 권리 옹호》 스캔들

메리 울스턴크래프트 1787~1791

스물아홉 살의 메리 울스턴크래프트가 존슨이 새로 창간한 잡지 〈어낼리티컬 리뷰(Analytical Review)〉에 서평을 쓰기 시작했을 때 잡지는 비교적 새로 생겨난 발명품이었다. 매일 발행되는 '쓰레기 같은 신문'에서 작가들은 어떤 부츠를 사야 할 것인지부터 어느 의원을 지지해야 할 것인지에 이르기까지 온갖 주제에 대해 수다를 늘어놓고 설교하고 분노하고 으르렁거렸다. 이와 달리 〈어낼리티컬 리뷰〉는 한 달에 한 번 발행되고 1백 쪽이 넘는 분량으로 구성된, 소책자보다는 책에 가까운 품격 있는 잡지였다. 존슨과 크리스티는 진지한 철학적·정치적 목표를 추구했다. 그들은 논평가를 "문학 공화국의 역사가"라고 불렀다.[1] 논평가들의 사명은 "인간의 지식 창고에 추가"될 중요한 출판물을 돋보이게 함으로써 지식이 풍부한 대중을 창조하는 것이었다.[2] 보수주의자들은 새 잡지를 급진주의자들의 위험한 대변지로 여겼고, 존슨과 크리스티가 정부를 전복하려 한다고 주장했다. 그러나 〈어낼리티컬 리뷰〉는 온건하고 합리적인 입장에 자부심을 느끼며 견지했고, 의회의 점진적인 개혁을 옹호했으며 온갖 형태의 폭력과 파벌주의에 반대했다.

〈어낼리티컬 리뷰〉가 지지하는 진지한 토론에 여성은 참여자로 여겨지지 않았다. 여성이 글을 쓰고 싶다면 가벼운 종교적 성찰이나 차분한 조언서, 간단한 설교, 상상의 로맨스만 다루어야 한다. 물론 당대 문학과 정치에 대해 고도로 박식하고 복잡한 분석을 시도해서도 안 된다. 또한 당대에 수용된 진실에 어긋나는 의견을 내서도 안 된다. 예상할 수 있듯이 메리는 이런 가설을 무시하고 문학적 싸움에 뛰어들었고, 펜을 칼처럼 휘두르며 마음에 들지 않는 책을 남성 동료들 못지않게 맹렬히 비판했다. 메리는 존슨이 서평을 맡긴 감상적인 소설들을 '쓰레기'라고 불렀다.[3] 그 소설들은 여성이 남성에 의해 구조되어야 하며 여성은 자신이 할 일에 대해 남성의 조언을 받아야 한다는 유해한 생각을 강조했다. 이것은 파괴적이고 어리석은 생각이라고 메리는 선언했다. "자연스럽지 못한 등장인물, 있을 법하지 않은 사건, 산문이기도 하고 시이기도 한 과장된 문체로 반복되는 비탄의 이야기, 갑절로 정제된 정교한 감수성, 눈부신 아름다움, 우아한 휘장" 등 감상 소설의 특징은 터무니없을 뿐만 아니라 여성 독자들에게 해로웠다.[4]

메리가 소설을 싫어한 것은 아니었다. 물론 메리도 소설을 썼다. 메리가 분개한 것은 수많은 "끄적거리는 여성"들이 사용한 공식이었다.[5] 걸핏하면 기절하는 처녀, 잘생긴 구혼자, 펄럭이는 무도회 드레스, 으스스한 성, 검은 망토를 두른 악당들은 "우리 젊은 여성들의 마음을 오염시킨다"고 메리는 말했다.[6] "왜 착한 여자는 항상 여섯 필의 말이 끄는 마차로 보상받아야 하는가?"[7] 메리의 소설 《메리》에서 이미 나약한 여성인 '메리'의 어머니는 그런 로맨스 소설을 읽으면서 더 나약해진다. 그렇다고 해서 메리가 감정을 거부한 것은 아니었다. 메리는 루소를 읽은 후 자신의 고도로 정제된 감정에 자부심을 품게 되었다. 하지만 감정 때문에 논리적 결정을 내리는 능력이 흐려진다는 생각은 거부했다.[8] 메리는 자신도 남성 못지않게 이성적인 사고를 할 수 있다고 믿었고, 자신의 지성에 걸맞은 책을 읽고 쓰고 싶었다.

몇 달이 지나자 존슨의 예측은 현실이 되었다. 메리는 일 년 전에는 꿈도 꾸지 못했던 돈을 벌고 있었다. 그러나 메리는 자기 미래를 위해 저축하지 않고 에버리나의 생활비를 위해 파리로 돈을 보냈고, 동생이 프랑스에 체류하는 것을 무기한 연장하도록 독려했다. 일라이자에게는 더 나은 자리를 퍼트니의 학교에서 찾아주었다. 그곳에서는 기숙 학교에서 자기만의 방을 갖고 살 수 있었고, 학생들을 가르치며 식비를 벌 수 있는 자리였다. 메리는 최소한의 생활비를 제외한 나머지 돈을 슬픔에 잠긴 패니의 가족에게 보냈다.

이런 의무들로 인해 지갑에는 돈이 없었지만 메리는 빠르게 진행되는 집필 작업을 즐겼고, 인습적이지 않은 일이었지만 자기 집에서 여성 보호자 없이 남성들을 대접했다. 더욱 파격적인 것은 안주인으로서 행동 방식이었다. 메리는 프랑스 정치가 탈레랑(Charles-Maurice de Talleyrand-Périgord)이 방문했을 때 "지각 없이 찻잔에" 포도주를 대접해서 지인들에게 충격을 주었다.[9] 그러나 메리는 어린 시절부터 자신을 옭아맸던 매듭을 풀고 있었다. 하찮고 가식적인 것에 더는 얽매이지 않으리라. 자연스러운 충동이 훌륭한 매너보다 중요하고, 천재성은 섬세한 크리스털 포도주잔이 부딪히는 소리가 아니라 인간 존재의 핵심에 잠재해 있었다.

메리가 런던에서 처음 몇 년을 지내는 동안 런던 사람들의 중요한 관심사는 프랑스였다. 프랑스는 재정적·정치적 위기에 처해 있었다. 국왕 루이 16세는 신하들의 조언을 너무 오랫동안 무시했다. 정부는 자금이 몹시 필요했지만 세금을 다시 한번 올리면 반란이 일어날 것 같았다. 이미 파리에서는 폭력 사태가 발생했다. 프랑스 지식인들은 정부가 부패했고 부자는 너무 부유하고 가난한 사람은 너무 가난하다는 분노에 찬 팸플릿을 잇달아 발표했다. 메리는 루이 16세의 재무총감 자크 네케르의 논문을 번역하면서 프랑스의 재정 상황을 잘 알게 되었고, 존슨과 그의 친구들이 파리의 불안정한 상황에 대해 논의할 때 적극적으로 참여했다. 이들은 모두 진보적이었고, 기본적인 신념—국가에 우선하는 개인의 권리, 자유의 중요성, 세습 지위와 재산에 내재한 부패—에 동의했지만 탁자를 둘러싸고 앉아 논쟁을 계속했다. 과연 사회를 개혁하는 가장 좋은 방법은 무엇인가? 새로운 법을 제정해야 하는가? 폭력적인 봉기는 불가피한가? 항의 행진과 청원은 얼마나 효과적인가? 왕의 권리는 무엇인가? 프랑스는 의회 제도를 도입해야 하는가? 영국은 어떤가? 군주제가 과연 존재해야 하는가?

메리의 영웅인 뉴잉턴그린의 프라이스 박사는 건강이 나빠지고 있는데도 런던을 방문해서 이런 토론을 일부 주도했고, 급진주의자들을 칭찬하고 프랑스 국왕을 맹공격했다. 그는 로크를 인용하면서 시민들은 통치자를 선택할 권리가 있다고 주장했다. 메리는 옛 조언자의 의견에 동의했고 그의 요지에 주의 깊게 귀를 기울였다. 존슨은 메리에게 로맨스 소설보다 더 중요한 정치에 관한 저술과 역사에 관한 서평을 맡기기 시작했다. 그 덕분에 메리는 존슨의 저녁 모임에서 형성된 혁명적 생각을 발전시킬 수 있었다. 또한 그 모임에서 작가로서 지극히 중요한 교훈을 배웠다. 즉 '여성성'의 범위를 넘어선 공적 목소리를 내는 방법—불쾌감을 주고, 소외시키고, 강력하게 반대하는 법—을 배웠다.

18세기 저널리즘에 수립된 보호 장치 덕분에 메리의 과업은 더 수월했다. 당시에 작가들은 대부분 자기 글에 이름의 첫 글자로 서명했다. 그래서 메리는 성별이 드러나지 않는 서명인 M.W.로 가장하여 논란에 뛰어들고, 대중적이지 않은 견해를 주장하고, 멍청해 보이는 작가를 통렬히 비난했고, 자신이 좋아하는 주제—여성 교육, 자유의 미덕, 부의 해악—를 개인적으로 가해질 공격을 두려워하지 않고 설파할 수 있었다. M.W.에게 반대한 사람들은 M.W.가 여성이기 때문이아니라 이념적인 토대에서 반대했다. 오래지 않아 메리는 〈어낼리티컬 리뷰〉에서 반대자들을 "소심하고 비열하다"고 평가했고,[10] 어떤 책에 대해 "어리석음과 가식, 허황함의 혼합물"로 평가하며 최고의 모욕을 퍼부었다.[11]

1789년에 메리가 런던에서 세 번째 여름을 맞았을 때 프랑스에서 들려온 소식은 극적인 반전을 가져왔다. 파리 시민들이 바스티유 감옥으로 행진하여 경비병들을 물리치고 수십 년간 감옥에서 썩고 있던 죄수들을 석방했다. 킹스버러 경 부부의 집에서 보낸 시간을 바스티유 감옥 생활에 비유했던 메리에게 이 승리는 묘하게도 개인적인 느낌으로 다가왔다. 메리는 자유를 얻었고, 프랑스 죄수들도 자유를 얻었다. 자유가 귀족의 폭정에 승리했다. 존슨의 저녁 파티에 자주 참석했던 그녀의 벗인 시인 윌리엄 쿠퍼는 즉시 〈바스티유에 보내는 청원〉을 썼다.

> 그대 지하 감옥이여, 그대 절망의 동굴이여!
> 영국인의 심장이 모두 뛰고 있다,
> 그대가 마침내 부서졌다는 소식에.[12]

윌리엄 고드윈이라는 이름의 젊은 저널리스트는 《새로운 연감(New Annual Register)》에 "프랑스에서 위대한 혁명이 일어났다는 연락이 파리로부터 전해졌다"고 쓰며 기뻐했다.[13] 반면에 보수주의자들은 불안해했다. 혁명은 전염성이 강했고 프랑스혁명의 파장은 곧 영국에도 미칠 수 있었다. 벌써 가난한 사람들은 술렁이고 있었다. 1740년에서 1779년 사이에 집행된 인클로저 법령*으로 인해 수천 제곱미터의 공유지가 부유한 지주들에게 넘어가서 빈부 격차가 심화되었다. 런던에서는 난폭한 시위가 많이 일어났고, 노동자들이 거리로 몰려나와 왕의 모형을 불태우고 비싼 빵 가격에 항의하는 폭동을 일으켰다. 사실 폭동은 영국 문화의 일부였다. 벤 프랭클린은 1769년에 영국을 방문했을 때 "일 년 내에 밀과 관련된 폭동, 선거와 관련된 폭동, 작업장과 관련된 폭동, 광부들의 폭동, 직공들의 폭동, 석탄 운반부의 폭동, 톱질꾼의 폭동을 목격했다"고 기록했다.[14] 영국 귀족들은 이런 소요 사태에 함축된 의미를 놓치지 않았다. 영국 사회의 긴장감은 위험하고 폭발할 수 있는 단계에 이르렀다.

프랑스의 혁명가들은 메리가 가장 소중하게 여겼던 이상, 즉 폭정의 폐기와 가난하고 억압받는 사람들의 구원을 선포했다. 새 국민회의는 루소에게서 직접 영감을 받은 '인권선언'을 지키겠다고 맹세도 했다. 메리는 바스티유 감옥 파괴는 "새로운 날의 새벽을 맞이하는 사건"이며, "굴에서 깨어난 사자처럼 자유는 위엄 있게 일어나 조용히 몸을 흔들었다"고 썼다.[15]

메리는 사생활에서도 변화를 겪고 있었다. 그해 9월에 메리는 존슨의 친한 친구인 마흔아홉 살의 스위스 화가 헨리 푸젤리와 밤늦게까지 이야기를 나누곤 했다.

푸젤리가 좋아한 주제는 섹스였다. 그의 그림에는 벌거벗은 요정들의 살색 가슴을 어루만지는 작은 도깨비, 근육을 자랑하는 나체의 그리스 신, 음탕한 마녀가 등장했다. 처음에 메리는 관능이 긍정적인 힘이 될 수 있다는 생각을 받아들이기 어려웠다. 메리는《실생활 속의

인클로저 법령(Enclosure Acts) 18세기 말 인구가 증가하고 식량 수요가 늘어나자 영주와 지주층을 대표하는 의회가 주도하여 농민들이 공동으로 경작을 하거나 가축을 기를 수 있었던 공유지를 사유화한 법령.

참신한 이야기들》에서 어린 소녀들에게 욕망에 굴복하지 않도록 경고했고, 성적 탐닉에 반대하는 주장을 역설했다.

하지만 푸젤리는 어떤 성행위도 금기시하면 안 된다는 원칙에 헌신했다. 그는 메리에게 완전히 새로운 쾌락에 대해 설명했고, 자신이 남자들 그리고 여자들과 벌였던 정사와 그중에서 특히 악명이 높았던 한 여성과의 정사에 대해 이야기했는데, 그 여성은 푸젤리의 예전 동성 애인이었던 개신교 성직자의 조카딸이었다.[16] 그는 여성이 자신의 관능을 발견하고 표현할 수 있어야 한다고 생각했다. 자위행위가 중요하며 인간의 성생활을 하수구에서 끌어내서 생명력 그 자체로 존중해야 한다고 말했다. 그는 대중에게 절대 공개할 수 없는 노골적인 그림을 많이 소장했는데, 그중 가장 특이한 것은 "머리 모양을 남근처럼 장식한" 여성 스케치였다.[17] 최근 학자들은 그가 존슨과 은밀한 관계를 맺고 있었다고 주장하기도 한다.[18]

그해 여름에 메리는 성적 충동을 인정하고 더 나아가 칭송해야 한다는 푸젤리의 설득을 수용했다. 하지만 전문가에게 욕망에 대해 배우는 것은 그것대로 단점이 있어서 메리는 감정을 조절하는 것이 점점 어려워졌다. 푸젤리는 키가 작고 안짱다리에 특별히 잘생기지도 않았지만 사람을 유혹하는 능력은 대단히 유명했다. 메리는 그와 더 가까워지기를 갈망했지만, 밤늦게까지 대화를 나눈 후 푸젤리는 항상 아내의 침실로 돌아갔다. 그의 아내는 지적으로는 메리보다 훨씬 열등했지만 모델 출신의 대단한 미인이었다. 메리는 이 흥미로운 남자와 맺은 관계가 지닌 제약을 받아들이려고 몸부림쳤고, 푸젤리가 메리와 사랑에 빠지지는 않았지만 두 사람이 나누는 노골적인 대화는 메리가 배타적인 남성 지식인 집단에 받아들여졌다는 증거라고 생각하며 스스로를 위로했다. 하지만 더 많은 것을 갈망한 메리에게 이 생각은 큰 위안이 되지 않았다.

메리가 자신의 성을 인정한 것 자체가 용감한 행위였다. 당대의 '전문가'들은 욕망을 느끼는 여성은 위험하게도 남성의 영역을 침범한다고 생각했다. 여성은 너무 약해서 쉽게 열정에 압도되고 이성적인 능력을 잃을 수 있다고 그들은 믿었다. 메리는 자신의 감정을 숨기며 조심했다. 예전에 알던 사람들, 가령 여동생들이나 옛 친구들이 현재 자신이 느끼는 매혹을 알게 된다면 자신을 규탄하리라는 것을 알았다. 남자와 단둘이 있는 것만으로도 엄격한 도덕적 규범에 어긋났고, 남자와 성관계에 대해 이야기하는 것은 행동으로 옮기지 않더라도 부도덕하고 추악한 일로 여겨졌다.

푸젤리와 나눈 불장난은 메리가 오래전에 포기한 인습적인 궤도에서 벗어나 벌인 여러 일탈 중 하나였을 뿐이다. 메리는 자신의 강한 의견—메리가 '진실'이라고 불렀을—을 이른바 '남성적'인 문체, 즉 대담하고 정직하며 대단히 합리적인 문체로 표현하고 싶었고, 대부분의 18세기 사람들이 '여성적' 글쓰기의 속성이라고 부른 '사소한, 나약한, 화려한' 문체를 벗어나고 싶었다.[19] 이제 메리는 권투에 관한 책이나 음악 백과사전처럼 대체로 남성 전유 영역이었던 책들을 논평한 이력이 있었으므로 어떤 분야든 새롭게 도전할 준비가 되었다.

동시에 메리는 이미 루소에게 영감을 받았기 때문에 문학사에서 낭만주의라고 불리게 될 운동의 새로운 이상을 기꺼이 포용할 수 있었다.[20] 메리는 이성보다 감성을, 논리보다 열정을, 억제보다 자발성을, 전통보다 독창성을 중시한 이 문학 운동을 영국에서 처음으로 일으킨 사람 중 하나였다. 메리는 여성이 너무 쉽게 감정에 지배되고 논리적 사고 능력이 결핍되었다고 말하는 사람들에게 반대했지만, 감정이 이전 세대에 의해 낙인찍혔다는 존슨의 동료들, 즉 푸젤리와 새로운 친구들의 의견에는 동의했다. 열정은 세상을 개혁하는 원동력이 될 수 있으며 존중되어야 했다. 이처럼 계몽주의적 신념에서 벗어난 것은 메리의 사고에서 중요한 진화를 의미했다. 이제 메리는 단도직입적이고 합리적인 '남성적' 문체를 사용하면서도 이 새로운 이상을 옹호하는 것이 가능할지에 대해 의문을 품었다.

이 모순에 대한 메리의 고민은 〈어낼리티컬 리뷰〉에 기고한 글에 잘 나타났다. 메리는 헬렌 마리아 윌리엄스(Helen Maria Williams, 1759~1827)의 새 소설 《줄리아》를 두고 "꾸밈없는 감정의 힘"이 있다고 칭찬했다.[21] 메리가 비판했던 로맨스와는 달리 윌리엄스의 소설은 가식보다 정직성을, 사회보다 자연을 장려하는 듯이 보였다. 여성이 품을 수 있는 열정을 약점이 아니라 강점으로 본다면, 여성의 글이 지나치게 감정적이고 비합리적이라고 조롱하는 비평가들의 가정에 맞설 수 있다. 바꿔 말하면 감정은 '한낱' 여성의 영역도 아니고 하찮은 것이 아니었다. 바스티유에서 승리할 수 있었던 이유는 민중의 열정에 불이 붙었기 때문이었다. 메리는 자기 삶에서 이 진실을 느낄 수 있었다. 메리는 살아 있다고 느꼈고 자신의 능력을 의식했다. 열정을 표현할 자유와 국가에 저항할 자유를 연결하고, 여성의 자유를 예술가 및 지식인의 자유와 연결함으로써 중요한 교훈을 얻었다. 어떤 정치적 이슈도 개개인이 느끼는 의미와 괴리될 수 없었다. 어떤 합리적 대의명분도 감정과 괴리될 수 없다. 논리적 담론도 중요하지만 열정은 더욱 중요했다. 부정직한 감상이 빈약한 글을 낳는다면 메마른 이성도 마찬가지였다. 이성과 감성, 열정과 논리 이 두 가지를 결합해야 했다.

집필 작업에서 이 모순과 씨름하면서 메리는 성(性)을 지배하는 제약에서 벗어나기를 바랐고 이런 시도는 과거에 착수했던 그 어떤 모험보다도 위험했다. 자세한 기록이 남아 있지는 않지만, 초가을 무렵에 푸젤리와 메리의 관계는 그의 아내를 불안하게 만들 정도로 열정적이었다.[22] 두 사람은 함께 프랑스혁명 팸플릿을 번역하고 프랑스 여행 계획에 대해 이야기했다. 메리는 자신의 삶과 푸젤리와의 관계를 대단히 즐겼다. 메리는 에버리나에게 다음과 같이 썼다. "내 주사위는 던져졌어! 나는 이제 가정의 안락을 위해 지적 추구를 포기할 수 없어."[23)

현대인들에게는 '지적 추구'라는 말이 따분하게 들릴지 모르지만, 그것은 당시 놀라운 선언을 의미하는 암호였다. 메리는 대부분의 사람들이 여성에게는 불가능하다고 생각한 공적 삶을 살 권리가 있다고 선포한 것이다. 물론 메리는 지난 삼 년간 지식인으로 살아왔고 이미 자신이 새로운 종족의 시조가 될 것이라고 선언한 적이 있었다. 하지만 메리는 스스로에게나 자매들에게 그렇게 강력하게 자기 입장을 밝힌 적이 없었다. 이제 메리는 자신에게 여성을 지배하는 규범을 깨뜨릴 권리가 있음을 맹렬히 주장하고 있었다. 가정 내의 사적 삶이 아니라 정치와 사상에 헌신하는 진정한 공적 삶을 추구할 때 혹독한 비판을 받으리라는 것을 알고 있었지만 말이다.

메리의 패기를 시험할 첫 번째 사건이 그해 11월에 일어났다. 당대 최고의 휘그당 웅변가이자 작가인 60세의 에드먼드 버크가 프랑스혁명을 비난했다. 버크는 1790년에 펴낸 《프랑스혁명에 대한 고찰》에서 그 전해에 프라이스 박사가 쓴 책에 대해 격앙된 반응을 보였는데, 메리는 프라이스 박사의 책을 논평하면서 찬사를 보낸 적이 있었다. 메리는 버크의 공격적인 글을 읽으며 분노했다. 버크는 전통을 존경해야 하고 정부를 존중해야 한다고 진지하게 말했다. 특히 변화를 의심의 눈초리로 바라봐야 하고 자유는 신중하게 다루어야 한다고 역설했다.

메리에게 이것은 극히 혐오스러운 발언이었다. 불과 20년 전만 해도 버크는 미국독립혁명을 지지했고, 미국의 자유라는 정당한 대의에 자기 명성을 걸었다. 이 자유의 옹호자가 이제 역사상 가장 위대한 혁명에 '반대하는' 주장을 펼치고 있다는 사실에 메리는 분노했다. 하지만 사실 버크는 언제나 그의 지지자들이 생각했던 것보다 훨씬 더 보수적인 사람이었다. 그는 지주 계급의 이익을 대변했고, 미국의 독립이 올바른 방향이라고 생각했던 것은 식민지가 영국 정부에 이득보다 큰 손실을 끼치기 때문이었다. 게다가 식민지 주민들이 17세기부터 자치 능력을 보여주었다고 느꼈다. 버크는 프랑스인들에 대해 언급하면서 문명의 보존에 필수적이라고 믿었던 전통을 파괴한 비합리적이고 종말론적인 미래로 프랑스혁명이 뛰어들었다고 개탄했다.

버크의 전투 동원령은 즉시 성공을 거두었다. 그는 프랑스에 대한 영국인들의 오랜 불신을 이용해서 혁명의 열기가 영국해협을 건너 확산될지 모른다는 공포를 자극했다. 버크가 일으킨 보수주의 물결은 런던 전역을 휩쓸고 자유주의 정치와 정치인들을 그 힘으로 짓밟았다. 메리는 독자들이 버크의 선전을 곧이듣는 것을 증오했다. 버크는 자유의 요구보다 '선례, 권위, 모범'을 앞세우며 메리가 소중히 여기는 모든 가치를 공격했다.[24] 게다가 버크는 메리의 조언자인 프라이스 박사를 모욕했다.

이제 행동할 때라고 메리는 결심했다. 메리는 버크의 《프랑스혁명에 관한 고찰》에 반박하는 글을 쓸 것이다. 메리는 존슨에게 이 의견을 제안했고 존슨은 그 반박문의 윤리적·금전적 가치를 즉시 파악했다. 존슨은 메리가 반박문을 완성하면 바로 인쇄하겠다고 약속했고 저자의 신원을 밝히지 않겠다고 말했다.

메리는 작업에 착수했다. 연단에서 설교하는 게 아니라 존슨의 저녁 식탁에 앉아서 이야기하듯이 주제가 머리에 떠오르는 대로 솔직하고 진실하게 반박하기로 결정했다. 또한 감정을 활용하여 낭만적 열정으로 반박문을 채웠다. 메리는 버크가 신중하게 구축한 이미지와 그의 "난해하고 지루한 호언장담"과 자신의 글을 차별화하려 했고,[25] 그의 "화려한 수사"를 아이러니하게도 여성적이라고 규정하고 비판했다.[26] 노련한 논평자인 메리는 버크를 자기 과시적 정치인으로 드러내는 것이 최선의 전략이라고 생각했고, 그가 실제로도 그렇다고 믿었다.

메리의 논리 정연하고 종종 재치 있는 반박문은 그녀가 즉흥적으로 썼다고 주장한 문단들이 실은 얼마나 신중하게 공들여 쓴 것인지를 보여주었다. 버크는 다음과 같이 썼다. "가난한 사람들은 그들이 한 몫을 나눠 가질 수 없는 재산을 존중해야 한다. … 그들은 궁극적으로 균형을 이룰 영원한 정의에서 위안을 얻어야 한다." 메리는 이렇게 반박했다. "버크 경, 당신은 다음 세상에서 가난한 사람들에게 무상으로 나눠주는 위로를 빼앗지 않고도 이 세상에서 그들을 더 행복하게 만들 수 있습니다."[27] 또한 버크가 전통에 대한 존중심 때문에 과거에 존재했다는 이유만으로 온갖 종류의 악을 지지하게 되었다고 지적했다. 노예제가 좋은 사례였다. 그저 '오래되었기' 때문에 이 끔찍한 노예 무역을 고수해야 하는가?

메리는 또한 가난한 사람들을 온정주의적으로 대하는 영국 귀족들의 태도를 칭찬한 버크에게 문제를 제기했다. "자선은 베풀어주듯이 구호금을 분배하는 것이 아니라 인간에 대한 존중을 바탕으로 삼고 호의적인 배려와 상호 이익을 거래하는 것"이라고 썼다.[28] 어떤 귀족도 메리의 빚을 갚아주거나 메리의 노력을 지원한 적이 없었다. 하지만 메리의 소중한 중산층 친구 존슨은 메리를 지지하고 그녀의 작업에 넉넉하게 대가를 지불했다. 메리는 버크가 영국 역사를 미화해서 요약한 것을 두고 그를 "자유의 벗"이 아니라 "재산의 옹호자"라고 비난했다.[29] 메리는 미래에 희망이 있다고 말했다. 과거에 대한 향수가 아니라 개혁이 인류를 구할 것이다. 버크와 같은 사람들이 옆으로 비켜나 새 시대를 위한 공간을 내준다면 혁명가들의 유토피아적 비전은 현실이 될 가능성이 있었다.

반박문을 중간쯤 썼을 때 메리는 갑자기 글쓰기를 멈추었다. 대다수 영국인들이 초석으로 여기는 원칙인 재산의 신성함, 유산의 보존, 귀족의 본질적 가치를 놓고 영국에서 가장 강력한 남성과 정면으로 맞서고 있다는 사실이 불현듯이 떠올랐다. 절망적인 기분이 든 메리는 풀이 죽어 존슨의 집으로 가서 일을 그만두겠다고 말했다. 그때쯤 존슨은 메리의 기분 변화를 다루는 방법을 알고 있었기에, 먼저 메리에게 그렇게 결정을 내린 이유를 말해 달라고 했다. 메리는 건강이 좋지 않고, 지구력이 약하고, 정규 교육을 받지 못했다며 변명을 늘어놓았다. 그러자 존슨은 메리가 이미 보낸 원고를 폐기할 테고, 특히 메리가 감당할 능력이 없다고 생각한다면 반박문을 완성할 필요가 없다고 말했다. 이보다 더 효과적인 접근 방식은 없었을 것이다. 훗날 메리는 존슨이 "자기 자존심을 건드렸다"고 인정했다.[30]

다시 불이 붙은 메리는 작업에 착수했고 아주 빨리 원고를 완성해서, 버크의 《프랑스혁명에 관한 고찰》이 출간된 지 단 28일 만에 메리의 책 《인간의 권리 옹호》가 서점에 등장했다. 출간을 망설였는데도 메리는 버크의 다른 반대자들보다 빨리 반박문을 완성했던 것이다. 버크의 책에 대한 첫 번째 반응인 이 책은 곧 열띤 논쟁을 불러일으켰다. 그리고 3주 만에 《인간의 권리 옹호》는 매진되었다. 독자들이 잘 알고 있었듯이, 메리의 책 제목은 이전 해에 발표된 프랑스 혁명가들의 〈인간과 시민의 권리 선언〉을 직접적으로 가리켰다. 메리의 반박문은 프랑스 혁명가들에 대한 지지를 선언하는 나팔 소리와도 같았다.

《인간의 권리 옹호》는 150쪽 4만 5천 단어에 달하는 상당한 분량의 글이었고, 긍정적인 평가를 받았다. 이 글의 비판자들도 익명의 저자가 열정이 담긴 강력한 주장을 폈다는 사실을 인정했다. 이런 우호적인 반응에 존슨과 메리는 재판을 내면서 저자의 이름을 공개하기로 저자 메리 울스턴크래프트의 이름을 넣은 《인간의 권리 옹호》 2판 표지. 저자가 여성이라는 사실이 알려지자마자 처음에 호평을 했던 사람들까지 책과 저자를 비난했다.

과감하게 결정했다. 하지만 그들의 낙관론은 잘못된 판단이었음이 드러났다. 메리의 정체가 드러나자 논평가들은 메리가 개진한 생각을 거론하지 않고 건방진 여성이라고 비난했다. 처음에 이 작품을 칭찬했던 비평가들은 이제 결점에 대해 불평하기 시작했다. 그 책은 갑자기 일관성이 없고 터무니없는 것으로 평가되었다. 극보수주의 작가이자 미술사가인 호러스 월폴은 메리를 "페티코트를 입은 하이에나"라고 불렀다.[31] 다른 비평가들도 조롱하며 흡족해했다.

아름다운 숙녀가 '인간의 권리'를 주장하다니! 기사도의 시대는 끝날 수 없다. 그렇지 않다면 두 개의 성(性)이 자리를 바꾸었겠지. …
아름다운 숙녀에게 너털웃음을 터뜨리다니 유감스러워해야겠지만,
여성에게 적합한 주제는 '여성의 권리'라고 생각하도록 우리는 늘 배
웠다.[32]

메리는 이런 공격에 대비했다. 자신이 금기시되는 영역에 과감하
게 발을 들여놓았다는 것을 알고 있었다. 하지만 처음에 익명으로 출
간한 글에 대한 긍정적인 반응을 보고 용기를 냈다. 메리는 자기 생각
을 지지할 준비가 되어 있었다. 일라이자의 사례는 아내가 자기 재산
을 소유하거나 사업 계약을 체결하거나 자기 돈을 통제할 수 없다는
영국 관습법의 기본적인 지침이 얼마나 끔찍한 결과를 초래하는지 보
여주었다. 1782년에 여성 혐오적인 법률을 개혁하려는 시도가 있었지
만, 의원들이 만들 수 있었던 최선의 결과는 엄지손가락보다 두꺼운
몽둥이로 아내를 구타하는 행위가 불법이라고 선언한 것이었다. 지식
인 사회에서 이러한 신념은 여성이 독자적으로 사고할 수 없다는 가
정으로 바뀌었다. 메리가 반격할 수 있는 가장 좋은 방법은 여성이 무
엇을 할 수 있는지 입증하는 것이었다. 그것은 곧 《인간의 권리 옹호》
의 저자로서 자기 역할을 인정하는 것을 의미했다.

다행히도 동료 급진주의자들은 메리를 열렬히 지지했다. 토머스 페
인은 자신의 《인간의 권리》의 집필에 한창 열중해 있다가 메리를 그의
전우로 생각한다고 말했다. 메리가 허약해진 프라이스 박사에게 《인
간의 권리 옹호》를 보냈을 때 그는 메리 같은 "옹호자가 있어서 행복
하다"고 말했다.[33] 또한 새로운 지지자들이 많이 몰려들었다. 그 자유
주의자들은 《인간의 권리 옹호》의 저자가 폭군 버크와 대결해서 승리
했다고 믿었다. 그들은 메리를 만나려고 아우성을 쳤고, 무리를 지어
메리의 책을 샀다. 결국 이 책은 당시로서는 꽤 많은 부수인 약 3천 부

1791년경 화가 존 오피가 그린 메리 울스턴크래프트의 초상화.

가 판매되었다.

평생 벌어보지 못한 수입을 올린 메리는 돈이 넘쳤다. 메리는 새 가구를 사고 고양이를 들이고 사우스워크의 방보다 넓고 훨씬 우아한, 블룸즈버리의 스토어 거리에 있는 집으로 이사했다. 이 거침없이 비판하는 여성을 만나고 싶은 방문객들이 문간에 몰려들었다. 메리는 일을 하거나 자신의 찬미자들을 맞이할 때가 아니면 친구들과 대영박물관 뒤편에 펼쳐진, 현재의 유니버시티칼리지 런던 인근에 있던 공원을 산책했다.

메리의 찬미자 윌리엄 로스코(William Roscoe, 1753~1831)가 메리의 초상화를 의뢰했고, 유명한 화가 존 오피(John Opie, 1761~1807)도 메리의 초상화를 그리겠다고 요청했다. 초상화를 위해 포즈를 취하면서 메리는 대중에게 자신이 어떻게 보일지 신중하게 생각하지 않을 수 없었다. 메리는 머리카락을 비틀어 컬을 만들거나 뺨에 루주를 바르거나 주름 장식이 많은 드레스를 입는 것을 여전히 거부했다. 하지만 머리를 핀으로 고정하고 능라로 만든 값비싼 새 옷을 샀다. 로스코의 초상화에서 메리는 (레이스가 없고 분홍색도 아닌) 검은 옷을 입었고 수수한 흰색 목도리를 상의 속에 넣어 젊은 여성 급진주의자라기보다는 총리처럼 보인다.

오피의 초상화에서는 약간 더 친근해 보이지만 여전히 어두운 드레스를 입었고 그 시대의 기본적인 소품들을 착용하지 않았다.

두 초상화는 전체적으로 중후한 분위기를 풍긴다. 초상화 속 메리는 미소를 짓지 않는다. 청중을 매료시키려고 노력하지 않는다. 메리의 엄격하고 확고한 시선은 메리가 논리 정연하고 본질적인 주장을 할 수 있는 여성이며, 깊은 감정을 지닌 인간이자 철학자이고, 열정과 신념과 이상주의와 공감 능력을 지니고 있음을 보여준다. 이 초상화는 오늘날 독자들이 알고 있는 메리 울스턴크래프트, 정치철학사에서 가장 중요한 저서의 저자가 되기 직전의 순간을 포착하고 있다.

13장

'근친상간' 모임
메리 고드윈 1816

1816년 겨울 스물여덟 살인 바이런 경의 충격적인 행각에 경악하여 런던이 얼어붙었다. 유럽에서 가장 유명한 남자였던 바이런은 시인으로 명성을 얻었지만, 충격적인 연애 사건으로 악명 높은 유명인이 되었다. 메리를 비숍스게이트에 남겨 둔 의붓동생 클레어는 런던에 머물기로 결정했고 이따금 셸리와 지내거나 고드윈 부부와 함께 지냈다. 그리고 얼마 지나지 않아 클레어도 바이런의 열기에 휩싸였다.

당대 많은 젊은 여성들과 마찬가지로 클레어에게도 바이런이라는 이름은 위험을 경고하기 위해 들려주는 이야기이자 최음제로 작용했다. 클레어는 불륜 관계와 이국적인 배경을 적나라하게 묘사한 것으로 유명한 그의 시를 많이 읽었다. 1814년에 바이런은 투르크의 하렘을 배경으로 한 서사시 〈해적〉을 책으로 출간했다. 이 책은 출간 당일에 1만 부나 팔렸는데, 이는 어떤 작가도 달성하지 못한 위업이었다. 점잖은 영국 부인들은 딸들에게 바이런의 농간을 조심하라고 경고했지만 그들이 어떻게 저항할 수 있었겠는가? 바이런은 사악할 정도로 잘생겼고 그의 시 또한 스릴이 넘쳐 무시할 수 없었다. 바이런에게 퇴짜 맞은 연인이었던 캐럴라인 램 부인은 그를 두고 "제정신이 아닌, 못된, 알게 되면 위험한" 남자라고 말했다.[1] 세계를 여행하고 수많은 여성들이 쫓아다닌 바이런은 노동자들을 대변하는 급진주의자이자 베스트셀러 시인이었다. 클레어의 눈에 바이런이야말로 자기에게 필요한 사람이었다.

바이런이 최근 런던에 돌아와 런던 최고의 극장인 드루리 레인에서 연극을 관람하는 모습이 목격되었다는 소식을 듣고 클레어는 흥분했다. 바이런이 자기 노래나 연기에 관심을 보이도록 만들 수만 있다면 메리와의 경쟁에서 새로운 국면이 전개될 수 있으리라고 생각했다. 만약 바이런의 관심을 받는 것 이상으로 나아갈 수 있다면—그와 친구가 되거나 혹은 최선의 (그리고 가장 불가능한) 경우에 그와 사랑에 빠질 수 있다면— 클레어가 메리와의 경쟁에서 이번만큼은 우위를 점할 수 있을 것이었다. 퍼시 셸리를 아는 사람은 아직 없었지만, 바이런은 누구나 알고 있었다. 바이런이 자기 옆에 있다면 클레어는 마침내 의붓언니와의 싸움에서 승리를 거둘 수 있을 것이다.

클레어는 바이런에게 편지를 보내 작전을 개시했고, 결혼이 현대 사회의 가장 큰 악이라고 믿는 세련된 급진주의자라고 자신을 소개했다. 클레어는 다음과 같이 단언했다. "저는 지나가면서 거기에 조약돌이라도 던지고 싶은 유혹을 뿌리칠 수 없었어요."[2] 또한 셸리와 메리뿐만 아니라 고드윈과 인척 관계라는 점을 잊지 않고 밝혔고, 프랑스와 스위스에서 벌인 도피 행각과 셸리와 메리가 현재 직면한 사회적 추방에 대해서도 이야기했다. 바이런은 이미 셸리에게 관심이 있었다. 셸리가 보낸 〈매브 여왕〉을 읽고 미래가 촉망되는 시인이라고 생각했다. 추문과 뒷공론을 많이 겪은 바이런은 셸리의 상황에 동정심을 느꼈다. 또한 셸리와 메리의 불륜 관계에 호기심을 느꼈다. 그는 고드윈뿐 아니라 울스턴크래프트도 존경했다. 많은 급진주의자들과 마찬가지로 바이런은 메리가 두 사람의 딸이라는 사실에 매력을 느꼈고 메리를 만나고 싶은 호기심을 느꼈다.

다른 때라면 클레어를 무시했겠지만, 그해 겨울에 바이런은 자기 의심과 외로움으로 비참한 상태에 빠져 있었다. 그는 시를 쓰지 않았다. 그를 숭배하던 대중이 이제 그의 탈선을 매혹적인 공포로 바라보기 시작했다. 바이런은 안정과 존중, 마음에 맞는 동반자를 얻을 수 있으리라 기대하며 일 년 전에 앤 이저벨라 밀뱅크와 결혼했지만, 그의 결혼 생활은 비난과 중상모략, 고소 위협으로 뒤덮여 파열음이 일었다. 앤은 부모에게로 달아나서 남편이 자신을 학대하고 이복동생 오거스타와 바람을 피운다고 모든 사람들에게 말했다. 앤의 주장은 대부분 사실이었다. (아기의 친부는 지금도 확실하지 않지만) 임신 중이었던 오거스타는 그린파크 맞은편의 피커딜리 테라스 13번지에 있는 바이런의 호화로운 집에서 함께 살았지만, 소문을 잠재우려는 헛된 시도로 그해 봄에 그의 집에서 나갔다. 바이런은 오거스타의 결정을 지지했지만 그녀가 떠나고 나자 버림받았다고 느꼈다. 바이런은 어디에도 초대받지 못했다. 옛 친구들도 등을 돌렸다. 하지만 호기심 많은 찬미자들은 여전히 피커딜리 테라스로 몰려가 바이런의 집 창문을 들여다보거나 정원 벽을 기어올랐다. 그는 술을 마시거나 플랑드르산(産) 암말을 타러 나가지 않을 때는 앤의 가족과 별거를 위한 법적 협상에 전념했다. 자신에 대한 찬사와 문학과 철학에 대한 가벼운 언급이 넘쳐흐르는 클레어의 편지는 바이런에게 반가운 위안이 되었다. 바이런이 일으킨 스캔들에도 불구하고, 아니 어쩌면 그 스캔들 때문에 그를 여전히 존경하는 젊은 여성이 있었다.

바이런은 클레어에게 답장을 보내며 밀회를 제안했다. 클레어는 자신의 성공에 기뻐하며 바이런을 더욱 용의주도하게 유혹하려는 희망

존 키츠, 퍼시 셸리와 함께 영국 낭만주의 문학을 대표하는 조지 고든 바이런. 작가로서 뛰어난 능력뿐 아니라 통념을 벗어난 자유분방한 생활로도 유명했다.

을 품고 자신에게는 문제를 일으킬 보호자나 부모, 남동생이나 오빠가 없다고 밝혔다. 바이런에게는 아주 마음에 드는 말이었다. 그는 애인들의 분개한 남편과 아버지 들을 막아내느라 지쳐 있었다. 바이런은 클레어에게 극장에 있는 자신의 개인 특별석에서 만나자고 했고, 그러고 나서 피커딜리 테라스에서 은밀히 다시 만나자고 말했다. 바이런의 집에서 두 사람은 거의 바로 사랑을 나누었다. 클레어는 매우 기뻤다. 감히 대화 몇 번 나누기만을 바랄 뿐이었는데, 이제 위대한 남자의 연인이 된 것이다. 어쩌면 영원히 그의 정부가 될지도 몰랐다. 어쨌든 메리가 셸리와 함께 살 수 있다면 자신도 바이런과 함께 살 수 있었다. 자신이 바이런과 살면 셸리의 경력에 도움이 될 것이다. 바이런은 셸리를 도울 것이다. 그리고 클레어 자신의 경력에도 도움이 될 것이다. 앞으로의 진로는 아직 불투명했지만 말이다. 클레어가 아는 것은 자신이 자유 사상가이며 메리 울스턴크래프트의 정신을 따르며 계몽주의의 등불을 들고 전진할 작정이라는 것뿐이었다.

몇 주 정도 바이런은 클레어에게 흥미를 느꼈다. 그는 클레어의 이야기 〈천치〉를 읽고 칭찬했다. 하지만 안타깝게도 이 이야기의 사본은 현재 존재하지 않는다. 클레어의 특기였던 노래를 듣고 바이런은 클레어의 목소리에 영감을 받아 아름다운 연애시를 썼다.

미의 여신의 딸들 가운데
그대 같은 마법을 지닌 여자는 없겠지.
그대의 달콤한 목소리는 내게
물 위를 흐르는 음악 같네.[3]

하지만 바이런의 열정은 곧 사라졌다.[4] 그가 자신은 정부를 원하지 않고 클레어를 사랑하지 않는다고 말하자, 클레어는 필사적으로 그를 붙잡으려고 다른 미끼를 걸었다. 그해 봄에 메리는 셸리가 법적 싸움을 벌이는 동안 런던으로 올라와 함께 지내고 있었다. 클레어는 바이런이 흥미를 느낄 거라고 확신하고는, 메리가 그의 작품을 찬미하고 그를 만나고 싶어 한다고 말하며 메리를 일종의 경품으로 제공했다. 메리가 바이런의 시를 사랑한 것은 사실이었다.[5] 메리는 셸리를 만나기 훨씬 오래전에 바이런을 이상적인 시인이라고 상상했다. 메리와 여동생들은 신문에서 그의 모험담을 읽었고, 또래의 다른 소녀들처럼 사교 행사에서 그를 흘끗 볼 수 있기를 바랐다. 메리는 〈해럴드 공의 순례〉*의 긴 구절을 기억하고 있었다. 그리고 셸리와 달아나기 전인 끔찍한 몇 주 동안 마음을 달래준 〈티르자에게〉도 암기했다. 메리는 셸리가 준 〈매브 여왕〉 원고에 〈티르자에게〉에서 가장 유명한 네 행을 적어 넣었다. 메리는 자신의 엄숙한 사랑의 맹세—"하지만 나는 오직 그대의 것, 사랑의 키스로"—로 시작한 다음, 바이런의 시를 덧붙였다.[6]

다른 누구도 보지 못한 눈빛
다른 누구도 이해하지 못할 미소
맺어진 마음들의 속삭이는 생각
힘주어 잡은 떨리는 손[7]

메리는 이 시구 다음을 이렇게 극적인 토로로 마무리했다. "나는 그대에게 굳게 맹세했고, 이 맹세는 성스러운 선물입니다."[8] 결혼 서약과 놀랍도록 유사한 이 말은 그들이 아직 치르지 않은 결혼식을 대신했다.

하지만 이런 일화에도 불구하고 메리는 위대한 시인을 만나고 싶다고 말한 적이 없었다. 언니를 설득하기 위해서 클레어는 바이런이 셸리에게 도움을 제공할 생각이 있다고 메리에게 말했다. 하지만 자신이 그 시인에게 접근해서 침대로 이끌었다는 사실은 말하지 않았다. 바이런에게는 자신들의 연애 관계를 언급하지 않겠다고 약속해 달라고 했다. 메리는 클레어가 바이런 경과 가까운 사이라는 말을 듣고 틀림없이 놀랐겠지만, 메리의 일기에서 이 시기가 언급된 몇 쪽이 없어졌기 때문에 클레어가 상황을 어떻게 설명했는지 알 수 없다. 여러 해가 지난 후 클레어는 자신과 바이런을 둘 다 알고 지내는 지인을 통해

---

* 바이런의 장편 서사시. 1812년부터 1818년 사이에 출간되었고 세상에 지친 젊은이의 여행과 사색을 묘사한 작품이다.

서 바이런을 만났다고 말하곤 했고, 자신이 그에게 먼저 접근했다는 사실은 절대 밝히지 않았다.

중요한 두 당사자들이 만남에 동의하자 클레어는 시간을 정했다. 바이런이 자신을 기다리게 한 전력이 있었기 때문에 클레어는 바이런을 믿을 수 있을지 전전긍긍하면서 그에게 약속 시간을 지켜 달라고 강력히 촉구했다.[9] 하지만 바이런은 클레어와의 밀회 약속보다 메리와의 만남 약속을 훨씬 더 존중했다. 그토록 유명한 어머니와 아버지의 딸인 이 젊은 여성을 만나는 데 흥미를 느꼈다. 몇 해 전에 《정치적 정의에 대한 고찰》을 칭송했던 바이런은 수입의 일부를 늘 금전적으로 어려운 고드윈에게 기부해 왔다. 바이런은 오랫동안 울스턴크래프트를 존경했다. 또한 메리와 마찬가지로 콜리지를 친구로 여겼고 그의 시에 경탄했다. 바이런은 콜리지에게 〈크리스타벨〉의 출판을 강력하게 촉구했다. 이 초자연적인 시를 너무 사랑한 나머지 바이런은 콜리지의 원고를 읽으며 시를 외워버렸다. 메리와 마찬가지로 바이런은 학문과 아름다운 언어, 그리고 아무리 불온하더라도 상상력의 비약을 소중히 여겼다.

처음 만났을 때 메리는 조용하고 공손하며 진지했다. 바이런은 예의 바르고 꾸밈없이 활달했다. 바이런의 난잡한 생활과 그가 일으킨 추문에도 불구하고, 그 모든 것의 저변에는 매우 인습적인 구석이 있었다. 바이런은 메리의 예의 바른 태도와 차분함이 마음에 들었다. 바이런은 메리와 불장난을 치려는 시도를 하지 않았다. 메리도 그럴 생각이 없었다. 아주 어릴 때부터 메리는 고드윈의 집을 찾아온 위대한 시인과 지식인 같은 유명한 사람들과 이야기를 나눠 왔다. 메리는 바이런을 친구나 동지로 대하며 그와 대화를 나눌 수 있었는데, 자신을 피하거나 유혹하려는 젊은 여성들에게 익숙했던 바이런에게 그것은 특이한 경험이었다. 메리가 바이런에게 매력을 느낀 것은 그의 외모나 연인으로서 평판 때문이 아니라 오직 그가 뛰어난 작가이고 반항 아였기 때문이었다.

바이런은 메리를 만나서 무척 즐거워했지만 클레어를 향한 관심은 계속 시들어 갔다. 하지만 클레어는 쉽게 포기하지 않았다. 바이런이 제네바에서 여름철을 보낼 계획이라는 사실을 알았을 때 자기를 데려가 달라고 애원했다. 하지만 바이런이 거절하자 클레어는 또다시 메리를 이용했다. 언니가 바이런에게 편지를 쓰고 싶어 한다며 그의 제네바 주소를 알려 달라고 했다고 말했다. "메리는 당신을 보고 기뻐했어요. 난 그럴 줄 알았어요. … 메리가 끊임없이 감탄하고 있어요. '정말 온화한 분이야! 너무 친절해! 내 예상과 너무 달라.'라고요."[10)]

바이런은 이 말을 꿰뚫어 보았다. 기품 있는 메리와 긴 오후를 보냈기 때문에 언니의 감정을 묘사한 클레어의 말이 계략임을 알았다. 그렇게 과장된 말이 그처럼 내성적인 젊은 여성에게서 나올 것 같지 않았다. 런던에서 지내는 동안 클레어와 자는 것은 만족스러웠지만, 그녀를 여행에 데려갈 생각은 없었다. 마지막 수단으로, 클레어는 메리와 셸리에게 다 함께 제네바로 여행을 가서 바이런과 가까이에서 지내자고 제안했다. 메리는 적대적인 런던에서 탈출한다는 생각이 마음에 들었고 스위스의 깨끗한 공기가 태어난 지 석 달 된 윌리엄에게 좋을 거라고 생각했다. 셸리에게는 클레어의 제안이 적절한 순간에 찾아온 셈이었다. 그가 고드윈에게 불쾌하게 쫓겨나서 몇 달 동안 곰곰이 생각하던 계획에 딱 들어맞는 제안이었다.

2월에 셸리는 메리의 아버지에게 보상을 하려고 했다. 그는 이 철학자를 만나려고 스키너 거리의 집을 찾아가 벨을 눌렀다. 고드윈은 하인들을 보내 셸리를 돌려보내려고 했지만 셸리는 떠나지 않고 계속 종을 울렸다. 하지만 고드윈은 요지부동이었고, 셸리는 기분이 상해 분노를 느끼며 떠나야 했다. 이번 싸움에서는 고드윈이 이겼지만 곧

다가올 자신의 행복에 큰 대가를 치르게 될 승리였다. 이 사건 후 셸리는 고드윈에게 "내 조국을 버리고" 싶다고 쓰면서 첫 번째 경고를 울렸다.[11] 셸리는 "거의 모든 사람들로부터 끊임없이 무시와 적의를 받으며" 시달리는 데 지쳤다고 털어놓았다.

셸리는 그해 겨울에 출판한 〈알라스토르〉를 두고 비평가들이 적대적인 반응을 보이자 영국을 떠나고 싶은 충동을 더욱 강하게 느꼈다. 자신의 시가 완전히 무시당하자 셸리는 굴욕감을 느꼈고, "부당한 무시에 … 병적으로 민감"해졌다고 고백했다.[12] 클레어의 제안이 있기 전까지 셸리는 어디로 가고 싶은지 잘 알지 못했다. 자신을 거부한 모든 사람을 쫓아버리고 싶은 마음뿐이었다. 제네바는 다른 곳보다 좋은 장소로 보였다. 셸리는 특히 그 유명한 시인을 만나고 싶었다. 날씨가 따뜻해지자 셸리는 떠나겠다는 위협을 실행에 옮기기로 결심하고, 메리와 아기 윌리엄을 데리고 출발했다. 일시적인 망명이기는 하지만 어쩌면 그렇지 않을 수도 있었다. 어쩌면 그들은 다시는 돌아오지 않을 수도 있었다.

클레어가 바이런에게 그들의 계획을 알리는 편지를 보냈을 때, 바이런도 어느 정도 흥미를 느꼈기에 즉시 반대하지 않았다. 그는 클레어를 부추기고 싶지 않았지만, 젊은 시인, 그리고 고드윈과 울스턴크래프트의 딸과 함께 휴양을 간다는 것은 마음에 들었다. 4월 말에 두 시인이 당면한 법적 소송 절차가 끝날 무렵에 그들은 각자 스위스를 향해 출발했다.

클레어는 달가워하지 않는 연인에게 보낸 편지에서 자신의 진짜 의도를 숨기려 했고, 그해 여름에 바이런이 클레어 자신이 아니라 메리와 연애하게 될 것으로 예상한다고 말했다.

당신이 메리와 사랑에 빠질 거라고 감히 단언합니다. 메리는 정말 예쁘고 아주 상냥하고 당신은 의심할 여지 없이 당신의 애정에 보답을 받겠지요. 당신이 누구에게 애정을 느끼든 당신의 행복한 모습을 보는 것만큼 내게 기쁨을 주는 일은 없습니다. 그러므로 나는 메리를 기쁘게 해주기 위해 두 배로 관심을 쏟을 거예요. 좋은 일이든 나쁜 일이든 메리가 시키는 것은 모두 하겠어요. 당신에게 사랑받을 만큼 믿을 수 없는 축복을 받은 사람에게서 내가 애정을 받지 못하는 일은 없을 테니까요.[13]

클레어가 나이가 들었다면 이런 편지를 절대로 쓰지 않았을 것이다. 하지만 클레어는 겨우 열여덟 살이었고 남자들이 자신보다 메리를 선택하는 데 익숙했으므로 여태까지 해 왔던 대로 자신을 낮추었다. 이번에는 자신이 원하는 남자의 환심을 사려고 메리의 노예가 되겠다고 약속했다. 고드윈과 클레어몬트의 결합이 준 상처는 사라지지 않았다. 셸리와 바이런, 그리고 고드윈은 의붓자매 사이에 벌어지는 드라마에서 서로 바뀌어도 무방한 존재들이었다. 바이런이 흠모를 받을 가치가 없는 남자라는 것은 클레어에게 중요하지 않았다. 사랑과 관심을 쟁취하려는 투쟁에서 그는 꼭 필요한 구성 요소였다.

메리와 셸리, 클레어, 그리고 아기 윌리엄은 5월 초에 파리에 도착했다. 이제는 셸리가 개인 마차를 빌릴 돈이 있었기 때문에 그들은 즐거운 산악 여행을 기대했다. 하지만 원정은 예상보다 훨씬 힘들었다. "여름이 없는 해"라는 별명이 붙은 1816년은 기후 역사상 유명한 이례적인 해였다.[14] 그해 4월 인도네시아에서 화산이 폭발했는데, 이는 1500년 만에 일어난 세계 최대 규모의 폭발이었고 엄청난 양의 화산재가 대기 중에 흩어져서 유럽, 아시아, 심지어 북미까지 정상적인 기후 패턴을 교란했다. 양쯔강이 범람했고, 이탈리아에서는 붉은 눈이 내렸고, 모스크바에서 뉴욕까지 기근이 휩쓸었다. 곡물이 얼어붙고 밀이 시들었다. 식량 가격이 치솟고 사망률이 두 배로 치솟았다.

스위스는 변덕스러운 날씨로 특히 큰 타격을 입었다. 알프스 산기슭에 도착했을 때 아직도 폭설이 쏟아지고 있었다. 계절에 맞지 않는 추운 날씨 때문에 프랑스를 지나올 때도 이미 큰 지장이 있었기에, 메리의 일행은 호숫가에서 휴가를 보내고 싶어 조급해졌다. 여행에 관해서는 언제나 무모하게 행동했던 셸리는 5월 초의 어느 저녁에 등반을 시작하자고 주장했다. 눈보라가 몰아쳐서 사방이 하얗게 변해 방향을 알 수 없는 상황이었다. 다행히도 지역 주민들이 끼어들어 그들이 꼼짝 못 하고 갇혀서 구조되어야 할 경우를 대비해 힘센 남자 열 명을 고용해서 동행하라고 강력하게 권했다.

메리는 까다로운 아기를 무릎에 안고 있었지만 등반에서 받은 인상을 일기에 기록했다. 이 기록은 나중에 메리의 소설 《프랑켄슈타인》에서 겨울 풍경을 묘사하는 데 사용되었다.

이보다 더 무시무시하게 황량한 광경은 본 적이 없다. 이 지역의 나무들은 믿을 수 없이 거대하고, 하얗게 눈이 덮인 황야에 여기저기 무리 지어 있었다. 광활한 설원에 그 거대한 소나무들과 길을 표시한 기둥만 장기판의 말처럼 서 있었다. 눈을 즐겁게 해주는 강이나 바위로 둘러싸인 풀밭은 보이지 않았다.[15]

정상에 오르는 데 밤새 걸렸지만 하산을 시작했을 때 눈이 천천히 녹아내리기 시작했다. 그리고 마침내 그들은 제네바 계곡의 푸른 들판과 잘 가꾸어진 과수원에 도착했다. 마차를 타고 마을에 들어갔을 때 드디어 악천후가 끝나고 해가 나와서 그들은 눈앞에 펼쳐진 고요하고 아름다운 호수를 볼 수 있었다. 아직 대외적으로 휴가철이 시작되지 않았기에 거리는 텅 비어 있고 공원은 한산했다. 그들은 도시 중심부 몽블랑 거리에 있는 인상적인 당글테르 호텔에 묵었다. 이 호텔은 부유한 영국 관광객들이 관례적으로 선택하는 곳이었는데 결혼하지 않은 손님은 호텔에서 환영받지 못했을 것이다. 이제 속임수의 달인이 된 셸리는 호텔 주인 드장에게 메리가 자기 아내라고 말하고 호수가 내려다보이는 꼭대기 층의 스위트룸을 예약했다. 메리는 호수가 "천국처럼 푸르고" "황금빛 광선으로 반짝인다"고 묘사했다.[16] 맑은 오후에는 멀리 몽블랑의 장려한 봉우리가 장엄하게 솟아오른 풍경을 볼 수 있었다.

메리는 즐거웠지만 여행에서 고생한 윌리엄 때문에 걱정이었다. 다행히도 안정된 일상에 정착하자 윌리엄은 기력을 회복하기 시작했다. 아기는 일정한 간격을 두고 젖을 먹었고 아침과 오후에 낮잠을 자면서 엄마에게 쉴 시간을 주었다. 다시 말해, 클레어에게서 벗어날 수 있는 시간을 주었다. 클레어는 바이런이 오면 그들이—특히 자신이—무엇을 할 것인지 신이 나서 쉴 새 없이 이야기했다. 그런데도 날이 갈수록 클레어는 점점 불안해졌다. 오후가 되면 클레어는 기대감에 들떠 호숫가를 거닐었고, 메리와 셸리는 새로운 환경의 평온함을 즐겼다.

그들이 도착한 다음부터 날씨는 계속 쾌적했고 태양은 거의 매일 빛났다.

가족이 첫 번째로 할 실질적인 일은 윌리엄을 돌봐줄 믿을 만한 보모를 구하는 것이었다. 그래야 메리가 셸리와 시간을 보내고 공부에 집중할 수 있을 것이다. 아기가 있고 남편은 없는 것 같은 젊은 스위스 여성 엘리스 두빌라르를 만났을 때 그들은 적임자라고 확신했다.[17] 엘리스는 쾌활하고 볼이 발그레했고 어린아이를 좋아했다. 메리는 윌리엄을 기꺼이 그녀의 품에 맡겼다. 첫아이를 잃은 후 메리는 아이와 떨어지는 것을 좋아하지 않았기에, 아들을 맡긴 것은 엘리스를 향한 애정의 표시였다.

자신들이 머무는 곳의 환경에 즐거워하며 메리와 셸리는 새로운 일상을 행복하게 받아들였다. 메리는 이렇게 썼다.

> 우리는 이곳에서 사교계에 가지 않지만, 시간은 빠르고 유쾌하게 지나간다. 한낮의 뜨거운 시간에 우리는 이탈리아어와 라틴어를 읽고, 해가 지면 호텔 정원을 산책한다. … 나는 날개가 막 돋아난 새처럼 행복하고, 어느 가지로 날아갈지 신경 쓰지 않고 새로 발견한 날개로 날갯짓을 시도한다.[18]

그들은 저녁에 배를 타고 호수를 가로질렀고, 이따금 클레어와 동행하며 종종 달이 뜬 다음에야 돌아왔다. 메리는 "꽃과 새로 자른 풀의 달콤한 향기, 메뚜기들이 지저귀는 소리와 저녁 새들의 노래"를 즐겼다.[19] 호수의 밑바닥까지 환히 들여다볼 수 있었고, 이따금 피라미 떼들이 헤엄쳐 다녔다. 이런 세세한 풍경이 메리의 마음에 쌓여 몇 달 후 《프랑켄슈타인》의 어느 행복한 오후를 묘사하는 데 사용되었다. 빅토르 프랑켄슈타인이 신부 엘리자베트와 함께 배를 타고 호수를 지날 때 그녀가 외친다. "보세요. … 맑은 물속에서 헤엄치는 무수한 물고기들을. 바닥에 깔린 조약돌을 하나하나 다 알아볼 수 있어요. 정말 멋진 날이에요! 온 자연이 어쩌면 이렇게 행복하고 평온하게 보일까요."[20]

그들이 도착하고 2주가 지난 5월 25일 한밤중에 거대한 마차가 알프스의 도로에서 천둥소리를 내며 내려왔다. 새파란 색에 화려한 빨간색과 금색 줄무늬가 있는 이 특별한 수송 마차는 나폴레옹의 위풍당당한 전쟁 마차를 그대로 복제한 것이었다. 문에 달린 황제의 문장부터 각 모서리에 나사로 고정된 철제 촛대 네 개에 이르기까지 너무나 비슷했다. 상황을 잘 알지 못하는 구경꾼들은 몰락한 정복자가 세인트헬레나에 잡혀 있다가 탈출해서 제네바로 들어오고 있다고 생각할 지경이었다.

막대한 비용을 들여 이 마차를 만들었던 바이런은 이런 식의 혼동을 일으키면서 즐거워했을 것이다. 그는 황제가 자신과 거의 동일한 사람이거나 적어도 비슷한 운명을 공유한다고 믿었다. 두 사람 모두 대단히 높이 올랐다가 몰락했다. 바이런은 나폴레옹의 기념품을 수집했고, 황제의 판화를 소장했으며 그 판화 밑에서 시를 썼다. 그는 워털루를 막 돌아보고 오는 참이었는데, 그곳에서 나폴레옹의 마지막 항복이 불러일으킨 장엄한 비애감에 젖어 눈물을 흘렸다. 위대함의 소멸, 자신의 영웅이 맞은 장대한 파멸에 바이런은 괴로워했다. 그와 황제는 "솟구쳐 올랐다". 그들은 거인처럼 비범하게 존재했다. 그들은 "눈부신 빛을 발했고 경악하게 만들었다."[21] 둘 다 동일한 대의 즉 자유를 위해 싸웠다. 바이런은 무기가 아닌 예술로 사람들에게 그들이 자유를 누릴 자격이 있다는 것을 보여주었지만. 이제 바이런은 나폴레옹처럼 추방당했다. 아니면 적어도 추방당한 듯이 느꼈다. 독자들을 인습의 족쇄에서 해방시키려는 그의 싸움은 증오를 불러일으켰고, 그것은 그의 시에 등장한 영웅들이 공유한 운명이었다. 이 점을 동시대인들은 놓치지 않았다. 소설가 월터 스콧은 바이런이 영국을 떠났다는 소식을 들었을 때, 아마도 영원히 떠났다는 소식을 들었을 때 바이런이 "그의 상상력으로 그려낸 그림과 너무 비슷하게 스스로를 해럴드 공으로 만들고 스스로를 사회에서 추방시켰다"고 말했다.[22] 바이런은 스위스에 도착하기 직전에 완성한 시 〈나폴레옹의 작별〉에서 패배한 영웅의 목소리를 채택하기도 했다. 이 시에서 바이런의 황제는 이렇게 말한다.

내 영광의 어둠이 일어나 그 영광의 이름으로

그늘을 드리웠던 땅이여, 작별을 고하노라─23)

바이런은 자신이 다른 사람들과 다르다고 확고하게 믿었지만, 곧
장 당글테르 호텔로 향했다. 여느 영국인들과 마찬가지로 다른 숙소
에 머무는 것은 꿈에도 생각할 수 없었을 것이다. 그가 들어오는 시끄
러운 소리에 잠자고 있던 투숙객들이 깨어났다. 바이런은 여행할 때
마다 "커다란 개 여덟 마리, 원숭이 세 마리, 고양이 다섯 마리, 독수
리 한 마리, 까마귀 한 마리, 매 한 마리"를 데리고 다녔다.24) 어떤 때
는 공작과 이집트 학, 거위, 백로, 다리가 부러진 염소를 데리고 여행
했고, 이 동물들은 모두 실내에서 지냈다. 그는 다른 사람에게 불편을
끼치는지는 개의치 않았다. 대학 시절에는 길들인 곰을 사서 자기 방
에 둔 적도 있었다. 거대한 뉴펀들랜드종인 그의 개 보츠웨인과 함께
기숙할 수 없다는 대학 규칙에 항의하기 위한 행동이었다.

클레어가 바이런을 맞으러 내려갔다. 하지만 바이런은 지친 기색이
역력했고, 호텔 명부에 자기 나이를 100세로 적은 후 클레어가 그를
찾기도 전에 방으로 가버렸다. 다음 날 바이런은 클레어나 셸리에게
연락하려는 시도도 하지 않았다. 밤새도록 앉아서 그의 전갈을 기다
렸던 클레어는 깊은 상처를 받았고, 다음 날 아침 바이런에게 감정이
상해 애처롭게도 유치한 쪽지를 보냈다. 그녀는 화를 내며 휘갈겨 썼
다. "난 이 따분한 호텔에 2주 동안이나 있었어요." "나를 이렇게 노
골적으로 무관심하게 대하다니 당신은 너무 불친절하고 잔인한 것 같
아요. 오늘 저녁 7시 반에 곧장 호텔 맨 위층으로 오면 내가 반드시 층
계참에 있다가 당신에게 방을 보여줄게요."25)

그날 아침이 조금 지나고 클레어가 창밖을 내려다보니 바이런과 그
의 주치의인 스물한 살의 존 폴리도리(John Polidori)가 호수에서 노를

젓고 있었다. 클레어는 메리와 셸리를 끌고 나와서 호숫가를 이리저리 걸어 다니게 했다. 마침내 바이런이 그들을 발견하고는 뭍으로 올라왔다. 셸리는 갑자기 감탄과 질투가 뒤섞인 감정에 휩싸여 무뚝뚝하고 말이 없어졌다. 메리는 조용히 예의 바르게 행동했고 클레어는 수다를 떨며 웃었다. 폴리도리는 조심스럽게 눈앞에서 일어나는 일을 주시했다. 후대에게는 다행히도—바이런을 위해서는 아니지만—폴리도리는 출판인 존 머리(John Murray)에게서 비밀리에 보수를 받고 있었다. 그의 임무는 가십 칼럼에 사용할 바이런의 사생활 이모저모를 상세히 알려주는 것이었다.

젊은 의사에게 셸리는 "수줍어하고 부끄러움을 타는 폐결핵 환자"로 보였다.[26] 하지만 폴리도리는 그 시인의 현대적인 과학적 관점에 깊은 인상을 받았다. 셸리는 폴리도리를 처음 보자마자 아기 윌리엄에게 백신을 접종해 달라고 부탁했고, 폴리도리는 즉시 그렇게 해주었다. 셸리는 그에게 수고해줘서 고맙다고 금 사슬과 인장을 선물했다. 한편 메리는 며칠 후에 셸리가 콜리지의 〈전쟁 목가시〉를 암송해 달라고 부탁할 때까지 앞에 나서지 않았다.[27] 예의 바르게 성장한 젊은 부인이 암송하기에는 다소 야만적인 시였지만 메리는 즐겁게 시를 암송했고, 피트 총리가 저주를 받아 지옥에 가는 부분을 특히 즐거워했다. 폴리도리는 즉시 메리에게 매료되었다. 작가 지망생이었던 그에게 메리는 아름답고 세련된 인물로 보였다. 이후 몇 달간 폴리도리는 존 머리가 좋아했을 바이런의 무모한 행각을 꼼꼼하게 기록하지 않고 자신이 메리와 한 일을 나열했다. 그 목록은 상당히 많았다. "S부인과 함께 이탈리아어를 읽었다." "S부인과 함께 보트에 타서 9시까지 노를 저었다. 함께 차를 마시고 잡담하고 여러 일을 함께했다."[28]

셸리와 바이런이 만난 다음 날, 그들은 함께 식사를 했고 서로 비슷한 집착을 공유하고 있다는 것을 알았다. 자유, 시, 나폴레옹, 그리스 시인들, 런던의 위선, 그리고 물론 자기 자신에 집착했다. 또한 그들은 우울함과 싸웠고, 자신들을 향한 비판을 견뎠고, 예술에 헌신했다. 두 사람은 루소에게 경의를 표하기 위해 루소의 흉상이 공원 한가운데 있는 플랭팔레로 당일치기 여행을 떠났다. 클레어는 이제 바이런과 단둘이 보낼 시간이 없다는 사실에 좌절해서 바이런의 최근 시를 베껴 쓰겠다고 자청했다. 하지만 이런 노력은 결국 클레어를 비서로 만들고 말았다. 클레어는 바이런의 필체를 해독하려고 골머리를 썩이면서 혼자 그의 원고와 씨름했다. 그러는 동안에 바이런은 배를 타고, 노를 젓고, 수영하고, 사람들을 방문했다. 그는 영웅의 흥망성쇠에, 아니 더 정확하게는 자신의 흥망성쇠에 매료되었고, 그로 인해 그의 창작은 열정과 독창성으로 불타올랐겠지만 지나치게 자신에게 몰두했기에 좋은 연애 상대는 되지 못했다.

이제는 휴가철이 한창이어서 저녁에는 축제 분위기가 났다. 비가 내리지 않는 날에는 기둥에 등불을 매달고 야외에서 저녁 식사를 할 수 있었다. 무도회가 조직되었다. 영국의 신사 숙녀들은 무늬가 새겨진 유리그릇에서 셔벗을 숟가락으로 떠먹고 서로 옷과 매너를 비판하고 방에서 보이는 전망을 비교하고 서로의 지인과 런던에 대해 수다를 떨었다. 이러한 사교 모임에서 셸리 일행과 바이런은 당연히 환영받지 못했지만 아주 흥미로운 화젯거리가 되었다.

평범한 영국 관광객이 귀족과 한 호텔에서 지내는 것은 행실이 나쁜 록스타와 비좁은 장소에서 사는 것과 같았다. 그들은 집에 보내는 편지에서 바이런의 충격적인 행동을 전하며 즐거움을 느꼈다. 셸리 일행의 이름을 모르는 한 영국인은 클레어를 배우라고 지칭했다. 19세기에 배우란 창녀를 완곡하게 부르는 말이었다. 그는 이렇게 썼다. "최근에 바이런 경이 거창하게 도착했다. 그는 한 배우와 매우 수상쩍게 보이는 가족과 함께 왔다. 그가 그 무리에서 몇 명이나 마음대로

할 수 있는지 모른다."[29]

런던의 신문들은 그 친구들을 '근친상간 모임'이라고 부르기 시작했다.[30] 메리나 클레어가 라운지에 들어서면, 침묵과 적대적인 시선이 그들을 맞았다. 그들이 급히 방을 나서면 등 뒤에서 바람처럼 속삭이는 소리가 들려왔다. 이런 고약한 대우에 참다못한 셸리는 호수 반대편에 있는 메종 샤퓌라는 오두막을 빌렸다. 그들은 6월 1일에 그곳으로 옮겼고, 얼마 지나지 않아 바이런과 폴리도리도 호텔을 나왔다. 바이런은 산비탈을 50미터쯤 올라가면 나오는 아름다운 빌라 디오다티로 옮겼다. 벽토로 치장된 이 웅장한 3층 집은 기둥이 늘어서 있고 현관이 널찍하며 바이런의 동물들과 손님들이 머물 수 있는 방이 많았다. 밀턴이 과거에 여기 머물렀다는 사실을 알고 셸리와 바이런 일행은 모두 기뻐했다. 이 젊은이 무리에게 놀랍도록 좋은 징조였다. 그들은 이제 자신들을 밀턴의 사탄처럼 반항적이고 오해받은 타락 천사로 여기고 있었다.

호수 건너편으로 옮겼어도 그들을 염탐하는 사람들의 시선에서 안전하지 않았다. 호텔 주인 드장은 망원경을 설치해 호텔 손님들이 그들을 자세히 관찰할 수 있게 해주었다. 바이런은 훗날 이렇게 말했다. "나를 제물로 삼아 그들은 온갖 터무니없는 이야기를 만들어냈다. 그들이 나를 인간 괴물로 여겼다고 믿는다."[31] 바이런의 하인들이 디오다티의 현관에 흰 천을 말리려고 펼쳐놓으면 호텔 손님들은 그것을 치마 밑에 받쳐 입는 페티코트라고 생각했고 메리 것인지 클레어 것인지를 놓고 논쟁을 벌였다. 그 흰 천이 실제로는 바이런의 침대 시트였다는 사실을 알았다면 흥분했을 것이다.[32]

셸리의 오두막에서 언덕길을 따라 빌라 디오다티로 가는 길은 긴 치마를 입어도 쉽게 오를 수 있었다. 바이런과 셸리는 모두 보트를 타는 것에 열정을 품고 있었다. 두 사람은 작은 돛단배를 빌려서 셸리

퍼시 셸리와 메리 고드윈, 바이런이 함께 지낸 제네바의 '빌라 디오다티'. 여기서 메리의 《프랑켄슈타인》이 탄생했다.

의 집 밑에 있는 작은 정박장에 묶어 두었다. 빌리는 비용은 두 사람이 나누어 냈다. 그들은 기회만 생기면 호수로 나갔다. 하지만 날씨가 점점 사나워지고 폭풍우가 몰아쳐서 원하는 만큼 자주 나가지는 못했다. 잿빛 구름이 샤모니에서부터 산 위에 비를 퍼부었다. 호수가 요동쳤고 번개가 하늘을 가로질렀다. 호수 건너편의 모든 것―빨간 지붕의 작은 통나무집들과 계단식 포도밭, 호텔 당글테르와 분개하는 손님들까지―이 휘장처럼 가린 잿빛 진눈깨비 뒤로 사라졌다. 이 소집단의 사람들은 처음에는 세상과 단절되어 있다는 감미로운 느낌을 만끽했다. 하지만 매일 집 안에 갇혀 있다 보니 기질적으로 불안해하는 사람은 차차 걱정이 커졌고, 권태를 느끼는 성향이 있는 사람은 지루하게 느꼈다.

그들 가운데 만족한 사람은 메리뿐이었다. 메리는 윌리엄과 자기 공부에 전념하며 일할 수 있는 기회를 즐겼다. 반면에 셸리는 점점 안절부절못했다. 보트를 타러 호수에 나가고 싶었고 오래 걷고 싶었다. 그는 갇혀 있는 것을 혐오했다. 바이런도 초조해했다. 등 넓은 암말을 훈련시킬 수도 없고 사격이나 항해도 할 수 없게 되자 즉시 그의 기분이 요동치기 시작했는데, 위험한 일이었다. 바이런은 할 일이 없을 때 말썽을 일으키기로 유명했다. 클레어는 바이런이 글을 쓸 때 방해했고, 저녁에 두 가족이 함께 긴 시간을 보낼 때 그를 빤히 쳐다보아서 짜증 나게 했다. 폴리도리도 나을 게 없었다. 그는 메리를 갈망했는데, 바이런이 그의 '숙녀를 향한 사랑'을 무자비하게 놀려대서 폴리도리의 상황은 더 비참해졌다. 분명한 것은 무언가 끓어오르고 있다는 사실이었다. 다들 성질이 급했다. 신나는 일을 생각해내기 어려웠다. 그들은 따분함을, 매일매일을 망쳐버리는 지루함을 깨뜨릴 어떤 것이 절실히 필요했다.

14장

"영혼에는 성별이 없다"

메리 울스턴크래프트 1791~1792

《인간의 권리 옹호》의 여성 저자로서 자신의 정체를 둘러싼 격렬한 논란을 견뎌낸 메리는 새 책을 쓸 준비가 되어 있었다. 《인간의 권리 옹호》를 집필할 때는 시간의 제약이 있었지만 이제는 자기 생각을 더욱 충실히 발전시키고 싶었다. 이 새로운 프로젝트는 "자신이 … 명확하게 등장하는" 책이 될 것이다.[1] 이 책에서 메리는 자신을 비난하는 비평가들을 가장 격분시키리라 예상되는 주제인 여성의 권리를 탐구할 것이었다. 그래서 1791년 10월에 메리는 서재 문을 닫고 다시 펜을 들었다. 이번에는 중도에 포기하지 않았다. 존슨의 격려도 필요 없었다. 때로 글을 쓰는 과정에서 힘겨운 몸부림이 있었지만 대체로는 무척 행복했다. 책상에 앉아 있을 때면 늘 느끼는 '빛나는 햇살'과 '평온함'뿐 아니라 상상력의 '타오르는 색채'를 마음껏 즐겼다.[2] 메리는 자신이 어디로 향하고 있는지 확실히 알고 있었기 때문에 단 6주 만에 400쪽이 넘는 원고를 완성했다. 《여성의 권리 옹호》는 1792년 1월에 서점과 대출 도서관으로 배달되었다.

《여성의 권리 옹호》를 펼치면 메리가 바로 무대 위로 성큼성큼 걸어 올라와 맑고 날카로운 목소리를 들려준다. 저자로서 메리는 재미있고 영리하고 성마르다. 실제의 메리도 분명 그러했을 것이다. 또한 엄밀하게 논리적이어서《여성의 권리 옹호》에서는 소크라테스식 대화법에서 볼 수 있는 빈틈없는 대가의 재능을 발견할 수 있다.

이 책에서 메리는 첫 번째 책《인간의 권리 옹호》에서와 마찬가지로 독자들의 감정에 호소하지만 의도적으로 '철학자로서' 글을 썼다.[3] 메리는《여성의 권리 옹호》가 현 사회의 악폐를 보여주고 여성뿐 아니라 남성을 구원할 해결책을 제시하기 때문에 자신의 책이 인류의 미래를 위해 필수적인 책이라고 선언했다.[4]

그렇다. 남성도 구원할 것이다.

첫 장부터 마지막 장까지 메리는 여성의 자유가 모든 사람에게 중요하다고 강조했다. 실제로 메리는 박식하고 정치 이론에 정통한 독자를 염두에 두고《여성의 권리 옹호》를 썼다. 1791년 당시에 그런 독자는 대체로 여성이 아닌 남성을 의미했다. 메리는 남성의 속성으로만 여겨졌던, 이른바 '정신의 힘'을 사용하여 "첫 번째 원칙으로 돌아감으로써 추론의 기초가 되는 공리"를 밝혀내겠다고—바로 존 로크와 장자크 루소, 애덤 스미스가 시도했던 것을—약속했다.[5] 메리는 질문을 던졌다. 문명의 허식을 떼어낸 본연의 인간은 누구인가? 우리 자신을 다스리려면 어떤 법이 필요한가? 남성과 여성은 본질적으로 다른가?

이 마지막 질문에 모든 남성 사상가들은 소리 높여 그렇다고, 여성은 인간 발달의 모든 영역에서 열등하다고 답했다. (남성과 여성의 정신은 태어날 때 백지 상태라고 믿었던 로크만 예외였다. 그래서 열여섯 살의 메리는 로크의 책을 읽고 전율을 느꼈다.) 남성은 자기 훈련을 할 수 있고 윤리적 정직성과 강력한 추론 능력을 갖춘 반면에 여성은 사치를 좋아하고 변덕스럽고 이기적이며 열정이 부족하고—혹은 너무 열정이 넘친다고 평가되기도 했다—쉽게 속아 넘어가고 유혹에 약하며 교태를 부리고 교활하고 신뢰할 수 없으며 유치했다.

이 모든 주장에 대해 메리는 "터무니없는 소리"라고 단언했다.[6] 하지만 메리의 선언은 고독한 목소리였다. 여성의 결함이란 사람들이 대체로 의심할 생각조차 하지 않는 가정이었다. 불은 뜨겁고 물은 축축하듯이 여성은 어리석고 약한 존재였다. 메리가 보기에 더욱 치명적인 것은 여성들이 약함을 자산으로 여기고 연약함을 자랑한다는 현실이었다. 어떤 여성이 쉽게 기절하고, 거미를 무서워하고, 뇌우나 유령과 노상강도를 두려워하고, 음식을 아주 조금 먹고, 잠깐 걷고 나서 쓰러지고, 줄줄이 적힌 숫자를 모두 더해야 할 때 울음을 터뜨리면 그 여성은 이상적인 여성으로 간주되었다.

메리는 '연약한' 여성이 더 매력적이라는 생각을 비웃었다. 또한 여성은 머리가 텅 비도록 훈련받아 왔다고 주장했다. 여성은 본질적으로 남성보다 덜 합리적이지도 않고 도덕적 자질이 부족하지도 않다. 결국 여성이 철학적 문제를 추론할 능력이 없고, 언덕을 오를 힘이 없으며, 올바른 선택을 할 능력이 없다는 말을 거듭거듭 듣게 된다면 당연히 자신의 능력을 의심할 것이다. 만일 여성이 '합당한' 교육을 전혀 받지 못하고 그 대신 피아노로 노래 몇 곡을 탕탕 치고 미뉴에트 춤을 추고 프랑스어로 인사 몇 마디 하는 것을 배웠다면, 여성의 일거리가 유행하는 의상의 본을 연구하고 어리석은 소설을 읽고 잡담하는 것뿐이라면 당연히 분별력과 깊이가 결여될 것이다. 메리는 진짜 문제는 여성이 아니라 남성이 원하는 여성의 모습이라고 말했다. 여기서 메리는 루소를 인용했다. 메리는 루소의 자연법 이론과 감정이 중요하다는 주장을 여전히 존중했지만 여성에 대한 루소의 생각에는 계속 분개했다. 루소의 교육 방식은 특히 유해하게 느껴졌다.

(루소에 따르면) 여성 교육은 항상 남성과 관련되어야 한다. 남성을 기쁘게 해주고, 남성에게 유용하고, 남성이 여성들을 사랑하고 존중하게 만들고, 남성이 어릴 때는 가르치고, 남성이 어른이 되면 돌봐주고, 조언하고, 위로하고, 남성의 삶을 편안하고 쾌적하게 만드는 것, 이것이 어느 때나 여성의 의무이며, 여성이 어렸을 때 배워야 하는 것이다.[7]

자유의 위대한 옹호자가 여성의 자유를 지지하지 않았다는 아이러니를 메리는 이해할 수 없었다. 그래서 메리는 소설에서 시도했듯이 루소가 틀렸다는 것을 입증하겠다고 결심했다. 여자들은 왜 남자들을 기쁘게 해줘야 하는가? 남자는 신인가? 메리는 루소가 이상적으로 여겼던 여성의 낮은 위상이 남성에게도 부정적인 결과를 가져왔다고 주장했다. 남편과 아버지, 남자 형제에게 절대적인 권력이 주어지면 도덕성은 사라지고 그들은 폭군이 된다. 남성이 자기 행동에 아무 견제도 받지 않고 충동에 따라 행동할 수 있게 되면 그들은 동물과 다를 바 없을 것이다. 만일 여성이 오로지 남성에게 매력적으로 보이는 능력으로 자기 가치를 평가하도록 훈련받는다면, 여성들의 야심은 오로지 사랑받는 것밖에 없을 것이다. 사회가 번영하려면 남성과 여성 모두 이보다 더 높은 열망을 지녀야 한다. 또한 그들은 이성으로 통제되어야 한다.

게다가 여성의 유일한 의무가 남성에게 유용한 존재가 되는 것이라고 가르친다면 신성 모독이며, 그런 의견은 성경을 정면으로 부정하는 것이다. 신은 여성을 "남성의 장난감, 남성의 딸랑이가 되도록" 창조하지 않았다.[8] 게다가 영혼에는 성별이 없으므로 남성 '그리고' 여성은 모두 미덕을 쌓기 위해 노력해야 한다. 메리는 이 주장을 특히 좋아했고, '미덕(virtue)'이라는 단어가 '힘'을 뜻하는 라틴어 'vir'에서 유래했다는 사실을 이 주장과 함께 종종 언급했다.

　여성은 스스로를 멋진 연애의 여주인공을 넘어선 그 이상의 존재로 상상하는 법을 배워야 한다고 메리는 주장했다.

　사랑은 여성들의 가슴속에서 더 고상한 열정의 자리를 차지한다. 그들의 유일한 야심은 아름다워지는(예뻐지는) 것이고, 존중이 아니라 정념을 일으키는 것이다. 이 저열한 욕망은 절대 군주제 아래 노예 근성과 마찬가지로 인격의 모든 힘을 파괴한다. 자유는 미덕의 어머니이다. 만약 여성들이 타고난 체질에 의해 노예가 되어버리고, 활기를 북돋우는 신선한 자유의 공기를 마실 수 없다면, 그들은 외래종 식물처럼 쇠약해질 수밖에 없고, 자연의 아름다운 결점들로 간주되어야만 할 것이다.[9]

　메리에게 가장 큰 비극은 남성이나 여성이나 그들 문화에 깔린 여성성에 관한 억측에 문제가 있다고 생각하지 않는다는 점이었다. 진보를 이루려면 남녀 모두 자신들을 상상하는 방식과 자신들의 관계를 상상하는 방식을 극적으로 바꿀 필요가 있었다. 자유, 진정한 자유는 벽을 허물고 문을 부수어 열고 인클로저의 울타리를 무너뜨렸다. 여성은 인생에 로맨스 말고도 많은 것이 있다는 것을 배워야 하고, 남성은 자신을 위해서만이 아니라 더 공정한 세상을 위해 성적 정복을 넘어서 더 많은 것을 열망할 필요가 있다. 그리고 여성이 자신의 권리를 남성에게 양도해서는 안 되는 것과 똑같이 인류는 자신의 권리를 폭군에게 양도해서는 안 된다. "여성의 행동 방식을 근본적으로 바꾼다면" "세상이 개혁될 것"이라고 메리는 열기를 더해 외쳤다.[10]

　메리는 정부의 폭정과 여성에 대한 남성의 폭정을 연결하면 많은 독자들이 분노하리라는 것을 알았지만 개의치 않았다. "나는 여기 도

전장을 던진다"라고 메리는 선언했다.[11] 동시대 남성들과 마찬가지로 메리는 새로운 정치적 비전을 창조하는 데 헌신했다. 한탄이자 예언인 《여성의 권리 옹호》는 교사이자 지옥불 전도사이자 풍자가이자 유토피아적 몽상가이기도 한 메리의 다양한 면모를 보여주었다. 어떤 이들은 '과거'에 대해 글을 쓰고 어떤 이들은 '현재'에 대해 쓰지만, 메리는 '미래'를 위해 글을 쓴다고 말했다.[12]

《여성의 권리 옹호》는 《인간의 권리 옹호》와 같은 성공을 거두었고 거의 같은 부수가 팔렸다. 메리는 버크에 대항한 자유주의자일 뿐 아니라 독창적인 철학자로서 명성을 얻는 데 성공했다. 적어도 메리의 추종자들에게는 그렇게 보였다. 메리를 비방한 사람들에게는 본래 남성의 영역에 침입한 위험한 급진주의자라는 정체를 확인해주었다. 역설적인 상황은 메리의 '침입'―개인의 자유를 기반으로 하는 사회에 여성의 권리가 포함되어야 한다는 메리의 주장―이 메리가 정치철학과 미래의 페미니즘에 기여한 가장 중요한 공헌이 되었다는 사실이다. 궁극적으로 메리의 연구는 정치철학의 전체 윤곽을 재구성하고 정치 담론의 경계를 확장했다. 메리는 부의 분배와 폭정의 기원뿐 아니라 성과 관련된 문제, 즉 피임이나 결혼법, 강간, 성병, 매춘을 포함한 문제―18세기에 여성성의 영역 밖이라고 여겨진 주제―가 여성 억압과 직접적으로 연관되어 있고 그 역도 마찬가지라고 주장했다. 다시 말해서 '여성 문제'는 사회 정의를 위한 전체적인 싸움에서 핵심이자 결정적인 시금석이었다.

그러나 당시에 메리의 주장이 미칠 지대한 영향을 모든 사람이 이해한 것은 아니었다. 메리를 이해한 사람들도 메리의 주장이 위험하다고 생각했고, 메리를 지지했던 사람들조차 메리가 논의를 확대한 방식을 전적으로 지지하지는 않았다. 실제로 메리는 여성의 상황을 부와 권력의 분배와 과감하게 연결함으로써 잔인한 공격의 대상이 되

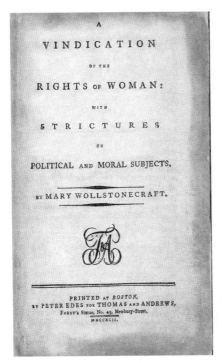

최초의 페미니즘 저서로 평가받는 《여성의 권리 옹호》 미국판 표지. 울스턴크래프트는 여성과 남성의 사회적·정치적 평등을 주장함으로써 새로운 정치적 비전을 창조하고자 했다.

었다. 울스턴크래프트가의 예전 집주인이었던 토머스 테일러는 〈짐승의 권리 옹호〉라는 악의적인 팸플릿을 썼다.[13] 그는 여성의 본성이 남성과 동등하다면 짐승도 마찬가지라고 비웃었다. 다른 비평가들은 메리가 품위와 예의의 모든 기준을 위반했으며 메리의 직설적인 문체는 진정한 여성 작가의 "유쾌한 자질"을 대체할 수 없다고 주장했다.[14] 따분한 비평지 〈크리티컬 리뷰(Critical Review)〉의 한 논평가는 "메리의 터무니없는 결론"을 조롱하고 미혼인 메리의 신분에 추파를 던졌다.[15]

여성 인권이라는 새로운 싸움터의 첫 여성 전투원이라고 해서 우리가 미소만 짓는다면 시합을 거절하고 싶어 한다는 비난을 받을지 모른다. … 우리는 이 새로운 아탈란타*와 싸워야 한다. 그리고 이 현대의 사례에서 우리가 시합에서 두 번의 승리를 얻게 될지 누가 알겠는가? 우리 부대에는 미혼 남성이 한 명 이상 있다. 만약 우리가 이긴다면 울스턴크래프트 양은 선택할 수 있다.

어느 비평가는 자기 발언이 역설적인 것으로 입증될 줄 모르고 메리가 주장하는 논리의 약점을 꼬집었다. 그는 메리가 작가로서 완전히 실패했다고 선언하고 다음과 같이 말하며 논평을 마쳤다. "우리는 … 울스턴크래프트 양이 … 망각에 빠지도록 내버려 둘 것이다. 울스턴크래프트 양의 가장 친한 친구라도 그녀의 작품이 기억되기를 결코 바랄 수 없다."[16]

이 논평은 메리의 아픈 곳을 건드렸다. 메리는 루소에게 대담하게 도전함으로써 그러지 않았더라면 자기 말에 귀를 기울였을 많은 자유주의자들의 지지를 잃었다. 보수주의자들에게 메리는 이미 실패한 존재였다. 메리는 왕을 폐위시키고 가족을 해체하고 영국을 망치려는 '창녀'였고 미친 여자였다. 메리는 전형적인 영국인들(John Bull)에게 붉은 망토를 흔들었고 그들이 흥분해서 공격하게 만들었다. 하지만 오랜 세월 독신 여성으로서 편견에 맞서 싸워 온 메리는 인내의 한계에 다다랐다. 《딸들의 교육에 관한 성찰》에서는 자신의 관심사를 온건한 방식으로 개진했다. 동화를 모은 책에서도 자신의 교육적 이상을 부드럽게 촉구했다. 이제 메리는 이전과 달리 더 맹렬한 방식을 택했다. 메리는 여러 면에서 비평가들이 한참 빗나간 말을 하는 게 아니라는 것을 알고 있었다. 메리는 세상을 뒤집어엎고 싶었다. 부자들을 황금 의자에서 흔들어 떨어뜨리고, 불한당들을 끌어내리고, 가난한

아탈란타(Atalanta) 그리스 신화에 나오는 걸음이 빠른 미녀 사냥꾼.

사람들을 일으켜 세우고 싶었다. 메리는 사람들이 목소리를 내야 한다고 믿었고, 자신은 그들의 대변자가 될 생각이었다.

메리를 짜증 나게 했던 비판은 문체에 대한 지적이었다. 적대적인 비평가들은 메리의 작품이 무질서하고 체계가 없으며 들쑥날쑥하다고 비판했고, 이런 비판은 오늘날에도 여전히 반복되고 있다. 메리가 이런 비판에 대응하는 데 오 년이 걸렸다. 마침내 1797년에 메리는 '꾸며낸 취향에 대하여'라는 제목을 단 에세이에서 자신의 미학적 선택을 옹호했다. 이 글에서 메리는 좋은 글은 자연스럽고 솔직해야 한다고 말한다. 머리와 가슴이 지면에 드러나야 한다. 작가는 "안개처럼 흐릿한 말"로 독자를 유혹해서는 안 된다.[17] 좋은 책의 핵심은 독자의 생각과 감정을 자극하는 것이지, 허수아비 적수와 재치 싸움을 벌이는 것이 아니다. 하지만 이런 생각은 낭만주의적 이상이었다. 루소가 등장하고 프랑스혁명이 일어났지만 아직은 이성, 질서, 형식을 중시하는 계몽주의 가치관이 지배한 시기였다.

1791년 11월 13일에 메리가 《여성의 권리 옹호》를 마무리하고 있을 때 조지프 존슨은 쉰네 살의 토머스 페인을 위한 정찬 파티를 열었다. 미국에서 갓 돌아온 페인은 그해 초 《인간의 권리》를 출간하여 이미 5만 부를 판매했고, 《인간의 권리 제2부》의 마무리 손질을 하는 중이었다. 곧 출판될 이 책에서 페인은 자유를 옹호하는 가장 결정적인 발언을 할 예정이었다. 존슨이 메리를 초대한 이유는 페인이 메리의 저서에 찬사를 보냈기 때문이었다. 또한 존슨은 당시 저널리스트였던 윌리엄 고드윈도 초대했다. 고드윈은 아직 발표한 저서가 없었고, 자기를 정찬에 초대해 달라고 존슨에게 끈질기게 요청했다.

메리와 마찬가지로 고드윈도 자신을 유명하게 만들어줄 책을 한창 쓰고 있었다. 두 사람 모두 책상에 앉아 일하다가 막 파티에 참석한 터였다. 메리는 "슬픔에 찬 분노라는 더없이 우울한 감정이 내 마음을 짓눌렀다"와 같은 침울한 문장을 쓰고 있었다.[18] 메리와 대조적으로 고드윈은 격식을 차린 문단에 자부심을 느끼며 자신을 3인칭으로 언급한 문장을 꾸준히 쓰고 있었다. "그런 작품의 유용성을 옹호하는 또 다른 주장이 저자의 마음에 자주 머물렀으므로 그 주장은 언급되어야 한다. 그는 정치를 자유주의 도덕의 적합한 수단으로 생각했다."[19]

이보다 더 상반된 접근 방식, 더 상반된 두 사람은 상상하기 어렵다. 메리의 '우울한 감정'은 고드윈의 철학 체계에 들어갈 자리가 없었다. 고드윈은 대체로 글에서나 실제 생활에서 감정을 표현하지 않았다. 그러나 분명 강렬한 감정을 느낄 수 있었고, 페인을 만나기를 열렬히 바랐다. 하지만 메리를 만나는 데에는 관심이 없었는데, 《인간의 권리 옹호》가 산만하고 세련되지 못한 책이라고 생각했기 때문이었다.

메리도 페인에게만 관심을 기울였다. 잉글랜드에서 퀘이커교도인 코르셋 제작자의 아들로 태어난 페인은 자유를 위한 투쟁에 평생 헌신했다. 그는 벤저민 프랭클린의 제안으로 미국으로 이주했다. 대륙군*에서 복무하면서 수첩을 들고 전쟁터에 나가 모닥불 빛의 도움을 받아 긴급 보고서를 작성했다. 1776년 12월 전쟁에 지친 조지 워싱턴의 군대가 얼어붙은 델라웨어 강변에서 잘못 멈춰 섰을 때 조지 워싱턴 장군은 지친 병사들에게 페인의 글을 큰 소리로 읽어주라고 부하 장교에게 명령했다.

지금은 인간의 영혼을 시험하는 시대이다. 이 위기에 한창때의 군인과 쾌활한 애국자는 조국을 위한 봉사에서 움츠러들지 모른다. 하

대륙군(Continental army) 미국독립전쟁 중 영국군에 맞서 13개 식민지의 공동 방위를 위해 1775년에 만들어진 군대. 1775년 6월에 열린 대륙 회의의 결의에 따라 결성되었고, 최고 사령관은 조지 워싱턴이었다.

지만 그것을 '지금' 견디는 사람은 사람들의 사랑과 감사를 받을 자격이 있다. 폭정은 지옥과 마찬가지로 쉽게 정복되지 않는다. 하지만 우리는 충돌이 심할수록 승리는 더 영광스럽다는 위안을 지니고 있다.[20]

이 감동적인 소집 명령을 들은 부대들은 자정이 다 되어 폭설을 뚫고 집결하여 그 유명한 델라웨어강 횡단을 시작했다. 이른 아침 여명 속에서 트렌턴을 습격하여 영국군을 기습하고 전세를 뒤바꿀 승리를 거두었다. "자유가 있는 곳에 내 조국이 있다"는 유명한 말을 남긴 벤저민 프랭클린에게 페인은 "자유가 없는 곳에 내 조국이 있다"고 응수했다.

존슨의 저녁 파티가 열린 날 밤에 이 유명한 혁명가는 조용히 감자를 삼키며 앉아 있었다. 고드윈과 메리 모두 긴장했다. 과연 페인은 어떤 영감을 주는 말을 할까? 하지만 페인은 그저 먹고 귀를 기울이는 데 만족한 듯했다. 그리고 그가 가장 경청한 사람은 고드윈이 아니라 메리였다. 메리가 열정적으로 말을 많이 했기 때문만이 아니라, 이런 저녁 파티에서 고드윈은 옆에서 지켜보는 경향이 있기 때문이었다. 그는 가끔 웃음을 터뜨려 다른 사람들을 놀라게 했다.

고드윈에게 자기 의견이 없었다는 말은 아니다. 사실 그는 대부분의 사안에 비타협적인 의견을 냈고, 기회가 있을 때마다 자기 의견을 훈련된 복음주의 목사처럼 예리하고 공정하게 표현했다. 그러나 당시 가난 때문이 아니고 절약하느라 유행에 한참 뒤떨어진 검은색 코트를 입고, 스스로 정한 규칙에 따라 매일 다섯 시간의 글쓰기, 두 시간의 독서, 한 시간의 산책을 고집하며 일하고, 입꼬리는 처지고 대머리가 진행되어 이마선이 올라갔고 등이 뻣뻣한 고드윈은 언제나처럼 불편해 보였다. 말년에 그는 사교 모임에서 느끼는 어색함을 묘사했다.

나는 미리 생각해 둔 화제가 없으면 대화를 거의 시작할 수 없다. 이런 경우에 나는 가장 진부하고 재미없는 주제를 찾아보려 하는데, 내 기억은 종종 이런 것들조차 제공하지 않는다. 나는 길거리에서 똑같은 질환에 걸린 듯한 한 남자를 만난 적이 있는데, 우리는 일 분 동안 서로를 바라보며 상대방이 무슨 말을 할 것인지 귀를 기울인 후 한 마디 말도 없이 헤어졌다.[21]

고드윈은 사람들을 불쾌하게 만들고 싶지 않았지만 사람들이 종종 그의 태도를 불쾌하게 생각한다는 것을 아주 잘 알고 있었다.

나는 어떤 경우에 내가 하려는 말이 상대방에게 어떤 영향을 끼칠지를 예견하는 능력이 특이하게도 부족하다. 따라서 나는 종종 무례하게 보이지만 나처럼 무례하게 굴려는 의도에서 벗어난 사람도 없다. 나는 종종 혹독하다는 말을 듣는데 내 마음은 그런 성격이 있다고 인정하지 않는다.[22]

반면에 메리는 입 다물고 있으라는 말을 평생 들어 왔기에 옆에서 가만히 지켜보는 것은 참을 수 없었다. 이날 저녁에 메리는 자유, 교육, 정의에 대한 생각을 페인에게 말하고 싶었고, 그밖에도 생각나는 대로 모든 것에 대해 이야기하고 싶었다. 페인은 온유하게 경청했고, 다른 손님들은 에일 맥주를(그리고 자기 생각을) 삼키며 존슨의 대구 스튜를 떠먹었다. 메리가 말을 많이 할수록 고드윈은 화가 났다. 고드윈이 끼어들어 볼테르의 무신론을 칭찬하려 하자 메리는 그의 말을 끊었다. 메리는 고드윈의 발언을 두고 "칭찬받는 사람에게나 칭찬하는 사람에게나 칭찬거리가 되지 않아요"라고 콧방귀를 뀌며 말했다.[23] 메리는 영국국교회의 방침을 따르지 않았지만 그래도 신앙심이 있었기에 고드윈의 급진적인 종교 매도에 '자극'을 받았던 것이다.

고드윈은 굴욕감을 느꼈지만 불리한 입장이었다. 메리가 재빨리 여러 이야기를 오가며 말하는 방식을 도저히 따라갈 수 없었고, 실로 메리의 대화 방식이 전혀 마음에 들지 않았다. 고드윈은 말하기(또는 글을 쓰기) 전에 생각을 정리하는 것을 좋아했고, 저녁 파티도 그가 책들을 정리하는 방식으로 진행되어야 한다고 생각했다.

이보다 더 메리의 접근 방식과 대조되는 방식은 없었을 것이다. 메리는 한 가지 사상 체계를 고수하는 것보다 갑자기 떠오른 영감이 더 가치 있다고 믿었다. "정치적 발언을 한다면 아마도 현재의 주제에서 벗어나겠지만, 내 사고의 흐름에서 자연스럽게 나온 것이기 때문에 그것을 말없이 넘어가지 않겠다"고 메리는 《여성의 권리 옹호》에서 주장했다.[24] 메리는 직접 대면할 때든 지면상에서든 관계없이 생각이 표면에 떠오르면 한 생각에서 다른 생각으로 재빨리 넘어갔다. 이 특별한 날 밤에 메리의 신속하고 강력한 말에 압도된 고드윈은 기분이 가라앉았다. 하지만 메리가 예술, 정치, 프랑스, 미국, 조지 왕 등 어떤 화제가 올라도 상관없이 "암울한 면"을 찾아냈고 "비난을 쏟아낼 때만" 만족하는 듯이 보였다고 약간 심술궂게 기록했다.[25] 물론 메리는 다르게 기록했을 테지만 자기 생각을 기록하지 않았기 때문에 우리는 고드윈의 생각밖에 알 수 없다. 이상적인 여성은 "태어난 수풀에서 방해받지 않고 지저귀는 새처럼 연약한 몸"을 지니고 있다는 믿음을 아직 포기하지 않은 남자에게 메리는 너무 야단스럽고 명백히 "여자답지 않게" 보였다.[26]

일부 현대 비평가들은 메리와 고드윈의 차이가 여성과 남성, 여성 작가와 남성 작가의 차이라고 가정하지만 메리는 그런 견해를 일축했을 테고, 메리가 옳았을 것이다. 메리와 고드윈의 차이는 성적 차이에 대한 정형화된 관념으로 귀결될 수 없다. 두 사람 모두 사회 정의에 대해 생각하고, 말하고, 글을 쓰는 데 전념했고, 스스로 철학자라고 생각했다. 두 사람의 방식에서 차이점은 접근하는 방식과 독자를 대하는 태도에 있었다. 경험 많은 저널리스트인 메리는 식탁 너머로 의견을 주고받는 것을 좋아했듯이 독자들을 사로잡고 관심을 끌 수 있도록 스스로를 훈련했다. 메리는 일부러 작가의 갑옷에 갈라진 틈을 내보여, 파티에서 옥신각신하는 말다툼을 반기듯이 독자들이 자신의 논의에 동참하도록 초대했다. 반면에 고드윈은 자신을 일반 관객의 관심을 끌려는 저널리스트로 보지 않았고, 오로지 학식을 갖춘 독자에게 아이디어를 제공하는 전달자, 즉 순수한 지식인으로 여겼다. 따라서 그는 논리적 단계에 따라 대화가 진행되는 것을 선호했고, 진실에 '대해' 말하는 데 자부심을 느꼈다. 반면에 메리는 진실을 '담아' 말하는 것을 좋아했다. 그 저녁 모임이 끝날 무렵 고드윈은 화도 나고 피곤했다. 언젠가 자신이 이렇게 자기 의견을 굽히지 않고 대화를 지배한 여자와 사랑에 빠지게 될 줄은, 그것도 열렬히 사랑에 빠질 줄은 상상도 못했을 것이다.

《여성의 권리 옹호》가 출간된 후 몇 달간 메리는 공허한 느낌에 시달렸다. 패니가 죽은 후 처음으로 딱히 써야 할 책이 없었다. 4월이 되자 표류하는 기분이 들었다. 지난 일이 년간 두 권의 책을 완성하려고 스스로를 몰아붙였지만, 두 권 모두 자신의 지적 능력이나 외모, 혼인 여부에 대한 조롱과 잔인한 공격을 받았다. 물론 찬사도 받았지만 이제 흥분이 가라앉자 《여성의 권리 옹호》가 정말로 자신이 쓰고 싶었던 책이 아니라는 느낌이 사라지지 않았다. 메리는 어느 친구에게 이렇게 고백했다. "시간을 두고 썼더라면 더 나은 책을 쓸 수 있었을 텐데."[27]

1792년 5월에 페인이 《인간의 권리 제2부》를 출판하자 국왕 조지 3세는

그를 범죄자로 규정해 선동죄로 기소했으며 책 판매를 금지했다.[28]
증오에 찬 폭도들은 페인을 프랑스로 추방했고, 프랑스에서 그는 즉시 영웅으로 추앙받았다. 메리는 자신의 벗인 페인이 받은 대우에 분노하고 그가 겪은 일에 고무되어 프랑스에서 페인과 합류하기를 갈망했다. 6월 말에 메리는 존슨과 푸젤리에게 함께 영국해협을 건너자고 설득했다. 푸젤리는 늘 기분 전환에 관심이 많았고 파리에서 펼쳐지는 드라마에 매료되었기에 메리의 제안에 흔쾌히 동의했다. 비록 아내를 데리고 왔지만 말이다.

이상하게도 어울리지 않는 네 사람이 8월 초에 도버를 향해 출발했다. 그런데 배에 오르자마자 무서운 소식이 들려왔다. 튀일리 궁전이 습격당하고 프랑스 왕실 일가는 탕플 감옥에 갇혔으며, 입법의회가 해산되었고, 혁명의 주도권을 장악한 급진파에 의해 국민방위대의 온건한 지도자 라파예트 후작(Marquis de La Fayette)이 국외로 쫓겨났다. 메리는 계속 여행하기를 원했지만 다른 세 사람은 반대했다. 그들은 런던으로 돌아왔다. 메리는 시골에서 존슨과 몇 주일을 지냈지만 기분이 저조했다. 기대할 만한 것이 아무것도 없어 보였다. 메리는 파리에 가기를 열망했다. 혁명을 목격하지 않고 어떻게 진정한 개혁가가 될 수 있는가?

마음을 쏟을 일이 없자 푸젤리를 향한 메리의 관심이 더욱 강렬해졌다. 메리는 푸젤리가 유부남이고 간음은 자기 원칙에 어긋나는 것이기에 자신의 열정은 정신적인 것이라고 그에게 장담했다. 메리는 불륜을 저지른 여성들이 직면하는 위험에 대해 바로 얼마 전에 책 한 권을 쓰지 않았던가? 메리는 이렇게 주장했다. "내 열정을 범죄라고 생각한다면 나는 그 열정을 정복하거나 아니면 그러려고 하다가 죽을 겁니다."[29] 메리는 자신이 원하는 것은 "나 자신을 당신의 마음에 묶는 것"이라고 썼다. 푸젤리는 메리가 자신을 즐기는 법을 배우도록 도와주었다. 그들이 관계를 맺기 이전에 메리는 스스로 금욕적인 삶을 선택했다.

나는 단순히 재미를 위해서는 책을 읽지 않았고, 심지어 시도 읽지 않았으며, 오로지 이성에 호소하는 책만 공부했어요. 어떤 낭만적이고 관대한 계획을 추구할 수 있도록 동물성 음식을 거의 먹지 않았고, 생활 필수품도 스스로에게 허용하지 않았어요. 재미있는 곳에 거의 가지 않았고요. … 내 옷은 웬만큼 봐줄 만하지 않았지요.

이 말은 메리가 푸젤리에게 보낸 편지 가운데 남아 있는 단편적인 내용을 연결한 것이다. 하지만 메리가 말하려는 요지는 분명하다. 푸젤리가 자신에게 새로운 즐거움을 소개했다는 것이다. 푸젤리의 '장엄한 영혼'과 '생기발랄한 공감'을 경험한 후 푸젤리는 메리의 행복에 꼭 필요한 존재가 되었다. 그것은 섹스에 관한 것이 아니라고 메리는 항의했다. "음란함은 내 눈에 추악하게 보이고, 하늘의 빛을 회피하는 요염한 마력에서 훔쳐낸 쾌락을 역겨워하며 내 영혼은 고개를 돌리니까요."

메리가 더 세게 밀어붙일수록 푸젤리는 더 뒤로 움츠러들었다. 10월이 되자 메리는 존슨에게 "몹시 괴롭다"고 편지를 보냈다. "내 신경은 너무 고통스럽게도 곤두선 상태에 있습니다. 말로 표현할 수 없을 정도로 괴롭군요. … 내게는 허약함과 결단력이 이상하게 혼합되어 있고 … 내 마음에는 분명히 큰 결함이 있습니다. 내 변덕스러운 가슴이 스스로 불행을 만들어냅니다. 내가 왜 이렇게 만들어졌는지 알 수 없습니다. 내 존재 전체에 대한 생각을 정리할 수 있을 때까지 어린아이처럼 울고 춤추는 것으로 만족해야 합니다."[30] 그 후 무슨 일이 일어났는지는 불분명하다. 푸젤리에 따르면 메리는 스스로 일을 추진하기로 결심했다. 메리는 푸젤리의 집에 와서 현관문을 두드렸고, 아내 소 피아가 나타나자 다음과 같이 말했다. "당신 남편을 매일 보고 대화를 나누는 만족감 없이는 살 수 없다는 것을 알게 되었어요."[31] 깜짝 놀 란 푸젤리 부인이 말을 가로막기 전에 메리는 푸젤리 부부와 함께 살 고 싶다고 설명했다. 메리의 '열정'은 정신적인 것이므로 푸젤리 부부 의 결혼 생활에 위협이 되지 않고, 부부의 침대를 같이 쓰고 싶지 않 으며, 그저 푸젤리를 변함없는 동반자로 원할 뿐이라고 했다. 경악한 푸젤리 부인은 메리를 집에서 쫓아내고 남편이 다시는 메리를 만나지 못하도록 했다. 푸젤리는 아내의 명령에 이의를 제기하지 않았는데, 그 까닭은 메리의 애착이 약간 당혹스러웠기 때문이었다고 나중에 말 했다. 실제로 그는 다시는 메리에게 말을 걸지 않았다.

그러나 1883년에 고드윈의 전기 작가 C. 케건 폴은 푸젤리의 아내 가 메리를 내쫓았다는 이야기에 의문을 제기했고, 메리의 적들이 메 리를 사랑에 굶주린 필사적인 노처녀로 비방하려는 작전의 일환으로 이 소문을 퍼뜨렸다고 주장했다.[32] 폴은 메리의 후손들이 푸젤리와 메리 사이에 오간 편지를 없애기 전에 남아 있던 편지를 마지막으로 본 사람에 속했다. 따라서 그의 주장에는 푸젤리의 설명에 부족한 권 위가 있다. 게다가 푸젤리는 친구나 적 모두에 대한 악의적인 소문을 퍼뜨린다고 악명이 높았다. 메리가 죽은 후 푸젤리는 메리가 자기를 끈질기게 쫓아다녔다고 주장했다. 대체로는 고드윈을 조롱하려고 메 리가 고드윈에게 애정을 품었다는 이야기를 들려주며 즐겁게 해주었 다.

어쨌든 이 사건에 관한 메리의 설명이 없기 때문에, 이 단계에서 그 들 관계에 실제로 무슨 일이 일어났는지는 알 수 없다. 분명한 것은 메리가 상심했더라도 빨리 회복했다는 것이다. 11월에 메리는 이전 해에 자신의 초상화를 그려주겠다고 했던 친구 윌리엄 로스코에게 푸젤리와 끝났다고 편지를 쓸 수 있었다. "나는 더는 합리적 욕망과 씨름하지 않을 생각입니다. … 나는 여전히 매우 활동적인 노처녀입니다."[33] 존슨과 함께 메리는 자신의 미래를 위한 새로운 계획을 세웠다. 그것은 메리가 프랑스에 가서 관찰한 바를 기록하여 〈어낼리티컬 리뷰〉에 싣도록 글을 써 보내는 것이었다. 메리의 여행 경비는 그 글의 인세로 충당할 것이다. 메리는 사실상 어느 모로 보나 외국 특파원이 되는 것이었다.

위험한 계획이었다. 메리가 친구들과 의논했더라면 대부분 메리에게 떠나지 말라고 조언했을 것이다. 파리의 폭력 사태는 가을에 더욱 악화되었다. 1만 2천 명의 정치범이 감방에서 살해되었고, 여자들은 강간당하고, 남자들은 박수 치는 군중이 지켜보는 앞에서 고문당했다. 가장 끔찍한 사건 중 하나는 마리 앙투아네트의 가까운 친구이며 동성 애인이라고 소문난 랑발 공주에게 일어났다. 공주는 알몸으로 벗겨져 "젖가슴과 외음부가 잘리고, 잘린 외음부를 콧수염처럼 붙인 채" 시내 거리를 끌려다녔다.[34] 랑발 공주가 참수된 후 왕비의 창문 밖에 있는 창살에 그녀의 잘린 머리가 매달렸다. 영국 관광객들은 이런 잔혹한 행위에 놀라고 이미 침대에서 살해된 다른 관광객들의 운명을 맞게 될까 두려워 도망쳤다. 하지만 오히려 이런 보도가 메리의 욕구를 한층 돋웠다. 무시무시한 소문이 퍼지는 와중에 메리는 짐을 싸고 고양이를 친구에게 선물로 주었다. 메리는 로스코에게 편지를 썼다. "나는 이번에는 도버에서 멈추지 않을 겁니다. 약속합니다." "혼자 가기 때문에 내 좌우명은 죽기 아니면 까무러치기입니다."[35]

15장

새로운 문학 실험

메리 고드윈 1816

줄기차게 내리는 비로 일주일간 실내에 갇혀 있던 바이런은 장난삼아 사랑에 빠진 폴리도리에게 제안했다.[1] 메리가 비에 젖은 미끄러운 길을 올라올 때 2.5미터 정도 높이가 차이 나는 현관에서 뛰어내려 도움을 주어 기사도 정신을 입증해보라고 말이다. 젊은 의사는 너무 순진해서 그렇게 괴상한 행동을 하면 바보처럼 보인다는 것을, 바이런은 본능적으로 알고 있던 사실을 알지 못했다. 아니나 다를까 메리에게 홀딱 반한 폴리도리가 바이런의 조언을 받아들여 뛰어내렸을 때 메리는 깜짝 놀랐지만 분명 깊은 인상을 받지는 않았다. 당혹스럽게도 폴리도리는 땅을 밟는 순간 발목을 삐었고, 결국 메리와 함께 집으로 올라갈 때 그 젊은 기사는 부인을 돕기는커녕 그녀의 어깨에 기댈 수밖에 없었다. 통증으로 움츠러들고 화도 나고 기분도 좋지 않아 그는 우스꽝스럽게 굴었다는 것을 절감하며 집 안으로 물러났다.

그 주 내내 소파에 갇혀 있던 폴리도리는 더는 참을 수 없을 때까지 메리의 완벽함—옆으로 비스듬히 곁눈질하는 표정과 비밀을 간직한 분위기—을 곰곰이 생각했다.

폴리도리는 메리가 자신의 구애를 기꺼이 받아들이기를 바라며 사랑을 고백했다. 어쨌든 메리는 셸리와 공개적으로 살고 그의 자식까지 낳으면서 사회적 규범을 조롱하지 않았던가. 어쩌면 새 구애자를 받아들일지도 모른다. 하지만 메리가 그를 동생으로 생각하고 오직 셸리만 사랑한다고 말했을 때 그는 재빨리 이런 생각에서 깨어났다.[2] 의사이지만 작가가 되고 싶었고 자신의 문학적 재능이 바이런에 견줄 만하다고 믿었던 야심 찬 젊은이를 겸손하게 만든 순간이었다.

1816년 6월 15일, 폴리도리가 수치스러운 도약을 감행했던 그날이 그의 짧고 고통스러운 생애—그는 불과 5년 후에 자살했다—에서 가장 부끄러웠던 에피소드 가운데 하나로 부각된다면, 또한 이날은 저녁 늦게 시작된 일련의 사건으로 인해 문학사에서 주목할 만한 날이기도 했다. 상처 입은 젊은 의사의 기분을 북돋우려고 일행은 그가 쓴 새 희곡의 초고를 들어주기로 했다. 아무도 폴리도리의 작품을 높이 평가하지 않았고, 모두 그의 희곡이 "아무 가치도 없다"고 말했다고 폴리도리는 비통하게 일기에 기록했다.[3] 하지만 이 일로 인해 그날 모인 사람들 모두에게 중요한 영향을 끼친 대화가 이어졌다. 문학 연구자들이 그날 밤에 정확히 무슨 일이 일어났는지 종합해보려고 아직도 노력 중일 만큼 굉장히 중요한 대화였다.

창조와 인간의 본성, 이것이 그날 식탁에서 오간 화제였다. 이 주제는 오랫동안 바이런과 셸리, 그리고 메리를 사로잡고 있던 주제였다. 폴리도리는 런던에서 저명한 해부학자 윌리엄 로런스(William Lawrence)의 강연을 듣고 기록한 메모를 자청해서 읽어주었다. 메리와 셸리는 로런스를 잘 알고 있었다. 생명의 기원이 신의 의지가 아니라 자연에 있다는 로런스의 전위적인 이론이 마음에 들어서 셸리가 그를 주치의로 삼았기 때문이었다. 로런스는 영혼과 같은 '추가된' 힘은 존재하지 않으며, 인간은 오직 뼈와 근육, 피로 이루어져 있다고

열아홉 살의 메리 셸리를 그린 것으로 추정되는 초상화.

주장했다.[4] 이 강연에 대한 대중의 반응은 적대적이었다.

로런스 씨는 우리에게 무엇을 믿으라고 요구하는 것인가? … 인간
과 굴 사이에 아무 차이도 없다는 것인가? … 로런스 씨는 인간이 …
오랑우탄이나 원숭이보다 나을 게 없고 '대뇌 반구가 더 풍부하다'고
생각한다! 로런스 씨는 인간에게 영혼이 없다는 것을 증명하려고 온
힘을 다해 노력한다![5]

하지만 놀랄 것도 없이 빌라 디오다티의 투숙객들은 대중과 정반
대 반응을 보였다. 로런스의 생각은 매혹적이었다. 만일 의사의 말이
맞고 신이 생명의 창조자가 아니라면, 이 생각은 인간에게 힘을 되찾
게 해줄 수 있었다. 이 프로메테우스적 주제에 셸리는 오랫동안 사로

잡혔고 여기서 영감을 받아 몇 년 후에 〈사슬에서 풀려난 프로메테우스〉를 썼다. 실로 신이 인간을 창조하지 않았다면 인간이 신을 창조했을 가능성도 있고 기독교는 사기일 가능성이 있다고 셸리는 주장했다. 바이런도 이 주제를 인간의 창조력에 관한 시극 〈만프레트〉에서 탐구했다. 바이런은 셸리만큼 멀리 나아가지 않았다. 바이런은 셸리보다는 종교에 타고난 존중심을 지니고 있었다.[6] 하지만 자연이 우주를 생성하는 힘이라는 원칙은 받아들였다.

오래지 않아 대화는 전기와 "다윈 박사의 실험"으로 나아갔다.[7] 찰스 다윈의 할아버지인 다윈 박사와 메리의 어머니는 오래전 조지프 존슨의 집에서 저녁 식사를 함께한 적이 있었다. 바이런과 셸리는 특히 다윈이 "유리 상자에 버미첼리(가는 국수) 한 가닥을 넣고 거기에 전하(電荷)를 가했더니, 마침내 특별한 수단에 의해서 그것이 자발적으로 움직이기 시작했다"는 이야기를 좋아했다.[8] 셸리는 인간이 생명을 창조한다는 생각에 즐거워했지만 메리는 후일 《프랑켄슈타인》 개정판 서문에서 이 원칙이 "지극히 두렵다"고 말했고, "세상을 창조하신 분의 엄청난 메커니즘을 조롱하려는 인간의 온갖 노력이 미칠 결과"가 걱정스럽다고 고백했다.

메리의 의혹은 인간이 스스로 세상을 개선할 능력이 있는지에 대한 깊은 의심에서 나왔다. 메리는 인간의 가슴속에 악이 너무나 깊이 자리 잡고 있다고 느꼈다. 진리, 지식, 자유 같은 최고의 목표를 지향하는 듯이 보이는 사람들의 동기도 권력과 인정을 얻으려는 욕망인 것 같았다. 이는 아마도 고드윈과, 그리고 지금은 셸리와 살면서 얻은 통찰이었을 것이다.

이튿날인 6월 16일 밤에는 날씨가 더 험악해졌다. 번개가 번쩍이고 폭우가 퍼부었다. 이 소규모 일행은 빌라 디오다티의 벽난로 옆에 옹기종기 모였다. 시간을 느긋하게 보내려고 바이런은 빌라에서 찾은 옛 유령 이야기 책을 큰 소리로 읽었다. 모두 그 이야기를 불쾌하지 않을 만큼 무서워했지만 바이런은 불만을 느끼기 시작했다. 급기야 책을 내던지더니 새롭고 더 끔찍한 이야기가 필요하다고 주장했다. 바이런은 모든 사람이 유령 이야기를 쓴 다음 우승자를 뽑자고 말했다.[9] 그는 셸리를 쉽게 이길 수 있다고 확신했고, 폴리도리나 두 여자의 재능은 고려하지도 않았다.

그날 밤은 폭풍우가 너무 거세게 몰아쳐서 셸리 일행은 위험을 무릅쓰며 길을 내려가지 않았고 모두 빌라 디오다티에서 잤다. 다음 날 집으로 돌아와서 메리는 엘리스가 윌리엄을 돌보는 동안에 이야기를 쓰는 데 집중하려고 노력했다. 메리가 바로 글을 썼는지는 분명하지 않다. 그 다음에 일어난 일을 둘러싼 신화가 너무 많기 때문이다.

말년에 메리는 어떤 착상이 떠오르는 데 긴 시간이 걸렸고, 그것이 떠올랐을 때 악몽의 형태로 나타났다고 말했다.

눈을 감았지만 예리한 심안(心眼)으로 나는 부정한 기술을 연구하는 창백한 사람이 자기가 조립한 것 옆에서 무릎을 꿇고 있는 것을 보았다. 어떤 남자의 흉측한 환영이 펼쳐지고, 그러고 나서 어떤 강력한 엔진이 작동하자 살아나는 징후를 보이더니, 반쯤 생명이 있는 불안정한 동작으로 움직이는 것을 보았다.[10]

이 꿈은 오래지 않아 메리 셸리의 가장 유명한 소설이 될 《프랑켄슈타인》의 플롯을 확실히 압축한다. 이 글은 메리가 직접 남긴 말이어서 겉으로 보기에는 이야기의 기원에 대한 설명에 의문을 제기할 이유가 없어 보인다. 하지만 셸리와 폴리도리는 실제로 있었던 일에 대해 메리와 다르게 설명했다. 게다가 두 사람이 쓴 글이 모두 그 시점에 더 가까웠다. 《프랑켄슈타인》 초판의 서문에서 셸리는 메리가 착상을 떠올리려고 애썼다는 언급을 하지 않았다. 그녀의 꿈에 대해서도 언급하지 않았다. 그는 단지 친구들이 "어떤 초자연적인 사건을 소재로 삼아 각자 이야기를 쓰기로 합의했다"고만 말했다.[11] 폴리도리의 일기는 셸리의 설명을 뒷받침한다.[12] 폴리도리의 글을 신뢰할 수 없는 경우가 종종 있지만 메리에 관해서는 대체로 정확했다. 그는 자신을 제외하고 모두들 바로 작업에 착수했다고 일기에 썼다. 메리가 어려움을 겪었다는 언급은 전혀 없기 때문에 메리의 진술에 의심을 품지 않을 수 없다. 만일 메리가 어려움을 겪고 있었다면, 그녀의 일상적인 활동을 집착하듯이 감시했던 폴리도리는 알아차렸을 가능성이 높다. 게다가 그랬더라면 그것이 두 사람을 연결해주었을 테고, 그는 즐거이 그 고충을 나누었을 것이다.

따라서 《프랑켄슈타인》 집필에 관한 메리의 이야기는 아마도 한 가지 이야기에 불과했을 테고, 큰 허구에 붙인 작은 허구, 수많은 층으로 구성된 책에 쌓은 또 하나의 층이었을 것이다. 메리는 1831년에 출간한 그 소설의 새 판본 서문에서 이와 같이 주장했다. 제네바에서 체류한 시기 이후로 15년 이상이 흘렀고 메리는 엄청난 재정적·사회적 압박에 직면했다. 여성이 《프랑켄슈타인》을 썼다는 사실은 여러 집단에 너무나 큰 충격으로 받아들여져서 책 판매에 나쁜 영향을 끼쳤고, 부분적으로는 메리의 수치스러운 연애 편력 때문이기도 했지만 메리는 사회에서 배척되었다. 19세기 초에 여성 예술가들은 처음부터 괴물로 규정되었다. 울스턴크래프트와 동료 급진주의자들이 최선의 노력을 기울였는데도 사회에서 여전히 여성은 예술을 생산할 것이 아니라 아기를 생산해야 한다고 받아들여졌다. 만일 메리가 자신을 내세우지 않고 물러남으로써 소설의 판매량과 자신의 명성을 높일 수 있었다면, 소설의 잉태 과정부터 자신과 거리를 두고, 자신이 의도적으로 이야기를 창조한 것이 아니며 자신은 천재도, 특별한 재능이 있는 사람도 아니라고 말하는 편이 합리적이었을 것이다.

베개를 베고 누워도 잠이 오지 않았고, 어떤 생각을 한다고 말할 수도 없었다. 내 상상력은 예상 밖으로 나를 사로잡아 이끌었고, 내 마음속에서 줄줄이 떠오른 이미지들에 일반적인 몽상의 한계를 훨씬 뛰어넘는 생생함을 부여했다.[13]

하지만 이처럼 자기를 낮추는 발언 속에는 더욱 자부심 넘치는 주장이 묻혀 있었다. 콜리지가 1816년 가을에 발표한 유명한 미완성 시 〈쿠블라 칸〉을 탄생시킨 환각을 생생하게 묘사했듯이, 메리도 진정한 예술가로서 자신의 자격을 주장하고 있다.[14] 꿈속의 환상은 낭만주의 작가의 자격을 더욱 강화하기만 한다. 꿈은 예측할 수 없다.[15] 강제로 꿈을 꾸게 만들 수도 없다. 그런데 꿈은 딱히 민주적이지 않다. 꿈은 누구에게나 찾아오는 것이 아니다. 적어도 메리가 묘사한 그런 특별한 꿈은 그러했다. 예술가들. 시인들. 이들은 진정한 예언가이며, 가장 심오한 통찰력을 지닌 사람들이다. 따라서 메리는 여성 작가로서 자기 작품이 수용될 수 있도록 자신의 독창성을 낮춰 말하면서 동시에 예술가로서 자신의 정체성을 주장했다. 자존심이 있는 낭만주의 작가라면 자신의 작품이 신중한 지적 과정의 결실―냉정하고 차분하게 플롯을 만들고 줄거리를 구성하는 노력의 산물―이라는 사실을 인정하지 않았을 것이다.(에드거 앨런 포는 예외였다. 포는 〈까마귀〉에서 이런 과정을 거쳤음을 인정했다.)[16] 돌연히 한바탕 터져 나온 영감, 한밤중에 찾아온 영혼. 바로 이런 것이 메리와 친구들에게는 진정한 예술의 원천이었다.

모두 열심히 창작에 몰두한 가운데 클레어는 초조해졌다. 클레어는 글을 쓰려고 애쓰지 않았다. 바이런은 계속 클레어를 피했고 어쩌다 관심을 보일 때는 대개 해로운 영향을 끼쳤기에 클레어는 상처를 받았다. 바이런은 클레어를 놀리고 조롱했다. 이런 대우는 그 자체만으로도 고통스러웠지만, 바이런이 메리를 대할 때와 너무나 달랐기 때문에 더 고통스러웠다. 메리가 말할 때면 바이런은 감탄하듯이 경청했고 메리의 지성과 학식을 존중했다. 바이런이 클레어와 잠자리를 함께하는 일을 그만둔 것은 아니었다. 훗날 바이런이 어느 친구에게 말했듯이, 바이런은 클레어에게 진정한 애정을 전혀 느끼지 않았지만 클레어가 그에게 몸을 던졌고 그는 클레어의 성적 접근을 거부할 생각이 없었기 때문이었다.

이것이 바이런의 전형적인 모습이었다. 그는 클레어나 그녀의 감정을 거의 고려하지 않았고, 메리를 포함해 그 누구보다도 셸리에게 끌렸다.[17] 바이런의 첫 연애 상대는 친구로 지내던 남학생들(메리가 갖고 있던 〈매브 여왕〉 원고에 써넣은 바이런 시의 주인공 '티르자'는 실제로 존재하는 소년이었다)이었고, 바이런은 평생에 걸쳐 동성 애인들을 많이 사귀었다.[18] 그가 영국을 떠난 데에는 기소당할 위험 없이 동성애 관계를 지속하려는 이유도 있었다. 당시 영국에서는 동성애가 여전히 불법이었으며 사형 처벌을 받을 수 있었다. 바이런은 셸리의 시적 감수성, 발작적인 히스테리, 빛나는 생각에 흥미를 느꼈고, 셸리의 박학함과 시를 향한 헌신을 존중했다. 또한 젊은 시인이 무신론적 원칙을 쏟아내는 것도 즐거워했다.

셸리에게 바이런과 자신의 관계는 더 복잡했다.[19] 바이런과 시간을 많이 보낼수록 그는 글을 쓸 수 없을 것 같았다. 바이런과 가장 단순한 관계를 맺은 사람은 메리였다. 두 사람 모두 인간을 본질적으로 이기적인 존재로 여기는 염세적인 시각을 공유했다. 바이런은 메리의 문학적 판단력을 신뢰하게 되었고 메리에게 자기 작품을 읽어주는 것을 좋아했으며 종종 메리의 제안을 요청했다. 때로 메리는 그 영광스러운 요청에 응했지만, 자기 일도 해야 했고 아기도 돌보아야 했다. 계속 자신을 쫓아다니는 폴리도리를 막아내는 일은 두말할 필요도 없었다.

6월 18일 밤에 일행은 빌라 디오다티에 다시 모였다. 여전히 폭풍우가 몰아쳤고 응접실은 평소보다 훨씬 어두웠다. 자정이 가까워지자 그들은 유령, 악귀, 유령의 출몰에 대해 "정말 유령처럼 말하기 시작했다."[20] 그들은 죽은 사람이 다시 살아날 수 있는지, 왜 메리의 죽은 아기가 계속 그녀의 꿈에 나타나는지를 궁금해하며 큰 소리로 말했다.

바이런은 자기가 좋아하는 콜리지의 시 〈크리스타벨〉을 낭송했다. 메리도 좋아하는 시였다. 〈크리스타벨〉에서 순진한 처녀인 크리스타벨은 숲에서 아름다운 여인을 만난다. 크리스타벨은 이 신비로운 여인을 집에 데려와서 여인이 옷을 벗는 모습을 보고 그녀의 아름다움에 홀린다. 하지만 성적 접촉이 이어질 듯한 순간에 그 여인이 흉측하게 변하자 크리스타벨은 실은 그녀가 마녀라는 사실을 알게 된다.

바이런이 시를 읊는 동안 방 안은 조용했지만 그가 절정을 이루는 연에 이르렀을 때,

> 램프 아래에서 여인은 고개를 숙였고,
> 천천히 눈동자를 사방으로 굴렸다;
> 그러더니 큰 소리로 숨을 들이마시고
> 떨리는 사람처럼 풀었다
> 그녀의 가슴 아래에서 띠를;
> 비단 가운과 속 조끼가
> 그녀의 발치에 떨어졌고, 드러났다,
> 보라! 그녀의 가슴과 옆구리 절반이 —

흉측한, 기형의, 흐릿한 색깔의 —[21]

갑자기 셸리가 "비명을 지르고 양손으로 머리를 잡아" 모두를 놀라게 했다.[22] 폴리도리는 이어지는 장면을 의사의 눈으로 자세히 묘사했다.

셸리는 촛불을 들고 방에서 뛰쳐나갔다. 셸리의 얼굴에 물을 뿌린 후 그에게 에테르를 주었다. 그는 S부인을 쳐다보고 있었는데, 과거에 전해 들었던 젖꼭지 자리에 눈이 있는 어떤 여자의 이야기가 떠올랐다. 이 생각이 그의 마음을 사로잡아 공포에 떨게 했다.

젖꼭지 자리에 있는 눈. 눈으로 보는 가슴. 이 기이한 이미지는 콜리지의 시에서 나온 것은 아니었고, 적어도 직접적으로 나온 것은 아니었다.[23]

한편으로 이 일은 거의 무의식적으로 일어난 사건이 분명한 것 같다. 셸리가 강력한 환영에 압도되어 무력해졌기 때문이다. 하지만 셸리가 본 환영의 기원은 메리가 그에게 들려준 이야기에서 찾을 수 있다. 콜리지는 처음에 여인의 가슴에 두 눈을 두려고 했지만 그 이미지가 너무 끔찍하다고 판단해서 마지막 순간에 포기했다는 이야기였다. 따라서 셸리가 본 그로테스크한 메리의 환영은 실제로 메리'에게서' 나왔지만 그는 아마도 그것을 알지 못했을 것이다.

셸리의 악몽 같은 환상에 메리가 끼친 영향을 알지 못했던 폴리도리는 바이런의 표현대로 그 시인의 "환상의 분출"에 큰 충격을 받았다. 그래서 폴리도리는 자신의 이야기 《뱀파이어》에 그것을 변형해 사용했고, 1819년에 책으로 출간했다.[24] 《뱀파이어》는 엄청난 인기를 얻었고, 브램 스토커의 유명한 소설 《드라큘라》를 비롯하여 많은 작품에 영감을 주었다. 그러나 그날 빌라 디오다티에 있던 나머지 사람들은 영감을 받기보다 충격을 받았다. 아무도 셸리의 공포를 하찮게 생각하지 않았는데 그 공포심이 그의 상상력에서 비롯되었기 때문이었다.[25] 사소한 일이라고 믿는다면 정신의 힘에 대한 모욕이었을 것이다. 자아가 창조한 것보다 더 실제 같거나 더 끔찍한 것은 있을 수 없다. 셸리는 자기 자아가 본 것을 보았다. 일행은 그가 그것을 보는 것을 보았다.

〈크리스타벨〉의 환상을 본 지 나흘 후에 날씨가 좋아지자 셸리는 바이런에게 루소가 자주 가던 곳을 보러 가는 모험에 동행해 달라고 요청했다. 여성과 여성 교육에 대한 루소의 근시안적인 시각에도 불구하고 두 사람은 여전히 그 죽은 철학자가 자유의 위대한 대변자라고 생각했다. 셸리가 떠난 후 메리는 진지하게 글을 쓰기 시작했고, 자신의 미친 창조자 빅터 프랑켄슈타인에게 '사로잡혀' '공포의 전율'을 느꼈다.[26] 메리가 쓴 첫 문장 "11월의 어느 음산한 밤에 나는 완성된 내 남자를 바라보았다"는 마치 이야기가 지면 위에 쏟아지기를 기다리고 있었다는 듯이 다음에 나올 모든 것을 풀어놓는 것 같았다.[27] 메리는 닫힌 창문 밖에서 바람이 호수를 가로지르는 소리를 들으며 창백한 젊은 학자가 묘지와 정육점에서 훔친 신체 부위로 사람을 만드는 모습을 상상했고, 스키너 거리 근처의 도살장과 정육 시장에 대한 기억과 프랑켄슈타인 성을 방문했을 때 들었던 콘라트 디펠의 전설을 떠올리며 이야기를 구성해 나갔다.[28]

셸리는 8일간 호수를 둘러보는 여행을 마치고 돌아와서는 그와 바이런이 산에서 불어닥친 갑작스러운 돌풍 때문에 죽을 뻔했다고 말했다.[29] 두 사람은 작은 보트의 돛을 내리고 보트 측면을 움켜잡고는 배가 전복되기를 기다렸다. 다행히 결국 바람이 잦아들어서 사고 없이 계속 나아갈 수 있었다. 수영을 할 줄 몰랐던 셸리는 수영을 탁

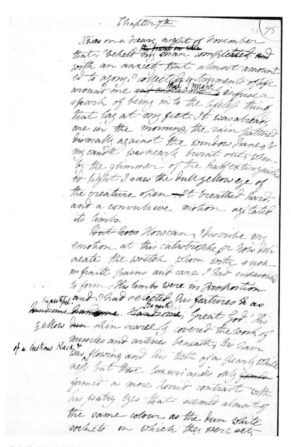

메리 셸리가 직접 쓴 《프랑켄슈타인》 원본 첫 페이지. 첫 문장은 "11월의 어느 음산한 밤에 나는 완성된 내 남자를 바라보았다"였다.

월하게 잘하는 바이런이 목숨을 걸고 자기를 구하려 할까 봐 두려웠다. 그랬더라면 정말 곤혹스러운 상황이 되었을 것이다. 이런 이야기를 들으면 보트 타기에 집착했던 셸리가 왜 수영을 배우지 않았는지, 그의 친구들은 왜 그에게 수영을 배우라고 권하지 않았는지 궁금해진다. 제네바 호숫가에서 보낸 여름은 수영을 배우기에 완벽한 기회였을 것이다.

사랑하는 남자를 잃을 뻔했던 메리는 《프랑켄슈타인》의 주제가 더욱 강렬하게 느껴졌다. 메리가 셸리에게 소설의 몇 쪽을 보여주자 셸리는 더 긴 이야기로 발전시켜보라고 권유했다. 용기를 얻은 메리는 어린 시절 경험을 되살려 프랑켄슈타인을 더욱 풍부한 인물로 상상했다. 메리의 어머니는 그녀를 출산한 후 사망했고, 아버지는 메리를 거부했고, 메리는 사랑하는 남자와 함께 산다는 이유로 사회로부터 비난받았다. 메리는 자신의 분노, 상처, 자존심 같은 내적 삶을 탐구했고 마침내 뛰어난 반전을 추가했다. 그 놀라운 반전으로 인해 메리의 이야기는 다른 이야기들과 차별되었고 메리는 영국 문학사에서 매우 뛰어난 작가로 인정받게 되었다. 메리는 젊은 발명가 프랑켄슈타인이 자기 발명품을 자랑스럽게 여기지 않고 창조물에 혐오감을 느끼고 공포에 질려 자신의 '완성된 인간'을 저버리도록 만들었다. 만일 셸리나 바이런이 이 이야기를 썼다면 그런 시나리오를 상상하지 못했을 테고 상상할 수도 없었을 것이다. 실제로 그해 여름에 시작한 작품들, 바이런의 〈만프레트〉, 셸리의 〈몽블랑〉과 〈사슬에서 풀려난 프로메테우스〉에서 두 시인은 창조자인 주인공들을 만들어냈고 그들은 뛰어난 능력 덕분에 영웅처럼 보였다. 하지만 메리는 생명을 창조하는 인간에 대한 전망에 양면적인 태도를 보였다. 메리는 사랑하는 아이를 낳았지만 곧 잃었고, 자신의 탄생의 결과로 어머니를 잃었다. 인간이 생명을 (그리고 죽음을) 통제할 수 있다면 이런 비극을 겪지 않았을 것이다. 반면에 인공적인 방법으로 생명을 창조할 수 있다면 여성의 특별한 역할은 어떻게 될지 궁금했다. 또한 신, 신에 대한 관념, 자연의 배후에 있는 신비로운, 심지어 초자연적인 힘은 어떻게 될 것인지를 우려했다. 이러한 문제를 고민하던 메리는 창조자의 관점에서 쓰기를 중단했고, 시점을 피조물의 관점으로 전환했으며, 프랑켄슈타인 박사의 피조물이 아버지를 찾아가도록 했다. 하지만 그 피조물이 프랑켄슈타인을 찾아냈을 때 젊은 과학자는 피조물과 행복하게 재회하지 않고 고드윈이 메리를 밀쳐냈듯이 그를 내쳤다. 상처를 입고 분노한 피조물은 프랑켄슈타인의 가장 친한 친구부터 신부까지 그의 창조자가 사랑하는 모든 사람들을 살해한다. 메리의 이야기는 초자연적인 이야기에서 다양한 관점을 지닌 복잡한 심리 탐구로 발전했다. 셸리와 바이런이 가장 좋아한 주제인 인간의 창조력을 탐구하는 것에서 더 나아가 인간 본성의 심연을 파헤쳤다.

일행은 모두 메리가 대성공을 거두었음을 직감했다. 상상력을 바탕으로 한 글쓰기에 사로잡힌 메리는 가급적 원고를 쓰는 일에 전념했다. 재주가 뛰어난 남성 벗들에게 주눅이 들기는커녕 작가가 됨으로써 자신이 물려받은 문학적 유산에 부응한다는 생각에서 용기를 얻었다. 셸리는 유령 이야기를 쓰려는 생각을 완전히 포기하고 자기 작품으로 돌아갔다. 바이런 역시 다른 작품으로 눈을 돌렸다. 하지만 메리의 이야기는 두 시인에게 그들이 깨달았거나 인정한 것보다 더 큰 영향을 끼쳤다. 셸리와 바이런이 그해 여름에 작업한 시들은 선하거나 악하게 쓰일 수 있는 인간의 창의력, 자유와 대조되는 노예 상태, 장엄한 자연을 탐구했다. 이렇게 그들이 공유한 관심사는 그들이 나눈 문학적 우정의 중요성을 입증하는 것이었다. 남은 생애 동안 세 사람은 서로에게 의지하여 영감을 얻거나 인정을 받았고, 경쟁을 하거나 새로운 것을 발견하곤 했다.

호수 주변을 여행하고 돌아온 뒤에도 셸리의 불안한 기분은 진정되지 않았다. 그는 여행에서 돌아온 지 몇 주 지나지 않아 메리, 클레어와 함께 몽블랑 기슭의 유명한 빙하인 메르 드 글라스가 있는, 당시에는 외딴 알프스 마을인 샤모니로 여행을 갈 계획을 세웠다. 메리는 이 탐험에 어린 아기를 데리고 가는 것이 현명하지 않을 테고 또한 셸리가 윌리엄을 여행에 데려가고 싶어 하지 않으리라는 것도 알았기에,

애석하게도 "예쁜 아기"에게 작별 인사를 하고 엘리스에게 아기를 맡겼다.[30] 7월 21일에 그들은 망토를 입고 추위에 떨면서 얼음이 덮인 강과 눈 쌓인 들판에 감탄하며 고지대로 올라갔다. 홍수와 눈사태로 위험한 여정이었지만 세 사람은 알프스산맥을 무사히 넘었다. 메리는 어린 아들을 그리워하면서도 낯선 환경에서 신선한 자극을 받았다.

일반적으로 샤모니를 찾아가는 영국인들은 빙하와 몽블랑이 입증한 신의 영광을 목격하고자 열망하는 경건한 무리였다. 50년 후에 시인 앨저넌 스윈번은 호텔 명부에 적힌 글들이 "영적인 기름과 산패(酸敗)한 신앙심으로 열렬히 타오른다"고 언급했다.[31] 호텔 방명록에 적힌 수많은 기독교도들의 추천사에 짜증이 난 셸리는 그리스어로 "민주주의자, 박애주의자, 무신론자"라고 썼다.[32] '목적지' 칸에는 "지옥"이라고 썼다. 그는 다른 관광객들에게 충격을 주는 것을 즐겼고 알프스 전역의 호텔 명부에 비슷한 선언을 남겼다.

셸리가 쓴 이 글은 금세 악명이 높아졌다. 셸리처럼 고전 교육을 받은 당대의 다른 영국 여행자들에게 그리스어는 아무런 장벽이 되지 않았고, 셸리의 확고한 인쇄체 글자는 쉽게 해독할 수 있었다. 분명 셸리는 이보다 더 자극적인 말은 생각해낼 수 없었을 것이다. 그의 무신론 선언이 아마도 가장 불쾌한 공격이었겠지만, '민주주의자'는 혁명가와 동의어였고 '박애주의자'(인간을 사랑하는 사람)는 셸리의 비정상적인 연애를 가리키는 것 같았다. 결국 셸리는 자신이 정말로 부도덕한 인간이라는 사실을 적들에게 증명했다. 바이런도 젊은 친구의 무분별한 행동에 충격을 받았다. 몇 달 후에 그 지역을 방문했을 때 바이런은 자신이 찾아낼 수 있는 한 셸리의 글을 모두 찾아서 지웠다. 동시대인들 사이에서 셸리의 평판을 위해서는 아니었지만 역사를 위해서는 다행히도 바이런은 샤모니 명부를 빠뜨렸다. 그래서 셸리가 방명록에 남긴 세 단어는 그를 평생 따라다니게 되었다.

세 여행자들은 빙하를 올랐고 그들의 호텔에 그늘을 드리운 거대한 산을 보며 놀랐다. 어느 날에는 비가 억수같이 쏟아져서 호텔에 머물 수밖에 없었다. 메리는 공책을 곰곰이 들여다보고 프랑켄슈타인 박사와 그의 피조물의 이야기가 절정에 이르는 장면이 메르 드 글라스에서 일어나도록 결정했다. "(빙하를 보니) 내 마음은 숭고한 환희로 가득 찼다"고 프랑켄슈타인이 말한다.[33] 그의 문장은 놀랍게도 그를 만든 작가의 일기에서 바로 뽑아 온 것처럼 들린다.[34]

7월 27일 제네바로 돌아왔을 때 메리는 이야기를 더욱 확대하는 데 몰두했다. 프랑켄슈타인이 복수를 맹세하고 그의 피조물을 추격한다. 쫓기던 자는 쫓는 자가 되고, 쫓던 자는 쫓기는 자가 되었다. 메리는 또한 아기 윌리엄과 놀아주고, 폴리도리와 산책하고, 셸리와 그리스어를 공부하고, 때로 바이런이 쓴 새로운 시의 초고를 논평했다. 메리가 늘 바라 왔듯이 세상이 자신에게 열리고 있는 것 같았다.

클레어에게는 메리와 정반대의 세상이 열리고 있었다. 클레어는 바이런의 아이를 임신했다는 사실을 알게 되었고, 처음에는 자신을 꺼려하는 시인이 그 일로 자신과 엮이기를 바랐다. 하지만 클레어에게 진심으로 넌더리가 난 바이런은 그녀를 재정적으로나 감정적으로 돕겠다고 나설 이유를 알 수 없었다. 클레어는 자신과 섹스를 하는 특권을 누려 왔다. 그밖에 무엇을 더 원하는가? 셸리는 클레어를 도와주라고 바이런을 설득하려고 노력했지만 바이런은 완강히 거부했고 그 아이가 자기 아이인지 확신할 수 없다고 말했다. 바이런은 셸리도 클레어와 성관계를 했다는 소문을 들은 적이 있었다. 그 자신도 반항아이긴 했지만, 셸리와 두 자매의 관계―아무리 모호하더라도―는 기이하고 어리석다고 여겼다.

셸리는 상황이 절박하다는 것을 깨닫고 클레어와 태어나지 않은 아이에게 연금을 지급하기로 결정했다. 바이런은 셸리의 결정을 아기의 진짜 아버지를 알려주는 추가적인 증거로 간주했다. 여기서 상황이 멈출 수도 있었지만 셸리는 집요했고, 마침내 바이런이 아기를 자기 아이로 인정하도록 설득했다. 역설적이게도 이렇게 인정하고 나자 그 유명한 시인은 클레어에게 더욱 비협조적으로 나왔다. 여러 해에 걸쳐 자신으로 인해 태어난 사생아들에게 전혀 관심을 보이지 않았던 바이런은 셸리가 간섭하자 갑자기 소유권을 주장했다. 그는 자기 자식이 자유분방한 사람들에게 양육되기를 바라지 않는다고 선언했고, 아이를 그의 이복누이이며 연인으로 추정되는 오거스타에게 보내 귀족적인 보살핌을 받도록 하겠다고 알렸다. 클레어는 이 제안에 경악을 금치 못했다(그녀가 실제로 첫아이를 포기해야 했거나 잃어버렸다면 이해할 수 있는 반응이다). 클레어가 너무나 격렬하게 항의했기 때문에 셸리는 클레어가 직접 아기를 키울 수 있도록 바이런을 설득했다. 추가로 더해질 추문으로부터 클레어를(그리고 바이런을) 보호하기 위해 아이의 이모인 척하면서 말이다. 바이런은 자신이 원할 때 언제든 아이를 데려갈 수 있다는 조건으로 이에 동의했다.

셸리와 메리, 윌리엄, 엘리스, 그리고 클레어는 9월 초 메리의 열아홉 번째 생일 직후에 영국으로 돌아왔다. 그들은 비숍스게이트로 돌아갈 수 없었다. 셸리가 할아버지의 재산에서 일정한 금액을 받았는데도 영국을 떠나기 전에 청구서 납부를 소홀히 했기 때문에 그들이 남겨 둔 귀중품을 이미 압수한 채권자들이 또다시 셸리를 찾고 있었다. 런던에서 사는 것도 불가능했다. 클레어가 임신했다는 사실이 이미 명백히 드러났고, 그로 인해 새로운 추문의 한가운데에 놓일 것이기 때문이었다.

그들은 의논 끝에 런던 근교 배스에 집을 구하기로 결정했다. 그 도시의 여름 시기가 끝났기에 뒷공론을 좋아하는 런던 사람들이 없을 것 같았다. 메리는 이 계획이 마음에 들지 않았다. 셸리는 런던에 머물면서 재정 문제로 변호사를 만나야 했기에 메리는 그와 떨어져 지내야 했다. 하지만 메리에게는 선택의 여지가 없었고, 셸리는 클레어의 임신 기간 동안 메리가 여동생과 함께 있어야 한다고 생각했다. 그러나 메리는 사랑하는 남자와의 관계를 방해하려던 의붓여동생을 돌보고 싶지 않았다. 태어나지 않은 아이가 셸리의 아이가 아니라고 확신했지만 세상 사람들이 그의 아이라고 생각하리라는 것도 알고 있었다. 메리는 외로움, 의붓동생과 한 말다툼, 셸리가 자신을 버릴지도 모른다는 걱정, 배스라는 소도시의 단조로운 느낌을 생각하며 앞으로 다가올 몇 달이 두려웠다. 알프스와 호수가 그리웠고, 재단하려는 세상의 시선에서 차단되었다고 느꼈던 공동체 생활이 그리웠다. 그곳에서 메리는 생각할 수 없다고 여겨지는 것, 신의 역할을 하는 인간 존재를 상상하도록 고무되었다. 이제는 바이런도 없고, 안심시켜주는 셸리도 옆에 없고, 그리고 답답한 영국에서 멀리 떨어져 있다는 짜릿한 느낌도 없이 메리는 자기 앞에 우울하게 펼쳐진 길고 긴 잿빛 가을 내내 원고를 수정하고 확대하며 홀로 나아가야 할 것이었다.

16장

프랑스혁명의 한복판에서

메리 울스턴크래프트 1792~1793

메리 울스턴크래프트는 마차가 성문을 지나 프랑스 수도에 들어서서 생마르탱 대로를 달리는 동안 아름다운 광경을 거의 볼 수 없었다. 1792년 12월 중순이었고, 말들은 더러운 거리를 질주하며 보도석 사이에 깊이 파인 곳을 피하려던 불운한 보행자들에게 진흙탕 물을 튀겼다. 런던에서부터 불편하고 긴 여행길에 오른 메리는 감기에 걸렸고, 여러 날을 여행한 끝에 여동생들의 친구인 알린 필리에타제를 만나기를 기대하고 있었다. 알린은 일라이자와 에버리나가 모두 교사로 일했던 퍼트니 학교의 교장 브레겐츠 부인의 딸이었다. 일라이자는 1788년 프랑스혁명이 본격적으로 일어나기 전에 귀국했기 때문에 메리는 파리에 아는 사람이 하나도 없었다. 메리의 여동생들은 이제 모두 교사로 일하고 있었다. 에버리나는 웨일스에서, 일라이자는 아일랜드에서 일했다.[1] 그들은 자신들의 불행한 심정을 자세히 묘사하고 돈을 보내 달라고 메리에게 자주 편지를 보냈다. 언니 외에는 불평할 사람이 없고 자신들의 불행이 메리 탓이라고 했다. 그들의 눈에 메리는 화려한 삶을 누리는 것 같았고 반면에 자신들은 여전히 본질적으로 하인에 불과했다. 메리는 이런 한탄을 참기 어려웠다. 분명 그들은 언니가 자기들을 행복하게 해주기 위해 더 열심히 일해야 하고, 그들에게 새로운 일자리를 찾아주거나 일할 필요가 없도록 충분한 돈을 보내야 한다고 생각했다. 메리는 그들의 직업이 굴욕적이고 불쾌하다는 것에 공감했지만 그들에게 일자리를 찾아주려고 이미 상당한 시간을 썼고 줄 수 있는 것 이상으로 많은 돈을 이미 그들에게 보냈다. 이제 프랑스에 왔으므로 메리는 자신만의 계획을 이루고 싶었다.

메리가 마레 지구의 깊숙한 골목길인 메슬레 거리(현재는 메슬레이 거리) 22번지에 도착했을 때 알린과 그녀의 남편은 갑자기 호출을 받고 나가서 집에 없었다. 메리는 일상 대화체를 쓰는 하인들에게 맡겨졌는데, 메리가 공부한 학문적인 프랑스어와 전혀 달라서 아무리 애써도 그들은 메리의 말을 전혀 이해하지 못했다. 메리는 에버리나에게 다음과 같이 썼다. "내가 말 한마디 제대로 못하고 얼마나 어색하게 행동했는지 쉽게 상상할 수 있을 거야."[2]

젊은 하녀가 메리를 안내하여 "접문 하나를 지나면 또 열리는 다른 접문"을 지나 하인들의 숙소에서 멀리 떨어진 방에 메리를 혼자 남겨두었다. 알린의 집은 웅장한 6층 저택이었고 연철 발코니와 거리로 난 긴 창문이 있었다. 메리가 마지막으로 이렇게 화려한 집에 살았던 것은 킹스버러 부부 집에서 가정교사로 일할 때였다. 집에서 조금 걸어가면 파리의 명소인 우아한 빨간 벽돌로 된 건물로 둘러싸인 광장인 보주 광장이 나왔다. 근처에 탕플 탑이 있었는데 작은 탑이 있는 중세 요새였던 이곳에 루이 16세와 마리 앙투아네트가 투옥되어 있었다.

다음 일주일간 메리는 감기 때문에 어쩔 수 없이 실내에 머물면서 회복되기를 기다렸다. 하지만 메리는 고립감에 날이 갈수록 힘들어졌다. 집 안의 정적은 숨 막힐 정도였다. 메리는 존슨에게 "멀리서 나는 발자국 소리도 들리지 않아요. … 고양이를 데리고 왔으면 좋았을 걸!"이라고 썼다.[3] 하녀들이 메리를 도와주려 했지만 메리는 자기 의사를 전달할 단어를 찾을 수 없었다. "언어에 너무 집중하고, 내가 듣는 말을 이해하려고 계속해서 애쓰다 보니 언제나 머리가 아픈 채 잠자리에 듭니다. 공적 사건에 대한 공정한 의견을 모으려고 노력하면서 정신이 지치는군요."[4]

마침내 파리를 답사할 수 있게 되었을 때 메리는 눈앞에 보이는 것에 실망했다. 도시는 상처투성이었다. 프랑스 군주의 동상은 끌어내려졌거나 훼손되어 빈 받침대와 대리석 기둥들만 남아 있었다. 노동자들이 무기로 사용할 창을 만들기 위해 창문에서 철제 난간을 뜯어낸 흔적도 보였다. 길모퉁이에는 왕에게 환호하지 못하도록 경고하는 팻말이 세워져 있었다. 혁명적인 노동자들인 상퀼로트(sans-culotte)는 그들의 표식인 줄무늬 바지를 입고 자유의 표지를 모자에 붙이고는 귀족처럼 보이는 사람 누구에게나 그들의 깃발─'창끝에 매달린 … 낡은 반바지'─을 흔들었다.[5] 메리는 거리에서 영어를 사용하지 말라는 주의를 들었다. 영국 방문객은 변장한 귀족이거나 스파이라고 파리 사람들이 믿기 때문이었다. 상점, 거리, 다리, 마을의 이름도 왕실에 대한 충성심을 근절하기 위해 새로 바뀌었다. 메리는 새롭게 시작하려는 이런 시도를 찬성했지만 새 지명으로 갱신된 지도는 거의 없었다. 한 영국 여행자는 "외국인이 그 왕국의 지리에 대해 무엇이든 알아내기가 매우 어렵다"고 말했다.[6]

메리는 좁은 골목들이 미로처럼 얽힌 18세기 파리의 거리를 헤치고 나아가는 법을 배웠다. 파리의 거리는 건물 복도처럼 좁았다. 메리는 마레 지구의 건축물이 마음에 들었지만, 건물들이 런던보다 더 높고 빽빽하게 들어서 있어서 하늘을 가릴 정도였다. 5미터 높이의 돌담이 도시를 둘러싸고 있었다. 제대로 된 서류가 없으면 파리를 떠날 수도 없었다. 이는 당국이 톨게이트 54개를 마음대로 막기 위한 예방 조치였다. 메리는 파리를 탈출하고 싶었던 것은 아니지만 이 도시는 밀실 공포증을 느끼게 했다. 걷는 것이 불쾌했다.[7] 메리는 더러운 거리를 싫어했다.[8] 런던 사람들처럼 파리 사람들도 창문 밖으로 오물을 내버렸다. 하지만 파리에는 런던과 달리 보도가 없고 공원도 거의 없었다. 마차가 후진하거나 길을 메우고 지나가면 보행자들은 짓밟히지 않으려고 건물에 몸을 바짝 붙이는 수밖에 없었다. 보행자들이 마차에 치여 목숨을 잃는 일도 허다했다. 전체적으로 "부와 빈곤, 우아함과 너절함, 세련미와 속임수의 극명한 대조"에 메리는 충격을 받았다.[9]

파리에서 길 찾기가 어려웠다면 시간과 날짜를 계산하는 것은 훨씬 더 어려웠다. 혁명 지도자들은 자신들이 창조하려는 새로운 사회를 반영하도록 시계와 달력을 변경했다. 메리가 배웠던 요일을 뜻하는 프랑스어(룅디lundi, 마르디mardi, 메르크르디mercredi 등)는 이제 의미가 없어졌다. 이제 일주일은 (이레가 아니라) 열흘이 되었고, 프리미디(primidi)로 시작해서 데카디(décadi)로 끝났다. 일 년은 여전히 열두 달이었지만 각 달은 3주로 바뀌었다. 한 해는 추분 첫날에 시작했고(메리는 프랑스 공화국 제1년의 세 번째 달에 파리에 도착했다) 연말에는 태양력에 비슷해지도록 며칠을 추가했다. 십진법 시간 개념은 더욱 혼란스러웠다. 이제 낮은 열두 시간이 아니라 매우 긴 열 시간 동안 지속되었다. 십진법에 따라 한 시간은 100분, 1분은 100초로 바뀌었는데, 이에 따르면 십진법의 한 시간은 전통적인 시간 단위로 144분이 된다. 심지어 아무도 읽을 수 없는 새로운 십진법 시계도 나왔다. 신문, 소책자, 공문서, 심지어 메리의 여권까지 이 시스템을 따랐다. 주변국으로부터 프랑스의 고립은 심화되었다.

설상가상으로 파리는 실로 온갖 소문의 온상이었다. 아직 어리둥절한 상태인 데다 여전히 프랑스어와 씨름하고 있어서 메리는 소용돌이치는 거짓 보도와 진실을 구분하기 어려웠다. (영국 시간으로) 크리스마스 전 주에 왕이 탈출했고 오스트리아가 파리를 침공할 것이며 급진파가 쿠데타를 계획하고 있다는 이야기로 떠들썩했다. 메리는 정보가 부족한 것에 좌절하여 마차를 타고 헬렌 마리아 윌리엄스를 찾아갔다. 메리는 영국 작가 윌리엄스의 책을 지난봄에 호의적으로 논평한 적이 있었다. 윌리엄스는 그 이후 파리로 이주해서 프랑스혁명에 열렬히 찬사를 보내는 보고서를 발표함으로써 메리 같은 영국 자유주의자들을 매료했다. 헬렌의 집에서 메리는 이해할 수 있는 언어로 소식을 들을 수 있었다. 국왕은 탈출하지 않았다. 그는 크리스마스 다음 날 국민공회에 참석할 예정이었다. 헬렌과 그녀의 친구들은 루이 16세의 운명을 두고 의견이 갈렸다. 단두대? 입헌군주제? 공화정? 메리는 처형에 반대했다. 메리는 귀족제와 군주제의 전통을 혐오했지만, 왕에게 동정심을 느꼈고 날로 증가하는 유혈 사태를 증오했다. 다른 자유주의자들도 동의했다. 토머스 페인은 루이를 참수하는 대신 미국으로 추방해야 한다고 주장했다.

12월 26일이 되었을 때 메리는 양분된 감정을 느낀 채 계단을 올라가 메슬레 거리 22번지의 다락방에서 루이 왕이 국민공회에 참석하려고 거리를 지나가는 모습을 지켜보았다. 아침 9시경에는 "북이 몇 번 울리는 소리"를 들었고 잠시 후 왕이 탄 수레의 바퀴가 굴러가는 소리를 들었다.[10] 붉은색 칼라와 흰색 옷깃이 달린 군청색 상의를 입은 국민방위대가 왕을 구출하려는 시도가 있을 것에 대비해 루이가 탄 수레와 나란히 행진했다. 사방이 조용했다. 메리는 그 행렬을 맞이하는 정적에 충격을 받았다. 메리는 존슨에게 편지를 썼다.

주민들은 창가로 몰려들었지만 창문은 모두 닫혀 있고 목소리 하나 들리지 않았으며 모욕적인 몸짓 같은 것은 전혀 보이지 않았어요. … 이유를 알 수 없지만, 내가 루이 왕의 성격에서 기대했던 것보다 더 품

위 있게 앉아 있는 그의 모습을 보았을 때 여러 생각이 떠올라 나도 모르게 눈에서 눈물이 흘렀어요.[11]

그날 밤 메리는 잠을 이룰 수 없었다. "하루 종일 내 뇌리를 채운 그 생생한 이미지를 떨쳐버릴 수가 없어요." 메리는 존슨에게 솔직히 털어놓았다. "아니, 웃지 말고 나를 동정해주세요. 글을 쓰다가 한두 번 종이에서 눈을 떼고 고개를 들어 올렸을 때 내 의자 맞은편의 유리문을 통해 번득이는 눈과 내게 손짓하는 피 묻은 손을 보았으니까요. … 나는 살아 있는 것을 보고 싶어요. 죽음이 너무나 많은 끔찍한 형태로 내 상상을 사로잡아서 생전 처음으로 잠자리에 들 때 촛불을 끌 수 없었어요."

메리가 언급한 '피 묻은 손'은 그녀가 좋아한 극작품인 셰익스피어의 〈맥베스〉를 암시했다. 메리에게 루이 16세의 몰락은 이제 스코틀랜드 왕의 운명처럼 불가피하게 보였다. 메리는 자신이 방금 본 것에 항의해야 할지 확신하지 못한 채 앞으로 일어날 일에 연루되었다고 느꼈다. 맥베스처럼 메리와 프랑스 국민도 곧 국왕 살해라는 죄를 짓고 왕의 죽음에 시달리게 될지도 모른다는 생각이 들었다. 메리가 확신한 것은 왕이 평범한 시민처럼 재판을 받는 특별한 사건을 방금 목격했다는 사실뿐이었다. 세상은 결코 예전과 같지 않을 테고 같을 수도 없었다. 엄숙한 생각이었지만 또한 고무적인 생각이기도 했다. 새로 기운을 얻은 메리는 혁명의 목격담에 사용할 계획으로 메모를 작성했다.

메리는 재판 과정에 직접 참석할 수 없었으므로 재판을 다룬 신문의 상세한 보도에 의존했다. 국민공회 의장인 베르트랑 바레르(Bertrand Barère, 1755~1841)는 오전 내내 749명의 대표들에게 자기 주장을 설파했다. "유럽이 여러분을 지켜보고 있습니다. 역사는 여러

분의 생각과 행동을 기록합니다. 매수할 수 없는 후손은 여러분을 확고하고 엄격하게 심판할 것입니다. … 여러분의 존귀한 의석은 프랑스 국가의 주권에 책임을 져야 합니다. 프랑스는 여러분의 기관을 통해 각국의 왕들에게 위대한 교훈을 제공하고 각국을 해방시키는 데 유용한 모범을 보일 준비가 되어 있습니다."[12]

메리는 이 말에 공감했다. 메리도 '매수할 수 없는 후손'이 자신의 행동을 심판할 거라고 느낄 수 있었다. 몇 주간의 토론 끝에 국민공회가 투표로 사형을 결정하자 메리는 자신이 목격한 것을 모두 기록하기로 마음을 단단히 먹었다. 메리는 혁명 정부의 폭정에 환멸을 느끼면서 "파리에서 자유의 대의를 더럽힌 피를 생각하면 슬픔을—극심한 슬픔을—금할 수 없다"고 썼다.[13] 그해 초에 단두대가 혁명 광장, 오늘날 루브르 박물관 근처에 있는 콩코드 광장에 설치되었다. 메리는 이미 단두대를 보러 갔었다. 이 처형 장치는 보기에 끔찍했지만 구식 화형이나 구체제의 교수형보다 인도적인 방법으로 여겨진다는 것을 메리는 알고 있었다. 단두대 발명자들은 그 장치의 효율성을 자랑했고, 혁명의 평등주의 철학의 상징으로 널리 칭송받았다. 과거에 평민들은 수레바퀴형(刑)으로 긴 시간 고통스러운 죽음을 견뎌야 했던 반면에 귀족들은 비교적 자비로운 날카로운 칼날로 죽음을 맞았기 때문이었다. 이제는 왕을 포함해서 모든 사람이 똑같이 죽을 것이다. 하지만 그것이 민주적이더라도 메리는 단두대의 위용에 혼란스러웠다. 혁명 정부 당국은 마리 앙투아네트가 오후에 피아노 레슨을 받고 차를 마시던 크리용 호텔 앞에 단두대를 설치했고 국민공회가 왕실에 승리를 거두었다고 주장했다. 메리는 이 사건의 상징성을 놓치지 않고 새 정부가 이전 정부만큼이나 권력에 대한 욕망이 강하다고 지적했다. 두 정권의 유일한 차이점은 이름만 바뀐 것으로 보이기 시작했다.

사형 집행 당일인 1793년 1월 21일에 파리는 섬뜩할 정도로 조용했다. 시민들은 창문을 닫으라는 명령을 받았고 명령을 어기면 죽음을 맞을 거라는 위협을 받았다. 하늘은 흐렸고 국민방위대 대원들은 왕을 위한 어떤 시위라도 진압할 태세를 갖추고 거리를 행진했다. 메리는 메슬레 거리 22번지의 높은 셔터 문과 철제 창문 사이에 갇혀 있었다. 다행히도 알린이 파리로 돌아왔기에, 긴장이 고조되는 도시에서 메리는 혼자가 아니었다. 길거리는 위험했고, 특히 영국인 여성에게 위험했다. 왕이 처형된 후 무슨 일이 일어날지, 민중이 봉기해 정권을 장악할지, 내전이 일어날지 아무도 예측할 수 없었다. 파리 외곽에서는 왕당파가 폭력 시위를 벌였다.

오전 10시에 서른아홉 살의 시민 루이 카페가 단두대의 계단을 올라갔다. 혁명가들은 폐위된 왕을 시민이라고 불렀다. 메리는 실내에 갇혀 있었기에 이어진 사건을 목격할 수 없었다. 그렇지만 사람들의 말을 전해 들었을 때 감동으로 다시 한번 눈물을 흘렸다. 루이는 우유부단하게 통치했던 시절보다 삶의 마지막 순간에 더 강력한 힘을 드러내며 자신의 결백을 선언했고, 공식적으로 자기 백성을 용서했고, 살육을 멈추라고 촉구했다. 모두가 칼날이 떨어지기를 기다리는 동안 정중한 침묵이 흘렀다. 하지만 사형 집행인이 루이의 머리를 집어 올리자 사람들은 단두대로 달려가 그의 피에 손을 담그며 "공화국 만세!"를 외쳤다. 새로운 삶이 시작되고 새로운 시대가 시작되었다고 신문들은 떠들었다. 왕이 없으면 모두 부자가 되고 자유로워질 것이다. 하지만 메리는 동의하지 않았다. 메리는 루이의 죽음이 재앙을 향한 혁명의 전환점을 상징한다고 믿었다.

메리의 평가는 대부분의 영국과 유럽 지도자들의 평가와 같았다. 격분하고 슬픔에 잠긴 영국 국왕 조지 3세는 오스트리아군과 프로이센군에 합류했다. 오스트리아와 프로이센은 이미 나폴레옹 보나파르트라는 야심 있는 젊은 장군이 이끄는 혁명군과 싸우고 있었다. 프랑스에서도 축하의 분위기는 곧 가라앉았고 메리의 셰익스피어적인 예감은 현실이 되었다. 루이의 죽음은 미래 세대를 괴롭힐 것이다. 20세기 작가 알베르 카뮈에게 국왕의 처형은 의미의 종말, 신이 역사에서 사라지는 것을 의미했다.[14] 또 다른 20세기 철학자 장프랑수아 리오타르는 현대 프랑스는 살인으로 탄생했고 따라서 타락할 운명이라고 주장했다.

그해 봄에 프랑스에 거주하던 영국인들은 암울한 프랑스의 분위기를 감지하고 영국 해안으로 달아났다. 메리도 파리를 떠나고 싶은 유혹을 느꼈다. 집으로 돌아갈 수 없는 때가 올 수도 있었다. 하지만 메리는 그런 충동에 저항했고, 역사를 위해 용감하게 밀고 나가기로 결정했다. 2월과 3월에는 프랑스어를 연습하고 파리에 대한 인상을 전보다 더 많이 기록했다. 유명한 작가였던 메리는 중요한 살롱과 정치 모임에 초대되었다. 어느 신사는 메리가 모든 말에 "네, 네"라고 대답하는 습관이 있지만 실제 대화에서 메리의 "훌륭한 프랑스어 구절은 … 아무도 모르는 곳으로 날아간다"고 놀렸다.[15] 메리는 이 일화를 기록했지만 프랑스어를 서서히 전보다 유창하게 말하게 되었다. 이 새로운 세상에서 사람들은 메리를 좋아했고 메리도 그들을 좋아했다. 여성과 여성의 생각을 가치 있게 여기는 사회에서 사는 것은 유쾌했다. 런던에서 메리는 희귀한 존재였고, 존슨의 저녁 파티에서도 종종 모임에 참여한 유일한 여성이었다. 파리의 사회적 분위기는 완전히 달랐다. 프랑스혁명은 여성들의 삶에 긍정적인 역할을 했고, 여성에게 상당한 법적 특권을 부여했다. 1792년 8월에 이혼이 합법화되었고, 1791년 4월에는 정부가 딸이 재산을 상속받을 수 있다고 선언했다. 니콜라 드 콩도르세(Nicolas de Condorcet, 1743~1794) 후작은 여성 투표권에 찬성했다. 메리가 알게 된 그는 국민공회에서 영향력 있는 대변인이었다. 콩도르세 후작은 다음과 같이 선언했다. "여성은 남성과 완전히 동일한 권리를 가져야 한다. 인류의 각 구성원은 전혀 권리를 갖지 않거나 아니면 모두 동일한 권리를 가져야 한다."16)

메리와 헬렌 마리아 윌리엄스의 우정도 그해 봄에 깊어졌다. 헬렌의 《프랑스에서 온 편지》를 읽고 영국의 젊은 시인 윌리엄 워즈워스는 아름답고 이상주의적인 작가에게 관심을 느꼈다. 워즈워스는 윌리엄스를 만나려고 프랑스로 건너가 그녀가 묘사한 기적을 직접 목격했다. 말년에 그는 이때를 영광스러운 순간으로 기억하며 찬탄했다.

그 새벽에 살아 있다는 것은 축복이었다,
하지만 젊다는 것은 바로 천국이었다!17)

또한 워즈워스는 '슬픈 이야기에 눈물을 흘리는 헬렌 마리아 윌리엄스 양을 보고'라는 제목의 소네트에서 헬렌을 감상적으로 묘사했다. "그녀는 울었네, 삶의 보랏빛 물결이 흐르기 시작했고/ 전율하는 핏줄을 통해 나른한 물줄기로/ 눈물이 그렁그렁한 내 눈이 흐려졌지."18)

오래지 않아 메리는 헬렌에게 푸젤리를 향한 속마음을 털어놓을 만큼 편안함을 느꼈고, '헬렌의 소박하고 선량한 마음'에 의지하며 파리의 사회 정치를 탐색했다.19) 헬렌은 옛 왕정 시대의 살롱 안주인들—부유층과 권력층, 지식인, 정치인들을 위한 연회를 열면서 파리의 문화 생활을 주도했던 소수의 특권층 여성—과 마찬가지로 모든 사람의 속사정을 모두 알고 있다는 자부심이 있었다. 누가 누구를 싫어하는지, 누구에게 숨긴 애인이 있는지, 누가 온건파를 지지하는지, 누가 급진파를 지지하는지, 누구를 신뢰할 수 있고 누구를 신뢰할 수 없는지를 알았다. 모든 상황이 매우 빠르게 변화하는 시대에 매우 귀중한 지식이었다. 단 몇 시간 만에 권좌에서 감옥으로 추락할 수 있는 시대였다.

성적 관습도 혁명적 변화를 겪고 있었다. 1793년경에는 수많은 인습이 내팽개쳐져서 이제는 모든 금기가 사라진 것 같았다. 가령 헬렌은 유부남인 영국인 존 허퍼드 스톤과 함께 살았지만, 헬렌이 여는 일요일 저녁 파티에는 방문객들이 여전히 몰려들었다. 영향력 있는 안주인인 마담 드 스탈은 연인의 아이를 임신한 상태였다. 조지프 존슨의 절친한 친구이자, 메리를 필진으로 고용한 잡지 〈분석 논평〉의 공동 창립자인 토머스 크리스티는 파리로 이주했다. 유부남 크리스티는 현재 아내 리베카 사이에서 아이를 얻었고 이에 분개한 정부와 지속적인 갈등에 휘말려 있었다. 세상이 전복되는 것을 지켜본 파리 토박이들은 대부분 결혼 서약을 진지하게 받아들이기 어려웠다. 물론 혁명 이전에도 간통은 상당히 흔한 일이었지만, 일반적으로 불륜 관계를 맺을 때는 신중했다. 이제 낡은 도덕은 타락한 구체제의 증거로 간주되었다. 사람들은 신속하게 연애를 하다가 그만두었고, 자신들의 행위를 새로운 자유의 표현이라고 설명했다. 정치적 자유와 성적 자유는 메리가 항상 바랐던 대로 함께 나아가는 듯이 보였다. 이것이 메리가 《여성의 권리 옹호》에서 그린 미래였다. 민중의 의지가 왕의 폭정을 제압할 수 있다면 불평등한 결혼의 굴레도 끊을 수 있을 것이다. 남성은 여성을 가치 있는 동반자로 보는 법을 배우고 여성은 자신의 도덕적 힘과 철학적 능력을 찾을 것이다. 결국 사람들은 자유롭게 자기 마음을 따르게 될 것이다.

메리가 수용한 혁명적 도덕과 《여성의 권리 옹호》에서 분석한 결혼은 잘 들어맞았다.[20] 메리는 남성과 여성의 관계를 비판했을 때 섹스에 반대하거나 사랑을 비판하려는 의도가 있는 것은 아니었다. 오히려 남편과 아버지, 오빠, 남동생에게 유리하도록 힘의 균형이 기울어졌고 남성이 여성을 희생시킬 수 있는 법적 제재와 경제력을 갖춘 사회에서 여성이 처한 위험성을 폭로하고자 했다. 메리는 동반자들이 평등한 경우에만 진정한 사랑이 가능하다고 믿었다. 그래서 혁명은 일반적인 남녀 관계뿐 아니라 자신에게도 새로운 희망을 주었다. 아마도 이처럼 새로운 세상에서는 남성과 의미 있는 관계를 맺을 수 있을 것이다. 어쩌면 자신이 푸젤리와 맺으려 했던 '정신적인' 결합에 더는 만족할 필요가 없을 것이다.

확실히 런던보다 파리의 남자들이 메리를 훨씬 매력적으로 여기는 것 같았다. 그들은 메리에게 몰려들어 비위를 맞추고 연극 행사나 파티, 그들 숙소에서 여는 사적인 저찬 모임에 메리를 초대했다. 메리의 구애자인 구스타프 폰 슐라브렌도르프 백작은 슐레지엔 출신의 부유한 귀족이었다. 백작은 메리의 "매혹적인 우아함"을 기억했다.[21] "표정이 풍부한 메리의 얼굴은 단순히 균형 잡힌 이목구비의 아름다움을 뛰어넘는 아름다움을 드러냈다. 그녀의 표정, 목소리, 동작은 매혹적이었다." 그는 메리를 그야말로 "내가 지금껏 만나보지 못한 고상하고 순수하고 지적인 여성"이라고 불렀다. 이러한 찬사는 푸젤리를 향한 생각을 내려놓는 데 도움이 되었지만, 메리가 영국으로부터 얼마나 멀리 떨어져 있는지를 보여주기도 했다. 메리의 파격적인 매너와 태도에 대부분의 영국 남성들은 겁을 먹었다. 메리가 파리에서 가장 급진적인 여성은 아니었지만 여기서는 바로 메리의 기발함 때문에 남성과 여성 모두가 그녀에게 매료되었다.

예를 들어 악명 높은 올램프 드 구주(Olympe de Gouges, 1748~1793)는 바로 얼마 전에 《여성과 여성 시민의 권리 선언》을 발표했는데 메리의 《여성의 권리 옹호》보다 훨씬 도발적인 주장을 펼쳤다. "여성은 자유롭게 태어나고, 남성과 동등한 권리를 누리며 살아간다."[22]

혁명의 추진력 덕분에 서른일곱 살의 구주는 메리가 불과 이삼 년 전만 해도 불가능하다고 생각했던 남녀평등을 꿈꿀 수 있었다. 구주는 "어머니와 딸, 자매"들이 자기들만의 의회를 만들자고 촉구했고, 소녀들의 교육과 여성의 이혼 권리, 미혼모를 위한 주택을 조성해야 한다고 주장했다.[23] 또한 "법적인 성평등, 여성의 모든 직업 진출, 국가가 제공하는 대안을 통한 지참금 억제 제도"를 포함한 개혁을 제안했다.[24] 열일곱 살에 사랑하지 않는 남자와 강제로 결혼해야 했던 구주는 "여성의 천부적 권리 행사를 제한하는 단 한 가지 요인은 남성의 영원한 폭압"이라고 선언했다. 또한 진지한 어조로 "여성이 단두대에 올라갈 권리가 있다면 연사의 연단에 올라갈 권리도 공평하게 누려야 한다"고 덧붙였다.[25]

메리는 구주를 만난 적이 없었지만 그녀의 개혁 요구는 잘 알고 있었다. 1793년 봄에 적어도 파리에서는 구주의 급진적인 제안 중 많은 것이 곧 채택될 듯이 보였다. 온건파 지도자인 콩도르세 후작은 국민공회가 여성 교육 계획을 수립하는 데 도움을 주도록 메리를 영입하기도 했다.[26]

서른 살의 테루아뉴 드 메리쿠르(Theroigne de Mericourt, 1762~1817)는 구주보다 훨씬 악명 높은 여성이었다. 메리는 푀부르 생드니 63번지에 토머스 페인이 투숙하고 있었던 우아한 호텔에서 그와 저녁 식사를 하던 중에 메리쿠르를 만났다.[27] 과장된 몸짓을 하고 충동적이었던 메리쿠르는 벨트에는 결투용 권총을 차고 허리에는 칼을 차고 당당하게 들어왔다. 기이한 행동으로 유명한 메리쿠르는 여성의 권리에 대해 논의하기보다는 직접 행동하기를 원했다. 칼로 행동할 수 있으면 그쪽을 선호했다. 혁명 전에 창녀이자 오페라 가수였던 메리쿠르는 요부가 입는 장식적인 의상인 가슴이 깊이 파이고 주름 장식이 달린 드레스와 레이스를 붙인 보닛을 버렸다. 그 대신 수수한 흰색 승마복을 입고 챙이 둥근 모자를 썼는데, 바지를 입지 않으면서도 최대한 남자처럼 옷을 입은 것이었다. 메리쿠르는 목욕을 거부했다. 개인위생을 위한 행위는 생존을 위해 남자의 환심을 사야 했던 시절을 떠올렸다. 메리쿠르는 매일 국민공회의 회의에 참석해서 열심히 "남성의 역할을 하고 싶다"고 말했다. "오만한 남성이 편견을 품고 내 억압된 성을 노예처럼 억누르는 데 항상 극심한 모욕감을 느꼈기 때문"이라고 덧붙였다.[28] 메리나 구주보다 극단적이었던 메리쿠르는 국왕의 처형에 기뻐하며 모든 남성의 폭정에 맞서 여성들이 저항하기를 촉구했다. 메리쿠르는 "우리가 스스로를 최고로 높은 운명으로 끌어올리고" "우리의 사슬을 끊어버리자"고 선언했다.[29]

4월에 메리는 크리스티 부부의 집에서 열린 파티에 참석했다. 메리는 〈어낼리티컬 리뷰〉에서 자신이 해 온 일을 지지해준 토머스 크리스티에게 고마웠고, 존슨이 그를 높이 평가한다는 것을 알고 있었다. 메리는 크리스티의 간통을 비난하지 않았지만 그의 아내 리베카에게 안쓰러운 느낌이 들었고 그녀와 가까운 친구가 되었다. 온유하고 공감 능력이 높고 남의 말을 잘 들어주는 리베카는 메리의 총명하고 따뜻한 성품을 소중하게 여겼다. 이 특별한 날 저녁에 메리는 누구나 항상 언급하는 자신의 반짝이는 통찰과 재치를 발휘하며 곧 무리의 중심에서 웃고, 끼어들고, 혁명의 미래에 대해 열렬히 주장했다. 그동안에 길버트 임레이라는 잘생긴 미국 청년이 방 건너편에서 자신을 주시하고 있다는 사실을 전혀 알지 못했다.

핀을 꽂은 머리에서 흘러내린 밤색 머리칼과 넘치는 에너지, 풍만한 몸매를 지닌 메리는 임레이의 눈에 대단히 매력적으로 보였다. 그는 메리가 자신을 주목하게 만들어야겠다고 생각했다. 메리는 그가 지금까지 만난 어떤 여성과도 달랐다. 이것은 대단한 사실이었는데, 임레이가 많은 여성을 알았기 때문이었다.[30] 임레이는 가끔 자신이 너무 많은 여성을 알았다고 생각했다. 여자들은 그를 숨 막히게 하고 질식시키기를 즐기는 것 같았다. 하지만 이 독립적인 여성은 그가 자신의 자유를 소중히 여기는 것만큼 그녀 자신의 자유를 소중히 여기는 것 같았다. 이런 생각은 메리와 관계를 맺더라도 두 사람의 관계가 죄책감으로 줄어들지 않는 순수한 즐거움이 될 수 있다는 것을 의미했다. 하지만 임레이는 당분간은 아름답고 총명하며 생기 넘치는 메리의 활동을 지켜보는 것으로 만족했다.

17장

《프랑켄슈타인》의 탄생

메리 셸리 1816~1817

셸리는 배스 중심가 근처의 애비 처치야드 5번지에서 메리, 클레어와 함께 살 집을 구했다. 앞 창문에서 메리는 보닛을 쓴 여성들이 거리를 오가며 가게에 가고 이웃을 방문하는 것을 볼 수 있었다. 일부러 그녀의 집을 무시하면서 말이다. 클레어는 너무 상심한 상태라서 이웃에 신경 쓰지 않았다. 그녀는 책상에 앉아 바이런에게 계속해서 편지를 쓰며 돌아와 달라고 애원했다. "내 생명이 다하는 날까지 당신을 사랑할 거예요. 당신 외에 누구도 사랑하지 않겠어요."[1]

비가 자주 내리는 가을이었다. 하지만 흐린 날씨에도 개의치 않고 셸리와 메리는 보슬비를 맞으며 긴 산책을 했다.[2] 그들은 셸리가 바이런에게 보낸 편지에 기록해 영원히 남길 아늑한 오후도 즐겼다. "메리는 난롯가에서 책을 읽고, 우리 고양이와 새끼 고양이는 소파 밑에서 잠자고, 어린 윌리는 막 잠들었습니다."[3] 하지만 셸리가 런던에서 아버지와 유산 문제로 싸우느라 집에 없을 때 메리는 슬픔을 느꼈다. 그녀는 기분 전환을 위해 배스의 '문학 철학 협회'에서 강연을 들었고, 그림 수업을 받고, 그리스어 동사를 공부하고, 《프랑켄슈타인》 마무리 작업을 했다.

메리는 새 인물 로버트 월턴을 추가해서 이야기를 더 확대하기로 결정했다. 탐험가로서 북극을 찾으려는 월턴은 프랑켄슈타인 박사와 친분을 맺고, 누이 마거릿 월턴 새빌에게 편지를 보내 프랑켄슈타인 이야기를 들려준다. 마거릿은 독자들에게 젊은 과학자의 이야기를 달리 해석하여 제공한다. 프랑켄슈타인처럼 월턴도 자신의 천재성을 증명하려고 집착하지만, 프랑켄슈타인은 젊은 탐험가에게 충고한다. "평온함 속에서 행복을 추구하고, 야망을 피하시오. 과학과 발견에서 공로를 세우려는, 겉으로 보기에는 순수한 야망일 뿐이더라도 피하시오."[4] 월턴의 누이도 그에게 야망을 따르지 말라고 경고하고, 마침내 월턴은 그 말에 귀를 기울여 북극을 찾으려는 탐험에서 등을 돌림으로써 그 자신과 대원들의 목숨을 구한다.

월턴의 결정은 프랑켄슈타인과 그 피조물의 파멸적 선택에 대해 희망적인 대안을 제시한다. 월턴은 자신을 탐색을 포기한 실패자로 여기지만, 메리는 그를 선원들을 구하고 누이의 말에 귀를 기울인 영웅으로 묘사한다. 프랑켄슈타인과 달리 월턴은 가까이 있는 사람들을 보호할 수 있다는 것을 증명한다. 월턴이 마음을 돌린 것은 프랑켄슈타인 이야기에서 교훈을 얻었기 때문이기도 하지만, 그의 항해에 대해 처음부터 경고했던 마거릿과의 관계에서 비롯된 일이라고도 할 수 있다. 따라서 마거릿의 관점이 중요한데 흥미롭게도 이야기에서 마거릿은 오로지 오빠의 편지 속에서 간접적으로만 등장한다. 이것은 대개 여성이 남성의 삶에서 한 발짝 뒤로 물러나 사건에는 관여하지 않으면서 실제로 수행했던 역할을 구조적으로 상기시킨다. 그러나 직접 보이지 않아도 마거릿의 충고는 남성 인물들의 억제되지 않은 야망과 대조되는 요소를 만들어내는 데 핵심적이다.[5] 그리고 월턴이 마거릿에게 보내는 편지는 소설에 벌어지는 중심 사건에 귀중한 논평을 더

해준다. 마거릿을 통해서 메리는 가장 중요한 것은 탐색도 아니고, 지식과 정의에 대한 탐구도 아니며, 우리가 사랑하는 사람들과 맺는 관계라는 점을 암시한다. 메리가 셸리와 결혼한다면 갖게 될 이름의 첫 글자 MWS(Mary Wollstonecraft Shelley)를 마거릿 월턴 새빌(Magaret Walton Saville)에게 붙였다는 사실도 마거릿이란 인물의 중요성을 보여준다.

메리가 구사한 삼중 서사, 즉 러시아 인형 마트료시카처럼 한 이야기를 다른 이야기 속에 끼워 넣는 기법 덕분에 독자는 동일한 사건에 대해 세 가지 다른 해석을 보게 된다. 이 기법은 (새뮤얼 리처드슨이나 메리의 아버지 고드윈 같은) 이전 세대의 교훈적 소설가들에게서 완전히 이탈한 과감한 시도였다. 이 기법을 통해서 메리는 복잡한 서사 구조를 만들 수 있었고, 이 서사는 그녀가 발명의 위험성을 경고하는 단순한 우화를 썼는지보다 훨씬 많은 물음을 독자에게 제기했다. 메리는 창조자나 피조물 중 어느 한 쪽에 이야기의 비중을 두지 않도록 주의하면서 "누가 영웅인가? 누가 악당인가? 누가 옳은가? 누가 그른가?"라는 인습적 질문이 적용될 수 없는, 도덕적 판단 유예의 분위기를 자아냈다. 그 피조물과 월턴은 프랑켄슈타인의 사건 설명을 믿기 어렵게 만들고, 프랑켄슈타인이 결코 인정하지 않는 것을 독자에게 보여준다. 자기 피조물을 사랑하지 않고 교육을 시키지 않았기 때문에 잘못을 저지른 사람은 바로 프랑켄슈타인 자신이다. 괴물은 바로 우리가 만드는 것이라고 메리는 말한다.

메리는 아버지의 애정을 되찾으려는 또 다른 노력으로 《프랑켄슈타인》을 아버지에게 헌정했다. 하지만 이 책은 어머니에 대한 갈망의 표현이기도 했다. 고드윈의 가혹한 처사 때문에 그 갈망은 더욱 강렬해졌다. 메리는 어머니가 살아 있었다면 고드윈이 딸을 버렸듯이, 프랑켄슈타인이 자기 피조물을 버렸듯이, 자신과의 관계를 끊지 않았을 거라고 확신했다. 이제 메리도 엄마가 되고 보니 아이와 관계를 끊는 것은 상상할 수도 없었다.

하지만 아버지들은 단 한 번도 뒤돌아보지 않고 자식을 배척할 수 있는 것 같았다. 적어도 1816년 가을에 고드윈이 매일매일 냉혹한 침묵으로 일관했을 때 메리에게는 그렇게 보였다. 메리는 프랑켄슈타인이 아들을 배척한 결과를 자세히 묘사하면서 자신의 슬픔과 분노를 소설에 쏟아부었다. 메리와 마찬가지로 괴물에게도 아버지밖에 없는데, 아버지가 실망을 안기자 괴물은 살인적인 복수에 나선다. 어머니가 없는 세상에서는 대혼란이 지배하고 악이 승리한다고 메리는 암시한다.

메리에게는 책을 쓰고 대중 강연에 참석하는 정도의 위안이 있을 뿐이었다. 메리는 계속 셸리를 그리워했다. 클레어의 상황은 모든 미혼모가 부딪치는 취약한 처지를 끔찍하게 상기시켜 주었다. 메리는 늘 셸리가 자신을 버리고 돌아오지 않을까 봐 걱정했다. 그녀가 스키너 거리와 접촉할 수 있는 통로는 패니밖에 없었다. 패니는 특별히 쾌활한 편지를 보낸 적도 없었지만 점점 더 우울한 편지를 보냈다. 9월 26일에 패니는 아일랜드의 이모들에게 가고 싶다는 자신의 청을 에버리나와 일라이자가 거절했다고 편지로 알려주었다. 그 고지식한 숙녀들은 패니와 메리와 셸리의 관계가 알려지면 자신들의 평판이 깎일 거라고 생각했다. 일주일 후에 패니는 다시 메리에게 편지를 보내 고드윈의 분노에 찬 메시지를 전달했다.[6] 셸리가 그녀의 아버지를 금전적으로 도와주도록 메리가 셸리를 압박해야 한다는 것이었다. 고드윈이 돈을 벌기 위해 계속 허드렛일을 해야 한다면 어떻게 책을 쓸 수 있겠는가?

안타깝게도 패니의 편지에 대한 메리의 답장은 사라졌다. 하지만 언니와 아버지의 요청에 격분했다는 사실은 메리의 일기에서 분명하게 알 수 있다. 10월 4일에 그녀는 "F.로부터 성가신 편지"를 받았다고 적었다.[7] 하지만 가엾은 패니는 어디에도 속하지 못하고 아무도 원하지 않는 존재로 살아왔다. 각 가정은 패니가 상대 가정과 교류한다고 그녀를 책망했고, 각자 패니를 무기이자 중개자로 사용했다. 고드윈 부부는, 특히 '엄마'는 패니를 통해서 메리의 마음을 상하게 하는 메시지를 전했고, 메리는 같은 방법으로 반박했다. 마지막으로 절박하게 호소했을 때 패니는 편을 바꾸려고 시도했던 것 같다. 셸리가 런던을 여행하던 중에 패니를 만났는데, 패니가 배스에 가서 함께 살아도 되는지 물어보았던 것 같다. 그런데 만일 이 일화가 사실이었다면, 셸리는 거절했다. 그는 고드윈 부부가 클레어의 임신 사실을 알게 되는 것을 원치 않았고, 메리나 클레어는 패니가 비밀을 지킬 거라고 믿지 않았다. 몇 달 후 셸리는 가슴 아픈 후회의 시를 썼다.

우리가 헤어질 때 그녀의 목소리가 몹시 떨렸지,
그러나 나는 상심한 가슴을 알지 못했네,
그 심장에서 나온 말, 그때 나온 말에
유의하지 않고 나는 떠났지.[8]

10월 8일에 패니는 일요일에 입는 제일 좋은 옷을 입고 스키너 거리의 집을 빠져나와 런던을 벗어났다. 그리고 브리스틀에서 두 통의 작별 편지를 보냈다. 메리에게 보낸 '매우 경악스러운' 편지는 이후에 분실되었거나 훼손되었다.[9] 고드윈에게 보낸 편지에서 그녀는 "바라건대 제가 절대 움직이지 않을 곳으로 즉시 떠나고 싶다"고 말했다.[10] 고드윈은 최악의 상황을 염려하면서 패니를 찾으러 브리스틀에 갔다가 배스로 갔다.[11] 셸리도 즉시 출발했다. 하지만 패니는 지나간 길을 숨겼고, 두 남자가 찾으러 나섰을 때는 이미 떠나고 없었다.

그러나 셸리는 포기하지 않았다. 그는 브리스틀로 달려갔고, 거기서 패니가 웨일스의 해안 휴양지인 스완지로 떠났다는 사실을 알았다. 10월 11일 그곳에 도착했을 때 그는 '최악의 상황'이 벌어졌다는 사실을 알게 되었다. 지역신문 〈캄브리안〉에 맥워스 암스에서 한 젊은 여성의 시신이 발견되었다는 기사가 실렸다.[12] 그녀는 MW라고 수놓은 코르셋을 입고 있었다. 어머니 이름의 첫 글자였다.[13]

여관에 있던 사람들과 이야기하고 나서 셸리는 무슨 일이 일어났는지 종합해보았다. 패니는 객실 하녀에게 방해하지 말라고 이야기하고 방문을 잠갔다. 방 안에서 간단한 유서를 쓰고 아편팅크제를 과다 복용한 후 침대에 누워 죽음을 기다렸다. 패니는 "불운하게 태어나고, 자신의 안녕을 위해 애쓰느라 건강을 해친 이들에게 살아오면서 계속 고통만 준 존재"의 삶을 끝내려는 것이 자신의 의도라고 말했다.[14] 패니가 사용한 '불운한'이라는 단어는 그 어머니의 슬픈 메아리였다. 울스턴크래프트 역시 절망에 빠졌을 때 쓴 메모에서 패니를 '불운한' 아이라고 언급했었다.[15]

정체를 감추려고 셸리는 유서에서 패니의 서명을 지웠다. 비참함의 표현으로, 고드윈은 메리가 집에서 달아난 후 처음으로 메리에게 메시지를 보냈다. "스완지에 가지 말고, 죽은 자의 침묵을 방해하지 마라. 그 애가 그토록 원했던 은둔을 파괴하려는 일을 하지 마라."[16] 셸리나 고드윈이나 그들의 목적은 패니를 사회적 비난에서 보호하려는 것이었다. 1816년에 자살은 범죄로 간주되었다. 아무도 패니가 자살자들이 일반적으로 매장되는 십자로*에 묻히기를 원하지 않았고, 아무도 추문에 가족이 더 연루되는 것을 원치 않았다. 사람들이 물으면 고드윈 가족은 패니가 이모들을 만나러 가다가 심한 감기에 걸려 죽

* 영국에서는 자살자와 범죄자를 십자로에 묻는 전통이 있었다.

었다고 말했다.[17]

만일 패니가 자기 가족을 벌주고 싶었다면 성공했다. 하지만 고드원과 메리제인은 자기들의 잘못에 대한 책임을 받아들이지 않았고 패니가 셸리에 대한 가망 없는 사랑 때문에 죽었다고 주장했다. 셸리와 메리는 메리제인이 자기 딸만 신경 쓰고 패니를 무시했다고 비난했다. 오직 클레어만 죄책감을 느끼지 않았고 특별히 상심하지도 않았다. 클레어는 패니와 친하지 않았다. 패니가 삶을 끝내고 싶다면 그것은 그녀의 문제였다. 클레어는 울스턴크래프트가 많은 계몽주의자들과 마찬가지로 자살을 명예로운 선택이라고 믿었음을 알고 있었다. 따라서 패니의 행동은 정당하다고 클레어는 생각했다. 그녀를 짐으로 여기는 사람들에게 빌붙어 사는 데 지쳤다면, 자살이 어떻다는 말인가?

하지만 메리는 클레어처럼 태평할 수 없었다. 후회로 괴로워했다. 언니에게 손을 내밀었더라면, 언니를 두고 떠나지만 않았더라면, 언니에게 좀 더 관심을 기울이기만 했더라면. 패니의 수동적인 태도에 짜증을 내지 말았어야 했고, 고드원의 집안에서 원치 않는 딸로서 패니의 처지에 더 공감했어야 했다. 메리 자신도 취약한 면이 있었고, 그것을 알고 있었다. 자매의 어머니는 우울증과 싸웠다. 고드원은 이 유산의 존재를 인정하고 패니와 메리에게 암울한 기분을 경계하고 수심에 잠기는 기질을 근절해야 한다고 가르쳤다. 패니는 싸움에서 졌고, 메리는 계속 싸웠다.

12월에도 메리는 여전히 충격에서 벗어나지 못했다. 그녀는 셸리에게 편지를 보내 "몹시 불안하고" 패니에게 "적합한 정신병원"을 제공하지 못해 죄책감을 느낀다고 적었다.[18] 하지만 그녀는 《프랑켄슈타인》 작업을 계속했다. 셸리가 배스에 있을 때면 메리는 그가 밤에 읽을 수 있도록 원고를 주었다. 셸리는 여백에 의견을 써넣고, 메리의 문법을 수정하고, 그녀의 허락을 받아 일부 구절을 격식을 갖춘 문장으로 만들었다.[19] 메리의 원본에서 월턴은 프랑켄슈타인의 이야기가 "기묘하게 흥미롭다"고 말했지만, 셸리의 제안에 따라 월턴의 말을 "거의 진실처럼 인상적이고 흥미롭다"로 바꿨다.[20] 그들은 또한 원래의 첫 문장을 손보아서, "나는 내 남자가 완성된 것을 보았다"를 수정하여 "나는 내 노고의 성취를 보았다"로 바꿨다. 메리는 셸리가 몇몇 주요한 장에 철학적·정치적 언급을 삽입하도록 허용했다. 셸리는 8장(1권)에서 스위스의 민주주의 전통이 프랑스와 영국 정부보다 우월한 이유를 설명하는 짧은 문단을 삽입했고, 또한 4장(1권)에서 아그리파와 파라셀수스가 현대 과학에 끼친 영향에 관한 한 단락을 썼다.

셸리가 《프랑켄슈타인》 편집에 적극적으로 관여했기 때문에 이후에 메리는 이 작품의 진짜 저자가 아니라는 비난을 받기도 했다. 그러나 두 사람이 함께 작업한 최종 원고를 연구한 학자들은 메리가 쓴 7만 2천 단어의 소설에서 셸리가 기여한 부분은 기껏해야 4천 개 정도의 단어라고 추정했다. 이 기여는 그가 이 소설을 구성하는 데 상당한 역할을 했음을 입증하지만 동시에 이 소설이 대부분 메리에 의해 씌어졌다는 것도 알려준다.[21] 게다가 15년 후, 셸리가 죽고 오랜 세월이 지난 후에 메리는 대대적으로 책을 개고하고, 오늘날 대부분의 학생들이 읽는 판본을 만들었다.

하지만 안타깝게도 모든 반대 증거에도 불구하고, 《프랑켄슈타인》이 본질적으로 셸리의 작품이라고 주장하는 사람들이 여전히 존재한다. T. S. 엘리엇의 장시 〈황무지〉와 피츠제럴드의 소설 《위대한 개츠비》 같은 작품들은 《프랑켄슈타인》보다 훨씬 광범위하게 수정되었지만 위대한 남성 작가들은 이런 공격에 직면한 적이 거의 없다.[22] 셸리의 교정이 메리의 이야기를 언제나 더 낫게 만들지는 않았기 때문에 이런 비난은 특히 모순적이다. 사실 셸리의 제안은 때로 구절을 더 장황하고 이해하기 어렵게 만들었다.[23] 게다가 메리와 셸리는 협업하는 능력을 소중히 여겼다.[24] 우선 그들이 공유한 문학에 대한 열정은 그들이 사랑에 빠진 중요한 이유였다. 실로 프랑켄슈타인이 파멸의 운명을 맞는 것은 그가 다른 사람들, 즉 가족과 친지는 물론 그의 피조물에게서 자기 자신을 차단했기 때문이다.

어쨌든 메리는 아이디어를 풍부하게 갖고 있었으므로 셸리의 아이디어를 훔칠 이유가 없었다. 그 괴물의 고통은 메리의 상황을 반영하는 것이었지, 셸리의 상황이 아니었다. 미혼모와 사생아는 프랑켄슈타인의 피조물처럼 사회에서 혐오의 대상이었다. 울스턴크래프트는 패니를 낳은 순간에 사회에서 추방되었다. 패니는 태어난 순간에 사회에서 버림받았다. 이것은 지극히 부당하며, 맹목적인 편견의 결과라고 메리는 믿었다. 패니에게는 아무 잘못도 없었다. 그녀의 어머니는 잘못한 게 없었다. 울스턴크래프트는 배척되지 않았어야 했다. 그 문제를 놓고 보자면, 메리도 마찬가지였다. 자신의 죄는 셸리를 사랑한 것뿐이었다. 클레어도 이제 사생아를 출산할 것이다. 메리는 클레어와 경쟁 관계에 있었지만 클레어가 바이런을 사랑했기 때문에 저주를 받아야 한다고는 생각하지 않았다. 클레어의 태어나지 않은 아기도 마찬가지였다.

크리스마스 열흘 전에 더 나쁜 소식이 편지와 함께 도착했다. 셸리의 친구이자 서점 주인인 토머스 후컴이 보낸 편지였다.[25] 그해 가을에 셸리의 편지에 일절 반응하지 않고 먼저 접촉을 시도하지도 않으며 침묵을 지키던 버림받은 해리엇이 서펜타인 다리에서 뛰어내렸다는 것이었다. 신문 기사에 따르면, 해리엇은 "만삭에 가까운 상태"였다.[26] 그녀는 세상의 미움을 받고, 거부당하는 고통보다 죽음을 선택한 사람들의 신전에 합류했다. 그런데 해리엇의 경우에 메리는 셸리와 달아남으로써 그녀의 파멸에 가담했다. 메리는 해리엇이 자기 남편을 훔쳐갔다고 자신을 비난했던 것을 알았고, 자신이 해리엇의 고통에 관련되었다는 사실에 눈물을 흘렸다.[27] 셸리가 자신을 버린다면 자기도 해리엇과 언니의 전철을 밟게 될까 봐 두려웠다. 메리는 그해 겨울 셸리에게 편지를 보냈다. "아! 최고로 사랑하는 그대여, 내가 누리거나 자랑하는 기쁨과 완벽함은 모두 당신 덕분이에요. 날 사랑해줘요, 내 사랑, 영원히 …."[28]

이 두 번의 비극적인 죽음은 메리와 셸리의 인생에 전환점이었다. 메리는 우울증과 죄책감에 시달렸고, 해리엇의 죽음은 셸리를 자극해서 광적인 행동에 빠져들게 했다. 아이들의 엄마가 살아 있을 때는 세 살배기 이안테와 두 살배기 찰스에게 거의 관심을 보이지 않던 그가 런던으로 달려가 해리엇의 부모에게 단독 양육권을 요구했다. 비통해하던 웨스트브룩 부부는 경악했다. 딸의 인생을 망친, 눈이 이글이글 타오르는 미치광이가 어떻게 알지도 못하는 아이들에 대해 조금이라도 권리가 있다고 생각할 수 있을까? 하지만 그들처럼 반대하는 사람들과 대립할 경우에 대체로 셸리의 적대감은 더욱 새롭게 고조될 뿐이었다. 그래서 웨스트브룩 부부가 자기 요구를 거절하리라는 것이 분명해지자 셸리는 작전을 개시했다. 그것은 과거에 그가 아일랜드에서 혁명을 조장하려 했을 때나 메리에게 함께 도망치자고 설득했을 때와 같은 방식이었다. 그는 영향력 있는 친구들과 해리엇의 가족에게 계속 편지를 보냈고 다양한 행동 계획을 세웠다. 그중 많은 계획에 납치가 포함되어 있었다.

셸리는 소송을 걸기 위해 자신과 메리가 즉시 결혼해야 한다고 결정했다. 그래서 메리는 윌리엄을 클레어에게 맡기고 런던으로 가서 브레드 거리에 있는 세인트 밀드레드 교회에서 셸리에게 사랑과 존경을 맹세했다. 나중에 셸리는 바이런에게 편지를 보냈다. "우리에게 이 결혼은 단지 편의에 따른 조치일 뿐이고, 이 가짜 승인의 의미나 그와 관련된 모든 편견에 관한 우리의 견해가 예전과 달라진 점이 없다는 것은 굳이 알려드릴 필요가 없겠지요."[29] 셸리는 클레어가 배신감을 느낄까 봐 걱정되어 위로의 편지를 썼고, 그러면서 자신의 복잡한 충성심을 드러냈다. 그는 클레어의 외로움을 위로하고 결혼은 "그들"을 잠잠하게 만들려는 수단일 뿐이라고 장담했지만 "그들"이 고드윈 부부를 의미하는지 아니면 해리엇의 가족을 의미하는지는 불분명하다. "사랑하는 클레어… 당신이 느낄 수밖에 없는 외로움과, 완전히 홀로 남겨져서 일어날 우울한 기분을 표현하지 않아줘서 고마워요, 내 친절한 아가씨."[30]

이 사건에 대한 메리의 무심한 태도는 그녀가 일기에 12월 29일이라고 날짜를 잘못 기록한 점에서도 드러난다. 결혼식은 12월 30일에 열렸다. 물론 이 젊은 낭만주의자 커플에게 이보다 낭만적이지 못한 결혼식은 상상하기 어려울 것이다. 하지만 메리는 인습적인 신부의 꿈을 마음에 품는 것을 어머니를 배신하는 일로 여겼을 것이다. 메리의 경험상 결혼은 양날의 검과 같았다. 결혼은 여성에게 사회적 인증을 찍어주지만, 동시에 여성이 소유한 몇 안 되는 권리를 빼앗아 갔다.

메리는 결혼이라는 관념을 받아들이지 않았지만, 세상에서 좀 더 자유롭게 움직일 수 있기를 바란다면 다음 단계를 밟을 필요가 있다는 것을 이해했다. 또한 결혼을 하면 아버지의 인정을 되찾을 수 있을 거라 생각했다. 실제로 딸의 결혼 소식을 들은 고드윈은 결혼식 이틀 전에 딸을 방문하는 것에 동의하여 찾아왔고, 기대에 차서 결혼식에 참석했다.

셸리가 클레어에게 불평했듯이 "G부인과 G, 두 사람 모두 참석했고, 적지 않은 만족감을 느끼는 것 같았다."[31] 셸리의 언급은 너무나 적절했다. 고드윈은 메리의 결혼을 자랑스러워했고, 딸이 남작의 장

남과 "훌륭한 혼인"을 했다고 친척들에게 자랑했다.[32]

아버지와 딸이 마지막으로 서로를 본 지 이 년 반이 흐르고 예순이 된 고드윈은 흰 머리가 많아지고 자세가 구부정해졌다. 그는 돈 문제와 추문, 건강 문제로 타격을 받았다. 메리도 달라졌다. 딸은 고드윈이 기억하는 1814년 여름의 반항적인 십 대 소녀가 아니었다. 어머니가 되었고, 그가 상상할 수 없는 모험을 했고, 그가 가본 적도 없는 나라들을 다녀왔다. 하지만 고드윈은 딸의 성장에 놀라워하지 않았고, 어린 윌리엄이나 여행에 관해 묻지 않았다. 단 한 번도 자신의 냉혹한 침묵에 대해 사과하지 않았다. 대신에 자신의 재정 상황을 끄집어냈다. 이제 딸이 실제로 셸리와 결혼하게 되었으니 고드윈은 곧 사위가 될 사람에게서 자금 수혈을 요구했다. 지난 이 년 동안에도 셸리에게 돈을 요구하지 않은 적이 없었지만, 이제는 그들이 감당할 수 없는 금액을 원했다. 메리는 아버지의 행태를 못 본 체하려고 애썼지만 그의 위선을 인정하지 않을 수 없었다. 진리와 자유를 부르짖던 철학자, 한때 결혼 제도 자체를 반대했던 남자가, 딸이 결혼을 하게 되니까 이제야 기꺼이 그녀에게 말을 걸고 있었다. 그리고 그가 원하는 것은 돈뿐인 것 같았다.

메리는 이 환멸감을 《프랑켄슈타인》의 마지막 부분에 쏟아부었다. 셸리와 달아났을 때, 심지어 아버지를 포함해서 모든 사람이 그녀와 어울리면 위험하기 짝이 없다는 듯이 굴었다. 모든 사람이 그 괴물의 겉모습을 넘어서 내면의 본성을 보지 못했듯이, 아무도 메리의 진정한 내면을 생각하지 않았다. 메리는 인간의 잔인한 본성에 대해 뼈아픈 교훈을 얻었다. 자신은 그 생명체처럼 살인을 저지르고 날뛰며 복수할 수 없었지만 그런 광란을 상상할 수 있었고, 생생하게 노골적으로 상세히 묘사할 수 있었다. 그녀를 대신해서 그 생물이 복수할 것이다.

결혼 후 셸리는 갑절의 노력을 기울여 자식들을 찾으려 했다. 셸리는 그가 부도덕하고 무신론자라고 비난하는 해리엇의 가족과 동등하게 싸우기 위해 법원 소송 절차 중에 런던에서 봄철을 보냈다. 이 싸움은 쉽지 않았다. 영국 사회의 시각으로 볼 때 셸리는 그런 인물이었다. 메리에 대해서 말하자면, 어떤 여자들은 다른 여자의 아이를 키워야 한다면 질겁했을지 모르지만 평생 어머니 없이 살아온 그녀는 아이들을 거부한다는 생각조차 해본 적이 없었다. 메리는 셸리의 아이들을 "사랑스러운 보물"이라고 불렀다.[33] 그해 1월에 한 살이 되는 윌리엄이 장남의 지위를 잃는 것이 염려스럽다고 인정했지만—이모 클레어는 윌리엄이 "우월한 지위를 잃고 식탁에서 세 번째로 대접받을 것"이라고 놀렸다—그래도 메리는 두 아이를 받아들이기를 간절히 바랐다.

메리는 1월을 배스에서 보냈고, 1월 12일에 클레어의 아기 클라라 앨러그라 바이런이 태어날 때 함께 있었다. 그 후 메리는 클레어를 도와주거나 윌리엄, 아니 이제는 윌마우스라고 부르는 아기를 돌보지 않을 때는 《프랑켄슈타인》을 검토하고 철저하게 문학 독학을 이어 나갔다. 라틴어를 공부하고, 밀턴의 가면극 〈코머스〉, 토비아스 스몰렛의 피카레스크 소설 《로더릭 랜섬의 모험》, 필립 시드니 경의 목가적 소설 《아르카디아》, 로버트 사우디가 번역한 《갈리아의 아마디스》를 읽었다. 또한 남편의 습성을 잘 아는 터라 시간을 내서 런던에서 셸리가 머물고 있는 집의 주인 리 헌트(Leigh Hunt, 1784~1859)의 아내 메리앤 헌트(Marianne Hunt, 1808?~1857)에게 편지를 썼다. 더러운 옷을 세탁부에게 보내는 것 같은 사소한 부탁을 하면서 그런 문제에서 셸리의 무신경한 행동에 대해 사과했다.[34]

셸리와 떨어져 지낸 지 몇 주가 지난 후, 피곤하고 울적한 기분이었던 메리는 또다시 임신했다는 사실을 알게 되었다. 메리는 셸리에게 불안한 편지를 보냈고, 메리 자신을 패니가 맞은 운명에서 (그리고 직접 언급하지는 않았지만 암묵적으로 해리엇의 운명에서) 보호할 사람은 셸리뿐이라고 상기시켰다. 더구나 메리는 이제 의붓여동생과 함께 사는 데 지쳤다. 기껏해야 클레어와 함께 살려고 스키너 거리에서 달아난 것이 아니었다. 메리의 말이 너무 침울하게 들려서 놀란 셸리는 메리에게 런던으로 오라고 말했다. 1월 25일에 메리는 햄스테드에 헌트 부부가 임대한 집으로 와서 셸리와 합류했다.

리 헌트는 작가이자 편집자, 정치 활동가로 매력적인 인물이었고 셸리보다 여덟 살 많았다.[35] 두 사람은 작년 가을에 만났는데, 헌트의 급진적 정치관에 감탄한 셸리는 헌트가 발간한 새 잡지 〈인디케이터 (The Indicator)〉에 게재할 시 몇 편과 자금난에 시달리는 잡지를 살리는 약간의 돈을 그에게 보냈다. 부주의한 헌트는 셸리의 작품을 잃어버렸지만 잃어버리기 전에 그의 시를 읽고 감명을 받았다. 또한 헌트는 여유 자금이 있어 보이는 젊은이의 환심을 사는 데 관심이 있었기에 셸리가 런던에 도착했을 때 따뜻하게 맞아주었다.

부유한 서인도 농장주의 아들이었던 헌트는 전통적인 사회에서 아웃사이더로 여겨진 인물이었다. 그의 피부는 거무스레했고 입술은 두툼했다. 헌트더러 이국적으로 생겼다고 했는데, 그 말은 그가 온전히 영국인으로 보이지 않고 온전히 백인으로 보이지도 않는다는 것을 예의 바르게 표현하는 방식이었다. 자유주의파 신문 〈이그재미너(The Examiner)〉의 창간 편집자였던 헌트는 섭정 왕자*를 공격해서 급진주의자들—가장 유명한 사람으로는 바이런—의 사랑을 받았다. 섭정 왕자는 충격적인 생활 방식과 과도한 지출 때문에 자유주의자들에게

---

* 조지 4세(1762~1830)는 1820년부터 영국과 하노버를 다스린 왕이다. 아버지 조지 3세가 정신질환을 앓자 1811년부터 왕국을 섭정했다. 섭정 시기에 사치스러운 생활을 해 비판을 받았다.

곧잘 쉬운 표적이 되었다. 하지만 헌트의 사설은 너무 과격해서 그는 2년 징역형을 선고받았다. 헌트는 평온한 마음으로 투옥을 견뎌냈다. 꽃무늬가 있는 벽걸이로 감방을 장식하고, 창밖에는 다년생 화초를 심고, 면회 온 친구들과 게임을 하고, 뛰어난 기사로 계속해서 정부를 맹비난했다.

출옥 후 헌트는 기이한 행동으로 명성을 얻었다. 그는 온종일 비단 목욕 가운을 벗지 않았고 외출할 때만 옷을 입었다. 헌트는 외출을 하는 경우가 극히 드물었는데, 이 년간의 수감 생활로 광장 공포증이 생겼기 때문이었다. 친구들은 그의 최근 견해를 듣고 싶으면 그를 만나러 가야 했다. 헌트의 집은 방문하기 쉽지 않았기 때문에 그를 만나려면 상당한 노력이 필요했다. 당시 햄스테드는 시골 마을이었고 헌트의 집은 마을 중심에서 10분 정도 걸어가야 했다.

그러나 힘들게 오지로 걸어간 방문객들은 즉시 보상을 받았다. 헌트는 그들을 바로 자기 서재로 데려가 얼굴을 맞대고 대화를 나누었다. 이 작은 서재는 그에게 우주의 중심이었고, 따라서 문학적 우주의 중심이었다. 혹은, 그는 개혁 운동의 지도자로 인정받았기 때문에 적어도 자유주의 문학 우주의 중심이었다. 이곳에서 헌트는 새로운 작가를 발굴하고 오래된 작가를 내쫓으며 그들의 경력을 쌓거나 망가뜨렸다. 하지만 그의 사무실에는 권력을 과시하는 요소가 전혀 없었다. 오히려 어느 편인가 하면 장식이 묘하게도 여성적이었다. 커다란 책상도 없었다. 어두운 색깔도 없었다. 장엄하게 보이는 나무판자도 둘러 있지 않았다. 대신 벽이 녹색으로 칠해져 있고 녹색 벽에 흰 꽃이 점점이 그려져 있었다. 가구도 벽 색깔에 맞추어 녹색과 흰색이었다. 서재는 너무 작아서 의자 두 개밖에 들어가지 못했다. 헌트와 그의 방문객들은 붙어 앉아야 했다. 이런 친밀감을 좋아하지 않는 방문객도 있었지만 셸리는 좋아했다.

그해 겨울 메리와 셸리는 헌트의 가족들과 함께 지냈다. 헌트는 아직 발굴되지 않은 젊은 시인 존 키츠(John Keats, 1795~1821)의 성공을 도우려고 작정했지만 다른 비평가들은 키츠를 받아들일 준비가 되어 있지 않았다. 당시 〈쿼털리 리뷰(The Quarterly Review)〉는 그의 시를 "이해할 수 없고", "지루하고", "터무니없다"고 평가했다.[36] 어떤 비평가들은 키츠가 헌트의 자유주의적 정치와 관련되어서 그를 싫어했다. 그들은 키츠의 '런던 토박이' 배경을 비웃었고, 약제사의 도제였던 그의 초라한 경력을 조롱했다.[37]

하지만 키츠는 바로 헌트가 발굴하는 대표 시인이 될 인물이었다. 문학적 재능에 관한 한 헌트는 마치 사냥개 블러드하운드처럼 후각이 극단적으로 발달한 사람이었다. 그해 가을에 헌트는 〈젊은 시인들〉이라는 에세이를 썼는데, 이 글에서 셸리와 키츠를 떠오르는 두 스타로 꼽았다. 항상 돈이 부족했던 그는 셸리의 기부를 즐겁게 받았다. 헌트는 때로 자신의 매력을 이용해 사람들을 속여 돈을 빼앗는다는 비난을 받았다. 하지만 셸리를 알게 될수록 헌트는 젊은 시인의 재능에 감탄했고 키츠의 경우와 같이 그의 앞날을 독려하기로 결심했다. 그는 두 시인을 서로에게 소개했다. 셸리는 자기보다 어린 키츠에게 관심을 보였지만 키츠는 귀족 출신인 셸리의 배경을 떨떠름하게 여겼다. 셸리가 출판을 서두르지 않는 편이 좋다고 조언했을 때 키츠는 셸리가 윗사람 행세를 하며 가르치려 든다고 생각했다. 하지만 사실 셸리는 〈매브 여왕〉과 〈알라스토르〉를 출간했을 때 비평가들에게서 받았던 혹독한 대접을 받지 않도록 키츠를 보호하려던 것이었다.

헌트가 돌봐주는 다른 작가들보다 세상 물정에 밝았던 셸리는 사회의 위험한 물살을 헤쳐 나가는 데 헌트의 도움이 필요하지 않았다. 하지만 젊고 가난한 키츠는 조언과 돈이 자주 필요했다. 나이 차이가 있었지만 셸리는 헌트와 대등한 수준을 넘어섰고, 헌트는 셸리를 꿍

장히 재미있는 사람으로 여겼다. 사실 셸리의 별난 유머 감각이 역사에 보존된 것은 헌트의 회고록 덕분이었다. 셸리가 죽은 후 메리가 유머가 없는 성인 같은 남편의 이미지를 널리 알리는 데 기여했음을 생각하면 이것은 뜻밖의 즐거움이다. 헌트의 묘사에 따르면, 셸리는 젊고 짓궂은 장난꾸러기였다. 그는 사람들에게 충격을 주는 것을 좋아했고, 소란을 피워도 될 것 같으면 큰 소리로 문학 작품을 암송하기를 좋아했다. 어느 날 두 사람은 한 노부인과 함께 역마차를 타고 갔다. 헌트에 따르면 셸리는 "동승자인 노부인의 얼굴에서 못마땅해하는 표정을 본 듯하자 … 충동적으로" 셰익스피어의 《리처드 2세》에서 왕이 슬프게 말하는 구절을 갑자기 외쳤다.[38]

맙소사! 땅바닥에 앉아서,
왕들의 죽음에 대한 슬픈 이야기를 하자.

가엾은 노부인은 "깜짝 놀라 완전히 바보처럼 기겁한 표정으로 마치 우리가 마차 바닥에 주저앉으리라고 기대하는 듯이 바닥을 쳐다보았다."

이후로 여러 해 동안 이 우정은 두 사람 모두에게 시금석이 된다. 셸리는 헌트의 의견을 중요하게 생각했다. 헌트의 정치 참여에서 영감을 받았고, 특히 누구도 자신의 새 작품에 관심을 두지 않았을 때 자신을 지지해준 헌트의 신뢰에서 자신감을 얻었다. 헌트에 대해서 말하자면, 그도 시인이었고, 예술에 대한 셸리의 헌신은 한때 자신의 길이라고 상상했던 작가의 삶을 보여주는 듯했다. 헌트는 친구의 시를 대중에게 널리 알리려고 최선을 다해 노력했다. 셸리가 죽은 후 헌트는 셸리의 문학적 유산을 널리 알린 가장 중요한 사람이 되었다.

헌트 부부의 떠들썩한 집은 배스에서 고립된 생활을 해 온 메리에게 상쾌한 변화로 느껴졌다. 헌트의 자녀들은 계단을 요란하게 오르 내렸고, 윌마우스에게 갖가지 표정을 지어보기도 하고, 셸리에게 함 께 놀아 달라고 졸랐다. 셸리는 복도를 따라 아이들을 쫓아다녔고, 아 이들과 함께 시골길을 돌아다녔다. 헌트 부부의 장남인 손턴은 셸리 가 만든 "무서운 괴물"이라는 게임을 회고했다. 손턴을 겁에 질리게 만든 그 놀이는 "셸리가 머리 앞부분을 헝클어뜨려 '뿔을 만들어' 그 런 무기를 흉내 내는 게임이었다."[39] 바람이 세게 불면 셸리는 햄스 테드의 연못에 종이배를 띄웠고, 종종 헌트의 아이들 한두 명이 따라 갔다.

헌트의 서가에는 책과 그의 아내인 화가 메리앤이 만든 그리스와 로마 신들의 모형이 가득했다. 메리는 메리앤과 많은 시간을 보냈다. 함께 긴 산책을 하고, 아이들을 위한 식사와 활동을 계획하고, 일했 다. 메리는 자기 책에 몰두하고, 메리앤은 자기 작품에 몰두했다. 메 리앤은 조각가이자 화가였다. 메리앤이 그린 키츠의 옆모습은 그 시 인의 몇 안 되는 초상화 중 하나이다. 메리앤은 메리와 같은 어려움을 겪고 있었다. 특별한 재능을 지닌 남편과의 복잡한 결혼 생활, 자신의 예술적 경력을 추구하는 데서 오는 어려움, 어머니라는 역할, 빠듯한 재정, 그리고 매우 희한하게도, 매력적이고 미혼인 여동생이 자기 남 편과 사랑에 빠졌다는 문제도 있었다.

메리앤의 여동생 엘리자베스 켄트는 언니보다 다섯 살 어렸다. 엘 리자베스는 헌트와 마찬가지로 작가이고 지식인이었으며, 일생 동안 자연사에 관한 책과 동화책을 썼다.[40] 그녀는 리 헌트가 언니에게 구 애할 때 그를 만났고, 그 이후로 그에게 헌신해 왔다. 정부의 기만에 대한 헌트의 설교를 열심히 들었고, 많은 글에 자신의 의견을 제공했 고, 심지어 출판사와 은행가들과 관련된 그의 여러 계약을 처리하기 도 했다. 반면에 메리앤은 아이들과 자신의 일로 바빴다. 아내가 남편과 감방에 함께 머무는 것이 관례였지만, 헌트가 방 두 개짜리 감방에 갇혀 있었을 때 메리앤은 베스에게 자기를 대신해 달라고 부탁했다. 메리앤은 감방이 너무 습해서 갓 태어난 아들 손턴의 건강에 좋지 않을까 봐 걱정이었다. 베스는 이 기회를 덥석 잡고는 메리앤이 아기와 집에 머무는 동안에 헌트의 식사를 요리하고, 그의 작품을 교정하고, 방문객과 동료들의 접대를 도우면서 대체로 보조 아내처럼 시중을 들었다.

불륜 소문이 주기적으로 문학계와 정치계를 휩쓸었는데, 헌트가 시 〈리미니 이야기〉를 발표했을 때 더욱 고약한 소문이 돌았다. 이 시는 단테의 《신곡》에 나오는 근친상간 연인 파울로와 프란체스카의 이야기를 재구성하고 찬미하는 듯이 보였다. 비평가들은 헌트가 아내의 여동생과 부도덕한 관계를 맺었다는 사실을 확인해주는 작품이라고 말했다. 베스와 헌트가 성적 관계를 맺었을 것 같지는 않지만, 셸리와 클레어의 경우와 마찬가지로 두 사람 사이에 종종 부부 사이보다 더 강한 매력과 친밀감이 있었던 것은 사실이다.

메리는 이런 상황에 아주 익숙했기 때문에 베스와 메리앤이 거의 언제나 싸우는 데 놀라지 않았다. 하지만 어느 날 아침에 메리는 충격에 빠졌다. 모든 사람이 잠든 사이에 베스가 집 뒤쪽에 있는 연못에 몸을 던졌고, 하인들이 제때 발견하지 못했더라면 익사했으리라는 소식을 들었던 것이다. 메리는 베스의 행동으로 빚어진 죄책감과 후회, 분노를 다스리려고 몸부림치는 메리앤을 보며 공감했다.

베스의 자살 시도는 메리에게 경고 신호였다. 메리는 클레어와 수많은 갈등이 있었지만 의붓여동생이 자살하는 것은 원치 않았다. 자기들 두 사람의 관계가 켄트 자매처럼 더욱 격화되는 것은 원하지 않았다. 메리는 베스가 아편에 손을 댔고 메리앤은 이미 알코올 중독에 빠진 상태라는 것을 알고 있었다. 미래에 여동생이나 자신이 그런 상태가 되는 것은 원하지 않았다. 하지만 메리는 덫에 갇힌 느낌이었다. 그들의 삶은 너무 뒤얽혀 있었다. 더구나 이제 클레어는 미혼모이고 메리와 셸리에게 전보다 더 의존했다. 게다가 앨러그라도 문제였다. 아기가 클레어와 함께 있으면 사람들은 클레어가 이모가 아니라 어머니라고 의심할 테고, 그러면 클레어가 앞으로 상류사회에 나갈 기회가 차단될 것이다. 이런 문제에 대해서 클레어는 개의치 않는다고 말했지만 메리는 그렇지 않았다. 메리는 동생이 자신과 셸리로부터 독립하기를 바랐다. 클레어의 장래를 위한 최선의 선택은 유리한 결혼을 하거나 가정교사나 교사로 취직하는 것이었고, 그러기 위해서 필수적이었던 첫 단계가 사회적으로 수용되는 것이었다. 그래서 메리와 셸리, 헌트 부부는 몇 주에 걸쳐 상의한 끝에 한 가지 계획을 세웠다. 헌트 부부가 앨러그라를 몇 달간 자기 가족에게 데려가서 클레어의 딸이 자기들의 아이인 양 행세하는 것이었다. 이미 자녀가 네 명이 있는데 한 명 더 있다고 누가 그 사실을 알아차리겠는가? 그런 다음에 셸리 부부와 클레어가 앨러그라를 다시 '입양'해서 세상이 아기를 헌트의 자식이라고 생각하게 만드는 것이다. 이 과정은 불완전한 해결책이었고 부자연스럽기도 했지만 메리는 이 계획을 전폭적으로 지지했고, 그렇게 해서 결국 클레어로부터 자유로워지는 날이 앞당겨지기를 희망했다.

18장

사랑과 자립 사이에서

메리 울스턴크래프트 1792

바람둥이이자 미국독립전쟁 참전 군인, 일확천금을 노린 토지 투기꾼이자 아마추어 철학자, 작가, 어떤 사람들의 말로는 스파이라는 길버트 임레이는 오늘날에도 여전히 수수께끼 같은 인물로 남아 있다. 그는 혁명기의 프랑스에 도착하기 전 몇 년 동안 채권자들을 피해 도망 다니며 숨어 지냈다. 이제 파리에 도착한 그는 혁명에 환멸을 느꼈거나 정부 당국에 반기를 든 사람들에게 미국 변경 지역의 땅을 팔려고 시도했다.

임레이는 미국인 조엘 발로(Joel Barlow)와 맺은 친분 덕분에 크리스티 부부의 파티에 초대되었는데, 메리는 발로와 알고 지냈고 그의 아내 루스(Ruth Barlow)를 좋아했다. 파티가 끝난 후 몇 주 동안 임레이는 메리를 쫓아다니기 시작했다. 처음에는 메리의 눈에 띄지 않았지만 이내 그 이국적인 미국인 옆에서 다른 구애자들은 빛을 잃었다. 임레이에게는 개척자다운 차분한 품위가 있었다. 할 말이 있으면 다른 사람의 생각을 들으려고 기다리지 않고 바로 요점을 말했다. 그의 매너는 솔직담백했고 미국식 억양은 독특했다. 얼마 지나지 않아 메리는 임레이와 정치적 견해가 거의 일치한다는 것을 알게 되었다. 두 사람 모두 자유와 평등, 여성의 권리를 믿었다. 두 사람 모두 프랑스 혁명을 지지했고, 폭력의 확산을 우려했다.

또한 임레이는 화술이 뛰어났고 재치 있고 추파를 잘 던지고 매혹적이었다. 메리는 그가 묘사한 미국의 물결치는 푸른 옥수수 밭, 언덕에 점점이 흩어져 있는 작은 농장들, 강인한 남성과 개척자 여성, 자유의 나무에서 빨간색, 하얀색, 파란색 자유의 깃발이 휘날리는 공화국에 매료되었다. 그 후 2주 동안 그들은 헬렌의 집에서 차를 마시거나 자코브 거리 22번지에 있는 발로 부부의 우아한 응접실에서 이야기를 나누었다. 임레이는 미국이야말로 유토피아적 꿈이 실현될 수 있는 곳이며, 남녀가 평등하게 함께 사는 법을 배울 수 있고, 노예가 해방될 수 있으며, 마침내 지상의 폭정을 완전히 근절할 수 있는 곳이라고 말하며 메리에게 영감을 불어넣었다. 임레이는 진정한 이상주의자의 자격을 갖추고 있다는 것을 증명하는 책을 두 권 썼는데, 첫 번째 책은 변경 지역에 보내는 찬사였다.《북미 서부 영토의 지형 설명》은 앨러게니산맥을 횡단하는 지역을 더없이 정확하게 기술했을 뿐 아니라 황야에서의 삶을 찬미했다. 임레이는 미국은 "자유가 모든 시민의 가슴속 왕좌에 앉아 있는 나라"라고 선언했다.[1] 그의 소설《이민자들》은 노예 무역과 세습 재산, 군주제, 엄격한 이혼법 그리고 자유에 대한 모든 억압을 공격했다. 이 공격 대상에는 결혼이 포함되어 있었고, 그는 여성에게 결혼은 "비루하고 비참한 상태"라고 불렀다.[2]

임레이를 만나기 전부터 메리는 미국에 관심이 많았다. 영국에 있을 때는 남동생 찰스의 미국 이민을 도왔고, 존슨의 저녁 파티에서는 미국에 관한 이야기가 자주 화제로 떠올랐다. 존슨의 단골손님인 과학자 조지프 프리스틀리도 미국으로 건너가 자유의 공기를 마시고 싶다고 하며 메리의 흥미를 끈 적이 있었다.

임레이가 이야기를 많이 할수록 메리는 그에게 더욱 매료되었다. 미국에 대한 메리의 꿈은 임레이에 대한 꿈과 뒤얽히게 되었다. 그 남자와 그 나라, 둘 다 자유와 새로운 삶을 약속하는 것 같았다. 메리는 임레이와 긴 산책을 하며 파리를 돌아다녔고, 이제 이런 낭만적인 상황에서 보니 파리가 다르게 느껴졌다. 파리는 "마음을 움직이는" "요정의 도시"였다.[3] 메리는 "가로수가 늘어선 매력적인 도로"와 파리의 "단순하고 쾌활한 세련미"를 즐겼다. 하늘은 "미소 짓는" 것 같았고, 심지어 공기도 "무리 지어 피어 있는 꽃들"의 향기로 "달콤했다". 드디어 메리가 임레이에게 푸젤리에 대해 솔직히 털어놓자 그는 그 대가로 실연의 아픔을 느끼게 했던 "교활한" 여자에 대한 이야기를 들려주었다. 4월 19일에 조엘 발로는 런던에 있는 아내 루스에게 메리와 임레이가 연애를 시작했다는 의심이 든다고 편지를 보냈다. "우리끼리 얘긴데—메리나 존슨이나 누구에게도 넌지시 비치면 안 되오—메리에게 애인이 생겼고 결국 그와 함께 미국으로 갈 것 같소. 그는 켄터키 출신이고 매우 분별 있는 사람이오."[4]

날이 따뜻해지면서 정치적 상황이 점점 불안정해졌다. 국왕이 죽었다고 사람들의 문제가 해결된 것이 아니었다. 빵은 여전히 비쌌고 사람들은 여전히 가난했다. 거리 모퉁이에서 분노에 찬 폭동이 일어났고, 점점 더 많은 '민중의 적'이 적발되었다. 임레이와 메리는 그들의 프랑스인 친구들인 온건한 지롱드파가 급진적인 자코뱅파에 맞서 목숨을 걸고 싸우는 것을 지켜보았다. 심지어 테루아뉴 드 메리쿠르는 급진주의자인데도 여성의 권리에 대해 야외에서 연설하던 중에 공격을 받았다. 붉은 바지를 입은 여성 노동자들이 메리쿠르에게 돌을 던지고 연단에서 쓰러뜨린 후 옷을 찢고 머리를 때려 두개골이 부서졌다. 메리쿠르는 죽지 않았지만 완전히 회복되지 못했다. 메리쿠르는 자코뱅파 경찰에 의해 투옥되어 어두운 감방에 갇혀 부상당한 채 공포에 떨며 옛 친구들과 대화도 거부했다.

메리는 자코뱅파가 집권하면 롤랑 부인이나 올랭프 드 구주 그리고 국왕 처형에 반대했던 많은 사람들이 심각한 위험에 처할 거라고 생각했다. 자신과 토머스 페인, 헬렌 마리아 윌리엄스를 비롯한 영국인 동조자들도 마찬가지였다. 게다가 영국이 프랑스에 선전 포고를 하자 영국 시민들은 즉시 프랑스의 적으로 간주되었다. 프랑스인들은 미국인을 전우로 여겼기에 오직 임레이와 발로만 안전했다. 용감한 롤랑 부인이 그해 봄에 살롱 문을 닫았을 때 상황이 정말로 심각하다는 것을 모두들 실감했다. 그 후 메리와 친구들은 파리에서 주로 다니던 곳과 공공장소에서 말할 때 극도로 조심했다.

끔찍하게 자행되는 폭력에 경악한 메리에게 임레이의 미국 이야기는 점점 더 매력적으로 들렸다. 두 사람이 만난 지 6주쯤 지난 5월 중순에 임레이는 사랑을 고백했고, 도를 넘는 혁명과 타락한 유럽에서 멀리 떨어진 미국으로 자기와 함께 가자고 청했다. 메리는 그 생각에 황홀했다. 두 사람은 함께 생제르맹데프레에 있는 그의 아파트로 가서 성관계를 맺었다. 메리에게는 첫 섹스였다. 나중에 메리는 임레이의 눈빛이 "연민으로 반짝였고" 그의 키스는 "부드러움보다 더 부드러웠다"고 기억했다.[5] 어느 파티에서 한 프랑스 여성이 메리에게 인정을 받으려고 연애는 불필요하며 자신은 그런 것을 초월했다고 말했을 때, 열정으로 발갛게 타오르던 메리는 "안됐군요!"[6]라고 대답했다.[7] 메리는 오랫동안 짐작해 왔던 것이 진실임을 마침내 알아냈다. 남자를 사랑하는 데 필수적인 요소는 성적 열정이지 결혼이 아니었다. 중요한 것은 두 마음의 결합이었다. 진정한 순결은 처녀성이 아니라 사랑하는 사람에 대한 충실함에 있었다. 법적 문서는 필요하지 않았다. 두 사람이 진심으로 서로를 사랑한다면 그들은 영원히 함께 있을 것이다. 메리는 임레이 외에 다른 남자와 함께 있는 것을 상상할 수 없었고 그도 똑같이 느낄 거라고 믿었다. 그들은 혁명의 일부로서 남녀 간의 새로운 관계를 개척하고 있었다. 적어도 자신의 생애에서는 불가능하리라 생각했던, 동등한 인간들 사이의 사랑을.

사랑에 빠지기에는 예사롭지 않은 때였다. 5월 31일에 파리 시민 8만 명이 거리로 쏟아져 나와 빵 값에 항의하고 지롱드파의 축출을 요구했다. 급진적인 자코뱅파는 폭동을 이용해서 롤랑 부인을 포함한 온건파의 저명한 지도자들을 대거 체포했다. 6월 1일에 외국인 거주자들은 모두 문에 분필로 자기 이름을 써놓아야 한다는 공고가 나왔다. 6월 2일에 지롱드파가 국민공회에서 축출되었다. 도시는 감옥이 되었고, 메리는 편집증적인 당국이 집주인 알린과 그녀의 남편을 영국 스파이를 숨겨준 혐의로 기소할까 봐 걱정이 되어, 필리에타제 부부의 정원사가 소유한 작은 집으로 옮겨 가기로 결정했다. 그 집은 파리 성벽에서 북서쪽으로 6킬로미터쯤 떨어진 뇌이에 있었다.

안전 문제를 접어 두면 이 집은 행운의 선물이었다. 메리는 자기만의 공간이 생겼다는 사실을 만끽했다. 필리에타제 부부와 함께 사는 동안에 임레이와 밤을 보내는 것은 어색하고 거의 불가능한 일이었다. 메리의 집주인들이 개방적인 사람들이기는 했지만 메리의 새로운 혁명가 친구들보다는 보수적이었다. 만일 메리가 남성 방문객을 맞이했다면 추문에 휘말렸을 테고, 메리가 임레이의 집으로 사라졌다가 아침까지 돌아오지 않으면 그들은 메리의 안전을 걱정했을 것이다. 하지만 이제 임레이는 메리와 함께 지낼 수 있었다. 두 사람은 같은 침대에서 자고, 함께 식사를 하고, 둘만의 조용한 저녁 시간을 보낼 수 있었다.

파리에서 생활하다가 이 작은 집에서 보낸 첫날 밤은 이상할 정도로 고요했다. 호기심 많은 이웃이나 상점 주인, 거리를 순찰하는 폭도, 광장에서 소리를 지르며 도발하는 사람, 참석할 파티, 집주인이나 안주인이 없었다. 메리는 오랫동안 시골에 살지 않았기에 주위의 아름다운 풍경을 마음껏 즐겼다. 불과 몇 킬로미터 떨어진 도시는 아수라장인데 자신은 이처럼 목가적인 전원에 있다는 사실이 이상하게 느껴졌다. 메리는 독서와 글쓰기로 시간을 보냈다. 대부분의 하인들이 과거에 그랬듯이, 필리에타제 부부의 정원사는 메리를 좋아했다. 정원사는 메리에게 포도와 복숭아 바구니를 두고 갔고, 부랑자나 산적들이 숲에 숨어 있을지 모른다며 메리가 혼자서 오래 산책하는 습관을 걱정했다. 이에 구애받지 않고 메리는 인근 숲을 돌아다니다가 약 18킬로미터나 걸어서 베르사유 궁전에 간 적도 있었다. 그해 늦여름 왕실 가구가 경매에 붙여지기 전에 버려진 궁전을 마지막으로 본 사람에 속했을 것이다. 궁전은 왕과 왕비가 살았을 때와 거의 같은 상태였지만 홀은 텅 비어 메아리가 울렸다. "공기는 으스스하고" "숨이 막힐 것 같고" "파괴의 소모적인 습기가 사방의 벽에 무더기로 스며드는 것 같았다"고 메리는 기록했다.[8] 거울의 방, 전쟁의 방, 헤라클레스의 방, 여왕의 방을 홀로 걷자니 섬뜩한 기분이 들었다. 유령에 둘러싸인 듯한 느낌이었다. 왕들의 "거대한" 초상화는 "죽음의 품속으로 가라앉는 것 같았다". 밖에는 유명한 작은 동굴들과 동상들이 모두 그대로 남아 있었다.[9] 마리 앙투아네트의 '사랑의 사원'과 악명 높은 '농장' 프티 아모(petit hameau)가 그대로 있었다. 이 농장에서 마리 앙투아네트와 궁녀들은 양치기 복장을 하고 하인들이 찾아낸 가장 예쁘고 온순한 소의 젖을 짰다. 하지만 지금은 풀이 무성했고 화단은 잡초투성이였다. 메리는 이 광경을 보고 충격과 슬픔에 빠져 이렇게 썼다. "오 프랑스여, 그대 억압의 흔적에 눈물이 흐른다"라고 썼다.[10] 메리는 호화로운 베르사유 궁전과 왕과 군대를 미화하는 것에 반대했지만 동시에 자코뱅파가 권력을 남용하여 "죄라고는 이름밖에 없는" 사람들을 죽였다는 소식에 경악했다. 폭군이 공화주의 지도자이든 군주이든 상관없이 희망은 폭정이 아니라 자유에 있다고 믿었다.

임레이가 찾아왔을 때 메리는 성문에서 그를 만났다. 그는 미소를 짓고 메리를 안으며 "사랑하는 아가씨"라고 불렀다.[11] 메리는 얼마나 그를 사랑하는지 말하고 자신의 계획과 희망을 쏟아냈다. 여름이 지나면서 메리의 계획과 희망은 계속 발전해 나갔다. 재정적 독립과 문학적 명성만으로는 충분하지 않았다. 이제 메리는 임레이와 함께 소박한 작은 집, 꽃밭, "활발한 가금"들이 있는 아늑한 가정생활을 원했다.[12] 그들은 작은 땅과 소 한 마리를 소유할 수 있을 것이다. 어쩌면 임레이가 지상에서 가장 매력적인 곳이라고 믿는 오하이오강 유역에 정착할 것이다.[13] 그들은 그곳에서 글을 쓰고, 책을 읽고, 공부하며 온 세계에 자유를 전파하도록 노력할 것이다.

하지만 사랑에 어두운 면이 있다는 것을 메리는 알게 되었다. 임레이가 찾아올 수 없을 때면 절망감에 빠져들었다. 그가 만날 약속을 취소하거나 나타나지 않으면 상처받고 분노를 느꼈다. 임레이에게 보낸 메모에는 메리의 복잡한 감정뿐 아니라 자신의 열의가 그를 내몰지 모른다는 불안감이 반영되어 있다. 메리는 임레이를 겁주고 싶지 않았지만 과거에 제인과 패니, 푸젤리에게 느꼈던 것과 같은 열정을 표현하면서 자신이 그를 얼마나 사랑하는지 알려주려 했다.

우리가 거의 함께 살기 시작할 날을 내가 얼마나 기쁘게 기대하는지 당신은 상상도 할 수 없을 겁니다. 내 머릿속에서 얼마나 많은 일거리를 계획하고 있는지를 알면 당신은 웃겠지요. 지금 내 마음은 당신의 품에서 평화를 찾았다고 확신합니다. 오직 당신에게서 발견한 품위 있는 애정으로 날 아껴주세요. 그러면 당신의 사랑스러운 아가씨는 때로 당신에게 고통을 주었던 급한 성미를 억제하려고 노력할 거예요. 그래요, 나는 행복할 자격이 있도록 착하게 굴 거예요. 당신이 나를 사랑하는 한, 나는 다시는 삶이 견딜 수 없을 정도로 무거운 짐이었던 비참한 상태에 빠지지 않을 거예요.[14)

메리는 '확신'한다고 주장했지만 불안감이 없지 않았다. 자신의 행복이 임레이의 사랑에 달려 있다는 것을 알고 있었다. 그가 떠나면 자신은 길을 잃을 것이다. 메리는 그들이 '거의' 함께 살아갈 날을 기대하면서도 집을 공유할 가능성이 잠정적으로 보이도록 하면서, 임레이를 너무 강하게 압박하지 않으려고 노력했다. 임레이가 거리를 두는 것을 느꼈을 때 메리는 그가 자신의 우울함이나 분노를 좋아하지 않는다는 것을 알았다. 메리는 임레이가 요구한 대로 자기 감정을 억제하려고 노력했지만 어쩔 수 없었다. 이 정도로 남자를 원한다는 것은 끔찍한 일이었다.

여름이 가을로 접어들면서 자코뱅파는 파리에서 자신들의 지배력을 강화했다. 메리는 매주 새로운 투옥 소식을 들었다. 올랭프 드 구주, 크리스티 부부, 토머스 페인이 투옥되었다. 어느 날 파리에 갔다가 인근의 단두대에서 빗물처럼 거리에 흘러내리는 피를 밟았을 때 상황이 얼마나 긴박해졌는지를 분명히 깨달았다. 메리가 숨이 막혀 헉 소리를 내자 지나가던 행인이 쉿 소리를 내며 조용히 하라고 경고했다. 매일 벌어지는 살육에 기쁜 기색을 드러내는 것이 중요했다. 그러지 않으면 부역자, 즉 혁명의 반역자로 기소될 수 있었다. 메리는 자신이 별다른 표정을 드러내지 않고 용의주도하게 행동하더라도 오래지 않아 투옥되리라는 것을 알았다.

점점 고조되는 위험을 직시하며 메리는 프랑스를 떠나야겠다는 생각이 들었지만 출발 계획을 세우지 않았다. 이 "인간 정신의 혁명"을 끝까지 목격하지 못했고, 지금 돈벌이 계획에 깊이 빠져 있는 임레이와 헤어지고 싶지 않았다.[15) 영국은 프랑스와의 무역 금지 조치를 내렸고, 항상 새로운 사업을 모색하던 임레이는 그 틈새를 파고들었다. 그는 비누, 밀, 기타 생필품을 두고 프랑스와 미국의 무역을 주도했다.

8월에 두 사람은 임레이가 미국 대사관에 메리를 아내로 등록하는 것이 최선이라고 결정했다.[16] '메리 임레이'가 되면 프랑스 당국으로부터 안전할 것이다. 세상 사람들의 눈에 그들은 부부처럼 보일 테고, 메리는 법적 권리를 포기할 필요가 없으며 임레이는 죽을 때까지 메리를 돌보겠다고 맹세할 필요가 없었다.

여름이 끝날 무렵, 메리는 파리로 돌아와 임레이와 함께 포부르 생제르맹에서 살게 되었다. 임레이의 아파트는 메리가 전에 살던 마레 지구보다 더 조용하고 안전한 동네에 있었다. 이곳의 집들은 흰 석재로 지은 새 주택이었는데 천장과 창문이 높았으며 구시가지에 비해 서로 멀찌감치 떨어져 있었다. 이삼십 년 전만 해도 생제르맹데프레는 파리의 일부라기보다는 사람들의 발길이 닿지 않는 전원 마을에 가까워서 거리에 나무가 줄지어 서 있고 꽃밭이 있는 시골 정취가 있었다. 많은 외국인들이 투옥이나 죽음을 피하려고 이곳으로 옮겨 왔다. 거리를 따라 걷다 보면 프랑스어뿐만 아니라 영어, 독일어, 이탈리아어, 러시아어 등 다양한 말을 들을 수 있었다.

메리는 책이 든 상자들을 풀자마자 글을 쓰기 시작했다. 사건들이 너무 빨리 일어나고 있어서 최신 소식을 파악하기가 어려웠다. 메리는 기록을 하고 여름철에 시골에 틀어박혀 지낸 후 만나지 못했던 친구들을 방문하며 바쁘게 지냈다. 파리에 긴장감이 감돌고 있었지만 처음에는 모든 일이 순조로웠다. 임레이와 지내는 나날은 매우 행복했다. 그들은 함께 식사를 하고 저녁에는 자신들과 프랑스의 미래에 대해 긴 대화를 나눴다. 메리는 임레이가 자신을 소중하게 아끼고 이상화한다고 느꼈고, 그의 유머와 다정함에 매료되었다. 가장 좋은 점은 자신의 철학에 따라 산다는 것이었다. 메리는 자립을 포기하지 않으면서도 사랑하는 남자와 살고 있었다. 그러나 이 목가적인 이야기는 금방 끝나고 말았다. 메리가 이사 온 직후 임레이는 사업을 위해 떠났다. 그는 미국을 넘어 스웨덴과 노르웨이를 중심으로 확대된 자신의 무역 회사를 감독하러 북서쪽으로 200킬로미터쯤 떨어진 항구 도시 르아브르에 갔다.

해외 무역을 하려면 프랑스에 대한 영국의 봉쇄를 피해야 했기 때문에 임레이의 사업은 까다로운 일이었다. 영리하고 야심만만한 임레이는 수입한 상품의 대금을 프랑스 고객들에게서 부르봉 은화로 받는 계획을 세웠다. 부르봉 은화는 프랑스와 전쟁 중인 영국, 오스트리아, 프로이센에서 통용이 금지되었지만 벽지인 스칸디나비아에서는 아무 문제 없이 합법적으로 통용되었다. 임레이가 연락처로 확보한 일라이어스 백먼이라는 상인은 예테보리에 기반을 두고 있었고 자신이 팔아야 할 밀, 비누, 철의 대가로 기꺼이 부르봉 은화를 받았으며 그것을 임레이가 영국이나 미국에서 사용할 수 있는 통화로 기꺼이 교환해주었다. 임레이는 무역 중개인으로 부자가 되기를, 큰 부자가 되기를 바랐다. 그렇게 되면 그들이 미국으로 갈 수 있다고 메리에게 말했다.

그러나 메리는 임레이가 떠나버려서 실망했고 그의 상업적 야심에 화가 났다. 사업에 성공하려고 너무 열중하는 것도 마음에 들지 않았다. 그의 이상주의는 어디로 갔는가? 그들이 미국 농부가 될 거라면 왜 그렇게 많은 돈을 벌어야 하는가? 생제르맹데프레에서 혼자 사는 것은 메리가 여름 내내 꿈꿔 왔던 삶이 아니었다. 또한 메리는 종종 "기절할 것 같은" 느낌이 들었고, 그해 9월에 생리가 없자 임신한 것이 아닌지 의심이 들었다.[17]

그러나 자신의 미래에 대한 걱정은 파리에서 전개되는 극적인 사건에 비하면 사소한 일이었다. 10월 1일에 영국군은 프랑스의 툴롱 항구에서 대승을 거두고 어린 루이 17세를 프랑스의 국왕으로 선포했다. 이에 자코뱅파의 급진적 지도자 로베스피에르(Maximilien de Robespierre, 1758~1794)는 분노를 감추지 못했다. 엄격하고 단호한 로베스피에르는 군주제를 구체제의 가장 치명적인 악으로 여겼다. 그가 피에 굶주린 독재자였는지 이상주의적 지도자였는지는 오늘날에도 의견이 분분하다. 로베스피에르는 추종자들에게 필요하다면 폭력을 사용하여 반혁명 세력을 척결하고 자유와 국민의 주권을 지킬 것을 촉구했다. 그의 지시에 따라 혁명 정부는 남아 있는 영국 시민들을 찾기 위해 도시를 수색했고 10월 10일부터 14일 사이에 영국인 250명을 뤽상부르 궁전에 가두었다. 메리가 살고 있는 곳에서 멀지 않은 이 궁전은 감옥으로 개조되었다. 나머지 지롱드파 지도자들도 모두 체포되었고, 메리에게 여성 교육을 위한 계획을 세워 달라고 부탁했던 콩도르세 후작은 사형을 선고받았다. 메리는 비밀경찰이 도시 곳곳을 돌아다니며 문을 부수고 집에 쳐들어가고 광장에서 사람들을 체포하는 모습을 목격했다. 로베스피에르의 주장에 따라 노동자들은 노트르담 성당에서 십자고상, 성화, 십자가 같은 모든 종교적 상징물을 철거하고 노트르담 성당을 '이성의 사원'으로 이름을 바꾸었다. 프랑스 국민에게 타락한 가톨릭교회는 필요 없다고 로베스피에르는 선언했다. 사람들은 미신적인 믿음에서 벗어나야 한다. 생제르맹데프레에 있는 메리의 숙소에서 멀지 않은 아주 오래된 중세의 예배당은 반가톨릭 폭도들에게 약탈당했다. 메리의 투옥된 프랑스인 친구들은 단두대에 오를 각오를 하고 있었다. 롤랑 부인은 감방에서 고대 그리스 철학자 플루타르코스를 연구하면서 자신의 순교를 준비했다.

헬렌 마리아 윌리엄스가 투옥되면서 메리는 자신에게도 위험이 임박했다고 느꼈다. 인맥이 두터운 영국 여성이 처형될 가능성은 적었다. 헬렌은 메리와 마찬가지로 자신들이 어마어마하게 중요한 역사적 시대를 살고 있다고 믿었고, 자신의 경험을 편지에 기록하고 결국에 영국에서 출판하리라고 낙관적으로 전망했다. 그래도 헬렌은 겁에 질렸다. 밤이 되면 단두대의 칼날이 머리 위에서 흔들리는 것을 느끼며 울었고, "멀리 도망가서 쉴 수 있도록 비둘기의 날개를" 갈망했다.[18] 다행히 헬렌과 그녀의 가족은 부유한 친구들에 의해 구조되어 1794년 봄에 스위스로 탈출했다. 하지만 헬렌의 투옥은 메리에게 큰 영향을 끼쳤고, 메리는 친구의 시련을 기념하기 위해 다음 소설에서 (부당하게 정신병원에 감금되는) 여주인공의 이름을 마리아로 지었다.

영국에서는 프랑스에서 일어난 폭력 사태에 경악했다. 자유주의자들은 혁명에 대한 열정을 잃었고, 보수주의자들은 점잖게 고개를 끄덕였다. 그들이 예상했던 대로 급진주의자들은 통제가 불가능한 상태에 빠졌다. 이제 헬렌은 많은 사람들에게, 심지어 옛 친구들에게도 호감이 가는 낭만적인 여주인공이 아니었다. 오히려 그들은 헬렌의 투옥을 정의로운 처벌이라고 느꼈다. 헬렌은 프랑스혁명을 지지했을 뿐 아니라 감히 정치에 개입한 '여성'이었다. 헬렌이 아직 감방에 갇혀 있을 때 출간된 《프랑스에서 온 편지》 제3권과 제4권을 두고 한 비평가는 〈브리티시 크리틱(British Critic)〉에서 다음과 같이 선언했다. "이 젊은 부인이 지금 프랑스에서 투옥되어 고통을 겪고 있다면 … 그녀가 옹호한 광란의 신조에 대한 최고의 논평은 그녀의 운명이다."[19] 어떤 비평가는 헬렌이 공적 생활에 관여한 것을 전반적으로 비난했다. "정치는 본질상 여성의 힘이 적용될 수 없고, 교육에 의해 허용되지 않는 학문이다."[20] 이런 공격의 피해자는 영국 여성만이 아니었다. 런던의 한 비평가는 이렇게 말했다. "롤랑 부인은 이 골치 아픈 시기에 불충하게도 명성을 노림으로써, 그리고 그들의 성과 무관한 것에 간섭함으로써 야심적인 여자들이 빠져드는 위험에 대해 혹독한 교훈을 얻었다."[21] 이런 일들은 메리에게 좋은 징조가 아니었다. 메리도 롤랑 부인과 헬렌 마리아 윌리엄스처럼 정치에 관여하고 개혁을 위한 목소리를 내야 한다는 개인적 의무감을 느꼈기 때문이다.

하지만 곧 여성을 대하는 프랑스의 태도가 더 나쁜 쪽으로 극적으로 선회하면서 더는 갈 수 있는 곳이 없어졌다. 10월 16일에 로베스피에르는 마리 앙투아네트를 처형했고, 왕비의 죽음과 더불어 폭풍우가 온 나라를 휩쓸었다. 혁명 지도자들은 왕비가 '자궁의 원귀'에 지배되었다고 말했다.[22] 그들은 새 프랑스가 고대 로마와 비슷하게 "각 성(性)은 제자리에 있고 … 남성은 법을 만들고 … 여성은 그 법에 의문을 제기하지 않고 모든 것에 동의하는" 곳이기를 바랐다.[23] 로베스피에르의 보좌관이었던 장바티스트 아마르는 전체 보안위원회를 대표하여 결정적인 선언문을 공표했다. "일반적으로 여성은 고상한 생각과 진지한 명상을 할 능력이 없다. 만일 고대인들 사이에서 여성들이 타고난 소심함과 정숙함 때문에 가족을 벗어난 곳에 나다니도록 허용되지 않았다면, 프랑스 공화국에서는 여성들이 남성처럼 법정과 연단 그리고 정치 집회에 오는 것을 보고 싶은가?"[24]

자코뱅파 지도자들은 루소의 이상적 여성상—메리가 《인간의 권리 옹호》와 《여성의 권리 옹호》에서 비판한 적 있는 바로 그 여성상—에 고무되어 여성은 가정에서 아이를 키워야 한다고 선언했다. 10월 30일에는 혁명 초기에 여성들이 획득했던 이혼, 상속, 법률 대리의 권리가 철회되었고, 여성들이 혁명 클럽에 가입하거나 정치 시위에 참여하는 것이 금지되었다. 혁명의 상징물도 달라졌다. 새 정권의 첫 상징이었던 자유의 여성상은 영웅적인 정의의 남성상으로 대체되었다. 공적 영역에는 순결한 젊은 처녀의 이미지만 남았고, 이는 열정적인 여성의 지도력보다는 공화주의의 정숙한 가정을 상징했다. 폭력이 감수성을 타도했으며 권력에 대한 탐욕이 이성을 짓밟아 이겼다는 헬렌의 선언은 이 상황을 가장 잘 표현했다. 그녀는 프랑스에서 남성의 야망이 여성 운동을 완전히 파괴했다고 틀림없이 덧붙일 수 있었을 것이다.

메리는 여성을 향한 대중의 반발이 커지는 현상에 대해 논평하지 않았다. 그런 발언이 대단히 위험하다는 것을 알고 있었다. 10월 31일에 남아 있던 지롱드파는 모두 사형을 당했다. 이 소식을 들었을 때 메리는 기절하고 말았다. 11월 3일에 로베스피에르의 부하들은 올랭프 드 구주를 단두대에 올리자마자 발가벗겨서 성기를 검사했다. 표면적으로는 성별을 확인하겠다는 행위였다. 이 모욕에 더욱 분노한 구주는 신념을 철회하지 않고 "내 감정은 변하지 않았다"고 선언하며 죽음을 맞았다.[25] 혁명 정부는 사람들에게 구주의 모범을 따르지 말라고 경고했고, 심지어 구주의 성정체성에 의문을 제기하기도 했다. "저 말참견 잘하는 여자를 기억하라. 남성이자 여성인 뻔뻔스러운 올랭프 드 구주는 최초로 여성 단체를 설립했고, 가정을 돌보지 않았고, 정치 놀음을 하고 싶어 했으며, 범죄를 저질렀다. 그리고 법이 겨눈 복수의 칼날에 흔적도 없이 사라졌다."[26] 마침내 11월 8일에 롤랑 부인이 처형되었다. 그녀의 마지막 말은 수십 년간 울려 퍼졌다. "오 자유여! 그대의 이름으로 얼마나 많은 범죄가 저질러졌는가!"[27] 이십 년 후 스코틀랜드에서 어린 이저벨라 백스터는 잉글랜드에서 온 새 친구인 열네 살의 메리 고드윈에게 이 말을 들려준다.

메리는 용감한 여성들의 죽음을 애도하면서도 생리를 거른 것이 우연이 아니고 긴장된 날들에 대한 반응도 아니라는 것을 알게 되었다. 코르셋이 조여들었고 배속에서 작은 떨림이 느껴졌다. 11월 초 롤랑 부인이 처형될 무렵에 메리는 임레이에게 편지를 보냈다.

나는 살짝 경련이 이는 것을 느꼈고 그래서 한 생명체를 키우고 있다고 생각하게 되었어요. 오래지 않아 내 보살핌을 의식할 생명체이지요. 이 생각이 들자 당신을 향한 사랑이 넘쳐흘렀을 뿐 아니라 우리가 공동으로 관심을 기울일 대상을 파괴하지 않도록 내 마음을 진정시키고 운동을 하는 데 관심을 기울이게 되었어요. 어제는—웃지 마세요!—큰 통나무를 급하게 들어 올리다가 다친 것을 알고 고통스럽게 주저앉았는데 그때 아까 말한 그 경련을 다시 느꼈어요.[28]

메리가 이처럼 새롭게 전개된 상황에 엄청난 공포를 느꼈을 거라고 생각할 수도 있다. 집과 가족에게서 멀리 떨어진, 전쟁으로 피폐해진 땅에서 아이를 갖게 되다니. 하지만 메리는 어머니가 된다는 생각에 기뻤다. 푸젤리 부인에게 문밖으로 쫓겨났을 때는 상상도 할 수 없었던 많은 모험을 지난 11개월 동안에 겪었다. 주위에서 여성의 권리가 무너지는 것을 지켜보았고, 헬렌에 대항해 들고일어난 비판자들의 항의를 들으면서 자신도 프랑스혁명에 관한 책을 발표하면 바로 그런 적대감을 직면하게 되리라는 것을 알았지만, 메리는 흥분과 자부심을 느꼈다. 이 아이는 자신과 임레이가 만들어낸 관계의 증거일 테고, 폭정과 노예적 의존의 산물이 아니라 진정한 혁명적 가치—신뢰, 충실, 평등—의 산물이 될 것이다. 메리는 자기 이상을 실천에 옮기고, 남성과 평등한 동반자 관계를 맺고, 어머니의 대열에 합류하고, 온 마음으로 믿는 원칙에 자신과 아이의 생명을 걸 것이었다.

19장

공격받는 익명의 저자

메리 셸리 1817~1818

앨러그라를 어떻게 할지 논의가 이어지면서 해리엇이 낳은 아이들에 대한 셸리의 불안감은 더욱 극심해졌다. 그해 봄에 진행된 양육권 재판은 실망스러운 결말로 나아가고 있었다. 셸리는 아이들을 되찾기 위해 마지막으로 필사적인 공세를 퍼부었다. 그는 재판에서 죄인은 자기뿐만이 아니라고 말했다. 해리엇은 죽었지만 책임이 없지 않았다. 그녀는 자살했을 때 임신 중이었다. 이 사실은 태아의 친부에 대한 불미스러운 논란을 야기했는데, 셸리는 이것을 이용했다. 셸리가 친부일 희박한 가능성—그는 제네바로 떠나기 몇 달 전에 메리 없이 혼자 런던을 방문했었다—이 있기는 했지만, 더 가능성이 높은 쪽은 해리엇의 가족과 친구들이 인정한 이야기이다. 해리엇은 어떤 군인과 연인이 되었는데, 그에게 버림받아 친정으로 돌아가려 했지만 아버지에게 거부당했다. 그리고 죽음을 선택하기 6주쯤 전에 사라졌다. 어떤 사람들은 해리엇이 매춘부가 되었다고 수군거렸다. 셸리는 이 이야기를 법정에 제출했고, 해리엇이 "타락해서 매춘의 길에 들어섰고 그러다가 스미스라는 마부와 살았으며 그에게 버림받자 자살했다"고 주장

했다.[1]

그러나 법원은 셸리의 주장을 무시했다. 최종 판결에서 판사들은 셸리에게 훈계하고 그의 주장을 기각했다. 아버지의 권리가 의문시되는 경우가 거의 없던 19세기에 매우 이례적인 판결이었다. 항소 절차가 없었기에 판결에 불복해 싸울 수 없었다. 셸리의 친구들은 그가 무모한 납치 계획을 실행에 옮기지 않도록 설득할 성직자를 가까스로 정했다. 웨스트브룩 부부는 셸리의 '부도덕성' 때문에 이안테와 찰스의 양육권을 갖게 되었고, 두 아이는 영영 아버지를 볼 수 없게 되었다.

셸리는 법원이 그에게 아이들을 돌려주지 않은 것을 런던이 자신을 얼마나 미워하는지 보여주는 증거라고 생각했다. 1817년 봄에 그는 메리와 윌리엄, 클레어, 앨러그라와 함께 옛 학교 친구인 토머스 피콕의 집 근처 말로에 있는 멋진 저택으로 이사했다. 할아버지가 돌아가신 후 받기 시작한 연금 덕분에 그는 앨비언 하우스를 21년간 임대했다. 이 집은 런던에서 서쪽으로 약 48킬로미터 떨어져 있고 비숍스게이트보다 훨씬 우아했다. 사방으로 뻗어나간 저택에는 침실 다섯 개, 마구간과 넓은 정원이 있었다. 메리는 꽃과 위풍당당한 나무들이 있는 정원이 마음에 들었다. 이 저택에서 가장 중요하고 멋진 곳은 휑뎅그렁한 서재였다. 셸리와 메리는 서재에 들어섰을 때 이전 세입자가 버린 가장자리가 떨어져 나간 아폴론과 아프로디테의 조각상을 발견했다. 그들에게 이것은 운명의 여신이 남겨 둔 명함 같았다. 여기에 시와 사랑, 창조와 욕망—그들을 인도하는 원칙—을 상징하는 남신과 여신이 있었다. 셸리는 집에서 조금만 걸으면 템스강에 갈 수 있어서 기뻐했다. 그는 작은 나룻배를 사서 선창에 묶어 두고 탐사를 떠날 준비를 했다.

메리는 헌트 부부에게 방문해 달라고 요청하는 편지를 보냈다. 그들을 만나고 싶었고 앨러그라를 위한 계획을 실행하고 싶었다. 그해 여름에 헌트 가족이 찾아오면 아이들이 뒤섞여서 앨러그라가 실제로 클레어의 아이라는 사실을 아무도 눈치채지 못할 것이다. 늘 돈이 부족했던 헌트는 셸리 부부와 함께 살면 경제적으로 이익이라는 사실을 즉시 깨달았다. 그는 광장 공포증을 떨치고 자기 집을 세놓고 베스와 메리앤, 네 자녀와 함께 말로에 왔다. 헌트 가족은 4월 6일에 도착해 6월 25일까지 머물렀다. 긴 방문이었지만 두 가족은 서로에 대한 애정을 잃지 않았다. 헌트는 열아홉 살인 메리를 좋아했고 "미심쩍은 듯이 쳐다보는 요정"이라고 불렀다.[2] 그는 메리에게 오페라를 소개했고 모차르트의 〈피가로의 결혼〉을 보러 런던으로 데려갔다. 메리는 그 이후로 죽을 때까지 음악을 좋아했고 콘서트에 참석할 기회를 절대 놓치지 않았다. 하지만 언제나 그렇듯 메리는 감정을 드러내지 않고 흥분을 감추었다. 심지어 헌트도 메리가 얼마나 열광했는지 알지 못했고, 그저 "시원하고 반듯한 이마와 진홍색 가운과 대조되는 하얀 어깨를 드러낸 … 진지한 얼굴의 젊은 숙녀"만 보았다.[3]

그해 봄철의 날씨는 온화했다. 헌트의 아이들은 윌리엄과 뒷마당에서 놀거나 셸리와 함께 먼지투성이 언덕을 미끄러지듯 달려 내려갔다. 앨바라고 불린 어린 앨러그라는 어머니 무릎에서 그들을 바라보고 있었다. 윌마우스는 "작은 다람쥐처럼 여기저기 뛰어다니며 큰 눈으로 아기를 응시한다"고 메리는 셸리에게 알려주었다.[4] 셸리는 런던에서 패배한 양육권 소송의 여파를 처리하고 있었다. 셸리와 메리는 누구에게나 앨러그라가 헌트 부부의 새 아이라고 말했다. 하지만 그들의 집을 방문한 사람은 누구든 클레어가 아기 엄마라는 것을 알 수 있었다. 앨러그라는 클레어에게 꼭 매달렸고 엄마가 보이지 않을 때마다 두 팔을 벌렸다.

손님들로 가득 차 있고 발치에는 여섯 명의 어린아이들이 있고 종잡을 수 없는 기질을 지닌(이제는 꽤 예측할 수 있게 된) 남편이 있는 이 집에서 메리는 이른바 《프랑켄슈타인》의 정서본을 완성했다. 이 최종 원고를 완성하는 데 1816년 6월 말부터 1817년 3월까지 9개월이 걸렸다. 그리고 최종 원고를 출판에 적합한 문서로 옮겨 적는 데 6주가량 걸렸다. 3월에 마지막 단락을 쓰면서 메리는 "죽은 자가 살아 있는" 악몽에 시달렸다.[5] 자신의 죽은 딸, 패니와 어머니. 그리고 가장 무서운 해리엇. 해리엇은 머리카락을 치렁치렁 늘어뜨린 모습으로 서펜타인 호수*에서 떠올라 자기 남편을 훔쳐 간 여자를 뚫어지게 보았다.

1816년 12월 이후 최종 원고를 쓰는 동안 임신 중이었던 메리는 이 작품이 지니는 잉태의 의미를 놓치지 않았다. 메리는 이 책을 종종 자기 '자식' 또는 '자손'이라고 불렀다.[6] 1831년 개정판 서문에서 그녀는 《프랑켄슈타인》을 집필한 행위를 '(자궁) 확장'으로 묘사했다.[7] 심지어 이 이야기를 자신의 출생과 연결하기도 했다. 소설의 이야기는 17__년 12월 11일에 시작하여 17__년 9월에 끝난다. (메리는 정확한 연도를 제시하지 않았다. 하지만 작품 속에서 월턴은 7월 31일 월요일에 그 피조물을 목격하며, 7월 31일이 월요일인 해는 1797년이다.[8]) 메리 울스턴크래프트는 1796년 12월 초에 둘째 딸 메리를 임신하고 1797년 8월 30일에 출산했으며 1797년 9월 10일에 사망했다.

《프랑켄슈타인》을 자신의 기원과 연결함으로써 메리는 그 이야기와 결부되었다고 느낀 많은 관계를 암시한다. 그 피조물처럼 메리도 자신의 창조자로부터 버림받았다고 느꼈다. 프랑켄슈타인처럼 메리도 창조해야 한다는 강박을 느꼈다. 자신의 출생은 어머니의 죽음을 초래했지만 그것은 또한 소설의 인물들에게 생명을 불어넣었다. 이 소설은 월턴이 동생 마거릿에게 보낸 편지로 구성되어 있고 마거릿

---

* 런던의 하이드파크 공원에 1730년에 만들어진 인공 호수.

의 이름 첫 글자는 셸리와 결혼한 후 메리 이름의 첫 글자(MWS)와 같으므로, 메리는 작가이자 독자이고, 창조자이면서 피조물이며, 어머니이면서 딸이고, 발명가이며 파괴자가 되어 자기 자신을 위한 이야기를 썼던 것 같다.[9] 하지만 메리는 인위적인 방법으로 인간을 제조하려는 프랑켄슈타인의 시도가 파국에 이르리라는 점을 분명히 암시한다. 프랑켄슈타인이 아무리 어머니와 자연의 역할을 차지하려고 애써도 그의 이야기는 인간의 임신 기간 9개월 안에 끼워져 있을 뿐이다.[10]

셸리는 아내의 작업을 격려하고 시간을 내어 잠자리에 들기 전 저녁에 아내가 그에게 준 원고를 읽었지만 가사를 돕겠다고 제안한 적은 한 번도 없었다. 가족 중 가장 영리한 사람으로서 그는 밤낮을 가리지 않고 집 안팎을 돌아다녔다. 저녁 식사를 거르면 부엌 식탁에 앉아 빵과 건포도를 씹어 먹었다.[11] 나무에 그리스 시를 새겼고, 주말에 런던에서 온 친구 피콕, 호그와 함께 목신을 위한 제단을 만들었다. 베스가 나중에 회상한 바에 따르면, 그는 보트를 타고 강을 따라 내려가면서 보트 바닥에 누워, "온 얼굴에 햇살을 받으며" 책을 읽었다.[12] 그는 가난한 사람들을 보고 경악했다. 주머니에 있는 모든 것을 내주었고, 한번은 신발까지 벗어주었다. 심지어 셸리는 너무 가난해서 가족이 먹여 살리지 못한 마을의 한 소녀 폴리 로즈를 받아들이자고 메리에게 청했다. 몇 년 후 폴리는 셸리가 자신과 아이들을 모두 데리고 함께 놀아주었던 것을 기억했다. 폴리가 가장 좋아한 놀이는 셸리가 바퀴 달린 탁자에 자기를 태우고 복도를 오가는 것이었다. 폴리는 또한 메리가 기념으로 준 꽃무늬가 있는 작은 접시를 간직했다. 폴리는 메리가 "예쁘고 아주 젊었으며," 밤에 이불을 덮어주고 아래층에서 나눈 이야기에 대해 말해주었다고 회상했다. 메리는 "언제나 '자, 폴리, 이걸 어떻게 생각해?'"라는 말로 마무리를 지었다.[13]

마을 사람들은 셸리가 미쳤다고 생각하면서도 그를 좋아했다.[14] 하지만 시골 지주들은 그의 기이한 행동에 경악했고, 셸리나 메리와 교류하지 않으려 했다. 그들에게 앨비언 하우스는 도무지 이해할 수 없는 곳이었고, 신사와 숙녀의 수가 맞지 않아 누가 누구와 결혼했는지 알 수 없는 공동체처럼 보였다. 셸리는 매력적인 검은 머리의 여성(클레어)과 함께 있는 모습이 자주 보였는데, 그 여성은 아무리 상상력을 펼쳐봐도 메리 고드윈이 아니었다. 헌트 가족이 자기들의 집으로 돌아가고 손님으로 클레어와 앨러그라만 남았을 때 더 노골적인 소문이 돌았다. 셸리가 두 아내와 하렘에서 살고 있다는 소문이었다. 심지어 고드윈도 앨러그라가 클레어의 아이라는 말을 들었을 때 셸리가 친아버지일 것이라고 믿었다.

셸리와 메리는 그해 봄에 거의 완성된 《프랑켄슈타인》 원고를 출판해줄 곳을 찾으러 잠시 런던에 갔다. 실망스럽게도 두 출판사가 거절했고, 8월이 되어서야 삼류 작가들의 작품을 출간하던 유명하지 않은 래킹턴 출판사가 가장 저렴한 재료를 사용해서 500부 소량 인쇄를 하는 데 동의했다. 모두 메리가 익명을 쓰는 것이 최선이라고 생각했다. 그렇지만 메리는 저작권과 출판 수익의 3분의 1을 갖기로 했고, 래킹턴은 순회도서관과 대중 서점을 갖고 있었기 때문에 이 조건은 잠재적으로 유리했다. 개점 당일에 떠들썩한 선전을 위해 사두마차가 계산대를 돌았을 정도로 규모가 큰 서점이었다.

《프랑켄슈타인》을 완성한 후에도 메리는 임신 말기였지만 게으름을 피우지 않았다. 메리는 자신이 성취해야 할 일이 있을 때 가장 행복하다는 사실을 깨달았다. 또한 비숍스게이트에서 집행관들에게 물건을 압수당했던 기억이 떠나지 않았으므로 필사적으로 가정의 수입에 기여하고 싶었다. 자기 어머니나 아버지와 마찬가지로 메리도 끊임없이 돈 걱정에 시달렸다. 반면에 셸리는 놀랍도록 청구서에 신경 쓰지 않았다. 그는 어려운 친구들에게 계속 돈을 빌려주었다. 클레어에게 피아노를 사주고, 서재에 책을 사들이고, 런던을 오가느라 수입보다 훨씬 많은 돈을 썼다.

그래서 메리는 집안일을 돌보면서 새로운 집필 기획을 시작하고 거의 마쳤다. 이것은 그녀에게 놀라운 조직 능력이 있음을 보여준다. 메리의 새 책 《6주간의 여행 이야기》는 프랑스와 스위스를 여행한 기록인데 어머니의 《스웨덴에서 쓴 편지》를 본뜬 책이었다. 이 책은 미친 과학자와 피조물의 운명을 구상하는 것만큼 힘든 작업은 아니었다. 예전에 쓴 여행 일기를 수정하고 1816년에 패니에게 보낸 긴 편지를 다시 쓰기만 하면 되었다. 셸리도 이 계획에 가담해서 외국에 있을 때 피콕에게 쓴 편지 두 통과 시 〈몽블랑〉을 추가했다. 헌트의 친구 찰스 올리어(Charles Ollier)가 《6주간의 여행 이야기》를 출판하는 데 동의했다. 하지만 메리가 출판용 원고를 마무리하기 전에 진통이 시작되었고, 9월 2일에 여자아이를 출산했다. 메리는 아기의 이름을 의붓여동생의 이름을 따서 클라라라고 지었다. 이 작명은 이전 해부터 자매의 관계에 일어난 변화를 알리는 신호였다. 메리는 여전히 클레어가 독자적인 삶을 시작하기를 바랐고 클레어의 극적인 감정 변화에 매번 화가 났지만 패니를 잃은 후 정신을 차렸다. 자신에게 남은 자매는 클레어뿐이었다. 게다가 지금 클레어는 셸리의 관심을 차지하기 위해 언니와 벌여 온 경쟁에서 한 발 물러나 있었다. 바이런은 클레어의 편지에 완강하게 아무 반응도 하지 않았지만 클레어는 바이런에게 집착했다. 앨바(앨러그라)가 태어난 후 클레어는 모든 열정을 딸에게 쏟았다. 덕분에 메리는 훨씬 쉽게 여동생을 사랑할 수 있었다. 또한 두 사람은 육아의 어려움과 기쁨, 근심을 나눌 수 있었다.

메리는 출산 후유증과 모유가 부족해서 끊임없이 울어대는 클라라를 돌보느라 지쳤지만 《6주간의 여행 이야기》를 끝내려고 자신을 몰아붙였다. 9월 말에 편집을 마쳤고, 10월에 원고를 필사해서 올리어에게 넘길 정서본을 완성했다. 11월에 《6주간의 여행 이야기》가 서점에 나왔다. 《프랑켄슈타인》보다 두 달 먼저 출간된 메리의 첫 작품이었다.

메리가 편집, 편찬, 정서 등 모든 작업을 했지만 또다시 책 표지에는 셸리의 이름만 표기하기로 결정되었다. 메리는 이 결정을 원망하지 않았다. 대중들이 이 책을 남자가 썼다고 생각하면 책이 더 나은 평가를 받을 것임을 알고 있었기 때문이다. 하지만 불행히도 그 작전은 성공하지 못했다. 《6주간의 여행 이야기》는 별로 주목을 받지 못했고 거의 팔리지 않았다. 메리는 돈을 벌지 못했다. 그렇지만 책을 읽은 비평가들은 좋은 평가를 내려서 저자의 용기를 북돋워줬다. 여러 해 후에 메리는 새 출판업자에게 여행기가 "많은 찬사를 받았다"고 말했다.[15] 〈블랙우즈 에든버러 매거진〉의 논평가가 가장 열렬한 반응을 보였고, "이 책을 정독하면 긴 이야기를 싫어하는 활기 넘치는 친구와 아침을 먹기 전에 유쾌하게 산책하는 느낌이 든다"라고 썼다.[16]

셸리에게도 생산적인 여름이었다. 메리가 집안 살림을 도맡아 했기 때문에 그는 낮에는 아무 근심 없이 공책을 들고 사라져서 숲속이나 작은 배 위에서 글을 쓸 수 있었다. 그의 작품에 대한 헌트의 지지에 힘을 얻어 이번에는 자유라는 위대한 주제에 관한 장편 시를 시도해보기로 결심했다. 그해 내내 식량이 부족해 빵 폭동이 일어났고, 북부에선 공장 노동자들이 노동 환경에 항의했다. 런던에서는 섭정 왕자의 마차가 의회에서 돌아오는 길에 습격을 받았다. 정부는 시위자들을 가혹하게 진압했고, 항의하는 자들을 침묵시키기 위해 인신보호영장 제도*를 중단하고 언론통제법을 제정했다. 이것이 진정한 영국의 정신이었던가? 셸리는 물었다. 자유의 원칙은 어떻게 되었는가? 셸리는 바이런에게 프랑스혁명이 "시대의 가장 중요한 주제"라고 써 보낸 후 혁명가들의 의기양양한 낙관주의와 혁명이 폭정으로 바뀌었을 때 그들이 느꼈을 절망감을 묘사하기로 마음먹었다.[17]

셸리는 검열을 피하기 위해 시의 배경을 극동 지방으로 설정했지만 독자들은 프랑스에서 발생한 사건들의 윤곽을 쉽게 알아차렸을 것이다. 주인공인 '라온'과 '시스나' 남매는 억압에 맞서 싸우고, 혁명을 선동하고, 노동자들을 이끌고, 자유를 옹호하는 긴 철학적 연설을 하고, 사랑에 빠진다. 시의 제목도 남매의 이름이었다. 그러나 셸리의 출판사는 근친상간 주제를 삭제하고 시의 제목을 '라온과 시스나'에서 '이슬람의 반란'으로 바꾸도록 그를 설득했다. 셸리는 "독자들에게 충격을 주어 일상생활의 최면 상태에서 깨어나게 만들고 싶었기에" 실망했다. "내 목표는 기존 제도의 토대인 낡아빠진 의견의 껍질을 깨뜨리는 것이었다."[18] 그러나 근친상간 이야기가 빠졌더라도 이 시는 특히 정치 개혁뿐만 아니라 성적 개혁에 관한 주장으로 19세기 독자들에게 충격을 줄 만큼 놀라웠다. 여성의 권리를 몇 차례 옹호한 시스나의 연설은 울스턴크래프트의 주장과 유사했다.

여자가 노예라면 남자는 자유로울 수 있을까?
이 무한한 공기를 숨 쉬며 살아 있는 자들을
폐쇄되고 부패한 무덤에 사슬로 묶어라,
짐승 같은 배우자에게서 노역이나 고뇌보다
더 무거운 경멸을 견디도록 저주받은
그들이 감히 억압자를 짓밟을 수 있을까?[19]

인신보호영장(habeas corpus) 구속의 적법 여부를 심사하여 법에 어긋나는 구속인 경우에는 피구속자를 석방하기 위하여 피구속자의 신병(身柄)을 제시하라는 법원의 영장이다.

시스나는 또한 라온이 선두에 설 때까지 기다리지 않고 자신의 도시에서 혁명을 일으키기 시작하는데, 라온은 그녀를 동등한 존재로 여기기 때문에 개의치 않는다. 두 사람은 노예 제도를 공격하고 종교적 위선과 거짓 도덕에 항의하며 결국 기둥에 묶여 화형을 당한다.

이 시에서 요구한 변화—남성이 여성을 지배하도록 허용해서는 안 된다! 정부는 개인을 착취해서는 안 된다! 자유는 천부 권리이다!—로 셸리는 남은 창작 인생에서 평생 추구할 정치적 작품의 원동력이 될 많은 주제를 소개한다. 〈이슬람의 반란〉은 그의 작품 중에서 위대한 시는 아니지만, 4,818행에 이르는 이 자유의 찬가는 이미지를 탁월하게 사용하는 능력뿐 아니라 어렵게 얻은 세련된 운율을 보여준다.[20]

셸리는 클라라가 태어난 지 3주 된 9월 20일에 이 시를 완성했고 이 시를 메리에게 바쳤다. 헌정사에서 셸리는 자신들이 그해 여름에 누렸던 행복을 요약하며 동시에 이 시를 쓰는 동안 자신이 얼마나 소원했는지를 인정했다.

> 이제 내 여름일은 끝나서, 메리,
> 나는 그대에게 돌아가네, 내 마음의 고향에.
> 승리한 요정의 기사가 여왕에게 돌아가듯,
> 마법에 걸린 그녀의 돔 건물에 놓을 눈부신 전리품을 가지고.[21]

하지만 10월이 되자 날씨도 그들의 기분도 어두워졌다. 즐거웠던 8월과 9월의 긴 화창한 날들이 끝났다. 빗줄기가 세차게 집에 부딪쳤고 집안은 축축했다. 윌마우스가 감기에 잘 걸려서 메리는 걱정이 많았다. 책에 곰팡이가 피어 쭈글쭈글해지기 시작했다. 새롭게 얻은 클레어와의 평온한 관계도 점점 참기 어려워지고 있었다. 열 달이 지나자 클레어는 온종일 앨바에게만 묶여 있지 않아도 되었다. 클레어는 바이런의 말을 진심으로 받아들이기 시작했고, 위안을 얻으려고 다시 셸리에게 의지했다. 클라라를 낳은 후 메리는 셸리의 "여왕"이 될 시간이나 기운이 없었으므로 셸리는 기쁘게 클레어를 받아들였다. 또다시 클레어는 제일 좋은 친구가 되었고 메리는 질투를 느꼈다. 자매간 경쟁이 다시 시작되었다.[22] 모든 사람과 모든 일이 메리의 신경을 긁었고, 심지어 헌트 부부가 방문했을 때도 짜증이 났다. 짜증과 화를 잘 내는 아내는 말할 필요도 없고 갓난아이에게도 참을성이 없었던 셸리는 클레어와 앨바를 데리고 말로를 떠나 런던에 거처를 마련했다.

셸리가 떠나기 전에 메리는 바이런에게 앨바를 입양하도록 말해 달라고 촉구했다. 클레어에게 아이가 없으면 도움을 받을 필요가 적어지고 독립할 가능성이 높아질 거라고 메리는 생각했다. 클레어는 앨바와 헤어지고 싶지 않았지만 바이런이 어린 딸을 보고 딸이 얼마나 예쁜지 알게 되면 다시 자기를 사랑하리라는 은밀한 희망을 품고 있었다. 셸리는 아내의 청을 들어주기 위해 바이런에게 앨바를 책임지라고 설득하려는 편지에서 가정의 사랑스러운 장면을 묘사했다. "메리가 내게 작은 딸을 선사했습니다. 우리는 그 아이를 클라라라고 부릅니다. 귀여운 앨바와 윌리엄은 빠르게 친구가 되었고 도무지 알 수 없는 언어로 대화하며 재미있게 노는데, 이 낯선 아기가 자기들과 함께 놀지 않기 때문에 바보라고 생각하고 어리둥절해합니다."[23] 이것은 셸리의 선전이었고, 바이런은 바보가 아니었다. 바이런은 셸리가 분명 앨바를 좋아하지만 이제 메리에게 둘째 아이가 생겼으니 그의 딸이 방해가 된다는 것을 알 수 있었다.

이탈리아에서 새로운 삶에 몰두해 있던 바이런은 셸리를 무시했다. 그 젊은 시인에게 여전히 관심이 있었지만 베네치아에 도착한 후 바이런은 수많은 여자와 함께 잤고 과도하게 술을 마셨으며, 그 와중에 연이어 시를 쓰면서 지칠 대로 지쳐 있었다. 그가 가장 원치 않았던 것은 클레어와 그녀의 아이를 책임지는 일이었다.

한편 메리는 셸리와 클레어가 가까워진 것이 계속 걱정이었다. 메리는 그해 가을에 셸리와 떨어져 지내는 것을 한탄하는 편지를 많이 썼다.[24] 패니가 죽은 지 일 년 되는 기일에 혼자 있던 메리는 셸리에게 말로로 돌아오라고 간청했지만 그는 재정적 위기에 처해 있다고 설명했다. 채권자들이 그를 찾고 있어서 집에 돌아오면 너무 위험했다. 더 걱정스러운 일은 그의 결핵 증상이 악화되었고, 로런스 박사가 그의 건강을 우려해서 여행을 허락하지 않을 것이며, 어쩌면 올해가 가기 전에 죽을지 모른다고 덧붙였다. 메리는 남편의 건강이 걱정되었지만, 그런 설명에도 불구하고 자신을 버린 남편을 용서할 수 없었다.

마침내 11월에 《6주간의 여행 이야기》가 서점에 진열되자 셸리는 메리를 런던으로 데려와 함께 지냈다. 그는 구태여 빚을 갚으려 하지 않았기 때문에 여전히 채권자들을 피해 다녔다. 하지만 그런 재정 상황에도 불구하고 셸리는 정치 활동을 계속했다. 그는 열심히 에세이를 썼고 메리가 수정을 도와주었는데, 여기서 시민의 자유를 보류한 정부를 비판했고 "영국 국민이여, 애도하라. '자유'는 죽었다"고 주장했다.[25] 메리는 《프랑켄슈타인》 출판사를 만나 몇 가지 수정 사항을 검토했고, 아버지에게 책을 바칠 수 있도록 허락해 달라고 요청했다. 고드윈은 이때쯤 정서본을 다 읽었기에 자랑스럽게 느끼며 동의했다. 그는 《프랑켄슈타인》은 놀라운 작품이고, 그 책이 자신을 긍정적으로 보이게 해줄 것이며, 딸이 작가로서의 역량에 자신감을 느껴도 좋다고 생각했다.[26]

비평가들은 동의하지 않았다. 《프랑켄슈타인》은 크리스마스 이후에 첫선을 보였고 출간 즉시 분노에 찬 평가를 받았다.[27] 메리는 놀라지 않았다. 자신이 논란의 여지가 많은 주제를 다루었음을 알고 있었다. 그녀는, 아니 익명의 저자는 무신론자라는 비난을 받았다. 〈쿼털리 리뷰〉는 이 책을 "끔찍하고 역겨운 터무니없는 이야기"라고 평가했고, 〈먼슬리 리뷰(The Monthly Review)〉는 "상스럽고" 도덕관념이 전혀 없다고 폄하했다. 〈아름다운 회합(La Belle Assemblée)〉의 서평자는 다소 우호적으로 글과 창의력에 감탄했지만 이야기가 비현실적이라고 비난했다. 극소수의 긍정적 비평 가운데 하나는 아버지의 오랜 친구이자 메리의 영웅인 월터 스콧 경의 평가였다. 그가 자신의 작품을 좋아했다는 사실에 감격한 메리는 가장을 떨치고 편지를 보내 자신이 저자라고 밝혔다. 메리는 "내 정체를 부여해준 사람들에 대한 존경심"에서 정체를 다른 사람에게 알리고 싶지 않았다고 설명했다.[28] 하지만 메리가 스콧 경만큼 존경한 작가는 거의 없었기 때문에 그는 예외였다.

평론가들은 메리의 책에서 혐오감을 느꼈을지 모르지만, 그렇다고 해서 사람들이 이 책을 읽거나 저자의 정체에 대해 추측하는 것을 막지는 못했다. 사람들 대부분은 셸리가 이 책을 썼을 것이라고 생각했다. 이 작품에 무신론 사상, 충격적인 이야기, 고드윈의 철학이 담겨 있을 뿐 아니라, 셸리가 이 책의 서문을 썼고 이 작품이 고드윈에게 헌정되었기 때문이었다. 누구도 저자가 고드윈의 딸일 거라고는 생각하지 않았다. 여자가 그런 대담한 책을 쓸 수 있을 리 없었다.

《프랑켄슈타인》이 받은 부정적인 평가는 실망스러웠지만 메리는 그래도 이 책이 돈을 벌어주기를 바랐다. 그러나 한 달쯤 지나자 이 소설에 대한 뒷공론이 런던 거리에 자자해도 책 판매는 저조하리라는 것이 분명해졌다. 《프랑켄슈타인》의 저자가 인세를 한 푼도 받지 못했다는 사실은 출판 역사상 충격적인 모순이다. 메리와 셸리는 곧 출간될 〈이슬람의 반란〉에 희망을 걸었고, 적어도 이 작품은 절실하게 필요한 수입을 얻게 해줄 테고 셸리를 유명하게 만들어줄 거라고 믿었다.

하지만 〈이슬람의 반란〉이 실제로 출간되었을 때 아무 일도 일어나지 않았다. 최악의 결말이었다. 비평가들은 철저하게 침묵했다. 이는 누구도 이 작품이 읽을 만한 가치가 있다고 생각하지 않는다는 의미였기에 작가에게 엄청난 충격을 주는 끔찍한 침묵이었다. 셸리는 〈이슬람의 반란〉이 자신의 〈해럴드 공의 순례〉가 되기를 꿈꾸었다. 그는 위대한 시인의 특별한 임무를 떠맡고 사회에서 자신의 지위를 회복할 수 있기를 갈망했다. 메리와 셸리에게 세상의 침묵은 끔찍한 실수처럼 보였다. 어떻게 사람들이 〈이슬람의 반란〉에 감탄하지 않을 수 있을까? 그들은 아직 사람들이 이 작품을 모르기 때문이라고 생각했다. 셸리는 출판사를 압박해서 책을 홍보했고, 헌트는 햄스테드 사무실에서 시를 발췌해 인쇄하고 셸리의 작품이 훌륭하다고 찬양하는 등 최선을 다해 도왔다. 하지만 하루하루 지날수록 셸리가 무시당하고 있다는 사실이 분명해졌고, 그와 메리는 이를 통감했다.

마침내 마지못해 쓴 듯한 논평이 두세 편 나왔지만, 논평자들은 오로지 셸리의 '사악한' 정치적 견해와 추문을 일으킨 행실에 초점을 맞추었다.[29] 그는 기독교도가 아니고, 옥스퍼드대학에서 쫓겨났으며, 해리엇을 상심하게 하여 자살을 조장했고, 무정부주의와 왕권제 폐지를 선동했다. 그들의 글은 신문을 팔기 위해 작성한, 값싼 가십성 폭로 기사처럼 읽혔다. 셸리의 인격에 대한 이러한 공격은 메리와 셸리에게 몹시 우려되는 상황이었다. 셸리의 악명이 너무 높아지면 법원이 윌리엄과 클라라를 데려갈 수 있었다. 이안테와 찰스의 양육권 재판에서 검찰이 그렇게 위협한 적이 있었다. 그리고 《프랑켄슈타인》을 실제로 누가 썼는지 사람들이 알게 되면 어떤 일이 일어날까?

지난 이 년간 셸리는 자신과 가족이 더는 영국에서 살 수 없을지 모른다고, 여기 '자신들의 고향 섬'에서 자신들은 오해받고 매도당하고 자신들의 작품이 거부될지 모른다고 생각해 왔다. 여러 가지 질병에 시달리는 데다 빵 한두 덩어리를 한꺼번에 먹고 며칠을 버티는 이상한 식습관 때문인지 새로운 장 질환까지 생긴 셸리는 거실 소파에 몇 시간이고 누워서 아편팅크제를 먹었다.[30] 그의 유일한 즐거움은 윌마우스와 앨바가 노는 모습을 지켜보는 것이었다. 아들이 자기 간식을 귀여운 여자아이에게 나누어주는 것이 대견했다. 윌마우스는 아장아장 걸어가서 앨바의 입에 간식의 절반을 넣어주었다. 셸리는 바이런에게 앨바가 "다정하고 온순한 아이"가 되었다고 편지를 보냈다.[31]

몇 주간 고질병이 지속되자 메리는 셸리에게 로런스 박사에게 진찰을 받으라고 권했다. 로런스는 셸리의 건강 문제로 여행이 위험하다는 과거 의견을 수정하고 이탈리아로 가면 나아질지 모른다고 제안했다. 어쩌면 지중해의 따뜻한 공기가 셸리를 알 수 없는 고통에서 벗어나게 해줄 것이다. 게다가 이탈리아에 가면 집행관과 법원, 잔인하게 무시하는 비평가들에게서 벗어날 수 있다는 다른 이점도 있었다.

메리는 "맑은 공기와 뜨거운 태양"을 생각하면 마음에 들었다.[32] 게다가 베네치아에 있는 바이런에게 앨바를 맡기면 클레어가 원하는 대로 자유롭게 활동할 수 있을 터이므로 클레어에게서 벗어날 가능성이 생긴다는 것도 좋았다. 클레어는 반대하지 않았다. 그녀는 바이런이 마음을 바꿔 함께 가족으로 살게 되기를 바라는 생각에 집착했을 뿐 아니라 자신이 바이런처럼 앨바를 부양하거나 보호할 수 없다는 것도 잘 알고 있었다. 또한 메리의 동기가 순전히 이기적인 것은 아니라는 사실도 알고 있었다. 패니의 자살은 실례를 통한 경고로서 그들의 뇌리를 떠나지 않았다. 두 자매는 사생아 딸이 직면할 위험을 속속들이 알았다. 앨러그라의 유명하고 부유한 아버지는 패니가 누리지 못했던 독립적이고 품위 있는 삶을 살 수 있도록 자기 딸을 도와줄 수 있을 것이다.

1월 말에 그들은 떠나기로 결정했다. 그들은 앨비언 하우스의 임차권을 팔았고 2월과 3월을 정신없이 보내며 여러 가지 일을 마무리했다. 저녁에는 그들에게 아는 척을 해줄 만큼 과감한 급진주의자들과 오페라, 극장, 저녁 파티에 갔다. 헌트 부부는 친구들이 떠나는 데 상심한 나머지 셸리 부부와 함께 보내는 마지막 날 저녁에 셸리의 집을 떠날 수 없었다. 그들은 셸리 부부의 방에서 잠들었다가 새벽이 되어서야 앨비언 하우스에서 살금살금 빠져나왔다.

영국을 떠나기 전 마지막 몇 주간 메리는 출발을 위한 세세하고 실제적인 일들에 몰두했지만, 셸리는 짐 꾸리는 상자들을 피해 달아나 새로 설립된 대영박물관에서 친구들과 시간을 보냈다. 이곳에서 그는 엘긴 경(Lord Elgin)이 최근 그리스와 이탈리아에서 가져온 대리석 유물을 보았다. 셸리에게는 기둥과 이교도 신의 조각상 하나하나가 자신이 곧 고대의 땅에서 발견할 보물을 암시하는 것 같았다. 박물관에는 또한 기원전 2000년까지 거슬러 올라가는 새로운 이집트 유물도 있었는데, 청색과 황갈색의 화강암 한 덩어리로 조각한 7톤짜리 파라오 람세스 2세 동상이었다. 람세스 2세의 눈은 방문객을 내려다보는 것 같아서 마치 감시하는 듯 묘한 느낌을 주었다. 나폴레옹도 한때 탐냈던 이 장엄한 조각상에 큰 감동을 받은 나머지 셸리는 자기들이 출국한 후 셸리 가족의 업무를 대신 처리해줄 금융업자였던 친구 호러스 스미스에게 각자 그 동상을 기념하는 시를 쓰자고 제안했다. 스미스는 셸리의 제안에 동의했고, 완전히 잊혀질 만한 시 몇 줄을 썼다. 하지만 셸리는 기존 문단의 무시에 대한 분노, 억압적인 영국 정부에 대한 환멸, 그리고 세상 전반이 자신을 대우한 방식에 대한 분노에 고무되어 〈오지만디아스*〉를 썼다. 이 시는 그가 남긴 가장 유명한 소네트이자 가장 표현력이 뛰어난 작품에 속한다.

내가 만난 고대의 땅에서 온 여행자가 말했지,
"두 개의 거대한 돌로 만든 다리가
몸통 없이 사막에 서 있네. 그 옆 모래에
부서진 얼굴이 반쯤 파묻혀 있지. 그의 찡그린 표정과,
주름 잡힌 입술과 차갑게 명령하는 냉소는,
조각가가 그 격정을 잘 이해했음을 알려주네,
하지만 그 격정은 생명 없는 돌에 박혀,
그것을 조롱한 손과 만족시킨 심장보다 오래 살아남았네.
받침대에는 이런 글귀가 적혀 있네―
'내 이름은 오지만디아스, 왕 중의 왕.
내 업적을 보라, 너희 힘센 자들아, 그리고 절망하라!'
옆에는 아무 것도 남지 않았지. 그 거대한
퇴락한 잔해 주위에, 끝없이 텅 빈
모래밭이 외롭고 평평하게 멀리 뻗어나갔네."[33]

이 시는 무시당한 셸리가 영국 땅에서 마지막으로 쓴 시였다. 셸리가 말하려는 의미는 분명했다. 모든 폭군은 죽고, 모든 제국은 무너진다. 영국도 언젠가 잊힐 것이다. 오직 진정한 예술가의 작품만 살아남을 것이다.

3월 11일 이른 아침에 메리와 셸리는 클레어와 앨바, 윌리엄, 클라라, 보모인 엘리스와 말로에서 고용한 어린 소녀 밀리 실즈와 함께 런던을 떠났다. 로마인들과 로마 신들의 땅에서 자유롭게 살기 위해 탈

---

* 오지만디아스(Ozymandias)는 이집트 파라오 람세스 2세의 그리스식 이름이다.

출하는 순간이었다. 이 여덟 명 가운데 메리와 클레어, 밀리만 다시 영국으로 돌아오리라고는 아무도 몰랐다. 셸리는 다시는 고국을 볼 수 없었고, 그의 아이들도 마찬가지였다.

20장

공포정치의 비판자
메리 울스턴크래프트 1793~1794

파리에 있는 메리 울스턴크래프트의 지인들이 모두 임신한 메리가 느낀 흥분에 공감해준 것은 아니었다. 어떤 사람들은 메리의 등 뒤에서 은밀히 소곤거리는 것으로 만족했지만 어떤 사람들은 메리의 배가 나오기 시작하자 경악하면서 공공장소에서 그녀를 외면했다. 그런 일을 겪은 후에 메리는 임레이에게 보낸 편지에서 외쳤다. "나는 그저 임신했다고 말했어요. 빤히 쳐다볼 거면 그러라고 해요! … 온 세상이 다 알아도 난 전혀 상관없어요!"[1]

다행스럽게도 친구 루스 발로는 메리의 임신 소식을 듣고 기뻐했다. 두 여성은 종종 만나서 아침을 먹으며 "마음껏 수다를 떨었다".[2] 대체로 그들은 루스가 좋아한 파리의 '뱅 시누아(Bains chinois)'에 갔는데, 이곳은 대중목욕탕과 식당을 갖춘 새로운 복합 문화 시설로 특히 미국인들에게 인기가 있었다. 메리는 루스의 미국 이야기가 전혀 지루하지 않았고, 임레이와 함께 미국에서 살면 어떨지 궁금했다. 루스는 임레이가 말한 대로 미국이 어디를 보나 아름답고, 두 사람이 서부 개척지에서 자유를 사랑하는 다른 사람들과 함께 평화롭게 살 수 있을 거라고 메리에게 장담했다.

하지만 11월이 오고 지나가도 임레이가 여전히 집으로 돌아오지 않자 메리는 불안하고 화가 났다. 자신이 아기를 안고 있고 난롯가에 앉아 책을 읽어주는 임레이의 모습을 상상하며 마음을 달래려 했다. 하지만 가을비가 세차게 창문을 두드리고 도로가 침수되어 친구들을 만나러 밖에 나가기 어려워지자 메리는 점점 침울해졌다.[3] 스스로를 달래려고 메리는 임레이에게 긴 편지를 썼다. 때로는 그가 떠난 것을 슬퍼했다. "나는 이 쓸쓸한 날씨에 당신을 따라 길을 걸었어요. 사랑하는 사람들과 떨어져 있을 때면 내 상상력에 활기가 넘치니까요. 마치 내 감각이 그들의 존재―애무라고 말하려 했어요. 그러지 않을 이유가 없겠지요?―에 만족을 느끼지 못했던 것마냥."[4] 때로는 불평을 털어놓기도 했다. "최근에 우리는 늘 헤어져 있어요.―찰칵! 찰칵!―그리고 당신은 떠나갑니다." 메리는 "쾌활하게 편지를 쓰려고" 애썼지만 그러다가 울음을 터뜨리곤 했다. 임레이가 바람을 피울까 봐 걱정되기도 했다. 그는 여자들의 매력에 너무나 약했다. 메리는 다른 누구에게도 유혹을 느끼지 않는데, 왜 그는 자기 같을 수 없을까? 메리는 다음과 같이 말했다. "나는 같은 대상에서 당신보다 훨씬 더 오래 사랑의 양식을 찾을 수 있어요." "내 가슴을 통해야 내 정신에 이릅니다. 하지만 용서하세요! 당신에게는 더 빠른 길이 있는 것 같으니까요."

몇 주가 지나면서 메리는 임레이가 돌아오지 않는 이유가 돈에 대한 집착 때문이라고 비난하기 시작했고, "돈벌이하는" 그의 얼굴을 좋아하지 않는다고 말했다.[5] 임레이가 멀리 떠나 있는 시간 때문에 몸이 아프기도 했다. "머리가 아프고 가슴이 무거워요."[6] 메리는 우울해졌고 존 밀턴이 말했듯이 '불운에 맞닥뜨렸다'. 그것은 오로지 임레이가 메리를 방치한 탓이었다. 여름에 메리는 천국에서 살고 있는 줄 알았지만 이제는 "세상이 '악취를 풍기는 사악한 것들'이 마구 번성한 '잡초가 무성한 정원'처럼 보입니다"라고 말했다.

임레이는 꾸준히 이어진 메리의 편지에 답장을 보내려 했지만 종종 기대에 미치지 못했다. 임레이는 "메리를 여신처럼 사랑한다"며 안심시키려고 했지만, 메리는 그 말에 위로받기는커녕 그의 슬리퍼를 창밖으로 던져버리겠다고 위협했다.[7] 자신은 숭배받기를 바라지 않고 오히려 "당신에게 필요한 존재"가 되고 싶다고 항의했다. 또한 임레이가 자신과 떨어져 지내는 것을 너무 태평하게 여긴다고 비난했다. 메리는 도덕철학자의 입장을 취하며 임레이 개인만이 아니라 남성 전체를 비판했다. "남자들은 세상에 몰입하면 생활을 이어 가거나 만들어 가는 데 필요한 것을 제외하고 모든 감각을 잃어버리는 것 같아요!"

하지만 메리의 기분은 금방 변했고 일주일밖에 지나지 않았을 때 그에게 간청했다. "당신에게 간청합니다. 내게 등을 돌리지 마세요. 정말 나는 당신을 온 마음으로 사랑하니까요. 나는 몹시 비참했어요."[8] 메리는 자신의 독립심이 사라지는 것을 느끼며 다음과 같이 말했다. "보시다시피 슬픔 때문에 나는 아이나 다름없게 되었어요." "내 행복은 전적으로 당신에게 달려 있습니다." 마침내 임레이는 동의하며 메리에게 르아브르에 와서 함께 지내자고 했고 메리는 그 기회를 놓치지 않았다. 1월 11일에 메리는 임레이를 의심했던 것을 사과했고 그가 약속했듯이 곧 누리게 될 평온한 가정을 상상하며 기뻐했다.

난롯가에 있는 우리의 모습을 당신이 너무나 멋지게 그렸더군요! 사랑하는 당신! 내 상상력은 즉시 나래를 펼치고, 당신의 어깨에 머리를 기대고 당신의 무릎에 매달린 작은 아이들을 바라보는 내 모습을 떠올렸어요. 여섯 명이 있어야 한다고 완전히 마음을 정한 것은 아니

에요. 당신이 어림잡은 이 숫자에 마음을 정하지 않았다면 말이죠.[9]

메리는 아직 파리에 남아 있던 친구들에게 작별을 고했다. 헬렌 마리아 윌리엄스는 막 출소해서 파리 탈출을 계획하고 있었다. 헬렌은 메리에게 떠나기 전에 예전에 혁명에 관해 쓴 글들을 불태우라고 간청했다. 메리가 감방에 갇힐 거라고 확신했기 때문이었다. 하지만 메리는 새로 쓴 글이 대단히 중요해서 없앨 수 없다고 생각했기에, "원고가 적발되면 자기 목숨이 파리 목숨처럼 여겨질 것"을 알고 있었지만 원고를 갖고 성문의 경비병을 재빨리 통과했다.[10] 곧 메리는 서쪽으로 가는 역마차를 탔다. 마음은 기대감으로 부풀었고, 짐은 아직 끝내지 못한 원고로 가득 차 있었다.

항구 도시 르아브르는 혁명기 프랑스의 상업 중심지였고 2만 5천 명에 이르는 주민이 거주했다. 4.5미터 높이의 방파제가 도시와 항구를 분리하고 있어서, 주민들은 미로처럼 좁은 골목이 나 있고 집들이 빽빽이 모여 있는 거리에서 혼잡하게 모여 살았다. 르아브르는 어느 모로 보나 파리만큼 급진적이었지만, 주민들은 정치가 아니라 교역에 몰두했다. 투자할 자본이 있는가? 대출을 받을 수 있는가? 여기 사람들은 이런 질문을 던졌다. 로베스피에르를 지지하는가 아니면 지롱드파를 지지하는가를 묻지 않았다. 영국인들과 혁명가, 쉽게 정체를 알 수 없는 사람들이 술집에 모여 빨리 부자가 될 계획과 영국의 무역 금지 조치를 피할 수 있는 방법을 서로 교환했다. 이곳은 임레이에게 완벽한 환경이었다. 그는 메리에게 자신을 이상주의자라고 선전했지만, 처음에 털어놓았던 것보다 훨씬 실용적인 사람이었다. 그가 프랑스에 온 것은 돈을 벌기 위해서였지, 메리나 그녀의 친구들처럼 후손을 위해 자기 생각을 기록하기 위해서가 아니었다. 반면에 메리는 르아브르가 '희한한 곳'이라고 느꼈다.[11] 이곳에서는 파리 신문을 구할 수 없었다. 메리는 친구들뿐 아니라 많은 책을 남겨 두고 와서 책도 볼 수 없었다. 그래도 마침내 임레이와 살게 되어 행복했다. 메리는 아이가 태어나기 전에 혁명에 관한 논문을 끝내려고 책상에 틀어박혔다.

메리는 전과 다름없이 야심 차게 두 권의 《옹호》에서 제기했던 정치철학의 중요한 질문으로 돌아갔다. 사회의 기원은 무엇인가? 남성과 여성의 자연권은 무엇인가? 정부는 개인의 삶에 어떤 역할을 해야 하는가?[12] 메리는 자신의 책을 바스티유 함락이나 국민공회 또는 18세기의 어느 시기에서 시작하지 않고 고대 로마에서 시작했다. 메리의 목표는 프랑스혁명이 인류 역사의 전체 궤적에 어떻게 들어가는지를 입증하려는 것이었고, 그래서 중세와 루이 14세, 루이 15세를 빠르게 살펴보고 현재 사건으로 넘어왔다. 메리는 다음과 같이 설명했다. 인류는 부족에서 국가로, 군주제에서 공화정으로 발전해 왔다. 정부의 목표는 약자를 보호하는 것이어야 한다. '이성과 평등에 기초하여' 제정된 미국 헌법은 다른 나라에 영감을 주어야 한다.[13] 메리는 "어머니의 날개를 단 자유가 온 인류를 보호하겠다고 약속하며 모든 지역으로 날아오르는 것 같다"고 덧붙였다.[14] 물론 자유를 아버지가 아닌 어머니로 묘사한 것은 우연이 아니었다.

대서양 건너에서 존 애덤스는 《프랑스혁명에 관한 역사적·도덕적 견해》를 두 번 읽었다. 그가 부통령이었던 1796년에 처음 읽었고, 10년이 지난 후에 다시 읽었다. 메리의 주장에 동의하지 않은 부분이 많았지만 메리의 주장에서 자극받았다. 그는 그 책의 여백에 1만 단어 이상을 써넣었다. 이 책은 보스턴공립도서관에 안전하게 보관되어 있지만 오늘날에도 열람은 가능하다. 그는 정부에 대한 메리의 순진한 생각을 비웃었고, 인간의 본성이 원래 선하다는 메리의 믿음에 동의하지 않았다. 메리는 인간이 선하고 정부는 악하다고 믿었지만, 애덤스는 인간이 악하고 정부는 선하다고 믿었다. 하지만 그는 저변에 깔

spected, they began by attacking that of their presumptuous adversaries ; and actually surprised the assembly into the unanimous renunciation of all revenues arising from feudal dues, and even into the abolition of tithes. The nobility, also, who saw, that they should gain more by the suppression of tithes, than they should lose by the sacrifice of the obnoxious manorial fees, came into the same system. The steps likewise taken to increase the salaries of the indigent clergy, the most numerous part of the body in the assembly, secured their influence. And by destroying the monopoly of municipal and judicial employments, the support of the cities was obtained.—Thus the national assembly, without a struggle, found itself omnipotent. Their only enemies were individuals, seemingly of importance, it is true, as they had been accustomed to lead the great corporate bodies ; but what was their empire, when all their former subjects were withdrawn from their control ? of these enemies, the church dignitaries were of the most consequence ; but, after the confiscation of ecclesiastical property, it would have been impossible for the court, even supposing a counter-revolution, to provide

Hear! Read!

Hear! Read!

i.e. potent enough to do itself the Nation!

미국 정치가 존 애덤스가 울스턴크래프트의 《프랑스혁명에 관한 역사적·도덕적 견해》 여백에 쓴 논평. 울스턴크래프트가 '전능한' 프랑스 국민의회가 탄생한 배경을 설명한 부분에 애덤스는 "들어라! 읽어라!"라고 두 번 썼고, "즉, 그것 자체와 국가를 파괴할 수 있을 만큼 강력하다!"라고 적었다.

린 더 나은 미래를 향한 메리의 희망을 공유했다. "아멘, 아멘! 영광스러운 시대가 속히 오기를!" 애덤스는 메리가 유토피아를 찬미하는 부분의 여백에 이렇게 적었다.[15]

하지만 이 책에서 애덤스의 시선을 가장 끈 주장은—아마도 자기 아내의 생각을 상기시켰기 때문에—여성의 권리와 가정 문제가 정치 및 공적 영역과 직접적으로 연관되어 있다는 논의였을 것이다. 남성이 권력이나 돈, 토지보다 '가족애'를 소중히 여기는 법을 배울 수 있다면 폭정은 종식될 거라고 메리는 말했다.[16] 그녀는 국왕, 사제, 남편의 폭정을 하나로 엮었다. 그녀는 물었다. "왕은 잘못을 저지를 수 없다"고 믿을 합리적인 사람이 과연 있겠는가? 혹은 죽어 가는 사람을 속인 성직자를 단지 성직자이기 때문에 옳다고 믿을 사람이 있겠는가? 학대하는 남편을 떠나는 여자의 길을 가로막는 사람은 얼마나 그릇된 인식을 지니고 있겠는가? 이 부분에서 메리는 자신의 화력을 총동원했다. 왜 불행한 아내는 "사회에서 추방된 사람으로 취급되어야" 하는가? "아내가 명색만 남편이고 아내의 몸과 재산을 폭군처럼 지배한 남자를 사랑하거나 존경할 수 없어 반발심으로 돌아서서 더욱 마음에 맞고 인도적인 품에서 위안을 찾으려 한다고 해서 말이다." 여러 해가 지난 후에 메리의 딸과 미래의 사위는 아주 흥미롭게 이 구절을 읽으며 자신들의 상황에 적용했다.

두 권의 《옹호》에서와 마찬가지로 새로운 책에서도 나오는 가정의 영역과 공적인 영역, 가족과 정부가 연결되어 있다는 메리의 지적은 가장 뛰어난 통찰이고, 메리의 책이 오늘날에도 여전히 반향을 일으키는 핵심적인 이유이다. 메리는 여성의 권리 부정이 사회의 다른 영역에 존재하는 불평등과 연결되어 있음을 입증함으로써, 페미니즘이 단순히 '여성의 권리'를 주장하는 것이 아니라 모든 형태의 가부장제가 야기한 사회적 불의와 관련된다고 주장하는 현대 이론가들을 앞질렀다. 이 이론가들에게 현대의 페미니즘은 섹슈얼리티, 젠더, 재생산의 문제를 넘어서 계급, 인종, 장애, 인권에 대한 논의가 포함되도록 확대된다.

메리는 로베스피에르와 공포정치를 직접적으로 분석하지는 않았지만 혁명이 궤도에서 벗어났다는 사실을 개탄했다. 단두대는 인간 사회가 한 걸음 전진했음을 보여준 것이 아니라, 어리석음과 탐욕이 시대를 지배할 때 어떤 일이 벌어지는지를 경고한 실례였다. 이성과 올바른 판단이 진보의 필수 요소라고 메리는 주장했다. 지도자들이 권력을 향한 욕망을 바탕으로 행동할 때 자유가 아니라 죽음이 승리할 것이다.

《프랑스혁명에 관한 역사적·도덕적 견해》에서 메리는 자신의 생각을 《여성의 권리 옹호》보다 성숙하고 정확하게 표현했다. 메리는 천부적 자유와 사회 정의에 대한 자신의 지론을 논했을 뿐 아니라, 학문으로서 정치학의 중요성과 정치학자가 인간 상황의 개선에 이바지할 수 있는 긍정적인 역할을 강조했다. 하지만 이 획기적인 작업의 뛰어난 혜안에도 불구하고 이 책이 메리의 저서 중에서 가장 알려지지 않았다는 사실은 아이러니하다. 이런 사실은 울스턴크래프트가 역사에서 얼마나 홀대받았는지를 전형적으로 보여준다.

임레이는 르아브르에서 메리와 함께 살 집으로 영국인 비누 상인이 소유한 바닷가 근처의 큰 집을 빌렸다. 메리는 새집이 "쾌적한 위치에 있다"고 적었다.[17] 창문 너머로 배들이 갈매기처럼 만으로 들어와서 항구에 정박하는 모습을 볼 수 있었다. 어선과 상업용 교역선이 서로 바짝 붙어 파도와 조수에 따라 오르내리며 항구에 떠 있었다. 임레이의 권유에 따라 메리는 집안일을 도와줄 하녀를 고용했다. 그해 겨울에 비바람이 마을을 세차게 휩쓸었지만 메리는 매일 아침 식사 전에 산책을 했고 루스에게 "그 어느 때보다 진지하게 일하고 있다"고 편지를 보냈다. 또한 임레이의 다양한 교역 사업을 포용하기로 결심했고, 기분이 좋아져서 임레이에게 그의 기분을 "건드리지" 않도록 "아주 아주 오래" 노력하겠다고 말했다. 그러고선 이렇게 덧붙였다. "절대로 안 하겠다고 말하기는 겁나니까요."[18]

메리는 글을 쓰지 않을 때는 식료품을 사거나 식사를 준비했다. 아기 옷을 만들 천을 파리에서 주문했고, 루스에게 임부복을 만들 무명이나 면, 옥양목 같은 재료를 보내 달라고 부탁했다. 임레이는 집에 있을 때면 메리의 어깨 너머로 그녀가 쓰는 글을 읽거나 보는 것을 좋아했다. 상업적 관심사가 컸지만 그래도 이념이 있는 사람이었고, 자유를 찬양하는 소설을 쓴 사람이었다. 결혼한 부부처럼 그들은 가정의 소소한 일에서 즐거움을 느꼈다. 임레이가 사업 때문에 여행을 가야 하면 메리는 그가 집에 돌아올 때 "그의 음식에 기름기가 돌도록" 양다리를 "식탁 위에 김이 오르게" 두었다고 묘사하는 글을 썼다.[19] 메리는 르아브르에서 임레이의 셔츠를 만들려고 찾은 리넨을 루스에게 설명했고, 이제 "순종 따위를 약속함으로써 내 영혼을 괴롭히지 않으면서도" 가정을 이끌 동반자 관계를 맺었기 때문에 이제는 나 대신 '우리'라는 '결혼 어법'을 사용한다고 자랑스럽게 언급했다.[20]

메리는 4월에 《프랑스혁명에 관한 역사적·도덕적 견해》를 끝마쳤다. 이제 "책은 완성되었고 모든 것이 준비되었기" 때문에 아기가 빨리 나와도 상관이 없었다.[21] 서른다섯 살이 되고 2주가 지난 5월 14일에 마침내 메리는 딸을 낳았고, 옛 친구인 패니의 이름을 따서 딸의 이름을 지었다. 메리는 오로지 보모의 도움에만 의지했는데, 출산 후 일주일 동안 의사를 부르지도 않고 침대에 누워 있지도 않았기에 보모는 "내가 나 자신과 아이를 죽일 거라고 믿었다"고 루스에게 썼다.[22] 메리는 지치고 아팠지만 아이를 낳은 이튿날 일어났다. 분만은 질병이 아니라 자연스러운 과정이라고 메리는 말했다. 그녀는 자신의 체력을 믿었다. 출산이 "순탄치 않았다"고 인정했지만 메리와 아기는 잘 지냈다.

메리는 여성 교육이 중요한 증거가 여기에도 있다고 느꼈다. 메리는 자기 몸이 작용하는 방식을 이해했기 때문에 두려움 없이 진통을 견딜 수 있었다. "이 자연적인 고투가 여성들의 무지와 가식 때문에 더 잔인하게 묘사되기" 때문에 메리는 출산의 실상을 여성들에게 알리는 것이 필수적이라고 느꼈다.[23] 패니의 활발하고 건강한 모습과 순조로운 출산에 안도한 메리는 루스에게 "6일 전에 견뎠던 고통을 잊을 수 있을 정도"라고 기뻐했다. 메리는 당시의 관행과 달리 유모를 고용하지 않고 패니에게 모유를 먹였고 "어머니라는 사실에 큰 기쁨"을 느꼈다. 패니가 태어난 지 8일 후에 메리는 매일 하던 산책을 다시 시작했고, 임레이의 "변함없는 다정함" 덕분에 "새로운 인연을 축복으로 여길 수 있었다". 하지만 임레이가 사업 계획을 방해한 "지속적인 장애"에 이따금 "조급해한다"는 것을 알아차렸다. 이렇게 짜증을 내는 것은 매력적인 임레이의 새로운 면모였지만 메리를 놀라게 하지 않았다. 대체로 그는 다정하고 애정이 넘쳤다.

낮이 길어지면서 메리는 패니의 빠른 성장에 기뻐하면서 루스에게 아이는 "유난히 건강하다"고 편지에 썼다. "나는 그것이 어떤 특별히 튼튼한 기능이 있어서라기보다는 몸에 좋은, 자연스러운 방법으로 젖을 먹이기 때문이라고 생각해요. 아이는 태어난 후로 내게 풍부한 모유 외에는 맛본 것이 없어요."[24] 오래지 않아 패니는 고개를 드는 법을 배웠고 애지중지하는 엄마에게 미소를 지었다. 어린 딸이 더욱 자랑스러웠던 메리는 외식을 하러 나가든 항구에 내려가든 시장에 가든 어디든지 딸을 데리고 다녔다. 아기가 "너무 씩씩하게 젖을 먹어서 아이 아빠는 짓궂게도 딸이 《여성의 권리 옹호》 2부를 쓸 거라고 기대한답니다"라고 메리는 루스에게 말했다.[25]

날씨가 더 따뜻해지면서 시원한 바닷바람이 모녀를 편안하게 해주었다. 메리는 큰 창문이 있는 방에서 패니와 놀았고, 임레이는 부둣가에서 오랜 시간 일했다. 그는 선장이나 선원들과 협상하고, 그가 거래하는 암시장 상품을 감독했다. 프랑스에서는 물가가 가파르게 상승해서 임레이 같은 상인들이 영국과 미국에서 불법으로 수입하는 생필품에 대한 수요가 급증했다. 게다가 임레이는 최근에 훨씬 위험한 새로운 사업을 시작했다. 그는 도자기, 은, 예술품, 유리그릇과 같은 사치품을 소유하지 못하게 하는 로베스피에르의 칙령을 이용하여 부르봉 왕가의 문장이 새겨진 순은 접시 36개와 유리그릇을 원래 가격보다 싼 가격으로 구입했다. 이제 그는 이 물건들을 프랑스에서 밀반출하여 스칸디나비아의 중개인에게 보내려 하고 있었다. 이 모험을 성사하려면 영국의 항만 봉쇄와 프랑스 당국의 감시를 뚫어야 했지만 임레이는 영리하고 끈질겼으며 설득력이 매우 뛰어났다.

하지만 은은 특수 물품에 속했다. 은 접시가 너무 귀해서 임레이는 발각되지 않으려고 페테르 엘레프손이라는 노르웨이 청년을 선장으로 고용했다. 엘레프손이 배를 몰고 영국해협을 지나 예테보리 항구에 가서 그곳의 중개인 일라이어스 백먼에게 물건을 전달하면 되었다.[26] 당시 노르웨이는 중립국이어서 노르웨이 선박은 영국이나 프랑스 당국의 수색을 받지 않았다. 하지만 예방 차원에서 엘레프손과 일등 항해사를 제외한 선원들에게는 은에 대해 전혀 알려주지 않았다. 게다가 배의 서류에는 엘레프손이 선주로 적혀 있으므로 임레이의 흔적은 드러나지 않았다. 이제 임레이가 할 일은 배가 무사히 예테보리 항구에 도착하기를 기다리며 자신의 도박이 성공하기를 바라는 것뿐이었다.

엘레프손은 그해 여름에 스웨덴으로 항해하기 전에 메리 부부와 함께 지냈다. 메리는 접시를 직접 보고 얼마나 무거운지 들어보고 왕실 문장을 보면서 그들의 운이 노르웨이 청년에게 달려 있다는 것을 깨달았다. 이 계획의 성공에 마음을 졸이던 메리는 임레이가 출장으로 자리를 비운 사이에 책임을 맡아서 그 배가 출항하던 날 엘레프손에게 임레이의 마지막 지시를 전달했다. 메리는 배가 항구를 떠날 때 점점 작아지는 배를 바라보며 모든 일이 순조롭게 진행되기를 기도했다. 은을 좋은 가격에 팔 수 있으면 메리와 임레이, 패니는 미국으로 건너가 작은 농장을 시작할 수 있을 것이다. 어쩌면 여동생들도 데려갈 수 있을 것이다. 메리는 일라이자와 에버리나가 멀리 떨어져 있다고 느꼈지만 계속 걱정했고 동생들이 편지를 받을 가능성이 거의 없다는 것을 알면서도 편지를 보냈다. 프랑스 정부는 전쟁 중인 두 나라 사이의 서신을 엄격하게 검열했고, 영국도 프랑스에서 오는 편지를 의심했다.

패니가 태어난 후 판에 박힌 일상에 안주한 메리와 임레이는 혁명의 한복판에 살고 있지 않다고 착각할 정도로 조용한 삶을 살았다. 하지만 메리는 파리에서 일어나는 일들을 놓치지 않았고, 파리의 소식을 가급적 상세히 따라잡았다. 7월 한 달에 처형 건수는 하루에 5건에서 25건 이상으로 급증했고, 마침내 로베스피에르가 극적인 쿠데타로 국민공회에 의해 타도되었고 7월 28일 오후에 단두대에서 처형되었다. 갑자기 공포정치가 끝났다. 메리는 여전히 여동생들로부터 소식을 듣지 못했지만, 에버리나에게 "올겨울에 평화가 찾아와서" 서로 만날 수 있기를 바란다고 편지를 보냈다.[27] 동생들의 끊임없는 한탄을 듣지 않아도 되었고, 자신의 삶에 대해 이러쿵저러쿵하는 소리를 들을 필요가 없었기에 어떤 면에서는 동생들과의 연락이 오랫동안 끊긴 것이 안도감을 주었지만 침묵이 이어지면서 불안해졌다. 메리는 동생들에게 편지를 보내 임레이와 아기 패니에 대해 말했지만 아무 답장도 받지 못했다.

메리에게 8월은 근심스러운 달이었다. 이제 공포정치가 끝났으므로 파리는 다시 개방되었다. 임레이는 아랫사람 하나가 '속임수'를 썼다는 소문 때문에 걱정하며 사업을 감독하려고 떠났다.[28] 메리는 임레이에게 길고 다정한 편지를 보냈지만 그가 자기만큼 가정생활에 열성적이지 않다는 의심을 품기 시작했다. 8월 17일에 메리는 돈에 대한 임레이의 집착을 비웃으며 "당신의 이미지에 가장 자연스럽게 어울리는 것은 사업"이라고 써 보냈다.[29] 또한 그가 단순히 "먹고 마시고, 어리석은 자들에게 어리석게 도움이 되는 것"보다 자기 삶으로 더 많은 것을 이루려는 열망을 품기 바란다고 말했다. 그가 내리던 선택은 진정한 상상력을 지닌 사람의 품위를 떨어뜨린다고도 썼다.

불과 이틀 후인 8월 19일에 메리는 자신의 독자성을 주장했다. 만일 자신이 임레이를 사랑하는 것만큼 열렬히 그가 자신을 사랑하지 않고 오직 의무감에서 자신과 지냈다면, 자신과 함께 있어서는 절대 안 된다. 메리는 자신과 패니를 돌볼 수 있을 것이다. "당신 마음의 어떤 자질이 내 애정을 요구합니다. 하지만 그 애정이 분명히 상호적인 것으로 보이지 않으면, 나는 당신의 일신에 대한 애정을 간직하지 않고 오로지 당신의 성품을 존중하도록 노력하겠어요."[30] 하지만 이 용감한 포기 선언은 오래 고수할 수 없었다. 그 다음 단락에서 메리는 쓰라린 심정을 고백했다. "나는 커다란 방에서 저녁을 먹을 수 없다는 것을 알았고, 내가 먹을 고기를 자르려고 큰 칼을 들었을 때 눈물이 쏟아졌어요." 메리는 다음과 같이 편지를 마무리했다. "당신은 내 가슴속 친구이자 내 마음의 버팀목입니다."

하지만 다음 날에는 분노로 돌아서서 임레이의 '과묵한 기질'에 대해 불평했다.[31] 너무나 자주 "당신은 자신을 숨기면서 내 감정에 상처를 주었어요". 그가 "숨김이 없기를" 얼마나 갈망했던가. 임레이는 여자들이 '교활하다'고 주장했지만 메리는 언제나 정직하고 진실했다. 그는 왜 파리에 머무는 걸까? 그의 상업적 야망 때문일까? 아니면 메리 때문이었을까? 불과 일주일 전만 해도 그들은 불만이 전혀 없었다. 물론 다른 사람과 함께 살려면 대체로 짜증 나는 일이 있고, 아기는 보챘다. 하지만 그가 재산을 모으려는 욕망을 버리면 그들은 행복할 수 있다고 메리는 확신했다. 자신이 원하는 것은 오직 그의 "정직한" 사랑으로 "활기를 되찾고 소중하게 여겨지는 것"이라고 메리는 썼다. 그녀가 갈망했고 마땅히 누려야한다고 생각했던 "가슴 벅찬 사랑"은 어디에 있을까? 임레이는 지난여름에 뇌이에서 그들이 느꼈던 기쁨과 미래에 대한 그들의 꿈을 잊은 것일까?

캠페인을 벌이듯 편지를 쓰던 메리는 패니가 천연두에 걸렸을 때에야 편지 쓰기를 중단했다. 18세기 후반에는 이 무서운 질병 때문에 매년 40만 명의 유럽인이 사망하고 살아남은 환자의 3분의 1이 실명했다.[32] 유아의 경우에 사망률은 더 심각했다. 런던에서는 유아의 80퍼센트가 천연두로 사망했다. 하지만 메리는 두려움에 떨면서도 최신 과학 정보를 알고 있다고 자부했다. 존슨은 최근에 존 헤이가스의 《천연두 예방법 탐구》를 출간했고, 이 책에는 천연두에 대한 최신 이론들이 포함되어 있었다. 그래서 메리는 이 질병의 진행 과정과 최고의 치료 방법을 잘 알았다. 이웃들은 대체로 아기를 따뜻하게 감싸서 밀폐된 방에 두라고 조언했지만 메리는 하루에 두 번씩 패니를 목욕시키고 창문을 열어 아이를 가급적 선선한 상태로 유지했다. 르아브르 주민들은 메리가 아기를 돌보는 방식에 경악했지만, 메리는 이웃들의 우려를 일축했고 에버리나에게 이렇게 썼다. 이웃들은 "이 끔찍한 질병을 매우 부적절하게 다루었어. 하지만 나는 내 이성의 제안을 따르기로 결정했고, 하루에 두 번씩 따뜻한 물로 목욕을 시켜. … 패니에게 많은 고통을 덜어주었고 아마 생명도 구했을 거야."[33]

아픈 아기를 돌보는 것은 언제나 어렵고 패니도 예외가 아니었다. 패니는 고열에 시달리며 괴로워했다. 온몸이 가렵고 쓰라린 딱지로 뒤덮여 있었다. 패니는 토끼잠을 잤고, 끊임없이 젖을 먹었다. 열이 가장 높이 올라갔을 때는 섬뜩하게도 꼼짝 않고 가만히 누워 있었다. 도와줄 사람이 없는 상황에서 메리는 딸을 살리는 데 모든 힘을 쏟으면서 지쳐 갔다. '노예'가 된 느낌이었지만 메리는 아이를 사랑했다.[34] 패니가 발병하기 전에 메리는 임레이에게 편지를 썼다. "패니는 내 가슴과 상상 속에 들어왔어요. 아이를 집에 두고 나가면 아이의 작은 모습이 눈앞에서 춤을 춰요."[35]

마침내 열이 내리고 패니가 회복되자 메리는 파리에 있는 임레이에게 가고 싶었다. 하지만 임레이는 이 계획을 앞질러 막고 런던으로 가야 한다고 선언했다. 그는 단지 메리와 금전적인 문제를 타협하고 자신의 부재를 사과하려고 르아브르에 들렀을 뿐이었다. 임레이는 패니를 좋아하고 메리도 좋아한다고 안심시키듯이 말했다. 하지만 떠나야 한다고 단호하게 말했다. 임레이가 의심했던 '속임수'를 둘러싼 소문은 모두 사실이었다. 그는 돈을 잃었고, 이제 영국이 무역 금지 조치를 해제할 것 같으므로 런던의 상인들과 관계를 맺으려 했다. 메리는 임레이의 의도를 의심하지 않으려고 노력했지만, 그는 냉담하고 미적지근하며 심지어 지루한 듯이 보였다. 어쩌면 임레이는 메리와 아기와 함께 사는 데 흥미를 잃었을 것이다. 어쩌면 메리를 버릴 작정이었다.

21장

딸을 잃은 어머니
메리 셸리 1818~1819

1818년 3월 30일 셸리 가족이 이탈리아에 도착했을 때 메리의 눈에는 사방 어디를 둘러보아도 아름다운 광경뿐이었다. "과일나무에 꽃이 만발했고 들판에는 밀이 자라며 온통 푸르렀다."[1] 알프스산맥을 넘어가면서 메리와 셸리는 서로에게 호메로스를 읽어주며 고대 그리스의 유물을 처음으로 영접할 준비를 했다. 국경을 넘자마자 가장 먼저 "꽃으로 덮인 푸른 길"을 따라 부리나케 내려가서 "아우구스투스를 기념하기 위해 세워진 고대 개선문"을 찾아갔다.

그들은 토리노를 거쳐 동쪽으로 이동하여 4월 중순에 밀라노에 도착했다. 메리는 헌트 부부에게 "우린 여기서 다른 공기를 마십니다. 모든 것이 다 쾌적해요."라고 말했다. 셸리의 건강은 꾸준히 호전되고 있었다. 아이들도 잘 자랐다. 빵은 "세상에서 가장 하얗고 가장 맛있었다." 심지어 소들도 아름다운 "연한 비둘기색"이었고, 그 물기 어린 눈은 호메로스가 묘사한 헤라 여신의 "황소 눈"을 연상시켰다.

셸리와 메리는 바이런이 그들에게 와서 제네바에서 그랬던 것처럼 여름철을 함께 지낼 거라고 생각했다. 그렇게 예상하고 그들은 클레어에게 아이들을 맡기고 마차를 타고 북쪽의 코모 호수로 갔다. 바이런 경에게 적합한, 정원이 있고 호수가 내려다보이며 보트를 타기 쉬운 우아한 빌라를 찾아볼 계획이었다. 두 사람은 레몬과 오렌지 과수원을 보고 감탄했고 셸리는 "나뭇잎보다 과일이 더 많이 달렸다"고 말했다.[2] 마침내 빌라 플리니아나를 찾았다. 반쯤 폐허가 된 옛 궁전이었던 그곳은 메리가 묘사했듯이 "거대한 홀 두 개에 화려한 태피스트리가 걸려 있고 대리석이 깔려 있었다."[3] 제네바 호수의 빌라 디오다티와 마찬가지로 이 빌라에서도 호수와 산을 볼 수 있었다. 심지어 근처 암벽에서 아래 호수로 세차게 떨어지는 폭포도 있었다. 어느 날 밤에는 천둥 번개가 몰아쳐 장관을 이루며 바이런과 함께 지낸 여름날의 기억을 더욱 생생하게 되살렸다. 메리와 셸리는 약 일 년 만에 처음으로 클레어와 아이들 없이 단둘이 있게 되었다. 사흘 동안 두 사람은 함께 걷고, 햇볕을 쬐고, 글을 쓰고, 서로 읽어주며 평화를 만끽했다. 셸리가 악몽 같은 환영을 한 번 보았지만, 메리는 훗날 이 시간을 목가적으로 회고했다. 두 사람 모두 이 시간이 둘만의 마지막 시간이 될 줄은 알지 못했다.

밀라노로 돌아왔을 때, 그들과 합류할 의사가 없다는 바이런의 냉정한 편지가 기다리고 있었다. 바이런은 클레어에게 함께하는 미래를 꿈꿀 여지를 주고 싶지 않았고, 그녀와 연락도 하고 싶지 않았다. 모든 연락은 셸리를 통해서 이루어져야 했다. 하지만 앨러그라에 대한 바이런의 태도는 극적으로 달라졌다. 아무도 헤아릴 수 없는, 자기 자신만 아는 이유로 그 아이의 생부에 대한 의심이 사라졌으므로 15개월 된 아이를 자신이 있는 베네치아로 보내주기 바란다고 썼다. 편지에서 언급하지는 않았지만, 그 도시에서 바이런은 충격적으로 술잔치를 벌이는 파티에 계속 다니며 술을 너무 많이 마시고 많은 남녀와 성관계를 가졌다. 많은 이들이 부유한 영국 귀족을 즐겁게 해주려고 열

심이었다.[4]

클레어는 앨바와 헤어진다는 생각에 엄청난 충격을 받았지만, 자신에게 현실적인 선택지나 법적 권리가 없다는 사실을 알고 있었다. 딸을 다시 만나려면 바이런의 호의에 기대는 수밖에 없었다. 그녀는 앨바가 클레어 클레어몬트의 사생아로 자라는 것보다는 바이런 경의 딸로 자라는 편이 더 낫다는 사실을 받아들이려고 노력했다. 하지만 막상 현실로 닥치자 클레어는 상심에 빠졌다. "당신에게 내 아이를 보냅니다." 클레어는 바이런에게 편지를 보냈다.[5] "나는 그 애를 너무 사랑해서 계속 키울 수 없군요. 권력이 있고 고귀하며 세상의 찬탄을 받는 당신과 함께 살면 아이가 행복하겠지요. 하지만 나는 비참하게 방치되어 당신의 호의에 의지할 뿐입니다."[6]

그러나 바이런의 하인이 아이를 데리러 왔을 때 클레어는 생각대로 실천할 수 없었다. 클레어는 앨바가 너무 아파서 여행할 수 없다고 말하고는 아이를 넘겨주기를 거부했다. 셸리와 메리는 바이런을 화나게 해서 좋을 리 없다는 것을 잘 알고 있었다. 바이런이 얼마나 무자비할 수 있는지 보아 왔던 것이다. 메리는 클레어에게 지금 바이런의 요구를 들어주면 아마도 매년 딸을 만나도록 장기 방문을 허락해줄 거라고 말했다. 또한 딸이 보살핌을 잘 받고 있는지 클레어가 알 수 있도록 엘리스를 앨바의 유모로 보내겠다고 제안했다. 이 제안에 누그러진 클레어는 바이런에게 짧은 편지를 썼다. (그 편지에 남아 있는 클레어의 눈물 자국을 지금도 볼 수 있다.)

(앨러그라를) 사랑하는 내 열렬한 심정은 내 삶을 파괴할 정도입니다. 내 딸은 나를 떠납니다. 사랑하는 바이런 경, 나는 진정으로 내 아이를 사랑해요. 그 아이는 날 방해한 적이 없었습니다. 내 딸은 나를 사랑해서 내게 두 팔을 내밀고 내가 안아주면 기뻐서 비둘기 소리를

'앨바'라고 불린 앨러그라 바이런. 앨바는 메리 셸리의 의붓동생인 클레어와 낭만주의 시인 바이런 경 사이에서 태어난 사생아였다.

냅니다. … 밤새도록 너무 울어서 지금 내 눈에서는 뜨겁게 타오르는 피가 떨어지는 것 같습니다.

이번에도 바이런으로부터 아무런 응답이 없자 4월 28일에 앨바와 엘리스는 바이런 하인의 호위를 받으며 베니스로 떠났다. 클레어는 비탄에 빠졌다. 코모 호숫가의 별장은 이제 몇 명 남지 않은 이 일행에게 너무 웅장했지만, 클레어 없이 지내는 생활을 짧게나마 경험했던 메리는 포기하고 싶지 않았다. 메리는 여동생을 보내고 호숫가의 작은 마을에서 셸리와 두 아이와 함께 여름을 보내고 싶었다. 그러나 셸리는 클레어를 버릴 수 없다고 단호하게 말했다.

결국 그들은 울스턴크래프트의 옛 친구 마리아 레블리를 만나러 남서쪽에 있는 리보르노로 가기로 결정했다. 아기였던 메리를 돌본 적이 있던 마리아는, 18년 전에 두 번째 남편인 존 기즈번과 함께 이탈리아로 이주했다. 메리는 마리아를 다시 만나기를 고대했지만 북부를 떠나는 것은 내키지 않았다. 몇 년 후 메리는 코모 호수를 떠나기로 한 결정을 불행한 전환점으로, 곧 그들에게 닥칠 연쇄적인 재앙의 첫 번째 사건으로 기억했다.

메리 일행은 5월 9일 리보르노에 도착했다. 다시 세 명이 함께하는 여행이 마음에 들지 않았던 메리는 리보르노를 '따분한 도시'라고 불렀다.[7] 빨간 지붕의 빌라, 근사한 해안, 돌이 깔린 넓은 광장을 보아도 기운이 나지 않았다. 마리아를 방문했을 때는 기분이 나아졌다. 마리아는 마흔여덟의 나이에도 여전히 아름다웠고, "과묵했지만 … 느긋한 태도를 지니고 있었다." 마리아는 뛰어난 화가이자 음악가였으며, 메리와 셸리의 자유주의적 정치관에 공감했고, 혁명 세대의 사상 특히 벗들의 작품인 고드윈의 《정치적 정의에 대한 고찰》과 울스턴크래프트가 쓴 두 《옹호》에 깊은 영향을 받았다. 마리아는 자신과 남편이 이탈리아에서 사는 이유는 너무나 보수적으로 변한 영국이 싫기 때문이라고 말했다.

메리 일행이 도착한 후 마리아는 메리와 방파제를 따라 걸으며 메리의 어머니에 대해 들려주었다. 울스턴크래프트가 얼마나 용감하고, 얼마나 열정적이며, 얼마나 정직했는지 말해주었다. 메리는 과거에 아기였던 자신을 안아주었고 어머니가 믿고 마음을 털어놓았던 여성과 함께 있다는 사실에 깊은 감동을 받았다. 마리아의 첫 남편이 죽은 후 고드윈이 그녀에게 청혼했다가 거절당했다는 사실을 메리는 알고 있었다. 만약 마리아가 청혼을 받아들였더라면 메리는 이상적인 계모를 얻었을 것이다. 마리아는 교양 있고 문학적 소양이 높으며, 울스턴크래프트를 알고 찬미했으며, 그녀의 어린 딸들을 사랑했을 것이다. 패니도 자살에 굴복하지 않았을지 모른다. 아버지는 자신의 신념에 충실했을지 모른다. 그리고 특히 클레어가 메리의 삶에 끼어들지 않았을 것이다.

온화하고 품위 있는 안주인 마리아는 젊은 방문객들이 아무 예고도 없이 찾아왔다는 어색한 사실을 언급하지 않았다. 그들이 이탈리아에 온 이유 같은 곤란한 질문도 하지 않았다. 그 대신에 마리아는 그들에게 원하는 만큼 오래 자기 집에서 지내라고 말했다. 그리고 피렌체나 로마는 여름에 질병으로 악명 높은 도시이니 가급적 여행하지 말라고 조언했다. 세상 물정에 밝은 마리아는 셸리처럼 무신론자라고 공언한 적이 있었다. 울스턴크래프트에게 사생아 딸이 있다는 사실을 알았지만 그래도 친구의 편이 되어주었다. 하지만 셸리 부부는 마리아에게 자기들의 가족 관계는 자세히 말하지 않기로 했다. 마리아의 따뜻하고 격식을 차리지 않는 태도가 기뻤기에, 새로운 우정을 위태롭게 하고 싶지 않았다. 마리아의 거대한 개 오스카도 몹시 흥분해서 여행객들을 맞이했다.[8] 오스카는 개를 별로 좋아하지 않는 메리를 특히 좋아했다. 메리가 기즈번 부부의 응접실에서 차를 마실 때 오스카는 메리의 신발에 침을 흘리고 그녀에게 코를 비벼댔다.

기즈번 씨는 첫인상이 매력적인 사람은 아니었다. 그는 뒷전에 있다가 갑자기 끼어들더니 겨우 고드윈의 최근 소설 《맨더빌》에서 사소한 사실의 오류를 발견했다고 콧소리를 내며 말했다. 셸리는 헌트에게 보낸 편지에서 빈정거리며 그를 조롱했다.

그의 코는 … 보기만 해도 상상력을 짓누르네. 그 코의 주인이 발음하는 '그즈(gs)'를 모두 '크스(ks)'로 바꾸어버리는 그런 코라네. 한

번 보면 절대 잊을 수 없는 코이고, 그것을 용서하려면 기독교인의 끝없는 자비심이 필요하지. 자네도 알다시피 내 코는 약간 들창코이고 호그는 큰 매부리코를 갖고 있지. 그런데 이 두 코를 합쳐서 제곱하고 세제곱하더라도 내가 지금 언급한 코를 선명하게 떠올릴 수 없을 걸세.[9]

가엾은 기즈번. 이런 식으로 기록에 남는 것은 분개할 만한 일이지만, 아름답고 활기찬 마리아 레블리가 그를 선택한 것은 분명 이상해 보였다. 나중에 메리와 셸리는 기즈번의 박학함과 친절한 성품을 인정했지만 그를 좋아하지는 않았다.

그들은 한 달간 기즈번 부부의 집에서 함께 지냈다. 마리아의 세심한 보살핌에 클레어는 서서히 기운을 되찾았고 메리는 짜증이 줄었다. 메리와 셸리는 마리아의 "솔직하고 다정한 성격"과 "지식에 대한 더없이 강렬한 사랑"을 높이 평가했다.[10] 현실적이기도 했고 이탈리아에서 거의 20년간 가정을 꾸려 온 마리아는 그들에게 시장에서 어떤 채소를 사야 하는지 알려주었고, 그해 초에 수확한 딸기를 알려주기도 했다. 또한 재봉사와 의사, 파올로 포기라는 하인을 찾아주었고, 근처 언덕 지대에서 집을 구하라는 조언도 주었다.

몇 주간 찾아다닌 끝에 셸리는 바니 디 루카의 고지대에 자리 잡은 3층짜리 빌라 베르티니를 발견했다. 리보르노에서 마차로 하루 걸리는 인기 있는 휴양지였고, 아펜니노 산기슭에 자리 잡고 있어 토스카나의 스위스라고 불렀다. 이 마을의 온천은 담석, 염좌, 종양, 난청, 두통, 충치, 여드름, 우울증, 흉터 등 거의 모든 병을 치료할 수 있다고 알려져 있었다. 셸리와 메리는 온천에는 관심이 없었지만 세르치오강 옆에 자리 잡은 마을 환경이 마음에 들었다.

빌라 베르티니는 먼지가 많이 나는 길의 끝쪽에 있었다. 작은 잔디밭에 그늘을 드리운 빽빽한 월계수 울타리가 혹시 기웃거릴지 모를 사람들의 시선으로부터 그들을 보호해주었다. 창문으로 재스민 향기가 스며들었다. 정원에는 나무와 화초가 마구 자라 뒤엉켜 있었다. 메리는 "무성한 나무들에 둘러싸여 우거진 나뭇잎 사이로 이따금 주위의 경치를 보는 것이 가장 마음에 들어요"라고 마리아에게 썼다.[11] 쉽게 걸어갈 수 있었던 마을에는 상점과 약국이 있고, 많은 관광객들을 위해 무도회나 콘서트가 열리는 공회당이 있었다. 셸리 부부는 관광객들을 피했다.

새집을 사랑한 메리는 마리아에게 "이곳에 왔을 때, 내가 오랫동안 떠나 있던 매우 즐거운 곳으로 돌아온 듯 정적이 느껴졌어요"라고 썼다.[12] 두 달 반가량의 여행 끝에 셸리 부부는 독서와 글쓰기, 그리고 시골 탐사 같은 일상적인 스케줄에 안착했다. 새로운 하인 파올로는 잔심부름을 하고 주민들과의 협상을 도왔다. 여자 청소부가 매일 와서 빨래를 하고, 바닥을 닦고, 요리를 했다.

영국에서 데려온 유모 밀리는 클레어와 메리가 윌마우스 돌보는 것을 도왔다. 윌마우스는 아장아장 걸어 다니며 주위 세상을 탐험하느라 바빴고, 클라라는 낮잠을 자거나 자기에게 감탄하는 어른들에게 미소를 지었다. 7월의 어느 더운 날에 클레어가 발목을 삐끗해서 메리와 셸리는 저녁나절에 둘이서만 산책할 수 있었다. 훗날 메리는 별들과 반딧불, 창백한 달을 보며 얼마나 감탄했는지 회고하곤 했다. 마을에 승용마 마구간이 있어서 부부는 가끔 말을 탔다. 한번은 가장 높은 산봉우리 부근에 꽃이 만발한 초원을 찾아갔다. 기억할 만한 날이었다.[13] 가파른 오르막길을 오르는 동안 사람 하나 보이지 않았고, 매미 소리와 둔탁한 말발굽 소리, 가끔 들리는 뻐꾸기 소리 외에는 고요했다.

셸리는 집 안에 서재를 마련했지만 광활하게 펼쳐진 하늘과 서쪽에서 흘러든 구름이 몰고 온 갑작스러운 폭풍우에 흥분했다. 오래지 않아 셸리는 숲속의 개천을 발견했고 그곳에서는 홀가분하게 문명의 외적 장식들을 벗어던져도 괜찮다고 느꼈다. 친구 피콕에게 보낸 편지에서 그는 자신의 일상을 묘사했다.

나는 옷을 벗고 바위에 앉아 헤로도토스를 읽는 습관이 들었네. 땀이 식으면 바위 끝에서 이 샘으로 뛰어들지. 뜨거운 날씨에 극히 상쾌한 일이라네. 이 급류는 사실 일련의 웅덩이와 폭포를 만들어 냈는데, 난 목욕하다가 가끔 폭포에 올라가서 온몸에 물보라를 맞는다네.[14]

여기서 셸리가 그린 자화상을 보면 그를 만난 사람들이 그의 터무니없는 독창성, 장난기 또는 이른바 천재성에 놀라는 이유를 짐작할 수 있다. 젖은 바위에 알몸으로 앉아 고대 그리스어를 읽을 사람이 달리 누가 있을까? 수영을 할 줄도 모르면서 물웅덩이에 뛰어들고 그 장면을 고지식한 영국 친구들에게 묘사할 사람이 또 있었을까? 오직 셸리만이 끊임없이 영감을 찾으며 뮤즈를 불러내려고 할 수 있는 일을 다 했다.

셸리가 처음 메리에게 웅덩이에서 함께 목욕하자고 말했을 때 잘 기억하고 있었듯이, 메리는 알몸으로 목욕하는 것을 절대 좋아하지 않았다. 하지만 설사 좋아했더라도 메리는 먼저 생각해야 할 열 달 된 아기와 두 살배기 아이가 있었다. 새집에는 산의 공기가 풍부한 바람을 타고 창문으로 들어오고, 힘차게 흐르는 강물의 광채가 보이고, 마을 시장에는 신선한 채소와 과일이 넘쳤다. 메리는 놀이 시간, 잦은 목욕, 영양가 있는 식사로 구성된 일상의 체계를 세웠다. 윌마우스는 클레어 이모나 밀리와 놀기는 했지만 엄마를 더 좋아했고, 메리는 보답으로 아들이 발견한 것에 즐겁게 감탄해주고 아들의 질문에 대답해주고 넘어지면 달래주었다. 그러는 동안에 어린 클라라는 첫 이가 나기 시작해서 종종 너무 아팠는데 아이를 달랠 수 있는 사람은 엄마뿐이었다.

메리는 이런 일로 방해받는 것을 싫어하지 않았다. 첫아기가 죽은후 메리는 건강한 두 아이를 가진 것에 감사했다. 옥수수수염 같은 머리칼에 요정처럼 긴 얼굴, 표정이 풍부한 큰 눈을 가진 윌마우스는 버릇없이 구는 적이 거의 없었고 메리처럼 조용했으며 엄마에게서 떨어지지 않았다. 셸리는 아기들을 "악을 쓰며 울어대는 애들"이라고 부르며 싫어했지만, 이제 아빠의 놀이와 농담에 웃을 수 있을 만큼 자란 윌리엄을 몹시 귀여워했다. 메리는 어머니가 쓴 육아 서적을 읽었고 윌마우스를 당시의 관행보다 훨씬 자유롭게 키웠다. 클라라가 걸을 수 있게 되면 딸에게도 똑같이 자유를 허용할 계획이었다. 울스턴크래프트와 마찬가지로 메리는 소년소녀 모두에게 활발한 야외 활동이 필요하다고 믿었고, 빌라 베르티니에서는 그런 활동을 쉽게 찾을 수 있었다. 도로의 사고 위험 없이 윌마우스는 잔디밭으로 뛰어나갈 수 있고 클라라는 월계수 울타리로 기어갈 수 있었다. 이곳은 아이들에게 이상적인 장소였다. 윌마우스는 영국을 떠난 후로는 열병에 걸리지 않았다. 클라라도 나날이 점점 커지고 튼튼해졌다. 클라라가 이앓이를 하지 않을 때는 점점 독립적으로 자라면서 엄마에게 일할 시간을 주었다.

메리는 홀로 서재에서 아리오스토(Ludovico Ariosto, 1474~1533)를 읽는 데 전념했다. 이 르네상스 시인은 한때 이 지역에 살았는데, 메리는 즐겁게 자신이 사는 곳의 문학에 몰두했다. 셸리는 아리오스토의 시극 〈광란의 올란도〉에 열광했는데, 이 시는 기묘하게도 《프랑켄슈타인》과 유사한 점들이 있었다. 사랑에 거절당하자 올란도는 광적으로 살인을 저지르고 자신의 길을 가로막는 모든 것을 파괴한다. 게다가 괴물들이 등장하고 달 여행을 포함해서 여러 초자연적인 구절이 나오며 많은 비극적인 연애 사건도 등장한다. 바로 셸리 부부가 즐겨 읽는 종류의 문학 작품이었다.

한편 셸리는 자신의 다음 작품으로 플라톤의 《향연》을 번역하겠다고 결정했다. 오늘날에는 이 결심이 고루한 학구적 선택처럼 보일지 모르지만, 1818년에 《향연》은 부도덕한 책으로 여겨졌다. 그 책이 동성애를 솔직하게 논의하고 있기 때문이었다. 실제로 옥스퍼드대학이 플라톤의 어느 작품이든 대학 승인 도서 목록에 포함시키는 데 30년 이상의 시간이 걸렸다. 하지만 물론 셸리에게는 바로 그 점이 매력적으로 보였다. 메리는 아침마다 그리스어를 공부하고 불규칙 동사를 외우고 어휘를 배우는 등 최선을 다해 번역을 도왔다. 셸리처럼 메리도 플라톤의 사상을 받아들여 마리아 기즈번에게 편지를 썼다.

사실 구체적인 많은 부분에서 (《향연》은) 현재 우리의 관습에 충격을 줍니다. 하지만 고대의 작품들을 읽으려면 우리 자신을 우리 시대에서 그들의 시대로 옮기고 우리의 도덕이 아니라 그들의 도덕으로 판단해야 합니다.[15]

메리와 셸리는 셸리가 "개화된 사랑"이라고 부르는 것을 믿었다. 셸리에게 진정한 사랑은 단순히 육체적 매력이 아니었다. 그와 메리는 정욕을 넘어선 차원에 존재했다. 그들의 영혼은 "두 개의 정교한 수금"의 현처럼 서로 조율되어 하나로 "진동했다".[16] 셸리는 자신의 번역에 대한 해설에서 남녀 간의 힘의 불균형으로 인해 남성은 주인이 되고 여성은 노예가 되었으며, 평등이 없으면 진정한 사랑도 있을 수 없다는 울스턴크래프트의 주장을 강조했다. 이 주장은 플라톤의 신념이기도 했다. 하지만 플라톤은 그런 이상적인 사랑은 남성들 사이에서만 존재할 수 있다고 생각했다. 셸리는 플라톤의 생각이 잘못되었다고 주장했다. 여성은 플라톤이 가정했듯이 열등한 존재가 아니었다. 울스턴크래프트와 그녀의 딸은 여성이 노예에서 해방되었을 때 얼마나 뛰어난 존재가 될 수 있는지를 보여주는 실례였다.

셸리가 묘사한 고대 그리스 여성들에게 결핍된 요소(그리고 그리스 남성들이 서로 사랑을 찾아야 했던 이유)는 그가 메리에게서 발견했다고 느낀 것을 설명하는 데 도움이 된다.

(고대 그리스의 여성들에게는) 도덕적이고 지적인 아름다움이 전혀 없었다. 그런 아름다움이 있어야 지식 습득과 감정 수양이 활기를 띤다. 압도적인 우아함으로 새로운 생명이 깃들어야 그 사람의 얼굴과 몸짓이 활기를 띠는 것과 마찬가지다. 고대 그리스 여성들의 눈은 정신의 활동을 통해 심오하고 복잡해질 수 없었고, 영혼이 엮은 미로에 감정을 얽어맬 수 없었을 것이다.[17]

메리는 셸리가 이른바 "사물의 진실을 꿰뚫어 보는" 메리의 능력을 좋아한다는 것을 알고 있었다.[18] 셸리는 메리의 불그레한 금발이나 흰 어깨, 매끄러운 이마나 섬세한 입 때문에 그녀에게 끌린 것이 아니라고 거듭해서 말했다. 물론 그런 것이 도움이 되었지만, 가장 중요한 것은 메리의 정신과 마음이었다.

7월에 메리는 셸리의 번역본을 출판사에 보낼 수 있도록 단정한 필체로 옮겨 썼다. 그 필사 작업을 하면서 차분한 만족감을 느꼈다. 메리는 헌트 부부와 아버지에게 편지를 썼고, 그녀와 셸리는 그들과 자주 연락을 주고받았다. 메리는 아버지의 편지를 무척 기다렸지만, 그의 편지는 언제나 좋은 내용과 나쁜 내용이 섞여 있었다. 고드윈은 자신의 재정 문제를 자세히 설명하면서 자신의 빚을 갚는 것이 셸리의 책임이라고 주장했다. 메리는 남편의 재정 상태도 엉망이라는 것을 알고 있었지만 아버지를 실망시키고 싶지 않았다. 또한 고드윈은 메리의 가장 혹독한 비평가 역할을 떠맡았고 딸에게 새 작품에 착수하라고 촉구했다. 심지어 메리가 다뤄야 한다고 생각하는 주제—영국 혁명의 역사—까지 제시했다. 하지만 메리는 새로운 과제를 시작할 준비가 되어 있지 않다고 느꼈다. 메리는 셸리의 플라톤 번역에 푹 빠져 지내며 행복해했고, 셸리가 이 아름다운 언어에 통달한 것을 높이 평가했다. 셸리의 번역을 읽으면 마치 남편과 그의 학자 친구들의 철학적 토론을 듣는 것 같았다.

7주 동안 그들은 언덕 꼭대기에 틀어박혀 즐겁게 지냈다. 윌마우스가 처음으로 "아빠"라고 말하자 셸리는 열광했고, 11개월 된 클라라는 첫걸음마를 하기 직전이었다. 클라라는 약간 단단한 음식을 먹기 시작했고, 아직 걷지는 못했지만 가구에 기대 몸을 일으켜 세우고 모험에 나선 오빠를 뒤따라 기어갈 수 있었다. 창밖의 새를 가리키고, 까꿍 놀이를 하고, 윌마우스의 익살스러운 행동에 소리 내 웃으며, 마을로 나들이 가는 것을 즐길 수 있는 바로 그 나이였다. 메리는 귀여운 딸을 보며, 두 번째로 딸을 얻은 이 멋진 기회에 기뻐했다. 메리와 클레어는 클라라에게 울스턴크래프트가 물려준 독립심과 지식에 대한 갈망을 가르칠 것이다. 이 아이가 무엇을 성취할지 누가 알겠는가?

하지만 8월 중순에 폭염이 밀려와 산을 뒤덮었고 견딜 수 없을 정도로 습해져서 모두가 힘들어했다. 클라라, 또는 셸리가 부르는 말로 귀여운 카가 고열에 시달려서 메리는 몹시 걱정했다. 클레어는 발목이 나았지만 셸리와 숲속에서 말을 타다가 다른 다리를 다치고 기분이 언짢았다. 셸리는 메리와 클레어의 관심을 모두 잃고 불안해했다.

그런데 8월 14일과 16일에 베니스에서 두 통의 편지가 연달아 도착했다. 엘리스의 편지에는 바이런 경과의 생활이 재앙이라고 써 있었다. 바이런은 엘리스에게 앨러그라를 데리고 집을 나가라고 했고, 클레어가 딸을 아낀다면 즉시 앨러그라를 바이런의 손아귀에서 구해내야 한다는 내용이 담겨 있었다. 엘리스는 바이런은 너무 방탕해서 앨러그라를 미래의 정부로 키우고 싶어 한다고도 했다. 이런 주장은 터무니없었지만 클레어는 엘리스의 말을 액면 그대로 받아들였다. 메리와 셸리는 동의하지 않았다. 하지만 엘리스가 그렇게 절박하게 애원하는 편지를 쓴 것을 보면 뭔가 끔찍한 일이 일어난 게 분명하다고 그들도 생각했다. 바이런이 술에 취해 엘리스를 폭행했을 수도 있다. 어쩌면 엘리스는 자신의 안전 때문에 겁이 났을 수도 있다.

클레어가 강력히 주장했기에 셸리는 그녀와 파올로를 데리고 즉시 베네치아로 떠났다. 메리는 언짢은 기분으로 밀리와 두 아이와 함께 집에 남았다. 갑자기 빌라 베르티니의 정적이 무섭게 느껴졌다. 가족들과 함께 안락하게 지낼 때는 고립된 생활이 좋았지만 지금은 너무 외롭게 느껴졌다. 두 살 반 된 아이와 11개월 된 아이는 가장 좋은 상황에서도 감당하기 힘들었다. 끈적끈적한 여름철의 무더위는 계속되었고 클라라는 열이 치솟았다. 아이의 이빨이 한꺼번에 다 나오는 것 같았다. 처음으로 아기를 돌본 밀리는 아무 조언도 해줄 수 없었고, 아기는 심하게 아플 때는 엄마의 무릎을 떠나려 하지 않았다. 밀리는 무기력하고 지루해하는 윌마우스를 즐겁게 해주려고 애썼지만 윌마우스도 엄마에게 매달렸다. 어쩔 줄 몰라 메리는 기즈번 부부에게 도움을 청하는 편지를 보냈다. 마리아는 메리가 보낸 편지의 어조에 놀라 최대한 빨리 도착했고, 몹시 아픈 딸을 안고 있는 메리를 보았다. 마리아는 최선을 다해 도왔지만 메리의 두려움을 가라앉힐 수는 없었다. 첫아기의 죽음이 젊은 엄마의 뇌리를 떠나지 않았다. 카를 잃는다는 것은 생각만으로도 견딜 수 없었다.

이 비참한 상황에 셸리가 보낸 편지가 날아들었다. 메리는 그가 어떻게든 집안의 상황이 얼마나 끔찍한지를 직감하고 집으로 오고 있기를 바라며 편지를 펼쳤다. 그러기는커녕 셸리는 메리에게 즉시 베네치아로 와야 한다고 말했다. 셸리는 메리의 여행 계획을 세웠고 그녀가 도착하는 데 걸릴 날짜를 계산해서 짐을 싸는 데 하루, 여행하는 데 나흘이 걸릴 거라고 말했다. 바이런에게 거짓말을 했기 때문에 메리가 와야 한다는 것이었다. 셸리는 앨러그라를 맞으려고 기다리는 사람이 클레어가 아니라 메리라고 바이런에게 말했다. 바이런은 클레어에 대한 '공포' 때문에 아이를 넘겨주지 않으려 했다.[19] 또는 역설적이게도 바이런은 셸리와 클레어가 단둘이 지내는 것을 못마땅하게 생각할 수 있었다. 어린 앨바를 구하고 싶으면 메리가 와야 했다.

메리는 즉시 결정을 내려야 했다.[20] 짐을 싸기 시작하든지 아니면 집에 남아 셸리를 실망시키고 어쩌면 앨러그라를 위험에 빠뜨릴 수 있었다. 셸리가 자신을 버릴지 모른다는 해묵은 걱정이 다시 떠올랐다. 자기가 베네치아로 가지 않으면 남편이 다시는 돌아오지 않을지 모른다. 어쩌면 클레어가 남편을 빼앗는 데 성공할지도 모른다. 메리는 셸리 곁으로 날아가기를 갈망했다. 하지만 메리의 마음은 두 갈래로 찢어졌다. 클라라의 열은 갈수록 심해졌고, 당시 가장 위험한 질병이었던 이질로 고통스러워하기 시작했다. 탈수 증세가 나타나서 클라라는 안정과 수분과 휴식이 필요했다. 베네치아까지 여행하려면 덥고 힘들고 오랜 시간이 걸릴 것이다. 여관도 음식도 믿을 수 없었다. 하지만 셸리를 실망시킨다는 생각은 견디기 힘들었다. 메리가 짐을 싸면서 스물한 번째 생일날을 보내는 동안 마리아는 클라라를 돌봐주었다. 정확히 21년 전에 일어났던 일이 섬뜩하게도 반복되었다. 이번에 마리아가 돌본 것은 울스턴크래프트의 엄마 없는 딸이 아니라 메리의 딸이었지만 말이다.

메리는 8월 31일에 떠났다. 셸리는 일을 도우라고 파올로를 보냈지만 여행을 조금이라도 편안하게 만드는 데 하인이 할 수 있는 일은 거의 없었다. 셸리가 말한 대로 나흘이 걸렸다. 마침내 베네치아에서 열 시간 정도 떨어진 에스테에 도착해서 바이런이 그들에게 빌려준 저택에 들어섰을 때 클라라는 의식이 오락가락했다. 아이는 눈을 떴을 때도 아무도 알아보지 못하는 것 같았다. 윌마우스도 동생을 미소 짓게 만들 수 없었다.

클레어와 앨러그라, 그리고 셸리가 그들을 맞이했고, 셸리는 메리를 위해 쓴 아름답고 짧은 시 한 편을 낭송했다. "둥근 달이 뜨기 전의 노을처럼/ 서쪽 별이 빛을 발하기 직전의 황혼처럼/ 사랑하는 이여, 그대는 내게 그렇다네."[21] 클라라의 상태는 더 나빠졌지만 남편의 사랑에 대한 이 증언을 듣고 메리는 기분이 나아졌다. 분명히 딸은 여기서 회복될 것이다. 어쨌든 셸리는 걱정하지 않았고, "가엾은 어린 카"가 나을 거라고 아내에게 말했다.[22] 바이런의 집인 일 카푸치니는 그가 사는 곳이 모두 그랬듯이 웅장했다. 롬바르디아 평원에 자리 잡은 이 저택의 정원에서 서쪽으로는 아펜니노산맥을, 동쪽으로는 "멀리 아득하게 사라지는" 지평선을 바라볼 수 있었다.[23] 빌라 베르티니의 숲속에서 살다가 멀리까지 훤히 트인 지역을 보니 기분이 좋았다. 석조 포장도로를 따라 아치형 구조물 아래로 내려가면 나오는 여름 별장에서 셸리는 매일 일했다. 가까이 바로 계곡 건너편에 폐허가 된 에스테 성이 있었는데, 성벽이 너무 거대해서 윌리엄이 소리를 지르면 멋진 메아리가 울렸다. 밤이 되면 올빼미와 박쥐가 "휙" 스쳐 지나가고, "검고 육중한 흉벽 뒤편으로 지는 초승달"을 볼 수 있었다.

클라라는 버텼지만 상태는 호전되지 않았다. 9월 2일에 한 살이 된 클라라는 9월 말이 되면서 점점 더 약해졌다. 셸리는 바이런을 찾아갔고, 바이런은 베네치아에 있는 그의 주치의에게 진찰을 받으라고 권했다. 메리는 윌리엄을 클레어와 밀리에게 맡기고 클라라와 함께 9월 24일 새벽 3시에 에스테를 떠났다. 열 시간이 넘는 여행 끝에 아기가 경련을 일으키기 시작했다. 메리는 어찌할 바를 몰라서 아픈 아이의 이마에 입을 맞추고, 머리칼을 부드럽게 넘겨주고, 위로의 노래를 부르고, 물을 한 모금 삼키게 하려고 애썼지만 어떻게 해도 그 끔찍한 과정을 늦출 수 없었다. 클라라는 죽어 가고 있었다. 홀로 지치고 격한 감정에 압도된 메리는 "베네치아에 빨리 도착하는 데 생사가 걸려 있다"고 생각했다.[24]

마침내 도착했을 때 셸리는 서둘러 그들을 여관에 들어가게 했다. 셸리가 의사를 찾으러 간 동안에 메리는 아기를 안고 복도에서 서성였다. 하지만 너무 늦었다. 셸리가 돌아왔을 때 카는 이미 숨을 멈춘 뒤였다. 메리는 어린 딸을 꼭 끌어안고 놓지 않았다. 셸리에게 아무 말도 하지 않았고, 필수적인 수습도 돕지 않았다. "이것은 불행의 일기장"이라고 메리는 그날 밤에 적었다.[25] 그 공책에는 패니와 해리엇의 죽음을 포함해서 지난 일 년간의 기록이 적혀 있었다. 바이런과 상의한 후 셸리는 클라라를 리도 섬에 묻었다. 아무 표식도 세우지 않았고 그 이후에도 다른 조치를 하지 않았다. 현재 리도는 사람들로 붐비는 해변 휴양지가 되었다. 누군가 어린 클라라를 기리고 싶으면 혼잡한 인파와 수영복을 입은 관광객들, 피자 가게 앞에 길게 늘어선 줄, 모래 위를 산책하는 커플들에 용감하게 맞서서 클라라 셸리에게 바칠 자신만의 기념비를 상상해야 한다.

바이런은 비탄에 빠진 메리를 찾아왔고, 출판사에 보낼 자신의 시 두 편을 필사하는 작업을 맡겨서 메리의 관심을 다른 곳으로 돌리려 했다. 자기중심적으로 들리겠지만 바이런은 메리의 회복을 돕고 싶었고, 자기 방식대로 그녀에게 기분 전환 거리를 제공한 셈이었다. 메리는 바이런을 위해 그 시를 필사하기로 정중하게 동의했지만 치유는 요원했다. 에스테에서 윌마우스를 다시 보았지만 기분이 나아지지 않았다. 앨러그라와 함께 있는 클레어를 보면 날카롭게 찔리는 듯한 고통을 느꼈다. 클레어를 돕기 위해 이탈리아를 가로질러 여행하지 않았더라면 어린 딸이 아직 살아 있을 거라고 생각했다. 셸리에게도 잘못이 있었다. 좀 더 신중하게 판단했어야 했고 지나친 요구를 하지 않았어야 했다. 만일 그가 귀여워하는 윌리엄이 아팠다면 결코 여행을 허락하지 않았을 것이다.

불운하게도 베네치아로 여행하게 만든 엘리스의 주장은 이제 메리에게 중요하지 않았다. 하지만 셸리는 앨러그라가 바이런과 함께 사는 것이 안전한지를 알아내려고 애썼고, 결국 엘리스의 주장이 거짓이라고 판단했다. 그는 엘리스가 문제를 과장했다고 클레어를 설득했고, 클레어는 다시 앨러그라를 바이런에게 넘겼다. 그리고 바이런은 아이를 베네치아 주재 영국 영사 리처드 호프너와 그의 아내에게 맡겼다. 하지만 엘리스는 바이런과 함께 지내기를 거부했는데, 이는 그녀가 느낀 공포가 앨러그라보다 자신의 상황과 더 밀접하게 관련되어 있다는 증거였다. 셸리는 엘리스를 윌마우스의 유모로 데려오고 밀리를 영국으로 돌려보냈다. 클라라가 죽기 전에 그들은 나폴리에서 겨울을 보내기로 결정했었다. 셸리는 계획대로 가족의 짐을 꾸리고 혼자서 여행을 준비했다. 메리는 돌처럼 굳은, 깨지지 않는 침묵 속으로 침잠했다. 메리의 통렬한 비탄과 그에 대한 무심함에 슬픔을 느낀 셸리는 비밀 공책에 자신의 애가를 기록했다.

그대는 행복한 시간들을 잊을 것인가?
우리는 그 시간을 사랑의 감미로운 정자에 묻고
그 차가운 시신 위에 흙 대신

꽃과 이파리를 수북이 쌓았지.

죽은 자와 과거를 잊을 것인가? 오 하지만

그것에 복수하려는 유령이 있네,

마음을 무덤으로 만드는 기억들,

영혼의 어둠 속으로 빠져 들어가는 후회,

섬뜩하게 속삭이며 말하지

기쁨은, 일단 잃으면, 고통이라고.[26]

사실 셸리는 이 시를 메리에게 숨길 필요가 없었다. 메리가 이 시를 읽었더라면 비난으로 받아들이기보다는 고개를 끄덕이며 동의했을 것이다. 메리에게는 모든 기쁨이 실로 사라졌다. 그 대신 고통이나 침울함보다 더 나쁜, 끔찍하고도 가슴을 아리게 하는 공허함이 자리 잡고 있었다. 메리는 자신이 다른 사람들에게 준 상처 때문에 벌을 받고 있는 것인지 모른다고 생각하게 되었다. 어쩌면 이것은 해리엇의 복수일지 몰랐다.

22장

임레이에게 보낸 편지
메리 울스턴크래프트 1794~1795

1794년 늦여름에 임레이가 런던으로 떠난 후 메리는 패니를 데리고 파리로 가기로 결심했다. 임레이가 떠나자 전에 르아브르에서 느꼈던 변변치 않은 매력도 사라졌다. 메리는 동생들에게서 아직 편지를 받지 못해 자기 혼자라는 고립감이 더 커졌다. 일라이자와 에버리나 쪽에서는 다른 방법이 없어서 존슨에게 편지를 썼다. 메리의 짐작대로 자매는 언니의 편지를 전혀 받지 못했기에 존슨을 통해서 메리의 '남편'과 아이 소식을 듣게 되었다. 이제 동생들은 이 새로운 상황이 자기들의 삶에 어떤 영향을 끼칠지 기다리고 있었다. 메리가 아기를 보러 오라고 파리로 초대할까? 메리가 미국인 남편과 함께 살자고 할까? 자기들은 마침내 직장을 그만둘 수 있을까? 우편 사정을 여전히 믿을 수 없었기에 이러한 질문들에 대한 답변은 당분간 얻을 수 없었다.

메리는 파리로 출발할 때 비용을 절약하려고 일반 역마차를 탔다가 마차가 네 번이나 쓰러질 뻔해서 깜짝 놀랐다. 패니는 메리에게 매달려 울면서 엄마 무릎에서 떨어지지 않으려 했다. 마침내 아기를 안고 내린 메리는 곧장 임레이의 옛 아파트로 갔다. 하지만 그곳에 도착하자 그의 부재가 더 손에 잡힐 듯이 느껴질 뿐이었다.

그래도 하루하루 지나면서 메리는 파리에서 생활하는 데 적응해 나갔다. 파리가 서서히 활기를 되찾아 가는 것도 도움이 되었다. 사람들은 거리를 거닐었고, 옷을 차려입고 파티와 극장에 갔고, 당국에 대한 두려움 없이 웃고 수다를 떨었다. 야외에서 콘서트와 축제가 열렸고, 그중에는 리슐리외 호텔에서 열린 유명한 '희생자 무도회'처럼 파리 시민들이 경험한 트라우마를 새로운 방식으로 기념하는 행사도 있었다. 메리는 이 무도회에 가지 않았지만, 메리가 파리에 도착했을 때는 모두들 그 무도회 이야기뿐이었다. 단두대에서 친지를 잃은 사람들만 초대되었다. 남자들은 희생자처럼 보이려고 머리를 짧게 잘랐고 여자들은 목에 빙 둘러 붉은 선을 가늘게 그렸다. 이 무도회처럼 섬뜩한 다른 사건도 있었다. 9월 21일에 메리는 패니를 데리고 팡테옹에 가서 자코뱅파가 미라보(Honoré Gabriel Mirabeau, 1749~1791)의 시신을 파내고 그 자리에 장폴 마라를 묻는 광경을 보았다. 미라보는 혁명 초기의 지도자였지만 자코뱅들은 그가 너무 온건하다고 경멸했고 미라보보다 급진적이었던 마라는 그들의 영웅이었다. 메리는 미라보를 대단히 존경했다. 패니는 무슨 일이 일어나는지 알지 못한 채 "시끄러운 음악"과 "진홍색 조끼"에 즐거워했다고 메리는 임레이에게 썼다.[1]

몇몇 변화들은 메리에게 더 희망적으로 보였다. 자신의 첫 고용주였던 킹스버러 부인과 도슨 부인이 예전에 매우 중요하게 여겼던 '인공적'인 장식을 피하는 것이 대유행이라는 것을 알고 즐거워했다. 실크, 새틴, 벨벳, 브로케이드(다채로운 무늬를 넣어 짠 비단), 리본은 구체제의 길을 따라갔고, 패니어와 후프*, 잘록한 허리는 귀족적 특권의 냄새를 풍겼다. 디자이너들은 새로운 영감을 얻기 위해 고대 로마와 그리스로 눈을 돌렸다. 가운은 인체의 자연스러운 아름다움을 감추는 것이 아니라 드러내도록 만들어졌다.

이런 변화가 영국해협을 건너왔을 때 영국의 많은 고지식한 여성들은 저항했지만 메리는 과거의 부자연스러운 스타일을 흔쾌히 내버렸다. 복잡하고 활동을 제약하는 속옷을 입지 않으니 활동하기 쉬워졌다. 드레스의 허리선이 높아져서 숨쉬기가 편해지고 긴 보폭으로 걸을 수 있었고, 치마를 세로로 길게 잘라서 훨씬 자유롭게 움직일 수 있었다. 밝은 색깔의 면, 다채로운 투명한 천, 얇은 인도산 모슬린은 그리 무겁지 않다는 또 다른 장점이 있었는데, 이것도 해방에 기여한 측면이었다. 실제로 여성들은 누구 옷이 가장 가벼운지를 놓고 경쟁하기도 했다. 의상 한 벌의 무게가 신발과 장신구를 포함해서 230그램밖에 나가지 않은 경우도 있었다.

투명한 소재의 새 가운이 상상력을 발휘할 여지를 별로 남기지 않은 것은 사실이지만 메리는 그렇게 나쁘다고 생각하지 않았다. 메리는 인간의 몸이 아름답다는 푸젤리의 말에 동의했고, 임레이는 메리에게 관능의 즐거움을 알려주었다. 게다가 투명하게 흘러내리는 의상은 메리의 조각 같은 몸매에 잘 어울린다는 이점도 있었다. 예전에 메리를 흠모했던 폰 슐라브렌도르프 백작도 파리로 돌아왔는데, 메리가 예전보다 더 자신을 "매료시켰다"고 말했다.[2] 백작은 메리와 로맨틱한 관계로 나아가고 싶었겠지만 메리는 임레이에게 여전히 충실했다. "메리는 순결이 신의에 있다고 생각한다"고 백작은 불평했다. 하지만 거절당한 뒤에도 백작은 자주 그녀를 찾아왔다. 메리는 그의 다른 지인들보다 훨씬 매력적이었고, 그는 파리의 정치에 대한 메리의 통찰력 있는 논평을 높이 평가했다.

---

* 패니어는 스커트를 넓게 퍼지게 하고 고정하기 위해 고래 뼈와 철사 따위로 만든 테이고, 후프는 이와 비슷한 버팀용 지지대이다.

존슨이 《프랑스혁명에 관한 역사적·도덕적 견해》 원고료를 미리 지급했기 때문에 메리는 일 년 넘게 수입이 없었다. 임레이가 어느 미국인 친구에게 메리가 필요로 할 때마다 자금을 제공하라고 말해 두었지만 메리는 이 제안을 거절했다. 임레이의 정부가 되고 싶지 않았고, 그의 돈을 받는 것은 위험하게도 그런 종류의 합의에 가까워 보였다. 이제는 어린 딸을 돌볼 사람이 없었기 때문에 아주 사소한 일도 큰 문제가 되었다. 패니가 젖을 먹어야 하거나 병에 걸리거나 떼를 쓰면 어떻게 해야 할까? 메리는 아기를 안고 장을 보러 가고 친구들을 만나고 심지어 신문을 사러 갔다. 그녀는 심신이 지쳤다. 하지만 걱정이 많아서 잠을 이룰 수 없었고, "나를 불안하고 피곤하게 만드는 생각과 공상의 흐름"에 빠졌다.[3] 그러다가 간신히 잠이 들면 패니가 엄마를 깨웠고 젖을 먹고 다시 잠이 들 때까지 울었다.

얼마 남지 않은 돈을 아끼려고 메리는 더 값싼 숙소로 이사하기로 결정했다. 임레이가 지난 9월에 집세를 내지 않았기 때문이었다. 새 숙소는 독일인 가족과 함께 사는 곳이었는데, 남편이 아내를 도와 아이들을 돌보는 모습을 보자 눈물이 고였다. 메리는 멀리 있는 임레이에게 계속 편지를 썼고, 심금을 울리게 상황을 묘사하면서 이런 짧은 글을 보면 그가 돌아올 마음이 들 거라는, 도저히 바랄 수 없는 희망을 품었다.

어린 딸과 아주 오랫동안 놀아주며 웃었더니 당신에게 태연히 펜을 들고 편지를 쓸 수 없군요. 아이를 내 가슴에 꼭 끌어안으면 아이가 당신을 너무 닮아 보여. … 그 감촉에 온몸의 신경이 떨리는 것 같고, 나는 남편과 아내가 한몸이라는 주장에 뭔가 중요한 의미가 있다고 생각하게 되었어요. 당신이 내 온몸에 스며들어 내 심장을 빨리 뛰게 하고 공감 어린 눈물이 나오도록 자극하니까요. … 나는 당신이 딸

을 더욱더 사랑하리라는 것을 알고 있어요.[4]

메리는 어느 편지에서 "당신의 아이를 보호하고 싶다면, 딸의 엄마에게 위안을 주고 싶다면, 당신 자신을 잘 돌보세요"라는 말로 마무리지었다.[5]

하지만 사실 패니에게는 보호자가 없었고, 메리에게는 위안을 주는 사람이 없었다. 임레이의 편지는 점점 뜸해졌고 점점 무심해졌다. 아무 도움도 받지 못했기에 메리는 일할 시간도, 기운도 없었다. 책도 읽을 수 없었다. 파티와 살롱에 자주 초대를 받았지만 패니를 혼자 둘 수 없어서 갈 수 없었다.

마침내 자포자기한 심정으로 메리는 임레이의 친구를 찾아가서 돈을 부탁했다. 이런 부탁을 해야 하는 것이 싫어서 임레이의 돈벌이 계획을 비난하면서 그의 친구에게 싸움을 걸었다. 남자는 임레이가 돌아오지 않는 것을 두고 메리를 비웃었고, 메리는 임레이에게 불만을 토했다. "당신이 거기 머물기로 결정했다는 것 때문에 그 남자는 아주 남자답지 못하게도 의기양양하게 굴더군요."[6]

하지만 그 수모는 그만한 가치가 있었다. 그 돈으로 정말 뛰어난 하녀 마르그리트를 구할 수 있었던 것이다. "생기 넘치는" 젊은 여성 마르그리트는 새 일거리를 찾고 있었고 메리가 죽을 때까지 충실하게 메리 옆을 지켰다.[7] 메리는 집안일을 할 하인도 한 명 고용했다. 그래서 마침내 자유롭게 일을 조금씩 하고 연회나 티파티에 갈 수 있었다. 메리는 프랑스어를 공부했고 스스로 자기에게 "일을 맡겨 즐거운 시간을 보냈으며" 임레이 부인으로서 활기차게 파티에 나갔다.[8] 하지만 옛 친구들 가운데 죽거나 프랑스를 탈출한 사람들이 많았다. 발로 부부는 독일로 갔고 헬렌 마리아 윌리엄스와 크리스티 부부는 스위스로 갔다. 토머스 페인은 아직도 감방에 갇힌 채 날로 쇠약해지고 있었는데, 영국인 친구들이 그를 면회하는 것은 너무 위험했다. 그래도 메리는 새로운 사람들을 많이 만났다. 이 가운데 메리의 발랄함과 예리한 지성에 매력을 느낀 남성 지인들이 몇 명 있었다. 아일랜드에서 망명한 아치볼드 로완은 "메리의 행동 방식이 흥미로웠고 대화는 활기찼다"고 말했다. 그는 종종 메리의 숙소에 들러 "차 한 잔과 한 시간가량 이성적인 대화"를 즐겼다고 기록했다.[9] 마음이 편안할 때면 메리는 임레이를 가볍게 놀렸다. 빨리 돌아오지 않으면 "나는 〈라 마르세예즈〉를 지은 클로드 조제프 루제 드릴과 반쯤 사랑에 빠질 거예요. 그는 잘생겼고 … 바이올린을 감미롭게 연주하거든요."[10]

사실 메리는 남자들의 관심을 너무 끌어서 다른 여성들의 질투를 샀다. 악의에 찬 슈베제르 부인은 메리가 남자들과 불장난을 하느라 여자 친구들을 무시한다고 중얼거렸고 메리에 대해 악의적인 이야기를 했다. 자기가 메리에게 석양을 보러 오라고 손짓하며 "이리 와요, 메리. 자연을 사랑하는 메리, 이리 와서 이 멋진 장관을 봐요. 색깔이 시시각각으로 변하는 광경을 즐겨요!"라고 말했는데 메리가 "그 순간 매혹을 느낀" 남자 때문에 자기를 무시했다며 이렇게 말했다. "이런 성적인 몰입은 내게 너무 불쾌한 인상을 주어서 즐거운 기분이 모두 사라졌다고 고백할 수밖에 없군요."[11] 그러나 남편인 슈베제르 씨가 얼마 전에 메리에게 매력을 느꼈다고 고백했기 때문에 부인의 동기는 악의적일 가능성이 높다.

낮이 짧아지면서 메리의 돈은 다시 바닥나기 시작했다. 1794년 겨울은 기록상 가장 추웠다. 빵 값은 치솟았고 고기는 생각도 할 수 없는 사치품이 되었다. 장작 가격이 너무 비싸서 많은 파리 시민들은 가구를 땔 수밖에 없었다. 12월 말에 임레이에게 보낸 메리의 편지는 신랄하게 비판적이었다. 메리는 두 《옹호》에서 사용한 명료하고 대담한 구절로 그의 상업적 야심을 비난했다.

당신은 처음 이 계획에 착수했을 때 천 파운드를 버는 것으로 목표를 한정했었죠. 그 돈이면 미국에 농장을 마련하는 데 충분했고, 그러면 독립적인 생활을 할 수 있었을 겁니다. 이제 당신은 예전에 자기 마음을 몰랐다는 것과 인생에서 어떤 위치는 당신이 상상했던 것보다 더 필요하다는 것, 부패하지 않은 마음보다 더 필요하다는 것을 알게 되었군요.[12]

좌절하고 버림받은 심정이었지만 메리는 임레이의 상업주의에 반대하는 윤리적 입장을 가까스로 세울 수 있었다. 메리의 편지는 개인적이면서도 철학적이고, 지난 여름철에 발전시키기 시작한 개념—돈벌이에 전념하는 삶과 대조적인 정신의 삶에 관한 문제—을 면밀히 검토했다.

나를 믿으세요, 현명한 당신. 당신은 상상력을 별로 존중하지 않는군요. 나는 상상력이 감정의 어머니이고, 대단히 특별한 우리의 본성이며, 열정의 유일한 정화 장치라는 것을 순식간에 증명할 수 있어요. … 이 차가운 진흙덩이 피조물에 생기를 불어넣기 위해 하늘에서 훔친 진정한 불은 상상력입니다. 상상력은 온갖 섬세한 공감을 만들어내어 황홀감에 이르게 하고, 사회가 얼마나 많은 안락함을 제공할지 계산할 여가를 주는 것이 아니라 사람들의 가슴을 확장해서 그들을 사회적으로 지킵니다.[13]

메리는 자신과 임레이의 갈등이 두 생활 방식의 싸움이라고 느꼈다. 이 생각에서 메리는 실제로 힘을 얻었는데, 그것은 그녀가 오로지 자신만을 위해서가 아니라 일반적인 원칙 즉, 상업적 거래보다 우월한 인간의 유대, 부의 획득보다 우월한 예술과 상상력을 위해서 이렇게 주장한다는 것을 의미하기 때문이었다. "나는 내 행복의 토대를 세우기 위해 무엇을 찾아야 하는지 압니다. 그것은 돈이 아닙니다."라고 메리는 선언했다.[14]

메리의 편지를 읽어보면, 철학적인 사색에 이따금 신랄한 비탄의 그늘이 드리워 있음을 알 수 있다. 하지만 일부 비평가들이 말했듯이, 메리의 이론적 논의는 그저 임레이를 되찾으려는 수단에 불과한 것이 아니었다. 울스턴크래프트는 경험이 풍부한 작가였고 꽤 유명한 공인이었기에 언젠가 자신의 편지가 출판될 수 있다고 생각했을 테고, 실제로 그렇게 되었다. 그러므로 울스턴크래프트는 임레이와 싸우고 있을 뿐만 아니라 미래를 위한 기록을 남기고 있었다. 비록 절망에 빠져 상심한 상태였지만 메리는 두 권의 《옹호》에서 시작하고 《프랑스 혁명에 관한 역사적·도덕적 견해》에서 발전시킨 주장을 구축하고 있었다. 중요한 것은 부와 권력이 아니라 사람들의 유대라고 말했다. 중요한 것은 물질적 소유나 사회적 지위가 아니라 가정에서의 유대감이다.[15] 타인에 대한 지배력을 획득하려고 평생을 보내는 것은 궁극적으로 공허한 노력이고 후회와 불행으로 이어질 노력이다.

결과적으로 독자는 이 편지를 실제로 읽게 될 때 연인들의 드라마뿐만 아니라 메리의 윤리적 입장을 접하게 될 것이다. 개인적이고 정치적이며 철학적인 요소들이 긴밀하게 엮인 메리의 입장은 결국 딸과 사위에게 중요한 의미를 지니게 된다. 상상력에 대한 찬사는 기묘하게도 셸리의 〈사슬에서 풀려난 프로메테우스〉의 개요처럼 들리기도 하고, 그의 《시의 옹호》의 몇 단락처럼 들리기도 한다. 정신의 삶을 옹호한 메리의 주장은 자기 딸이 많은 상실을 견뎌 나가도록 도와줄 테고, 소설을 쓰는 데도 영향을 끼칠 것이다. 메리와 셸리에게 울스턴크래프트의 편지는 전장의 함성이었고, 서로 충돌하는 두 이념 사이에서 본질적인 갈등의 한쪽 편을 대변했다.

임레이를 되찾으려는 몸부림에 지쳐 감기에 걸린 메리는 건강이 악화되어 폐까지 감염되었다. 자신이 죽고 패니가 세상에 홀로 남을지 모른다는 두려움 속에서 메리는 집주인인 다정한 독일인 가족이 딸을 키우게 해 달라고 임레이에게 말했다. 임레이는 메리를 구하러 급히 달려오지 않았지만, 적어도 그녀의 비참한 처지에 시달린 나머지 메리에게 런던으로 돌아오라고 말했다. 하지만 그의 어조가 냉정하게 느껴져서 메리는 그와 함께 산다고 해도 과연 영국으로 돌아가고 싶은지 확신이 들지 않았다. 영국 언론이 헬렌 마리아 윌리엄스와 롤랑 부인을 얼마나 호되게 비판했는지를 기사로 읽었기 때문에 자신도 똑같이 가혹한 반감에 직면하리라고 생각했다. 또한 패니가 그처럼 구속적인 환경에서 자라는 것을 원치 않았다. 그래서 자신이 프랑스에 머물면 딸이 더 자유롭게 살 거라고 임레이에게 말했다.[16] 설상가상으로 만일 임레이와 실제로 결혼하지 않았다는 사실이 알려지면 사회적 추방에 직면해야 했다. 게다가 임레이는 얼마나 믿을 수 있는 사람일까? "내가 전혀 매력을 느끼지 못할 뿐만 아니라 공포에 가까운 혐오감을 느끼는 나라에 돌아가서 결국 먹잇감이 되어야 한다고요!"[17]

이 편지에 임레이는 마음이 누그러져서 몇 달 만에 다정한 편지를 보냈다. "오로지 사업 때문에 당신에게서 떨어져 있었어요. 어느 항구로든 와요. 그러면 사랑하는 두 여자에게 날아가겠어요. 온전히 두 여자의 것인 마음으로."[18] 메리가 간절히 듣고 싶었던 말이었다. 임레이는 여전히 메리를 사랑했다. 여전히 아버지가 되기를 바랐다. 어쩌면 그의 잔인한 행동은 돈에 대한 집착 때문이었을 것이다. 그렇더라도 메리는 그가 돈벌이에 전념하는 것을 못마땅하게 여겼다. 하지만 잘못된 생각을 고집하는 것은 배신과 달랐다. 사랑하는 남자가 다른 여자와 사랑에 빠진 것보다는 사업에 지나치게 집착하는 것을 꾸짖는 편이 훨씬 나았다!

서둘러 돌아가려고 메리는 르아브르의 "선량한 사람들"에게 자신이 쓰던 가구를 구입할 사람들을 찾아 달라고 맡겼다.[19] 메리는 패니의 젖을 떼면서 프랑스에서 마지막 날들을 보냈다. 통념에 따르면 수유하는 여자는 남편과 성관계를 해서는 안 되었기 때문이었다. 젖 떼기는 아기에게 위안을 주지 않고 견디도록 내버려 두는 것을 의미했기에 슬프고 힘겨운 일이었다. 메리는 어린 딸과 다른 방에서 자려 했지만 사흘이 지나자 결국 포기하고 아이를 다시 안았다. 버림받는 것이 어떤 기분인지 메리는 너무나 잘 알고 있었다.

4월 9일에 메리과 패니, 마르그리트는 배를 타고 런던으로 향했다. 하지만 메리는 영국에 도착하면 어떤 상황에 직면할지 걱정되었기에 임레이에게 편지를 썼다.

나는 올겨울에 정말 불행했어요. 새로운 희망을 찾는 것이 평온을 되찾는 것만큼 어렵다는 것을 알았어요. ─이걸로 충분해─어리석은 심장이여, 뛰지 마라! ─어린 딸이 없었다면 심장이 고동치지 않기를, 실망의 괴로움을 알아차리지 못하기를 바랐을 거예요.[20]

마르그리트가 뱃멀미로 꼼짝달싹 못하자 패니는 엄마에게 꼭 달라붙었다. 메리는 차분한 마음을 유지하려 애썼지만 비참하게 실패했고, 임레이와 보냈던 두 번의 행복한 여름날의 기억을 떠올리며 곰곰이 생각에 잠겼다. 이윽고 메리는 패니의 성장과 아이의 우스꽝스럽고 영리한 말에 자신이 느낄 기쁨을 임레이가 함께 나누고 싶어 할 거라고 스스로를 설득했다. 이제는 당당하게 싸우는 미혼모가 되지 않아도 될 것이다. 사랑하는 남자의 사랑스러운 동반자가 될 것이다. 이제 마음을 털어놓을 사람, 부모의 짐을 견디도록 도와줄 사람이 옆에 있을 것이다. 자신과 임레이는 함께 파리의 독일인 친구들처럼 아늑한 가정을 이룰 것이다.

하지만 메리와 패니, 마르그리트가 1795년 4월 11일 토요일에 도버 항구에 내렸을 때 그들을 기다리는 임레이는 보이지 않았다. 메리는 급히 메모를 썼다. "내 사랑, 우리는 여기 도착했어요. 아침 일찍 출발할 거예요. 이 편지가 당신에게 닿을 수 있다면, 내일 저녁 식사를 함께하고 싶어요."[21] 메리는 추신을 덧붙여 자신과 어떤 방식으로든 관계할 수 있다는 것을 알려주었다. "나는 젖을 떼었고, 딸은 이제 흰 빵을 조금씩 먹어요." 메리는 런던행 역마차의 표를 끊었고, 그곳에 도착했을 때 임레이가 그들을 맞았다. 메리는 그를 보자 기뻐서 얼굴을 붉혔지만 행복은 잠시뿐이었다. 이 예의 바른 낯선 남자는 그녀의 임레이, 메리를 끌어당겨 안곤 했던 열렬한 애인이 아니었다. 임레이는 간절하게 그녀의 눈을 들여다보지 않았다. 오래도록 키스를 하지도 않았다. 대신 메리와 딸에게 의무를 다하겠다고 냉정하게 말했다. 임레이는 주로 예술가와 건축가 들이 거주하는 새로운 동네인 소호의 샬럿 거리 26번지에 가구가 비치된 우아한 집을 빌려 두었고, 그들과 함께 살 것이었다. 하지만 모든 면에서 자유롭게 지내기를 기대했다.

메리는 이 미지근한 인사에 허를 찔려 당황했지만, 자신을 다시 사랑하도록 설득할 수 있으리라고 믿었다. 메리는 어쨌든 숙련된 논쟁가이고 철학자였다. 임레이는 메리의 그런 면에 경탄하곤 했다. 그에게 무엇이 잘못되었는지 보여주면 그는 고마워할 것이다. 하지만 그러는 동안에는 그가 낯선 사람처럼 보인다고 인정해야 했다. 이 새로운 임레이는 자신이 꿈꿔 왔던 남자, 지난 8개월 동안 상상 속에서 그리고 편지로 얘기를 나눴던 남자와 공통점이 거의 없었다.

새집에 정착한 후 메리는 임레이의 마음을 움직일 수 있기를 바라며 패니에게 "아빠"라고 말하는 법을 가르쳤다. 하지만 임레이는 딸에게 친절하긴 했지만 사업 문제에 골몰했다. 그는 부르봉 왕가의 은 접시를 실은 배가 사라졌다고 말했다. 메리는 사태의 심각성을 이해했다. 그들의 재정적 미래는 은의 판매에 달려 있었다. 메리는 임레이를 위로하고 나서 자신들의 미래에 대해 이야기하려 했다. 메리는 아직도 미국에 대한 꿈을 단념하지 않았다. 하지만 임레이는 그들의 관계에 대해 말하기를 거부했고, 엘레프손과 그 귀중한 화물을 찾지 못하면 얼마나 많은 돈을 잃을 것인지에 골몰해 있었다. 메리는 임레이가 자신을 원하기를—"가슴에 아주 다정하게 꼭 안아주기"를 바랐지만 그는 메리의 접근을 거부했다.[22] 밤이 되자 그는 사라졌고, 어디에 갔었는지 메리가 물어도 대답하기를 거부했다. 사랑한다고 말했던 남자, 발작적으로 우울증을 앓을 때 안심시켜주리라고 믿을 수 있었던 남자는 어디로 갔는지 의아했다. 하지만 메리가 압박할수록 그는 더 뒤로 물러났다. 이삼 주가 지나자 그는 한번 나가면 며칠씩 돌아오지 않았다.

메리의 마음은 점점 황폐해졌다. 그녀는 암울한 기분 상태를 늘 경험해 왔고, 그런 기분일 때 종종 따라오는 마비 증상을 가까스로 떨쳐내 왔다. 어린 시절에 이런 증상이 나타났을 때는 동생들을 돌보고 스스로를 교육했다. 푸젤리의 거부로 낙담했을 때는 곧바로 혁명의 중심지 파리로 갔다. 처음에 도슨 부인의 말벗으로 그다음에 가정교사로 채용되어 노동자가 되었을 때는 굴욕감과 외로움을 견뎌냈다. 패니 블러드가 사망한 후에는 거의 굴복할 뻔했지만 그 대신에 첫 번째 책을 썼다. 두 권의 《옹호》를 출간하고 가혹한 공격을 받았을 때도 무너지지 않았다. 계속해서 글을 쓰고, 논평과 《프랑스혁명에 관한 역사적·도덕적 견해》를 출판했다. 그러나 지금 느낀 참담함은 예전에 경험했던 그 어떤 것과도 달랐다. 이번 일은 그녀의 이성적 능력을 압도했다. 우는 것 말고는 아무것도 할 수 없게 느껴졌다. 메리는 싸워서 다시 삶으로 돌아갈 길을 찾으려고 애썼다. 하지만 대의를 위해 싸우는 것이 아니라 사랑하는 남자와 싸웠다.

메리는 임레이가 탐욕스럽고 천박하다고 비난했다. 임레이는 메리에게 "다양함"과 오락이 필요하다고 말했다.[23] 그녀에게 야단법석을 떨지 말라고 간청했다. 그녀는 더 야단법석을 떨었다. 그는 울지 말라고 간청했다. 메리는 더 울었다. 그는 자신에게 헌신을 요구하며 집요하게 괴롭히지 말라고 간청했다. 메리는 "유쾌한 표정을 짓고" "당신의 감정을 괴롭히기만 하는 대화는 피하겠다"고 약속했다. 하지만 몇분 지나면 분노에 찬 말로 그를 집에서 몰아냈고, 그가 사라지면 울음을 터뜨렸다.[24]

임레이는 나쁜 사람은 아니었지만 강한 사람도 아니었다. 메리가 느끼는 고통의 무게를 지탱하려면 매우 강한 남자여야 했을 것이다. 메리가 짊어진 슬픔은 평생에 걸쳐 쌓인 것이었다. 임레이가 이 사실을 이해할 수 있었을 리 없다. 그가 보기에, 메리는 무엇인가에 홀린 여자 같았다. 그가 메리에게 낯선 사람으로 보였듯이 그녀도 낯선 사람으로 보였다. 그가 프랑스에서 사랑했던 독립적이고 회복력 강한 여자는 사라졌다. 이제 메리는 자신도 경멸했던 고딕 소설의 여주인공처럼 필사적으로 그의 사랑을 애걸하는 것 같았다.

메리도 임레이도 알 수 없었지만 사실 메리는 오늘날 주요우울장애 삽화를 겪고 있었다. 수 년간 겪은 고통이 합쳐져서 나타난 그 증상은 6개월 더 지속될 것이었다. 불의에 과감히 맞서 싸웠던 많은 사람들과 마찬가지로 메리는 사회의 분노를 견뎌 왔다. 비록 계속 견뎌내기는 했지만, 슬픔과 두려움은 점점 쌓여 갔다. 창녀나 하이에나라고 불리고, 미치광이자 부도덕한 인물이라고 조롱당하는 것은 쉽지 않은 일이다. 게다가 출산으로 인한 고통이 더해졌고, 미혼모로서 겪게 될 어려운 상황 때문에 더 악화되었다. 만일 패니가 태어나기 전이었다면 메리는 푸젤리의 경우처럼 임레이의 거절을 떨쳐버리고 앞으로 나아갈 수 있었을 것이다. 하지만 이제 메리는 진이 다 빠졌고 근심에 짓눌리고 외로웠다. 예전에 일라이자를 구했던 것처럼 자신을 구해줄 사람도 없었다. 메리는 거의 평생 타고난 '탄력성'이라고 부른 자신의 능력에 의존했지만 이제는 그 자원이 고갈되었다.[25] 메리의 힘은 사라졌다.

이런 상태에서 메리는 옛 친구들에게 손을 내밀 수도 없었다. 그녀는 조지프 존슨과의 연락을 거부했다. 여동생들에게 런던으로 돌아왔다고 편지를 썼지만 아직은 그들에게 살 곳이나 돈을 제공할 수 없다고 말했다. 자신의 처지가 수치스러워서 임레이와의 관계에서 겪는 어려움은 언급하지 않았다. 그래서 그들이 언니와 함께 살 수 없는 이유가 언니가 연인에게 버림받았기 때문이 아니라 함께 살면 방해가 되기 때문이라고 생각하게 내버려 두었다. "제삼자가 함께 있으면 가정의 행복이 방해받거나 파괴된다고 생각해"라고 메리는 동생들에게 썼다.[26] 동생들이 무척 그립고 가까이 있기를 무척 바란다고 말했지만 이런 말은 상처를 입은 '소녀들'의 감정을 달래는 데 아무런 도움도 되지 않았다. 일라이자는 언니가 집을 제공하리라고 예상하고 일까지 그만두었기에 너무 분노한 나머지 냉담하고 분노에 찬 침묵을 유지했다. 임레이는 갈팡질팡하면서 상황을 더 악화시켰다. 지금은 메리를 사랑할 수 없다고 말했지만 미래에 대해서는 확신하지 못했다. 어쩌면 언젠가 다시 메리에 대한 애정이 되살아날지 모른다. 메리는 자기와 함께 살고 싶은지 아니면 영원히 헤어지고 싶은지 솔직하게 말해 달라고 간청했다. 하지만 임레이는 계속 흔들렸다.

어쩌면 임레이는 정말로 확신이 없었을지 모른다. 하지만 그들의 관계를 끝내면 무슨 일이 일어날지 염려했을 수도 있다. 메리는 자해를 하겠다고 몇 달 동안 협박을 했다. 그래서 그가 갈팡질팡하는 동안에 메리는 끔찍하게도 불확실한 상태에서 그의 결정을 기다렸다. 마침내 절망에 빠진 메리는 푸젤리의 집 문을 두드렸고 그가 그녀의 비참한 상태를 이해하고 위로해주기를 바랐다. 그러나 오랜 시간이 지났지만 푸젤리는 여전히 메리를 만나지 않으려 했다. 그것이 최후의 희망이었다. 내가 그토록 사랑스럽지 못한 걸까? 메리는 분명히 그렇다고 느꼈다. 어린 패니가 걱정되었지만, 자기가 없는 게 패니에게 더 나을 것만 같았다.

서른여섯 번째 생일이 지나고 한 달 뒤인 5월 말에 메리는 독약을 삼켰다.[27] 훗날 메리는 미완성 소설 《마리아》의 주석에 그 경험을 묘사했다.

그녀는 아편팅크제를 삼켰다. 그녀의 영혼은 고요했다. 폭풍이 가라앉았다. 자신을 잊고 싶다는 간절한 열망 외에는 아무것도 남지 않았다. 그녀가 견뎌 온 고통에서 날아오르고 싶다는 생각, 이 실망의 지옥에서 달아나고 싶은 열망 외에는… 머리가 빙빙 돌았고, 혼미한 상태가 이어졌다. 정신을 잃을 것 같았고—"조금만 더 참아." (그녀는) 빙빙 도는 머리를 붙잡고 (어머니를 생각하며) 말했다. "이건 오래 지속될 리 없어. 내가 견뎌 온 고통에 비하면 약간의 육체적 고통이 뭐라고."

23장

"나는 살아 있는 저주였다"

메리 셸리 1818~1819

1818년 12월에 메리와 셸리, 클레어는 나폴리에 도착해서 리비에라 디 키아이아 250번지의 아름다운 집으로 들어갔다. 셸리가 메리를 기쁘게 해주려고 빌린 집이었다. 그 집의 창문 바로 밑에 키케로(Marcus Tullius Cicero, 기원전 106~43)의 별장 유적이 있다는 소문이 있었다. 셸리 부부에게 그 위대한 원로 키케로는 로마 공화정의 자유를 상징하는 인물이고 희망의 아이콘이었다. 나폴리는 셸리의 말처럼 "낮에는 연기, 밤에는 불"을 뿜는 베수비오산 비탈 아래 자리 잡고 있어서 공원과 야자수가 늘어선 대로가 있었다.[1] 바다 너머로 떠다니는 안개에 가렸다가 드러나는 신비스러운 섬의 윤곽이 보였다. 바로 키르케 섬이었다. 나폴리의 설화에 따르면 아름다운 요부 키르케가 오디세우스를 유혹하여 자신의 침대로 유인해 거기서 7년간 머물게 했다. 또 다른 전설에 따르면 베르길리우스가 이곳에서 고풍스러운 목가시 〈게오르기카〉를 지었다. 메리는 "베르길리우스가 보았던 것과 별로 다르지 않은 광경을 보고, 그가 살았던 시대 이후로 거의 변하지 않은 관습에 대한 책을 읽으며" 즐거웠다.[2] 메리와 클레어, 셸리는 함께 폼페이, 헤르쿨라네움, 아베르누스 호수, 쿠마이 시빌라의 동굴 등 유명한 유적지를 둘러보았다.

이번에는 자매 사이에 평화가 찾아왔다. 딸을 잃으면서 (앨바는 살아 있지만 클레어는 강제 이별로 인해 고통스러워했다) 가까워진 메리와 클레어는 서로에게 친절했다. 세 사람은 베수비오산에 올라 도시의 첨탑과 붉은 지붕 너머로 바다를 바라보았다. "시인에게 아름다운 만(灣)의 해변에 펼쳐진 작은 올리브나무 숲속보다 더 성스러운 무덤은 없을 것이다"라고 메리는 그해 겨울에 연푸른 바다를 내다보며 일기에 썼다.[3] 서서히 그녀는 "꽃이 만발한 … 집 옆에 있는 공원의 오렌지 나무들"과 주위 환경에서 기쁨을 느낄 수 있었다. "하늘과 해안, 그 모든 형체와 그것이 불러일으키는 느낌은 선한 정령이 형성하고 조절한 것처럼 보인다."[4] 적어도 메리에게는 아직 윌마우스가 있었다. 윌마우스가 잠자는 모습을 지켜보려고 하인들이 살금살금 그의 방에 들어갈 정도로 아이는 아름다웠다.[5]

하지만 클라라의 죽음의 그림자가 셸리 부부 사이에 드리워져 있었다. 메리는 셸리와의 접촉을 피해 책 속으로 침잠했다. 중세 이탈리아의 이교도였던 파타리아*의 역사를 읽었는데, 그들은 우주에 선과 악이 벌이는 싸움이 끝없이 계속되고 있다고 믿었다. 이 주제가 메리의 심금을 울렸다. 모든 기쁨에는 그에 대립하는 등가의 슬픔이 있다. 메리의 용어로 바꾸면, 이것은 태어나는 아기가 있으면 죽는 아기가 있다는 뜻이었다. 모든 사랑에는 사랑의 소멸이 있다는 뜻이었다. 이 철학에 매료되어 메리는 파타리아를 다음 소설 《발페르가》의 소재로 삼기로 결정했고, 진정한 고드윈 가문 특유의 꼼꼼함으로 중세 이탈리아 역사를 연구하며, 크고 두꺼운 책을 뒤지고 사적지를 방문했다.

파타리아(Pataria) 11세기 이탈리아 밀라노를 중심으로 일어난 민중 종교 운동. 가톨릭 성직자와 교회의 개혁을 목표로 했다.

셸리는 메리가 과거로 침잠하는 모습이 마음에 들지 않았다. 늘 그랬듯이 메리가 자기에게 말을 걸고 자기의 생각에 귀를 기울이고, 그의 시를 읽어주고 토론하기를 바랐다. 셸리는 아내를 그리워했고 아내의 비탄이 끝나기를 원했다. 하지만 메리는 셸리와 말하는 것이 너무 힘들었다. 메리는 클라라의 죽음에 대해 자신뿐 아니라 남편을 탓했다. 그래서 아주 어려운 일이었지만 최선을 다해서 그를 피했다. 셸리와 마주치면 예의 바르고 언제나 상냥했지만 거리를 두고 서먹하게 대했다. 메리는 웃는 일이 거의 없었다. 셸리의 낭만적인 접근을 거부했다. 그녀는 클라라의 죽음이 일종의 벌이며, 그들의 사랑이 너무 많은 사람들에게 고통을 야기했다고 믿었다. 셸리는 자신들이 유령에 사로잡혀 있다는 데 동의했지만 클라라의 죽음에 책임이 있다고는 믿지 않았고 메리의 냉담한 태도에 어리둥절해했다. 예전에 "그들의 두 영혼이 하나로 진동"했을 때 메리는 그에 관해 모든 것을 이해하는 것 같았다. 그러나 이제 셸리는 혼자라고 느꼈고, 이런 심정으로 그의 가장 유명한 서정시에 속하는 〈나폴리 근처에서 실의에 빠져 쓴 시〉를 썼다. 셸리가 죽은 다음에야 메리가 발견한 이 45행 시는 무덤에서 곧바로 터져 나온 비탄처럼 들린다.

> 나는 지친 아이처럼 누워,
> 지금껏 견뎌 왔지만 아직도 견뎌야 하는,
> 근심스러운 삶을 울며 살아갈 수 있어,
> 죽음이 잠처럼 내게 살금살금 다가올 때까지.
> 그러면 따뜻한 공기 속에서 느끼겠지
> 차가워지는 내 뺨을,
> 그리고 바다의 소리를 듣겠지
> 죽어 가는 내 머리 위로 마지막 단조로운 소리를.[6]

1819년 2월 27일에 그들이 로마로 떠나기 전날에 셸리는 매우 특이한 일을 했는데, 역사가들은 실제로 무슨 일이 일어났는지 단정하지 못해 아직도 쩔쩔매고 있다. 셸리는 치즈 장수와 미용사를 증인으로 세우고 키아라 지역의 시청에서 아기의 출생 신고를 했다. 그는 아이가 자기 아이라고 했지만 오늘날까지 아무도 이 아기와 친부모의 정체를 밝히지 못했다. 셸리가 공식 문서에 기입한 정보는 흥미롭지만 앞뒤가 맞지 않는다. 아이의 이름은 엘레나 애들레이드이고 생후 2개월이었으며, 그의 아내 마리아 파두린의 적법한 아이였다(고 그는 주장했다). 셸리는 마리아 파두린의 나이를 스물일곱 살로 적었는데, 아내 메리는 이제 스물한 살이었다. 이 사안에서 흥미로운 사실은 셸리 일행에서 그 나이에 이른 사람이 엘리스뿐이었다는 것이다.

이 아기는 누구일까? 그 부모는 누구였을까?[7]

확실히 엘레나 애들레이드는 메리의 아이가 아니었다. 메리는 임신 사실을 숨길 이유가 없었고, 설사 숨겼다 해도, 셸리 부부가 결국에 그렇게 조치했듯이, 아기를 나폴리의 낯선 사람들에게 맡기는 데 동의하지 않았을 것이다. 한 가지 가설은 엘레나가 메리의 기운을 북돋워주려고 일시적으로 입양한 수양딸이라는 것이다. 셸리는 종종 아이를 입양하는 데 관심을 보였다. 하지만 그랬더라면 아이의 부모를 숨길 이유가 없었을 것이다. 메리는 그런 사건을 일기에 기록했을 가능성이 높고 뿐만 아니라 셸리는 친구들에게 자랑스럽게 그 사실을 알렸을 것이다. 실제로 말로에 살면서 어린 마을 소녀 폴리 로즈를 데려왔을 때 두 사람은 자신들의 관대함을 자랑스러워했다. 그들은 이탈리아로 떠나면서 폴리 로즈를 내버리지 않고 헌트 부부에게 보냈고, 폴리는 거기서 하녀로 일했다.

셸리의 사촌이며 정확하지 않은 기술로 악명 높은 전기 작가 토머스 메드윈은 엘레나가 정체를 알 수 없는 영국 여성의 사생아라고 주장했다. 그 여자가 셸리 부부를 쫓아서 이탈리아에 왔다가 셸리와 잠시 바람을 피웠다는 것이다. 하지만 이 주장에는 아무 증거도 없다. 사실 기록들은 거의 밝혀져 있다. 확실히 셸리 부부는 필요할 때는 비밀을 잘 지켰고 그들의 후손들은 더 잘 지켰다. 어린 엘레나의 출생 신고서는 1950년대에 들어서야 발견되었고, 셸리의 서류나 메리의 일기에는 엘레나에 대한 직접적인 언급이 전혀 없다.

또 다른 소문은 하녀 엘리스가 자기 평판을 보호하려고 퍼뜨린 것인데 클레어가 어머니라는 주장이다.[8] 몇 년 후에 엘리스가 호프너 부부에게 들려준 사건 설명에 따르면, 셸리가 그 아이의 아버지이고 죄를 지은 셸리와 클레어는 그들의 집에서 아이가 태어났는데도 임신과 출산을 메리에게 숨겼다. 메리는 엘리스의 비난을 풍문으로 들었을 때 셸리를 변호했고, 긴 편지를 써서 이 주장의 허무맹랑한 점들을 줄줄이 나열했다.[9] 분명 메리가 여동생의 임신 사실을 간과하거나 여동생의 진통과 출산을 놓쳤을 것 같지는 않다. 더욱이 메리와 셸리는 이 사건 이후 더 가까워졌다. 클레어가 셸리의 아이를 낳았다고 메리가 생각했다면 일어나지 않았을 일이다. 또한 클레어와 메리는 이 기간에 좋은 관계를 유지했다. 1815년의 끔찍한 봄철과는 명백히 대조적이었다. 그때는 클레어가 셸리의 아이를 임신했을 가능성이 높았고 두 자매는 격렬하게 싸웠으며 결국 클레어는 시골로 숨어야 했다.

엘리스가 굳이 그런 이야기를 꾸며내려고 애쓴 것은 아마도 무언가를 숨기려는 의도였으리라 짐작할 수 있다. 그것은 아마도 엘레나의 출생과 관련된 그녀의 역할일 것이다. 메리의 편지에 따르면 그해 1월에 엘리스는 셸리의 권고에 따라 그의 하인 파올로 포기와 결혼하려고 셸리의 집을 떠났다. 메리와 셸리는 최근 파올로가 그들을 속여 돈을 빼돌린다는 사실을 알아냈고 그를 해고할 계획이었다. 그렇다면 왜 셸리 부부는 특별히 엘리스를 좋아했고 파올로를 도둑으로 여기면서도 두 하인의 결혼을 권했을까? 가장 그럴 듯한 대답은 1818년 가을에 엘리스가 임신했다는 사실을 그들이 알아냈다는 것이다. 셸리 부부는 아이들과 그들의 엄마를 연결해주는 이름을 좋아했다. 엘리스와 엘레나는 매우 비슷한 이름이고, 셸리는 아기의 어머니가 엘리스와 같은 나이라고 말했다. 게다가 메리가 읽고 동경했던 이교도들은 파타리아 또는 파데리아로 불렸는데, 그 까닭에 '마리아'의 성을 파두린(Padurin)으로 지으려는 생각이 들었을 것이다. 그렇다면 셸리는 자신과 메리, 어쩌면 클레어 세 사람만 이해할 수 있는 암호를 사용했을 가능성이 크다. 사실 마리아 파두린이라는 이름은 셸리보다는 메리가 만들었을 것 같다. 파테리아는 셸리의 마음이 아니라 메리의 마음에 있었다. 그리고 메리의 사적인 어휘에서 마리아라는 이름은 어머니의 마지막 책《마리아》를 가리켰다. 울스턴크래프트는 이 책에서 여성들이 남성에게 당하는 수많은 학대를 보여주려 했다. 소설의 가장 중요한 인물인 제미마는 엘리스와 같은 노동 계급 여성이고 고용주에게 강간당했다.

하지만 엘리스가 어머니라면 아버지는 파올로일 수 없다. 엘리스가 그를 처음 만난 것은 지난 8월 말이나 9월 초의 불운한 베네치아 여행 기간이었다. 엘리스가 12월에 출산하려면 4월에 임신을 해야 했다. 그렇다면 셸리나 바이런, 혹은 메리와 셸리가 모르는, 엘리스가 베네치아에서 만난 누군가가 후보로 남게 된다.

가능성을 모두 검토해볼 때 증거가 강력하게 가리키는 사람은 바이런이다. 그 아이 때문에 셸리 부부의 결혼이 파국을 맞지 않았다는 사실은, 클레어가 어머니라는 이야기와 마찬가지로, 셸리가 아버지가 아니라는 것을 거의 확실하게 보여준다. 더욱이 만일 바이런이 실제로 아버지였다면, 8월에 엘리스가 보낸 절박한 간청을 설명할 수 있다. 엘리스는 앨러그라가 아닌 자신을 바이런으로부터 구하고 싶었을 것이다. 특히 자신이 임신했다는 사실을 알았다면, 그리고 바이런이 아이를 자기 아이로 인정하지 않았다면 말이다. 이 해석은 앨러그라의 안전을 염려했던 셸리가 아이가 바이런과 함께 지내는 것에서 문제를 찾지 못했는데도 엘리스를 데리고 나폴리로 돌아갔다는 사실로 뒷받침된다. 셸리 부부가 왜 엘리스의 남편감으로 파올로를 선택했는지는 분명하지 않다. 어쩌면 엘리스가 파올로를 선택했을 수도 있다. 어쩌면 돈을 받고 짧은 기간 내에 엘리스와 결혼해줄 남자로 파올로 외에 다른 사람을 찾을 수 없었을지도 모른다. 어쨌든 파올로를 선택한 것은 불운한 일이었다. 그는 괴팍하게 굴었고, 그들이 나폴리를 떠나고 훨씬 지난 후에도 셸리를 협박하고 정기적으로 돈을 요구했다.

하지만 바이런이 아버지라면 셸리는 왜 엘레나를 자기 아이로 신고했을까? 메리를 이야기에 넣고 고려하면 모든 것이 앞뒤가 맞는다. 말년에 메리는 사회의 규범을 어긴 여성들을 보호하는 데 확고한 의지를 보여주었다. 사생아를 낳은 미혼모들을 지원하려고 상당한 노력을 기울였고, 이를 자신의 특별한 목표로 삼았다. 메리가 아기뿐 아니라 엘리스의 미래를 염려했다면 엘리스를 위해 아기에게 셸리의 성을 붙여주자고 쉽게 제안했을 것이다. 언니 패니에게 부족했던 것이 바로 이런 종류의 안정감이었다고 셸리에게 상기시켰을 것이다.

메리가 엘레나의 이야기에서 중요한 역할, 어쩌면 주도적인 역할을 했다는 가설은 대부분의 역사가들의 주장을 뒤집는다. 그들은 셸리가 은밀히 사생아를 숨기려 했다고 추측한다. 하지만 일단 셸리가 아닌 다른 사람이 아버지라는 기본 가정을 받아들이면 셸리가 메리에게 아이를 숨길 이유가 없고 메리가 엘레나의 미래를 계획하는 데 기꺼이 동참할 수 있다는 것을 쉽게 짐작할 수 있다. 나중에 셸리가 파올로의 갈취 시도를 아내에게 숨기지 않았다는 사실을 보면 이 가설이 더욱 설득력을 얻는다. 사건을 이렇게 설명하면, 메리는 바람피우는 남편의 무력한 아내이기는커녕 다른 여성을 구하려는 계획 실행을 돕는 공모자이다. 이것을 인정하더라도, 사생아를 적출로 만드는 것이 셸리 부부의 공동 계획이었고 메리가 주도했을 수 있다는 것은 결코 확인할 수 없다. 하지만 엘레나의 미스터리를 고려할 때 이것은 진지하게 받아들여야 할 가설이다.

셸리가 아기의 출생 신고를 한 다음 날인 2월 28일에 메리와 셸리, 윌리엄, 클레어는 엘리스와 파올로를 남겨 두고 로마로 떠났다. 그들은 느린 마차를 타고 여행하여 3월 3일이나 4일에 로마 바로 남쪽에 있는 가에타에 도착했다. 지난 몇 달을 보내며 메리는 마음이 서서히 풀려 셸리에게 미소를 짓기도 하고 그의 생각과 감정에 귀를 기울였다. 여전히 클라라를 애도했지만 남편과 가까이 있는 것이 그리웠다. 메리의 마음이 돌아온 것이 기뻐서 셸리는 애써 클레어를 떨어뜨리고 메리와 함께 가에타에서 하루를 보내며 유적을 감상하고 해변을 산책하고 티레니아해를 바라보았다. 레몬 과수원을 거닐던 셸리는 "익어 가는 과일의 수많은 구체가 별처럼 떠 있는 에메랄드 빛 나뭇잎 하늘"을 올려다보던 기억을 떠올렸다.[10] 부부에게 행복한 날이었고, 새로운 희망의 계절을 약속하는 날 같았다. 저녁에는 여관 테라스에서 체스를 두며 마을 높은 곳에 자리 잡은 키케로의 여름 별장 터에 왔다는 사실에 흥분했다. 그들은 바다가 내려다보이는 낭만적인 방에서 하룻밤을 보냈고, 메리는 이곳에서 넷째 아이를 잉태했다고 믿었다.

다음 날 일행은 알바노의 황량한 풍경을 지났고 셸리는 로마에 가까워질수록 "끝없이 이어진" 고대 수로의 "끝없는 아치"에 감탄했다.[11] 마침내 티베르강을 따라 솟아오른 성 베드로 성당의 돔이 보이자 메리와 셸리는 솟구치는 행복을 느꼈다. 바이런이 〈해럴드 공의 순례〉에서 쓴 말이 이 장엄한 순간에 딱 들어맞는 것 같았다.

오, 로마! 나의 조국! 영혼의 도시여!
마음의 고아들은 그대를 향해야 한다,
……
우리의 번민과 고통이 무어란 말인가? 와서 보라
사이프러스 나무를, 부엉이 소리를 들으라, 터벅터벅 걸어라
부서진 왕좌와 사원의 계단 위로, 그대들!
그대들의 고뇌는 하루의 재앙에 불과하고—
우리의 육신처럼 허약한 세계가 우리 발밑에 있다.[12]

중세의 산탄젤로 성을 지나 다리를 건너 시내에 들어서자 동쪽으로 고대 로마의 유적인 웅장한 포럼의 기둥들과 콜로세움의 위풍당당한 벽이 보였다. 길가를 따라 깨진 박공벽과 쓰러진 기둥 등 고대 건물의 잔해가 여기저기 쌓여 있었다. 과거의 역사는 관광지뿐 아니라 어디에나 있었다. 한때 이 도시가 얼마나 웅장했을지 상상하면 마음이 엄숙해졌다. 바이런이 말했듯이, 도시의 운명을 보면 그들의 개인적 슬픔은 하찮게 느껴졌다. 메리와 셸리에게 로마의 공기는 역사의 무게로 인해 무겁게 느껴졌다.

일단 셸리가 로마에서 가장 화려한 거리인 코르소 거리의 팔라초 베로스피에 빌린 숙소에 짐을 푼 후에 그들은 행복한 기분에 빠져서 거리를 걸었다. "로마는 어떤 노고라도 들일 가치가 있다"고 메리가 말했다.[13] 클레어도 성악 레슨을 받고, 도시를 돌아다니고, 이탈리아어를 공부하면서 행복해했다.[14] 클레어가 좋아한 곳은 보르게세 공원에 있는 아스클레피오스 신전이었다. 클레어는 거기 층계에 앉아 워즈워스를 읽곤 했다.

그 후 몇 달간 날씨가 따뜻해지면서 메리와 셸리는 그들이 처음 만났을 때처럼 친밀해졌다. 짧은 소풍을 나가면 세 살배기 윌마우스가

엄마 손을 잡고 종종걸음으로 걸으며 부모가 가리키는 경이로운 것들에 "아, 정말 멋지다(O Dio che bella)"라고 외쳤다.[15] 아이를 애지중지하는 부모는 로마를 사랑하는 아들이 자랑스러웠다. 이곳에는 유적의 잔재와 가축, 농부와 추기경, 교회와 노점이 기이하게 뒤섞여 있었다. "우리 귀여운 윌은 염소와 말 … 그리고 부인들의 하얀 대리석 발을 좋아해요"라고 메리는 마리아 기즈번에게 편지를 쓰면서, 부모들이 경탄한 조각상들의 맨발을 볼 수 있을 만큼 자란 활기찬 세 살배기 아들을 흘끗 보게 해준다.[16] 아이는 대체로 이탈리아에서 살았기 때문에 영어만큼 이탈리아어를 잘했다. 잘 걷고 돌아다니기를 좋아했지만 몸이 약간 허약했기 때문에 메리는 아이의 건강이 늘 염려스러웠다. 그들은 질병을 예방하고 몸이 튼튼해지기를 바라며 아이에게 냉욕 요법을 시작했다. 아무도 아이를 심하게 꾸짖을 수 없었고, 메리는 아이를 논리적으로 설득할 수 있다고 믿었기에 엉덩이 때리는 것을 용납하지 않았다. 셸리도 동의했다. 셸리는 티머시 경 때문에 자신이 겪었던 고통을 결코 윌마우스가 경험하게 하고 싶지 않았다. 모든 기록으로 보건대, 그들의 양육 방식은 효과적이었다. 윌리엄은 사랑스럽고 온화한 아이로 자랐고, 아낌없이 퍼붓는 부모의 사랑에도 불구하고 놀랍게도 버릇없는 아이가 아니었다.

메리는 아들과 떨어져 있는 것을 좋아하지 않았지만 악명 높은 로마의 태양빛을 너무 많이 쬐면 아이에게 좋지 않을까 봐 걱정했다. 다행히 클레어가 조카와 노는 것을 즐겼기 때문에 메리와 셸리는 긴 탐사에 나설 때 아들을 이모와 집에 두고 갔다. 그들이 좋아한 곳 중에 카라칼라 목욕탕이 있었는데 그곳에서 도시를 내려다볼 수 있었다. 두 사람은 함께 "아주 오래된 구불구불한 계단"을 올라 폐허가 된 성벽 꼭대기로 가서 일하고 이야기하고, 두 젊은 작가에게 의미심장하게 느껴지는 고독을 즐겼다.[17] "이보다 숭고하고 사랑스러운 적막감은 없었다"라고 셸리는 경탄했다. 유적들은 거대하고 삭막했으며, 한 때 위대했던 제국을 말없이 떠올려주었는데, 또한 셸리가 〈오지만디아스〉에서 그려낸 비전의 또 다른 예였다. 풀밭 곳곳에 제비꽃과 아네모네, 꽃무가 피어 있었고 바람에서 소금과 향나무 냄새가 났다. 4월에 메리는 임신했다는 것을 깨달았고, 클라라가 죽은 후 처음으로 즐거운 마음으로 앞날을 기대했다

  그해 겨울에 셸리는 다시 장편 시 〈사슬에서 풀려난 프로메테우스〉를 쓰기 시작했다. 그것은 《프랑켄슈타인》이 시작된 여름에 일행이 처음 나누었던 착상에서 비롯된 것이다. 로마가 이 작품을 완성하는 데 완벽한 장소로 보였기에 셸리는 창작에 전념했고, 메리는 개요를 만들고 일기에 메모를 하며 공기를 음미했다. "지극히 성스러운 이 도시에서는 영원한 마법에 걸린 풍경 속에서 살아간다"라고 메리는 생각했다.[18] "로마는 … 내게 큰 영향을 주었고, 로마를 보기 전의 내 과거 삶은 텅 빈 공백 같다. 이제야 나는 살기 시작한다." 아름다운 봄날 저녁나절의 풍경에 매료되어 그들은 마차를 타고 달빛 어린 판테온 신전을 돌아보았고, 메리는 "아름다움의 정령"에 흠뻑 젖었다.[19] "내 마음이 보편적인 이해를 품고 있다는 것을 그처럼 느껴본 적이 없었다"라고 그녀는 나중에 회상했다.
  준남작인 셸리의 지위 덕분에 두 사람은 77세의 교황을 만날 수 있었다. 교황은 예술가와 외국인 귀족을 그의 도시에 맞이하기를 좋아했지만 교황을 보고 메리는 "몹시 피곤해 보인다"고 느꼈다.[20] 교황이 지쳤다는 것이 명백해 보였고, 그들이 방문하고 사 년도 지나지 않아 교황은 사망했다. 셸리 부부는 늘 그랬듯이 영국인 방문객들을 피했다. "부유한 영국인들의 행동거지는 전혀 참아줄 수가 없네. 그들은 본국에서는 감히 하지 못할 허세를 떨거든."이라고 셸리는 피콕에게

영국 화가 어밀리아 커런이 그린 '윌마우스' 윌리엄 셸리. 사랑스럽고 온화한 아이였던 윌마우스는 부모인 메리와 퍼시 셸리에게 큰 기쁨을 주는 존재였다.

썼다.[21] 메리도 동의했다. "곳곳에 영국인 부자와 귀족들이 넘쳐난다. 거드름을 피우는 어리석은 자들. 나는 그들이 역겹다."[22]

하지만 5월 초에 그들은 한 영국인과 마주치고 처음으로 즐거워했다. 가족의 오랜 친구이자 화가인 어밀리아 커런이었다.[23] 그들은 즉시 가족 모두의 초상화를 그려 달라고 어밀리아에게 의뢰했다. 로마에 오랫동안 거주해 온 어밀리아는 날씬하고 작은 체구의 윌리엄을 한 번 보더니 로마 열병에 대해 경고하고는, 여름이 다가오고 있으니 즉시 도시를 떠나라고 조언했다. 하지만 모두가 만족스러워하고 있는 상황에서 로마를 떠난다는 것은 생각하기 어려웠다. 그래서 절충안으로 그들은 북쪽의 스페인계단 바로 위에 있는 비아 세스티나로 이사했는데, 코르소보다는 건강에 나은 곳이라고 어밀리아가 말해주었다.

5월 14일에 어밀리아는 윌리엄의 초상화를 그리기 시작했다. 메리는 아이를 부자연스럽게 꾸민 포즈로 그리고 싶지 않았기 때문에 정장을 입혀 단추를 채우는 대신 잠옷을 입혔다. 어밀리아는 장미를 그의 손에 쥐어주었고, 그녀가 이젤에서 작업하는 동안 윌리엄은 셔츠가 어깨 아래로 흘러내린 채 이탈리아어와 영어로 즐겁게 재잘거렸다. 처음 하루 이틀 만에 어밀리아는 꽤 진전을 보였고 어린 소년의 뾰족한 턱과 섬세한 이목구비를 잘 포착했다. 머리카락 몇 가닥이 윌리엄의 이마를 스친다. 팔은 통통하고 움푹 들어간 곳이 있다. 아이는 집중해서 화가 뒤편의 누군가―엄마나 이모 클레어, 어쩌면 아빠―의 말을 듣고 있는 것 같다.

하지만 초상화를 시작한 지 며칠 후에 어린 소년은 아프기 시작했다. 아이는 배가 아프고, 피곤해했다. 활기찬 아들의 모습과 너무 달랐기에 메리는 즉시 의사를 찾아갔다. 의사는 기생충병이라고 진단을 내리고, 흔한 질병이니 곧 회복될 거라고 그녀를 안심시켰다. 하지만 일주일 후에도 윌리엄은 여전히 몸이 좋지 않았다. "아이가 매우 허약해요"라고 메리는 마리아에게 편지를 썼다. "올여름에 우리는 최선을 다해 아이를 보살펴야 합니다."[24]

하지만 윌리엄에게 여름은 오지 않았다. 6월 2일에 메리는 의사를 세 번이나 불렀다. 이틀 후에는 윌마우스가 살아나려고 싸우는 모습을 무력하게 지켜보았다. 아홉 달 전에 카가 일으켰던 "죽음의 경련"을 다시 보았을 때 메리의 심장은 공포에 얼어붙었다.[25] 셸리는 윌리엄의 옆을 떠나지 않고 침대 옆에서 사흘을 보냈다. "내 인생의 희망은 아이에게 달려 있다"고 메리는 썼다. 하지만 6월 7일 정오에 윌리엄은 죽었다. 또다시 메리의 아이가 세상을 떠났다. 세 번째였다. 말라리아, 다시 말해서, 로마 열병이 위장병으로 쇠약해진 윌리엄을 덮쳤던 것이다. 셸리는 울었다. 메리는 자신들이 달리 할 수 있었을 일들을 하염없이 생각해보았다. 한 달 전에 로마를 떠났더라면. 이탈리아에 오지 않았더라면. 영국에 계속 머물렀더라면. 이 일은 그들이 과거에 지은 죄에 대한 또 다른 응징이었을까? 어쩌면 해리엇의 분노한 영혼이 클라라를 데려가는 것으로 만족하지 않고, 그들의 아들까지 데려가야 한다고 주장했을 것이다. 그녀가 셸리와 낳았던 아들과 딸에 균형을 맞추려고.

그들은 어린 아들의 장례식을 치르지 않았다. 셸리는 아들을 개신교 공동묘지에 매장하게 조치했지만 무덤에 아무 표시도 하지 않았다. 흰 대리석 피라미드를 세우자는 이야기가 오갔지만 분명 그 이야기의 결과물은 전혀 없었다. 여러 해가 지난 후 로마를 방문했을 때 메리는 윌리엄의 무덤을 찾을 수 없었다. "나는 비참함과 절망에 사로잡혀 한순간도 편할 날이 없어요." 메리는 아들이 죽고 3주가 지났을 때 메리앤 헌트에게 편지를 보냈다.[26] 메리는 리 헌트에게는 이렇게 편지를 썼다. "세상은 내게 다시는 예전 같지 않을 거예요. 과거에는 생명과 신선함이 있었는데 이제는 사라졌습니다."[27]

날마다 메리는 윌마우스의 짧은 생애를 되돌아보고 그의 말과 표정, 엄마에 대한 사랑을 곱씹었다. "윌리엄은 너무 착하고 너무 아름다웠고 나를 너무 사랑해서 꼭 매달렸어요."[28] 가장 가슴 아팠던 것은 아들과의 친밀한 관계였다. 윌리엄은 자기를 돌보고 보호하도록 엄마에게 전적으로 의지했다. 하지만 정작 필요한 때에 아들을 돕지 못했다. 카도 돕지 못했다. 자신은 엄마로서 실패했다. 그녀는 저주, 살아 있는 저주였다. 이 암울한 시기에는 그렇게 보였다. 메리는 자기 어머니의 죽음을 초래했을 뿐만 아니라 자기 자식들도 죽게 했다.

한편 셸리는 아이의 죽음을 애도하는 시를 썼다.

잃어버린 내 윌리엄, 네 속에
살았던 빛나는 영혼이
그 광채를 거의 숨기지 못한
썩어 가는 옷을 태웠구나—
여기 그 재가 무덤을 찾는다,
하지만 이 피라미드 아래
너는 있지 않아—만약
너처럼 성스러운 존재가 죽을 수 있다면
네가 묻힐 사당은
네 엄마와 나의 비탄이리니.

내 사랑하는 아이여, 어디 있는가?
생각해보면 네 영혼은 나눠주는구나,
그 강렬하고 온유한 생명으로,
살아 있는 나뭇잎과 잡초의 사랑을
이 무덤들과 황량한 폐허 가운데—
생각해보면 감미로운 꽃들과 화사한 풀밭의
작은 씨앗을 통해
그 색조와 향기로 들어가서
일부가—[29]

셸리는 여기서 중단했고, 두 번 더 시도했지만 아들을 추모하는 시는 결코 완성할 수 없었다.

카가 죽은 후 현실에서 물러나 침잠했던 메리는 이제는 완전히 사라져버렸다. 그들이 경탄하며 바라보았던 로마의 조각상들처럼 메리는 침묵했고 철저히 무감각해졌다. 셸리는 아내에게 보여주지 않았지만 시 〈내 사랑하는 메리〉에서 이렇게 간청했다. "그대는 어디로 갔을까?/ 이 음울한 세상에 나를 혼자 두고/ 당신의 몸은 실로 여기 있는데—사랑스러운 형체—/ 하지만 그대는 달아나, 암울한 길을 따라 내려갔고/ 그 길은 더 어두운 슬픔의 거처에 이르네."[30] 그는 망설이다가 더 기운 없이 생각을 마무리했다. "그대를 위해 내가 따라갈 수 없으니/ 나를 위해 그대가 돌아와주오."

그들은 북쪽으로 리보르노 외곽 기즈번 부부 집 근처의 빌라로 이사했지만 만시지탄이었다. 널찍한 석조 건물은 그해 여름에 시원했다. 밤이면 반딧불이 반짝였고, 그들은 이전 해에 윌마우스가 잔디밭을 가로질러 반딧불을 쫓아다니던 모습을 떠올렸다. 너무 조용해서 산들바람이 불면 근처 밀밭에서 바스락거리는 소리와 포도밭에서 포도 따는 사람들의 목소리가 들렸다. 꼭대기 층에서 그들은 잔잔하고 고요하거나 흰 거품이 부서지고 혹은 폭풍 전에 시커멓게 일렁이는 바다를 보았고 점점이 떠 있는 섬들의 이름을 배웠다. 고르고나, 카프라이아, 엘바, 코르시카.

메리는 실내에 칩거하거나 들판으로 이어지는 오솔길을 혼자 걸었다. 윌리엄의 초상화를 골똘히 응시했고, 어밀리아에게 보낸 편지에서 절망감을 표현했다. "저는 그 타격에서 절대 회복될 수 없을 거예요. 로마에서보다 지금 더 강렬하게 느끼고 있어요. 그 생각은 단 한 순간도 저를 떠나지 않아요. 저는 모든 것에 흥미를 잃었어요."[31] 근방의 언덕에서 메리는 장미색으로 칠해진 몬테네로라는 성소를 보았다. 14세기에 한 목동이 성모 마리아의 환영을 본 사건을 기념하려고 지은 성소였다. 따스한 분홍색 돔이 방문객들에게, 특히 메리처럼 위안을 얻으려는 사람에게 손짓했다. 성소 내부에는 금테를 두른 액자에 성모와 윌리엄의 나이로 보이는 아들의 그림이 걸려 있었다. 예수의 눈은 윌리엄과 비슷하게 짙은 색이었고, 머리카락은 짧기는 했지만 비슷한 황갈색이었다. 그 모자는 다가올 큰 비극을 예감하듯이 엄숙하게, 뭔가 의심쩍은 듯이 세상을 바라보았다. 메리는 유사한 점들을 알아차리지 않을 수 없었다. 두 명의 메리. 두 명의 아들. 두 명의 죽음. 하지만 윌마우스는 결코 돌아오지 않을 것이다.

메리처럼 깊은 애도에 빠져들지 않았던 클레어와 셸리는 메리가 자기들에게 돌아오지 않을지도 모른다고 우려했다. 클레어는 앨러그라를 방문하려던 계획을 취소했고, 메리를 혼자 두고 떠날 수 없으며 메리가 너무 우울하다고 바이런에게 편지를 썼다. 자매 간의 온갖 갈등에도 불구하고 그들 사이에는 여전히 충실한 유대감이 남아 있었다.

하지만 메리는 클레어와 셸리가 하루를 어떻게 보내는지 거의 관심을 두지 않았다. 클레어는 정오까지 잠을 잤고 한 시간 정도 성악 연습을 하고는 오후에 셸리와 산책했다. 셸리는 7시쯤 일어나서 30분간 침대에서 책을 읽고 혼자 아침을 먹은 다음 지붕 위에 유리를 끼운 발코니로 "올라갔다".[32] 이런 발코니는 리보르노 주택의 일반적인 특징이었다. 여기서 그는 햇볕을 쬐며 2시까지 글을 썼다. 훗날 메리는 이곳을 "그의 허공 독방"이라고 묘사하며 "다른 사람들은 그 방의 눈부신 햇빛과 열기를 거의 견딜 수 없었지만 셸리는 두 가지를 기분 좋게 누렸고, 그 덕에 그의 건강과 기분이 활기를 되찾았다"라고 설명했다.[33] 때로 셸리는 혼자서 아니면 클레어와 함께 해변이나 기즈번 부부의 집으로 활기차게 산책을 나갔다. 반면에 비탄에 젖어 진이 빠지고 임신으로 피곤하기도 해서 메리는 집에 남아 있었다. 아기는 11월에 태어날 예정이었지만 메리는 아기의 탄생을 기쁘게 기대할 수 없었다. 암울해진 세상에서 메리는 상실밖에 예상할 수 없었다. 곧 다시아이가 생기겠지만 얼마 동안일까?

오후에 메리와 셸리는 두세 시간 동안 함께 이탈리아어를 공부하며 단테의 《연옥》을 번역했다. 메리의 마음 상태를 고려하면 적절한 선택이었다. 그 외에는 혼자서 시간을 보냈다. "나는 지난 6월 7일에 죽었어야 했어요"라고 메리는 헌트 부부에게 썼다.[34] 들판의 일꾼들이 "그리 아름답지는 않지만 아주 큰 소리로 로시니의 가곡을 부르는 것을 들었어요." 하지만 메리가 정말로 원했던 것은 윌리엄의 목소리를 듣는 것이었다.[35] 다시 한번 윌리엄을 무릎에 안고, 나무에 매달린 화사하고 둥근 레몬을 보여주고, 이마에서 머리카락을 쓸어주고, 새와 꽃에 대해 재잘거리는 소리를 듣고, 밀밭 근처를 산책하고, 그의 개구쟁이 짓에 웃을 수 있다면. 메리는 오솔길을 따라 달리는 아이의 모습을 보고 싶었다. 아이가 엄마를 부르는 소리를 듣고 싶었다. 아이의 손을 자기 손안에서 느끼고 싶었다.

어떤 때에 메리는 계속 살아가는 것을 견딜 수 없다고 느꼈다. 가장 고약한 것은 아무도 자신의 슬픔을 이해하지 못한다는 점이었다. 아버지의 반응은 특히 실망스러웠다. 윌리엄 소식을 들었을 때 고드윈은 그의 편지에서 먼저 금전적 요구를 간략하게 썼고, 그러고 나서야 메리의 슬픔에 대해 언급했다. 물론 사랑이 담긴 언급이었지만 고드윈 식의 사랑이었고, 거기에는 언제나 칼뱅교 목사 같은 분위기가 배어 있었다. 고드윈은 메리가 너무 슬픔에 빠져서는 안 된다고 설교했다. 특히 절망에 빠지기 쉬운 울스턴크래프트의 기질을 경계해야 한다. 고드윈은 메리에게 가장 고약한 두려움을 언급하면서 편지를 끝맺었다.

처음에는 네게 가장 가까운 사람들이 이런 상태의 너를 동정하겠지만 … 네가 변함없이 이기적이고 불쾌한 기분에 고착되어 다른 사람들의 행복에 무관심한 것을 보게 되면 그들은 결국에 너를 사랑하지 않을 테고 너를 견디지 못할 거란다.[36]

고드윈은 인간의 성격—적어도 셸리와 메리의 성격—을 빈틈없이 판단했다. 만일 그의 딸이 다시 다정한 태도로 돌아가지 못한다면, 셸리에게 관심을 쏟을 수 없으면, 그 변덕스러운 시인은 미련을 버리고 다른 곳에서 흠모하는 사람을 찾고 메리를 홀로 내버려 두리라는 것을 알았다. 그러면 딸이 그런 충격을 견디고 살아남을지 알 수 없었기 때문에 가혹하지만 그 위험성을 딸에게 경고한 것이다.

24장

스칸디나비아 여행
메리 울스턴크래프트 1795

메리가 의식을 잃은 지 오래 지나지 않아 임레이가 그녀를 발견했다. 낙담한 메리의 마지막 쪽지를 읽은 후 그는 메리가 자살을 시도할지 모른다고 생각해 5월의 화창한 오후에 서둘러 달려가서 침대에 쓰러져 눈을 감은 채 혼수상태에 빠져드는 메리를 발견했다. 그는 의사를 불렀다. 메리가 이 경험을 소설 《마리아》에서 묘사했듯이, "어떤 … 환상이 눈앞에서 빙빙 돌았다. … 그녀는 들으려고, 말하려고, 보려고 애썼다!"[1] 의사가 '격렬한 구토'를 유도해서 메리는 곧 위험에서 벗어났다. 하지만 황폐한 마음이 극에 달해서 다시 자살을 시도할 정도로 자포자기 상태라는 것을 둔감한 임레이도 깨달았다.

임레이는 메리를 품에 안고 위로하는 대신 런던에서 쫓아낼 계획을 세웠다.[2] 어쩌면 그는 아직 메리를 사랑하지만 자신의 자유를 포기하고 싶지 않았을 것이다. 자살 시도 때문에 그녀의 소원을 기꺼이 들어주려는 마음은 들지 않았다. 또한 어쩌면 자신의 유명한 '아내'가 자살을 시도하도록 내버려 둔 데 죄책감을 느꼈거나 당혹스럽고 두려웠을 것이다. 임레이는 메리에게 며칠간 회복할 시간을 준 뒤 한 가지를 제안했다. 스칸디나비아에 가서 부르봉 왕조의 은 접시와 실종된 배에 무슨 일이 일어났는지 알아볼 수 있겠냐는 것이었다. 바로 얼마 전에 목숨을 끊으려 한 여자에게 제시한 것치고는 놀라운 제안이었다. 하지만 임레이에 대한 믿음을 포기하고 싶지 않았고, 동등한 존재들 간의 사랑의 가능성이라는 이상을 포기하고 싶지 않았던 메리는 임레이의 제안을 발전의 조짐으로 보았다. 임레이는 메리를 자기 삶의 소중한 친구이자 조력자로 여전히 원하는 것이다. 메리는 수완과 능력을 입증할 것이며 그는 고마워하고 감명을 받을 것이다. 그렇게 되면 그는 한때 느꼈던 사랑으로 쉽게 돌아올 것이다. 아니면 그렇게 되기를 메리는 바랐다. 어쩌면 임레이가 금전적인 걱정 때문에 메리를 소홀히 대한 것이 사실일지 모른다. 잃어버린 배를 찾을 수 있다면 임레이는 부자가 될 것이다. 그들은 미국으로 건너갈 수 있고, 그는 메리를 실망시켰던 재물에 대한 탐색을 멈출 것이다. 또한 임레이는 메리가 조사를 끝내면 바젤에서 만나 휴가를 보내자고 말했다. 메리와의 안정된 가정생활을 원하는 척은 하지 않았지만 그래도 메리는 그가 마음을 바꿀 거라는 희망을 품기로 했다.

메리는 이삼 일 만에 짐을 싸고 할 일을 정리했다. 그러고는 스칸디나비아를 향해 출발했다. 1790년대에 북유럽을 여행하는 영국인은 거의 없었고 영국 여성은 더욱 적었다. 이제 막 돌이 지난 패니와 불과 몇 달 전까지만 해도 파리 밖을 나가본 적이 없던 용감한 마르그리트를 데리고 메리는 예테보리로 출발하는 항구 헐까지 역마차를 타고 북쪽으로 향했다. 밤새 마차가 달리는 동안 패니는 보채며 엄마를 계속 깨웠다. 마침내 헐 항구에 도착했을 때 그들은 스웨덴으로 가는 배를 찾을 때까지 "무덤 같은 집"에서 머물러야 했다.[3] 며칠이 지나 메리가 선박을 찾았지만, 바람이 적절한 방향으로 불 때까지 또다시 기다려야 했다. 하루하루가 천천히 흘러갔다. 어느 날 오후에 메리는 한

때 아주 세련된 마을이라고 생각했던 베벌리에 가보았다. 이제 그 마을은 "아주 작아" 보였고, 메리가 한때 국제적이고 교육 수준이 높다고 생각했던 사람들은 폐쇄적이고 편협하게 보였다.[4] 메리는 자신의 삶과 그들의 삶이 너무나 대조적이라는 데 놀랐다. "내가 슬픈 세계를 훑어보고, 즐거움을 낚아채고, 편견을 벗어던지는 동안에 어떻게 그들은 이처럼 단조롭게 살 수 있었는지 의아한 마음으로 바라보지 않을 수 없었다." 메리는 비록 고통을 겪었지만—어쩌면 고통을 겪었기 때문에—그 경험을 통해서 자신이 '대단히 진보했다'고 느꼈다. 이 마을 사람들은 평생 같은 곳에서 살아왔기 때문에 세상이 얼마나 낯설고 신기한 곳일 수 있는지를 몰랐다. 메리는 그들이 외부 사람을 얼마나 의심하고 변화를 두려워하는지를 보았다. 그들의 삶은 얼마나 제한된 듯이 보였는지!

지친 몸으로 자살 기도의 후유증을 견디다 보니 메리는 아침마다 마치 열병에 걸린 것처럼 발작적으로 몸이 떨렸다. 패니는 배운 것을 너무 잘 기억해서 끊임없이 "아빠"에게 "이리 와, 이리 와"라고 말했다.[5] 때로 메리는 죽었더라면 더 좋았을 거라고 생각했지만 어떤 때는 놀랍게도 평온함을 느꼈다. 기분이 너무 쉽사리 변하는 것이 메리를 가장 힘들게 했다. 어느 순간에는 항해가 시작되기를 기다릴 수 없을 것 같다가, 다음 순간에는 영국을 떠나기가 두려웠고 돌아오는 것도 두려웠다. 임레이가 요구에서 벗어나려고 자기를 멀리 보내는 거라는 생각도 들었다. 메리는 "분명 당신은 나를 잊지 않을 거예요"라고 그에게 애처로운 편지를 썼다.[6]

헐에 도착한 지 거의 일주일이 지난 1795년 6월 16일에 마침내 메리 일행은 배에 오를 수 있었다. 하지만 출항하기 전에 바람의 방향이 다시 바뀌어 그들은 안개가 자욱한 날씨에 파도를 타면서 적절한 바람을 기다리느라 일주일간 더 배에 갇혀 있었다. 마르그리트는 갑판에 발을 디디자마자 뱃멀미가 나서 메리를 패니와 단둘이 남겨 두고 배 아래쪽으로 내려가서 올라오지 않았다. 처음에 패니는 "선실에 있던 소년과 놀고" "종달새처럼 명랑했다".[7] 하지만 이가 나기 시작하자 낮잠을 자지 않고 징징거리면서 엄마에게 꼭 붙어 있었다. 메리는 극심한 두통에 시달렸지만, 하녀와 이제 막 걸음마를 배우는 아이를 돌봐야 했기 때문에 누워 있을 수 없었다. 배가 '앞으로 나아가지 않고 아래위로 흔들리고 있었기에' 메리는 기운을 내서 임레이에게 편지를 썼고, 자신의 고통을 열거하며 그 책임을 임레이에게 돌렸다. 잠을 잘 수 없었고, 잠을 자면 그에 대한 악몽을 꾸었다. "정신의 고뇌"와 "상심해 가라앉은 마음"을 견뎠다.[8] 임레이는 편지를 자주 쓰지 않았다. 게다가 가끔 오는 편지에 깊은 감정이 담겨 있지 않아서 메리는 상처를 받았다. 메리는 배처럼 파도에 이리저리 내동댕이쳐졌다고 느꼈지만 결국 불쾌하게도 똑같은 자리에 묶여 있었다.

마침내 바람의 방향이 바뀌어 항해가 시작되어 그들은 6월 27일에 예테보리에 도착했다. 그곳의 날씨는 음산했다. 승객들은 하선하면서 장대비에 흠뻑 젖었다. 메리는 서둘러 미끄러운 바위를 건너서 대기 중인 마차로 가다가 넘어져 머리를 다쳤다. 메리가 의식을 잃고 "인사불성 상태로 15분간" 누워 있는 바람에 진작에 불안에 떨고 있던 마르그리트는 겁에 질렸다.[9] 이윽고 메리는 정신을 차리고 마차를 타고 32킬로미터를 달려 마을로 갔다. 비가 쉬지 않고 쏟아졌는데 간신히 여관에 도착했을 때 그들은 따뜻한 온기도, 따뜻한 음식도 구할 수 없었다.

이 여정과 이후에 일어난 사건들은 메리의 절망감을 거의 덜어내지 못했다. 스웨덴에 도착한 첫날 저녁에 메리는 편지를 썼다. "친구여, 내 친구여, 나는 몸이 좋지 않아요. 슬픔의 치명적인 무게가 내 가슴을 무겁게 짓누릅니다."[10] 임레이는 그녀의 비탄에 반응을 보이기는 했지만 그다지 공감하지 않았다. 그는 메리가 불평을 늘어놓아 자신을 괴롭히고 자신과 자신의 감정을 존중하지 않는다고 말했다.[11] 메리는 답장을 쓰면서 임레이를 비판하지 않겠다고 말하고는, 정반대로 그의 결점을 상세하게 나열하며 편지를 마무리했고, 마치 형편없는 책을 논평하듯이 그를 해부했다. 그는 무책임했다. 그는 겁이 많았다. 그는 이기적이었다. 그는 햄릿처럼 무슨 일을 해야 할지 어떻게 행동해야 할지 결정하지 못했다. 당연히 임레이는 며칠간 답장을 보내지 않았다.

임레이의 사업 관계자인 일라이어스 백먼은 메리가 예테보리에 머무는 동안 자기 집에서 지내라고 제안했다. 백먼의 깨끗하고 편안한 집을 보자 메리는 기분이 약간 좋아졌다. 백먼의 집에는 빳빳하고 새하얀 리넨 침구가 있었고 어린아이들이 많았다. 지금까지 거의 엄마와 보모 두 사람하고만 지내 온 패니는 처음에 많은 사람들을 보고 겁을 먹었다. 하지만 얼마 지나지 않아 다른 아이들과 정원에서 놀았다. 그래서 메리는 매일 혼자서 몇 시간을 자유롭게 보낼 수 있었고, 그 시간을 임레이에 대한 비판을 곱씹는 데 썼다. 날마다, 때로는 하루에도 몇 번씩 책상 앞에 구부리고 앉아 무시무시한 펜을 휘두르며 임레이에게 비난과 질문을 퍼부었다. 그는 정말로 유럽에서 그녀를 만날 생각인가? 메리가 그의 선박을 찾으면 그는 정말로 장사에 전념하는 생활을 그만둘 것인가? 그는 아버지이자 남편이 될 능력이 있는가? 파리에서와 마찬가지로 두 사람의 별거는 메리가 생각을 발전시키는 데 필요한 공간을 제공했다. 메리는 자신이 고통을 겪는 것이 약점이나 타고난 결함 때문이 아니라, 감정—진정한 감정—을 느낄 수 있는 자신의 능력과 어떤 감정도 느끼지 못하는 임레이의 무능력 때문이라는 것을 입증하는 데 집중했다. 메리는 따졌다. "아, 왜 당신은 더 다정하게 우리를 사랑하지 않나요?"[12]

이 주장은 메리가 예전에 임레이와 벌였던 논쟁을 확대한 것이며 오늘날 학자들이 "감성의 문화"라고 부르는 것을 그녀가 이미 수용했음을 보여준다.[13] 루소에게서 이런 견해를 처음 접한 후 메리는 오랫동안 '감수성' 또는 '감성'을 자신처럼 대단히 계몽된 사람만 지닐 수 있는 특별한 능력으로 여겨 왔다. 이제 메리는 자신의 정제된 감정과 고양된 정신을 임레이의 천박한 물질주의와 대비했다. 만일 임레이를 자기처럼 깊이 느끼도록 가르칠 수만 있다면 그의 도덕성이 향상될 것이다. 그가 자신과 같은 상상력만 지니고 있다면 "(그의) 저속한 감각"을 이겨낼 거라고 메리는 말했다.[14]

글을 쓰면 쓸수록 메리는 버림받은 사람에게 어떤 힘이 생긴다는 것을 알게 되었다. 감성의 문화에 따르면, 메리의 순수한 마음과 영혼은 자신이 평범한 사람들의 바깥—다시 말해서 위—에 서 있다는 것을 의미했다. 또한 실로 버림받는 것은 두 가지 의미를 지니고 있었다. 바로 뒤에 남겨진다는 것뿐 아니라 제멋대로 살거나 법의 테두리 밖에서 사는 것을 뜻했다.[15] 18세기 사람들은 이 역설을 잘 알고 있었는데, 홀로 남은 여성은 어떤 남성에게도 자기 행동에 대해 설명할 필요가 없기 때문이기도 했다. 그렇다면 역설적으로 버림받았다고 비명을 지를 때마다 메리는 자신의 독특함, 무법 상태, 독립을 선언하는 셈이었다. 배우이자 훗날 조지 4세로 왕좌에 오른 섭정 왕자에게 버림받은 연인이었으며 오래지 않아 메리의 친한 친구가 되었던 메리 로빈슨은 왕자에게 버림받고 나서 쓴 소네트에서 이 기묘한 상황을 표현했다. 버림받은 연인은 "평온한 지혜의 길"에서 벗어나 "가시가 많고 외로운 열정의 황무지에 머물도록" 내몰린다.[16] 로빈슨과 울스턴크래프트에게 버림받는 것은 통탄스럽게도 문명에서 추방당하는 것이지만, 동시에 두 메리는 단순한 슬픔보다 복잡하고 강력한 무언가를 선언했다. 연인을 잃으면서 어떤 자유가 찾아왔고 온갖 속박에서 풀려났다.

글을 쓸수록 점점 더 메리는 자신이 느끼는 고통을 자신이 임레이보다 우월하다는 증거로 여기게 되었다. 메리의 비탄은 사회적 관습으로부터의 자유를 드러냈을 뿐만 아니라 깊은 감수성을 보여주었다. 현대 독자에게는 《여성의 권리 옹호》의 저자가 눈물을 흘리며 편지로 전 애인을 지치게 하고, 자살을 시도하고, 애인의 거절에 절망하는 것이 앞뒤가 안 맞는 행위로 보이고 다소 실망스럽게 보일 수도 있다. 하지만 메리에게 자신의 비탄은 하나하나가 임레이에게 제기하는 소송의 필수 구성 요소였다. 여성이 겪는 부당한 대우를 전반적으로 다루는 글에서 이제 자신의 고통에 관한 글로 넘어간 것이다. 남자의 배신을 경험했으므로 이제 남자에 항의하여 증언할 것이고, 《여성의 권리 옹호》의 정신에 따라 자신의 소송이 기각되어도 우아하고 예의 바르게 순종하기를 거부할 것이다.

혹자는 길버트 임레이를 불쌍하게 여길 수도 있겠다. 용감한 저널리스트인 메리는 잉크를 가지고 싸우는 방법을 알고 있었다. 메리가 임레이에게 보낸 편지의 분량은 다 합쳐보면 엄청나다. 결국 메리는 '임레이가 가한 부당한 대우에 관한 논문'이나 '메리의 권리 옹호'라고 불릴 수 있는 여러 편의 논문에 달하는 글을 쓴 셈이다. 그뿐 아니라 메리는 성적 이중 잣대를 맹렬히 비난하고, '감성'과 '상상력'이 시장의 힘에 위협받을 때 그것을 옹호하는 감동적인 주장을 펼쳤다. 다른 여성들은 자신들의 고통을 자기 자신에게만 해당되고 다른 사람들과 무관한 것으로 여기겠지만 메리는 그렇지 않았다. 메리에게 임레이의 배신, 삶을 살아가는 방식에 대한 그들의 의견 차이는 궁극적으로 이념의 충돌을 의미했다. 임레이는 산업혁명의 상업 세력을 대변했고, 메리는 정신과 마음의 진실을 대변했다. 그녀는 자기 일생의 핵심적 주장을 펼치며 거인들의 대결로 보이는 작업에 착수했다. 하지만 안타깝게도 임레이는 다양한 면모가 있기는 했지만 거인은 아니었다. 메리의 대결은 일방적인 시합으로 판명되었다. 상대가 메리만 한 역량이나 능력, 비전을 지니지 못했기 때문이었다.

폭풍우가 몰아치던 날씨가 개자 백면 부부는 메리를 설득하여 예테보리를 구경하러 나갔다. 예테보리는 당시 스웨덴에서 가장 번성한 도시였고, 줄자처럼 곧은 운하를 따라 깔끔한 집과 상점들이 늘어서 있었다. 거리가 널찍해서 보행자는 지나가는 역마차에 치일 염려 없이 걸어 다닐 수 있었다. 예테보리는 빽빽하게 밀집한 런던이나 파리와 달랐다. 여기서 가장 큰 건물은 스웨덴 동인도회사 하우스였는데 직사각형의 노르스름한 벽돌 건물에 구리 지붕이 얹혀 있었다. 노트르담 성당이나 세인트폴 성당처럼 하늘로 뾰족하게 솟아오른 것이 아니라 땅딸막하고 넓은 건물에 술통과 나무상자, 바구니와 상품이 가득 차 있던 이 회사는 예테보리와 극동 지역 간 활발한 교역의 상징이었다.

상업에 전념하는 스웨덴 사람들을 보면 메리는 화가 났다. 여기 사람들은 모두 돈 벌 생각만 하는 것 같았고, 도시 전체가 임레이 같은 사람으로 채워진 것 같았다. 하지만 이곳에는 시골이 있었다. 마치 뛰어난 정원사가 심은 것처럼 너도밤나무, 피나무, 물푸레나무가 작은 숲을 이루고 있었다. 런던의 더위를 겪은 후라서 스칸디나비아의 여름은 마법 같았다. 공기와 풀밭, 나뭇잎 모든 것에 황금빛이 아름답게 넘쳐흘렀다. 마르그리트가 지켜보는 가운데 패니가 백먼의 아이들과 노는 동안 메리는 바위를 올라 바닷가로 가서 지붕처럼 우거진 거대한 소나무 아래를 거닐었고, 연어와 안초비를 먹고, 과일 주스를 홀짝이고, 크림을 얹은 딸기를 즐겨 먹었다.

이 "정도의 활력"을 느끼는 것만으로도 기분이 풀렸다.[17] 메리는 이곳 음식이 마음에 들지 않았지만—고기 요리는 지나치게 양념이 많거나 이상하게 달았고 호밀 빵은 일 년에 두 번만 굽는 탓에 거의 씹을 수 없었다―이 나라의 극히 이질적인 요소를 보고 즐겼다. 교양 있는 대화는 전혀 나눌 수 없고, 하인들은 가난하며, 아기에게 브랜디를 먹이고 한여름에도 빨지 않은 두꺼운 플란넬 담요로 아기를 감싸고 야외에서 아이들을 자유롭게 아장아장 걸어 다니지 못하게 하는 양육 방식이 곤혹스럽기는 했지만 집에서 멀리 떨어져 모험을 즐겼다. 임레이의 잘못을 기록하고 그가 지은 죄의 차원, 기원, 엄중함을 분석해야 한다는 강박관념이 점차 약해졌다. 그 대신 스웨덴과 스웨덴 사람들에 대한 이야기를 썼다. 또한 들판이 초록빛으로 타오르고 자정이 지나고 한참 있어야 밤이 찾아오는 바이킹의 땅에서 비극적인 연애에서 회복하는 영국 여성의 삶이 어떤 것인지 적어 내려갔다. 야외 활동은 치료 효과가 있었다. 메리는 육체적으로나 정신적으로 서서히 건강을 되찾아 가는 자신을 느낄 수 있었다.

메리는 혼자 책상 앞에 앉아 자연이 주는 위안을 묘사하며 몇 시간을 보냈다.

나는 움직이지 않는 모든 자연을 응시했다. 바위는 더욱 칙칙하게 보였지만 전반적인 휴식에 동참하는 듯이 보였고 그 토대 위에 더 육중하게 누워 있는 것 같았다. 나를 움직이지 않게 하는 이 활동의 원칙은 무엇인가? 나는 외쳤다. 내 주위의 모든 것은 정주한 듯이 보이는데 내 생각은 왜 밖으로 날아다니는가? 내 아이는 똑같이 평온하게―봉오리를 오므린 꽃처럼 천진난만하고 달콤하게― 자고 있었다. 집에 대한 생각과 관련된 몇 가지 기억이, 그날 저녁에 내가 숙고했던 사회적 상황과 관련된 생각과 뒤섞여, 조금 전에 키스했던 장밋빛 볼에 눈물 한 방울을 떨어뜨리게 했다. 황홀감과 고뇌의 언저리에서 떨리던 감정이 감각을 날카롭게 만들어 평소보다 더 생생하게 살아 있

다는 느낌을 주었다.[18]

　메리는 아무도 밟지 않은 미지의 영역에 발을 내디딘 것이다. 워즈워스는 아직 자연관을 명료하게 표현하지 않았고, 18세기 후반의 다른 작가들은 야외의 목가적인 아름다움을 찬양했다. 오로지 루소만 자연 풍경을 심리적 해부의 기회로 삼았고, 생각과 감정을 호수, 바위, 나무에 연결했다. 그리고 루소는 자기 감정의 우주에서 여성을 완전히 배제하고 글을 썼다. 해가 아직 높이 떠 있는 한밤중에 메리는 자기 생각을 노트에 기록하면서 임레이의 거부로 속상해하면서도 자신을 진단할 수 있는 능력을 지니고 있는 것을 자축했다. 자신의 새 작품이 훗날 여러 세대의 작가들, 특히 자신의 원칙을 전폭적으로 받아들일 미래의 사위 같은 낭만주의 시인들에게 읽히리라는 것은 알 수 없었다. 여기서 메리가 그랬듯이 셸리는 〈서풍에 부치는 노래〉에서 자연에서 위안을 얻고 아르노강을 따라 걸으며 절망에서 지혜로 나아간다.

　몇 주간 조사하고 사람들을 찾아가 임레이의 배에 관해 물어보았지만 아무 소용도 없자 메리는 임레이의 이전 일꾼이 사는 노르웨이의 도시 톤스베르그를 찾아가기로 마음먹었다. 어쩌면 그 일꾼은 은 접시가 어떻게 되었는지 알고 있으리라는 생각이 들었다. 톤스베르그는 연락선을 타고 북쪽으로 하루쯤 걸리는 곳이었고, 메리는 혼자 출발했다. 아기와 떨어져 지낸 적이 없었고, 고통을 떨쳐낼 수 없을 때 마르그리트의 쾌활한 성격에 의지했기 때문에 혼자 가는 것은 쉽지 않은 선택이었다. 하지만 방해받지 않고 여행하는 것이 더 효율적이라고 생각했다. 그리고 스칸디나비아로 오는 길에 겪은 뱃멀미에서 아직 회복되지 않았기에 마르그리트의 건강도 염려되었다. 변덕스러운 여주인이 과연 돌아올 것인지 신뢰할 수 없었던 마르그리트는 뒤에 남고 싶지 않다고 항의했다. 메리는 마르그리트에게 퇸스베르그에 가서 자해하지 않도록 노력하겠다고 약속해야 했다.

연락선이 부두에서 멀어지자 메리는 난간에 홀로 서 있었다. 출산 후 처음으로 패니와 떨어져서 한 여자 아이의 엄마라는 것이 어떤 의미인지 생각에 잠겼다.

여성의 성이 처한 의존적이고 억압된 상태를 생각하면, 나는 어머니의 애정과 불안감 이상의 것을 느낀다. 아이가 자기 원칙 때문에 마음을 희생하거나 자기 마음 때문에 원칙을 희생하도록 강요당할까 봐 두렵다. 내가 장미에 신선한 홍조를 더하는 동안에 내가 지키고 싶은 가슴에 상처를 입힐 가시를 날카롭게 만들지 않도록, 떨리는 손으로 나는 감성을 키우고 섬세한 감성을 소중히 여길 것이다. 아이가 살아가야 할 세상에 부적합하게 만들까 봐 아이의 마음을 펼쳐 나가는 것이 두렵다. 불운한 여자여! 너의 운명은 왜 이러한가![19]

하지만 딸을 무척 그리워하기는 했어도 메리는 일 년 넘게 혼자 지낸 적이 없었기에 기나긴 여러 달 동안 느끼지 못했던 자유로움과 해방감을 느꼈다.

노르웨이에서 가장 오래된 정착지인 퇸스베르그는 그림처럼 아름다웠다. 페인트칠을 한 목조 주택이 많았고, 잔잔하고 수심이 깊은 항구는 원래 이곳에 살았던 바이킹들이 한때 그들의 용선(龍船)을 정박시켰던 곳이었다. 예테보리에서 북쪽으로 약 100킬로미터 떨어진 이 마을은 계곡에 자리 잡고 있었다. 소나무와 사시나무가 뒤편 언덕을 따라 이어지고, 멀리 푸른빛을 띤 산들이 솟아 있었다. 농경지가 해안을 따라 펼쳐져 있고, 물개들이 작은 바위섬에서 햇볕을 쬐었다. 마을 외곽의 들판을 가로질러 피오르가 이어졌고, 메리가 지금껏 보지 못한 깨끗하고 맑은 물이 흘렀다. 처음에 임레이의 실종된 선박 사건을 조사했던 울프스베르그 시장은 일라이어스 백먼의 동업자였는데 진심으로 따뜻하게 메리를 맞아주고 피곤한 손님에게 도움을 제공했다. 메리가 노르웨이어를 알지 못하기 때문에 시장은 자신이 모든 이해 당사자들과 이야기를 나누겠다고 약속했다. 하지만 그가 조사를 할 시간, 적어도 3주의 여유를 주어야 했다. 메리는 패니와 그렇게 오래 떨어져 있어야 한다는 생각에 가슴이 아팠다. 하지만 이 친절하고 영리한 남자가 마음에 들었고 그가 찾아준 숙소도 마음에 들었다. 여관은 밝고 쾌적했다. 외부는 오렌지 빛 붉은색, 가장자리는 밝은 노란색으로 장식되어 있고 내부는 푸른 바다색이었다. 여관은 바로 물 위에 있어서 메리는 르아브르에서처럼 부두에 들어오고 나가는 배를 볼 수 있었다.

여행에 열정적이었던 메리는 자신이 방문한 장소에 대해 공부하는 것을 과제로 여겼다. 퇸스베르그 교회를 구경하러 갔을 때 관 속에 방부 처리된 시체들이 얼굴은 쭈글쭈글하고 팔짱을 낀 채 누워 전시된 섬뜩한 광경을 보았다. "석화된 인간"에 혐오감을 느끼며 메리는 "생명을 빼앗기고 말라서 돌이 되어 그저 죽음의 가장 역겨운 이미지를 보존한 인간 형체만큼 추악한 것은 없다. … 휴! 뱃속이 뒤틀린다."라고 썼다.[20] 육신의 부패를 보여주는 증거는 영혼의 존재를 더 절박한 문제로 만들었다. 메리는 자신이 죽으면 이런 끔찍한 미라로 변하거나, 더 심각하게는 그저 사라져버린다고는 믿고 싶지 않았다. 말로 표현할 수 없는 어떤 방법으로 계속 살아 있을 것이다. 분명히 자신에게는 (그리고 다른 사람들에게도) 영혼이 있었다. 며칠 후 메리는 바다가 내려다보이는 언덕 비탈에 우뚝 서 있는 13세기 성의 유적지를 방문했다. 여기에 특히 장엄하고 영원한 자연과 대조적으로 인간 존재의 덧없음을 보여주는 또 다른 실례가 있었다.

메리는 종종 "바위 아래 이끼가 낀 바닥에 비스듬히 기대곤" 했다. 그 지역이 너무 고요해서 "바다에서 물결치는 소리가 … 그녀를 달래 잠들게 했다."[21] 비판을 일삼는 파리 사람들과 런던 사람들의 시선에서 멀리 떨어져 있고, 어머니의 책임감에서 벗어나자 메리는 마치 "내 영혼이 퍼져 나가 그 풍경에 스며들고, 온통 감각이 되어 거의 요동치지 않는 파도에 미끄러져 들어가고, 상쾌한 미풍에 녹아드는 것 같았다." 이제 "감정이 질서정연한 길을 따라가도록" 애쓰지 않을 것이다. 그 대신에 "본성의 극단적 애정"과 "감정의 충동적 흐름"을 받아들일 것이다.

메리가 편지에서 쌓아 올린 철학이 확실히 자리를 잡아가고 있었다. 임레이는 메리에게 자신을 억제하고 자제하여 다른 사람이 되라고 충고했었다. 비록 그와 싸웠지만 그래도 메리는 그를 즐겁게 해주고 싶었다. 하지만 지금 여기 노르웨이 시골에서 메리는 자신의 가장 본질적인 속성을 받아들이는 법을 배우고 있었다. "나는 열렬히 사랑하고 흠모해야 해. 그러지 않으면 슬픔에 빠져드니까."[22] 메리는 자신을, 자신의 본능과 감정, 성향을 믿을 것이다. 메리는 자신이 누구인지 알았다. 자신의 강점을 알았다. 비록 그는 알지 못했더라도.

아침마다 메리는 근처 시냇가로 걸어가서 "소나무 향기를 머금은 공기"에 기뻐했다.[23] 오후에는 수영을 하고 젊은 임산부에게서 노 젓는 법을 배웠다. 임산부는 불가사리 때문에 물이 "탁해진" 얕은 바다에서 노를 저었다.[24] 저녁에는 친절한 시장이 메리를 파티에 초대했다. 의사소통이래야 주로 팔을 흔들거나 손짓에 한정되었지만 메리는 파티를 즐겼다. 그녀는 "노르스름한 머리를 이렇게 많이" 본 적이 없었다.[25] 젊은 여성들은 맑은 눈에 솔직한 얼굴이 예뻤다. 그들은 "나를 보는 것이 즐겁고, 내 성격이 아주 좋아 보인다"라고 말해서 메리의 호감을 샀다.

하지만 메리는 위생 상태가 열악하고 음식이 건강에 좋지 않다는 사실에 주목했다.[26] 나이 든 사람들의 치아 상태는 '몹시 나빴고' 나이 든 부인들은 끝없이 이어지는 저녁 파티와 잔치, 다과회, 피크닉 때문에 뚱뚱했다. 음식을 절제하는 메리에게는 오로지 먹는 것만이 그들의 관심사처럼 보였다. 메리는 지루하고도 긴 파티에서 빠져나오고 싶었지만 예의상 머물러야 한다는 것을 알고 있었다. 속으로 메리는 사람들이 무슨 말을 하는지 이해하지 못한다는 사실에 감사했다. 야하게 들리는 농담에 새 친구들이 시끄럽게 웃어대는 것 같았다. 누군가 통역을 해줄 때마다 메리는 집주인들의 저속한 농담에 약간 충격을 받았다. 하지만 노르웨이 사람들의 말소리를 듣는 것은 좋았다. "노르웨이어는 부드럽고 모음으로 끝나는 단어가 아주 많았다." 그리고 기본적으로 나에 대해 이야기하지 않아도 되어서 다행이었다.[27]

시간이 지나면서 메리는 임레이를 만나기 전에 흥미를 느꼈던 개인의 권리, 시민과 국가의 관계, 프랑스의 정치 추이 같은 주제로 서서히 되돌아왔다. 지난 이 년 반 동안 푸젤리와의 사건, 루이 16세 처형, 공포정치, 임레이의 기만과 거부라는 격동을 겪은 후 메리는 거의 모든 영역에서 환멸을 느꼈다. 프랑스혁명은 메리가 바랐던 대로 전개되지 않았다. 임레이와 푸젤리는 메리가 생각했던 남자들이 아니었다. 그리고 자신도 스스로 자랑스럽게 생각했던 독립적이고 독자적인 여성으로서 행동하지 않았다. 메리는 대체 무슨 일이 일어난 것인지 의문을 제기했다. 자신에게, 임레이에게, 세상에 무슨 일이 있었던 걸까? 패니를 돌봐야 하는 의무에서 벗어난 상태에서 그리고 일 년이 넘는 시간 동안 깊은 자기 성찰을 한 후에 메리는 인간 본성의 한계에 대한 새로운 통찰력으로 자기 경험과 외부 세계 사이, 자신과 문화 사이에서 연관성을 찾기 시작했다. 메리는 정치나 역사를 다루는 저서에 언제나 개인적 성찰과 구어체 표현을 끼워 넣었지만 이제는 표현 방식을 거의 완전히 바꾸었다. 기본적으로 정치와 역사에 관한 글을 쓰면서 몇 가지 사적인 여담을 섞는 대신에, 임레이와의 사랑과 스칸디나비아 여행에 대해 이야기하면서 이런 개인적 경험 안에 철학적 논평과 정치 이론을 합쳐 넣었다. 그 결과 개인적 이야기와 정치학, 여행기와 철학적 논평이 혼합된 독창적 스타일이 탄생했다. 메리는 인간 사회의 역사에 대한 생각을 논하면서 자신의 상처 입은 마음을 묘사했다. 자연의 아름다움에 기뻐하면서 동시에 공포정치의 잔학성을 돌아봤다. 자신이 작가로서 규칙을 깨뜨리고 있다는 사실은 거의 인식하지 못했다. 메리에게 중요한 것은 전통적인 형식으로는 자신이 말하고 싶은 것을 모두 담을 수 없다는 점이었다. 가장 중요한 것은 임레이를 질책하는 데 흥미를 잃었다는 사실이었다. 임레이는 메리에 대한 사랑을 혼자서 다시 찾아야 한다고 생각했고, 그가 약속했던 대로 유럽에서 만나면 즐거운 재회를 할 거라고 믿었다.

8월 첫째 주에 울프스베르그 시장은 조사를 마쳤고, 메리에게 퇸스베르그에서 남쪽으로 약 32킬로미터 떨어진 항구 도시 라르비크의 변호사와 상담하는 것이 좋겠다고 말했다. 라르비크에 도착한 메리는 관리들의 옹졸함과 부패에 경악했다. "나는 고개를 돌렸다. 악에 의해 변형된 얼굴을 보면서 토할 것 같았다."[28] 다행히도 그곳에 오래 머물 필요는 없었다. 변호사들은 임레이의 배가 마지막으로 목격되었다는 남쪽에 있는 리쇠르로 메리를 보냈다. 그곳에서 마침내 르아브르에서 만난 후 한 번도 본 적이 없는 엘레프손 선장을 만나게 될 것이다. 울프스베르그 시장은 선장이 은을 훔친 것이 분명하다고 생각했다.

메리는 바다로 여행하면서 바위가 많은 해안선을 바라보며 자신을 위해서는 아니더라도 인류를 위해 더 나은 미래를 꿈꾸었다. 일기에 적은 글은 후일 젊은 메리와 클레어, 그리고 특히 셸리에게 영감을 불어넣었고 그들에게 직접 말하는 것 같았다. "해안을 따라 항해하면서 바라본 거친 해안 풍경은 계속 숙고할 주제가 되었다. 나는 미래에 세상이 나아지기를 기대했고, 이 땅이 생산할 수 있는 것을 모두 얻으려면 사람들이 아직도 얼마나 많은 일을 해야 하는지를 깨달았다."[29]

리쇠르에 도착했을 때 메리는 U자형 항구를 따라 웅크리고 있는 이 백여 채의 집들을 보았다. 그러나 유서 깊은 하얀 집들과 시골의 매력은 깊은 인상을 주지 못했다. 그녀의 눈에는 황량함만 보였다. "여기서 태어나는 것은 자연에 의해 바스티유 감옥에 갇히는 것과 같다"고 불평했고, 갇힌 상태를 표현하는 데 자신이 좋아하는 이미지를 사용하면서 혁명이 여전히 그녀의 마음속에 있음을 보여주었다.[30] 그후 어떤 일이 있었는지는 오랫동안 미스터리로 남아 있었다. 하지만 2013년에 메리가 덴마크 외무장관 안드레아스 페테르 베른스토르프 백작에게 보낸 편지가 발견되었다. 이 편지에 실종된 배의 선장 엘레프손과의 만남이 자세하게 기록되어 있다. "엘레프손은 저를 기다렸습니다. 우리가 단둘이 있게 되자 그는 더없이 공손하게 행동했고, 그 사건이 일어나지 않았더라면 좋았을 거라고 말했지요. 하지만 제가 자신의 유죄 판결을 받을 수 있을 정도로 충분한 증거를 제시할 수 없을 거라고 장담하더군요. 그리고 우리가 치러야 할 비용에 대해 자세히 말하고 제 인정에 호소했습니다. 그리고 그는 지금 그 돈을 돌려줄 수 없다고 확실하게 말했습니다."[31] 엘레프손의 저항에 직면한 메리는 덴마크 외무장관에게 엘레프손과 일종의 합의를 볼 수 있도록 도움을 요청했다. 모두들 그의 죄를 확신했지만 배상은 전혀 이루어지지 않았다.

리쇠르를 떠날 때 당연히 메리는 의기소침했다. 르아브르에서 엘레프손과 함께 지냈을 때 그를 좋아했는데 이제는 그에게 배신감을 느껐다. 또한 이제 도난에 대한 최종 증거를 확보했으니 임레이는 잃어버린 돈을 되찾으려고 더 노력할 테고 미국에서 함께 사는 꿈은 불가능하다고 선언할 것 같았다. 메리는 되돌아갈 준비를 하면서 우울하게 말했다. "구름이 몰려들기 시작하고, 가을 열매가 다 익기도 전에 여름은 거의 사라진다."[32]

메리는 낙담했지만 스웨덴으로 돌아가는 배를 탔다. 임레이가 자신의 노력을 고맙게 여기기를 바랐다. 어쩌면 두 사람이 떨어져 있었던 시간이 그에게 자기 행동을 반성하는 시간이 되었을지 모른다. 어쩌면 자기 사업이 노력을 바칠 가치가 없다는 것을 마침내 깨달았을지 모른다. 결국 두 사람의 노력에도 불구하고 그는 투자금을 잃었다. 어쩌면 이 사건은 그가 인생에서 정말로 중요한 것을 깨닫도록 도와줄 것이다. 사랑. 가족. 메리. 그의 딸. 메리는 그가 다시 시작하자고 제안하리라는 꿈을 꾸기도 했다. 그들의 미래가 이미 실현된 듯 선명하게 보였다. 그들은 함께 새로운 삶을 즐기고, 사랑을 만끽하고, 패니에게서 기쁨을 얻을 것이다. 메리는 스칸디나비아의 시골에서 느꼈던 평온함을 잊지 않았고, 또한 자신의 성찰로 일기를 채우며 느꼈던 만족감도 잊지 않았다. 메리는, 적어도 일시적으로라도 자신과 화해했지만 딸을 다시 만나고 집으로 돌아갈 생각을 하니 임레이에 대한 감정이 강렬하게 되살아났다.

메리가 임레이에게 또다시 굴복했다는 실망스러운 사실에 직면한 전기 작가들은 메리를 가련하다든지 자기 기만적이라든지 어리석고 나약하다는 둥 다양하게 묘사했다. 하지만 백 년 후 프로이트는 과거가 어떻게 현재를 괴롭히는지, 무의식적 힘이 어떻게 세계를 해석하는 개인의 관점에 영향을 끼치고 형성하는지 설명할 것이다. 메리에게 임레이의 거부는 그녀가 겪어 온 실망과 고통에 엮여 있었다.[33] 어머니의 무시, 아버지의 술주정, 패니 블러드의 죽음, 푸젤리의 거절, 그리고 자신의 이념 때문에 받아 온 공격, 이 모든 경험이 임레이를 잃는 것과 뒤얽혔다. 메리는 자신이 느끼는 고통이 전부 임레이 때문에 일어난 것이 아니고, 평생에 걸친 고통스러운 경험에 대한 정상적인 반응이라는 것을 이해할 수단이 없었다. 놀라운 용기와 능력으로 메리는 이미 대부분의 사람들보다 많은 성취를 이루었고, 자기 성찰과 글쓰기를 통해 자기 치유를 일부 이뤄냈지만, 스칸디나비아에서 보낸 시간은 그녀를 완전히 치유하는 데 충분하지 않았다. 역설적으로 메리가 힘을 되찾자 임레이의 사랑을 되찾겠다는 결심이 더욱 굳어졌을 뿐이다. 메리는 임레이보다 훌륭한 철학자였다. 두 사람의 논쟁에서 그녀의 논지는 정확했고 윤리적으로 우월했다. 메리는 임레이가 돌아오게 만들겠다고 결심했다. 메리는 그를 상대로 한 싸움에서 이기고, 그러면서 그의 사랑을 다시 쟁취할 것이다.

25장

어그러진 연인

메리 셸리 1819

월리엄이 죽은 후 숨 막히는 날들이 길게 이어졌고, 메리는 혼자서 시간을 보냈다. 마비 증상이 와서 펜을 들 수 없었고 책도 읽기 어려웠다. 5개월 전에 메리와 셸리는 서로의 거리를 좁혔지만 이제 다시 깊은 골이 입을 벌리고 있었다. 하인 밀리와 힘든 청소를 시키려고 고용한 여자는 세상에 아무 일도 없다는 듯이 웃으며 수다를 떨었다. 밖에서는 울새와 꾀꼬리들이 한낮에 날이 뜨거워질 때까지 지저귀었다. 밤이면 메리와 클레어, 셸리는 정원에 앉아 별을 쳐다보았다. 어느 날 밤에는 밀리가 혜성을 보았다고 말해서 작은 소란이 일어났다. 셸리는 즐거워하며 밀리가 "위대한 천문학자처럼 세상을 놀라게 할" 거라고 말했다.[1]

하지만 이 끔찍한 날들에 대해 메리의 기억에 남은 것은 단조로움, 침묵이었다. 훗날 메리는 셸리가 자기 나름으로 애도하고 있었고 아내에게 버림받았다고 느꼈던 것을 알지 못했다고 후회하곤 했다. 셸리는 아들을 잃었을 뿐 아니라, 자신이 사랑했던 여자까지 마음속에서 사라져버렸다. 메리의 자리에는 돌처럼 창백한 비탄의 석판이 놓여 있었다.

로마에서 이사한 후 몇 주 동안 셸리는 〈사슬에서 풀려난 프로메테우스〉를 완성하는 데 몰두했다. 그의 프로메테우스는 영웅이었다. 그는 용감하게 신들에게 맞서서 인간을 위해 불을 훔쳤고, 인간이 발전하고 개선하고 결국 짐승과 같은 상황에서 벗어날 능력을 주었다. 이것은 메리가 '현대의 프로메테우스'라는 부제를 붙인 《프랑켄슈타인》과 정확하게 상반된 이야기였다. 메리에게 프로메테우스(프랑켄슈타인)는 반(反)영웅이었다. 그의 지식 탐구는 처참한 결과를 낳았고, 그의 야망은 죽음으로 이어졌다.

비관주의와 대조되는 낙관주의. 절망에 대조되는 희망. 메리와 대조되는 셸리.[2] 두 사람은 각자 상반된 비극의 양쪽에 서 있었고, 그들의 갈등은 결혼 생활의 모든 면에 스며들었다. 그것은 상실에 대처하는 방식뿐만 아니라 서로에게 접근하는 방식과 작품에 접근하는 방식까지 결정했다. 만일 이 부부의 철학적 단층선을 알지 못하면, 그들의 작품을 부부 간의 토론의 일부가 아니라 서로 무관한 것으로 볼 수 있다. 셸리의 시는 인간의 창의력을 찬양한다. 메리의 소설은 제어되지 않은 야망의 결과를 경고한다. 하지만 두 작품을 함께 보면 〈사슬에서 풀려난 프로메테우스〉는 《프랑켄슈타인: 현대의 프로메테우스》에 대한 셸리의 반응으로 등장하고 그들의 논쟁에서 셸리의 입장을 대변하며, 이를 통해 그는 아내의 절망에 맞서 끝까지 희망을 주장했다.

물론 〈사슬에서 풀려난 프로메테우스〉는 이보다 훨씬 많은 의미가 담긴 작품이지만 이 관점으로 작품을 읽으면 메리와 셸리의 관계가 얼마나 소원해졌는지가 드러난다. 메리가 《프랑켄슈타인》을 집필할 당시에 셸리는 아내의 관점에 완전히 동의하지 않았지만 그 관점이 흥미롭고 심지어 매혹적이라고 생각했다. 그러나 이제 아내의 암울한 전망은 위험해 보였다. 인간이 자신의 피조물을 제대로 다룰 수 있으리라고는 믿을 수 없다는 아내의 주장에 대해 셸리는 질병과 재앙을 인간의 창의력으로 근절할 수 있다고 주장했다. 메리의 소설에서 프로메테우스(프랑켄슈타인)는 자신이 사랑하는 모든 사람을 파괴한다. 셸리의 시에서 프로메테우스는 세상을 구한다.

7월 초쯤에 부부는 서로에 대한 인내심을 잃었다. 셸리는 나폴리에서 전보다 건강해졌다고 느꼈지만 고질적인 건강 문제가 다시 불거졌다. 영국에서 받은 치명적인 진단에 시달렸던 셸리는 시간이 얼마 남지 않았다고 생각하면서 미친 듯이 필사적으로 글을 썼고, 자신이 죽은 후에도 시가 살아남을 거라는 생각에 위안을 얻었다. 반면에 메리는 시간을 멈추고 싶었고, 더 나아가 시계를 되돌리고 싶었다. 아이들이 살아 있고, 침대에서 자고 있기를 바랐다. 후회가 하루하루를 지배했다. 의혹도 그녀를 지배했다. 메리는 아이들의 건강을 셸리의 건강과 바꾸었던 것일까? 그렇다면 그 대가가 너무 가혹했다. 아이들은 온전히 엄마를 사랑했지만 반면에 남편은 멀리 떨어져 있고, 자신에게 몰두해 있고, 가까이 다가갈 수 없었다. 저승에서 아이들을 만날 수만 있다면. 어머니의 유령도 슬픔에 잠긴 딸을 위로하려고 거기서 기다리고 있을지 모른다.

메리는 죽음을 갈망했지만, 임신한 지 네 달 반이 지났고 태어나지 않은 아기를 죽음에 내모는 일은 결코 할 수 없었다. 임신하지 않았더라도 고드윈의 엄격한 가르침이 너무 깊이 박혀 있어서 자살에 굴복하지 않았을 것이다. 간신히 편지를 몇 통 쓸 수 있었지만 자기 상황을 탄식할 뿐이었다. "당신은 … 일 년 안에 그저 사랑스럽기만 한 두 아이를 잃고, 그 아이들이 죽어 가는 순간을 지켜보고, 결국 아이들 없이 영원히 비참한 상태에 남는 것이 어떤 일인지 절대로 알지 못하길 바랍니다"라고 메리앤 헌트에게 편지를 썼다.[3]

마침내 8월에 셸리의 권유로 마지못해 펜을 다시 잡은 메리는 일기를 쓰기 시작했다. 먼저 오래전에 셸리가 패니와 해리엇이 자살한 후에 쓴 시를 인용했다.

> 우리는 과거를 바라보고, 겁에 질려 응시하네.
> 기이하고 사나운 모습의 유령들을
> …….
> 우리 두 사람은 아직 외로운 땅에
> 기억을 기념하는 무덤처럼 서 있네.
> 인생의 어둑한 아침 빛 속에서
> 희미해져 달아나는 기쁨과 슬픔의 기억을.[4]

이 시는 앞날을 예언한 것 같았다. 메리는 죽은 자의 기념비, "무덤"처럼 느꼈다. 스스로 이런 식으로 느낀 것은 어느 정도는 고드윈의 양육 방식 때문이었다. 그는 어쨌든 죽은 어머니의 이름을 딸에게 붙여주었던 것이다. 하지만 이 상실감은 견딜 수 없이 강렬했다. 메리는 자신이 사랑했던 유령들에게 시달리고 있었다. 스스로 클레어몬트식 감정 과시라고 불렀던 것에 탐닉하기를 몹시 싫어한 메리였지만 좀처럼 하지 않던 감정의 분출에 휩싸였다.

수요일 4일 (1819년 8월)
내 (세 번째) 일기를 셸리의 생일에 시작한다. 우리는 이제 오 년을 함께 살아왔는데, 오 년 동안 일어난 사건이 모두 지워진다면 나는 행복할 수 있겠지. 하지만 사 년간 맺이 온 친밀한 관계를 무자비하게 잃는 것은 인간의 마음이 큰 고통 없이 순순히 받아들일 수 있는 사건이 아니다.[5]

비록 쓰라린 말이기는 했지만 이렇게 몇 단어를 쓰면서 메리는 일기를 쓸 때마다 항상 얻었던 위안을 기억해냈다. 그것은 삶으로 되돌아가려는 여정의 첫걸음이었다. 날마다 메리는 조금씩 글쓰기로 돌아왔다. 일기에 이 글을 쓰고 난 직후에 마틸다라는 여주인공이 그녀의 상상 속에 등장했고, 완전히 자리 잡았고, 여러 면에서 《프랑켄슈타인》보다 더 무시무시한 이야기가 끌려 나왔다.

메리는 놀랍도록 신속하게 새 소설의 개요를 만들었는데, 그 줄거리의 음울한 분위기는 그녀의 황폐한 마음을 반영했다. 어머니가 없는 마틸다는 아버지가 자신에 대해 근친상간적 사랑을 품고 있다는 사실을 알게 된다. 아버지가 자살한 후 마틸다 역시 <u>스스로</u> 자초한 폐결핵으로 죽으며 "조금만 참으면 모든 게 끝날 거야"라는 말을 남긴다.[6] 메리는 이 말을 이탤릭체로 써서 강조했다. 그 말은 울스턴크래프트, 울스턴크래프트의 어머니, 그리고 울스턴크래프트의 마지막 소설 《마리아》에 등장하는 어머니가 임종 직전에 남긴 말이었다. 죽음으로써 마틸다는 죽은 아버지와 결합하지만, 동시에 그 마지막 말로 인해 마틸다는 그 작가와 작가의 어머니와 연결된다.

셸리의 시에서 이미 드러나듯이 근친상간은 낭만주의의 흔한 주제였다.[7] 사실 메리가 마틸다에 대한 소설을 쓰는 동안에 셸리는 위층에서 아버지와 딸의 근친상간 이야기를 쓰고 있었다. 셸리는 메리와 함께 찾아낸 역사적 이야기를 바탕으로 해서 〈첸치 일가〉라는 희곡을 쓰고 있었다. 이탈리아 역사에서 베아트리체 첸치는 자신을 강간한 아버지를 죽인 사건으로 유명한 아름다운 소녀였다. 셸리 부부는 로마의 콜론나 궁전에서 베아트리체의 초상화를 본 적이 있었는데, 메리와 너무 닮아서 셸리는 깜짝 놀랐다. 메리처럼 베아트리체는 "창백하고" 이마가 "넓고 깨끗했다."[8] 그녀는 "슬프고 정신이 파괴된 듯이 보였다. … 유난히 초롱초롱했다는 눈은 울어서 부었고 광채를 잃었지만 아름답게 온화하고 고요했다." 셸리는 혼자서 테베레강 근처의 친퀘 스콜레 광장에 있는 어둡고 요새 같은 첸치 궁전으로 순례 여행을 떠났다.

하지만 근친상간에 대한 메리의 접근은 셸리와 전적으로 달랐다.[9] 메리는 자신과 허구적 인물 사이의 유사점을 탐구하는 데 집중했다. 메리와 마틸다 모두 어머니를 출산으로 잃었고 둘 다 아버지를 잃었다. 하지만 마틸다의 아버지는 딸을 너무 사랑해서 자살한 반면 메리의 아버지는 딸과 셸리의 연애 때문에 관계를 끊었다. 메리는 메리제인이 그들의 삶에 끼어들었을 때, 그리고 메리 자신이 셸리와 달아난 후에 아버지에게 또다시 배척당했다고 느꼈으므로, 딸을 너무나 사랑하는 아버지라는 개념은 의심할 여지 없이 만족스러운 환상이었다. 하지만 그 개념은 메리 자신의 경험을 심리적으로 적절히 표현한 것이기도 했다. 그들이 함께 사는 동안 실제 성관계는 없었지만, 고드윈은 셸리에게 밀려난 것에 분노하고 실망한 연인의 심리를 실제 행동으로 보여주었다.

결국 마틸다는 《프랑켄슈타인》의 피조물처럼 자신을 괴물로 여기지만, 실제로 진짜 괴물은 마틸다의 아버지이다. 결국 마틸다가 저지른 범죄는 뭐란 말인가? 또한 이 문제와 관련해서, 피조물이 저지른 범죄는 무엇인가? 어떤 아이도 자신의 출생에 대해 책임질 수는 없다. 그래서 메리는 아이들의 그릇된 (그리고 비극적인) 논리를 지적하면서 동시에 아버지들의 어깨에 공평하게 책임을 지웠다.

반면 셸리에게 근친상간은 사회 제도와 그 제도를 운영하는 남성의 타락을 폭로할 기회였다. 셸리는 역사적으로 실재했던 잔인한 폭군인 베아트리체의 아비지 첸치 백작에게서 억제되지 않은 가부장적 권력의 완벽한 전형을 발견했다. 메리와 달리 셸리는 주요 인물들의 심리를 탐구하지 않았다. 그는 베아트리체의 내적 삶을 얼버무리고 그녀의 이야기를 이용해서 억압에 대한 자신의 분노와 저항을 전달했고, 개인의 자유가 도덕적인 국가의 필수 요소라는, 고드윈에게서 유래한 자신의 철학을 명확하게 표현했다. 베아트리체는 사악한 지배자를 타도했기에 영웅적인 여성이다.

메리에게 가장 중요한 것은 셸리가 간과했던 점, 즉 희생자의 감정, 여성의 내적 삶이었으며 그것은 그녀의 어머니가 저서에서 집중했던 주제였다. 《마틸다》에서는 선과 악이 서로 스며들어 모든 등장인물들이 도덕적 회색 지대의 안개 속에서 방황한다. 마틸다의 외부 세계는 희한하게도 텅 비어 있다. 메리는 셸리의 〈첸치 일가〉를 지배하는 교회나 국가, 사악한 제도적 권력을 한 번도 언급하지 않는다. 마틸다의 비극은 권력의 타락이 아니라 아버지와의 관계에서 비롯된다. 메리가 남편과의 차이를 인식하고 있다는 것은 소설 말미에 새로운 인물로 셸리와 매우 닮은 우드빌이라는 청년이 등장할 때 분명해진다. 우드빌과 마틸다는 곧 친구가 되지만 기이하게도 연인이 되지 않는다. 마틸다는 우드빌이 사랑에 빠지기를 원하지 않는다. 메리가 자신의 슬픔에 셸리가 합류하기를 원했듯이, 마틸다는 자신의 절망에 우드빌이 합류하기를 원한다. 하지만 우드빌은 그 소망을 거부하고 마틸다를 멀리서 면밀히 관찰하며, 결국 마틸다를 탄식하게 만든다.

내 생각에, 나는 비극적 인물이다. 그는 내가 연기하는 인물을 보러 온다. 이따금 그는 그의 목적에 더 적합한 말을 하라고 내게 신호를 보낸다. 아마도 그는 내가 등장하는 시를 이미 구상하고 있을 것이다. … 그는 모든 이익을 취하고 나는 모든 짐을 짊어진다.[10]

이처럼 허구의 형태로 메리는 셸리가 자신을 방치한 것에 대한 분노를 명료하게 표현했다. 셸리는 메리를 정신적으로 떠받쳐주지 않고 뒤로 물러서서 베아트리체의 모델로 삼아 연구하고 있었다. 이에 대한 보복의 공격으로 메리는 마틸다로 하여금 우드빌에게 함께 죽자고 간청하게 한다. 그가 언젠가는 세상을 개선하기 위해 무언가를 할 수 있을 테니 그럴 수 없다고 거절하자 마틸다는 죽음으로 가라앉는데 그녀의 말은 마틸다, (그리고 그 작가의) 배신감을 표현한다.[11]

> 안녕히, 우드빌. 내 무덤 위의 뗏장이 곧 푸르러지고 그 위에 제비꽃이 피어나겠지요. 거기에 내 희망과 기대가 있어요. 당신의 희망과 기대는 이 세상에 있지요. 그것이 실현되기를.[12]

정원에서 이 글을 쓰는 메리를 손에 잡힐 듯이 그려볼 수 있다. 셸리는 메리의 의붓동생과 산책을 하거나 옥상에 있는 그의 유리 골방에 있을 것이다. 우드빌(셸리)이 죽음보다 삶을 택한 것은 이해할 수 있는 일이지만, 마틸다(메리)에게 이 선택은 거부를 의미했고, 그가 자신이 사랑하는 여인보다 외부 세계에 집중하고 있음을 뜻했다. 메리에게는 셸리가 자신보다 허구의 베아트리체에게 더 관심을 기울이는 듯이 보였다. 이것을 다른 식으로 생각해보면, 셸리는 메리를, 자기 아내를 허구의 인물로 만들고 있었던 것이다. 이것도 메리의 기분이 나아지지 않게 했다. 더구나 그것은 불공평했다. 메리나 그녀의 허구적 분신에게는 셸리나 우드빌이 가진 것과 같은 선택지가 없었다. 세상은 남자들에게 열려 있었지만 그들에게는 그렇지 않았다.

9월 말에 그 불행한 일행은 그들이 좋아한 의사인 벨 박사 가까이 있으려고 피렌체로 이사했다. 벨 박사는 메리의 출산을 관리하고 셸리의 건강을 돌보아줄 것이다. 그렇지만 리보르노를 떠나는 것은 쉽지 않았다. 기즈번 부부는 그해 여름에 실의에 빠진 그들을 지탱해 준 든든한 기둥 같은 존재였다. 셸리 부부가 마지막으로 별장을 떠나며 움푹 파인 흙길로 마차가 굴러갈 때 기즈번 부부의 개 오스카가 작별 인사를 하듯이 꼬리를 흔들며 마차 옆에서 껑충껑충 달렸다. 하인 주세페가 "오스카가 따라가지 못하도록 두 팔로 안고 있어야" 했다고 마리아가 나중에 셸리에게 보낸 편지에서 알려주었다.[13] 며칠 동안 그 개는 슬픔을 주체할 수 없었다. 저녁 식사 시간이면 "가련하게" 울부짖으며 "(셸리 부부가) 떠난 집 문을 온 힘을 다해 긁어댔다."

"가엾은 오스카!" 셸리가 답장을 보냈다.[14] "두 생명체가 서로에 대해 품은 사랑이 똑같지 않다는 것을 생각하면 가책을 느낍니다. 오스카가 우리에게 보여준 것과 같은 감정을 나는 느끼지 않으니까요. 하지만 오스카가 느끼는 끈질긴 아쉬움은 당신에 대한 우리의 감정과 같습니다. 우리의 기억은—이렇게 소박한 비유를 받아주신다면—당신이 없는 집의 문을 한없이 긁고 있습니다."

그들은 비아 발폰데 거리의 산타마리아 노벨라 광장 근처에 있는 하숙집에 소박한 숙소를 잡았다. 다른 투숙객들은 노처녀와 과부, 성직자 등 예상할 수 있는 중산층 관광객들이었고, 백 년 후 E. M. 포스터가 소설 《전망 좋은 방》에서 적절하게 묘사한 손님들과 별로 다르지 않았다.[15] 식사는 집세에 포함되어 있었지만 하숙집의 긴 테이블에서 함께하는 식사는 어색한 경험이었다. 다른 영국인 방문객들이 악명 높은 셸리 가의 세 사람을 정중하지만 공포스럽게 바라보았기 때문이었다.

메리는 그해 가을 내내 우울한 기분이었다. 하숙집 여주인은 보자마자 싫었고, 셸리가 미술관에 갈 때는 동행하지 않고 집에서 쉬거나 책을 읽고 《마틸다》를 집필했다.[16] 클레어는 성악 연습을 계속했고 프랑스어를 공부하기 시작했기 때문에 셸리는 주로 혼자 명소를 둘러

보았다. 셸리는 성벽 밖에서 걷기 좋아했고, 그곳에서 "나뭇잎과 출렁이는 아르노강을 바라보며" 몇 시간을 보냈다.[17)

셸리는 메리의 절망감과 거리를 두려고 노력했지만, 여름이 가을로 접어들면서 점점 더 우울해졌다. 〈쿼털리 리뷰〉에 게재된 〈이슬람의 반란〉에 대한 비평에서 자신의 "개인적 성격"을 공격한 부분이 뇌리를 떠나지 않았다.[18) 당시 가장 평판이 좋은 잡지였던 〈쿼털리 리뷰〉는 널리 읽혔고 상당한 영향력을 지녔기 때문에 그 비판을 참고 견디기가 훨씬 어려웠다. 셸리가 샤모니 호텔의 명부에 "민주주의자, 박애주의자, 무신론자"라고 쓴 사실은 이미 누구나 아는 상식이 되어 있었다. 논평자는 글의 대부분을 셸리의 비도덕성, 급진적 정치관, 반종교적 입장에 할애했다.

셸리 씨는 우리의 법을 폐지하려 들 것이다. 그렇게 되면 중범죄와 경범죄가 단번에 종식될 것이다. 그는 재산권을 폐지하려 들 것이다. 그러면 앞으로 재산권 위반은 있을 수 없고, 빈자와 부자 사이의 원한, 유언장에 대한 분쟁, 상속 재산에 대한 소송도 사라질 것이다. … 그는 헌법을 타도하려 들 것이다. 그러면 돈이 많이 드는 법정도 없어지고 … 육군이나 해군도 없어질 것이다. 그는 우리의 교회를 무너뜨리고, 기득권층을 완전히 없애고, 성경을 불태우려 할 것이다. … 그는 결혼 제도를 참지 않을 것이다. 그러면 개탄스럽게도 우리들 사이에 늘어나는 간통 관계가 즉시 중단될 것이다. 동시에 그는 근친상간을 금하는 하늘의 법을 폐지하고 형제자매가 현재 서로를 대하는 열정을 고조시키고 순수함을 더할 것이다. 마지막으로 전체적인 계획의 기반으로 그는 종교에 대한 우리의 믿음을 포기하게 만들 것이다.[19)

셸리는 델레저트의 영어 도서관에서 이 기사를 읽었다. 국외에 거주하는 대부분의 영국인들은 악명 높은 셸리를 알아보았다. 그래서 그 시인이 알지 못하는 사이에 그를 주시한 어느 낯선 영국인이 나중에 말한 바에 따르면, 셸리는 그 글을 다 읽었을 때 "갑자기 몸을 쭉 펴고 발작적으로 웃음을 터뜨렸다. 그러고는 히스테리를 일으키듯 웃으며 책을 덮고 급히 방을 나섰는데 그의 하! 하! 소리가 계단에서 울려 퍼졌다."[20]

셸리는 친구들에게 이 논평을 '쓰레기'라고 욕하며 경멸했지만 몹시 의기소침해졌고, 자신의 죽음을 점점 의식하면서 그 감정은 더욱 악화되었다.[21] 10월 어느 날에 그는 거울을 보다가 흰머리를 발견하고는 이제는 젊은 시인이 아니라고 스스로에게 말했다.[22] "세상을 개혁하려는 열정"이 썰물처럼 서서히 빠져나가고 있었다. 세상은 셸리를 거부했다.[23] 그런데 더욱 고약하게도 아내도 그를 거부했다.

26장

《스웨덴에서 쓴 편지》

메리 울스턴크래프트 1795~1796

8월 셋째 주에 메리가 예테보리에 도착했을 때 마르그리트가 임레이가 보낸 세 통의 편지를 건네주었다. 메리는 가슴이 뛰었다. 마침내 임레이가 자신의 사랑을 고백하고 자신이 잃어버린 것이 무엇인지 결국 깨달았다는 편지일 것이다. 하지만 임레이의 편지 각각은 앞 편지보다 나빴다. 첫 번째 편지에서 그는 망설임이 끝났고 이제 메리를 사랑하지 않는다고 단정했고 그녀를 부담으로 여긴다고 선언했다. 두 번째 편지에서는 그들이 서로 얼마나 다른지를 보라고 간청했다. 세 번째 편지에서는 패니에 대한 의무를 다하겠다고 약속했고, 메리에게 친절하게 대하도록 노력하겠다고 말했다. 그가 할 수 있는 것은 그게 전부였다. 그들의 관계는 끝났다. "우리의 정신은 서로 맞지 않아요." 그는 딱 잘라서 말했고, 의도적으로 메리에게 상처를 줄 단어를 골라 썼다. 그들의 정신이 그들의 마음처럼 결합되어 있다고 메리가 믿고 싶어 한 것을 알기 때문이었다.[1]

메리는 거칠게 답장을 보냈다. 그래, 자신과 임레이는 완전히 다르다고 그녀는 말했다. "나는 이상적인 세상에서 살아왔고, 당신이 이해하지 못하는 감성을 키워 왔어요. 당신이 이해했다면 나를 이렇게 대하지 않겠지요."[2] 메리는 "한낱 동정의 대상"이 되기를 거부했고 "그의 애정 없는 보호"를 대수롭지 않게 물리쳤다. 자신은 그의 도움 없이 살아갈 수 있다. 그는 결코 자신에게서 소식을 들을 일이 없을 거라고 분개해서 썼다. 물론 메리를 짐이라고 생각한다면 그는 그녀와 패니를 잊어야 한다. 하지만 그는 얼마나 큰 고통을 주었는지 알아야 한다. 메리는 아버지 없는 아이에 대한 연민으로 가득 찼다. 핏줄은 "불"에 타는 것 같았지만 입술은 "냉기"로 떨렸다. 뭔가 다른 것이 잘못되리라는 생각은 한 번도 한 적이 없었다.[3] 온 정신을 임레이에게 집중했기 때문에 다른 것은 설명할 수 없었다. 하지만 지나고 나서 보면, 어머니라는 사실이 그녀의 정신에 지속적으로 타격을 주었던 것 같다. 패니와 다시 만났을 때 기분이 즐거워지기는커녕 즉시 우울한 상태로 다시 빠져들어 갔다. 이것이 지난해의 산후우울증이 지속된 탓인지 아니면 버림받고 혼자 아이를 키우게 된 상황 때문인지는 확인할 수 없다. 놀라운 것은 메리는 어린 딸을 매우 사랑했지만 패니와 떨어져 있을 때, 스칸디나비아의 시골 오지에서 사색에 잠기고 글을 쓸 수 있을 때, 다시 자기 자신이 되었을 때 조금이라도 평정심을 다시 찾을 수 있었다는 점이다.

집으로 돌아갈 때 메리 일행은 코펜하겐을 거쳐 갔다. 코펜하겐은 최근에 화재가 발생해서 도시 전체가 거의 불에 타버렸다. 메리는 암울한 도시의 모습을 편지에 묘사하며 자기 감정을 드러냈다. 통치자들의 어리석음과 부자들의 이기심 때문에 불길이 걷잡을 수 없이 번졌다고 메리는 주장했다. 또한 사람들의 "나태함"을 비난했다. "부자들이 그들의 귀중품과 가구를 지키려는 노력의 절반만 화재를 진압하는 데 쏟았더라면 금방 불길을 잡았을 것이다."[4] 메리가 만난 코펜하겐 사람들은 열등하고 교양이 없어 보였다. 남자들은 "가정의 폭군"

이었고 여자들은 "의욕이 없고" 아이들은 "버릇이 없었다".

　패니는 바닷새를 보고 까르르 웃었고 마르그리트의 수다가 시간을 보내는 데 도움이 되었지만 그 어느 것도 메리의 마음에서 임레이의 거부를 떨쳐낼 수 없었다. 어쩌면 자신이 임무에 실패했기 때문인지 모른다고 메리는 생각했다. 임레이를 함부르크에서 만나면 함께 살자고 다시 한번 설득해봐야겠다고 생각했다. 하지만 독일에 도착했을 때 그가 언제나처럼 약속을 어긴 것을 알았다. 임레이는 편지를 보내 유럽에서 그들을 만나지 않겠다고 알렸다. 그가 메리의 열변을 들어줄 일은 없었다.

　메리는 다시는 편지를 쓰지 않겠다고 약속했지만 또다시 편지를 써서 그가 잘못하고 있다고 설득하려고 최선을 다했다. 메리는 두통이 재발했고 다시 죽음을 꿈꾸기 시작했다. "이 아이만 아니라면 나는 (바위 위에) 몸을 눕히고 다시는 눈을 뜨지 않을 거예요!"[5]

　그들은 10월 첫째 주에 영국에 돌아왔다. 마침내 메리는 임레이를 직접 만나 그의 많은 과오를 설득할 기회가 있을 것이다. 메리는 도버에서 임레이에게 여러 차례 짧은 편지를 보내 거기로 오라고 간청했다가 나중에는 요구했고 며칠간 도버 항구에서 기다렸다. 놀란 마르그리트는 절망에 빠져드는 메리를 지켜보며 여주인과 어린 딸을 즐겁게 해주려고 최선을 다했다. 메리는 임레이에게 보낸 또 다른 편지에서 마르그리트에 대해 이렇게 말했다. "내 모든 철학을 합친 것만큼 귀중한 명랑한 정신을 지니고 있어요."[6]

　임레이가 나타나지 않을 것이 분명해지자 메리는 역마차 표를 사서 런던으로 긴 여행을 했다. 임레이는 런던에 집을 빌려놓았고 하인들을 고용했으며 더 필요한 것이 있으면 알려 달라는 메시지를 남겼다. 다음 날 임레이가 메리를 찾아와서 화해하려고 애썼지만 메리는 두 사람의 관계에 너무나 많은 것이 걸려 있었기에 조용히 관계를 끝낼 수 없었다. 그의 사랑을 받을 수 없다면 적어도 그가 비열한 인간이라는 인정을 받아내야 한다고 메리는 느꼈다. 그러면 메리는 홀로 우위를 차지할 것이다.

하지만 임레이는 아무런 잘못도 인정하지 않았고, 그 다음 주에 나타나지 않는 것으로 앙갚음을 했다. 이런 침묵이 메리에게는 말다툼이나 분개한 편지보다 더 견디기 어려웠다. 지난봄의 암울한 기분이 다시 자리를 잡는 것이 느껴졌다. 이제 아이와 함께 고립된 미혼모라는 수치스러운 상황과 자신의 철학이 누더기가 된 상황에서 메리는 기운을 내려고 애썼다. 메리는 짐을 풀고, 새로운 하인들에게 지시를 내리고, 집안을 정리하고, 재정적 독립을 되찾는 데 관심을 돌렸다. 다시 글을 쓰기 시작해야 한다는 것을 알고 있었지만 기운 없이 집안일을 다 해내기도 힘들었다. 메리는 임레이가 고용한 요리사, 식모, 하녀가 자신을 면밀히 살피며 판단하고 있다고 느꼈다. 그동안 마르그리트와 둘이서 나름대로 집안일을 해오는 데 익숙했는데 이제는 어항 속에서 살고 있었다. 메리는 새 하인들에게 변함없이 친절했지만, 그들이 그녀의 집안 사정을 궁금해한다는 것을 알았다. 왜 임레이 씨는 아내와 함께 살지 않을까? 요리사는 메리가 주방에 들어설 때마다 입을 다물었다. 하녀들이 등 뒤에서 소곤거렸다. 메리에 대해 이야기하고 있는 것이 분명했다.

이런 상태로 며칠이 지난 후 마침내 메리는 그리 자랑스럽지 않은 일을 했다. 나중에 그녀가 밝혔듯이, 부엌에 내려가서 "강제로" 요리사에게서 "자백"을 받아낸 것이다.[7] 일자리를 잃고 싶지 않았던 그 가엾은 여자는 임레이에게 월급을 받고 있었기 때문에 자백하게 하려면 약간 다그쳐야 했다. 메리는 계속해서 회유하고 강력히 권고하고 합리적으로 설득하고 안심시켰다. 마침내 요리사가 임레이가 다른 여자, 아름다운 젊은 여배우와 살고 있다고 말했다. 이 상황은 메리가 가장 염려해 온 일이었다. 임레이는 여자 문제와 관련해서 자기에게는 자유가 필요하다고 거듭 말해 왔다. 하지만 그가 배신했다는 증거를 발견한 것은 이번이 처음이었다. 메리는 겁에 질린 요리사에게 그 여자의 이름과 주소를 받아내고는 임레이를 대면하러 달려 나갔다.

그곳에 도착했을 때 임레이는 메리가 사람들 앞에서 소란을 벌이기전에 집안으로 그녀를 들였다. 일단 안에 들어간 메리는 임레이의 새로운 연애는 질책하지 않았다. 그 대신 앞으로 어떻게 해야 할지에 대해 몇 가지 구상이 있다고 말했다. 임레이는 자신과 함께 살아야 하고 그의 정부는 다른 집에서 살도록 해야 한다. 만약 이 방식이 여의치 않으면 세 사람이 모두 함께 살아야 한다. 메리는 이 제안이 임레이에게 (그리고 스스로에게) 자신이 얼마나 독립적인지, 자신이 얼마나 명예를 존중하는지를 입증하기 바랐다. 그의 배신은 어느 모로 보나 큰 상처를 주었지만 자신은 사랑과 관계에 대한 자신의 신념에 충실할 것이다. 메리는 연인으로서 임레이가 없어도 살 수 있지만 패니에게는 아빠가 있기를 원했고 그의 우정을 원했다. 임레이와 달리 메리는 기꺼이 자신을 희생할 생각이었다. 그가 그렇게 결함이 많은 사람이라는 데 깊이 실망했지만 자신의 이타심과 정직함이 그의 마음을 움직여 자기를 다시 사랑하거나 적어도 그의 양심을 일깨우기를 바랐다. 메리는 이 가능성을 현실로 옮길 수 있을지 알고 싶다고 간청했다.

임레이는 메리의 사고방식에 익숙했지만 그의 젊은 정부는 어떻게 생각했을까? 머리카락이 엉망으로 흐트러지고 하염없이 눈물을 흘리며 열정적으로 선언하는 메리가 틀림없이 미친 여자로 보였을 것이다. 메리는 재빨리 격렬하게 말하면서 임레이가 자신을 그의 계획에 포함시키도록 설득하려고 노력했다. 임레이는 새로운 사랑에 충실하더라도 메리와 패니를 버릴 필요가 없다. 고작 임레이의 변덕과 사회의 규범 때문에 자신이 혼자 살아야 할 이유가 있는가? 임레이가 다른 여자와 사랑에 빠졌다고 해서 그의 딸이 아버지를 잃어야 하는가? 패니는 아버지의 정부와 같은 집에 살더라도 부모가 둘 다 있는 가정에서 자라야 한다. 메리와 임레이는 벗이 될 수 있고, 사랑하는 친구가 될 수 있고, 임레이는 새 젊은 여자와 잘 수 있다. 이 부분에서 메리는 경쟁자에게 관심을 돌렸다. 만약 임레이가 그녀도 버린다면 무슨 일이 일어날지 그녀는 생각해보았는가? 분명히 그는 가만히 있지 못하는 사람이다. 오래지 않아 새로운 여자를 원할 것이다. 그녀는 매춘 외에 기댈 수 있는 교육을 받았거나 직업이 있는가?

처음에 임레이는 메리의 말에 귀를 기울였지만 사실 그나 메리보다 훨씬 인습적인 그의 정부는 메리의 제안을 전혀 받아들이지 않았다. 그 여자는 이 미친 여자 옆이라면 어디서도 살지 않겠다고 말했고, 임레이가 메리를 쫓아내지 않으면 자기가 쫓아내겠다고 선언했다. 그들이 쫓아내기 전에 메리는 집으로 달아났다. 극심한 굴욕감과 충격으로 얼굴은 화끈거리고 머리는 지끈거렸다. 방으로 돌아온 메리는 "혼돈의 상태"에서 서성거렸다.[8]

메리는 패니를 위해서 계속 살아남는 것을 상상하려 했지만, 죽고 싶은 충동을 더는 이겨낼 수 없었다. 삶이 너무 고통스러웠고 패니에게는 더 나은 엄마, 진짜 가족이 필요했다. 이제 싸움을 멈출 때가 되었다. 이렇게 결정하자 갑자기 (예전에 그랬듯이) '평온한' 기분이 들었다. 다시는 싸울 필요가 없을 것이다. 메리의 굴욕은 끝났다.

메리는 철학자였으므로 지난 몇 년에 걸쳐 자살에 대한 건전한 윤리적 토대라고 간주한 논리에 이르렀고, 지난봄에 자살을 시도했을 때 자기 행위를 정당화하기 위해 이 논리를 사용했다. 죽음을 선택하는 것은 자신의 무력함에 맞서 자신의 진실성을 주장하고 힘을 되찾는 방법이었다. 프랑스혁명을 경험하며 메리는 자살을 용감하고 대단히 도덕적인, 명예로운 형태의 항의로 보게 되었다. 메리가 알던 용감한 개인들은 대부분 자발적으로 죽음을 선택하지 않고 단두대에서 강제로 처형당했지만, 메리는 여전히 그들의 죽음을 고귀하게 생각했다. 그들은 자신들의 신념을 철회하지 않았고 대신 원칙에 따른 죽음을 선택했다. 메리는 그들을 본받고 싶었다.[9] 첫 번째 자살 시도에서 살아났지만 더 큰 고통을 겪었기에 이제 그녀는 죽음을 평화에 이르는 길일 뿐 아니라 자립을 얻기 위한 최후의 노력으로 생각하게 되었다. 마침내 여자로서 직면했던 온갖 제약에서 자유로워질 것이다. 마침내 자신의 이상과 임레이의 배신에 대한 비난을 순수하게 표현할 수 있을 것이다. 노르웨이의 폭포를 보았을 때 깨달은 통찰 덕분에 메리의 결심은 더욱 확고해졌다.

자세히 살펴보려는 눈을 조롱하며 어두운 동공에서 쏟아져 나온 급류가 맹렬하게 돌진하는 모습은 내 마음속에 동일한 움직임을 일으켰다. 내 생각은 지상에서 하늘로 돌진했고, 내가 왜 인생과 삶의 고통에 묶여 있는지 자문했다. 이 숭고한 대상이 불러일으킨 격동적인 감정은 여전히 즐거웠다. 그것을 바라보며 내 영혼은 새로운 품위를 띠고 근심거리들 너머로 솟아올라 불멸을 움켜잡는다. … 나는 영원을 향해 손을 내밀고 앞으로 다가올 삶의 어두운 얼룩을 뛰어넘는다.[10]

자살은 고통으로부터 도피에 불과한 것이 아니었다. 영원한 삶으로의 도약이었다. 이런 확고한 신념과 불멸에 대한 비전을 고수하면서 메리는 밤을 새워 소지품과 서류를 정리했다. 다음 날 10월 10일 아침에는 임레이에게 몇 가지를 지시하는 마지막 편지를 썼다. 패니는 프랑스로 보내서 메리의 독일 친구들이 키우도록 하고, 마르그리트에게는 메리의 옷을 줘야 한다. 임레이의 주소를 알려준 요리사를 처벌해서는 안 된다. 자신이 그 불쌍한 여자에게 사실을 이야기하도록 강요했기 때문이다. 이런 세세한 내용을 적은 후 메리는 자기 감정을 토로했다. "어젯밤 같은 밤을 보내느니 차라리 천 번이라도 죽음을 맞겠어요. … 템스강에 몸을 던질 겁니다. 그곳에서는 내가 찾는 죽음의 문턱에서 구조될 가능성이 가장 적겠지요."[11) 메리는 도덕적으로 행동했기 때문에 죽음에서 평화를 찾을 거라고 말했다. 반면에 임레이는 그녀를 형편없이 대한 것을 후회하며 고통을 겪을 것이다. 메리의 유령은 그를 사로잡아 그가 얼마나 타락했는지 떠올리게 할 것이다. "사업과 관능적인 쾌락에 빠져 정직함에서 이탈한 당신의 희생자로 내가 나타날 겁니다." 그는 영원히 범죄자로 남을 것이다. 그녀는 영원히 희생자로 남을 것이다. 그는 감정과 상상력보다 돈과 세속적 일을 선택했다. 그는 스스로 이기적인 관심사에 지배되었던 반면에, 그녀는 "자기 이익"이 지배하는 세상에 적응하기에는 너무 정교하고 섬세하게 만들어진 인물이었다.[12)

메리는 가장 좋은 옷을 입었고 패니에게 작별 키스를 하고는 마르그리트에게 패니를 맡겼다. 막 내리기 시작한 비를 맞으며 스트랜드까지 걸어갔고, 서쪽의 퍼트니, 패니 블러드와 함께 살았던 곳 근처로 배를 태워줄 사람을 고용했다. 그들이 강을 거슬러 올라갈 때 날씨가 더 험악해졌고 하늘이 시커멓게 구름에 뒤덮였다. 목적지에 도착했을 때 비가 세차게 쏟아졌고 선착장에는 아무도 없었다. 메리가 6실링을 지불하고 고맙다고 인사한 후에 배에서 내렸다고 뱃사공은 나중에 기억했다. 그 후 30분간 메리는 강을 따라 왔다갔다했는데, 어쩌면 그 배가 시야에서 사라질 때까지 시간을 벌 생각이었을 것이다. 이때쯤 비가 억수같이 퍼부어서 메리는 흠뻑 젖었다. 하지만 곧 강물에 들어갈 테고 젖은 치마 때문에 더 쉽게 가라앉을 것이다.

메리는 언덕을 올라 퍼트니 다리로 가서 반 페니 동전을 통행 요금

상자에 넣고 다리 쪽으로 걸어갔다. 머리에서 목 뒤로 빗물이 흘러내렸다. 날씨가 추웠다. 하지만 곧 위안을 얻을 것이다. 어머니가 임종 때 말했듯이 참을성을 가져야 했다. 다리를 반쯤 건넜을 때 메리는 난간에 올라가서 잠시도 멈추지 않고 끔찍하게 뛰어내렸다. 물속에 떨어졌을 때 강물이 그녀를 휘감았고, 메리는 숨을 쉬지 않으려고 안간힘을 썼다. 익사하는 것이 얼마나 어려운 일인지 메리는 알지 못했다. 미끄러지듯이 스르르 죽음의 품에 안길 것이라 상상했다. 그러나 실제로는 힘든 일이었다. 거듭해서 억지로 머리를 물속에 넣어야 했고, 숨을 쉬려는 "격렬한" 욕구가 덮쳐 왔다.[13] 마침내 메리는 무의식 상태에 빠져들면서 하류로 떠내려갔다. 그녀의 몸부림이 끝난 것이다.

아니 그렇게 생각했다.

왕립인도주의협회는 얼마 전에 자살자를 구조한 사람들에게 보상금을 지급하는 정책을 만들어냈다.[14] 메리는 강에 사람이 없는 줄 알았는데, 약삭빠른 어부 두 명이 수지맞는 순간을 기다리며 강을 주의 깊게 살피고 있었다. 그들은 떠내려가는 그녀를 서둘러 쫓아갔고, 하류로 200미터쯤 내려간 곳에서 그녀를 따라잡았다. 몇 분 안에 메리를 끌어올려 배에 싣고 그녀를 살려낸 뒤 가장 가까운 선술집 듀크스헤드에 내려주었다. 아마도 그들은 거기서 보상금을 받았을 것이다. 선술집 주인의 아내는 메리가 젖은 옷을 벗도록 도와주고 따뜻한 담요로 감쌌다. 몸은 얼어붙고 망연자실한 상태로 메리는 뒷방에 앉아 몸을 떨었다. 문 반대편에서는 삶이 지속되고 있었다. 큰 맥주잔이 부딪히는 소리, 시끄러운 고함 소리, 터져 나오는 웃음소리가 들려왔다. 의사가 불려 와 진찰하고는 생명에 지장이 없다고 단언했다. 메리의 폐는 깨끗했고 심장은 안정적이었다.

메리는 자신을 구조한 사람들이나 의사에게 아무런 감사도 표하지 않았다. 그녀는 "잔혹하게도 삶과 고통으로 되돌려 보내졌다"고 느꼈다.[15] 물에 빠져죽기 위해 육신의 고통과의 싸움에서 승리한 후 짧지만 영광스러운 휴식을 맛보았고 마침내 아무것도 느끼지 못했는데, 이제 살아 있는 사람들이 주위에 몰려들어서 요란하게 질문을 퍼부었다. 당신은 누구인가? 왜 이런 짓을 저질렀나? 당신을 집으로 데려가려면 누구에게 연락해야 하는가? 이번이 두 번째 자살 시도였다고 메리는 최대한의 품위를 끌어모아 대답했다. 그리고 남편의 부당한 대우 때문에 자살을 기도했다고 말했다.

지금쯤이면 임레이가 자살 메모를 받았을 테고 오래지 않아 자신을 추적할 거라고 생각했다. 아니나 다를까 두세 시간도 지나지 않아 덜거덕거리며 마차가 멈추었다. 하지만 선술집에 달려 들어온 사람은 임레이가 아니라 그녀의 옛 친구이자 토머스 크리스티의 아내인 리베카 크리스티였다. 토머스 크리스티는 예전에 존슨과 함께 메리를 고용하여 〈어낼리티컬 리뷰〉에 글을 쓰게 했다. 메리는 크리스티 부부가 파리에 있을 때 많은 시간을 함께 보냈고 토머스가 어느 프랑스 여성과 공개적으로 격렬한 불륜 관계를 맺었을 때 리베카가 견디도록 도왔다. 결국 토머스는 리베카에게 돌아왔고, 두 사람은 최근에 함께 런던으로 돌아왔다. 남편의 외도를 생생하게 기억하고 있던 리베카는 메리에게 동정심을 느껴 자기 집으로 데려갔고, 사람을 보내 마르그리트와 패니를 불러왔다.

토머스와 리베카의 안락한 집에서 어느 정도 회복하자 메리는 임레이에게 비난을 퍼부었다. 그는 메리를 보러 오지 않았지만 다음 날 "우리가 빠져든 비참한 상황에서 어떻게 벗어날 수 있을지" 모르겠다고 편지를 보냈다.[16] 메리는 "당신은 이미 오래전에 벗어났다"고 분노에 찬 답장을 보냈다. 그가 돈을 주겠다고 제안하자 메리는 그가 자신의 평판을 유지할 생각밖에 없다고 말했다. 며칠 후 임레이가 찾아왔을 때는 "내 심란한 마음을 달래주기 위해서" 온 것이 아니라 체면

상 남의 눈을 의식해서 왔다고 말했다. 메리는 자신이 사랑한다고 여겼던 남자가 실제로는 자신이 만들어낸 "상상의 존재"라는 사실을 서서히 받아들이기 시작했다.[17] 진짜 임레이는 훨씬 약한 사람이었다. 메리와 사랑에 빠졌을 때 그녀의 이상주의에 고무되어 달라졌지만, 그녀가 사라지자 원래의 얄팍한 성향으로 되돌아간 것이다.

그렇지만 희한하게도 임레이는 메리와 관계를 끊으려 하지 않았다. 어쩌면 여전히 메리에게 애착이 있었을지 모른다. 어쩌면 그녀의 이상에 부응하고 자유 사상가로서 자신의 자격을 입증하고 싶었을지 모른다. 어쩌면 그저 현재보다 더욱 극적인 사건을 피하고 싶었을지 모른다. 아니면 단지 비용이 적게 들기 때문에 돈을 절약하고 싶었을지 모른다. 여하튼 메리가 이삼 주 지나서 회복기에 들었을 때 그들—임레이와 그의 정부, 패니, 마르그리트, 그리고 그녀 자신—이 다 함께 살자고 다시 제안하자 임레이는 동의했다. 결국 그런 식으로 합의하면 몇 가지 이점이 있을 것이다. 우선 패니에게 아빠가 생길 것이다. 임레이는 가정에서 사는 법을 배울 테고, 그것은 그에게 좋을 것이다. 메리는 이 점에 대해 이야기한 적이 있었고 그는 그녀의 요지를 이해했다. 메리는 혼자 아이를 키울 필요가 없으니 글을 쓰고 돈을 벌 시간이 생길 것이다.

그들은 크리스티 부부 집 근처의 핀즈버리 광장에 있는 집을 빌렸다. 메리는 기운을 회복하면서 임레이의 '여배우'를 더욱 안쓰럽게 여기게 되었고, 틈만 나면 이 젊은 여성에게 독립의 이점에 대해 설교했다. 역사에 이름이 남지 않은 이 여배우는 '성장'에 관심이 없었고, 적어도 메리가 자신을 깨우치게 하는 데에는 무관심했다. 하지만 메리는 끈질기게 설득했다. 이 여배우가 교육을 받으면 무엇을 성취할 수 있을지 누가 알겠는가? 어쩌면 심지어 임레이에게서 벗어날지 모른다. 하지만 메리가 그녀에게 무엇이든 가르칠 기회를 얻기 전에 그녀는 다시 한번 단호하게 반대했고, 함께 사는 제안을 두 번째로 거부했다. 그녀는 메리를 이해할 수 없었다. 메리는 자기 경쟁자를 망치려고 애쓰지 않고 친구가 되려고 노력했다. 임레이와 싸울 때는 철학을 늘어놓고 외국 작가를 인용했다. 유행에는 아무 관심도 없었다. 사람들이 자신에 대해 어떻게 생각하든 개의치 않았다. 그 여배우는 임레이가 어떻게 이런 이상한 여자를 좋아했는지 이해할 수 없었다. 여배우가 울부짖고 바가지를 긁어서 마침내—메리가 경멸하면서 썼듯이 단말마적 "격정"에—임레이는 그녀의 요구에 굴복했고 11월 말에 여배우를 데리고 파리로 떠났다.[18] 그는 12월에 메리에게 돈을 보내주려 했지만 메리는 친구들의 만류에도 불구하고 그 제안을 거절했다.

마침내 메리는 무엇인가 달라졌다. 어쩌면 18개월이 된 패니가 몇 마디 말을 하고 엄마에게 두 팔을 내뻗으면서 메리가 절망에서 빠져나올 강력한 동기를 부여했을지 모른다. 어쩌면 임레이가 자신이 생각했던 남자가 아니라는 것을 깨달았을 것이다. 혹은 스칸디나비아에서 한 자기 성찰이 미처 깨닫지 못한 많은 것을 가르쳐주었을지 모른다. 메리는 임레이에게 자기가 쓴 편지를 돌려 달라고 요구했고 그 편지를 토대로 해서 그들의 사랑에 관한 소설을 쓰려 했지만, 그 소재가 너무 아픈 데를 찔러서 다른 구상을 발전시키기 시작했다. 자신의 경험을 허구화하지 않을 것이다. 대신에 스칸디나비아에서 보낸 편지를 편집하고 상심한 마음을 글로 써서 절망과 싸운 경험을 정직하게 검토하기로 했다. 이 책은 여행기이자 자기 성찰이며, 관찰과 자기 반성이 될 것이다. 마침내 앉아서 글을 쓰기 시작하자 이 기획이 마음 뒤편에 계속 자리 잡고 있었음을 깨달았다.

여행기는 전통적으로 남성의 장르였다. 하지만 메리는 파리로 떠나기 전에 존슨을 위해 20권 이상의 여행기를 논평한 적이 있었기에 독자들에게 유익하고 매력적으로 느낄 경험담을 쓸 수 있을 거라고 확신했다. 겨울이 다가오면서 메리는 노트와 편지를 살펴보았고 자신의 강점과 풍부한 능력을 다시 발견했다. 물론 임레이가 가슴을 찢어놓았지만 메리는 구조되었고 삶으로 돌아왔다. 왜 이런 일들이 일어났는지 모르지만 아마도 이유가 있을 것이다. 다시 글을 쓰기 시작하면 그 이유를 찾을 수 있을지 모른다.

메리는 핀즈버리 광장 16번지에 방을 얻었다. 그곳은 조용한 동네였고 리베카가 가까이 살고 있었다. 장차 그녀의 딸의 《프랑켄슈타인》을 출간할 래킹턴 출판사가 소유하고 있던 유명한 서점 '뮤즈의 사원'이 근처에 있었고, 세인트폴 성당과 존슨의 집에서도 멀지 않았다. 메리는 편지들을 잘라내고 재구성하며 자기 연민이나 분노, 중복, 질책, 이야기를 다른 방식으로 표현한 부분을 지웠다. 병적으로 흥분했거나 불합리하게 들리는 불평을 없앴다.[19] 원래 메리는 예테보리에 도착했을 때 자기 정신이 "정상이 아닌" 상태라고 썼지만 이 내용을 수정해서 그곳에 도착해보니 "평화로웠고" "황홀하게 주위를 둘러보았다"고 묘사했다. "버림받은 여자"라는 입장을 버리고 자신을 "관찰하는 여성"이자 자기 상황을 통제하는 여성으로 제시했다. 이런 목적에 부합하도록 사람들의 습성과 풍경에 대한 묘사를 덧붙였고 종종 유머러스하지만 힘겹게 얻은 자기 성찰을 추가했다. 여러 번의 위기 상황에서 쓴 과장된 감정 표출과 감정적 탐닉은 사라졌고, 그 자리에 정교하고 세심하게 고안된 짧은 글이 들어갔다.

그 가운데 매우 신랄한 글은 농부와 아이들이 들판에서 하루 일을 마치고 집으로 향하는 모습을 포착한 것이었다. 처음에 메리는 그들의 농촌 생활을 이상화하며 농부의 아내가 되고 싶다고 말한다. 하지만 이내 자신을 비웃으며 독자들에게 농부의 아내가 되는 것이 실제로 어떤 것인지 강조한다. "내 눈은 그들을 따라 작은 집으로 들어갔고, 나도 모르는 사이에 한숨을 쉬며 내 마음에 속삭였다. 요리를 그렇게 싫어하는 내가 죽을 끓이는 그 어머니를 부러워했다고."[20] 소도시에 대해 묘사할 때는 아무도 문학이나 예술, 정치에 관심을 두지 않기 때문에 "맛있는 저녁 식사가 사람들을 모을 수 있는 유일한 구심점인 것 같다"고 기록했다.[21] 임레이와 불화가 진행된 과정도 계속 추적했지만 겉으로는 다루지 않았다. 임레이를 개인적으로 공격하지 않고 그가 벌인 사업과 사업상 이해 관계, 상업주의, 금전 추구를 비판했다.

한 단락을 쓸 때마다 메리는 다시 기운이 솟아나는 것을 느꼈다. 언제나 그랬듯이 글쓰기는 메리의 삶에 새로운 힘을 주었다. 메리는 신뢰하는 벗 리베카 크리스티와 저녁에 외출하기 시작했다. 그보다 중요한 것은 자기 앞에 놓인 하루 일과를 기대하며 아침에 깨어났다는 점이었다. 때로는 이제 자신의 미래에 무엇이 마련되어 있을지 궁금하기도 했다. 12월이 되었을 때 메리는 글을 완성했다. 조지프 존슨은 1796년 메리 울스턴크래프트의 《스웨덴, 노르웨이, 덴마크에서 짧게 체류하며 쓴 편지》(이하 《스웨덴에서 쓴 편지》)를 출간했다.

독자들은 메리 울스턴크래프트가 선택한 좀 더 개인적인 문체에 즉시 매료되었다. 책은 무척 빨리 팔렸고 메리의 이전 책들보다 더 많은 수익을 올렸으며 독일어, 네덜란드어, 스웨덴어, 포르투갈어로 번역되었다. 일부 비평가들은 이 책이 감성과 철학, 개인적 경험과 정치를 비정통적인 방식으로 혼합했다고 비난했다. 하지만 개인적 성찰과 감정을 포함하는 글쓰기 방식 덕분에 독자들은 메리와 연결되어 있다고 느꼈고 동시에 아마 결코 가보지 못할 곳들에 대해 배웠다. 메리는 현명하고, 따뜻하고, 닿을 수 있을 만큼 가까이 있는 것 같았다. 그래서 어느 독자—메리의 미래 남편—는 "의도적으로 저자를 사랑하도록 만든 책이 있다면 바로 이 책인 것 같다"고 말했다.[22] 하지만 《스웨덴에서 쓴 편지》는 매력적인 자화상이나 고드윈을 끌어당길 불꽃에 그치지 않았다. 이 책은 심리적 여정이자 작가의 내적 삶을 처음으로 명쾌하게 검토했고, 메리가 절망에서 자기 수용으로, 황폐한 마음에서 힘겹게 얻은 평정심으로 나아가는 길을 따라갔다. 그렇기 때문에 《스웨덴에서 쓴 편지》는 성찰적이며 혁신적인 책이고, 저자의 예술적 목표와 예술적 혁명의 도입을 감정적이지만 철학적으로 선언한 책이다. 어느 현대 비평가가 지적하듯이, 메리의 "혁명적 페미니즘"은 여행기 장르를 뒤바꿔놓았다.[23)]

사실 당대의 전위적 작가들은 《스웨덴에서 쓴 편지》를 메리의 작품 중에서 가장 중요하고 아름다운 작품으로 생각했고, 그들이 쓴 많은 시의 시금석으로 삼았다. 콜리지가 〈낙담: 송가〉에서 보여준 정신적 고통에 대한 섬세한 묘사는 자신의 고통을 다룬 메리의 기록을 떠올리게 한다. "격렬한 아픔이 없는 슬픔, 공허하고, 어둡고, 음산하고,/ 답답하고, 졸리고, 감정이 동하지 않은 슬픔/ 말이나 한숨, 또는 눈물로/ 자연스럽게 배출되거나 완화되지 않는."[24)] 〈쿠블라 칸〉의 많은 시행은 《스웨덴에서 쓴 편지》에서 직접 영감을 받았다. "신성하고 마법에 걸린, 야만의 땅!/ 악마 연인을 그리며 울부짖는 여인이/ 기우는 달 아래에 출몰한 곳처럼." 〈늙은 선원의 노래〉와 〈한밤의 서리〉에 나오는 구절도 마찬가지였다. 워즈워스의 〈서곡〉에 나오는 자연과 상상력에 대한 생각도 대체로 울스턴크래프트가 앞서 보여준 것이었다. 영향력 있는 시인 로버트 사우디는 "메리는 내가 … 북부의 달빛을 사랑하게 만들었다"고 말했다.[25)] 그리고 20년 후 퍼시 셸리는 여러 차례 다시 읽었던 《스웨덴에서 쓴 편지》에서 시인의 천재성에 대한 아이디어를 얻었다.

메리는 자기 성찰을 정치적·역사적 진술과 통합함으로써 내적 삶에 대한 탐구 수준을 높였다. 루소가 앞서 이런 작업을 수행했지만, 메리는 영국 작가로서는 처음으로 심리적 여정이 외적인 여정 못지않게 중요하고 자아는 이국의 땅 못지않게 탐구할 가치가 있다고 선언했다. 《스웨덴에서 쓴 편지》는 여행기라기보다 내면의 순례였고, 작가의 분투 과정과 궁극적인 자기 수용의 기록이었다. 그리고 이런 의미에서 최초의 책이었다. 메리는 상상력을 찬양했을 뿐만 아니라 자신의 창의적인 영감을 엿볼 수 있게 했다.

내 감정은 수많은 시적 허구의 기원을 연상시키는 착상을 얼마나 자주 낳았던가. 고독한 가운데, 상상력은 제약받지 않고 그 착상을 구체적으로 그려내고, 멈추어 스스로 창조한 존재를 황홀하게 감탄한다. 이때가 더없이 행복한 순간이고, 기억은 그 순간을 회상하며 기뻐한다.[26)]

마음은 실제 '존재'를 창조할 수 있고 '감정'은 '착상을 낳을' 수 있으며 영감은 자아의 바깥이 아니라 안에서, 논리가 아니라 감정에서 나오고, 방랑자는 도시에 사는 사람들이 놓치는 진실을 자연에서 볼 수 있고, 예술가는 홀로 성찰하면서 감정과 사고를, 회상과 관찰을 결합하여 인류를 위한 새로운 우주, 새로운 피조물, 새로운 비전을 창조한다는 것. 이것은 낭만주의의 중요한 신조이고, 메리는 관례적으로 영국의 첫 번째 낭만주의 선언문으로 간주되는 워즈워스의 유명한 《서정 가요집》 서문보다 6년 먼저 낭만주의의 신조를 명료하게 표현했다. 사실상 《스웨덴에서 쓴 편지》는 감정과 주관성과 심리적 복합성을 '옹호한' 책이었고, 낭만주의자들에게 새로운 글쓰기의 세계를 보여주었다.

하지만 《스웨덴에서 쓴 편지》가 이룬 혁신의 중요성에도 불구하고, 메리의 책이 문학사에 끼친 영향력은 최근까지 인정되지 않았다. 당시에 모든 파격적인 작품이 그렇듯이 《스웨덴에서 쓴 편지》는 신랄한 비판을 야기했다. 스웨덴을 여행한 프랑스인 베르나르 드 라 토크네는 이 책을 '기괴하고' '최신식'이며 '유행을 쫓는 허튼 소리'라고 평했다.[27] 〈먼슬리 매거진(The Monthly Magazine)〉과 〈아메리칸 리뷰(The American Review)〉는 메리의 비인습적 신학에 충격을 받았고, "기독교에 대한 모든 믿음을 저버렸다"고 비난했다.[28] 낭만주의 시인 애나 수어드는 울스턴크래프트가 두 권의 《옹호》에서 《스웨덴에서 쓴 편지》로 나아가며 겪은 변화를 조롱했다.[29] 〈먼슬리 미러(The Monthly Mirror)〉는 개인적 성찰과 정치적 진술이 혼합된 것을 비웃었고, 생각이 혼란스럽고 모순적이라고 평가했다.[30]

그렇지만 《스웨덴에서 쓴 편지》의 호소력은 멈추지 않았다. 50년 후에 이 책은 한 세대의 영국 여행자들에게 영감을 주었다.[31] 가장 유명한 여행가들 가운데 두 명의 여성이 있었다. 메리 킹즐리(Mary Kinsley, 1862~1900)는 아프리카를 여행하며 영국 제국주의 정책이 저지른 참상을 폭로하는 책을 썼다. 이저벨라 버드 비숍(Isabella Bird Bishop, 1831~1904)은 하와이, 인도, 티베트, 일본, 싱가포르, 말레이시아, 중국, 호주를 여행하며 15권 이상의 베스트셀러를 썼다. 《스웨덴에서 쓴 편지》가 19세기 말에 다시 발간되었을 때 울스턴크래프트의 손자인 퍼시 플로렌스 셸리와 가까운 친구이며 《보물섬》을 쓴 로버트 루이스 스티븐슨(Robert Louis Stevenson, 1850~1894)은 사모아로 갈 때 모서리가 잔뜩 접힌 그 책을 가지고 갔다.

하지만 가장 중요한 것은 아마도 이 책이 자신의 딸 메리 셸리에게 끼친 영향일 것이다. 메리 셸리는 《스웨덴에서 쓴 편지》를 본보기로 삼아 자신의 여행기 《6주간의 여행 이야기》와 《독일과 이탈리아에서의 방랑》 두 권을 출간했다. 이 두 여행기는 메리 셸리가 처음으로 그리고 마지막으로 출간한 작품이었으며 작가 경력의 시작과 끝이었다. 물론 메리 셸리는 상상력에 대한 어머니의 찬미를 결코 잊지 않았고,

《프랑켄슈타인》의 1831년 개정판의 유명한 서문에서 울스턴크래프트에게 불후의 명성을 부여했다. 자기 소설의 발단을 설명하기 직전에 메리는 예술가로서 자신의 출발점을 묘사한다. "나의 진정한 작품이, 허공으로 비상하는 상상력이 태어나고 자란 곳은 … 바로 나무 밑에 서였다. … 나는 그 시간들을 창조물로 채울 수 있었다."[32] 자기 어머니의 생각을 이보다 더 훌륭하게 표현할 수 있을까? 메리는 어머니의 유산이 명맥을 이어 가게 하는 방법을 찾아낸 것이다.

27장

사랑과 야망의 투쟁, 《발페르가》
메리 셸리 1819~1820

"읽기―쓰기―걷기―읽기―쓰기."[1] 넷째 아이가 태어나기 몇 주 전 메리 셸리의 활동 기록이다. 메리는 일기를 감정의 분출구로 거의 사용하지 않았지만, 이 기록은 마치 그녀가 달리 할 말이 없는 듯이 이상하게도 단조로운 느낌을 준다. 헌트 부부에게 보낸 편지에서 메리는 자신이 살아 있지 않은 기분이라고 썼다. 죽음과 삶, 아이를 잃는 것과 아이를 얻는 것 사이에 끼어서 미래를 바라보는 것은 과거를 되돌아보는 것만큼 위험했다. 무엇이든 희망을 품는 것보다는 더 나았다. 기억보다 고약한 것은 없었다.

저녁이 되면 셸리는 클라랜든의 《영국에서 일어난 반란과 내전의 역사》와 플라톤의 《국가》를 읽었다. 이 두 책을 선택한 이유는 그들이 피렌체에 도착하기 직전에 영국에서 일어난 충격적인 소식을 들었기 때문이었다. 셸리는 그 소식에 자극받아 분노에 찬 정치 시 〈무질서의 가면극〉을 썼다. 훗날 "영어로 쓰인 가장 위대한 정치적 저항시"라고 불렸지만 〈무질서의 가면극〉에는 급진적인 사상이 너무 많이 담겨 있어서 셸리 생전에는 출판사에서 인쇄를 거부했다.[2]

1819년 8월 16일에 맨체스터 외곽에 있는 성 베드로 광장에서 무장한 정부군이 6만 명의 남녀 노동자를 해산시켰다. 그들은 "가장 합법적이고 효과적인 수단"을 통해서 개혁을 달성할 방법을 결정하기 위해 대중 집회를 열고 있었다. 여성과 어린이들이 백 명 넘게 중상을 입었다.[3] 사망자 수는 짓밟혀 죽은 어린이 한 명을 포함해 11명이었다. 자유주의자들은 도처에서 분노했다. 이 비극적인 사건은 곧바로 '피털루 학살 사건'으로 알려졌고 정부의 잔혹성을 보여주는 악명 높은 사례가 되었다.

이 사건은 메리의 절망감에 부채질을 했다. 하지만 셸리에게 이 사건은 활력을 불어넣었다. 이 사건은 영국에서 틀림없이 혁명이 일어나리라는 신호탄이었다. 정부의 적나라한 탄압을 누가 참을 수 있겠는가? 분명 사람들이 곧 봉기하여 항의할 것이다. 셸리는 피렌체에서 우피치 미술관 주위를 돌아다니며 "그토록 강렬하면서도 너무도 모호한 이상적 아름다움"을 찾으려 했다.[4] 키츠의 아름다움과 진리처럼, 아름다움과 정의는 셸리의 마음속에서 하나로 융합되어 있었다. 르네상스 조각가들이 완성한 완벽한 인간 신체와 플라톤, 루소, 로크가 상상한 완벽한 정부는 동일한 원천을 갖고 있었는데, 바로 인간의 상상력이었다. 예술가의 임무는 다른 사람들이 영감을 받을 수 있도록 이런 이상을 불러내고, 상상하고, 재현하는 것이었다. 오로지 이런 방식을 통해서만 인간의 상황은 개선될 수 있다. 셸리는 위대한 예술 작품이 어떤 군대보다도 확실하게 폭정을 타도할 수 있다고 믿었다. 사실 더 결정적으로, 폭력은 사람들의 마음과 영혼을 바꾸지 못하지만 그림이나 시는 할 수 있기 때문이다.

정의로운 분노에 힘을 얻은 셸리는 행동을 준비하기 시작했다. 그는 〈무질서의 가면극〉이 억압에 저항하는 봉기의 첫걸음이 되기를 원했다. 셸리에게는 희생자가 한 사람(가령 자신처럼 부당한 대우를 받은 예술가)이든 6만 명의 노동자든, 폭군이 비평가 한 명이든 의회의 후원을 받는 훈련된 민병대든 상관없었다. 불의는 불의였다. 폭정은 폭정이었다. 성 베드로 광장의 시위대처럼 셸리도 짐승 취급을 당했고, 가장 최근에는 〈쿼털리 리뷰〉에서 그를 짓밟았다. 그것에 대해 뭔가를 해야 할 의무가 있었다. 셸리는 마리아 기즈번에게 보낸 편지에서 "희망은 의무"라고 썼지만, 희망을 붙잡기 어렵다는 것을 깨달았다.[5] 알 수 없는 통증이 다시 찾아왔다. 아내는 그에게 거의 말을 걸지 않았다. 셸리는 자신뿐 아니라 피털루 희생자들을 대변해서 〈쿼털리 리뷰〉에 반박문을 쓰려고 했다. 하지만 너무 엄청난 작업이라서 몇 번 시도하다가 단념하고는 너무 기분이 안 좋아서 일어나 점심을 먹고 산책을 나가 강변을 걸었다. 그날은 폭풍우가 몰려오고 있었는데 셸리가 좋아하는 날씨였다. 구름이 하늘을 가로질러 휘몰아쳤고 바람이 플라타너스 나무 사이로 요란하게 불어댔다. 폭풍처럼 "사납게 몰아치면서도" "생기를 불어 넣는다"고 셸리는 늘 갖고 다니던 노트에 생각을 적어 내려가며 말했다.[6]

〈쿼털리 리뷰〉에 대한 분노가 사그라졌고 셸리는 밖에서 아르노 강변을 따라 배회했다.[7] 그러다가 비가 퍼붓기 시작하자 서둘러 집으로 돌아와 산책을 하며 얻은 위안을 종이에 쏟아냈다. 강력하게 몰아치는 바람이 셸리의 유령들을 몰아내버렸고, 암울하고 쓰라린 모든 것—윌리엄의 죽음, 자신에 대한 문학계의 거부, 아내의 슬픔과 비난, 자신의 노화, 채무, 피털루 사건, 두 사람의 자살, 아버지의 증오—이 어쩌된 일인지 무력해졌다고 써 내려갔다. 셸리는 이 글이 앞으로 자신의 가장 유명한 시가 될 줄 모르는 채 확신에 차서 쓰기 시작했다.

오, 거센 서풍이여, 그대, 가을의 숨결이여,

보이지 않는 그대로부터 죽은 나뭇잎들은

　　흩날린다, 마법사로부터 도망치는 유령들처럼.[8]

셸리는 그날 저녁에 재빨리 세 연을 더 쓰고 다음 날부터 닷새 동안 이 시를 작업하면서 마지막 행들을 다른 노트에 적었다. 처음에는 시를 선언으로 끝내야 한다고 생각했다. "겨울이 오면 봄은 멀리 뒤에서 꾸물대지 않는다!"[9] 하지만 이 문장을 질문으로 바꾸어 시를 어둡게 만들고 자기 자신의 불확실한 기분을 더 정확하게 제시하기로 결정했다. "겨울이 오면 봄이 멀리 있을 수 있을까?"

메리는 이 시에 대해 어떤 식으로든 자신 있게 반응할 수 없었다. 그녀가 언제 이 시를 처음 읽었는지조차 분명하지 않다. 몇 년 후 셸리가 죽고 나서 메리는 두 권의 공책에 나눠 있던 〈서풍에 부치는 노래〉를 재구성해야 했다. 셸리가 첫 세 연을 연필로 쓰고 그 원고 위에 잉크로 이탈리아어로 된 이야기를 쓰기 시작했기 때문에 문제가 더 복잡해졌다. 결국 셸리의 다른 시들뿐만 아니라 〈서풍에 부치는 노래〉를 이어 맞추다가 메리는 좌절할 지경에 이르렀다. 메리는 스스로를 질책했다. 자신이 좀 더 연민의 마음을 가졌더라면. 셸리에게 손을 내밀어 그의 고통에 귀를 기울일 수 있었더라면. 그 당시 메리는 너무나 강렬한 슬픔에 사로잡혀 있었다. 메리에게 위안을 준 것은 남편이 아니라 글쓰기였다.

날마다 메리는 언제라도 출산할 수 있는 상황에서 《마틸다》의 마지막 부분을 썼다. 마틸다가 어머니 없이 직면한 위험을 강조했다. 그 부분은 울스턴크래프트를 잃은 자신의 경험과 그녀가 좋아한 정치적·문학적 주제를 표현한 것이었다. 어머니가 없는 세상, 여성이 가족 안에서든 밖에서든 주도적인 역할을 하지 못하도록 금지된 세상에 대한 고발이었다. 《프랑켄슈타인》에서 어머니의 사랑을 받지 못한 피조물은 폭력에 의지하고, 프랑켄슈타인은 견제받지 않고 마음껏 야망을 분출한다. 《마틸다》에서 마틸다는 어머니의 죽음으로 인해 아버지의 약탈에 노출된다. 사실 아버지의 욕정을 촉발한 것은 어머니의 죽음이다. 메리의 관점에서 볼 때 모든 문제는 어머니의 영향이 지워져버린 상황에서 생겨났기 때문이다. 이 이야기에 담긴 도덕적 의미는 분명했다. 통제되지 않은 가부장적 권력은 남성을 포함해서 모든 사람에게 위험하다. 남성의 욕구를 억제하려면 여성에게 힘이 부여되어야 한다. 하지만 더 중요한 것은 대안적 존재 방식, 공격과 야망이 아니라 사랑과 교육, 협력에 바탕을 둔 존재 방식을 제공하는 것이다.

메리는 《마틸다》를 완성하자마자 아버지에게 출판사를 찾아 달라고 원고를 보냈다. 하지만 소설은 거의 한 세기 반이 지난 1959년에야 출판되었다. 역설적이게도 이처럼 출판이 지연된 것은 아버지 때문이었다. 고드윈은 그 원고가 "역겹다"고 말하며 출판사에 보내지 않았고 메리에게 원고를 돌려주지도 않았다.[10] 일부 전기 작가들은 그것이 근친상간 주제 때문일 거라고 추정했지만, 어쩌면 고드윈은 가족이 더는 추문에 연루되지 않도록 막으려 했던 것일지 모른다. 메리는 아버지의 판단에 이의를 제기하지 않았다. 아버지와 또 다른 불화를 일으키고 싶지 않았다. 하지만 작가로서 메리의 경력에는 큰 손실이었다. 《마틸다》는 고딕 드라마에 대한 당대의 기호에 잘 맞는 소설이었기 때문에 쉽게 인기를 얻을 수 있었을 것이다.

1819년 11월 12일, 단 두 시간의 진통 끝에 메리는 아기를 낳았고, 아이가 태어난 도시 이름을 따서 퍼시 플로렌스라 이름을 지었다. 아기에게 젖을 먹이는 것이 메리가 원기를 회복하는 데 도움이 되었다. 셸리는 아내가 "조금 위안을 얻은 듯이" 보였다고 말했고, 메리는 퍼시가 태어난 다음 날에 기즈번 부인에게 편지를 쓸 수 있을 정도로 기

운을 차렸다.[11]

> (아기는) 할아버지처럼 큰 코를 가질 조짐이 보입니다. … 아이는 건강하고 나이에 비해 아주 활발합니다. 강아지처럼 아이에게 가장 완벽한 것은 코라고 나는 상상합니다. 아기는 내 냄새를 맡고 내가 안는 순간 조용해지거든요.[12]

메리앤 헌트에게는 조금 더 암울한 편지를 썼다.

> (어린 퍼시는) 내게 유일한 아이이고, 건강하고 잘 클 것 같아서 두려워할 수 없지만 한 아이에게 모든 것을 건다고 생각하면 쓰라린 마음이 듭니다. 하지만 아이가 없었던 끔찍한 다섯 달보다는 얼마나 달콤한지요. 그 다섯 달에 대해서는 말하지 않기로 하지요. 내가 겪었던 모든 것을 생각하면 … 지금도 생각하면—그것에 대해서는 쓰지 않겠어요. 소름 끼치는 느낌이 즐거운 일에 끼어들어 공포로 온 몸이 떨립니다.[13]

이 "소름 끼치는 느낌"은 평생 메리를 떠나지 않았고, 때론 치솟다가 때론 가라앉았다. 메리는 그 느낌이 뒤로 물러나 거의 잊힌 시간을 감사하게 되었다.

퍼시가 태어나고 몇 주 지나자 날이 점점 추워지면서 메리는 아이의 건강을 걱정하기 시작했다. 아이를 따뜻하게 감싸줄 플란넬을 보내 달라고 헌트 부부에게 부탁했고 이탈리아 사람들이 겨울에 대비해 아무런 준비도 하지 않는다고 불평했다. 메리는 새 아들이 태어나 기뻤지만 셸리를 향한 마음은 부드러워지지 않았다. 윌리엄이 죽은 후 메리는 성관계에 관심을 잃었고, "여자는 곡물을 생산하거나 그 생산을 확대하는 데 지속적으로 사용되는 밭이 아니다"라고 메리앤에게 썼다.[14] 새 아이가 태어나면 메리가 자신에게 돌아오기를 기대했던 셸리는 실망했다. 남편과 아내 둘 다에게 그들의 열정은 두 사람이 함께 있기 위해 치른 희생에 대한 위로였고 남자와 여자의 진정한 결합의 실례였다. 그러나 상실감을 겪고 난 후, 가정생활에서 항상 자족적이고 차분했던 메리는 남편의 손길을 피하고 쉽게 짜증내고 싸우려 들고 비난했다. 셸리는 혼자서 영국으로 긴 여행을 떠날 생각을 하기 시작했고, 마리아에게 불평을 털어놓았다. "메리는 무자비하게 자기 마음을 고문하고 나를 고문합니다."[15] 한편 클레어는 "나쁜 아내는 집안에 이는 한겨울의 삭풍 같다"고 말하며 메리에게 남편을 쫓아내지 말라고 경고했다.[16]

클레어의 비유는 놀랍도록 적절했다. 1819~1820년의 겨울은 피렌체가 70년 만에 겪은 최악의 계절이었다. 몸을 따뜻하게 데우는 방법은 잿불을 넣은 작은 보온 항아리를 꼭 안는 것뿐이었다. 셸리는 모피 칼라가 달린 커다란 모직 망토를 찾아서 밖에 나갈 때면 급히 껴입었다. 메리는 집안에서 아기와 침대에 누워 있었다. 클레어는 노래를 불러 언니를 즐겁게 했다. 클레어의 발성법은 레슨을 많이 받은 덕택에 많이 향상되었다. 집에 있을 때 셸리는 메리에게 책을 읽어주었지만 이런 조용한 시간은 점점 뜸해져 갔다. 그해 겨울에 셸리의 예쁜 사촌 소피아 스테이시가 피렌체에 왔다. 비목 셸리는 가족과 친척들에게 비난을 받았지만, 소피아는 소원해진 친척을 만나고 싶었다.[17]

소피아에게 셸리의 난봉꾼 기질은 그가 지닌 매력의 일부였다. 고집이 세고 자기 마음대로 하는 데 익숙한 소피아는 함께 여행하던 연로한 후견인의 의사를 무시하고 셸리 집 문을 두드렸다. 얼마 지나지 않아 셸리는 소피아 후견인의 마음을 사로잡았고, 후견인은 셸리와 어린 사촌이 짧은 여행을 떠나도록 허락했다. 셸리는 소피아에게 유적지를 보여주면서 멋진 시간을 보냈다. 소피아는 메리처럼 한숨을 쉬거나 울지 않았고, 추위를 불평하지 않았다. 그들은 함께 파티에 갔고 미술관을 방문했다. 체류가 끝날 무렵 소피아는 나이든 사촌과 약간 사랑에 빠졌다. 소피아는 셸리가 자기를 어떻게 안아서 마차에서 내려주었는지, 그리고 치통을 앓을 때 셸리가 아래층에 와서 어떻게 입 안쪽에 솜을 부드럽게 대어주었는지 일기에 자세하게 기록했다.

거의 1월 내내 눈이 내렸다. 마침내 그 달 말에 날씨가 풀리자 셸리는 그 기회를 잡아 피렌체보다 따뜻한 피사로 이사했다. 셸리와 헤어지게 되어 상심하고 슬퍼하는 소피아와 작별하고, 그들은 1월 26일 이른 아침에 배를 타고 출발했고 늦은 오후에 피사에 도착해서 가장 가까운 여관에 들어갔는데 아르노강 북쪽에 있는 알베르고 델레 트레 돈첼레였다.

피사는 여러 이유에서 셸리에게 매력적이었다. 그곳은 유명한 관광지에서 벗어나 있어서 물가가 적당했다. 그리고 피렌체와 마찬가지로 아르노강이 시내 중심을 가로질러 흘러서 강가를 따라 산책할 수 있고 봄이면 보트를 탈 수 있었다. 강변에 늘어선 르네상스 시대의 웅장한 건물들은 외관은 퇴색했지만 우아함은 그대로 간직하고 있었다. 대리석은 곳곳에 조각이 떨어져 나갔고 석조물은 허물어지고 있었다. 중간 문설주가 있는 멀리언 식 창문, 어둑한 중세 교회, 이국적인 비잔틴 양식 모자이크 등 모든 것이 고색창연해 보였다. 길거리에는 풀이 자랐다. 이곳은 오지만디아스의 분위기가 났다. 퇴락한 건물, 버려진 궁전, 오래전에 사라진 이름 없는 왕자들의 집, 이 모든 것들이 마음에 들었고, 아내에게도 매력적일 거라고 생각했다.

메리 울스턴크래프트가 아일랜드에서 가르친 학생이었던 마거릿 킹은 피사의 또 다른 매력이었다. 현재 그녀는 메이슨 부인이라는 가명으로 피사 바로 외곽에 있는 자신의 집에서 살고 있었다. 메이슨은

마거릿 킹, 일명 메이슨 부인. 어렸을 때 가정교사였던 메리 울스턴크래프트에게 큰 영향을 받아 당시 영국 여성으로선 드물게 독일에 유학해 의사가 되어 주체적 삶을 살았다.

울스턴크래프트의 《실생활 속의 참신한 이야기들》에 나오는 이상적인 가정교사 이름이었다. 마흔여덟 살인 마거릿은 의사였고 울스턴크래프트가 알았다면 경탄했을 바로 그런 여성으로 살아왔다. 마거릿은 집안의 강요로 부유한 백작(마운트캐셀 경)과 결혼해서 여덟 명의 자녀를 낳았지만 스물아홉 살에 다정한 아일랜드 남자 조지 티게와 함께 달아났다. 티게는 이 가공할 만한 여성과 사랑에 빠짐으로써 그의 독립적인 정신을 보여준 셈이었다. 마거릿은 180센티미터의 키에 거대한 근육질 팔을 가졌으며 장신구에 전혀 관심이 없었다. 스테이스*도 착용하지 않고 허름한 옷을 입었는데 스테이스가 소화에 방해가 된다고 말했다. 젊었을 때는 남장을 하고 독일의 의과대학에 다

스테이스(stays) 몸을 가늘게 유지하기 위해 입은 속옷. 이후 프랑스에서 들어온 코르셋이라는 말로 불렸다.

녔고, 의대를 졸업한 후 티게와 함께 기후가 좋고 도덕적 분위기가 더 느긋한 이탈리아로 이주했다. 그들은 이탈리아 시골에서 두 딸을 키우고 있었다.

클레어와 메리는 메이슨 부인의 급진주의를 존경했다. 오랜 세월 동안 마거릿은 고드윈과 연락을 유지했고, 울스턴크래프트가 죽은 후 몇 차례 런던으로 그를 방문하여 어린 메리를 만났으며 메리의 행로를 관심 있게 지켜보았다. 고드윈은 마거릿이 자기 남편에게서 달아난 것을 영웅적인 행위로 여겼다. 자기 딸들이 파리로 달아난 데 반대했다는 사실이 놀라운 또 다른 이유이다.

메이슨 부인은 젊은 친구들에게 피사에서 가장 인기 있는 룬가르노 거리에 집을 얻으라고 권했다. 마차와 보행자들로 붐비는 이 거리는 피사의 심장부였다. 웅장한 대저택들이 황금빛으로 반짝였고, 피렌체에 몰려드는 인파를 따를 수는 없지만 그래도 많은 관광객들이 강변의 굽어진 긴 길을 따라 걸으며 경치를 감상하고 야외 카페에서 케이크와 차를 즐겼다. 한 방문객은 룬가르노 거리에서 적어도 20개 이상의 언어를 들을 수 있다고 말했다. 셸리 부부는 메이슨 부인의 조언을 받아들여 첫 해에 몇 차례 이사를 한 후 마침내 카사 프라시의 넓은 꼭대기 층에 정착했다. 겨울 햇살이 창문으로 들어오고 농경지를 가로질러 펼쳐지는 전망이 좋았다. 이 아파트에는 방이 충분해서 셸리는 혼자만의 서재를 차지하고, 클레어와 메리도 제각기 분리된 공간을 가질 수 있었다. 자매가 다시 서로를 괴롭혔기 때문에 각자의 공간 확보는 매우 중요했다. 메리는 셸리와 클레어 사이에 다시 불붙은 동지애에 짜증이 났고, 클레어는 메리의 비꼬는 말과 지속적인 우울한 기분에 짜증이 났다.

가족 중에서 늘 현실적이었던 메리는 피사의 식료품과 기타 필수품의 값이 싸서 안심했다. 그녀는 셸리와 함께 살아온 후 처음으로 "주간 청구서와 일일 지출에 괴롭지 않았다"고 메리앤 헌트에게 보낸 편지에 썼다.[18] 메리는 거실을 화분으로 장식하고, 퍼시를 돌보고 아이가 낮잠을 자는 동안 읽고 쓰는 일상에 안주했다. 그러나 만족스럽게 느끼는 때에도 여전히 짜증이 일었다. 거리를 지나는 남자들의 "덥수룩한 머리와 셔츠를 입지 않은 차림"을 경멸했다.[19] 가운이 흙에 끌리고 보기 흉한 분홍색 모자와 흰 신발을 신은 피사의 여성들을 조롱했다.

그들은 메이슨 부인의 집 카사 실바를 자주 방문했다. 그 집은 그들이 기대했던 감귤 과수원과 놀랍도록 넓은 밭에 둘러싸여 있어서 마치 아일랜드에 돌아간 것 같았다. 감자 재배에 대한 열정 때문에 '태티'라는 별명으로 알려져 있던 조지 티게는 토양 화합물의 화학 반응에 관한 책을 폭넓게 읽었고 최신 농경법에 기민하게 반응했으며, 아내가 피력한 급진주의의 전체 맥락 속에서 그의 관심사를 제기했다. 그는 소작농들, 특히 아일랜드 소작농들이 현재보다 농작물을 효과적이고 안전하게 재배할 수 있다면 귀족에게 의존하는 정도를 줄일 수 있을 거라고 생각했다.

감자에서 독립으로! 셸리는 이 생각이 마음에 들었고, 태티의 독특한 농경 공화주의에 영감을 받아 자유를 향한 외침을 그의 유명한 시에서 표현했다.

> 잉글랜드의 남자들이여, 왜 쟁기질을 하는가,
> 당신들을 경멸하는 귀족들을 위해?
> 왜 힘들여 조심스럽게 짜는가,
> 당신들의 폭군이 입는 화려한 옷을?
> 당신들이 씨앗을 뿌리면 다른 이들이 거둔다,
> 당신들이 재물을 찾으면 다른 이들이 차지한다.[20]

메리는 셸리의 새로운 열정에 동참하지 않았다. 아기에게 몰두한 채 남편을 무시하거나 아니면 무뚝뚝하게 말해서 마침내 셸리는 속이 상해서 친구들에게 보낸 편지에 아내에 대한 불평을 늘어놓았고 그 긴장을 깨뜨리도록 방문해 달라고 간청했다. 영국 여행에서 막 돌아온 기즈번 부부가 그에게 키츠의 새 시집《라미아, 이저벨라, 성 아그네스의 전야 및 다른 시들》을 선물했을 때 셸리는 더욱 낙담했다. 키츠는 창조력이 왕성한 시기를 누리고 있음이 분명한데 그에 반해 셸리는 현재 중요한 시를 쓰지 않고 있고, 앞으로도 쓸 것 같지 않았다. 오히려 셸리는 진이 빠졌다고 느꼈다. 작년에 그는 키츠의 출판인 올리어에게 편지를 쓰면서 키츠의 장편 시 〈엔디미온〉은 "가장 고귀하고 섬세한 시의 광채"로 넘치지만, 장황하고 짜임새가 없어서 끝까지 읽을 수 없다고 썼다.[21] "누구도 이 시의 끝에 이를 수 없을 거요." 그런데 이제 키츠의 새 시집을 읽으면서 바로 이 젊은 시인이 자신이 만나봐야 할 사람이라고 생각했다. 키츠가 온다면 자기에게 다시 의욕을 불러일으키고 자신과 메리 사이의 교착 상태도 깨질 것이다. 바이런과 함께 보냈던 여름이 다시 돌아올 것 같았다. 그 시인과 생각을 풍부하게 교환할 테고 새로운 우정을 키워 가는 기쁨이 있을 것이다. 다른 무엇보다도 모두 다 글을 쓰는 사람이니 메리에게도 좋을 것이다. 어쨌든 자신과 키츠는 좋은 친구가 되어야 한다. 셸리는 키츠의 미완성 시 〈히페리온〉은 그의 최고 작품이었다고 메리앤 헌트에게 말했다. 그 시는 그 젊은이가 "이 시대 최고의 작가에 속할 운명"이라는 것을 보여주었다.[22] 셸리는 키츠가 결핵을 앓고 있으며 이탈리아에 가면 건강에 도움이 되리라는 조언을 받았다는 사실을 알고 있었다. 그래서 메리앤에게 키츠를 초대해 달라고 요청했다. 셸리는 젊은 시인에게 직접 연락할 방법이 없었다.

나는 키츠가 이탈리아에 오기를 간절히 기다리고 있습니다. 그러면 나는 신경 써서 그에게 가능한 관심을 모두 기울일 겁니다. 나는 그의 생명이 매우 소중하다고 생각하며 그의 안전에 깊은 관심이 있습니다. 나는 그의 몸과 영혼의 의사가 될 생각입니다. 그의 몸을 따뜻하게 해주고, 그의 영혼에 그리스어와 에스파냐어를 가르쳐주려고 합니다. 사실 내가 하려는 일이 나를 훨씬 능가할 경쟁자를 키우는 것이라는 사실을 어느 정도 알고 있습니다. 이 일은 동기를 더해주고 즐거움을 더해주겠지요.[23]

셀리는 헌트가 두 사람을 소개했을 때 자신이 젊은 시인에게 출판에 대해 조심스럽게 조언한 이후로 키츠가 아직도 그에게 상반된 감정을 품고 있다는 것을 알지 못했다. 키츠는 셀리의 귀족적 배경에 계속 반감을 갖고 있었다. 셀리가 우호적인 관계를 제안하고 환대하려는 것을 미리 알았더라도 그 제안을 반갑게 받아들이지 않았을 것이다. 분명 그는 셀리가 자신의 능력에 대해서 짐짓 겸손한 척하는 것을 감지했을 것이다. 키츠는 또한 메리를 무섭게 생각했고, 말이 신랄하고 지나치게 까다롭다고 여겼다. 셀리 부부를 방문한 후 키츠는 헌트에게 편지를 썼다. "S 부인은 빵과 버터를 변함없이 말끔하게 자릅니까?"[24] 그리고 비꼬듯이 덧붙였다. "부인에게 치명적인 가위를 구해서 모두들 낙담한 시인이 되도록 생명의 실을 자르라고 말하세요."

그런데 셀리가 메리앤에게 편지를 쓰면서 젊은 시인의 행방을 물었을 때, 키츠는 나폴리 항구에서 배에 갇혀 있었고, 격리 기간이 지날 때까지 배에서 내릴 수 없었다. 마침내 자유롭게 해변으로 나갈 수 있게 되었을 때, 그는 셀리에게 연락을 취하지 않았다. 그래서 두 사람은 다시는 서로를 보지 못했다.

하지만 여전히 키츠의 방문을 바란 셀리는 키츠가 연락해 오기를 기다렸다. 아무런 소식도 없자 점점 더 낙담했다. 일상에 활기를 불어넣어줄 새로운 벗도 없고 작업 계획도 없어져서 셸리는 예전보다 오래 걸었다. 때로는 혼자, 때로는 클레어와 함께 걸었지만 메리와는 절대 함께 걷지 않았다. 하지만 클레어에게는 결함이 있었다. 자기 말을 들어줄 사람이 있으면 누구에게나 바이런을 비난했다. 바이런은 클레어가 직접 연락하는 것을 금지했기 때문에 셸리가 중개자 역할을 했는데, 이것은 셸리에게는 무척 곤란한 상황이었다. 윌리엄의 기일 즈음인 6월 초에 클레어와 메리는 서로에게 격분한 상태에 빠졌다. 클레어는 일기에 적었다. "야호, 클레어와 메리여/ 매일 싸울 거리를 찾아라."[25] 자포자기한 셸리는 소꿉친구이고 먼 사촌인 토머스 메드윈을 초대해 집안 분위기를 바꾸려고 했다. 메드윈은 방문하겠지만 도착하려면 몇 주 지나야 한다고 답장을 보냈다.

그해 여름, 나폴리에서 어린 엘레나가 죽었다는 소식이 도착했다. 그리고 옛 하인 파올로가 엘레나의 신원을 은폐하는 데 도움을 준 대가를 원한다고 연락해 왔다. 메리는 셸리에게 그들의 재정 상태를 점검하라고 부탁했다. 파올로 때문에 자기들이 파산하는 것은 바라지 않았다. 또한 고드윈은 계속해서 돈을 요구했고, 메리는 보내줄 돈이 없다고 반복해서 말했다. 셸리는 평소답지 않게 현실적인 태도로 동의하고 자신의 계좌를 검토했다. 그러고는 자신의 재정 상태에 당황했다. 셸리는 고드윈에게 편지를 썼다. "저는 더없이 복잡하고 곤혹스러운 상황에 처해 있습니다." 그러고는 고드윈이 다시 돈을 요청하면 메리에게 아버지의 편지를 보여주지 않겠다고 덧붙였다. 고드윈의 편지는 "메리의 몸에 끔찍한 영향을 끼쳤습니다. 한번은 마음의 동요가 메리를 통해 어린 퍼시에게 전달되어 퍼시가 장애를 일으켰습니다. 이 장애는 이 년 전에 우리의 어린 딸을 앗아 갔던 장애와 비슷했습니다."[26]

이 엄중한 메시지는 셸리가 전달했지만, 아마도 메리의 아이디어였을 것이다. 퍼시에게 모유를 먹이고 있던 메리는 마음이 불안해지면 젖이 나오지 않았다. 아기와 관련해서 문제가 생긴다면, 고드윈의 감정은 중요하지 않았다. 메리는 아기 퍼시의 건강에 전념했고, 단단히 마음을 먹고 시골 지역을 걸었다. 활동을 해야 젖 분비가 잘 된다는 말을 듣기도 했고, 물론 당연히 엄마의 활력이 중요하다고 설교한 자기 어머니의 책들을 읽었기 때문이었다.

그달 말에 셸리는 파올로에게 약속한 돈의 일부를 주고 지불을 끌었고, 피사에서 약 6킬로미터 떨어진 바니 디 피사의 온천 마을에 있는 작은 집으로 이사했다. 이곳에서 셸리는 〈아틀라스의 마녀〉를 썼는데, 이 시에 메리는 실망했다. 메리가 셸리의 작품을 비판한 것은 이번이 처음이었다. 그녀는 그 시가 아름답다고 생각했지만 줄거리도 없고 현실적인 등장인물도 없어서 셸리만큼 상상력이 풍부하지 않은 일반 독자들에게는 호소력이 없을 거라고 생각했다. 메리는 셸리의 성공을 바랐는데, 그것이 가져올 부를 위해서가 아니라 셸리 자신을 위해서, 그가 마땅히 받을 자격이 있다고 생각한 찬사를 위해서였다. 하지만 셸리는 메리가 열광적인 반응을 보이지 않자 상처를 받고 신랄한 짧은 헌사를 썼다.

메리에게 (인간적 관심사가 없다는 이유로 아래 시에 이의를 제기한 것에 대해)

아니, 사랑하는 메리, 당신은 어떤 논평의
비평가에게 물려서 (죽은 듯이 있어도 독사는 죽이니까),
내가 쓴 이 시가 거짓이든 진실이든
이야기를 하지 않는다고 비난하는 걸까?[27]

이러한 말다툼에도 불구하고 생활은 점차 더 평온해졌다. 메리와 셸리는 온천에 몸을 담그고, 시골을 돌아다니고, 이탈리아 여름의 아름다움을 즐겼다. 클레어가 메이슨 부부와 함께 지내려고 며칠간 집을 떠나서 두 자매는 상대방에게서 벗어나는 반가운 휴식을 맞았다. 메이슨 부인은 클레어를 울스턴크래프트의 명예 가족으로 여겼는데 메리와 다투었다는 클레어의 말을 듣고는 걱정이 되었다. 그래서 클레어가 9월 한 달간 리보르노에서 지내고 그 후에 피렌체로 가서 적절한 일자리를 찾을 준비를 하는 것이 좋겠다고 클레어를 설득하는 작전에 착수했다. 클레어가 항의하자 메이슨 부인은 의학적 전문성을 내세우며 클레어의 건강을 위해 떠날 필요가 있다고 말했다. 또한 클레어가 셸리 부부와 함께 오래 살면 남편을 얻는 것은 말할 것도 없고 교사나 부인의 말동무 같은 일자리를 얻을 기회도 잃게 될 거라고 우려하면서, 클레어가 메리 부부와 계속 관계를 유지하면 그녀의 평판에도 나쁜 영향을 끼칠 거라고 말했다.

셸리와 클레어는 헤어지기를 원하지 않았지만 메이슨 부인은 전투에서 진 적이 거의 없었다. 셸리는 전 백작부인에게 패해서 그해 9월에 클레어를 피렌체로 데려다주었고, 클레어는 메이슨 부부의 친구 집에 거처를 마련했다. 클레어가 떠나자 안도한 메리는 곧바로 행동에 돌입했고, 나폴리에서 구상하기 시작한 소설 《발페르가》를 위한 조사를 마무리하고 본격적으로 소설을 쓰기 시작했다. 그녀는, 셸리의 표현으로는 "50권의 고서에서 긁어모은" 세부적인 사실들로 지면을 채웠다.[28] 사실 《발페르가》에 제시된 역사적 사실의 정확성은 현대 독자들을 주눅 들게 할 정도이고, 텍스트는 이탈리아어 문구로 가득하다. 메리는 13세기 이탈리아 정치 상황의 안팎을 설명하므로, 이 시기에 메리만큼 관심을 느끼지 않는 사람들에게는 이 소설의 진행이 다소 느리게 느껴질 수 있다.

이 소설에서 흥미로운 점은 메리가 이 이야기를 전복적으로 반전시켰다는 것이다. 메리는 카스트루초 카스트라카니 왕자의 삶을 바탕으로 삼아 《발페르가》의 줄거리를 만들었는데, 카스트라카니 왕자는 니콜로 마키아벨리(Niccoló Machiavelli, 1469~1527)가 쓴 짧은 전기에서 영웅으로 묘사한 역사적 인물이다. 하지만 메리가 쓴 글에서 왕자는 파괴적인 힘이다.[29] 권력을 향한 왕자의 욕망으로 인해 백성들의 자유는 파괴되고 왕자가 사랑하는 여인 유서내시아 백작부인은 결국 죽음을 맞는다. 13세기에는 그런 여성이 존재할 리 없었으므로 메리는 이 인물을 처음부터 창조해야 했다. 이 경우에 한해서는 카스트라카니에 대항하는 여성 인물을 창조하는 것이 역사적 정확성보다 중요했다.[30] 메리는 마키아벨리의 전기에서 극적으로 이탈하여 유서내시아를 평화와 자유의 옹호자로 만들었고 또한 왕자를 저지하려고 노력하지만 실패하는 세력의 지도자로 만들었다.

남자 주인공과 여자 주인공의 독특한 이름은 메리가 강조하고 싶었던 주제를 암시한다. 카스트루초 카스트라카니라는 이름은 이탈리아어의 카스트라티(castrati)라는 단어를 연상시키는데, 이는 소프라노 목소리를 보존하기 위해 거세된 남성 가수를 가리키는 용어이다. 백작 부인이 카스트라카니를 견제하거나 거세할 수만 있다면 세상은 더 행복하고 평화로운 곳이 될 것이라고 메리는 암시한다. 현 상황에서 유서내시아는 그녀의 이름이 '좋은 죽음'을 암시하듯이 죽을 운명이다. 카스트라카니의 호전적인 세계에 그녀를 위한 공간은 없다.

《발페르가》의 어두운 메시지는 셸리의 〈무질서의 가면극〉 못지않게 통렬한 정치적 비판이다. 메리는 마키아벨리가 신봉했고 그 이후 많은 정치가들이 채택한 가치를 공격했다. 마키아벨리는 평화가 아니라 전쟁을, 진실이 아니라 거짓을, 자유가 아니라 절대적 통치자를 주창했다. 마키아벨리는 왕자가 권력을 얻기 위해 사악한 짓을 저질러야 한다고 말했다. 이는 메리의 이상주의에 대한 모독이었다. 수 세기에 걸쳐 많은 사상가들이 '목적을 위한 수단'을 정당화하는 마키아벨리의 정치철학을 비난했다. 하지만 마키아벨리의 주장을 행동으로 옮겼을 때 초래될 고통을 입증한 소설을 최초로 쓴 사람은 메리였다. 카스트라카니는 사랑하는 사람들을 배신한다. 그는 자신의 재산을 공고히 하려고 전쟁을 벌인다. 그는 기만적이고 잔인하며 적을 무자비하게 죽인다. 빅터 프랑켄슈타인처럼 그의 야망은 끝이 없다. 그는 유서내시아의 항의에도 불구하고 "명예, 명성, 지배"를 추구한다.[31] 그 결과 "사람들은 자신들의 행복한 오두막에서 쫓겨난다"고 유서내시아는 한탄한다. "불쌍한 아이가 죽거나 불운하게도 부상을 당하는 일이 종종 일어나는데, 그들의 피 한 방울 한 방울은 카이사르 같은 자들의 권력보다 더 소중하다."

메리는 셸리와 마찬가지로 폭정의 결과를 묘사하며 불의에 맞서 싸웠다. 그러나 밑바탕에서는 셸리에게도 비판을 가했다. 왕자는 아이들의 죽음을 초래한다. 셸리도 마찬가지였다고 메리는 생각했다. 그리고 메리처럼 유서내시아는 무력하다. 그녀는 왕자의 군대를 격파할 수 없고 그의 마음을 변화시킬 수도 없다. 따라서 그녀는, 메리가 이따금 스스로 원했던 대로 죽음을 향해 나아간다. 카스트라카니의 수중에 떨어진 그녀의 백성들은 공포에 질리고 가난과 폭정에 시달린다.

메리는 자신의 주장을 분명하게 밝혔는데, 그것은 메리 이전에 어머니가 역설한 주장이었다. 남자들이 사랑이 아니라 야망에 이끌리면, 가족이 아니라 명성에 이끌리면 여성과 아이들이 그 대가를 치러야 한다. 카스트라카니의 욕망은 마틸다의 아버지가 품은 정욕처럼 그가 사랑하는 사람들을 파멸시킨다. 겉으로 볼 때 《발페르가》는 울스턴크래프트의 《옹호》와 대단히 다르지만, 자신의 어머니보다 보수적인 시대에 살았던 메리에게 개혁을 촉구하는 최선의 방법은 허구를 이용하는 것이었다. 게다가 그녀는 어머니가 작가로서 원래 품었던 목적에 여성의 마음을 탐구하는 것도 포함되어 있었다는 사실을 잘 알고 있었다. 그래서 메리는《발페르가》와《마틸다》에서 이 목적을 이루려고 노력했고, 어머니와 매우 다른 기법을 사용했지만 늘 어머니의 철학을 따랐다. 셸리와 멀어지는 것이 어려웠지만, 그것은 그녀를 미학적으로나 정치적으로 더 독자적으로 만들어주는 이점이 있었다. 메리에게 가장 영향을 미치는 스승이자 영감의 원천은 이제 남편이 아니라 죽은 어머니였다.

메리가《발페르가》를 마무리할 무렵에 셸리 부부가 경멸했던, 새로 즉위한 조지 4세가 그의 아내 캐럴라인 왕비(Caroline of Brunswick)를 그저 싫다는 이유로 영국에서 쫓아냈다는 소식이 전해졌다. 그들이 영국 자유주의 운동의 상징적인 지도자로 존경했던 왕비가 지금 이탈리아에 와 있었다. 이 왕비는 모든 여성의 운명이, 심지어 왕비라 하더라도, 남성의 처분에 좌우된다는 것과 자유가 폭정의 희생양이 되는 경우가 너무 빈번하다는 사실을 보여주는 살아 있는 실례였다. 메리의 눈에 세상은 악과 선, 야망과 사랑 사이의 영원한 투쟁, 끝없는 싸움이 벌어지는 곳으로 보였다. 그리고 그녀가 경험한 바로는, 악이 대체로 승리했다.

28장

두 번째 사랑, 윌리엄 고드윈

메리 울스턴크래프트 1796

《스웨덴에서 쓴 편지》의 성공에 기뻐서 메리는 임레이의 거절에도 불구하고 인내심을 잃지 않고 버텨 온 것에 자신감을 얻었다. 불과 몇 달 전만 해도 의식을 잃은 채 템스강을 떠내려갔지만 이제는 지금까지 경험하지 못한 인기 있는 책을 써서 새로운 정상에 올랐다. 12월에는 몇 년 전에 자신에게 조언을 청했던 작가 지망생 메리 헤이스와 저녁 식사를 했다. 메리는 평소처럼 솔직하게 헤이스에게 그녀의 작품에 대해 너무 변명하지 말라고 말했다. 두 사람은 한두 번 잠깐 만난 적이 있지만 친밀한 관계를 맺은 것은 아니었다. 이제 메리는 그들에게 공통점이 많다는 것을 알게 되었다. 둘 다 혼자 살았다. 둘 다 글을 써서 생계를 유지하려고 노력했다. 그리고 둘 다 실연의 아픔이 있었다.

메리 헤이스는 혁명적인 유니테리언 신자와 사랑에 빠졌다. 그 남자는 헤이스와 철학적 대화를 오래 나누는 것을 즐겼지만 성적 관계는 원하지 않았다. 좌절감을 느낀 헤이스는 일과 다른 남자들과의 친밀한 우정으로 마음을 달랬다. 그 남자들 중에 윌리엄 고드윈이 있었는데, 그는 메리가 오 년 전에 마지막으로 본 이후에 국제적인 명사가 되어 있었다. 고드윈은 딱딱한 태도에 키가 작고 몸가짐이 어색했지만 많은 여성 추종자들이 그에게 매력을 느꼈다.

고드윈이 1793년에 출간한 두꺼운 책 《정치적 정의에 대한 고찰, 그리고 그것이 일반적 미덕과 행복에 끼치는 영향》(이하 《정치적 정의에 대한 고찰》)은 메리 헤이스와 그녀의 친구들에게 프랑스혁명에 대한 영국 보수주의자들의 반발에 저항하는 가장 중요한 저작이었다. 고드윈은 1792년과 1793년 개혁법안의 패배를 목격했다. 그는 개혁운동의 지도자들이 정부에 의해 체포되고 박해받는 것을 보았다. 고드윈의 눈에는 군주제와 의회 모두 타락한 제도였다. 자연권을 옹호하면서 고드윈은 불의한 정부뿐 아니라 모든 정부가 자연권을 침해한다고, 인간은 스스로 통치할 수 있어야 한다고 주장했다. 이 주장은 인간의 정신을 순진하게 이상화한 것이 아니라, 프랑스혁명의 민중 지도자들과 영국의 입헌 군주제에 대한 고드윈의 환멸을 표현한 것이었다. 《정치적 정의에 대한 고찰》을 출간한 다음 해에 발표한 소설 《케일럽 윌리엄스의 모험》(1794)에서 고드윈은 자신의 목적이 "인간이 인간의 파괴자가 되는" 다양한 방법을 보여주는 것이라고 선언했다.[1] 그는 진정으로 평등과 정의를 증진하는 정치 체제를 아직 보지 못했다고 썼다. 그러므로 엄밀하게 정돈된 주장과 건조한 문체, 길게 열거한 철학적이고 역사적인 사례들에도 불구하고 《정치적 정의에 대한 고찰》은 당국을 도발하고 개혁 정신을 점화하기 위한 의도가 담긴 분노에 찬 책이었다.

하지만 고드윈이 요구한 변화는 본질적으로 보수적이었다. 그는 돌연히 터져 나오는 쿠데타가 아닌 점진적이고 합리적인 개혁을 주장했다. 그는 프랑스혁명의 유혈 사태에 경악했고, 인간을 그들 자신에게서 구할 수 있는 것은 이성, 오로지 이성이라고 썼다. 그러나 이러한 온건한 입장을 동시대 사람들은 간과했다. 그들의 관점에서 볼 때《정치적 정의에 대한 고찰》이 가한 충격 효과만으로도 고드윈은 혁명의 아이콘이 될 자격이 충분했다. 고드윈에 대한 오해는 그가 죽은 후에도 지속되어서 온갖 유형의 급진주의자들—대표적인 인물로는 최초로 아나키즘을 공개적으로 옹호한 표트르 크로포트킨, 카를 마르크스와 프리드리히 엥겔스—이 고드윈을 영웅으로 받들었고 자신들에게 중요한 영향을 끼친 인물로 언급했다.

고드윈은 폭력을 옹호하지 않았지만 자유를 믿었다. 투옥의 위험을 무릅쓰고 법률 개혁을 제안하고 1794년 반역죄로 체포된 두 명의 급진적 지식인들을 강력하게 옹호하는 글을 작성했다. 위험할 정도로 초조해하던 의회는 시민의 자유를 탄압하고, 영장 제도를 유예하고, 국왕에게 반대하는 자들은 누구든 반역자로 체포하고, 모든 집회, 팸플릿, 청원서를 불법화했다. 고드윈은 자신의 글을 〈모닝 크로니클(The Morning Cronicle)〉에 발표해서 급진 지식인 투옥에 대한 대중의 분노를 불러 일으켰다. 열두 명은 모두 석방되었고, 고드윈은 정치적 자유를 위해 헌신한 공로로 환호를 받았다. 젊은 시인 윌리엄 워즈워스는 친구들에게 "화학책을 내던져버리고 고드윈을 읽으라"고 말했다. 수필가 윌리엄 해즐릿은 "진실, 도덕적 진실이 … (내면에) 거처를 정했다"라고 썼다.[2]

새로 얻은 명성에도 불구하고《정치적 정의에 대한 고찰》은 고드윈에게 많은 돈을 가져다주지 않았다. 총리 윌리엄 피트는 500쪽이나 되는 책의 분량과 엄숙하고 지루한 내용을 비웃었다. 이 책을 사는 것은 고사하고 아무도 읽지 않을 테니 이 엄청난 양을 검열할 필요가 없다고 말했다. 1파운드가 넘는 책값은 일반 시민에게는 너무 비쌌다. 하지만 피트는 고드윈의 발언이 끼칠 영향력을 과소평가했다. 전국적으로 개혁가들은《정치적 정의에 대한 고찰》의 제목을 걸고 맹세했고, 독서 모임을 결성해서 이 책을 구입해 회원들이 돌려가며 읽었다. 결국 이 책은 4천 부 이상 팔렸다. 고드윈이 찬사를 받기에는 충분한 판매량이었지만 생계를 유지하기에는 충분하지 않았다. 고드윈은 자신이 선택한 소박한 생활이라도 유지하려면 소설과 정치 논평 작가로 바쁘게 지내야 했다. 고드윈은 런던 중심부에서 멀리 떨어진 곳에 저렴한 방을 빌렸고 나이 든 여성 한 명을 하인으로 고용해서 아침마다 방을 청소하도록 했다. 그는 거의 사치를 부리지 않았고, 대중이 아니라 자기 양심을 만족시키는 책을 쓰기로 결정했다.

《정치적 정의에 대한 고찰》은 고드윈이 토머스 페인을 위한 존슨의 저녁 파티에서 울스턴크래프트를 처음 만나고 몇 달 후에 출판되었다. 그날 파티를 생각하면 그는 기분이 좋지 않았다. 고드윈은 그때 메리가 대화 주도권을 쥐고 있었고 자신은 대화에 끼지 못하고 식탁 반대편에서 두 엄지손가락을 맞대고 돌리고 있었다고 회상했다. 파티에 참석한 다른 사람들 특히 페인은 메리의 기지를 칭찬했고 실제로 그녀와 어울리는 것을 즐기는 듯이 보였다. 고드윈에게는 그 모습이 더 고약했다. 삼 년이 지난 후에도 그는 여전히 그날 밤에 자신이 침묵하고 있었던 것이 메리 때문이라고 비난하며 메리를 시끄럽고 주제넘게 나서는 인간으로 생각했다.

반면 메리는 런던에 돌아왔을 때 여러 친구들에게서 고드윈의 고귀한 업적에 대해 듣게 되었다. 메리가 프랑스에 있는 동안에 고드윈이 갑자기 명성을 얻었다는 사실은 알지 못했지만, 개혁의 확고한 옹호자라는 그의 명성도 불쾌한 기억을 지우기에 충분하지 않았다. 메리도 고드윈과의 만남을 기억했고, 그를 경직되고 거북한 사람으로 여겼고, 존경할 사람이 아니라 조롱할 사람으로 생각했다. 하지만 헤이스와 친해지면서 울스턴크래프트는 자신이 기억하는 것과 전혀 다른 고드윈에 대한 이야기를 들었다. 헤이스가 상처받은 마음을 털어놓앉을 때 고드윈이 "인간적이고 다정한 배려를 보여주었다"는 것이었다.[3] 메리는 고드윈이 세심하게 경청해주는 사람이라고는 상상할 수 없다고 솔직히 말했지만 헤이스에게 친절하게 대해주어 존경심을 품게 되었다고 말했다. 헤이스는 메리의 말을 고드윈에게 전했다. 고드윈은 울스턴크래프트의 칭찬이 모욕적으로 들려서 짜증이 났다. 고드윈은 메리가 "자주 나를 헐뜯으며 재미있어한다"고 중얼거리며 메리를 다시 만나보라는 헤이스의 제안을 거절했다.[4]

하지만 헤이스는 자신의 '소중한 벗들'이 서로의 가치를 인정해야 한다고 생각했다. 그래서 두 사람이 상대의 "뛰어난" 자질을 목격할 수 있도록 같은 방에서 만나게 할 계획을 세웠다.[5] 헤이스는 고드윈에게 메리가 '따뜻하고 너그러운 정신'을 지니고 있다고 말했고, 메리가 강인한 정신을 지녔음에도 극심한 고통을 겪고 거의 죽을 뻔했다고 덧붙이며 호기심을 자극했다. 고드윈은 여전히 설득되지 않았다. 그리고 메리는 비탄에 빠져 있었기에 새로운 남자를 만나는 것을 꺼려했다. 애당초 매력적이지 않다고 생각했던 남자는 말할 필요도 없었다. 하지만 헤이스는 집요했다. 그녀는 울스턴크래프트와 고드윈에게 자기 집의 티파티에 오라고 고집했다. 그리고 1796년 1월 8일에 두 사람이 만났다.

운명적인 오후가 마침내 다가왔을 때 순조롭지 않은 상황이 펼쳐졌다. 선입견과 나쁜 기억으로 가득한 두 주인공은 경계하는 눈빛으로 서로를 보았다. 고드윈은 거들먹거리며 불친절하게 굴었고, 메리를 좋아하지 않는다는 것을 애써 분명히 드러냈다. 또한 적에게 '공정하게' 대하는 것이 옳다고 생각하기 때문에 메리의 수많은 결점이라고 여기는 것들을 눈감아주고 있을 뿐이라는 것도 명백히 드러냈다. 메리도 별로 나을 게 없었다. 메리는 새로운 사람과 우정을 맺으려고 티파티에 온 것이 아니라 오로지 메리 헤이스를 즐겁게 해주려고 왔다고 암시했다.

그러나 오후 시간이 흘러가면서 고드윈과 메리는 시간이 일으킨 변화에 놀랐다. 수년간 사교 활동을 해 오면서 고드윈의 자의식은 일부 편안해졌다. 이제 그는 학자인 체하는 사람이 아니라 기인이자 천재, 중요 인물로 간주되었다. 메리도 사교적 기술과 자신감을 얻었다. 자기 주장을 펼치는 데 그리 집착하지 않았고 전보다 더 부드럽게 상대의 말에 귀를 기울였다. 프랑스혁명과 영국의 반발은 메리에게 환멸을 안겨주었고, 정치적 주장은 예전만큼 중요하지 않았다. 《스웨덴에서 쓴 편지》에 쓴 대로 이제 메리의 관심사는 마음과 정신의 문제—감정, 심리, 자아—였고 이는 본질적으로 그녀가 임레이와 다퉈 왔던 주제였다. 자연은 개인의 고통을 치유하는 데 어떤 역할을 할 수 있는가? 문명은 인간의 정신에 어떤 해를 끼치는가, 혹은 어떤 도움을 주는가? 상상력이 깃든 삶이 물질적 쾌락에 헌신하는 삶에 승리를 거둘 수 있는가? 메리는 정치와 시사에 관심을 잃지는 않았지만 이제는 내면의 삶과 사람들의 행위 이면에 내재한 동기와 감정—사람들은 왜 그런 행동을 했는가?—에 매료되었다.

다행히 고드윈도 소설 《케일럽 윌리엄스의 모험》에서 폭정의 심리적 영향을 탐구한 적이 있어서 이런 주제에 흥미를 느꼈다. 첫 만남에서 화제가 문학 쪽으로 흘러가자 메리는 고드윈의 글쓰기 목표가 자신과 같다는 것을 바로 깨달을 수 있었다. 고드윈 역시 독자들이 정치적·경제적·사회적 불의에 맞서 행동에 나서도록 영감을 주려고 글을 쓰고 있었다. 그도 전횡을 일삼는 권력을 혐오했고, 책을 쓰는 것이 인간의 상황을 개선할 수 있다고 믿었으며, 사람들의 동기 이면에 내재한 것에 매료되었다. 억압자와 피억압자, 폭군과 희생자의 심리는 어떨 것인가?

하지만 메리가 아름답지 않았다면 모든 것이 거기서 멈췄을 것이다. 칼뱅교 집안에서 자랐지만 고드윈은 매력적인 여성들에게 감탄했다. 고통을 겪으면서 메리의 관점이 유연해졌듯이 어머니가 되면서 메리의 모습은 원숙해졌다. 언제나 매력적이었지만 서른여섯 살의 메리는 이제 그녀를 만난 대부분의 사람들에게 사랑스러운 여인으로 보였다. 어떤 새로운 지인은 메리가 "매우 관능적인 여성"이라고 말했다.[6] 메리는 질병의 후유증으로 눈 한쪽이 약간 처졌지만, 그 결함에도 불구하고 시인 로버트 사우디는 그녀의 풍부한 표정을 극찬했다. 그는 친구들에게 그녀의 얼굴이 "최고, 단연 최고다. … 그녀의 눈은 연갈색이고, 한쪽 눈꺼풀이 약간 마비되었지만 내가 본 눈 가운데 가장 의미심장하다"고 말했다.[7] 메리의 내력을 거의 모두 알고 있는 자유주의자 모임에서도 메리는 여전히 자신을 임레이 부인이라고 불렀다. 하지만 메리가 겪은 고통으로 인해 그녀는 수용될 수 없는 존재가 아니라 오히려 이국적이고 독창적인 존재로 보였다. 특히 메리 헤이스 옆에서는 더욱 그러했는데, 친한 친구조차 헤이스를 "늙고 못생기고 옷도 못 입었다"고 묘사했다.[8] 고드윈의 절친한 친구인 홀아비 토머스 홀크로프트는 메리에게 반해서 즉시 성적인 모험을 떠나자고 제안하는 역겨운 연애편지를 썼다.

나는 당신의 입술에 닿은 적이 없습니다. 하지만 나는 자고 있을 때나 깨어 있을 때나 당신이 있을 때나 없을 때나 당신의 입술을 느꼈습니다. 지금도 느낍니다. 그리고 지금, 더없이 행복한 황홀경에서 깜짝 놀라 깨어나 실망에 빠져서 묻습니다. 내가 날아가서 당신 가슴 위에 쓰러져, 거기서 이런 몽상이 아니라면 여태껏 알지 못했던 더없는 행복에 빠질 수 있는데 왜 금지되어 있는 겁니까?[9]

메리는 안경을 쓴 홀크로프트에게 매력을 느끼지 못했지만 임레이에게 거부당하기 전에는 지니지 못했던 사교적 능력으로 그의 접근을 처리했다.[10] 그의 편지에 대한 메리의 답장은 남아 있지 않지만, 그해 봄에 두 사람이 따뜻하고 호의적인 관계를 맺은 것을 보면 그녀가 연민 어린 말로 홀크로프트가 품위를 지키도록 만들었으리라는 것을 짐작할 수 있다.

이 새로운 메리는 고드윈의 취향에 훨씬 잘 맞았다. 그는 급진주의적 사고에도 불구하고 여성에게는 남성의 보호가 필요하다고 믿었다. 또 "여성의 온화한 본성과 섬세한 감정"을 중요하게 여겼다.[11] 말수가 적어진 울스턴크래프트는 고드윈의 여성성 관념에 잘 맞았다. 메리는 다른 사람의 의견을 가로막거나 이의를 제기하지 않았고 슬프고도 연약해 보였다. 그날 오후의 첫 만남 이후에 고드윈은 "내 마음속에서 그녀의 고뇌에 대한 동정심이 그녀의 재능에 늘 품어 왔던 존경심에 더해졌다"고 회상했다.[12] 일주일 후 다른 파티에서 다시 만났을 때, 고드윈은 친구 홀크로프트의 말에 동의하고 있음을 알게 되었다. 메리는 지적일 뿐만 아니라 성적으로도 대단히 매력적인 여성이었다.

강한 흥미를 느낀 고드윈은 《스웨덴에서 쓴 편지》를 구입했고, 첫 페이지부터 매료되었다. 그는 자신의 반응을 일기에 이례적으로 길게 썼다.

메리가 자신의 슬픔을 이야기하는 방식은 우리를 우울함으로 채우고 부드러운 연민으로 녹이면서도 동시에 우리의 찬탄을 끌어내는 천재성을 드러낸다. 고통으로 그녀의 마음은 인간을 넘어설 정도로 부드럽게 누그러졌고, 그녀의 온화한 정신은 무한한 애정의 로맨스와 정확하게 부합하는 것처럼 보인다.[13]

하지만 메리는 새로운 고드윈에게 깊은 인상을 받기는 했지만 아직도 임레이를 곰곰이 생각하고 있었다. 《스웨덴에서 쓴 편지》를 쓰면서 기분이 나아졌고 이제는 임레이와 진정으로 행복할 수 있다거나 그가 사랑할 가치가 있는 남자라고 생각하지 않았지만 그래도 그에 대한 미련은 완전히 버리기 어려웠다. 2월 중순이 되어 임레이가 업무차 런던으로 돌아왔을 때 메리는 마침내 자신의 상실을 받아들였다. 크리스티 경매장에서 그를 우연히 마주쳤는데, 패니가 '아빠'의 목소리를 알아차리자마자 안기려고 그에게 달려갔다. 임레이는 딸을 안아주고 메리에게 부드럽게 말을 건네며 다음 날 찾아오겠다고 약속했다. 하지만 막상 방문했을 때 그의 태도는 평소처럼 어정쩡했다. 친절하지만 냉담했다.

아주 이상하게도, 이처럼 무미건조하고 사무적이며 과묵한 그의 태도, 예전에 대립했을 때 메리의 도발에 그가 보였던 질풍노도의 감정과 대조되는 이런 태도가 마침내 메리에게 전달되었고, 그녀는 일 년 전이라면 불가능했을 평온한 마음으로 그의 배신을 받아들였다. 자신이 원하는 사랑이나 열정을 임레이가 절대로 줄 수 없다는 것을 알았다. 그래서 과거의 절망감이 강렬하게 치솟는 것을 느꼈을 때 현명하게도 그 기분에 사로잡히지 않았고, 짐을 꾸려 패니와 마차를 타고 버크셔에 사는 친구들을 방문하러 갔다. 임레이와 마주칠 위험이 없는 그곳에서 메리는 기운을 회복했다. 런던으로 돌아와서 그에게 "나는 당신과 평화롭게 헤어집니다"라고 편지를 썼다.[14] 예전에도 여러 차례 이렇게 선언한 적이 있지만 이번에는 진심이었다. 그해 늦은 봄에 그와 우연히 마주쳤을 때 메리는 특별히 침울해지지 않았다고 기록했다.

사실 메리는 우울증에서 벗어나고 있었다. 이제 두 살가량 된 패니는 재잘거리며 달리고 공을 갖고 놀고 농담에 웃었다. 전반적으로 패니에게 점점 손이 덜 가게 되면서 메리는 자유로운 느낌을 새롭게 맛보았다. 앵초 꽃이 피어나 봄을 알렸다. 과일 나무에 꽃이 피었고, 초롱꽃, 가막살나무, 산분꽃나무, 아이리스, 스톡, 스위트피, 라일락이 공원의 길을 따라 자랐다. 자연의 찬란한 아름다움을 만끽하며 메리는 임레이를 떠올리게 하는 핀즈버리 광장의 집을 떠나 런던 외곽에 있는 펜턴빌의 커밍 거리로 이사했다.

런던의 새로 개발된 지역인 펜턴빌은 시골 분위기가 남아 있었다. 현관문을 열고 나가면 탁 트인 들판과 개울, 농지가 보였다. 소는 낮은 소리로 울고 양은 풀을 뜯었다. 이따금 길 잃은 돼지가 지나갔다. 어린 패니는 시골에서 노는 것을 기뻐했다. 나뭇가지를 뛰어넘고 군인처럼 제자리걸음을 했다. 패니는 사과파이를 좋아했고 마르그리트가 "버터와 밀가루를 섞는" 일을 돕고 싶어 했다.[15] 사과 껍질을 벗기는 큰 칼을 사용할 수 없었지만—"작은 소녀는 작은 칼을 써야 해"라고 메리가 말했다—메리가 "네가 엄마만큼 크면 엄마 칼만큼 큰 칼을 줄게"라고 말해주어서 위로를 받았다. 그들은 강아지를 들였고 메리는 패니에게 강아지 돌보는 방법을 가르쳤다. 패니가 읽기를 배우는데 도움을 주기 위해 쓴 작은 책에 메리는 이렇게 한 장을 기록했다. "오! 불쌍한 강아지가 의자에서 떨어졌어요. 달려가서 쓰다듬어주세요. 접시에 우유를 조금 담아서 위로해줘요." 패니가 강아지에게 동정심을 느끼게 하려고 메리는 "책이 네 발에 떨어졌을 때 무척 아팠을 거예요. 지금 가엾은 개도 같은 고통을 느꼈을 거예요. 개와 놀 때 다치지 않도록 조심하세요."라고 덧붙였다. 메리도 패니만큼 딸과 함께 보내는 이 시간이 즐거웠다. 어쨌든 메리는 딸이 자라는 것을 하마터면 지켜보지 못할 뻔했다.

어느 화창한 봄날에 메리는 리베카 크리스티를 방문하러 갔다가 고드윈이 자신을 만나기를 바라며 그 집에 들렀었다는 사실을 알게 되었다. 봄 기운과 패니와 보내는 시간, 임레이와 거리를 두는 것까지 모든 것이 메리의 기력을 회복하는 데 도움이 되었고, 그녀는 기분이 좋아졌다. 메리는 고드윈이 돌아오기를 기다렸지만 그가 나타나지 않자 스스로 문제를 해결했다. 4월 14일에 메리는 인근 서머스타운의 찰튼 거리에 있는 고드윈의 숙소로 찾아갔다. 품위 있는 여성은 혼자서 남자들의 방을 찾아가서는 안 되었지만 고드윈은 메리를 환영했다. 고드윈은 메리의 비인습적인 행동을 아무런 문제 없이 받아들였고 처음으로 그녀와 긴 대화를 나누었다. 그는 다음 날 차를 마시러 오라고 메리를 초대했고, 그 후에도 연극, 티파티, 산책, 저녁 파티 등에서 가능하면 자주 메리를 만났다.

대체로 그들은 고드윈이 "미인들"이라고 부른 많은 여성 추종자들을 포함해서 고드윈이 사귀어 온 활발한 친구들과 함께 만났다. 고드윈은 그들의 관심이 흡족했지만, 그 미묘한 불장난의 영역을 어떻게 헤쳐 나가야 할지 언제나 잘 아는 것은 아니었다. 그는 기묘한 버릇이 여럿 있었는데 한참 침묵을 지키거나 부적절한 순간에 졸거나 깜짝 놀라게 기침을 하곤 했다. 추종자들이 낭만적 관계를 원하며 접근할 때 고드윈은 자신의 경험 부족을 드러내고 싶지 않아 움츠러들었다. 일 년 전쯤 어느 날에는 불행한 결혼을 한 마리아 레블리가 그에게 키스하려고 했는데 고드윈은 당황한 나머지 뒤로 물러섰다. 이후에 그는 그 망설임을 두고두고 후회했다.

아름답고 교양 있는 마리아는 자신의 매력에 자신감이 있었기 때문에 고드윈에게 악감정을 품지 않았고, 곧 메리가 좋아한 '미인'이 되었다. 마리아는 메리의 책에 감탄했기에, 그녀를 알게 될 기회를 반갑게 받아들였다. 메리도 마리아와 친해지기를 바랐다. 루스 발로와 연락이 끊어졌고, 여동생들은 차갑고 관계도 소원했기 때문에 새로운 벗이 필요했다. 일라이자는 여전히 연락을 하지 않았고, 에버리나는 어쩌다가 짧은 편지만 보냈다. 메리는 리베카 크리스티와 메리 헤이스를 사랑했지만 리베카는 지식인이 아니었고 헤이스는 외국에서 살아본 적이 없었다. 반면 마리아는 학자이고 세계를 제집처럼 여기는 사람이었다. 그녀는 콘스탄티노플과 로마에서 자랐고, 여러 언어를 구사했으며, 정치철학과 문학과 여성의 권리에 깊은 관심을 지니고 있었다. 또한 패니와 나이가 같은 아들 헨리가 있어서 아이들이 함께 노는 동안 엄마들은 이야기를 나눌 수 있었다. 메리에게는 전에 경험해보지 못한 교류를 할 수 있는 기회였다.

그 후 몇 주에 걸쳐서 마리아는 태만한 남편에 대해 메리에게 속내를 털어놓았다. 메리는 임레이뿐만 아니라 프랑스와 스웨덴에서 자신이 겪었던 고통에 대해 이야기했다. 두 여자는 자신들이 메리가 아무 역할도 할 수 없을 미래를 위한 초석을 놓고 있다는 것—몇 년 후에 남편이 죽고 나서 마리아는 기즈번이라는 남자와 결혼해서 이탈리아로 갔고 그곳에서 마치 운명의 계획처럼 몹시 외로운 메리 셸리에게 친구가 되어 주리라는 것—을 알 수 없었다.

메리는 사십 대 초반의 수다스러운 미망인 엘리자베스 인치볼드에게는 그리 호감을 느끼지 못했다. 형편없는 소설을 몇 권 쓴 인치볼드는 옆집에 사는 소녀처럼 (혹은 당대 사람들의 표현을 빌리면 "우유 짜는 아가씨"처럼) 보기 좋은 외모에 공작부인의 속물적인 매너를 갖고 있었다.[16] 시인 콜리지는 고드윈에게 인치볼드를 믿지 말라고 경고했다. 겉으로 따뜻하고 친절해 보이지만 속은 "차갑고 교활하다"고 말했다.[17] 콜리지의 말이 옳았다. 인치볼드는 고드윈의 궁정에 있는 다른 여자들을 시기했고 그들의 권리를 훼손하려고 온 힘을 다했다. 문학적 열망을 지닌 미인 어밀리아 올더슨은 뻣뻣한 고드윈에게 도를 넘어서는 불장난을 쳤는데 한 친구에게 이런 편지를 썼다. "인치볼드 부인은 G가 내게 보이는 관심을 질투하는 것 같아. 그 부인은 내가 G보다 홀크로프트를 더 좋아한다고 G가 믿게 만들었어."[18] 인치볼드는 벌써부터 메리를 싫어했다. 그들이 만나기 훨씬 전에 메리는 인치볼드의 문학적 성과를 천진난만하고 지루하며 우스꽝스럽다고 폄하한 적이 있었다. 그런데 고드윈이 울스턴크래프트에게 매료되자 인치볼드의 반감이 더욱 거세졌을 뿐이었다.

하지만 '미인'들 중에서 메리를 좋아하지 않은 여성은 인치볼드뿐이었다. 고드윈의 다른 추종자들은 바로 메리를 따뜻하게 대했고, 메리는 몇 년 만에 그 어느 때보다도 행복하다고 느꼈다. 메리가 우연히 관계를 맺게 된 무리에는 이미 친구가 될 의향이 있는 여성들이 있었고, 자신을 존중하고 즐겁게 교류하는 남자에게 끌리고 있었다. 그렇지만 고드윈의 감정을 확신할 수 없었다. 확고한 독신남인 고드윈은 메리와 다른 여성들을 오페라나 파티에 초대했지만 더 깊은 관계로 발전하는 데에는 거리를 두었다. 《정치적 정의에 대한 고찰》에서 그는 결혼을 좋지 않은 제도로 생각한다고 선언했기에 어느 누구도 그가 혼자 사는 것을 놀랍게 여기지 않았다. 분명히 고드윈은 사랑이 필요 없는 순수한 철학자였다. 그가 과연 연애를 한 적이 있을지 궁금하게 여긴 사람들은 그렇게 수군거렸다.

그렇지만 고드윈은 우아하고 재치 있는 여성들과 어울려 시간을 보내면서 적어도 유쾌한 대화에 필요한 몇 가지 요소를 익혔다. 어밀리아에 따르면 그는 세련되게 옷을 입는 법을 배웠다. 그녀는 고드윈이 케케묵은 낡은 코트와 성직자용 셔츠를 벗어던지고 이제는 "끝이 뾰족한 붉은색 모로코 가죽 구두를 새로 신고 녹색 코트와 조끼 아래 진홍색 옷을 입었다"고 친구에게 알려주었다.[19] 고드윈은 또한 프랑스 혁명가들에 대한 공감을 드러내기 위해 유행에 어울리지 않는 긴 머리를 자르고 머리에 파우더를 뿌리지 않았다. 비록 답답한 사람일 수 있지만 고드윈은 진정한 급진주의자였고, 자신이 급진주의자로 보일 때가 되었다고 인정했다.

이렇게 고드윈의 의상은 개선되었지만 그래도 임레이의 매력과는 절대 경쟁이 되지 않았다. 미인들도 그의 어쭙잖은 태도, 특히 여성을 대할 때의 어색한 태도를 떨치도록 도울 수 없었다. 고드윈은 무신론자였지만 행동거지는 성직자 같았다. 경박한 행동을 싫어했고, 농담도 거의 하지 않았으며, 파티에서 아무리 훌륭한 대화가 오가도 종종 지루해하는 듯 보였고, 아무도 칭찬하지 않았으며, 문학과 정치철학 이외의 주제에 대해서는 어떻게 말해야 할지 몰랐다. 그는 대체로 자신의 정치철학만 이야기했다.

하지만 이처럼 신경에 거슬리는 태도에도 불구하고, 고드윈이 자신에게 무엇을 원하는지 그리고 얼마나 가까워지기를 원하는지 알지 못했지만 메리에게는 그가 신뢰할 수 있는 사람으로 보였다. 바로 그가 너무나 요지부동으로, 심지어 도전적으로, 매력적이지 않기 때문이었다. 메리는 고드윈이 자기 친구들에게 얼마나 충실한지를 보았고, 다른 사람의 감정에 상처를 주더라도 전혀 거리낌 없이 자기 의견을 말하는 것을 보았다. 그는 젊은 여배우와 달아날 남자가 아니었다. 그런 짓을 원하지도 않을 것이다. 실제로 고드윈을 둘러싼 소문은 그의 고지식함을, 가장 가까운 여자 친구와도 포옹을 하지 않는다는 사실을 강조했다. 그는 순결하고, 철옹성 같은 강직함의 화신이었다. 메리를 만나기 전에 고드윈은 이따금 불장난을 시도해보았지만 너무 수줍어서 성공하지 못했다. 어밀리아 올더슨은 고드윈이 호기를 부려 시도한 것을 재미있어하며 친구에게 이렇게 썼다. "고드윈이 내게 작별 인사한 광경을 보았으면 너도 재미있었을 거야. 그는 내게 인사(키스)를 하고 싶었지만 용기가 나지 않았단다."[20]

임레이와 관계가 끝난 후 메리는 연애보다 사상의 교환을 가치 있게 여기는 남자와 함께 있는 것이 좋았다. 그보다 더 바랄 것이 있는지 알 수 없었다. 메리는 고드윈의 굳건한 정직함과 지적인 강직함을 점점 더 믿게 되었다. 물론 그는 종종 침묵을 지켰고, 누군가에게 동의하지 않을 때만 활기를 띠었으며, 다른 사람의 주장에서 허점을 지적하는 것이 자기 의무라고 믿었다. 물론 파티를 여는 안주인들은 고드윈을 두려워했다. 그는 상대하기 어려운 손님이었다. 그는 지루하면 졸고, 흥미를 느낄 때는 설교를 늘어놓았다. 하지만 메리는 흥미를 잃지 않았다. 고드윈이 자신을 흠모한다는 것을 알았고, 더 좋은 일은, 메리의 기분과 슬픔에 깊은 인상을 받았다는 점이었다. 임레이는 메리가 감정을 드러내는 것을 두려워했고 부담스럽게 여겼으며 자신이 해줄 수 없는 것을 요구한다고 생각했다. 고드윈은 우울증에 빠지기 쉬운 메리의 성향이 내면의 깊이와 극도로 예민한 성격, 예술적 영혼의 증거라고 생각했다.

봄철이 지나고 여름이 되면서 메리와 고드윈은 있을 법하지 않은 새로운 사랑을 꿈꾸기 시작했다. 하지만 이 꿈을 서로에게 고백하지 않은 것은 물론이고, 스스로에게도 고백하지 않았다. 메리는 다시 상처받고 싶지 않았다. 돌이켜 보면서 메리는 임레이와의 연애가 무모하기 그지없었다는 것을 깨달았다. 재앙을 확실히 보장하는 무모함이었다. 그녀는 임레이의 성격을 알기 위해 기다리지 않았고, 그의 진실성을 확인하지 않고 열정에 휩쓸렸다. 이제 메리는 자신을 억제했다. 메리는 자신을 흠모하는 진지한 남자와 함께 긴 산책을 나갔고, 고드윈은 그녀의 불만이나 새로운 생각, 우울한 성찰의 세세한 것들에 공감하며 귀를 기울였다. 하지만 그들은 키스를 하지 않았다. 손도 잡지 않았다.

5월 중순이 되었을 때 고드윈은 메리의 집에서 정기적으로 저녁을 먹었다. 초여름에 메리는 그들의 관계를 한 단계 진전시켰고, 최근 집필 중인 임레이와의 관계를 바탕으로 한 희곡의 초고를 그에게 읽어달라고 했다. 메리는 비판을 잘 받아들이지 못하는 편이었지만 그의 의견에 귀를 기울였다. 대부분 부정적인 의견이었다. 고드윈에 따르면 이야기가 "거칠고 불완전했다".[21] 문법과 문장 부호가 엉성했다. 하지만 메리는 화를 내지 않았고 오히려 조언을 요청했다. 어쩌면 고드윈은 흠잡을 데 없는 교육을 받았으므로 구문의 규칙을 가르쳐줄 수 있을 것이다. 이는 로맨스의 출발점이 될 법하지 않은 일이지만 메리에게 이보다 더 친밀한 교류는 없었을 것이다. 메리는 자신을 세상에 드러내려고 글을 썼다. 쉼표, 문장, 단락은 그녀가 가진 유일한 도구였다. 여러 해 전에 메리는 자신의 문법을 바로잡아 달라고 요청하면서 패니 블러드, 제인 아던과 열렬한 우정을 맺기도 했다.

고드윈은 메리의 요청을 받자 더할 나위 없이 으쓱한 기분이 들었다. 오 년 전만 해도 메리 울스턴크래프트가 자기에게 조언을 구하리라고는 꿈도 꿀 수 없었을 터였다. 메리가 새롭게 존중심을 드러내다니 흐뭇했다. 게다가 문학적인 논의를 하려면 그녀에게 가까이 앉을 수 있었고, 잉크로 얼룩진 원고를 함께 들여다보면 몸이 닿을 정도였다.

하지만 고드윈의 도움을 받고도 메리는 희곡을 진척시킬 수 없었다. 결국 이 작품을 미뤄 두고《여성의 권리 옹호》의 자매 편인 '마리아: 또는 여성의 고난'이라는 제목의 소설을 쓰기 시작했다. 이 새 작품에서 메리는 학대받고 버림받은 여성들의 곤경을 극화하고자 했다. 그러면서 여성의 나약함을 미화하며 여주인공의 고통을 영웅의 등장을 알리는 신호로 사용하는 대중 소설의 거짓을 폭로하려 했다. 여러 면에서 이런 플롯이 현실의 자신을 죽일 뻔했었다. 메리는 임레이에게 영웅의 온갖 능력을 부여했고 첫 번째 자살 기도에서 자신을 구출할 기회를 제공했다. 하지만 그는 영웅이 아니었고, 메리가 무기력하게 아무리 오랫동안 기다려도 영웅이 되지 않았다. 메리는 살아남기 위해 그가 언젠가는 자신을 구해주리라는 희망을 포기해야만 했다.

글쓰기와 자기 성찰이라는 도구가 없었다면 메리는 실패했을지 모른다. 이제 그녀는 독자들에게 그 플롯이 얼마나 위험한지 알려주려 했다. 여성들은 홀로 설 수 있어야 한다. 남성을 그들의 '구조자'로 여겨서는 안 된다. 남성들에게 그런 종류의 힘을 부여하면 그들은 모두 너무나 쉽게 짐승이 될 수 있다.

《스웨덴에서 쓴 편지》와 마찬가지로, 메리가 오래전에 쓰던 추론적·철학적 양식의 글쓰기는 자신의 주장을 펼치는 데 적합한 방법이 아닌 것 같았다. 메리는 독자들이 여성들의 고통을 마음속 가장 깊은 곳에서 본능적으로 경험하기를 원했다. 동시에 여주인공의 심리를 탐구하여 그들이 겪은 끔찍한 경험에 대한 그들의 반응과 그들이 자신에게 파괴적인 결정을 내리는 이유를 보여주려 했다. 메리가 궁극적으로 바란 것은 독자들이 개혁의 필요성을 깨닫도록 돕는 것이었다. 만일 여성들이 계속 어린애 취급을 받는다면 사회는 나락으로 떨어질 것이다.

그해 7월에 메리는 새 소설의 줄거리를 구상하기 시작했다. 고드윈은 노퍽으로 휴가를 떠났다. 지난 몇 달간 많은 시간을 함께 보낸 두 사람은 떨어져 있는 동안에 그들의 관계에 대해 곰곰이 생각했다. 이제 그들은 우정 이상의 무엇인가가 시작되었다는 것을 깨달았지만, 두 사람 모두 사랑을 고백하기를 망설였다. 메리는 고드윈을 '앞지르는 데 대한 두려움' 때문에 열정을 지나치게 내보이고 싶지 않았다.[22] 고드윈은 자신이 임레이 옆에 서면 얼마나 초라해 보일지 알고 있었다. 그는 여자와 사랑을 나눈 적이 없었다. 초여름에 메리에게 지나치게 격식을 차린 연시를 보냈다가 그녀가 비웃는 바람에 당황하기도 했다. 메리는 인위적인 글이 아니라 '당신 마음의 조감도'를 원한다고 했다.[23] 메리는 "당신이 매혹되었다는 것을 정직하게 인정하지 않으려면" 다시 편지를 쓰지 말라고 말했다. 고드윈은 늘 곧이곧대로 생각하는 사람이었기 때문에 자신이 비판을 받았다고 느꼈고, 자신을 드러내 보이라는 메리의 다소 대담한 요청의 의미를 알아듣지 못했다. 대신 조롱하는 말투만 알아들었고, 너무 소심해져서 메리가 사랑을 고백하라고 촉구하고 있다는 것을 깨닫지 못했다. 경험이 없고 두려움에 사로잡혀서 고드윈이 더 공개적으로 사랑을 고백할 때까지 메리가 스스로를 보호하고 있을 뿐이라는 것을 알 만한 지혜도 경험도 없었다.

하지만 메리가 그의 용기를 북돋워주었음이 분명하다. 노퍽에 있는 동안에 고드윈은 용기를 쥐어짜서 다시 시도했고, 약간 소심한 편지에서 자신의 사랑을 표현하려고 노력했던 것이다. 아직은 과감하게 온전히 진심을 표현할 수 없었기에 영웅시 문체의 용어를 모방했지만 말이다.

이제, 나는 내 모든 신들에게 증언해주기를 요청합니다. … 당신과 함께 있으면 나는 무한한 기쁨을 느낀다는 것을, 당신의 상상력과 당신의 섬세한 미식주의, 심술궂게 곁눈질하는 당신의 눈, 간단히 말해 그 유명한 메리의 총체적 매력을 구성하는 모든 것을 사랑한다는 것을 … 내가 연애편지를 써야 할까요? 그렇게 한다면 루시퍼가 나를 데리고 날아가버리길! 아닙니다. 내가 사랑을 할 때는, 내 목소리의 웅변적인 어조로, 애타는 악센트로, (내 안경의 렌즈를 통해) 간절히 말하는 눈빛으로, 저항할 수 없는 보편적인 열정의 모든 마법으로 사랑할 것입니다. 얼음처럼 차가운 도구이자 매개물인 펜과 종이에 저주가 내리기를. 내가 사랑을 할 때는, 주피터가 세멜레와 사랑을 나누고 그녀를 바로 재로 만들었듯이 폭풍에 휩싸일 겁니다. 이 위협이 두렵지 않습니까?[24)]

메리는 고드윈의 유머가 별로 마음에 들지 않았지만 그의 우스꽝스러운 농담이 불안감을 감추고 있다는 것을 알아차렸다. 그 불안감은 이해할 수 있었다. 어쨌든 불과 삼 년 전만 해도 메리는 고드윈과 같은 처지에 있지 않았던가. 게다가 이처럼 반전된 역할에는 어떤 매력적인 요소가 있었다. 메리는 자신만만한 애인이고 고드윈은 긴장한 처녀였다. 그렇지만 함께 긴 산책을 하며 대화를 나누고, 서로 두려움과 꿈을 털어놓으며 많은 시간을 보냈어도 다시 상처받을 수 있다는 생각을 하면 메리에게는 여전히 어려운 문제였다. 이미 흠모하는 여성들을 한 무리 거느린 유명한 남자와는 특히 그랬다.

29장

새로운 뮤즈

메리 셸리 1820~1821

1820년 가을을 메리 셸리는 조용히 생산적으로 보냈다. 낮에는 글을 쓰고 어린 퍼시를 돌보고 산책을 나가고 '바니 디 산줄리아노'의 온천에 몸을 담갔다. 저녁에는 셸리와 하늘에 나지막이 걸려 있는 샛별을 보며 감탄했다. "올리브 숲의 은은한 색조, 자줏빛이 감도는 멀리 떨어진 산들 … 하늘을 찌르는 사이프러스 나무," "은빛"을 발하는 "보트 모양의 달," "콧노래를 부르는" 귀뚜라미, 깜박거리는 반딧불이와 개똥벌레를 감탄하며 바라보았다.[1] 훗날 메리는 이곳을 일종의 낙원으로 기억했다. 하지만 셸리는 안절부절못했다. 그의 시를 좋아한 어느 부자가 그해 여름에 셸리에게 중동으로 여행을 가자고 초대하는 편지를 보냈다. 셸리는 메리가 이 제안에 화를 내리라는 것을 알고 있었기에 말하지 않았다. 그 대신 즉시 클레어에게 편지를 써서 함께 가자고 제안했고, 언니에게 말하지 말라고 간청했다.

겉으로 보이는 것과 달리 셸리는 적어도 이 시기에는 클레어와 바람을 피우는 데 관심이 없었다. 하지만 1814~1815년에 일어난 사건은 아직 분명치 않다. 오히려 셸리는 메리가 어린 퍼시에게 집착하고 윌리엄이 죽은 후에 자기를 거부하자 큰 타격을 받았다. 셸리는 남편이자 아버지라는 역할에 둘러싸인 자신이 하찮게 느껴졌다. 메리는 이제 화를 덜 냈지만 성적으로 거리를 두었기에 셸리는 좌절했다. 활기차고 열정적인 클레어는 여전히 셸리를 숭배했다. 셸리는 클레어가 피렌체에서 이곳으로 와 그들과 함께 지내기를 바랐다.[2] 클레어는 메리가 얼마나 냉정하게 굴 수 있는지 알고 있으므로, 의붓언니의 결함에 대해 언제라도 자신을 위로해주리라 기대할 수 있었다.

하지만 결국 셸리는 이탈리아에 머물렀고, 홀로 모험하듯 시골을 돌아다니는 것에 만족했으며, 원망과 답답한 마음을 용케 잘 숨겨서 메리는 남편이 어떻게 느끼는지 알지 못했다. 메리는 다른 사람 없이 오직 남편과 아이와 함께 지내는 데 만족했기에 셸리가 톰 메드윈을 초대했다는 사실을 알고 실망했다. 그해 10월에 도착한 메드윈은 돈이 떨어진 상태였기에 공짜로 지낼 수 있는 것을 다행으로 여겼다. 메드윈은 7년간 인도에서 지내다가 막 돌아온 참이었다. 그는 그곳에서 호랑이를 사냥하고 코끼리를 타고 힌두교 사원을 둘러보았다고 말했고, 셸리와 우정을 다시 나누고 싶다고 강조했다.[3]

셸리는 메드윈의 이야기에서 거짓의 기미를 느끼지 못했지만 메리는 진부하다고 생각했고 그리 매료되지 않았다. 메리는 메드윈이 같은 이야기를 반복한다고 말했다. 메드윈은 과장하고, 자신에게만 몰두하고, 시끄러웠다. 이야기 속에서 메드윈은 언제나 영웅이었고, 그들의 재정에 빌붙어 지냈다. 가장 나쁜 것은 메드윈이 장래에 대한 아무런 계획도 없이 그들의 집에서 무한정 지내는 데 만족한 듯이 보이는 점이었다.

하지만 메드윈은 그저 셸리 부부에게 염치없는 식객이 되려고 온 것은 아니었다. 그는 악명 높은 사촌에게 진심으로 매료되었다. 십 대 시절 이후로 셸리를 본 적이 없었던 메드윈은 셸리를 다시 만났을 때

첫인상을 자세하게 기록했다.

　　그의 몸은 쇠약해서 다소 굽어 있었다. 근시라서 눈이 책에 닿을 정
도로 상체를 구부려야 했다. 머리칼은 아직 풍성하고 자연스러운 곱
슬머리였고 흰머리가 간간이 보였다. … 하지만 그의 모습은 청년다
웠고, 그의 표정은 진지하든 활기차든 놀랍도록 지적이었다.[4]

　　메리에 관해서는, 외모나 성격 모두 자신이 좋아하는 유형은 아니
지만 사촌과 잘 어울린다고 생각했다. 메드윈은 셸리가 "그의 천재성
을 함께 나누고 그의 초월적 재능을 알아줄 수 있는 그녀의 부드러운
애정과 공감"에서 일시적인 휴식을 얻었다고 기록했다.[5]

　　10월 말에 그들은 다시 피사로 이사했다. 셸리는 룬가르노 거리에
서 훨씬 널찍한 새 아파트를 찾았다. 웅장한 대리석 저택 옆에 서 있
는 빌라 카사 갈레티였다. 그들은 1층 전체와 4층의 방 두 개를 추가로
빌렸다. 4층의 방 하나는 셸리의 서재였고, 하나는 메드윈의 침실이었
다. 셸리는 메리에게 거부당하는 느낌에서 자신이 거부하는 쪽으로 나
아간 것이었다. 집에 있을 때면 4층에 머물렀다. "나의 은둔을 축하해
줘요"라고 클레어에게 편지를 보냈다.[6] 그렇지만 셸리가 그들의 거실
공간에서 달아나자 메리가 메드윈을 주로 상대해야 했다. 11월 중순이
되자 메드윈은 가벼운 골칫거리에서 부담스러운 침입자로 바뀌었다.
메리는 《발페르가》를 끝내기 위해 집중하려고 애쓰는데 그가 큰 소리
로 책을 읽곤 해서 짜증스러웠다.

　　아기 퍼시는 11월 12일에 한 살이 되었다. 불그레한 얼굴에 혼자 걸
을 수 있고 튼튼한 덕택에 메리는 아이의 건강 문제에 너무 안달복달
하지 않고 파티를 즐기고 손님을 맞이할 수 있었다. 그해 겨울에 메리
와 셸리는 여태까지의 고립을 깨고 사교계에 발을 들였다. 클레어가

없을 때는 메리가 평판이 나쁜 삼인 가족의 일원이 아니라 그저 셸리 부인이 될 수 있기 때문이기도 했다. 또한 그 남편이나 아내가 더는 상대에게 벗으로서 충분하지 않다는 이유도 있었다. 둘 다 새로운 사람이 필요했고, 새로운 자극이 필요했다.

　12월 초에 메리의 삶은 매력적인 낯선 사람의 등장으로 활기가 돌기 시작했다. 알렉산데르 마브로코르다토 왕자는 29살이었고 검은 머리와 검은 눈동자의 그리스인이었으며, 이탈리아에 망명해 오스만제국으로부터 자신의 나라를 해방시키기 위해 군대를 일으키려는 임무를 수행하고 있었다. 셸리 부부에게 철학과 시의 요람이자 플라톤과 호메로스의 나라가 자유를 되찾는 것보다 더 매력적인 대의는 있을 수 없었다. 하지만 메리는 특히 마음이 동했다. 마브로코르다토는 마치 낭만주의 소설에 나오는 주인공처럼 보였고, 메리가 늘 만나고 싶었던 영웅적인 인물이었다. 메리도 마브로코르다토가 여태 만났던 어떤 여성과도 달랐다. 그녀는 작고 대단히 영국인다웠지만 대부분의 영국인들과 달리 그리스에 관심이 많았고 그리스 역사에 대해 꽤 잘 알고 있었다. 내성적이고 거의 웃지 않았지만 대단히 매력적이었다. 윌리엄이 죽은 지 거의 일 년 반이 지나면서 메리는 조금씩 회복되어 외모에 관심을 기울이기 시작했다.[7] 리보르노에서 구입한 실크 숄을 꺼냈고 피콕에게 머리칼을 고정하는 빗을 보내 달라고 부탁했다. 당시에 유행하던 허리선이 높은 스커트와 부푼 소매는 메리의 여자다운 몸매를 돋보이게 해주었다. 아이 넷을 낳은 메리는 셸리가 처음 사랑에 빠졌던 가냘픈 소녀가 아니었다. 천박한 것을 몹시 싫어했고, 자기 외모에 관심을 끄는 것을 좋아하지 않아서 옅은 분홍색이나 담청색, 회백색 같은 차분한 색상의 옷을 입었다. 이탈리아의 강렬한 햇살에도 불구하고 피부는 여전히 희고 깨끗했다. 셸리와 달리 그녀는 아직 흰머리가 나지 않았고 머리칼이 구릿빛으로 빛났다.

메리가 마브로코르다토에게 현대 그리스어를 배우고 싶다고 말하자 왕자는 가르쳐주겠다고 즐겁게 제안했고 1821년 겨울에 거의 매일 메리를 방문했다. 메리는 대개 혼자서 그를 맞았고, 클레어에게 보낸 편지에서 "그가 무척 마음에 들고, 신사답고, 쾌활하고, 학식이 높고, 재능이 넘치고, 그리스에 대한 열정이 넘쳐흐른다"고 감탄했다.[8] 마브로코다토는 남편과 너무나 대조적이었다. 셸리는 수척하고 예민하며 안절부절 못했지만, 마브로코르다토는 건강하고 활기가 넘쳤다. 그는 키가 작고 건장한 체격에 콧수염은 숱이 많고 식욕이 왕성한 군인이었다. 하지만 상황이 복잡해지거나 감정이 깊어질 기회가 거의 없었다. 마브로코르다토는 그의 사촌이 모집한 만 명의 군대를 지휘하기 위해 4월에 그리스로 다시 돌아갔다. 그와 메리는 편지로 계속 연락을 주고받았지만 어느 쪽도 관계를 진전시키려고 시도하지 않았다.

메리가 그 왕자를 만난 바로 그 주에 셸리는 파티에서 젊고 아름다운 테레사 비비아니를 소개받았다. 피사 총독의 딸이었는데 키가 크고 백조처럼 긴 목에 비극적인 분위기를 풍기는 이 열여덟 살 아가씨의 매력에 셸리 부부는 매료되었다. 테레사는 셸리가 〈이슬람의 반란〉에서 상상했던 처녀처럼 윤기 나는 검은 머리칼에 석고 조각처럼 희고 매끄러운 피부를 지닌 르네상스 시대의 처녀였다. 사람들 앞에 서면 그녀는 우울하게 침묵을 지켰고, 누군가 말을 걸면 눈을 내리깔았다. 셸리를 보자마자 거의 즉시 테레사는 자기에게 공감할 사람으로 그를 선택했고, 셸리는 다시 한번 영웅으로 여겨지자 날아갈 듯한 기분이었다.

테레사가 느끼는 슬픔의 원인을 밝히는 데는 그리 오랜 시간이 걸리지 않았다.[9] 테레사는 사악한 계모가 자기를 수녀원에 가두었다고 금방이라도 울 것처럼 낮은 소리로 속삭였다. 그렇다고 하더라도 이 수녀원은 피사에서 최고 특권층을 위한 학교였고, 가족의 대저택 바로 옆에 있어 테레사는 마음대로 집에 드나들며 파티와 음악회에 참석하고 친구들과 아르노강을 따라 걸어 다닐 수 있었다. 하지만 셸리 부부는 테레사에게 매료되어 이런 세세한 사항을 알아차리지 못했다. 테레사 이야기는 바로 메리의 이야기 같았다! 사악한 계모에게 휘둘리는 사랑스럽고 섬세한 소녀! 메리는 매일 테레사를 찾아갔고 그녀에게 벗이 되어줄 새장 안에 갇힌 새 두 마리를 선물했다.

셸리는 테레사라는 이름이 너무 산문적이어서 이렇게 아름다운 소녀에게 어울리지 않는다고 생각하고 에밀리아로 이름을 바꿔 불렀다. 오래지 않아 셸리는 그녀에게 낭만적인 환상을 품기 시작했다. 여기 자신이 구조할 수 있는 또 다른 아가씨가 있었다. 여기 그가 사랑할 수 있는 어린 아가씨가 있었다. 셸리는 다시 한번 살아 있는 느낌이 들었다. 윌리엄이 죽은 후 이렇게 활기차고 영감이 넘친 적이 없었다. 그는 자신의 감정을 '에피사이키디온'('작은 영혼에 관하여'라는 뜻이다)이라는 그리스어 제목이 붙은 새 시에 토로했다. 그리고 이 작품을 "고귀하고 불행한 여인 에밀리아"에게 바쳤으며, 자유로운 사랑에 대한 지지를 되풀이했다. 이 시행들은 이후 세대에 유명해졌지만 셸리 당대의 비평가들은 '비도덕성'을 맹렬히 비판했다.[10]

> 나는 그 위대한 종파에 소속된 적이 없었지,
> 각자는 무리 가운데서
> 정부(情婦)나 친구를 선택해야 하고,
> 나머지는, 아름답고 현명하더라도,
> 차가운 망각에 맡기라는 신조를 가진 …

그러나 셸리에게 이런 말의 핵심은 섹스가 아니었다. 성적 문란도 아니었다. 그것은 자유와 발견, 변화에 대한 개방성, 창의성과 활력이었다. 그는 이 새로운 관계에 열렬히 뛰어들었고, 그 관계를 성적으로 완성하지 못했지만 아름다운 '에밀리아'와 '결합'하면 어떠할지를 상상했고, 그러고는 화려하고 대단히 장식적인 시로 그 결합에 관해 썼다. 에밀리아는 셸리를 다시 활기차게 해주었다. 그녀는 그의 새로운 뮤즈가 되었다. 셸리는 다시 시인이 되었다. 이것이 익숙한 패턴이라는 것을, 이전에도 처음에는 해리엇, 다음에는 메리와 이런 일이 일어났다는 것을 그는 전혀 깨닫지 못했다. 그는 길을 잃었다고 느꼈고, 자신에 대한 의심과 절망에 사로잡혔다. 그때 희망을 구현한 듯 보이는 젊은 여자가 나타났고, 그녀가 자신을 다시 삶으로 인도하리라고 그는 믿었다. 그러다가 그녀가 그의 고통을 더는 없애줄 수 없을 때 그는 환멸을 느끼고 어쩔 줄 몰랐고 새로운 잠재적 구세주를 만날 준비를 갖추었다.

한편 그 처녀는 자기 나름대로 작전에 착수했다. 먼저 그녀는 셸리를 메리에게서 떼어놓으려고 시도하면서 메리가 자기에게 차갑게 대한다고 셸리에게 불평했다. 또한 메리에게 모욕으로 들릴 수 있는 칭찬이 섞인 가시 돋친 편지들을 보냈다. 어느 편지에서는 냉랭하게 보이는 메리의 태도에 대해 셸리가 "다정한 마음을 덮은 재일 뿐"이라고 말했다고 그녀는 "고백했다".[11]

셸리와 함께 있을 때 테레사/에밀리아는 비밀을 털어놓고 비극적인 눈물을 흘리며 그를 광란에 빠뜨렸다. 이 아름다운 소녀를 구하고, 그녀를 가슴에 안고, 불멸의 애정을 고백할 수만 있다면! 1월이 되었을 때 메리는 테레사가 장난삼아 남편을 가지고 논다는 것을 알았지만 자신도 왕자에게 깊이 열중해 있어서 그들의 관계에 간섭하지 않았다. 하지만 메리는 완성된 〈에피사이키디온〉을 보고 상처를 받았다. 셸리는 메리와의 결혼을 "얼음 같은 죽음"이라고 묘사한 반면에 '에밀리'와의 행복한 만남에서는 그를 두 팔로 그러안고 그들의 두 마음

이 하나로 휘감긴다고 묘사했다.[12]

　나중에서야 메리는 '큰 불쾌감'을 느꼈다고 고백했다.[13] 당시에는 자기 감정을 숨겼다. 만약 셸리를 추궁하면 메리가 자신의 자유를 방해한다고 생각하고 자기를 버릴지 몰라 걱정스러웠다. 메리는 사람들이 또 다른 추문의 냄새를 맡을까 봐 염려스러워 친한 친구들에게도 편지로 불만을 토로하지 않도록 조심했다. 이미 피사 사람들은 셸리와 테레사가 함께 있는 장면을 너무 빈번히 볼 수 있다고 쑥덕대고 있었다.[14] 그러나 그해 봄에 두 사람의 관계는 돌연히 끝났다. 테레사의 가족이 그녀가 매우 적합한 청년과 약혼했다고 공표하며 셸리의 방문을 차단했던 것이다. 성인으로서 첫걸음을 내딛을 준비를 갖추자 '에밀리아'는 지체 없이 테레사, 피사의 예의 바른 젊은 숙녀 뒤로 사라졌다. 셸리는 다른 중산층 아가씨들과 똑같이 결혼식 준비로 사소한 일을 처리하며 분주하게 돌아다니는 그녀를 목격했다. 술에 취해서 셸리는 그녀를 "기품 있는 미인이 아니라 먹구름"이라고 불렀다.[15]

　그해 겨울에 셸리 부부에게 또 다른 관계가 시작되었는데, 그리스 왕자와 테레사와의 관계에 비하면 처음에는 아주 평범해 보였다. 1821년 1월에 메드윈의 친구인 제인과 에드워드 윌리엄스가 그들의 둘째 사생아를 낳으려고 피사에 도착했다. 그들의 사연은 낭만적이었다. 제인은 메리와 마찬가지로 규범을 깨뜨렸다. 열여섯 살에 강제로 결혼해야 했던 그녀는 남편에게서 도망쳤고, 이듬해 이미 기혼인 에드워드와 사랑에 빠져 그와 함께 제네바로 달아났다. 여기에도 용감하게 사회적 인습에 맞선, 그들 나이 또래의 커플이 있었다. 그들은 서로를 좋아하지 않을 수 없을 것 같았다. 그러나 처음에 메리는 제인에게 실망했다. 반항적인 행태에도 불구하고 스물두 살의 이 미녀는 실제로는 상당히 인습적이었다. 꽃꽂이를 하고, 마드리갈을 부르고, 걸음마 배우는 아이와 노는 것을 좋아했다. 메리가 그해 봄에 작정했듯

퍼시 셸리의 친구였던 에드워드 윌리엄스가 그린 인물 스케치. 윌리엄스는 대상을 밝히지 않았지만 그림을 그린 시기를 고려하고 현존하는 셸리의 초상화와 비교한 결과 셸리로 추정되고 있다.

이 그리스의 자유에 대한 정치적 논쟁에 참여하거나 소설을 쓰는 것 같은 활동에는 관심이 없었다.

셸리는 처음에는 제인과 에드워드에게 큰 관심을 두지 않았다. 그는 여전히 에밀리아에게 집착하고 있었고, 또한 불길하게 느껴진 죽음에 고심하고 있었다. 스물여섯 살의 존 키츠가 2월에 죽었던 것이다. 셸리는 키츠가 상심해서 죽었다고 생각했다. 그 젊은 시인이 〈쿼털리 리뷰〉에서 자신의 작품을 무참하게 공격했다고 들은 후에 색전증을 일으켰다고 잘못 알았기 때문이었다.[16] 키츠의 진짜 사인은 결핵이었다. 셸리의 오해는 자신이 받은 부정적인 논평에 대한 감정을 드러냈다. 그는 때로 그런 악평들이 자신을 죽일 것 같다고 느꼈다. 하지만 그것은 그가 펜을 들고 시를 쓰도록 고무하기도 했다.

셸리는 키츠가 순교자이며, 자기 예술을 위해 목숨을 바친 시인이라고 믿었고, 그 젊은 시인이 자신을 불신했다는 사실을 전혀 몰랐기에 549행의 비가 〈아도네이스〉를 쓰면서 키츠를 애도했다. 그의 뛰어난 작품으로 널리 알려진 이 시에 대해 "구성 면에서 내가 쓴 그 어떤 작품보다 뛰어나다"고 셸리는 생각했다.[17] 프롤로그에서 셸리는 아마도 윌마우스를 생각하면서 키츠가 묻힌 개신교 묘지를 "겨울에 제비꽃과 데이지꽃으로 덮여 있고" "죽음과 반쯤 사랑에 빠지게 할" 너무도 "아름다운" 장소로 묘사한다. 셸리에게 키츠의 죽음은 아름다움, 정신, 희망의 죽음을 의미한다. 젊은 시인은 셸리를 "시기와 비방, 증오와 고통"의 세계에 남겨 두고 떠났다.[18] 마지막 시행에서 셸리는 영원한 빛의 세계에서 키츠와 함께하기를 갈망하며, "더는 죽음이 결합할 수 있는 것을 삶이 가르지 못하게 하라"고 선언한다. 역설적이게도 죽음에 대한 그의 낭만적인 수사에도 불구하고 셸리는 이 시를 완성했을 때 더욱 생생하게 살아 있다고 느꼈다. 물론 이 시에는 암울하다고 여길 수 있는 주제가 포함되어 있지만 이것은 또한 예술과 시인의 중요성에 관한 시였고, 이 주제는 언제나 셸리의 가슴을 뛰게 했다.

그해 여름에 셸리는 메리와 함께 산줄리아노로 물러났고, 윌리엄스 가족은 피사에서 약 11킬로미터 떨어진 푸냐노 인근의 집으로 이사해서 그들과 합류했다. 메드윈은 로마로 이사했으며, 클레어는 아직 피렌체에 있었다. 에밀리아의 마법에서 풀려난 셸리는 윌리엄스 가족을 따뜻하게 대했고, 특히 해군 출신인 에드워드에게 호감을 느꼈다.[19] 에드워드는 자신을 숙련된 선원이라고 소개하며 공해상에서 일어난 이야기로 일행을 즐겁게 해주었다. 사실 그는 인도에 주둔해 있었기 때문에 배를 타본 경험이 많지 않았다. 하지만 셸리는 새 친구의 항해 지식을 믿으며 그가 무능하다는 초기 징후를 무시했다. 셸리는 그해 4월에 작은 보트를 구입했는데, 그들이 처음 보트를 타러 나갔을 때 윌리엄스가 돛을 조정하려고 일어섰다가 비틀거려 배가 전복되었다.[20] 다행히 물살이 잔잔한 좁은 운하를 항해 중이었고 바로 기슭 옆이었기 때문에 셸리는 큰 어려움 없이 구조될 수 있었다. 셸리는 이 사건

제인 윌리엄스의 초상화(1822). 메리 셸리 부부는 이탈리아 피사에서 에드워드와 제인 윌리엄스 부부를 만나 친분을 맺었다.

을 경고로 받아들이지 않고, "물에 빠진 사건"이 자신의 "항해에 대한 열정"에 "부채질을 했을" 뿐이라고 선언했다.[21] 그는 남은 여름을 윌리엄스와 함께, 때로는 혼자서 아르노강을 보트를 타고 오르내리며 보냈다. 어느 날에는 바다로 나가서 해안을 따라 리보르노까지 3킬로미터 넘는 거리를 항해했다. 하지만 여전히 수영은 배우지 않았다.

제인도 지난봄보다 더 매력적으로 보였다. 처음에 셸리는 그녀가 조금 둔하다고 생각했다. 제인은 셸리의 취향에 맞을 정도로 똑똑하지 않았고, 정치, 문학, 과학, 역사를 지루하게 여겼다. 게다가 임신 중이었기 때문에 그녀가 얼마나 아름다운지 알아보지 못했다. 하지만 3월에 아기―제인 로절린드라는 귀여운 여자아이―를 출산하고 나서 다시 날씬해졌다. 검은 곱슬머리는 흰 목을 따라 흘러내렸다. 큰 눈과 섬세한 입, 허스키한 목소리에다 몸가짐도 매력적이었다. 제인은 대화를 따라갈 수 없을 때는 가장 돋보이는 자세로 조용히 앉아서 만족해했다. 제인은 남자들이 있는 그대로의 자기 모습—약간 어리석고 약간 공손하며, 가르침과 지도가 필요하고 이를 당연히 기쁘게 받아들이는 젊은 여성—을 좋아한다는 것을 잘 알고 있었다. 제인은 윌리엄스와 셸리의 말에 따랐고, 그들의 지혜와 남편의 용기, 셸리의 천재성을 칭찬했다. 상냥한 제인은 셸리에게 기분 좋은 안도감을 주었다. 그녀는 남편과 싸우지 않았고, 누구와도 싸우지 않았다. 짜증을 내거나 우울해하거나 회한에 차 있지도 않았다. 하긴 그녀는 우울해할 일이 별로 없었다. 건강한 두 아이가 있었고 아름답고 편안한 환경에서 자신을 흠모하는 남자와 살고 있었다. 제인 앞에 펼쳐진 삶은 축제 같았다.

메리도 시간이 지날수록 제인에게 호감을 품게 되었다. 제인은 지적인 대화를 즐기지 않았지만, 메리의 절박한 고민이었던, 이탈리아에서 아이를 키우는 어려움에 대해 즐겁게 이야기를 나누었다. 메리는 너무 오랜 시간 동안 홀로 엄마 역할을 해 왔다고 느꼈고, 셸리를 포함해서 그 누구도 공감하지 못하는 걱정에 시달렸다. 이탈리아의 다른 영국 여성들은 대부분 추문을 일으킨 셸리 부부와 어울리기를 거부했기 때문에 메리는 고립되어 있었다. 클레어는 앨러그라의 부재에 너무 상심한 나머지 언니의 가사 문제를 돕지 못했다. 반면에 제인은 갓난아기를 키우고 있었기 때문에 더운 여름철에 아기를 돌보고 수유하는 것에 대해 궁금한 점이 많았다. 게다가 그녀의 아들이 어린 퍼시보다 몇 달 어렸기 때문에 두 사람의 걱정거리도 비슷했다. 걸음마를 배우는 아이는 얼마나 먹어야 하는가? 얼마나 자야 하는가?

메리나 셸리는 제인이 겉으로 보이듯이 사랑스럽거나 단순하지 않을 수 있다는 의심은 품지 않았다. 스위스에서 제인을 알고 지낸 옛 친구는 메리에게 그녀를 조심하라고 경고했다.[22] 제인이 수다쟁이이고 잔인할 수 있다고 친구는 말했다. 하지만 셸리가 윌리엄스와 관련된 경고 신호를 무시했듯이 메리도 제인에 대한 경고에 귀를 기울이지 않기로 했다. 끝없이 망명 생활을 하느라 외로웠던 메리는 친구가 필요했다.

하지만 헌신적인 커플과 함께 시간을 보내자니 단점도 있었다. 셸리는 윌리엄스 부부가 손을 잡고 길을 걷는 모습을 보거나 제인이 윌리엄스를 숭배하듯이 바라보는 모습을 보면서 자신과 메리가 잃은 것을 슬퍼했다. 그는 메리에게 자신들의 열렬했던 관계가 그립다고 말했고 두 사람 사이에 생긴 거리를 한탄하는 슬픈 시를 썼다.

> 우리는 행복하지 않아요, 여보! 우리는
> 의혹과 두려움으로 가득 찬 기이한 상태에 있어요.
> 불행을 누그러뜨릴 말이 더 필요해.
> 침묵이나 비난이 우리의 성스러운
> 친교에 가까이 오지 않도록
> 그대와 나를 위해 남은 위안이 없지 있도록.[23]

하지만 그들은 여전히 친밀한 문학의 동반자였고, 생각과 책을 공유했고, 원고를 교환해서 읽었다. 셸리의 기분을 메리보다 잘 이해한 사람은 없었고, 글쓰기에 대한 메리의 야심을 셸리보다 더 지지했던 사람은 없었다. 두 사람이 함께 살아온 7년 동안 두 사람 사이에는 복잡하면서도 강렬한 친밀감이 형성되었다. 프랑스에서 메리가 십 대였을 때는 셸리와 하루 종일 침대에 누워 있는 것으로 만족했다. 셸리가 가장 원했던 것도 메리를 품에 안는 것뿐이었다. 이제 두 사람은 각자 나름대로 추구하는 것과 관심사가 있었다. 메리는 이제 더는 셸리를 반신반인으로 여기지 않았다. 만약 메리가 낭만적으로 미화한 사람이 있다면 그녀의 그리스 왕자였다. 메리는 셸리에게 그들의 재정 상황에 대해 쏘아붙였고, 18개월 된 퍼시에게 너무 위험하다고 여겨지는 계획은 거부했다. 메리는 사실상 아내가 된 것이다. 셸리는 아내의 거부라고 여겨진 것에 상처를 받았다. 그는 적어도 한 명의 다른 여성과 사랑에 빠져 있었다. 상대방에 대한 두 사람의 욕망은 서서히 사라졌다. 그렇더라도 그들은 여전히 밖에 앉아 하늘을 보고 감탄하거나 호메로스나 로마 시인 루카누스의 작품을 서로에게 읽어주면서 길고 평화로운 저녁을 즐길 수 있었다. 때로 셸리는 근처 강에서 메리를 보트에 태우고 노를 저었다. 훗날 메리는 이 조용한 항해를 그들의 가장 행복한 시간으로 기억할 것이다. 노가 물을 가르는 소리와 강가에서 자라 왜소한 소나무에 둥지를 튼 작은 솜털 올빼미, 아지올라가 내는 높은 울음소리 외에는 아무것도 들리지 않았다. 셸리는 이 저녁을 기념하는 시를 써서 남편과 아내 사이의 부드럽고 다정한 대화를 기록했다.

"아지올라 울음소리가 들리지 않나요?
가까이 있는 것 같아요,"
메리가 말했다. 우리가 어스름 속에 앉아 있을 때,
별이 켜지기 전, 촛불을 가져오기 전에.
그런데 이 아지올라가
따분한 여자라고 생각한 내가
물었다 "아지올라가 누구요?"
・ ・ ・ ・ ・

그러자 메리는 내 영혼을 보고,

웃으며 말했다 "불안해하지 말아요,
작은 솜털 올빼미일 뿐이니."[24]

7월 말의 어느 날 라벤나에서 편지가 도착했다. 바이런이 셸리가 찾아와주기를 바란다는 것이었다. 그 위대한 작가와의 교제를 열망하던 셸리는 바이런과 열흘을 보내려고 서둘러 떠났다. 라벤나에 도착해서 셸리는 바이런에게 피사에서 겨울을 보내면서 제네바에서 문학 공동체를 다시 모으자고 설득했다. 그들은 새로운 잡지를 창간해서 자신들의 작품을 출판할 수 있을 것이다. 셸리는 메리에게 편지를 썼다. "우리는 지성이나 감성에 있어서 가급적 우리와 같은 부류의 사람들로 단체를 직접 만들어야 해요."[25] 그는 헌트에게 즉시 이탈리아로 건너와서 편집을 맡아 달라고 요청하는 편지를 보냈다.[26] 그와 바이런, 메드윈, 그리고 다른 친구들이 기금을 내고 시와 에세이를 기고하며 이 기획의 성공을 보장할 것이다. 점점 빚에 허덕이던 헌트에게는 반가운 소식이었다. 그의 문학적 노력은 난관에 처해 있었다.

바이런은 셸리의 제안을 순순히 받아들였다. 마침내 베네치아의 광적인 생활에 지쳐서 아름다운 이탈리아 백작부인 테레사 귀치올리와 함께 살기로 결정했던 터였다. 그는 셸리에게 피사에 적당한 집을 알아봐 달라고 부탁했고, 셸리는 돌아와서 바이런의 집을 찾기 시작했다. 바이런은 테레사를 먼저 보냈고, 그녀는 메리의 스물네 번째 생일이 있는 주에 피사에 도착했다. 메리는 즉시 테레사를 방문했고, 그녀가 "가식이 없는 친절하고 예쁜 여성이고 마음이 착하고 상냥하다"고 설명했다.[27] 스무 살의 테레사는 바이런이 마음을 바꾸고 나타나지 않을까 봐 걱정이라고 고백했다. 이 두려움을 이해한 메리는 테레사와 자주 오후 시간을 보냈다. 리보르노에서 휴가를 보내고 있던 클레어는 바이런이 머지않아 나타나리라는 것을 모른 채 그들을 보러

오고 싶다고 편지를 보냈다. 이 제안에 메리와 셸리는 몹시 걱정했다. 몇 달 전에 클레어는 바이런이 네 살 된 앨러그라를 라벤나에서 그리 멀지 않은 바냐카발로의 수녀원으로 보냈다는 사실을 알게 되었다. 그 학교에 대한 끔찍한 소문을 듣고는 딸에 대한 극심한 걱정에 클레어는 바이런에게 편지를 보냈다. 그 편지가 가차 없이 신랄했기 때문에 바이런은 이제 클레어의 이름조차 듣기 싫어했다. 클레어에게 남은 수단은 펜밖에 없었다. 바이런이 그들의 아이를 위험에 빠뜨렸다고 믿었지만 클레어에게는 바이런을 막을 법적 권리도, 힘도 없었다.

내가 제네바를 떠나기 전에 당신은 내게 약속했어요. 구두로 약속한 것은 맞습니다. 내 아이는 성별에 관계 없이 부모에게서 결코 멀리 떨어지지 않을 거라고요. … 이 약속이 깨졌어요. 그것도 약간 위반한 것이 아니라, 앨러그라를 사랑하는 내 감정이 가장 견딜 수 없는 방식으로, 행위로 위반한 겁니다. 나는 가급적 당신을 방해하지 않기를 바랐고 여태까지 그렇게 해 왔어요. 하지만 내가 지금 침묵한다면, 당신은 그것을 미래의 언젠가 나에 대한 반론으로 사용하겠지요. 그러므로 나는 앨러그라를 그 어린 나이에 어떤 친지에게서도 멀리 떨어지도록 수녀원에 보내는 것은 내게 심각한 고통이라고 당신에게 단언합니다. … 이탈리아의 여행객들과 작가들은 모두 입을 모아 수녀원을 비난합니다. … 그런데 재력과 인맥으로 모든 혜택을 누리는 당신이 당신 딸을 위해 선택한 교육이 그거란 말이지요. 이런 조치를 취함으로써 당신에게는 수많은 적들이 생기고 무수한 비난이 쏟아질 겁니다. 종파나 교단에 관계없이 도덕적인 사람들은 당신의 결정을 오로지 한 가지 관점에서 평가할 테니까요. … 나 혼자 사랑에 속아 당신이 선량하다고 믿고 당신을 신뢰했지요. 이제 나는 그 결실을 거둡니다. … 그래서 증오심은 눈이 멀게 합니다![28]

이런 상황을 알게 된 윌리엄스 부부는 클레어를 시골의 자신들의 집에서 몇 주 동안 지내게 하겠다고 제안했고, 클레어는 기쁘게 받아들였다. 클레어가 도착하자 셸리와 메리는 피사와 산줄리아노를 오갔다. 자매가 떨어져 지낸 시간은 그들에게 좋은 영향을 미쳤다. 클레어는 어린 퍼시와 놀아주며 메리를 기쁘게 했다. 또한 셸리가 피사에서 새로 얻고 싶어 하는 멋진 새집에 들어갈 가구를 고르는 일도 도와주었다. 셸리는 누적된 부채가 2,000파운드가 넘었지만 궁전 같은 집에 돈을 아낌없이 쓰기로 결정했다.[29] 셸리의 소득은 바이런의 십분의 일에 불과하므로 바이런을 따라갈 수 없었지만 그래도 시도해볼 수는 있었다. 메리와 클레어는 침대, 침구류, 거울, 등받이가 높은 의자를 골랐다.[30] 클레어는 메리와 셸리와 함께 해변 휴양지에서 여름의 마지막 날들을 보내려고 라스페치아만으로 갔다. 그들은 나흘 동안 피크닉, 요트 타기, 승마, 관광을 즐겼다. 너무 멋진 시간을 보내서 내년에도 라스페치아에서 휴가를 보내야겠다고 결심했다.

이 휴가를 보내는 동안 메리는 클레어에 대한 셸리의 감정이 점점 강렬해지는 것을 느낄 수 있었지만, 함께 살아오면서 처음으로 항의하지 않았다. 클레어가 셸리와 열정적인 관계를 맺고 싶다면, 메리는 그것을 받아들일 준비가 되어 있었다. 여러 면에서 클레어는 외부인보다 안전했다. 메리는 셸리가 클레어의 한계를 인식하고 있다는 것을 알았다. 클레어는 변덕스러웠고 가끔 무기력한 기분에 압도되었다. 메리는 이제 더는 셸리가 의붓동생을 선택하고 자기를 버릴 거라고 생각하지 않았다. 대신에 클레어가 함께 있는 동안 자신이 얻은 얼마간의 자유에 감사했다. 셸리가 행복하고 바쁘게 지내고 있으므로 메리는 그리스 왕자에게 편지를 쓰고 퍼시에게 집중할 수 있었다. 그녀는 《발페르가》의 결말을 썼다. 이제 남은 작업은 원고를 정서하는 일뿐이었다. 그러고 나서 그것을 영국으로 보내면 어쩌면 돈도 약간 벌고 명예도 약간 얻을 수 있을 것이다.

그들이 라스페치아에서 돌아왔을 때 클레어는 피렌체로 돌아가야 한다는 사실을 불평하기 시작했다. 왜 다시 메리와 셸리와 함께 살 수 없는가? 셸리는 같이 사는 것을 좋아했지만 바이런의 반응이 걱정이었다. 하지만 동생에 대해 메리가 새롭게 발견한 열의는 곧바로 날아갔다. 클레어의 방문은 괜찮았지만, 함께 사는 것은 끔찍한 일이었다. 셸리를 며칠간 동생과 공유하는 것은 개의치 않았지만 셸리가 겨우내 클레어에게 의지한다는 것은 마음에 들지 않았다. 메이슨 부인도 동의했다. 부인은 자매들이 떨어져 있어야 한다고 말했고, 클레어에게 엄중한 경고를 보냈다. 그래서 바이런이 피사에 도착한 바로 그날 클레어는 덜컹거리는 마차를 타고 도시를 벗어나 남쪽으로 떠났다.

30장

평등한 동반자 관계를 맺다
메리 울스턴크래프트 1796

고드윈은 휴가를 마치고 7월 24일에 런던에 돌아왔다. 예상보다 나흘 늦게 돌아왔기에 메리는 점점 안절부절못하고 불안한 상태에 빠져들었다. 고드윈과 떨어져 있는 동안 메리는 그의 감정을 확신하게 되었고, 저드 플레이스 웨스트 16번지로 이사했다. 찰튼 거리에 있는 그의 방에서 모퉁이만 돌면 나오는 집이었다. 메리는 1792년에 프랑스로 떠난 이후 처음으로 보관 창고에서 가구를 꺼냈고, 좀 더 영구적인 방식으로 가구를 배치했다. 그런 후 메리는 실수를 저지른 것일지 모른다는 생각이 들었다. 어쩌면 고드윈도 결국 임레이처럼 믿을 수 없고 지키지 않을 약속을 하는 사람일지 모른다. 메리는 불안감을 달래려고 애쓰며 그에게 편지를 썼다. 고드윈이 약속한 날에 돌아오지 않았기 때문에 "나는 내 친절함을 병 속에 가둘 생각입니다. 당신을 만날 때 당신 얼굴의 무언가가 그 코르크 마개를 날려 보내지 않으면 말이지요."[1]

고드윈은 런던에 도착하자마자 만나러 왔지만 메리는 완전히 안심하지 못했다. 그는 너무 불안한 상태라서 마음을 드러내는 말을 하지 못했다. 그 후 서로 몇 차례 방문하면서 그들은 서로 말을 얼버무리며 감정을 암시하기만 했다. 이렇게 거의 3주가 지난 후, 변함없이 다정한 메리의 태도와 그들의 만남 전후에 그녀가 보낸 유혹적인 메모에 희망을 얻은 고드윈은 마침내 용기를 내어 메리에게 사랑을 고백하고 키스했다. 두 사람 모두에게 중대한 순간이었다. 훗날 고드윈은 "혀에서 떨리는 감정이 입술에서 터져 나왔다"고 기억했다.[2]

그렇지만 여전히 두 사람 중 어느 쪽도 주도적으로 다음 단계로 나아가려 하지 않았다. 그래서 그들의 관계는 양쪽 다 잠정적으로 전진했다가 후퇴하면서 서서히 진행되었다. 성적 친밀감은 일종의 체스판이 되었고 전략의 시험장이 되었다. "고양이를 쓰다듬는 것을 주일을 모독한다고 여길 정도로 청교도적인"[3] 부친을 두었던 고드윈에게 관능적 충동에 따라 행동하는 것은 충격적인 일이었다. 반면 메리는 앞으로 뛰어들 준비가 되었고 고드윈의 충동 억제에 실망했다. 그녀는 고드윈을 "박식한 철학자 나리"라고 부르기 시작했는데,[4] 농담으로 한 말이기는 했지만 그가 자기 감정을 더욱 솔직하게 드러내도록 자극하려는 것이기도 했다.

단둘이 시간을 보내는 것이 어려웠기 때문에 문제가 복잡해졌다. 메리의 집에서는 패니가 방해가 되었고 마르그리트가 늘 곁에 있었다. 고드윈의 집에서는 방문객들이 시간을 가리지 않고 찾아왔다.《정치적 정의에 대한 고찰》의 저자와 두 권의《옹호》의 저자가 연애 중이라는 사실이 밝혀지면 신문에 특종으로 나오리라는 것을 둘 다 알고 있었다. 그들의 수많은 정적들은 신이 나서 추문을 퍼뜨릴 것이다. 더욱이 고드윈은 급진적인 사상과 저술로 유명했지만 추문에는 매우 민감했다. 메리는 고드윈과의 관계가 알려지면 자신이 위험한 소문에 노출되리라는 것을 깨달았다. 오래지 않아 사람들은 패니가 사생아라고 추측하기 시작할 것이다.

놀랍게도 두 사람은 이런 걱정 때문에 관계를 중단하지 않았다. 늦여름 저녁에 마르그리트와 패니가 모두 자고 있을 때 그들이 함께 있는 시간은 점점 강렬한 열정으로 채워졌다. 작가인 두 사람은 서로의 감정을 편지로 고백했고, 만난 직후에는 재빨리 짧게 몇 마디 말을 적어 보냈다. 메리는 고드윈에게 "관능적 감각"에서 벗어날 수 없다고 말했고,[5] 고드윈은 메리에게 이렇게 말했다. "당신은 내 상상력에 불을 지폈습니다. … 여섯 시간 삼십 분 동안 나는 다른 생각을 할 수 없었어요. 형언할 수 없이 당신을 내 품에 안기를 갈망했어요."[6] 하지만 이렇게 신속히 쓰는 쪽지는 불리하게 작용하기도 했다. 누군가 거북한 표현을 하거나 불안한 심정을 고백하면 두 사람 다 불편해졌다.

그들이 처음으로 친밀한 시간을 보낸 후 고드윈은 자신의 부족함에 수치심을 느꼈고 다음 날 메리를 찾아가지 않았다. 메리가 고드윈의 숙소에 들렀을 때 그는 메리를 차갑게 대했다. 메리는 고드윈의 마음을 달래려고 패니의 혀짤배기 아기 말투로 메모를 보냈다. "패니킨이 말하듯이 땅틴 오늘 날 보러 오게뎌요?"[7] 고드윈은 응답하지 않았다. 그가 계속 피하자 메리는 "어젯밤에 많이 외로웠나요?"[8]라고 메시지를 보냈다. 그에게 애정을 표현할 기회를 주려는 것이었지만, 당황한 고드윈은 심술궂게 대답했다. "밤새 몸이 많이 편치 않았어요. 당신은 어제 그런 식으로 나를 충분히 배려하지 않았고, 따라서 의도하지 않게 내게 굴욕적인 느낌을 주었어요."[9] 메리는 이 굴욕감이 무엇인지 몰랐기에 퇴짜 맞은 느낌이 들었다.[10]

하지만 고드윈은 물러날 의도가 없었다. 그는 자신의 무경험 때문에 바보처럼 보인 것—그는 확실히 바보처럼 느꼈다—이 두려웠지만 메리의 지속적인 관심을 확인하고 싶었다. 메리가 실망감을 인정한 순간, 고드윈은 자신이 그녀를 갈망해 왔지만 "내가 당신의 감정에 대해 스스로 속이고 있을지 모르고, 근거 없는 억측을 내 마음에 공급

하고 있다"는 두려움 때문에 물러났다고 솔직하게 말했다.[11]

두 사람이 자신들의 진지한 의도와 깊은 감정을 분명히 밝혔으므로 장벽이 무너지고 서로의 품에 안길 거라고 예상할 수 있겠지만, 고드윈과 메리는 상대방이 물러날까 봐 두려웠다. 게다가 연애 관계에서 흔히 그렇듯이, 처음에 상대방에게서 감탄했던 점이 오히려 짜증을 일으킬 수 있다. 처음에 고드윈은 메리의 강렬한 감정에 깊은 인상을 받았지만 이제는 급격한 기분 변화를 다소 불안하게 여기고 절제할 필요가 있다고 역설했다. 그는 메리에게 이렇게 썼다. "당신은 자연스러운 감정을 지니고 있어요. … 하지만 그 감정이 당신을 지배하도록 내버려 두지 마세요."[12] 메리는 고드윈의 진실함과 신중함, 자신의 행동과 충동을 통제하는 능력을 흠모했지만 그가 직관력과 상상력을 계발하고 전보다 더 자연스럽게 행동할 필요가 있다고 답장을 보냈다.

두 사람의 차이는 일상생활을 영위하는 방식에서도 드러났다. 고드윈의 일상적 습관은 거의 달라지지 않았지만 메리는 필요에 따라 아주 불규칙하게 시간을 보냈다. 가끔 패니가 아팠고, 메리 헤이스는 유니테리언 신자인 애인 때문에 울고 있었다. 또 상인들을 달래야 했다. 마리아 레블리와 헨리가 예고 없이 집에 들렀다. 메리는 또한 존슨을 위해 다시 논평을 쓰기 시작했지만 《마리아》를 진전시키려고 여전히 애쓰고 있었다. 메리는 자신의 메모를 도시 곳곳으로 전달하는 일을 포함해서 집안일을 일부 맡아줄 하녀를 고용했다. 하지만 고드윈에게 생활의 근간이었던 조용한 사색 시간은 메리의 일상에서 흔치 않았다. 그런 시간을 원치 않았기 때문이 아니라 오로지 그런 시간을 얻기 어렵기 때문이었다.

이러한 어려운 상황에서도 8월 말에 메리와 고드윈은 첫날밤을 치렀다. 네 번의 시도가 필요했는데, 고드윈은 특유의 절제된 표현으로 그것을 일기에 기록했다. 'chez moi'(나의 집)[13], 'chez elle'(그녀의 집) 두 번, 그리고 마지막으로 'chez elle toute'(그녀의 집 전부)'. 고드윈은 임레이가 아니었다. 불안한 동정이었던 그는 전부에 이를 때까지 더듬거리며 연습하는 시간이 세 번 필요했다. 그 후에 그는 심정을 토로하지 않았다. 메리의 아름다움이나 자신의 황홀감을 서정적으로 묘사하지도 않았다. 다행히 메리는 고드윈의 간결한 기록을 알지 못했다. 만약 알았더라면 그의 냉정함을 보여주는 또 다른 증거라고 여겼을 것이다.

하지만 사실 고드윈은 준비 운동 중이었다. 여름에서 가을로 계절이 바뀌면서 메리에게 보낸 그의 메모는 명확히 장난기를 띠었다. 9월이 되자 고드윈은 스스로를 메리의 '남학생'이라고 불렀다.[14] 10월에는 간결하게 일기에 기록했던 '나의 집'에 '아름다운'을 덧붙였다.[15] 메리도 고드윈을 신뢰하는 법을 배우고 있었다. 메리는 감정이 넘쳐흐르는 편지를 그에게 쓰기 시작했다. "내가 당신 품에서 느꼈던 것은 숭고한 평온함입니다. 쉿! 불빛에 이것을 보이지 마세요. 들으라고 말하려 했어요. 이런 고백은 오직 말로 해야 하니까요. 당신이 아는 곳에서, 알다시피 커튼을 치고 세상이 차단된 곳에서 그런 시간에."[16] 그들은 당시의 피임법에 의존했다. 생리 후 사흘 동안은 성관계를 갖지 않았고, 그러고 나서 나머지 기간에는 많은 관계를 맺었다. 당시 사람들은 빈번한 성관계가 임신 가능성을 낮춘다고 믿었다.

메리는 여전히 고드윈에게 더욱 풍부하게 감정을 표현하도록 독려했다. 그녀는 '작은 관심의 흔적'을 원했지만 그는 무엇을 하라는 말에 저항하고 항의했다.[17] "당신은 작은 관심을 기대함으로써 그것을 망칩니다."[18] 왜 메리는 그의 사랑을 믿을 수 없을까? 메리는 "관심"을 받고 싶으면 "그것을 요구해야 한다"는 것을 깨달았기 때문이라고 적었다.[19] 메리는 고드윈이 불안해하는 것을 감지하고 특유의 직접적인 방식으로 문제에 덤벼들었다. "이 문제를 해결할 수 있나요?"[20] 메리는 물었다. "어젯밤 나는 침대에서 내 안의 무엇을 당신이 두려워하는지 찾아내려고 애썼어요. 내 마음이 병들었다고 당신이 … 하지만 이런 이야기는 그만하겠어요. 그것을 깨닫고 상처를 받았어요." 그렇지만 이런 말다툼은 두 사람이 친밀감을 쌓아 가고 있다는 증거였다. 메리의 상처받은 감정에 종종 당황한 고드윈은 그녀를 찬미하고 자신의 헌신으로 그녀를 안심시키는 방법을 서서히 배우고 있었다. 메리 쪽에서도 과묵한 구애자에게서 많은 감정 표현을 기대하지 않는 법을 배우고 있었다. 또한 고드윈에게 실망감을 표현할 때 길고 장황하게 쓰거나 여러 장의 편지를 보내지 않고 재치 있고 간결하게 대응하는 법을 배우고 있었다.

이 두 사람이 연애 관계로 인해 작업이 늦어지는 것을 허용하지 않았다는 사실은 그들의 성격의 특징을 드러낸다. 두 사람 모두 작품을 쓰는 일에 전념하고 있었다. 고드윈은 《정치적 정의에 대한 고찰》의 재판을 위해 수정 작업을 하면서 희곡 〈안토니오, 또는 군인의 귀환〉(1799년에 상연되었다)을 집필하고 있었다. 그는 저녁에 원고를 메리의 집으로 가져와서 함께 검토했다. 이렇게 마주 앉아서 몇 번 같이 검토한 후에 메리는 《마리아》 초고를 고드윈에게 보내 조언을 요청했다. 고드윈의 답변은 메리가 듣고 싶었던 반응과 전혀 달랐다. 메리의 글에는 '근본적인 결함'이 있다고 그가 말했다.[21] 고드윈이 직접 가르쳤지만 메리의 문법은 여전히 엉성했다. 아이디어에 일관성이 없었다. 줄거리가 불분명했다. 메리는 초여름에는 자기 작품에 대한 고드윈의 의견을 환영했지만 이제 그의 조언은 신경에 거슬리고 가혹하게 느껴졌다. 메리는 희곡보다 《마리아》에 훨씬 많은 노력과 시간을 투자했고, 이제 사랑하는 사이가 되었으니 그에게서 더 많은 것을 기대했다. 고드윈은 메리를 이해해야 하고, 메리가 스스로 자기 작품을 옹호하지 않더라도 그 가치를 알아야 한다고 느꼈다. 메리는 고드윈에게 자신의 입장을 설명하는 긴 편지를 보냈다.

어떻게 해야 할까요. 나는 당신의 의견이 부당하다고 생각하며 무시하거나, 아니면 절망에 빠져 펜을 던져버려야 합니다. 그것은 삶을 포기하는 것과 마찬가지겠지요. … 간단히 말해서 나는 글을 씀으로써 좋은 일을 하며 내가 원하는 돈을 벌든지 아니면 영원히 잠들어야 한다고 생각합니다. 단순히 몸과 마음을 유지하는 것으로는 만족하지 않을 테니까요. … 그리고 당신이 내가 나의 가슴과 정신을 보는 방식대로, 가장된 겸손함의 베일을 그 위에 덧씌우지 말고 보기를 바랍니다. … 나는 당신이 열렬히 칭찬하는 어떤 사람들의 작품보다 더 귀중한 것이 내 글 속에 있다고 생각하지 않을 수 없습니다—이 말은 더 많은 마음 … 내 감각의 더 많은 관찰, 내 상상력의 더 많은 결합을 뜻합니다—다른 작가들이 감각과 상상력을 동원해서 만들어낸 소재에 관한 차가운 정신 작용이 아니라 나 자신의 감정과 열정의 분출 말이지요. 당신이 상상도 할 수 없을 정도로 나는 나 자신에게 정나미가 떨어져서 … 당신이 내 원고를 본 후로 … 내가 원하는 대로 글을 한 줄도 쓰지 못했다고 말해야겠군요.[22]

메리는 고드윈을 대단히 존중했지만, 《마리아》를 버릴 마음이 없다는 점을 분명히 했다. 고드윈이 비판했던 희곡은 계속 쓸 가치가 없다고 느꼈다. 그래서 희곡은 제쳐 두었다. 하지만 《마리아》는 달랐고, 이 글의 메시지는 훨씬 중요했다. 이 책에서 메리는 여성들이 직면한 불의와 그들이 겪는 고통을 폭로할 수 있을 것이다. 고드윈은 《정치적 정의에 대한 고찰》와 그의 희곡에서 자신이 원하는 대로 마음껏 작업할 수 있었다. 그렇다면 메리가 자신의 글에서 자신을 드러내고, 개인적 감정을 표현하고, 자신의 비전과 악몽, 환상과 기억을 묘사하는 것을 받아들여야 한다. 그들의 목표는 서로 달랐고, 메리의 목표는 고드윈의 목표 못지않게 가치가 있었다.

메리의 편지를 받고 고드윈은 사과했다. 그리고 원한다면 문법 공부를 계속 도와주겠다고 말했다. 메리는 도움을 받기로 하면서 자신의 불안감을 고백했다. "그렇지만 이제 당신은 내가 예상보다 형편없이 글을 쓴다는 것을 깨닫게 이끌어주었어요. 그러니 중단하면 소용이 없겠지요. 나는 발전해야 하고, 그러지 않으면 나 자신에게 만족하지 못할 겁니다."[23] 그래도 고드윈이 우월한 태도를 취하는 것에 마음이 불편했다. 6개월 후 메리는 다시 용기를 내서 자신의 글쓰기가 지향하는 이상을 옹호하는 에세이를 썼다. 이 에세이는 아주 잘 짜여 있어서 고드윈은 화를 내지 않았는데, 실제로는 그 글이, 적어도 부분적으로는 자신을 겨냥하고 있다는 사실을 깨닫지 못했을 수도 있다.

날씨가 추워지면서 두 사람은 메리의 난롯가에서 자주 저녁 시간을 보냈다. 책을 읽고, 글을 쓰고, 이야기하고, 패니와 놀아주었다. 때로 근처 들판으로 산책을 나갔다. 어떤 날은 오후에 마르그리트가 패니와 함께 있는 동안 고드윈의 숙소에서 시간을 보냈다. 하지만 이런 시간은 도둑맞은 듯 짧게 느껴졌다. 두 사람은 밤새 함께 보내고 싶어서 몰래 런던을 떠나는 여행 계획을 세웠다. 메리는 시골에 간다는 계획이 마음에 들었다. 고드윈은 사생활에 방해를 받지 않는다는 것이 좋았다. 두 사람은 9월의 어느 주말에 런던을 벗어나기로 날짜를 정했다. 하지만 그 계획은 패니 때문에 엉망이 되었다. 출발하기로 예정되었던 주에 칭얼거리며 힘들어하던 패니가 출발 전날에 수두 증세를 보였다. 메리는 아픈 딸을 두고 떠나고 싶지 않았기 때문에 발진이 거의 사라질 때까지 기다렸다가 출발했다. 결국 메리는 패니가 너무나 걱정되어 하룻밤만 함께 보내기로 결정했다.

사랑에 빠진 두 사람은 설레는 마음으로 차를 타고 일퍼드 마을로 갔는데, 에핑에서 메리가 처음 살던 집과 멀지 않은 곳이었다. 그들은 패니가 살던 집을 찾아가보았는데 거의 달라진 것이 없었다. 그 집에 아무도 살지 않았기 때문에 두 사람은 메리가 어렸을 때 놀았던 들판을 자유롭게 거닐었다. 함께 걷는 동안 메리에게 과거의 일들이 불현듯 떠올랐다. 메리는 술 취한 아버지의 분노, 나약한 어머니, 자신이 견뎠던 수많은 부당한 대우 등등 기억이 나는 것들을 고드윈에게 말했고 자신이 아는 최선의 방법, 즉 이야기와 기억을 통해서 그와 가까워지려 했다.

집으로 돌아왔을 때 패니는 심각하게 앓고 있었다. 고드윈에게 이 소식을 전하려고 메리는 '패니를 품에 안은 채' 메모를 썼다.[24] 수두가 재발한 것이었다. 패니는 엄마가 없으면 잠을 자지 못했고, 가려움에 시달리다가 딱지투성이가 되었고 고열에 시달렸다. 이제 패니는 엄마 뒤를 졸졸 따라다녔고, 메리는 패니가 얼굴을 긁지 않도록 아이를 즐겁게 해주려고 온종일 애썼다. 18세기의 다른 어머니들은 두 살짜리 아이에게 벌을 주거나 비슷한 시도를 했겠지만, 메리는 딸을 안은 채 집안 곳곳을 돌아다녔고, 어린 소녀는 게처럼 엄마에게 딱 달라붙었다. 밤에도 패니는 잠을 이루지 못하고 메리를 깨어 있게 했다. 이런 식으로 며칠이 지나자 메리도 병에 걸렸다.

한편 고드윈은 《정치적 정의에 대한 고찰》의 개정 작업을 활발히 진행하고 있었다. 그는 메리에게 도움이 필요할지 모른다는 생각을 단 한 번도 해본 적이 없었다. 자기에게만 몰두한 고드윈에게 메리는 격분했다. "당신은 왜 오늘 아침에 '어떻게 지내느냐고' 물어볼 수 없었나요. 나야말로 간호가 필요해요. … 여자들이 하는 일을 당신은 안 하는 건가요?"[25] 고드윈은 메리를 돌보는 것이 자기 일이 아니라고 반박했고 즉시 자기 속으로 숨어 메리의 비난에 응답하기를 거부했다. 메리가 더 격렬하게 불만을 토로하자 결국 고드윈은 동의하고 병문안을 왔다. 메리는 즉시 기운을 차렸다. 그의 진지함은 그의 이기심을 보상하고도 남았다. 메리는 고드윈이 다정하게 대하고 자신이 원하는 것을 들어주려고 노력하는 것을 보았고, 그 대가로 애정 표현을 거의 요구하지 않으려고 노력했다. 그러나 고드윈의 경직된 태도는 계속해서 짜증을 일으켰다. 기분이 나아졌을 때 메리는 그에게 더욱 "유쾌하고, 명랑하고, 재미있고, 아니, 심지어 경박하게 처신하기"를 권했다.[26] 메리는 고드윈의 상상력 부족한 고지식함과 지나치게 격식을 따지는 인습적 태도를 견디기 어려웠다. 반면에 고드윈은 메리가 좀 더 진지하고 합리적인 사람이 되기를 바랐다. 그는 "당신의 농담과 진지한 말을 항상 분간할 수 있는 것은 아니고, 당신의 풍자가 너무 많은 의미를 담고 있을 때와 아무 의미도 없는 때를 구분할 수 없어요"라고 불평했다. 하지만 "노력하겠어요"라고 그는 말했다.[27]

물론 핵심은 고드윈이 노력하겠다는 것이었다. 메리도 마찬가지였다. 이렇게 우여곡절을 겪으며 두 사람의 관계는 굳건해졌지만, 이 굳건함이 메리에게 새로운 고민을 안겨주었다. 메리와 고드윈이 실로 미래를 함께하려면 패니와 고드윈이 서로를 사랑해야 했다.

이 점에 대해 메리는 걱정할 필요가 없었다. 고드윈은 딱딱한 성격이었지만 처음부터 '패니킨'을 포용했고, 패니는 고드윈을 사랑하며 '그 아저씨'가 언제 또 오는지 알고 싶어 했다. 산책을 나가면 패니는 "엄마, 이쪽으로 가. 그 아저씨가 보고 싶어."라며 엄마를 찰튼 거리로 끌고 갔다.[28] 11월 말에 마르그리트는 패니를 고드윈의 숙소에 데려다주었고, 고드윈은 패니에게 비스킷과 푸딩을 대접하며 메리가 혼자 있는 시간을 활용해 일할 수 있도록 배려했다. 메리와 고드윈은 서로를 "엄마, 아빠"라고 부르기 시작했다. 메리는 패니의 작은 성취를 즐겁게 고드윈에게 알려주었다. 어느 날 패니가 "세수할 때 울지 않았다고 말하려고 환성을 지르면서 이층으로 올라왔다"고 그에게 쪽지를 보내기도 했다.[29] 이것이 바로 그녀가 임레이와 함께 딸을 돌보며 살아가기를 꿈꿔 왔던 생활이었다.

메리와 고드윈은 둘의 관계를 계속 비밀로 유지했고, 손님을 따로 접대하고 파티에 혼자 참석했다. 가장 친한 친구들조차 둘의 관계를 전혀 몰랐다. 그러나 12월에 비교적 평온한 시기가 지난 후 메리는 울적하고 불편한 느낌이 들기 시작했다. 12월 6일에 메리는 '극도의 저조한 기분'을 느꼈고,[30] 다음 날 극장에서 숙적인 인치볼드 부인과 함께 있는 고드윈을 보았다. 메리는 값싼 좌석에 혼자 앉아 있었다. "오피(메리의 친구인 초상화 화가)에게 같이 가자고 하지 않은 내가 바보였어요."[31] 메리는 짜증을 내며 고드윈에게 말했고 고드윈이 질투를 느끼기를 바랐다. 사소한 말다툼이 더 이어졌다. 메리가 화를 잘 냈던 이유가 12월 셋째 주에 분명해졌다. 메리는 임신 중이었다.

고드윈은 이 소식에 열렬하게 흥분해서 반응했다. 12월 23일에 메리는 그에게 편지를 보냈다. "당신이 새롭게 태어난 애정에 마음을 여는 듯이 보였을 때 당신의 태도에 부드러움이 깃들었고, 그것이 당신을 내게 매우 소중한 존재로 만들었어요. 아시다시피 세상에는 당신의 철학에서 얻을 수 있다고 알려진 즐거움 외에 다른 즐거움도 있습니다."[32] 그러나 메리는 자신의 상태에 낙심했다. 예전에 자신을 수도 없이 괴롭혔던 어둠 속으로 다시 빠져드는 느낌이었다. 임신하고 버림받은 "고통스러운 기억"이 물밀듯이 되살아나서[33] 12월 28일에 그녀는 두 사람이 결코 만나지 않았더라면 좋았을 거라고 고드윈에게 말했다. "우리 사이에 있었던 모든 일을 취소"하고 "당신이 내게 써 보낸 모든 친절한 말들을 파기"하고 싶었다. 고드윈은 상처를 받고 불안했지만, 자기들 앞에 놓인 문제를 어떻게 해결해야 할지 모르겠다고 인정했다. 그들의 행복을 가로막는 장애물을 극복할 수 없을 것처럼 보였다. 사회의 반감, 사생아, 그리고 돈.

메리는 그해 가을에 글을 써서 벌어들인 수입이 많지 않았고, 빚이 늘어 가고 있었다. 메리의 재정 문제를 항상 돌봐주던 존슨은 그녀의 청구서를 지불해주기를 꺼렸다. 존슨은, 임레이에게 패니의 양육을 어느 정도 책임질 것을 요구하라고 메리에게 조언했다. 메리는 존슨의 입장을 이해했고 마침내 임레이에게 도움을 받고 싶다고 편지를 썼지만 임레이는 응답하지 않았다. 고드윈도 거의 실제적인 도움이 되지 않았다. 그는 자신의 생활비를 마지막 한 푼까지 계산했고 때로는 수지를 맞추느라 몇 파운드를 빌려야 하는 경우도 있었다. 그는 가족의 재정적 책임을 지겠다는 생각을 한 적이 없었으므로 그런 의무가 남성 지식인의 자유를 말려버린다고 선언했다. 메리는 그의 원칙을 알고 있었지만 임신한 미혼모로서 그 원칙을 존중하기는 어려웠다.

고드윈이 친구에게 50파운드를 빌려 메리가 겨울을 날 수 있도록 도와주며 자신의 헌신을 입증했을 때 메리는 약간 기분이 나아졌다. 고드윈에게 고맙기는 했지만 메리는 《여성의 권리 옹호》의 저자가 또다시 남자에게 의존하는 것이 마음에 들지 않았다. 메리는 존슨의 잡지에 논평을 쓰면서 돈을 벌려고 노력했지만 너무 지쳐서 일을 많이 하지 못했다. 힘든 겨울이었다. 날씨는 혹독했고, 패니는 실내에 갇혀 지루해하고 엄마를 방해했다. 메리는 너무 피곤해서 아주 사소한 볼일을 보는 것조차 힘들었다. 눈이 내리면 쌓인 눈을 헤치고 길을 찾아야 했다. 긴 드레스 자락은 쌓인 눈 사이에 끌리고 메리의 발목과 발은 얼음처럼 차가웠다. 메리는 고드윈에게 편지를 썼다. "당신은 눈 속에서 들고 다녀야 하는 페티코트를 입지 않지요. 불쌍한 여자들. 그들은 안팎으로 얼마나 성가신 일들에 시달리는지."[34] 메리는 딸이 있고, 임신을 했고, 몸이 좋지 않아서 일을 할 수 없다는 사실에 화가 났다. 두 아이는 말할 것도 없고 한 아이와 하루를 헤쳐 나가려고 몸부림쳤다. 반면에 체계적인 고드윈은 평소와 같이 9시부터 1시까지 글을 썼고, 《정치적 정의에 대한 고찰》의 개정판을 거의 끝냈다.

메리는 어떻게든 책을 계속 읽었고, 고드윈과 함께 최신 뉴스와 정치를 따라잡았고, 메리 헤이스의 소설 《엠마 코트니》를 다 읽었다. 고드윈은 교육에 관한 자신의 에세이를 〈인콰이어러(The Enquirer)〉에 게재하려고 원고를 보내기 전에 메리에게 논평을 부탁했다. 메리는 공립 주간 학교의 도입을 더 강력하게 옹호하라고 조언했다. 이런 학교가 "아이들을 하인들에게 맡기는 해악을 없애고, 아이들이 다른 아이들과 대화를 나눌 수 있게 해줄" 거라고 말했다.[35] 메리는 (한때 기숙학교를 운영한 적이 있었지만) 기숙학교에 찬성하지 않았다. "가정에서 애정을 주고받는 것"이 "도덕의 기초"이기 때문이었다. 또한 소설 《마리아》에 대해 여전히 고심하고 있었다. 남편에 의해 부당하게 정신병원에 감금된 학대받는 아내를 그 소설의 주인공으로 결정했다. 메리는 고드윈의 《케일럽 윌리엄스의 모험》에서 케일럽이 자신이 저지르지 않은 범죄로 감방에 갇히는 부분을 다시 읽었다. 메리는 존슨과 고드윈에게 함께 정신병원을 보러가자고 설득했고, 그들은 2월 6일에 병원을 방문했다.[36]

정신병원은 현재 런던 북동쪽으로 최근에 건설된 핀즈버리 광장 근처의 무어필즈에 있었다.[37] 무어필즈는 건물들이 금방이라도 무너질 것 같았고 가난에 쪼들리는 지역이고 거지와 범죄자들로 악명 높은 곳이었다. 또한 중고 가구와 헌옷 거래의 중심지였고, 골목길에는 판잣집 같은 가게들이 줄지어 서 있고 가게 안은 부서진 의자, 곧 무너질 것 같은 침대틀, 누렇게 변한 침구류로 가득했다. 정신병원에 갔던 날 메리와 고드윈은 아마도 하인의 옷이나 심지어 자기들의 옷을 사려고 '늙은 옷장수'의 가게에 들렀다.[38]

정신병원은 한때 웅장했던 바로크 양식 건물이었지만, 메리와 존슨, 고드윈이 방문했을 때는 지어진 지 100년이 넘어 있었다. 옛 런던 해자의 모래 토양에 기초를 쌓았기에 지금은 벽이 눌러앉고 전체 3층 건물이 무거운 지붕과 우아한 종탑의 무게에 짓눌려 무너질 것 같았다. 건물 내부에는 발가벗겨진 수감자들이 벽에 쇠사슬로 묶인 채 굶주리고 있었다. 헛간처럼 생긴 '햇빛이 통하는 방'에서는 위험하지 않다고 여겨지는 환자들이 돌아다닐 수 있었고, 그 방은 구경 온 사람들에게 개방되어 있었다. 실제로 정신병원을 방문하는 것은 18세기 영국에서 인기 있는 활동이었다. 관광객들은 1페니를 내고 들어가서 불쌍한 환자들을 얼빠진 듯이 바라보았다. 메리는 귀에 들려온 비명과 눈앞에 보인 고뇌를 새 소설에 사용하려고 노트에 급하게 적었다.

그런데도 그들이 연인으로서 다음에 어떻게 해야 할 것인가라는 문제는 사라지지 않았고, 두 사람은 겨우내 그들이 선택할 수 있는 가능성을 두고 토론했다. 두 사람 모두 결혼에 비판적인 관점을 지녔다고 알려져 있었기에 결혼은 받아들이기 어려웠다. 하지만 결혼하지 않고 아이를 낳는다면 외면당할 세상에 살고 있다는 것도 그들은 알았다. 가장 가까운 친구들만 메리가 실제로 임레이와 결혼하지 않았다는 것을 알고 있었는데, 임레이가 남편이 아니라는 소문이 퍼지면 메리가 직면하게 될 비난을 그녀는 너무도 잘 알고 있었다. 처음에 고드윈은 그들의 이상에 따라 살자고 메리를 설득하려고 노력했다. 하지만 그들이 살아가는 사회의 분노에 직면하면 철학이 그리 위안이 되지 못한다는 것을 곧 깨달았다. 그들이 결혼하지 않으면 메리는 가혹한 처벌을 받게 될 것이다. 하지만 만약 그들이 결혼한다면 고드윈은 위선자라는 조롱을 받을 것이다. 물론 메리도 조롱당하겠지만, 아마도 메리가 받게 될 배척보다는 피해가 적을 것이다. 고드윈은 곤란한 상황을 해결하려고 《정치적 정의에 대한 고찰》 개정판에서 결혼에 대한 기존의 입장을 철회했다. 결혼은 아직도 사회의 필요악이지만, 언젠가 더 나은 세상에서는 결혼 제도가 불필요하게 되기를 바란다고 썼다.

패니의 상황 때문에 문제는 더욱 복잡해졌다. 고드윈과 결혼하면 그녀의 딸이 사생아라고 사실상 공포하는 것이었기에 메리는 어린 딸에 대한 사회의 대우를 우려했다. 반면에 이 새로운 관계를 합법화하지 않으면 둘째 아이가 저주받을 것이다. 어느 경우든 한 아이는 다치게 되어 있었다. 어느 경우든 메리의 평판은 돌이킬 수 없이 훼손된다. 마침내 많은 논쟁 끝에 메리와 고드윈은 결혼하기로 결정했다. 어느 쪽도 행복하지 않은 불완전한 해결책이었지만, 그들이 처한 곤경에 최선의 해답으로 보였다.

한편 고드윈은 두 사람이 너무 많은 시간을 함께 보낼 경우에 일어날 일을 걱정했다. 자신의 조용한 숙소를 포기하고 혼란스러운 메리의 가정에 예속되고 싶지 않았다. 그는 〈인콰이어러〉에 게재한 에세이에서 '동거'의 위험에 관해 말하며 자신의 불안감을 요약했다.

삶의 기술 가운데 매우 중요한 것은 사람들이 서로에게 너무 가까이 가지 않고 너무 많은 부분에서 접촉하지 않는 것이라 여겨진다. 과도한 친숙함은 행복한 친목을 망치는 원인이다.[39]

고드윈과 마찬가지로 메리도 앞날이 두려웠다. 메리는 앞으로의 계획과 임신 사실을 친구들은 물론이고 겨울에 어렵게 찾아온 여동생 에버리나에게도 알리지 않았다. 프랑스에서 돌아온 후 처음으로 여동생을 만났지만 즐거운 재회와는 거리가 멀었다. 에버리나는 메리의 친구들을 좋아하지 않았다. 고드윈에게 즉시 반감을 품었고 대화를 거부했다. 패니를 처음 만났지만 그 어린 조카를 무시했다. 에버리나가 감기에 걸려서 메리와 마르그리트가 보살펴야 했다. 침대에서 일어나자 에버리나는 모자 가게에 가서 청구서를 걸어놓고 지불하지 않았다. 응급 상황이 발생했을 때는 아무 도움도 주지 않았다. 패니의 고양이 퍼스가 "난폭"해져서 "굴뚝 위로 올라갔다."[40] 동물을 사랑했던 메리는 퍼스를 죽이고 싶지 않아서 고양이의 이상한 행동에 어떻게 대처해야 할지 고민했다. 마침내 퍼스가 너무 위험하다고 판단했고, 슬펐지만 고양이를 익사시켰다. 패니에게는 고양이가 아파서 도망갔다고 말했다.

마침내 에버리나는 떠났다. 메리는 동생이 떠났다는 사실에 안도했지만, 얼마 지나지 않아 편지를 써서 돈이 생기면 보내겠다고 약속했다. 일라이자에게도 편지를 보냈지만 동생은 메리에게 대꾸도 하지 않으려 했다.

일라이자를 폭력적인 남편에게서 구출한 지 14년이 지났지만 아직도 메리는 여동생의 행복을 자신이 책임져야 한다는 생각을 떨쳐버릴 수 없었다. 에버리나는 웨일스에 있는 일라이자의 고용주가 사실상 그녀를 감금해서 밖으로 나가지도 못하고 일하다가 쉬지도 못한다고 말했다. 메리는 여동생을 돕고 싶었지만 용기가 나지 않았다. 《여성의 권리 옹호》를 쓸 때보다 나이가 들었고 더욱 비관적이 되어서, 동생들이, 그 문제에서는 어떤 평범한 여성이든, 자립을 이루는 것이 불가능한 꿈처럼 여겨졌다. 메리와 그녀의 친구들이 지난 십여 년간 공유했던 보편적 인권, 빈부 간의 평등 증진, 프랑스 귀족제의 전복이라는 많은 이상과 마찬가지로 여성들의 삶을 개선하려던 꿈은 무위로 돌아갔다. 메리가 쓴 두 권의 《옹호》는 세상을 변화시키지 못했다. 이것이 그녀가 에세이를 그만 쓰게 된 중요한 이유였다. 메리 자신은 많은 여성들과 달리 마음대로 사용할 수입을 얻는 수단이 약간 있었지만 그래도 빚에서 헤어날 수 없었다. 그 상황은 다른 사람을 돕기 좋아하는 성향 때문에 더욱 악화되었다. 4월에 메리는 병든 하녀의 아들을 집으로 데려왔고 그가 학교에 갈 수 있도록 학비를 지불했다. 그래서 에버리나에게 약속한 돈을 보낼 수 없었다. 그 결과, 메리는 여동생들이 왜 끊임없이 화를 내는지 이해할 수 없었지만, 그들 입장에서는 결국 언니의 약속을 믿지 못하게 되었다. 메리는 몇 년간 동생들을 돕는 일을 전혀 하지 못했고, 런던으로 돌아왔을 때 사실상 그들을 저버렸다. 메리가 동생들을 위해 하겠다고 약속했지만 결국 지키지 못해서 그들의 상황은 더욱 심각해졌다.

메리와 고드윈은 사생활을 되찾아 행복했고, 누가 봐도 메리의 임신이 명백히 드러난 3월 말까지 평화로운 시간을 보냈다. 1797년 3월 29일에 메리와 고드윈은 서머스타운에 있는 시골 교회 세인트 판크라스로 걸어갔다. 그리고 고드윈의 친구 제임스 마셜을 증인으로 세우고 두 사람은 남편과 아내가 되었다. 고드윈은 일기에 이 사건을 '판크'라고 단음절로 기록했다. 이날 결혼식을 치렀다고 고백하는 것은 고사하고 판크라스라는 단어의 철자도 전부 쓸 수 없는 듯이 말이다. 사실 이 점이 바로 이 부부가 강조했던 것이었다. 그들은 파티나 축하 행사를 열지 않았다. 축하할 일이 무엇이 있는가? 그들의 결혼식은 사회적 편견에 승복한 것일 뿐이었다.

그 후에 고드윈은 인치볼드 부인과 둘이서 극장에 갔고, 메리는 집으로 가서 짐을 싸기 시작했다. 긴 토론 끝에 메리와 고드윈은 한집에서 지낼 때라고 결정했다. 하지만 이렇게 결정을 내리기가 어려웠다는 사실은 그들이 얼마나 인습적이지 않은지를 단적으로 보여주었다. 당시에 결혼한 부부가 따로 살거나 그런 욕구를 표현하는 것은 전례가 없는 일이었다. 그래서 메리와 고드윈은 일련의 타협안을 고안해냈다. 그 방안은 그들의 저술만큼이나 혁신적인 것이었음이 입증되었다. 고드윈은 그들의 새집에서 길을 따라가면 나오는 값싼 방을 빌리고 매일 그곳으로 가서 글을 쓸 것이다. 그 대가로 그는 메리가 집안

일을 온전히 책임지리라고 기대하지 않을 것이다. 이것은 엄청난 양보였다. 고드윈은 메리의 일할 권리를 존중했고, 메리는 그의 권리를 존중했다. 자신들의 동반자 관계는 남성과 여성 모두의 독립성을 길러야 한다고 그들은 말했다. 두 사람 다 두려워했고 어른이 된 이후로 내내 저항해 왔던 가정이라는 일종의 감옥에 어느 한쪽이 감금되는 것은 어떤 대가를 치르더라도 막아야 했다. 그들은 이런 식으로 합의를 맺은 다른 커플에 대해 들어본 적이 없었다. 항상 그래 왔듯이 그들은 선구자였다. 그래서 130년 후 버지니아 울프(Adeline Virginia Woolf, 1882~1941)는 남편 레너드와 자신의 관계를 개척하려 할 때 울스턴크래프트와 고드윈의 결혼 생활을 살펴보고 영감을 얻었다. 버지니아 울프에게 메리의 결혼 생활은 사실 메리의 가장 혁명적인 행위이자 '가장 풍부한 결실을 낳은 실험'이었다.[41)]

31장

피사의 '사탄 학파'

메리 셸리 1821~1822

바이런과 수행원들의 도착은 언제나 장관을 이루는 사건이었지만 특히 피사처럼 졸음이 오는 소도시에서는 더욱 그러했다. 11월 1일에 수레들이 아르노 강변을 따라 굴러왔다. 수레에는 물건들이 높게 쌓여 있었고, 특히 머리판에 바이런 문장이 새겨진 그의 거대한 침대가 실려 있었다. 뒤이어 특별한 마부가 모는 플랑드르 암말이 달려왔고, 염소들과 당나귀가 뒤따라 빠른 걸음으로 걸었고, 개들은 짖으며 줄이 팽팽해지도록 뛰어올랐다. 거위는 쉬익 소리를 내며 깃털을 흔들었고 나머지 야생 동물들은 상자 속에서 울부짖었다. 바이런은 호기심 많은 사람들의 눈을 피해 덧문을 닫은 나폴레옹 마차를 타고 마지막에 도착했다.

셸리가 바이런을 위해 구해놓은 거대한 대리석 대저택은 아르노 강변에서 가장 위풍당당한 건물 팔라초 란프란치였다. 그 저택이 순조롭게 운영될 수 있도록 많은 하인들이 부지런히 일해 왔고—광을 내고, 문질러 닦고, 웅장한 저택에 요구되는 '필수품'을 정리했다. 하지만 그 방대한 방들도 바이런이 가져온 산더미 같은 가구와 침구류와은 식기와 은 제품을 다 수용할 수 없었다. 셸리는 자기 가족을 위해 아르노 강변 끝에서 강 바로 건너편에 있는 트레 팔라치 디 키에사라는 집을 구했다. 메리는 "우리는 시내의 번잡함과 불쾌한 냄새에서 완전히 벗어났다"고 행복하게 기록했다.[1] 그들의 집 창문 너머로 도시의 기하학적 공원들과 원뿔과 원통 모양으로 가지치기한 관목들, 그리고 도시 성벽 너머로 군데군데 올리브 과수원과 어두운 사이프러스 숲이 있는 드넓은 들판과 물결치듯 바다로 이어지는 완만한 언덕을 볼 수 있었다. 셸리와 메리는 꼭대기 층을, 윌리엄스 부부는 셸리의 권유에 따라 일층을 사용했다.

무대가 마련되었다. 두 시인. 두 집. 피사의 주민들은 셸리와 바이런이 거의 모든 것에서 서로 경쟁을 시작하자 놀라움을 금치 못하고 지켜보았다. 누가 보트를 더 잘 타는가? 누가 총을 더 잘 쏘는가? 셸리는 바이런을 '경'이라고 부르며 존중했지만, 등 뒤에서는 바이런의 결함이 대부분 작위에 대한 그의 지나친 자부심에서 비롯되었다고 말했다. 바이런은 셸리의 미학에 경의를 표했고 그 젊은이는 진정한 시적 감수성을 지닌 시인이라고 말했지만 더 유명한 시인으로서 자신의 위상에 만족하며 의기양양해했다.

피사는 그토록 많은 기이하고 무모한 행각으로 뒤흔들린 적이 없었다. 바이런의 하인은 사람을 칼로 찔렀고, 바이런의 집은 밤새 불이 켜져 있었다. 피사 주민들이 들고 일어날 태세였다. 바이런은 과연 잠을 자기는 하는가? 늑대 같은 그의 개들은 울부짖었다. 공작새들은 괴성을 질렀다. 이따금 원숭이들이 집을 빠져나와 도시의 공원을 휘젓고 다녔다. 오후마다 그와 그의 친구들은 권총으로 무장하고 도시 성문을 지나갔다. 피사 당국은 혁명을 일으킬 모양이라고 긴장했지만 이 난봉꾼들을 따라가보니 영국인들이 일렬로 얌전하게 서서 과녁을 조준하고 있었다. 바이런은 아마 최고의 사격수였을 것이다. 하지만 조준하는 데 시간이 너무 오래 걸려서 손이 떨리곤 했다.[2] 그에게 도전할 수 있는 사람은 셸리뿐이었지만, 그의 사격 방식은 바이런과 정반대였다. 그는 권총을 꺼내자마자 발사했고, 그 결과는 멋있게 과녁에 명중하거나 터무니없이 빗나갔다.

이 혼란을 가중시킨 것은 영국 언론의 기자들이었다. 그들은 바이런에 대해 보도하려고 서둘러 피사로 몰려들었고, 그 친구들 무리를 예전에 그랬듯이 '근친상간과 무신론 그룹'이라는 이름으로 불렀다.[3] 바이런이 메리와 잠자리를 한다든가 셸리가 무정부 상태를 조장하고 있다는 과거와 똑같은 소문이 유럽과 영국 전역에 퍼졌다. 심지어 평소 대중의 관심을 집중적으로 받던 토스카나 대공조차 그 유명한 은둔자의 모습을 한번 보려는 기대를 품고 바이런의 집밖을 오르내렸다. 하지만 바이런은 군중의 호기심을 달래줄 기분이 아니었다. 뚱뚱한 남학생이라는 조롱을 받은 이후로 그는 허리둘레에 신경을 썼다.[4] 주기적으로 그는 며칠간 아무것도 먹지 않다가 생선과 포도주를 마음껏 즐기는 단식 방식을 도입했다. 때로는 식초에 흠뻑 적신 감자나 딱딱한 비스킷과 소다수만 먹었다. 하지만 지난해에 꽤 몸이 불어서 아무에게도 자기 몸집이 얼마나 커졌는지 보이고 싶지 않았다. 피사에서 외출할 때면 바이런은 사람들의 호기심 어린 눈을 피해 마차로 거리를 질주했고, 안전하게 도시를 벗어난 다음에야 그의 암말에 올라탔다.

메드윈은 그해 가을에 셸리 일행에 합류했는데, 바이런이 바로 그때 쓴 시극 〈변신(The Deformed Transformed)〉을 비평해 달라고 셸리에게 부탁했던 사건을 훗날 기억했다. 모두가 셸리의 의견을 들으려고 기다리며 그가 바이런의 머리에 찬사를 퍼부을 거라고 기대했다. 하지만 마침내 의견을 발표하면서 셸리는 "바이런 경의 모든 작품 중에서 가장 마음에 들지 않습니다. … 《파우스트》의 냄새가 너무 심하게 납니다."라고 말해서[5] 바이런의 팬들을 깜짝 놀라게 했다. 바이런은 원고를 난롯불에 던져 태워버리는 쇼를 했지만 실은 책상 서랍에 잘 넣어 둔 다른 사본이 있었다.

셸리는 종종 바이런에게 부적절하다는 느낌을 받았고, 바이런은 동물을 먹는 잔인함부터 노동계급의 조건에 이르기까지 셸리의 기벽과 거의 모든 문제에 대한 젊은 시인의 정의로운 분노에 짜증을 느꼈다. 하지만 그들은 여전히 서로에게 매력을 느꼈다. 사람들과 함께 있을 때면 그들은 다른 사람들을 모두 무시하고 둘이서만 이야기했다. 이런 오만한 태도에 누구도 항의하지 않았고, 오히려 사람들은 두 거장의 말을 듣기 위해 대화를 중단했다. 바이런과 셸리는 두 사람의 차이가 더 분명히 드러나도록 자신들의 대화 스타일을 과장했다. 바이런은 더 바이런다워졌고 셸리는 더 셸리다워졌다. 그들을 숭배한 메드윈은 일기에서 두 시인의 대화를 듣는 것이 어떤 경험이었는지 정확히 담아내려고 애썼다.

그때 (바이런의) 말은 … 조롱으로 넘쳐났고 … 두 사람 모두 똑같이 사변적인, 말하자면 회의적인 사고방식을 천명했다. 무거운 주제에서 가벼운 주제로 옮겨 가는 동일한 능력. 숭고한 것이나 애처로운 것, 우스꽝스러운 것을 자유자재로 이야기하는 동일한 능력…. 셸리는 바이런을 어떤 특정한 주장이든 고수하게 하는 것이 거의 불가능하다고 자주 한탄했다. 바이런은 도깨비불처럼 한 주제에서 다른 주제로 날아다녔다. … 셸리의 말은 하나하나 신탁에 가까웠다. 그의 추론은 예리하고 심오했으며, 그의 의견은 무엇에 관한 것이든 진실하고 가식이 없었다. 반면에 바이런은 사람들을 어리둥절하게 만들기를 좋아했기 때문에 그의 말이 진심인지 아닌지 알 수 없었다. … 그는 또한 상스럽고 외설적인 것도 대화에 끌어들였는데, 그런 것을 극도로

혐오한 셸리는 역겨운 기색을 종종 잘 감추지 못했다.[6]

바이런은 셸리의 작품이 아직 찬사를 받지 못했고 중요한 추종자를 얻지 못했지만 비범하다는 것을 꿰뚫어볼 수 있는 통찰력을 지니고 있었다. 겨울철 아르노강에서 셸리가 윌리엄스와 위험한 모험을 하는 모습을 안전한 발코니에서 지켜보면서 바이런은 항해 이미지를 이용해서 그가 느낀 셸리의 천재성을 정확히 담아냈다.

이 협잡의 시대에 (셸리) 혼자 용감하게 그 흐름을 막고 있다. 그가 오늘 범람한 아르노강에서 보트를 타며 그랬듯이. 그가 조금이라도 진전을 이루었는지는 관찰할 수 없었지만 말이다. 그 시도는 다른 사람들처럼 강둑에서 떠내려 온 더러운 쓰레기와 함께 휩쓸려가는 것보다는 낫다.[7]

수요일 밤마다 일행 전체가 바이런의 집에서 식사를 했다. 식사 후에 두 시인은 새벽까지 밤을 새우며 배와 시, 때로는 여자에 대해 이야기를 나눴다. 시인들이 자신들만의 친밀한 소그룹에 윌리엄스와 막 도착한 그의 친구인 늠름한 콘월의 선원 에드워드 트렐러니를 끼워주었기에 에드워드 윌리엄스는 기뻐했다. 이 남자들의 그룹에서 약간 배제된 느낌이 들었던 메리는 메리앤에게 편지를 썼다. "우리의 훌륭한 기사들은 떼 지어 모여 있고, 어리석은 여자들을 산책에 데려가는 것을 좋아하지 않습니다. 제인과 … 저는 함께 나가서 합리적인 이야기를 나누고 제비꽃을 땁니다."[8]

하지만 메리는 할 일이 많아서 분주했다. 그해 12월에 《발페르가》의 원고를 다 옮겨 적고 1월에 원고를 영국으로 보냈다. 셸리가 아내를 위해 좋은 금전적 계약 조건을 엄중한 어조로 요구한 쪽지를 그 출판사에 함께 보냈다. 올리에의 답변을 기다리는 동안, 여전히 메리의 재능을 존중했던 바이런은 그녀에게 자신의 필경사가 되어 달라고 요청했다. 메리는 아직도 그의 시를 열렬히 흠모했기 때문에 기꺼이 그 일을 맡았다. 바이런의 작품에 대한 메리의 열정 때문에 셸리는 불안해졌다. 특히 바이런이 도착한 이후 자신은 작품을 많이 쓰지 못했던 것이다. 다행히도 아름다운 제인이 늘 가까이 있었다. 글을 써야 할 일이 없었던 제인은 그의 생각과 느낌에 열렬히 귀를 기울이는 것 같았고, 그의 다양한 재능에 종종 찬탄했다.

제인의 한 가지 흥미로운 자질은 힌디어를 조금 말할 줄 안다는 것이었다. 무역상이었던 아버지가 인도에서 장사를 했으므로 그녀는 어린 시절에 잠시 인도에서 살았다. 제인은 이따금 노래를 부르면서 인도의 멜로디를 끼워 넣었는데, 셸리는 이런 이국적인 느낌을 좋아했기에 몇 시간이고 그녀의 노래를 들으며 황홀해했고 고무되었다. 마침내 여기 새로운 뮤즈가 나타났다. 에밀리아는 실망을 안겨줬다. 메리는 너무 차가웠다. 클레어는 멀리 피렌체에 있었다. 제인의 아름다움에 고무되어 위대한 시를 쓸 것이다. 셸리는 이렇게 확신했다.

셸리가 드러낸 관심은 제인에게 지적인 메리에 대한 특별한 승리였다. 제인은 천재인 셸리가 훌륭한 작가 아내보다 자기를 더 좋아하는 것이 과연 가능한 일일지 의아해했다. 제인의 검은 눈은 시인을 향했고, 그는 자신을 숭배하는 그녀—흠모받지 못한 그의 영혼을 달래는 향유와 같은—가 옆에 있음으로써 바랐던 대로 찬미의 서정시를 지을 수 있었다. 경제적 여유가 없었지만 자개가 박힌 값비싼 기타를 제인에게 사주었고, 자신을 미란다(제인)의 수호 정령 아리엘*이라고 불렀다.[9]

---

*《템페스트》에 등장하는 정령. 극중에서 미란다의 아버지 프로스페로는 동생 안토니오에 의해 위기에 빠지나 아리엘을 부려 지위를 회복한다.

제인은 셰익스피어의 《템페스트》에서 따온 이 표현의 의미를 알지 못했을 것이다. 책을 많이 읽지 않은 터라 셸리가 언급하는 작가들은 대부분 들어본 적도 없었다. 하지만 이에 아랑곳하지 않고 셸리는 자기 나름의 의견이 없는 여자와 함께 있을 때 얼마나 즐거운지를 다시금 깨닫게 되었다. 에밀리아의 그런 면을 좋아했었는데—예전에 메리의 박식함과 뛰어난 능력이 해리엇의 무지보다 훨씬 우월하다고 생각했던 셸리에게는 역설적인 반전이었다—제인에 대한 감정은 더 깊었다. 에밀리아는 가짜였다. 이제 셸리에게 이상적인 여성은 제인—그녀의 영혼에 넘치는 음악성과 숭배하는 눈빛—이었다. 셸리는 언제나 선생 놀이를 즐겨 했고 이제 매혹을 느끼는 이 새로운 대상을 위한 단기 집중 문학 수업을 시작했다. 봄이 되었을 때쯤 그는 제인이 역사에서 정치에 이르기까지 모든 이슈뿐 아니라 가정의 갈등에서도 자기 편이 되어주리라고 믿을 수 있었다. 사실 제인은 셸리가 아내에 대해 불평할 때를 제일 좋아했고, 그럴 때면 반드시 메리에 대해 부정적인 발언을 덧붙였다. 제인에 따르면, 메리는 확실히 수많은 방법으로 남편에게 실망감을 주었다.

메리는 혹시 셸리와 제인의 이중적 태도를 알았더라도 아주 잘 숨겼고, 자신은 에드워드 윌리엄스의 친구인 트렐러니에게서 위안을 얻었다. 스물아홉 살이었던 이 선원은 크리스마스 연휴 직후인 1월에 피사에 도착했다. 처음에 메리에게 그는 진정한 남자가 갖추어야 할 모든 것을 갖춘 남자로 보였다. 에드워드 트렐러니는 작위가 있는 콘월 가문의 둘째 아들로 태어나 해군에서 복무했고—그의 전기 작가들은 이 주장에 의문을 제기했지만[10]—스무 살에 군대를 나와 세계를 돌아다녔다고 말했다. 하지만 그는 일 년 수입이 500파운드밖에 되지 않고 영국에 있는 아내와 두 딸을 저버렸다는 사실은 밝히지 않았다.

트렐러니의 모습은 늠름했다. 우아하게 콧수염을 길렀고 긴 머리

영국의 작가이자 모험가였던 에드워드 트렐러니. 퍼시 셸리, 바이런 경과
친분을 맺은 것으로 유명해졌다.

칼은 귀 뒤로 넘겼다. 메리는 그의 멋진 모습에 열광하며 일기에 "그
의 무어인 얼굴 … 검은 머리, 헤라클레스 같은 몸매"라고 적었다.[11]
그는 무엇이든 할 수 있는 영웅처럼 보였다. 그의 목소리는 우렁찼고,
"그가 '굉장해!'라고 말하면 정말 굉장했다"고 어느 친구가 말했다.[12]
메리에게 그는 혜성처럼 나타나 "일상의 단조로운 인간관계"에서 자
기를 깨운 것 같았다.[13] 산적, 전투, 이국의 땅, 난파선 등 그는 경험
해보지 못한 것이 없었다. 혹은 그렇게 보였다. 그의 이야기를 들으면
마치 《아라비안나이트》를 읽는 것 같았다.

1822년 1월 말에 셸리는 일곱 연으로 구성된 '낙원에서 차단된 뱀'
이라는 제목의 시를 윌리엄스의 집 문 아래로 밀어 넣었다.[14] 셸리는
뱀에 매료되었다. 신화에 등장하는 뱀의 역할은 악마의 상징일 뿐만
아니라 재생과 환생의 상징이었다. 윌리엄스는 이 시가 자전적인 작

품이라는 것을 알았다. 그와 제인이 이 시를 읽었을 때 그 의미는 분명했다. 셀리가 차단된 '낙원'은 윌리엄스 부부의 결혼 생활이라는 낙원이었다. 셀리는 슬프고 외로웠다. 메리와 함께 사는 집은 그에게 평화를 주지 않았고, 제인에 대한 감정 때문에 그는 더욱 외로워졌다. 그는 윌리엄스 부부를 피해야만 한다고 선언했고, 이 결심을 곧 깨뜨렸다.

III.

그러므로 이제 내가 그대들을 거의 보지 않는다면
사랑하는 벗들이여, 사랑하는 벗이여! 알아주게나,
내가 그대의 모습을 피하는 것은 오로지
잠들어야 할 슬픔과 죽지 못하는 희망을
일깨우기 때문이라는 것을.
그것들이 주는 편안함을
나는 견딜 수 없다네. 하지만 나는,
화살이 너무 깊게 박혀서,
그것을 빼내면 바로 죽을 거라네.

IV.

내가 차가운 집으로 돌아갈 때, 그대는 묻곤 하지
왜 내가 예전 같지 않냐고!
인생의 지루한 장면에서 억지로 맡은 역을
연기하지 못하도록 그대가 나를 망쳐놓았네.

셸리는 제인에게 그 시를 읽어줄 수도 있지만 "그 시행이 너무 암울해서 나는 간직할 수 없다"고 윌리엄스에게 말했다.[15] 윌리엄스는 시를 제인에게 읽어주었고, 그녀는 셸리의 사랑 선언에 우쭐해했다. 하지만 윌리엄스는 지나치게 걱정하지도 않았고 질투하지도 않았다. 일기에 이 사건을 기록하며 그날 일어난 다른 일보다 더 비중을 두지도 않았다.

셸리가 우리에게 아름답지만 너무 우울한 시를 보냈다. 바이런 경을 방문하고 그와 함께 사격장에 갔다. 삼십 걸음 거리에서 병을 맞혔다. 메리와 셸리와 저녁을 먹었다.[16]

그러나 윌리엄스는 친구에게 동정심을 느꼈다. 메리는 윌리엄스 자신이라면 결코 결혼하고 싶지 않을 여자였다. 그가 보기에 메리는 너무 불평이 많고, 바이런을 너무 열정적으로 흠모하고, 셸리의 항해 모험에 너무 안달복달했다. 논쟁적이고 변덕스러울 때도 있었다. 아들 걱정이 너무 많았다. 돈에 대해 바가지를 긁었다. 제인만큼 아름답지 않았다. 셸리가 불행한 것은 당연했다. 메리는 어쩌다가 명랑할 뿐이었다. 제인과 에드워드에게 메리는 진정한 매력은 전혀 없이 화를 잘 내는 불쾌한 젊은 여자로 보였다. 그들은 그 시기에 셸리 부부를 알게 되었으므로 메리가 한때 남편을 우상으로 숭배했고, 지금도 시인으로서 그의 천재성을 여전히 믿으며, 아직도 온전히 '자연스럽게' 함께 있을 수 있는 사람은 남편뿐이라고 생각한다는 것을 알지 못했다.[17] 셸리는 작가로서 능력에 의혹을 느낄 때면 언제나 아내에게 의지할 수 있었다. 메리도 마찬가지였다. 스스로에 대한 확신이 들지 않을 때면 셸리가 "당신 자신의 마음을 알려고 애쓰고, 그 마음이 가장 사랑하는 것을 알아내고, 그것을 즐기려고 노력하라"고 말하리라는 것을 알았다.[18] 가령 셸리는 《발페르가》를 읽기 전에 아내에게 이렇게 썼다. "당신은 교정을 엄격하게 보고, 내게서, 당신을 흠모하는 자로부터, 엄격한 논평을 기대하세요. 당신은 그 분야에서 타의 추종을 불허하는 작품을 썼고, 자신의 출생과 물려받은 귀족의 명예에 만족하지 않고 당신의 이름에 더 높은 명성을 더할 거라고 나는 자부하고 있어요."[19]

그러나 메리의 작품에 대한 셸리의 믿음에도 불구하고 그해 봄 런던에서 나쁜 소식이 왔다. 그들의 출판인 올리에는 《발페르가》에 대해 수용할 수 있을 만한 조건을 제시하지 않았다. 셸리와 메리는 500파운드를 원했고 최소한 400파운드를 받을 거라고 예상했다.[20] 그래서 책을 팔 수 없다는 소식은 충격이었다. 메리는 몹시 실망했다. 그녀는 이 작품으로 빚을 갚고 아버지를 도울 수 있기를 바랐다. 하지만 속으로는 좋은 평가를 받으리라 기대했고. 자신의 성취를 자랑스럽게 생각했다.

올리에의 거절에 잇따라서 고드윈이 메리에게 편지를 보내 스키너 거리에서 쫓겨날 처지라고 말했다. 걱정과 죄책감에 시달리면서 간절히 아버지의 인정을 받고 싶었던 메리는 출판사에 편지를 보냈다. 고드윈에게 그 원고를 선물로 주고, 그가 문학 쪽 인맥을 활용해 책을 팔아보고 만약 성공하면 그 돈을 아버지가 쓰도록 말해 달라고 지시했다. 하지만 고드윈은 간신히 《발페르가》를 팔지 않고도 재앙을 피할 수 있었다. 다른 곳에서 자금을 받은 그는 시장이 좋아질 때까지 기다렸다가 책을 팔기로 결정했다. 이 년이 더 지날 때까지 그는 출판사를 찾지 않았다. 그런 까닭에 메리는 기즈번 부인에게 은밀히 한탄하는 편지를 보냈다. "저는 그 책과 관련된 소식을 듣게 되기를 갈망합니다. 작가의 허영심 때문에 그 책이 인쇄된 것을 보고 싶고, 친구들의 칭찬을 듣고 싶으니까요."[21]

마침내 《발페르가》가 출간되었을 때 대부분의 평론가들은 메리의 우아한 문체를 칭찬했지만 안타깝게도 이야기의 복합적인 성격을 전혀 이해하지 못했고 그래서 메리는 마땅히 받아야 한다고 생각한 찬사를 받지 못했다.[22] 제목이 적힌 페이지에서 메리는 자신을 《프랑켄슈타인》의 작가라고 밝히며 급진주의자이자 작가로서 자신의 자격을 주장했다.[23] 어머니에게 깊은 경의를 표한 그녀의 소설은 실제로는 팽팽한 긴장감이 도는 강력한 정치적 이야기였지만, 비극적인 사랑 이야기로 간주되었다. 메리의 마키아벨리 반박에 주목한 어느 비평가는 그녀가 카스트루초를 '빛나고 활기찬' 인물이 아니라 '현대적이고 여성스러운' 인물로 묘사했다고 질책했다.[24] 그는 메리의 반전(反戰) 철학과 남성의 야망에 대한 비판—오늘날의 독자에게는 바로 눈에 띄는 점—을 무시했고 그 대신 그녀에게 경건함이 부족하다고 비난하고, 그녀를 '사탄 학파'—시인 로버트 사우디가 셸리와 바이런에게 찍어준 낙인—의 일원이라고 일축했다. 동시대의 다른 사람들에게 《발페르가》는 그저 역사 소설일 뿐이었고, 그것도 여성 작가의 작품이었기 때문에 철학적으로나 정치적으로 진지하게 받아들여지지 않았다. 메리는 자신의 사상이 무시당하고 정치적 견해가 묵살당하자 당혹스러웠다. 보수주의자들에게는 비판을 받을 거라 생각했지만 자유주의자들에게는 영웅이 될 거라고 기대했었다. 그러기는커녕 그녀는 자유주의자들에게도 무시되었다.

2월 7일 피사에서 트렐러니는 우아한 영국 여성 보클러크 부인의 집에서 열린 무도회에 메리와 함께 가서 왈츠를 추었다. 셸리는 한 번도 이런 적이 없었다. 나중에 메리는 일기에 그날 저녁에 느낀 감정을 쏟아냈다.

길고 긴 저녁 시간에 뒤섞인 사람들 속에서 춤을 추고 음악을 들으면—얼마나 감정이 빈번히 달라지는지—서풍이 구름의 그림자를 양지바른 언덕이나 물결치는 밀밭을 가로질러 신속히 몰고 가듯이—감정도 그렇게 신속하게 지나간다.[25]

메리는 자신의 감정에 압도되었다. 트렐러니의 말 한마디가 "(그녀의) 침체된 피를 흥분시킬 수 있었다. 웃음이 눈 속에서 춤추고 그에 맞춰 기분이 높이 솟구친다." 그리스 왕자처럼 트렐러니는 호리호리한 도깨비불 같은 메리의 남편을 연약하게, 심지어 여자처럼 보이게 만들었다.

트렐러니는 때로 현기증을 일으킬 만큼 뒤섞여 있는 메리의 엄숙함과 유머에 감탄했고, '고요한 회색 눈동자'와 '천재의 혈통'을 흠모했다.[26] 또한 "뛰어난 옛 작가들의 작품에 대한 친숙함에서 비롯된, 다채롭고 적절한 단어로 자기 생각을 표현하는 그녀의 능력"에 깊은 인상을 받았다.

무도회가 끝나고 며칠 뒤에 피사 축제에서 축하 행사가 시작되었다. 흥분된 분위기에 저항할 수 없어서 그들 모두 일반 가면무도회에 참석하기로 결정했다. 메리는 튀르크 의상을 입었고, 제인은 '힌두스탄 의상'으로 터번을 쓰고 짧은 실크 바지를 입었는데 이 옷이 인도에서 보낸 소녀 시절을 기념하기에 자랑스러워했다.[27] 그들은 다른 사람들의 의상에 대해 비평하며 아르노 강변을 거닐었고, 그러고 나서 새벽 3시까지 춤을 추었다.

그 후 몇 주간 메리는 거의 매일 트렐러니를 만났다. 메리가 그와 함께 참석했던 무도회를 개최한 보클러크 부인은 메리에게 호감을 느껴 다른 영국 부인들에게 셸리 부부를 손님 명단에 포함시키라고 제안했다. 많은 사람들이 '근친상간' 모임과 섞이고 싶지 않아 거절했지만, 악명 높은 바이런 경이 셸리 부부와 동행할 가능성이 크기 때문에 일부 부인들은 저항하기 어려웠다. 그래서 보클러크 부인의 추천과 유명한 시인과의 친분 덕에 셸리 부부는 야유회와 축제, 티파티와 무도회에 초대되었다. 셸리는 그런 모임에 관심이 없었지만 메리는 이런 기회를 한껏 이용해서 트렐러니를 보호자로 데려갔다. 셸리가 바이런의 집에서 식사하고 새벽까지 돌아오지 않을 때 메리 자신도 늦게까지 외출했기 때문에 신경 쓰지 않았다. 사실 그녀는 매력적인 젊은 여성은 세상에서 일종의 힘을 갖게 된다는 것을 알게 되었다. 그리스 왕자의 친구인 어느 그리스 백작은 메리에게 "가장 예쁘장한 태도, 가장 예쁘장한 표정, 가장 예쁘장한 몸매 … 세상에서 가장 예쁘장한 몸놀림"을 갖고 있다고 말했다.[28]

셸리와 함께 파티에 참석하지 않을 때 메리는 트렐러니와 함께 식사를 하고, 긴 산책을 하고 미래에 대한 꿈을 이야기했다. 모두 셸리의 암묵적인 허락하에 한 일이다. 셸리는 대부분의 시간을 바이런이나 윌리엄스 부부와 보냈기 때문이다. 클레어에 관한 수수께끼 같은 사건들과 마찬가지로, 이 시기의 핵심적인 부분도 그녀의 일기에서 사라졌다. 물론 역설적이게도, 이 사라진 몇 페이지는 메리나 그 후손들이 다른 사람들에게 알려주지 않으려는 사건을 표시하는 깃발이 되었다. 그것을 보면 그해 겨울에 낭만적인 막간극이 잠시 발생했을 가능성이 있다. 하지만 그 기간에 몇 번의 키스 이상으로 나아가지는 않았을 것이다. 만약 더 나아갔다면 트렐러니는 거의 틀림없이 그 사건을 이용했을 테고, 훗날 그의 회고록이나 다른 사람들에게 보낸 편지에서 메리에 대해 이야기했을 것이다. 메리에 대해서 말하자면, 그녀는 트렐러니에게 관심을 쏟으며 흥분에 휩싸였을지 모르지만 무도회 직후에 임신했다는 사실을 알게 되었다. 또다시 그녀를 셸리에게 묶는 상황이었다. 게다가 몇 주가 지나면서 트렐러니에게 신뢰할 수 없는 부분이 있다고 느끼게 되었다. 그것을 꼭 집어서 말할 수는 없었다. 그를 엄청나게 매력적인 사람이라고 생각했지만, 그의 이야기가 너무 환상적이어서 겉으로 보이는 것과 같은 사람인지 의심이 들었다. 그래서 메리는 무도회가 열린 다음 날 기즈번 부인에게 편지를 썼다. "그의 도덕적 자질에 대해 저는 아직 아무것도 모릅니다. 그는 기이하게 꼬인 그물 같아서 저는 그것을 풀어보려고 애쓰고 있어요."[29) 메리는 현혹되었지만 의심을 품었다. 하지만 위험이 기다리고 있을 수 있고, 트렐러니가 언젠가 그녀에게 돌이킬 수 없는 해를 끼칠 수 있다는 것을 알아차리지 못했다. 어쩌면 알아차리고 싶지 않았을 것이다.

몇 달간 트렐러니가 환심을 사려고 했던 사람은 메리뿐만이 아니었다. 부유하고 유명한 사람들에게 들러붙고 싶었던 그는 바이런과 셸리도 자기편으로 만드는 일에 착수했다. 이 일은 두 시인이 선원뿐 아니라 군인을 존중한다는 사실 덕분에 다소 쉬워졌다. 트렐러니에 따르면, 그가 시를 많이 읽지 못했다고 사과하자 셸리가 이렇게 대답했다. "자네가 우리보다 유리하네. 우리가 책에서 읽은 것을 자네는 직접 보았으니까. 자네는 살아 있는 것에서 지식을 얻었고, 우리는 죽은 것에서 얻었지."[30) 셸리는 새로 알게 된 사람에게 자신이 12월부터 꿈꾸어 왔던 계획을 도와 달라고 요청했다. 날렵하고 화려한, 그리고 가장 중요한 것은 바이런의 웅장한 새 배보다 더 빠른 보트를 만들려는 계획이었다. 바이런은 자신의 영웅인 남미 혁명가를 기리기 위해 자기 배에 '볼리바르'라는 이름을 붙였다. 트렐러니는 자신이 이 계획의 적임자라고 셸리에게 장담했고 바로 작업에 착수했다. 1월 15일에 윌리엄스는 트렐러니가 '미국식 스쿠너 모델'을 디자인했다고 기록했다.[31) 그들은 그의 디자인이 마음에 들어 그가 아는 로버츠 선장을 고용하여 제노바에서 배를 건조하도록 했다. 셸리는 봄까지 배를 완성해서 지난 8월에 방문했던 해안 마을 라스페치아로 그들과 보트를 타고 가서 거기서 여름을 보내고 싶어 했다.

만난 지 얼마 되지 않는 사람을 전적으로 신뢰하는 것은 셀리의 충동적인 성격과 전적으로 일치했다. 그는 트렐러니를 마치 어릴 때부터 알고 지낸 사람처럼 대했다. 트렐러니가 사실을 과장하는 성향이 있다는 것을 알아차리지 못했고, 염려하지도 않았다. 일찍이 트렐러니의 전기를 쓴 어느 작가는 "트렐러니는 … 약간의 허구가 섞이면 사실이 훨씬 돋보인다는 것을 알았다"고 지적했다.[32] 그는 자기에 대해 이야기하기를 좋아했고, 그런 이야기에서 "그는 온갖 역경에 맞서 극복한다. 그는 진정으로 영광스러운 트렐러니, 그 자신의 상상 속 트렐러니이다."

셀리가 그의 우정을 받아들임으로써 트렐러니에게 예술과 모험의 화려한 세계로 들어가는 문이 열렸다. 그는 젊은 시인과 한패가 되었고, 미래에 회고록을 쓰기 위해 셀리의 활동을 기록했다. 메리에게 추파를 던진 것도 셀리에게 접근하기 위한 방법이었다. 그러나 트렐러니의 특징을 알려주는 한 가지 단서는 그가 재치 있는 헌트와 달리 셀리의 유머를 이해하지 못했다는 점이다. 오랜 세월이 지난 후 트렐러니는 시인을 묘사할 때 그의 셀리는 "웃지 않았고 미소도 짓지 않았다"고 썼지만,[33] 셀리와 가까이 지냈던 사람들은 세상에 대한 그의 풍자 가득한 의견뿐 아니라 짓궂은 장난을 좋아하는 성향을 종종 주목했다.

그러나 바이런은 오래지 않아 자기들 그룹의 이 새로운 구성원을 의심하게 되었다. 메리와 마찬가지로 트렐러니의 이야기가 신빙성이 없다고 생각했다. 실로 그 이야기는 바이런의 시에 등장하는 영웅 코세르, 해럴드 공, 또는 라라의 이야기와 묘하게도 비슷하게 들렸다.[34] 그리고 바이런 앞에서 바이런의 영웅 행세를 하는 것은 무모한 시도였지만, 트렐러니는 바로 그런 노력을 하는 것 같았다. 바이런에 따르면, 심지어 트렐러니는 베개 밑에 〈해적〉을 넣고 잤다고 하니 바이런의 열의가 시들해진 것은 당연하다. 분명치 않은 것은 바이런이 왜 그 콘월 사람을 참고 받아주기로 했는가 하는 점이다. 어쩌면 그해 여름 볼리바르호의 거창한 항해를 계획하고 있던 시인이 셸리처럼 그를 이용할 방법을 생각해냈기 때문일 것이다. 트렐러니는 자신의 이야기를 의심한 바이런을 결코 용서하지 않았고, 바이런이 죽고 오래 지난 후에 신랄한 회고록을 써서 시인에게 복수했다. 그는 바이런을 "나약하고" "비열하다"고 묘사하며,[35] "이기심과 허영심이 전혀 없는" 셸리와 비교해 비판적으로 서술했다.

메리에게 축제는 봄의 정점이었다. 2월 말쯤 되자 임신으로 인해 그녀의 기분은 몹시 저조해졌다. 입덧 때문에 봄이 왔는데도 기뻐할 수 없었다. 아몬드 나무에 선명한 분홍색 꽃들이 무리지어 피었고 섬세한 아네모네와 앵초가 정원을 환히 밝혔다. 하지만 메리는 잠을 자거나 먹는 것도 힘들었고 걱정과 피로로 얼굴이 창백해졌다. 그녀는 태아에게 뭔가 문제가 있다고 확신했다. 3월에 14개월 된 퍼시가 미열에 시달리자 메리는 공포에 질려 의사를 불렀다. 클레어가 앨러그라가 죽는 악몽을 꾼다는 편지를 4월에 보내온 후 메리의 공포는 더 커졌다. 메리는 봄철을 재난과 연결지었다.[36] 윌리엄의 죽음과 첫아기를 잃은 직후 런던에서 보냈던 끔찍한 시간이 기억났다. 그때 메리가 클레어와 너무 격렬하게 싸워서 클레어는 시골에 은둔해야 했다. 메리는 전에도 이런 불길한 기분을 느낀 적이 있었는데, 그때마다 그것은 재앙을 예고했다. 패니와 해리엇의 자살. 클라라와 윌리엄의 죽음. 세월이 흐르면서 메리는 자신이 느끼는 두려움이 미래를 정확하게 예측하며, 재난이 언제 닥칠지 느낄 수 있다고 믿게 되었다. 그런데 올해는 그 어느 때보다도 극심한 공포에 시달렸다.

날씨가 따뜻해지자 메리를 제외하고 모두가 여름 계획을 기대했고, 피사에서 서쪽으로 80킬로미터쯤 떨어진 라스페치아의 바닷가에서 보내는 휴가를 꿈꿨다. 바이런은 그 지역이 너무 삭막한 데다 볼리바르호가 가기에는 수심이 너무 얕다고 판단하고 그 계획에서 빠지려 했다. 하지만 셸리가 바이런에게 리보르노 근처에 집을 구하자고 설득했고, 일단 바이런이 동의하자 두 사람은 라스페치아 계획에 대한 이야기밖에 하지 않았다.[37] 그들은 매일 배를 탈 것이다! 시인들은 보트를 타고 경주할 것이다!

하지만 메리에게는 여름 휴양지가 걱정스럽게 보였다. 카산드라처럼 메리는 라스페치아에 가서는 안 된다고 경고했지만 아무도 듣지 않았다. 셸리, 윌리엄스, 트렐러니는 보트를 만드는 계획에 너무 들떠서 메리의 경고에 주의하지 않았다. 그들은 새 보트가 완성되기를 조급하게 기다렸지만, 최종 설계에 그 정도 크기의 보트에 일반적으로 필요한 돛보다 더 많이 포함시켜서 완성이 지연되었다. 메리에게는 새로운 걱정이 생겼다. 라스페치아만은 보트를 타기에 안전한 곳이 아닐지도 모른다. 메리는 두려운 심정을 제인에게 토로했지만, 제인의 도움을 기대했다면 실망할 수밖에 없었다. 이제 제인은 오로지 셸리의 편이었고, 셸리나 윌리엄스가 물 위에서 스스로 돌볼 능력이 부족하리라고는 꿈에도 의심하지 않는다고 말했다.[38]

메리는 혼자 고립되었다고 느꼈다. 트렐러니는 3월 말경에 셸리, 윌리엄스와 함께 들어앉아서 항해도를 검토하고 삭구(索具) 디자인을 그리며 시간을 보냈다. 최근에 그는 친구들을 만나러 로마로 떠났는데 메리에게 작별 인사를 하면서도 섭섭한 기색이 전혀 없었다. 그녀가 알지 못했던 것은, 윌리엄스 부부가 메리의 냉정함과 무감각함에 대해 끊임없이 트렐러니의 귀에 쑥덕거렸다는 사실이었다. 메리의 울적한 기분은 그 부부의 이야기가 사실이라는 것을 확인해주었다. 메리의 걱정에 공감하기는커녕 트렐러니는 윌리엄스 부부와 함께 메리를 괴짜 천재 셸리에게 전혀 적합하지 않은 나쁜 아내라고 비난했다.

바이런이 그해 여름을 셸리 가족과 가까이에서 지내기로 동의하자 두 시인 사이에 약간 거북한 틈이 생겼다. 앨러그라 문제는 항상 논란을 일으켰지만, 이제 악몽 때문에 겁에 질린 클레어가 셸리에게 편지를 보내 앨러그라가 수녀원에서 나올 수 있도록 바이런을 설득해 달라고 부탁했다.[39] 만일 설득할 수 없다면, 딸을 납치할 수 있도록 메리와 함께 자기를 도와 달라고 말했다. 메리와 셸리는 클레어가 납치 계획을 단념하도록 설득하려고 최선을 다했다. 속으로 그들은 앨러그라가 바이런의 방탕한 생활에서 벗어나 학교에 남는 것이 최선이라고 생각했다. 또한 바이런은 결국 이탈리아를 떠날 테고, 그러면 클레어는 원하는 만큼 자유롭게 딸을 볼 수 있을 거라고 생각했다.

그렇다 해도 셸리는 클레어가 얼마나 괴로워하는지 알고 있었기에 바이런에게 클레어의 입장을 대변하려 했지만 시인은 클레어라는 이름이 나올 때마다 분개했다. 그녀의 편지가 '건방지다'고 바이런이 말했다.[40] 클레어 자신이 도덕이 없고 '무신론자'다. 그녀가 대체 뭐라고 어린아이를 어떻게 해야 하는지 자기에게 훈계하는가? 바이런은 앨러그라가 자기 엄마처럼 되는 것을 절대 원하지 않았다. 그의 목표는 앨러그라를 "가급적 기독교인이자 기혼 여성"이 되도록 키우는 것이었다. 수녀원은 앨러그라에게 좋은 곳이고 아이의 교육도 향상되고 있었다. 그 증거로 그는 앨러그라가 자기에게 보낸 편지를 보여주었다. "사랑하는 아빠는 뭐하고 계세요? 저는 너무 건강하고 너무 행복해서 저에게 많은 행복을 가져다주신 아빠에게 감사를 드릴 수밖에 없어요. 저를 축복해주시기 바랍니다. 아빠의 어린 딸 앨러그라가 사랑의 인사를 보냅니다."[41] 바이런은 어린 딸을 찾아가지 않았지만, 엄마의 "정신병자 같은 행동"으로부터 아이를 보호하는 것이 자기 의무라고 셸리에게 선언했다.[42] 세상에서 가장 악명 높은 난봉꾼이고,

언제나 너무도 충격적인 새 모험에 빠져드는 사람이 클레어의 도덕성이나 정신 상태를 비난한다는 것은 아이러니였다. 그리고 바이런은 그 아이러니를 알아차리지 못했음이 분명했다.

클레어가 여름 여행을 준비하려고 4월 중순에 피렌체에서 왔을 때 메리는 진실로 반가웠다. 클레어는 언니의 우울한 기분에 놀라 위로해주려고 애썼다. 메리가 임신 중일 때는 항상 불안해했고, 아름다운 라스페치아만을 보면 기분이 나아지는 데 도움이 될 거라고 언니에게 말했다. 4월 23일에 클레어는 메리를 퍼시, 셸리와 남겨 두고 윌리엄스 부부와 함께 집을 구하러 해안가로 떠났다. 클레어가 떠난 지 몇 시간 뒤에 바이런의 정부 테레사가 얼빠진 듯 하얗게 질린 얼굴로 찾아왔다. 수녀원에서 앨러그라가 발진티푸스로 죽었다는 소식을 방금 보내왔다는 것이었다. 앨러그라는 다섯 살 삼 개월이 막 지난 나이였다.

몹시 충격을 받은 메리는 이 '흉보'가 자신이 두려워했던 재앙일지 의아해했다.[43] 앨러그라의 죽음으로 슬픔에 잠겼지만 그녀의 생각은 즉시 퍼시에게로 날아갔고 자기 아이가 다음 차례가 아닌지 불안해졌다. 또한 바이런이 아주 가까이 살고 있으니 클레어가 그에게 복수하겠다고 나설까 봐 걱정이었다. 셸리는 클레어가 집을 구하러 다니다가 돌아오는 대로 재빨리 라스페치아로 데려가고, 일단 피사에서 멀리 떨어진 다음에 딸의 소식을 알려주는 것이 제일 낫겠다고 판단했다.[44]

따라서 클레어와 윌리엄스 부부가 라스페치아에서 돌아와 작은 어촌 마을 산테렌초 근방에서 괜찮은 집으로 카사 마니 하나밖에 찾지 못했다고 말했을 때, 이들은 여름철을 보낼 집으로 당장 떠나야 한다는 셸리의 말을 듣고 놀랐다. 놀랍게도 메리는 그의 말에 저항하지 않고 동의했다. 셸리가 갑자기 변덕을 부리는 데 익숙했던 클레어는 그리 화를 내지 않았다. 특히 셸리가 그곳에 가서 다른 집을 찾을 테고 다른 집을 찾을 수 없으면 그들 모두 한집에서 살고 그러면 즐거울 거라고 장담했기 때문이었다. 푸른 언덕과 바위 해안, 하늘, 만 …. 아름다운 이탈리아의 풍경에 둘러싸여 저녁마다 클레어는 그들에게 노래를 불러줄 수 있을 것이다.

4월 26일에 메리와 클레어, 퍼시는 셸리에게 떠밀려 라스페치아로 떠났다. 셸리가 "급류처럼 모든 것을 휘몰아갔다"라고 메리는 마리아 기즈번에게 썼다.[45] 셸리와 윌리엄스 부부는 뒤에 남아 가구를 상자에 넣고 물건들을 포장했다. 그러면서 셸리는 윌리엄스 부부에게 슬픈 소식을 전했고 앞으로 닥칠 폭풍우에 대비하도록 했다.

32장

파격적인 신혼 생활
메리 울스턴크래프트 1797

　지난 한 해 동안 메리 울스턴크래프트와 고드윈은 찰튼 거리 근처 새로 생긴 동네의 폴리곤이라는 주택 건설을 눈여겨보았다. 그곳은 널리 트인 느낌이 들어서 메리가 어렸을 때 살았던 마을을 연상시켰다. 지저분하고 시끄러운 도시에서 멀리 떨어진 목가적인 장소였다. 북쪽에 건초용 풀밭이 있었고 집집마다 뒤편에 넓은 정원이 있었다. 두 사람은 많이 의논하지 않고도 이곳에서 살고 싶다고 결정했다. 원한다면 걸어서 런던에 가서 친구를 만나고 극장에 가거나 출판사와 이야기를 나눌 수 있었다. 메리가 어렸을 때처럼 아이들은 정원에서 자유롭게 놀 수 있을 것이다.

　결혼식 직전인 3월 말에 그들은 집주인과 거래를 마무리하고 29번지 주택의 임차권을 구입했다. 4월 첫째 주에 마르그리트가 패니와 노는 동안 메리는 하녀의 도움을 받아 침구류, 주방 용품, 책, 서류 들을 정리했다. 4월 6일에 부부의 이삿짐 상자와 가구가 각자의 숙소에서 새집으로 수레에 실려 왔다. 이삿짐을 풀면서 지친 하루를 보낸 후 메리, 고드윈, 패니는 가족으로서 다 함께 첫날밤을 보냈다. 새집은 천장이 높고 방들이 널찍했다. 창문이 커서 상쾌한 시골 공기를 마실 수 있었다. 거리의 먼지를 차단하느라 창문을 꼭 닫아야 하는 런던의 집과는 확연히 다른 점이었다. 세 살이 되어 가던 패니는 새집을 좋아했고 '그 아저씨'가 새 '아빠'라는 사실에 기뻐했다. 아이는 창밖을 내다보며 건초를 만들러 가겠다고 말했다.[1]

하지만 메리와 고드윈은 그리 유쾌하지 않았다. 〈더 타임스(The Times)〉에서 "결혼 제도에 반대하는 팸플릿의 저자인 고드윈 씨"가 "여성의 권리를 지지하는 책을 쓴 유명한 울스턴크래프트 부인"과 결혼했다는 뉴스를 실었던 것이다.[2] 그래서 이제 친구들과 가족에게 실토하는 것을 더는 미룰 수 없었다. 아침을 먹은 후 두 사람은 각자 앉아서 편지를 썼는데 이는 역사상 가장 희한한 결혼 발표였다. 도전적이면서도 미안해하고, 뻔뻔하면서도 천진난만하고, 불안해하면서도 과장하면서 이 두 철학자는 적절하게 의사를 표현하기가 쉽지 않았다. 가령 고드윈의 '미인들' 중에서 메리가 아주 좋아한 젊은 어밀리아 올더슨에게 편지를 쓰면서 그녀는 행복이나 사랑, 또는 곧 태어날 아기에 대해서는 전혀 언급하지 않았다. 그 대신 철학적 원칙을 말하고 관습적인 가정의 의무에서 벗어나겠다는 자신의 의도를 이야기했다.

내가 바라는 것은 고드윈 씨가 예전처럼 방문하고 밖에서 식사를 하는 겁니다. 나도 똑같이 할 거예요. 간단히 말해서 나는 계속 독자적으로 생활할 생각이고 내 아이들의 정신에 감정과 원칙을 기르는 것에서도 그럴 겁니다. 내가 아이를 더 낳는다면…[3]

어밀리아는 이 편지를 받고 웃음을 터뜨렸고, 메리와 고드윈은 "특별한 사람들"이라고 친구에게 편지를 썼다. "아! 숭고한 지론이란 얼마나 매력적인 것일까. 그 지론에 따라서 실천할 수만 있다면!"[4]

고드윈도 결혼을 감상적이지 않은 표현으로 묘사했다. 메리 헤이스에게 참을 수 없이 격식을 차리는 문제로 편지를 쓰면서 그는 오로지 메리의 성을 임레이에서 고드윈으로 바꾸기 위해 결혼했다고 말했다.

> 내 아름다운 이웃은 내가 당신에게 한 가지 소식을 알려주기를 바랍니다. 그 소식을 다른 사람이 아니라 우리에게서 듣는 것이 그녀와 내가 당신에게 품고 있는 존경심에 걸맞은 일이지요. 그녀는 자기를 설득하여 자신의 성을 바꾸게 하라고 당신이 나를 진지하게 압박했던 일을 당신에게 상기시켜 달라고 합니다. 그리고 많은 논객들과 마찬가지로 스스로 만든 덫에 걸리는 일이 내게 일어났다는 것을 덧붙이라고 지시합니다. 간단히 말해서 우리는 그녀가 임레이라는 이름을 버리려면 고드윈이라는 이름을 얻는 것만큼 확실한 방법이 없다는 것을 발견했습니다. 고드윈 부인—그녀는 대체 누구일까요?—은 당신을 만나면 기뻐할 것입니다. … 언제든지 당신이 방문하고 싶을 때 말이지요.[5]

아이러니하게도 메리의 성을 바꾸는 것을 놓고 그렇게 소란을 피운후 고드윈은 친구 홀크로프트에게 편지를 쓸 때 메리의 성에 대해 언급하는 것을 잊었다. 친구가 간과한 실수와 그의 신부의 정체에 대해 의아해하던 홀크로프트는 기분이 상해서 편지를 쓰며 "자네의 비밀은 내게 약간 고통을 준다네"라고 말했다.[6] 또 다른 친구에게 고드윈은 결혼은 의무적인 합의일 뿐이고, 결혼이 옳다고 생각하지 않고 그의 철학과 모순되지만 메리를 보호하기 위해 필요했다고 말했다.

어떤 사람들은 이 경우에 내 실천과 원칙 간의 괴리를 발견했지. 하지만 나는 그렇게 볼 수 없네. 내 '정치적 정의'의 원칙은 상반된 성(性)을 지닌 두 사람 사이에 어느 정도 영구적인 애정은 문제가 없지만, 유럽 국가에서 행해지는 결혼 제도는 잘못되었다는 것이라네. 나는 여전히 그 의견을 고수하고 있네. 나는 결혼 제도가 폐지되는 것을 보기 원하고 내 동료들에게 아주 조심하지 않고는 결혼을 하지 말라고 권고하겠지만, 나는 다만 내가 다치게 할 권리가 없는 개인의 행복에 대한 배려가 아니었더라면 이 제도에 굴하지 않았을 걸세. 그 개인의 평화와 품위를 유지하는 데 필요하다고 여겨지는 일을 했으므로, 나는 나 자신이 결혼식을 치르기 이전과 달리 구속되었다고 여기지 않네.[7]

푸젤리는 그들의 결혼을 비웃었다. 그는 "여성 인권의 주창자가 정치적 정의의 추(錘)의 청혼을 받아들였다"고 친구에게 말했다.[8] 마리아 레블리는 이 소식을 듣고 울었다. 일라이자와 에버리나는 언니의 결혼이 자신들의 평판에 미칠 결과를 걱정했고 동생들의 우려는 그 뉴스가 런던을 강타한 지 몇 주 지난 후에 옳다는 것이 입증되었다. 일라이자는 메리의 여동생이라는 이유로 전보다 나은 새 일자리를 잃었다. 작가 애나 바볼드는 이들의 비인습적인 결혼 합의를 조롱하는 글을 썼다. "두 사람은 그들의 관계가 가급적 결혼처럼 저속하고 저열한 유대로 보이지 않게 하려고 … 각자 별도의 집을 얻었고, 남편은 연인처럼 그의 정부를 방문할 뿐이며, 그럴 때 그들은 정장을 차려입고 방은 정돈되어 있을 것이다 등등. 아마도 그들에게 가족이 생길 때까지는 이런 상태가 지속되겠지만, 그때가 되면 그들은 다른 사람들처럼 조용히 한 가족이 될 것이다."[9] 당연히 인치볼드 부인은 고드윈에게 극장에 함께 가기로 한 약속을 취소하는 고약한 메모를 보냈다.

부인이 결혼에 대해 알기 전에 잡은 약속이었다.

> 당신과 고드윈 부인의 즐거움을 진심으로 기원합니다. 하지만 당신의 즐거움으로 인해 온갖 사소한 약속은 당신의 기억에서 지워지리라고 확신하므로 나는 다른 사람에게 당신의 자리를 채워 달라고 요청했습니다. … 만일 내가 잘못했다면, 당신이 다음에 결혼할 때는 달리 행동하겠습니다.[10]

하지만 이 사실을 알게 된 메리는 고드윈이 자신과 함께 가야 한다고 주장했다. 메리는 인치볼드 부인이 너무 많은 영향력을 행사하도록 내버려 두고 싶지 않았다. 하지만 결과는 참담했다. 메리와 인치볼드 부인은 공적으로 부딪쳤고 다시는 서로 말하지 않았다.

다른 지인들도 떨어져 나가거나 그들과 어울리기를 피했다. 고드윈은 조롱과 악의적인 험담의 놀림감이 된 것에 대항해서 싸워 나가야 했다. 고드윈이 세상을 떠난 후 메리 셸리는 이렇게 썼다. "고드윈은 자기 의견을 발표할 때 열정적이고 비타협적인 논조를 띠었기 때문에 그의 추종자들은 행동을 할 때도 그 의견을 엄격하게 준수할 것을 요구하게 되었다. 결혼 법령을 준수하는 것은 많은 추종자들의 눈에는 절대적인 배신이었다."[11] 급진적인 견해로 인해 이미 보수주의자들의 미움을 샀던 고드윈은 이제 그의 오랜 지지자들에게 불같은 공격을 받았다. 지지자들 중 다수는 그를 대의의 반역자로 간주했다. 유명한 결혼 비판자가 이제 스스로 결혼했던 것이다.

메리에게는 스스로를 강렬한 열정의 희생양으로 제시했던 것이 곧 혹스러웠다. 그 열정이 잘못되자 다른 남자와 살림을 차린 꼴이 되었다. 메리는 어밀리아에게 자신의 행동을 변명하며, 자신의 결정은 순전히 실용적인 것이고 자신은 여전히 임레이의 고약한 대우로 고통받고 있다고 말했다.

의심할 줄 모르는 내 마음이 전에 받은 상처는 치유되지 않았어요. 나는 저녁 시간에 고독하게 느꼈고, 엄마의 의무를 다하면서도 비슷한 가치를 추구하는 사람이 애정으로 내게 묶여 있기를 바랐어요. 게다가 나를 수치스럽게 하는 이름을 버리고 싶은 마음이 간절했어요.[12]

다행히 그들의 결혼에 기뻐하는 사람들도 있었다. 메리 헤이스는 여성을 지배하는 규범에 분개하는 울스턴크래프트에게 공감했고, 친구의 용기에 찬사를 보냈다. 헤이스가 표명한 입장 덕분에 메리는 자신이 직면한 비판에도 불구하고 신념이 흔들리지 않았다는 것을 밝힐 수 있었다.

자신이 살고 있는 시대보다 앞서 나아가고, 세상의 이성이 발전하면서 시간이 지나면 부정할 편견을 정신의 힘으로 대담하게 버리는 사람들은 용감하게 비난을 직시하는 방법을 배워야 합니다. 우리는 다른 사람의 의견을 존중하느라 너무 노심초사하지 않아야 합니다.[13]

조지프 존슨은 고드윈과 메리를 존경했고, 결혼식 다음 날에 두 사람과 함께 식사했다. 경건한 감리교도 미망인이었던 고드윈의 어머니는 아들이 결혼에 반대하는 입장을 포기했다는 말을 듣고 감격해서 고드윈에게 편지를 썼다. "결혼에 대한 네 결심이 깨졌으니 나는 용기를 얻고 네가 곧 복음을 받아들이기를 바란단다. 복음은 모든 믿는 사람들에게 확실한 약속의 말씀이니까."[14] 어머니는 그들에게 계란을 보냈다. 시골의 소박한 선물이었지만, 계란은 전통적으로 다산의 상징이었기 때문에 아마도 손자를 바라는 연로한 부인의 희망을 드러내는 선물이었을 것이다. 그녀는 계란을 제대로 보관하지 않으면 '상할' 거라고 말하며, 짚 속에 넣어 두고 자주 뒤집어주라고 메리에게 조언했다. 부인은 또한 부부에게 깃털 침대를 선물했는데 이것도 그들의 결혼 생활에 풍부한 결실이 있기를 바라는 상징이었다.

더 극심한 논란을 헤쳐 왔던 메리와 고드윈은 겉으로 부인한 것과 달리 자신들의 결정에 만족했다. 서른여덟 살에 메리는 안정적으로 정착했다고 느꼈고, 미래에 희망을 품었다. 고드윈에 대한 감정은 임레이에게 느꼈던 감정과 달리 강렬하지 않았지만 더 견고했다. 메리는 고드윈의 진실함과 지성에 경탄했고, 임레이에 대한 존중심은 완전히 버렸다. 고드윈은 사회적 관습의 울타리에 둘러싸인 철학자로서 외부 세상에 자신의 결정을 주저하는 어조로 발표했지만, 새로운 삶의 즐거움을 만끽했다. 오랜 세월이 지나 고드윈이 세상을 떠난 후 그의 딸 메리 셸리는 "고드윈의 더 은밀한 내적 감정은 모두 이른바 그의 원칙과 상반되었다"라고 썼다.[15] 메리 셸리는 결혼에 반대한다는 아버지의 발언에도 불구하고 자기 딸에 관해서는 그의 지론이 적용되지 않는다는 것을 심한 마음고생을 하면서 깨달았던 것이다. 고드윈은 철학자였지만 자신에게 내재된, 혹은 그들이 살고 있는 사회에 내재된 편견, 두려움, 야심을 언제나 극복할 수 있었던 것은 아니었다.

고드윈이 셸리와 달아난 딸 메리를 비난할 무렵에는 결혼에 대한 생각이 달라진 것도 사실이다. 그와 메리 울스턴크래프트의 결합은 처음부터 자신의 '원칙'에 반하는 경험임을 입증했기 때문이다. 그의 새 아내는 고드윈이 원하지 않는 일을 하도록 구속하지 않았다. 이사하고 며칠 안에 그는 새로운 일상의 패턴을 확립했다. 아침마다 일찍 찰튼 거리에 있는 사무실까지 두 블록을 걸어가서 책을 읽고, 아침을 먹고, 늘 그랬듯이 1시까지 글을 썼다. 메리는 이런 방식에 찬성했다.

그녀는 "내 영혼을 위해서 당신이 내 마음속에 박혀 있기를 원하지만, 당신이 항상 내 곁에 붙어 있는 것은 원하지 않아요"라고 말했다.[16]

고드윈의 작업 공간이 따로 있었기 때문에 낮에는 여전히 쪽지에 의존해 의사소통을 해야 했다. 다행히도 고드윈은 메리의 메모를 많이 모아 두었다. 메리는 이렇게 남편에게 저녁 메뉴를 알려주었다.

가장 좋은 삶은 양고기를 만들어 달라고 했어요. 날씨 때문에 당신이 외출을 못 할 수 있으니 4시에 식사하는 데 아마 이의가 없겠지요.[17]

메리는 고드윈에게 패니를 어떻게 대해야 하는지 알려주고 그들의 일정을 정리한다.

패니는 당신과 함께 식사할 생각에 기뻐해요. 하지만 음식을 먼저 먹고 나서 패니에게 푸딩을 주면 좋겠어요. 그런데 혹시 내가 당신을 보지 못하게 되면, 오늘 저녁에 너무 늦지 않기를 부탁할게요. (패니에게 버터를 푸딩과 같이 주지 마세요.)[18]

그들의 논쟁을 마무리하기도 한다.

우리가 오늘 아침에 언쟁을 시작해서 유감이에요. 말다툼을 벌이다 보니 우리 둘 다 상대를 희생하면서 자신을 정당화하려고 했을 거예요.[19]

그리고,

솔직히 말하자면 … 당신이 틀린 것 같아요. 그래요, 더없이 분명한 확신을 느끼며 감히 그렇게 말할 수 있어요. 정도를 벗어날 수 없는 정의와 인류애의 원칙을 아직 내 마음속에 품고 있으니까요.[20]

메리는 작품을 검토하기 위해 둘만의 시간을 내기도 한다.

오늘 저녁에 당신과 계획이 있어요. 당신을 독차지하고 (아무도 방문하지 않기를 바랍니다!) 당신이 그 회곡을 읽어주면 좋겠어요.[21]

고드윈은 오후에 집에 돌아와 메리와 패니와 식사를 한 다음 자신의 저녁 활동에 착수했고, 친구들을 따로 만나기로 한 방침을 지켰다. 4월 말 무렵에 고드윈은 자신이 현재 경험하는 감정을 사랑하고, 철학이 사랑보다 중요하다고 생각했던 과거를 후회한다고 고백했다. 너무 많은 시간을 함께 지내는 것을 걱정했지만, 그와 메리는 '싫증이 날 위험이 없다'는 것을 알게 되었다.

우리는 각자의 집을 방문할 때 느끼는 새롭고 활기찬 감정과 가정생활의 더욱 감미롭고 진정한 즐거움을 상당히 잘 결합한 것 같소.[22]

하지만 파격적인 합의 방식에도 불구하고 메리는 이사와 임신으로 인한 피로 때문에 여전히 작업에 지장이 있음을 알게 되었다. 메리는 4월의 남은 기간 동안 집안일을 피하고 집필에 전념했다. 노예처럼 집안일에 얽매이지 않기로 합의했지만 아침마다 고드윈이 집을 탈출하기 때문에 집안일은 주로 메리가 도맡게 되었다. 이것은 꼭 피하고 싶었던 상황이었다. 왜 자신은 집주인, 배관공, "상인들과 합의를 보는 불쾌한 일"을 처리해야 하는가?[23] 메리는 고드윈에게 항의했다.

오늘 몸이 좋지 않아서 영혼까지 시달렸어요. 메리(하녀)가 싱크대와 다른 것들의 상태에 대해 당신에게 알려줄 거예요. 당신이 집주인에게 단호하게 말하지 않아서 내가 (조금) 시달린다는 걸 아세요? 난 그 사람을 경멸해요. 그는 매사를 한심하게 처리해서 날 피곤하게 해요. 난 즉시 '네, 아니오'로 말하는 사람이 좋아요.

메리는 자신들의 관계가 평범한 것이 아니라고 고드윈에게 강조했다. 할 일이 있는 사람은 가족 중에 그 혼자만이 아니었다. 글을 쓸 사적인 시간을 확보할 권리가 있는 사람도 그 혼자만이 아니었다.

내게 내 시간은 독자적으로 일하는 다른 사람들의 시간 못지않게 소중해 보여요. … 솔직히 말하자면 방해받지 않으려는 당신의 욕구 때문에 나는 존중받지 못하는 느낌이 들어요.[24]

현대인들에게는 이런 말이 큰 곤란을 겪는 아내의 일상적인 한탄처럼 들릴 수 있다. 그러나 18세기에 메리의 주장은 인습적인 것이 아니었다. 본질적으로 메리의 주장은 철학을 현실에 적용한 것이었다. 메리는 《여성의 권리 옹호》에서 언급했던 권리를 주장한 것이다. 고드윈은 자신들의 합의를 존중하고, 아내가 글을 쓸 수 있도록 가사의 책임 일부를 떠맡겠다고 말했다. 하지만 그는 실제로 그렇게 할 수 없었고 집안일의 대부분을 메리에게 맡겼다.

그렇지만 4월 말에 메리는 용케 에세이 한 편을 단숨에 써서 새로운 급진적 저널인 〈먼슬리 매거진〉에 기고했다. '꾸며낸 취향에 대하여'라는 제목의 이 에세이는 표면적으로는 메리가 《스웨덴에서 쓴 편지》에서 처음 표명했던 낭만주의적 가치의 일부를 그저 되풀이해서 말하는 것처럼 보인다. 자연에서 영감을 받아야 최고의 글이 나온다.

문명은 예술가들을 영감의 원천에서 멀어지게 하므로 그들을 약화시킨다. 하지만 실제로 메리는 《마리아》와 관련해 고드윈과 벌인 논쟁에서 자신의 입장을 밝히고 있었다. 좋은 글을 구성하는 것은 무엇인가? 글쓰기는 어느 정도나 형식적이어야 하고, 어느 정도나 개인적이어야 하며, 어느 정도나 상상력을 발휘해야 하는가? 이것은 무미건조한 학술적 질문이 아니었다. 오히려 이 질문은 교육과 성별, 계급과 기회에 대한 핵심적인 문제를 제기했다. 작가로서 메리의 명성은 대부분 이런 질문에 대한 답변에 달려 있었다.

메리는 사실 문법과 문체에 관한 정규 교육을 전혀 받지 못했으므로 고드윈이 구문의 정확성과 전통적인 수사적 기교를 강조하면 내용보다 형식을 중시하게 된다고 지적하고, 이것은 언제나 잘못된 일이라고 말했다.[25] 진정으로 독창적인 작가는 자연에서 힘을 끌어내기 때문에 그 작가들의 작품은 (메리의 작품처럼) 언제나 약간 거칠고 약간 세련되지 않을 수밖에 없다. 하지만 이 거친 소재는 힘과 진실함을 지니고 있어서 《정치적 정의에 대한 고찰》처럼 훌륭하게 구성된 철학적 논문보다 우월하다. 메리는 고드윈이 받아들일 수 없을 훨씬 민주적인 질서를 옹호하고 있었다. 자신과 같은 사람들이 작가 대열에 합류할 수 있도록 문을 열고 싶었다. 작가가 자기 생각을 제대로 표현하기 위해 엘리트 학교에서 교육받을 필요는 없다. 필요한 것은 오로지 훌륭한 상상력이다.[26]

메리는 이런 주장을 입증하려고 어린 고드윈과 다르지 않을 남학생의 모습을 묘사한다. 이 학생은 과거의 시인들에게 매료되어 그들의 작품을 모방하는 데 전념하느라 자연의 진실, 즉 '자연'처럼 정제되지 않고 아름다운 진실을 놓치고 있다는 사실을 깨닫지 못한다. 사실 이런 학생들은 실제로 불리한 상황에 처해 있다고 메리는 주장한다.

고전 교육을 받은 소년들은 기억을 단어들로 채우고, 아마도 그 단어들에 상응하는 개념을 결코 명확하게 이해하지 못할 것이다. 이 주장의 근거로, 상당히 매끄러운 시를 쓰고 형용사들을 적절하게 연결할 수 있지만 글의 주제는 마음의 척박함을 보여주고, 그들이 합리적 이성으로 받아들였던 교양이 얼마나 피상적인 것이었는지를 보여주는 젊은이들을 많이 알고 있다고 말해야겠다.[27]

이 문제에 대한 메리의 처방은 젊은 작가들이 야외로 눈을 돌리는 것이었다. 전통적인 교실에 갇혀 있으면 모든 예술의 진정한 원천인 자연에서 영감을 얻을 수 없다. 이는 실로 민주적인 명제였는데, 누구나 건전한 감수성만 있다면 '천재'가 될 수 있기 때문이었다.

메리가 취한 입장은, 여성들이 고전 교육을 받지 못했다는 바로 그 점 때문에 오히려 신성한 문학의 전당에 들어갈 수 있음을 보여주었다는 데서 독창적이었다. 여성들에게 학식이 부족하다는 사실은 단점이기는커녕 오히려 그들이 자유롭게 자연에 다가갈 수 있게 했다. 메리는 여성 예술가가 고드윈 같은 남성보다 더 대담한 혁신을 열망할 수 있다고 생각했다. 메리 자신은 그리스 시인을 읽기보다는 그리스 시인이 되고 싶었고, 자연을 묘사하기보다는 자연의 힘이 되고 싶다고 암시했다.

이것은 탁월한 재주였다. 메리는 자신이 받지 못한 정규 교육의 결핍을 강점으로 바꾼 것이다. 메리의 문법 수준과 신중함의 결핍을 비판했던 고드윈은 진정한 위대함을 얻으려면 자기 마음에 더 귀를 기울여야 했다. 남자들은 모두 그럴 필요가 있었다. 자발성. 진실성. 이런 것들은 이성과 유식한 언급 못지않게 중요했고, 문법의 정확성보다는 분명히 더 중요했다. 메리는 철학을 부정하지 않았다. 합리적 지식 추구는 여전히 중요했다. 지식이 없으면 상상력이 길을 잃을 수 있기 때문이다. 하지만 그녀는 고드윈처럼 오로지 논리에 의존하는 사람들에게 '그들의 따뜻한 감정'을 터놓으라고 촉구했다.[28]

이 주장은 단순히 감성과 지성, 감정과 이성을 대립시키는 것이 아니었다. 오히려 메리는 자신이 여성으로, 아내로, 지식인으로, 예술가로 진지하게 받아들여질 권리를 주장하며, 문학 작품이나 개인적인 토론에서 중요한 것은 박식함이나 현란한 표현법이 아니라 말의 내용과 그것을 제시하는 힘이라고 선언했다. 따라서 메리의 두 권의 《옹호》가 중요한 것은 절박한 메시지를 담고 있기 때문이고, 그 책에 부적절한 구절이 몇 개 있다고 해서 폄하해서는 안 된다.

〈꾸며낸 취향에 대하여〉는 독자들에게 특별한 반응을 불러일으키지 못했지만 낭만주의의 새로운 문학적·미학적 원칙을 가장 명료하게 선언한 글이었다. 이 에세이를 완성한 후 메리는 원기를 되찾고 새로운 활력을 얻어 《마리아》로 돌아왔다. 그녀는 존슨을 위한 논평을 잠시 중단하고 소설에 더 많은 시간을 할애했다. 소설의 서문에서 메리는 자신의 목표가 "사회의 편파적인 법과 관습이 여성에게 초래한 특별한 참상과 억압"[29]을 밝히는 것이라고 말했다. 이 소설은 여주인공 마리아가 정신병원에서 깨어나는 장면으로 이야기를 시작하는데, 메리는 정신병원을 방문한 후 그곳을 오싹하게도 정확하게 묘사할 수 있었다. 미친 남녀의 울부짖음과 비명 소리는 혹스턴 정신병원 근처에서 살았던 십 대 시절의 메리를 떠올리게 한다. 소설에서 마리아의 남편이 아내를 정신병원에 보낸 것은 그녀가 미쳐서가 아니다. 그가 아내의 재산을 노렸기 때문에, 그리고 아내를 성노예로 팔려는 시도에 그녀가 저항했기 때문이다. 63년 후에 윌키 콜린스는 그의 유명한 소설 《흰옷을 입은 여인》에서 동일한 플롯을 사용했다. 콜린스의 작품에서 사악한 남편은 순진한 아내의 재산을 차지하려고 아내를 정신병원에 가둔다. 메리의 소설에는 마리아를 돌보는 '제미마'라는 동정심 많은 간병인이 나온다. 제미마는 사악한 주인들에게 당한 성적 학대에 대해 들려주는데 이는 영국 소설사에서 획기적인 순간이었다. 메리는 제미마라는 노동 계급 여성이 자신의 암울한 과거를 말하게 만든 것이다.

이전에도 영국 문학에 유사한 인물들이 있었는데, 가장 주목할 인물은 유명한 '창녀' 몰 플랜더스*이다. 하지만 몰의 이야기는 순수한 희극이다. 그녀는 자신의 적들을 물리치고 결국 승리하는 사기꾼으로 드러난다. 제미마에게는 몰이 누리는 삶의 환희와 행운이 전혀 없다. 메리는 제미마가 수많은 남성에게 구타당하고 버림받은 '진짜' 매춘부였다는 점을 강조한다. 제미마는 자신이 겪은 성폭력을 지금까지 소설에서 금지되었던 언어로 생생하게 묘사한다. 메리는 이처럼 불쾌한 현실을 보여주는 세부 묘사로 새로운 문학적 프런티어를 개척했다.

《마리아》는 미완성 작품이고 읽기도 어렵다. 메리가 사망할 당시에 계속 집필 중이었고 결말을 결정하지 않은 상태였다. 메리는 여성의 성 착취에 대해 이야기하면 금지된 영역으로 들어간다는 것을 알고 있었다. 하지만 여성들이 직면한 재앙을 폭로할 의도였기 때문에 여주인공의 고통을 희석할 생각은 전혀 없었다. 메리에게 이 책의 중심 이미지는 정신병원이었으며, 무너져 내리는 벽과 어두운 복도는 18세기 여성들이 처한 곤경을 나타내는 은유였다. 이것은 바로 메리가 동생 일라이자에게 닥칠지 모른다고 두려워했던 운명이었다.

마리아와 제미마가 각자 자신의 이야기를 풀어놓게 함으로써 사실 메리는 여성이 부유하든 가난하든 상관없이 누구든 영국의 관습법에 박혀 있는 불의에 직면한다는 것을 보여주었다. 제미마는 자기를 학

---

* 대니얼 디포의 소설 《몰 플랜더스》(1722)의 주인공.

대한 자들을 기소할 수 없었다. 제미마의 주인들은 그녀를 강간하고 제물로 삼을 법적 권리가 있었다. 상류층 여성 마리아도 마찬가지였다. 그녀의 남편은 아내의 부와 사회적 지위에도 불구하고 그녀를 학대할 권리가 있었다. 실은 이런 현실 때문에 아마도 메리가 줄거리를 전개하는 데 어려움을 겪었을 것이다. 여성의 감금은 불가피하게 고정된 조건이었다.

메리가 《마리아》를 완성할 시간이 있었다면 《스웨덴에서 쓴 편지》보다 훨씬 큰 성공을 거둔 베스트셀러가 되었을 것이다. 당시 대중은 배우자 학대에 관한 이야기에 매료되어 있었다. 불과 8년 전에 런던은 스트래스모어 백작부인 메리 볼스의 소름 끼치는 사건으로 떠들썩했다. 백작부인의 남편은 아내를 벽장에 가두고 굶기고 반복적으로 강간하고 거의 죽을 때까지 고문했다. 상상도 할 수 없는 일이지만, 영국의 법률 체계는 백작부인이 아니라 학대한 남편을 보호했다. 남편들은 아내를 '처벌하고 감금할 수 있는' 아주 오래된 권리가 있기 때문이었다.[30] 1891년이 되어서야 남편의 '아내 구금' 권리가 마침내 폐기되었다. 부부 강간은 다음 한 세기 동안 합법적으로 유지되었다. 백작부인의 남편이 스스로를 "치맛바람을 일으키는 여자의 적이자 아내의 종속적 지위를 옹호하는 사람의 벗"[31]이라고 자랑스럽게 선언했을 때 그 말은 많은 사람들의 생각을 대변한 것이었다. 대부분의 사람들에게 '나쁜 아내 길들이기'는 명예로운 일로 여겨졌다. 백작부인은 이혼에 성공했지만 그녀의 전남편은 아이들의 양육권을 차지했다. 자식들은 아버지의 재산으로 간주되었고, 이 법에 메리 울스턴크래프트는 격분했다. 메리는 언젠가 임레이에게 이렇게 말했다. "아이가 세상에 나오기 전에 엄마가 아이에게 느끼는 염려와 불안을 생각하면, 아이는 자연권에 따라 엄마에게 속하는 것 같아요. … 하지만 남자는 아이에 대한 권리를 주장하기 위해서 거들먹거리며 아이를 잡기만 하면

되지요. 남자는 폭군이에요!"[32)]

　《마리아》의 결말로 나아가는 부분에서 마리아는 법정에서 자기 입장을 옹호한다. "나는 여성들에게 강제로 (결혼) 계약서에 서명하도록 강요하는 법에 항의하며 외칩니다. 그 계약서 때문에 여자들은 선택이나 필요에 따라 그들을 지배하도록 지정된 폭군의 변덕에 좌우됩니다."[33)] 그러나 법정은 마리아의 열정적인 외침을 무시했다. 독자들이 자신을 그런 운명에 처하게 하지 않기를 메리는 바랐다. 메리는 마리아의 호소가 사람들을 일깨워서 모든 여성이 직면한 불의에 눈과 귀와 마음을 열기를 원했다.

33장

유산, 악몽, 죽음
메리 셸리 1822

　라스페치아만의 산테렌초에 도착한 메리와 클레어는 몹시 궁핍한 사람들이 사는 작은 마을을 보았다. 여자들은 맨발이고 굶주린 아이들은 눈이 퀭했다. 피사에서 서쪽으로 말을 타고 하루만 달리면 닿을 수 있는 거리였지만 산테렌초는 세상과 단절된 곳 같았다. 가장 가까운 마을인 레리치는 보트를 타고 3킬로미터쯤 가야 있었고 육로로는 거의 접근할 수 없었다. 폐허가 된 성이 절벽에 매달려 있었다. 작은 교회와 창문 없는 어부들의 오두막 몇 채가 흩어져 있었다. 메리와 클레어는 이탈리아어를 유창하게 구사했지만 마을 사람들이 하는 말을 도통 알아들을 수 없었다. 마을의 독특한 방언과 관습이 있었기 때문에 이탈리아 하인들도 알아듣지 못했다. "우리가 남태평양에 있는 어느 섬에 난파되더라도 문명과 안락함에서 이보다 멀리 떨어져 있다고 느낄 수 없었을 것이다"라고 메리는 기록했다.[1]

　카사 마니에 가려면 배를 타거나 바위투성이 해변을 걸어서 넘어가는 방법밖에 없었다. 그 집은 원래 보트 창고였기 때문에 그곳으로 가는 길이 없었다. 1층은 만(灣)으로 바로 연결되어서 그물, 줄, 노를 보관하는 용도로만 사용할 수 있었다. 바람이 거세면 육지와 바다의 경계를 표시하기 위해 쌓은 낮은 벽 위로 파도가 넘어왔다. 가장 가까운 상점은 자주 범람하는 강 건너편으로 4.8킬로미터 떨어진 곳에 있었다. 지저분하고 네모난 집은 마치 하늘에서 뚝 떨어진 것처럼 해안과 사이프러스 나무, 밤나무, 소나무가 뒤덮인 가파른 언덕 사이에 끼어 있었다.

메리는 사생활과 조용한 휴양지를 중요하게 생각했지만, 그 집은 처음 본 순간부터 무척 싫었다. 하얗게 칠한 벽은 지저분하고, 만을 향해 서 있는 다섯 개의 아치는 어둡고, 큰 방은 동굴처럼 보여서 그 집은 적대적으로, 심지어 위협적으로 느껴졌다. "불길한 느낌이 내 마음을 뒤덮었다"[2]고 메리는 회상했다. 50년 후 미국 작가 헨리 제임스(Henry James)는 그곳을 "흐릿한 얼굴의 비극적인 빌라"[3]라고 묘사했다.

셸리가 윌리엄스 부부와 나머지 하인들과 함께 여러 척의 보트를 타고 도착한 후 모두 보트의 짐을 해변에 내리도록 도왔다. 그들은 집 뒤쪽의 바깥 계단을 올라가 이층에 있는 주거 공간으로 상자를 운반해야 했다. 이층으로 갈 수 있는 유일한 길이 그 계단이었다. 중앙의 홀에서 세 개의 작은 침실로 연결되었다. 어른 다섯, 어린아이 셋, 요리사, 하녀들, 유모까지 지내기에는 너무 비좁은 공간이었다. 그렇지만 메리와 셸리는 각자 따로 침실을 차지해서 그들의 결혼 생활이 어떤 상태인지를 여실히 보여주었다. 그해 봄에 메리의 우울증은 이미 단절된 두 사람의 관계에 큰 타격을 주었다. 기즈번 부인에게 보낸 편지에서 메리는 이층의 방 배치를 묘사했다. 메리의 방은 중앙 홀의 남쪽에 있었고, 셸리의 방은 북쪽에 있었다. 그들은 떨어져서 잠을 잤을 뿐만 아니라 집안에서도 가급적 가장 멀리 떨어진 구역을 선택했다. 윌리엄스 부부는 셸리의 옆방을 사용했다. 아기들과 하인들은 집 뒤

퍼시 셸리가 생전에 마지막으로 머물렀던 집 '카사 마니'. 20세기 미국 작가 헨리 제임스는 이 집을 가리켜 "흐릿한 얼굴의 비극적인 빌라"라고 표현했다.

편에 간이침대를 놓고 잤다. 클레어는 메리와 함께 자거나 때로 홀에 있는 소파에서 잤다.

셸리가 짐을 풀기도 전에 메리는 불평을 쏟아내기 시작했다. 방이 충분하지 않다. 집이 야만적이다. 도로와 단절되었다. 마을 사람들은 "거칠고 혐오감을 준다".[4] 사생활이 없다. 여러 가족이 식사 때마다 함께 먹어야 한다. 하인들이 그만두겠다고 위협하고 있다. 셸리는 메리가 불편하게 느끼는 이유를 이해할 수 없다. 메리를 "울고불고 몸서리를 치게 한" "아름답지만 낯선 풍경"에 셸리는 기분이 들떴다.[5] 불행한 아내를 위로하려 했지만 그는 그 집을 사랑했다. 그에게는 변덕스럽게 변화하는 바다와 요란하게 부딪치고 돌아가는 해류에 완전히 노출되어 마치 배 위에서 사는 것 같았다. 그해 여름에 몹시 고조된 그의 흥분 상태와 잘 어울리는 환경이었다.

클레어는 아직 앨러그라의 죽음을 알지 못했다. 이 끔찍한 비밀을 간직하고 있으려니 모두들 불안했지만, 아무도 클레어에게 비밀을 알려주고 싶어 하지 않았다. 그렇게 일주일이 지났지만 클레어는 여전히 아무것도 알지 못했다. 마침내 5월 2일에 메리와 셸리는 윌리엄스 부부와 모여 상황을 의논했다.[6] 클레어는 모두들 어디에 있는지 궁금해서 찾으러 다니다가 복도에서 그들의 대화를 엿들었다. 모두가 염려했던 것과 달리 클레어는 히스테리 발작을 일으키지 않았다. 복수심에 타오르지도 않았다. 그저 한없는 슬픔에 빠져들어 아무 말도 하지 않았다. 아무도 그녀를 위로할 수 없었다. 특히 셸리는 위로가 되지 않았다. 클레어는 셸리와 메리가 더 나섰어야 했다고 생각했다. 딸을 되찾을 수 있도록 그들이 도와줬어야 했다. 그들이 주저했기 때문에 앨러그라가 목숨을 잃었다.

셸리는 최선을 다해 클레어를 돌보았고, 앨러그라의 머리카락과 초상화를 보내 달라고 바이런에게 부탁했고, 바이런은 즉시 그렇게 했다. 바이런은 또한 클레어가 매장 준비를 주관해도 된다고 말했다. 하지만 클레어가 원한 것은 장례식을 치르는 것이 아니었다. 앨러그라가 수녀원에서 나와 살아 있기를 원했다. 이 말을 한 순간 분노에 불이 붙어서 클레어는 셸리에게 분노와 슬픔을 쏟아냈다. 셸리는 바이런에게 말했다. "지금 클레어는 혼란스러운 상태인 것 같습니다. 장례식을 주관하라는 경의 허락을 받아들일 생각인지 아닌지 모르겠습니다. 사실, 나는 그동안 지나온 많은 장면들에 너무 지쳐서 감히 묻지 못했습니다."[7]

메리는 동생의 상실감이 얼마나 복합적인 것인지, 슬픔과 죄책감이 아이를 잃은 엄마를 얼마나 괴롭힐 수 있는지 잘 알고 있었다. 클레어는 앨러그라에 대해 아무 권리도 없는 무력한 처지였다. 딸이 위험에 처해 있다고 믿었지만 아이를 구하기 위해 할 수 있는 일이 없었다. 돌이켜 보면 클레어의 악몽은 딸이 보낸 메시지였다는 것을 이제 알게 되었다. 앨러그라는 도움을 요청하며 울부짖었지만 어머니는 그 부름에 응답하지 않았다. 잔인한 아버지가 법의 보호를 받았기 때문에 어린 소녀가 죽었다. 이건 극복할 수 있는 종류의 비극이 아니다. 클레어는 평생 딸에 대한 생각과 대답할 수 없는 질문에 시달려야 했다. 아이의 마지막 날들은 어땠을까? 수녀원에서 어떤 고통을 겪었을까?

바이런과 셸리, 그리고 메리가 죽고 오래 지난 1870년, 72세가 되던 해에 클레어는 수녀원에서 앨러그라에 관한 모든 서류를 간신히 손에 넣을 수 있었다. 새로운 사실은 거의 없었지만 하나하나가 다 소중했다. 바이런의 은행가인 펠레그리노 키지 씨가 1821년 1월 22일에 앨러그라를 수녀원으로 데려왔다.[8] 앨러그라는 따뜻한 족제비 코트를 입고 있었다. 아직 네 살에 불과해 정규 학생이 되기에는 너무 어려서 볼로냐의 후작 기슬리에리의 어린 딸 이사벨라와 함께 마리아나 수녀의 보살핌을 받았다. 적어도 이제 클레어는 1821년 8월에 셸리가 앨러그라를 세 시간 동안 방문한 후 전해준 이야기에 이런 사실을 추가할 수 있었다. 셸리는 클레어가 하나도 빼놓지 않고 알려주기를 바라리라 여겨서 가급적 세밀하게 어린 소녀를 묘사했다.

앨러그라는 나이에 비해 키가 크고 가냘프게 자랐고 얼굴은 약간 달라졌다. 이목구비가 더 섬세해지고, 아마 부적절한 음식 탓인지 얼굴이 더 창백해졌다. 그래도 깊고 푸른 눈과 예쁜 입은 여전히 남아 있었다. 하지만 사색적인 진지함과 아직 아이에게 남아 있는 넘치는 활력이 뒤섞여서 매우 특이한 느낌을 주었다.[9]

셸리는 아이의 값비싼 흰 모슬린 드레스와 검은 실크 앞치마를 언급했다. 앨러그라의 머리는 "아름답게 풍성하게 굵게 곱슬거리며 목으로 흘러내렸다." 앨러그라는 다른 아이들보다 "더 섬세하고 고귀한 존재"로 보였다. 처음에 아이는 쌀쌀했지만, 셸리는 언제나 어린아이들을 매혹시키는 방법을 알고 있었다. 그는 아이에게 "과자 한 바구니"와 예쁜 금목걸이를 주었다. 얼마 지나지 않아 "아이는 점점 친해져서 나를 정원 곳곳으로, 수녀원 곳곳으로 끌고 다녔고, 내가 따라잡기 어려울 정도로 빨리 달리고 뛰었다." 아이는 자기가 밤에 자는 곳과 식사할 때 앉는 의자, 정원 수레를 보여주었다. 앨러그라는 예전과 다름없이 장난꾸러기라고 셸리는 언급했다. 아이가 허락도 받지 않고 수녀원의 종을 치는 바람에 수녀들이 각자의 방에서 나와 줄지어 예배당으로 향했고 결국 수녀원장이 앨러그라의 장난이라고 설명했다. 이런 장난 때문에 아이가 벌을 받지 않는 것을 보고 셸리는 기뻤다. 그러나 아이가 받는 교육은 인상적이지 않았다. "앨러그라의 지력은 그리 계발되지 않았다. 아이는 어떤 기도문을 외우고, 낙원과 천사, 온통 그런 것들에 대해 이야기하고 꿈꾼다."

클레어는 말년에 가톨릭으로 개종했다. 아마도 인생의 마지막 시기에 딸이 가톨릭 전통에 따라 교육받았다는 사실에서 위안을 받았을지 모른다. 어쩌면 가톨릭 의식을 어린 딸과 공유하려는 생각에서 개종했을지 모른다. 하지만 1822년에 셸리가 앨러그라의 천사 이야기를 들려주었을 때 클레어는 바이런이 자기 딸을 신앙심 깊은 아가씨로 키우려고 훈련하고 있다는 사실에 경악했다. 그 아이가 성장하면 미혼모인 자기 어머니를 비난할 것이다. 그것은 어떤 대가를 치르더라도 자신을 딸에게서 떼어놓으려는 바이런의 큰 계획을 보여주는 또 다른 증거였다.

이 당시에 클레어는 알 수 없었지만—너무나 슬픔에 짓눌렸고 너무 큰 고통에 망연자실한 상태라서 자기가 무슨 생각을 하고 있는지도 몰랐다—앨러그라의 죽음은 삶의 전환점이 되었다. 클레어와 메리는 자유로운 사랑이라는 셸리의 이상에 일생을 걸었다. 하지만 마지막에 뒤로 물러서서 자신이 겪은—실은 그들 모두가 겪어 온—일의 의미를 헤아려보았을 때, 자신과 메리, 어린 앨러그라, 해리엇, 제인 윌리엄스, 그리고 바이런과 셸리가 알고 사랑한다고 주장했던 다른 여성들은 남자들의 망상에서 비롯된 이상에 의해 심각한 피해를 입었다고 판단했다. 두 위대한 시인은 자유와 열정이라는 미명하에 이루 말로 다할 수 없는 고통을 가했다고 클레어는 믿었다. 앨러그라의 죽음이 딱 들어맞는 사례였다. 그녀의 딸은 아버지의 눈에는 아무 가치도 없는 어린 소녀로서, 낭만주의 실험의 희생양이었다. 클레어는 생의 마지막에 이르러 두 시인을 저주하고 비난하는 글을 썼다. 이 글은 최근에야 그녀가 남긴 문서 다발에서 발견되었다. "자유로운 사랑이라는 신조와 믿음에 물들어 영국 최고의 시인 두 명이 … 거짓과 비열함, 잔인함과 배신의 괴물이 되는 것을 보았다. 자유로운 사랑에 물들어 B경은 … 그를 사랑한 무력한 여성들에게 고통을 가하며 갈증을 해소하는 인간 호랑이가 되었다."[10]

클레어는 셸리가 앨러그라를 구해야 했다고 느꼈기 때문에 비난의 대상에 셸리를 포함시켰다. 실제로 특히 셸리에게 트집을 잡았다. 그는 바이런보다 강했어야 했고, 그를 사랑한 사람들에게 충실했어야 했다. 셸리는 클레어와 그녀의 어린 딸을 사랑한다고 말했지만 두 사람 모두 잔인하게 방치했고 결국 비참한 결과를 낳았다. 해리엇을 사랑한다고 말했지만 그녀를 버렸다. 그리고 메리. 셸리는 더 신선한 꿈이나 더 무모한 희망을 의미하거나 혹은 자신을 고통에서 구원해줄 듯이 보이는 새로운 여자가 나타날 때마다 클레어 자신을 포함해 그 여자들과 잇따라 사랑에 빠짐으로써 메리를 거듭거듭 배신했다. 자신과 메리가 지불한 대가는 너무 가혹했다.

앨러그라가 죽은 직후에 클레어가 장례식 주관을 거부했기 때문에 바이런이 장례를 맡았다. 그는 여름을 보내려고 이미 리보르노에 와 있었고 자신의 모교인 런던 해로 스쿨의 교회에서 장례를 치르도록 준비했다. 그는 까다로운 목사가 어린 '사생아' 소녀를 교회 안에 매장하기를 거부하리라고는 짐작하지 못했다. 목사는 앨러그라의 유해를 교회 묘지로 내쫓았고 아무 비석도 세우지 않았다.

앨러그라의 죽음과 장례 준비에 대한 이야기가 오가면서 퍼시에 대한 메리의 걱정이 다시 커졌다. 메리는 아들과 함께 피사로 돌아가게 해 달라고 셸리에게 간청했지만, 그는 아내의 애원을 무시했다. 그래서 메리는 셸리가 싫어하는 얼음 같은 침묵에 다시 빠져들었다. 어쩌다 히스테릭하게 눈물을 흘리거나 맹렬하게 화를 냈지만 대체로는 셸리를 "냉담하게 무시하거나 시선을 피했다."[11] 이런 처벌은 셸리를 상심하게 했다. 나중에 메리는 이런 행동을 후회했고, 셸리가 결코 읽지 못할 고뇌에 찬 사과의 글을 썼다.

> 내 마음은 전부 그대의 것이었는데 ─ 그 핵심이
> 단단한 껍질에 둘러싸여, 꿰뚫을 수 없어 보였지,
> 그러다가 불행의 날카로운 이빨이 껍질을 둘로 쪼개자
> 그것은 터져버렸고 다시는 하나가 되지 않겠지 ─
> 날 용서해줘요![12]

그러나 그해 여름에 냉담해 보인 사람은 셸리였다. 그는 메리의 두려움을 무시하고 그녀와 어린 퍼시를 방치하며 하루 종일 제인과 시간을 보냈다.

윌리엄스 부부에게는 메리의 불만이 점점 더 터무니없고 자기 중심적으로 보였다. 두 사람은 왜 그녀가 다정한 셸리를 그토록 불친절하게 대하는지 이해할 수 없었다. 셸리는 왜 그녀와 헤어지지 않을까? 그들은 의아스러웠다. 그들은 카사 마니와 그들의 휴가에 매료되었다. 특히 제인은 근심 걱정이 없었다. 그녀의 아이들, 디나라고 불

린 귀여운 제인과 메디는 뺨이 발그레했고 군인처럼 튼튼했다. 그녀는 셸리와 윌리엄스의 흠모를 듬뿍 받았고, 바다 쪽으로 난 테라스에서 햇볕을 쬐며 셸리가 선물한 기타를 치고 그녀를 위해 셸리가 쓴 시를 높고 가벼운 목소리로 낭송했다. 어느 날 오후에 에드워드는 아내를 바라보면서 셸리가 매우 가엾다고 느꼈다. 그가 제인에게 말했다. "우리가 함께 어디에 있든 당신은 명랑하고 만족할 테니 당신이 자랑스러워."13) 그가 누구와 비교하고 있는지는 명백했다. 메리는 명랑하지도 않고 만족하지도 않았다. 그 반대로 성질 나쁜 여자 같았고, 화를 잘 내고 원망하고 눈물을 잘 흘렸다.

셸리는 자기 나름의 방식으로 앨러그라의 죽음을 다루었다. 클레어가 사실을 알게 된 다음 날 그는 깨어 있는 상태에서 환영을 보았다. 충격을 받은 윌리엄스는 그때의 상황을 기록했다.

셸리와 테라스에서 걸으며 바닷물에 비친 달빛을 지켜보고 있을 때 그가 평소와 달리 매우 불안하다고 호소했다. 그러더니 갑자기 멈춰서서 내 팔을 와락 움켜잡고는 우리 발아래 해변에 하얗게 부서지는 파도를 꼼짝 않고 응시했다. 눈에 띌 정도로 충격을 받은 그의 모습을 보면서 나는 그에게 어디가 아프냐고 물었다. 하지만 그는 "저기 또 있어! 저기!"라고 대답할 뿐이었다.14)

윌리엄스는 그곳을 바라보았지만 아무것도 보이지 않았다. 셸리는 한 아이가 두 손을 깍지 끼고 파도에서 떠오르는 모습을 보았다고 계속 주장했다. 윌리엄스는 위대한 시인만 그런 환상을 볼 수 있을 거라고 셸리에게 말했다. 그는 과거에 유령의 존재를 "느낀 적"은 있었지만 셸리 같은 천재라야 그것을 볼 수 있을 것이다.

이 유령 아이는 셸리가 그해 여름에 본 많은 환영 가운데 첫 번째였다. 그의 기분은 점점 변덕스러워졌다. 이탈리아인 의사는 셸리가 오랫동안 믿어 왔던 결핵 진단을 묵살했지만 셸리는 여전히 잠을 이루기 어려웠다. 그는 아편팅크제를 먹어 옆구리의 류마티스 통증을 완화시키려 했다. 그는 음식도 먹고 싶지 않았고, 아편팅크제로도 완화되지 않는 지독한 고통에 너무나 자주 시달렸다. 기분이 좋은 날에는 미래가 흥미진진하고 밝은 전망으로 가득 찬 것 같았지만, 그의 눈부신 명랑함 때문에 그 후에 터져 나오는 극심한 우울증 증세는 더욱 견디기 힘들었다. 기분이 나쁜 날에는 자신이 실패자라고 느꼈고, 자기 시가 살아남지 못할 거라고 느꼈고, 자신은 결혼에 갇혔고, 폭정이 세상을 파괴했다고 느꼈다. 몇 주간 심한 기복을 겪은 후 그는 치명적인 시안화물인 청산가리를 "영원한 안식의 방으로 인도하는 황금 열쇠"로 비축했다.[15] 밤에는 열에 들뜬 꿈을 꾸느라 잠을 못 자고 안절부절 못했다. 그는 제인을 매혹적인 '인도의 여자 요술사'로 설정한 희곡을 시험 삼아 쓰고 있었고 또한 암울한 시 〈삶의 승리〉를 쓰고 있었다. 이 시에서 그는 삶을 가면을 쓴 악마적 인물들의 무자비한 행렬로 묘사했다. 이 시의 마지막 연은 파편적이라 이해하기 어렵다.

"그렇다면 삶이란 무엇인가?" 나는 말했다 … 절름발이가
이제 앞으로 굴러간 마차에 시선을 보냈다
마치 그 표정이 마지막인 듯이

그리고 대답했다 … 사람들은 행복하다
그들을 가둔 울타리가[16]

여기서 셸리는 멈추었고, 다시 돌아와 시를 완성하지 않았다. 그리고 시를 쓴 종이 뒷면에 보트들을 스케치했다.

셸리가 이렇게 불안정한 상태였기에 메리는 집안을 꾸려 나가는 일이 평소보다 훨씬 힘들었다. 아이들을 먹여야 하고, 생필품을 사고, 청구서를 지불하고, 방을 정돈해야 했다. 하인들은 도움이 되기보다는 골칫거리였다. 셸리 부부의 하인들은 윌리엄스 부부의 하인들을 미워했고 서로 '앙숙처럼' 싸운다고 메리는 불평했다.[17) 결국 양쪽 집 하인들이 불편한 잠자리와 마을에서 외진 위치에 넌더리를 내고 그만두겠다는 위협을 실행에 옮겨서 새로운 하인들을 찾아야 했다. 메리는 이런 혼란의 와중에 기즈번 부인에게 편지를 썼다. "대가족을 꾸려 가는 것이 제 게으른 성미에 얼마나 맞지 않는지 상상하실 수 있겠지요. … 하지만 참아야지요."[18)

5월 12일에 모두 테라스로 나와서 스쿠너식 돛을 장착한 셸리의 보트가 만으로 미끄러져 들어오는 것을 보았다. 배는 한 쪽으로 몹시 기울어 있었고 검은 거품의 항적이 뒤로 길게 이어졌다. "완벽하게 아름다운 보트야." 셸리가 기뻐하며 외쳤다.[19) 그러나 메리에게는 보트가 위험한 새 장난감으로 보였다. 셸리는 줄곧 보트 얘기만 했다. 보트의 날렵한 옆선, 우아한 자태, 완벽하게 날씬한 사이즈, 7미터 길이에 아주 높은 돛대 두 개와 중간 돛대들, 그리고 보트의 크기에 비해 많은 작은 돛들. 메리는 남편이 얼마나 도취되었는지 알 수 있었고, 그가 어떤 곡예를 시도할지 걱정스러웠다. 남편이 제인에게 바친다는 의미에서 보트의 이름을 아리엘로 지었다는 사실은 또 다른 충격이었다.

메리의 짜증스러운 기분은 별도로 치더라도, 보트의 이름 때문에 골치 아픈 일이 또 벌어졌다. 트렐러니는 이 배를 '돈 후안'*으로 불러야 한다고 생각했다. 우쭐해진 바이런은 셸리에게 배를 인도하기 전에 돛에 큰 블록체로 돈 후안을 써 넣으라고 트렐러니에게 지시했다.

---

* 바이런은 1818년부터 돈 후안에 관한 서사시를 쓰고 있었다.

퍼시 셸리의 보트 스케치. 그는 시뿐만 아니라 그림과 낙서로 노트를 채웠다.

하지만 셸리가 배를 건조한 목적은 바이런과 경쟁하려는 것이었지 그에게 아첨하려는 것이 아니었다. 셸리는 배의 이름을 바꾸기로 결정했고, 바이런은 '불같이 화를 냈다.'[20] 셸리와 윌리엄스는 굴하지 않고 3주간 페인트를 지우려고 노력했다. 그들은 비누와 테레빈유, 심지어 포도주까지 사용해 문질렀지만 소용이 없었다. 결국 셸리는 돛의 캔버스 조각을 뜯어내고 다시 꿰매어 붙이게 했고, 마침내 보트는 진짜 이름을 휘날리게 되었다. 셸리는 승리를 거두었고, 자기 작품을 바이런에게 과시할 날을 기대했다.

셸리가 틈날 때마다 자주 배를 타러 나가자 메리는 바닷가의 과부처럼 완전히 버림받은 느낌이었다. 때로 셸리는 메리를 불쌍히 여겨

바다로 데리고 나갔다. 메리는 열여섯 살 때 처음 파리로 항해할 때처럼 그의 무릎에 기대앉았다. 하지만 남편이 자신에게 그저 친절하게 대하려고 노력하는 것일 뿐, 제인과 함께 있고 싶어 한다는 것을 알았다. 아침마다 셸리는 집안일과 우는 아이들, 새 하인들을 피해 아리엘 호로 갔다. 배를 물에 떠 있는 서재처럼 여기며 돛대에 기대어 책을 읽고 글을 쓰고 낮잠을 잤다. 기진맥진한 아내는 요리사와 하녀를 훈련시키고 저녁 식사 메뉴를 지시하고 청구서를 지불하고 부루퉁한 아이들을 달래려고 애썼다. 셸리가 예전에 느꼈던 친밀감을 그리워했다면, 메리는 자신의 슬픔에 대한 그의 무성의한 묵살과 복잡한 살림에 대한 부담감에 짓눌려 버림받았다고 느꼈다. 제인은 전혀 도움이 되지 않았다. 그녀는 하인들을 무시하고 자기 아이들과 놀았으며, 다음 생필품이 어디서 오는지 또는 다음 끼니로 무엇을 먹을지 도통 신경 쓰지 않았다.

6월 7일 윌리엄의 기일을 며칠 앞두고 폭염이 찾아왔다. 메리는 셸리가 함께 애도하기를 바랐지만, 그가 저항하자 평소보다 더 물러나 그와 말하기를 거부했다. 메리는 피곤하고 메스꺼움까지 느껴 기분이 더 나빠졌다. "내 신경이 팽팽하게 긴장해서 극도로 곤두섰다"고 메리는 나중에 기억했다.[21] 천둥번개를 동반한 폭우가 내렸지만 공기가 짙은 안개에 싸여 있어 더위를 더욱 견디기 힘들어졌다. 아이들은 다투었고, 어른들은 서로에게 짜증스럽게 말했으며 콜리지의 선원처럼 헛것을 보기 시작했다. 사실 지루하고 날씨가 더워지자 그들은 환영을 보는 능력이 남들보다 우월하다고 서로 입증하려고 최선을 다했다. 윌리엄스 부부는 이런 경험이 처음이었다. 하지만 창밖을 지나는 셸리의 유령을 보고 그 환영에 "와들와들 떨었던" 제인이 승리를 차지했다.[22]

6월 8일에 메리는 극심한 통증을 느끼며 잠에서 깼다. 윌리엄스 부부는 메리가 셸리의 관심을 끌려고 새로운 계략을 세웠다고 생각하고 그녀를 동정하지 않았다. 메리는 바다에서 목욕을 했다. 그래서 고통이 다소 완화되었지만 그저 잠시뿐이었다. 징후와 조짐을 믿는 메리에게 이 새로운 고통이 윌리엄의 기일 직후에 닥친 것은 우연으로 보이지 않았다. 그날 오후에 리보르노에서 바이런과 함께 지내려고 여행에서 돌아온 트렐러니는 바이런의 배를 몰고 만으로 들어왔다. 그는 바이런이 갑판에 장착하라고 지시했던 군함 대포를 쏘며 자신의 도착을 알렸다. 셸리와 윌리엄스는 누가 왔는지 확인하려고 테라스로 나갔다. 처음에는 군함이 도착한 줄 알았다. 하지만 돛에 굵은 글씨로 볼리바르라고 적혀 있고 돛대에 백작부인의 분홍색 깃발이 휘날리는 것을 보고는 바이런이 또다시 셸리를 앞질렀다는 사실을 인정할 수밖에 없었다. 그 배는 만을 지배했고, 그 옆에서 아리엘호는 아주 어린 여동생처럼 보였다. 동물로 치면 한 배에서 나온 새끼들 가운데 가장 작고 약한 녀석처럼 보이게 만들었다.

기분을 달래려고 셸리는 이미 상부가 무거운 보트의 돛대를 길게 늘려 "마녀처럼 항해하도록" 만들겠다는 계획을 생각해냈다.[23] 그는 범포가 많을수록 배의 속도가 빨라진다는 원칙에 따라 윌리엄스와 함께 더 큰 돛을 설계했다. 경험이 많은 선원이라면 아리엘호는 하부가 너무 가벼워서 많은 돛을 감당할 수 없다는 것을 알았을 테지만, 셸리와 에드워드 모두 이 사실을 알지 못했고, 설사 알았더라도 어떻게든 계획을 계속 추진했을 것이다. 그들에게 중요한 것은 바이런의 배보다 더 빠른 배를 만드는 것뿐이었다.

사이가 좋았던 시절이라면 메리는 그 계획이 무모하다고 설득하고 남편을 진정시킬 수 있었겠지만, 그녀의 기분은 점점 더 나빠졌다. 5월 말에 임신 3개월이 지났는데 대개 3개월이 고비였다. 하지만 몸이 나아지기는커녕 점점 힘들어졌다. 6월 16일 잠에서 깨어난 메리는 침대

시트가 피에 흠뻑 젖어 있는 것을 알았다. 제인과 클레어가 달려왔지만 어찌해야 할지 몰랐다. 메리는 급속히 기력을 잃고 있었다. 그들은 의사를 불러오도록 사람을 보냈지만 의사는 멀리 떨어져 있었다. 일곱 시간 동안 메리는 걷잡을 수 없이 피를 흘렸고, 자신이 죽을 거라고 믿었다. 큰 고통을 느끼지는 않았지만 퍼시와 셸리가 앞으로 어떻게 될지 몹시 걱정했다. 여자들은 '브랜디, 식초, 오드콜로뉴 등'으로 이마를 닦아주며 정신을 차리게 하려고 애썼지만 메리는 의식을 잃고 있었다.[24] 셸리는 과학에 대한 관심뿐 아니라 대체로 자신의 건강 상태가 예측불허로 변하는 것을 관찰하면서 얻은 의학 지식이 약간 있었기에 분별력을 발휘해 출혈을 지연시키기 위한 얼음을 가져오라고 지시했다. 하지만 얼음이 도착하는 데 여러 시간이 걸렸고, 마침내 하인들이 비틀거리며 녹아내리는 얼음덩어리를 운반해 왔다. 셸리는 욕조에 물과 얼음을 채우고 거의 의식이 없는 메리를 침대에서 들어 올려 그 안에 넣었다. 이 가혹한 처사에 경악한 클레어와 제인이 끼어들어서 셸리에게 의사를 기다리자고 말했다. 하지만 다행히도, 메리가 말했듯이, "셸리가 그들의 말을 무시하고 (얼음을) 인정사정없이 사용해서 내가 살아났다."[25]

셸리는 아내의 생명을 구했지만 메리에게는 이제 슬퍼할 또 하나의 상실이 있었다. 새 아이는 태어나지 않을 것이다. 퍼시는 계속 외동아이였다. 그의 형제와 자매는 유령이었다. 메리는 자리에서 일어날 수 없을 정도로 쇠약해져서 침대에 누워 있었다. 셸리는 갇혔다고 느끼며 카사 마니의 복도를 서성거렸다. 새롭게 '개선된' 아리엘을 시험해 보고 싶었지만 메리가 함께 있어 달라고 그에게 간청했다. 집안 분위기는 암울했다. 날이 갈수록 셸리는 더 조급해졌고 메리는 더 슬퍼하고 더 집착하며 울었다. 더위는 계속해서 해안을 뒤덮었고 그들 모두를 짜증나게 만들었다. 마침내 셸리가 무너졌다.

유산하고 일주일쯤 지난 어느 날, 메리는 한밤중에 비명 소리를 들었고 곧바로 쿵쾅거리며 걷는 소리를 들었다.[26] 셸리가 그녀의 방에 뛰어 들어왔는데, 눈을 활짝 뜨고 계속 비명을 지르고 있었지만 깊이 잠든 상태였다. 이 창백하고 괴물 같은 셸리는 그녀의 첫 소설에 나오는 유령, 안색이 창백한 학생 프랑켄슈타인 같았다. 겁에 질린 메리는 침대에서 일어나다가 넘어졌고 몸을 일으켜 윌리엄스 부부의 방으로 뛰어 들어갔다. 그동안에 셸리는 정신을 차리고 혼란스러워하며 숨을 헐떡였다. 그는 끔찍한 것을 보았다고 말했다. 에드워드와 제인을 보았는데, 꿈이 아니라 환상에서였다.

더없이 끔찍한 상태로 그들의 몸이 찢겼다. 그들의 뼈가 살갗을 뚫고 튀어나오고 얼굴은 창백하지만 피로 얼룩져 있었다. 그들은 거의 걸음을 옮길 수도 없었지만 에드워드가 너무 약해서 제인이 그를 부축하고 있었다. 에드워드가 말했다. 일어나, 셸리, 바닷물이 집에 밀려들고 집이 무너져 내리고 있어.[27]

셸리가 창밖을 내다봤을 때 "세차게 밀려드는 바닷물"이 보였다. 그러다가 장면이 바뀌었고 그는 복도를 따라 메리의 방으로 달려가는 자신을 보았다. 그는 메리의 목을 조르려 했다고 말했다.

메리에게는 도저히 참을 수 없는 일이었다. 남편이 악마에 사로잡힌 것 같았다. 셸리는 메리의 공포와 불평에 너무 시달려서 아내를 죽이고 싶어 했다. 다음 주 내내 메리는 너무나 기운이 없어 침대에 누워 있었다. 리 헌트가 문학 잡지 창간을 도우려고 아내와 여섯 자녀를 데리고 리보르노에 있는 바이런의 집에 도착했다는 소식을 듣고 셸리가 친구들을 만나려고 만을 가로질러 항해하고 싶다고 말했을 때 메리는 더럭 겁이 났다.

메리는 떠나지 말라고 간청했다. 처음에 셸리는 귀를 기울였지만 라스페치아만이 그에게 계속 손짓했다. 아름답고 활기찬 보트는 파도에 실려 솟구쳐 올랐다가 내리박혔다. 셸리는 바이런에게 보트를 자랑하고 싶었다. 마침내 7월 1일에 그는 에드워드와 함께 필요한 물건들을 아리엘호에 가득 실었다. 키츠의 시집을 주머니에 넣고 자신이 좋아하는 난징 무명 바지를 입었다. 메리는 침대에서 기어 나와 셸리에게 다시 한번 자기를 버리지 말라고 애원했다. 하지만 그는 단호했다. 메리 때문에 이미 여행을 한 번 미뤘으니 이번에는 꼭 가겠다고 결심했다. 메리는 절망에 빠져 헌트에게 슬픈 메모를 급히 써서 보냈다. "나는 글을 더 쓸 수 있으면 좋겠어요. 당신 옆에서 당신을 도울 수 있으면 좋겠어요. 내 사슬을 끊고 이 지하 감옥을 떠나고 싶어요."[28]

그들이 출발한 날 아침에 메리는 불길한 예감을 느끼며 아리엘호의 돛이 수평선 너머로 사라지는 것을 지켜보았다. 그들이 무사히 도착했다는 소식이 오자 메리는 셸리에게 곧 집으로 돌아오라고 하소연하는 편지를 보냈다. 셸리는 곧바로 답장을 보내 일주일 후인 7월 8일까지 돌아오겠다고 장담했다. 하지만 8일이 오고 지나가도 아무 연락이 없었다. 사흘이 더 지났다. 금요일에 헌트와 바이런으로부터 편지가 도착했는데, 윌리엄스와 셸리는 약속한 대로 월요일에 떠났다고 언급했다. 메리는 이 편지를 읽었을 때, 나중에 기즈번 부인에게 썼듯이, "편지가 내 손에서 떨어져 내렸어요. 온몸이 떨렸어요. 제인이 편지를 읽었어요. '그럼 다 끝났군요!' 제인이 말했어요. '아니야, 제인,' 나는 울부짖었어요. '다 끝나지 않았어. 하지만 이 긴장감은 너무 끔찍해. 나와 같이 가요. 레그혼(리보르노)에 가서 … 우리의 운명을 알아내야지.'"[29]

그들은 레리치까지 노를 저어줄 지역 주민을 찾았고, 레리치에서 마차를 빌려 피사에 있는 바이런의 집까지 32킬로미터를 달렸다. 바이런은 리보르노에서 피사로 막 돌아온 참이었다. 그들은 자정에 바이런의 문간에 도착했다. 아직 유산에서 회복되지 않은 메리의 얼굴은 시신처럼 창백했다. "어떤 절박한 용기가 메리에게 힘을 주는 것같았다"고 나중에 바이런이 말했다.[30] "(메리는) 여자라기보다 유령처럼 보였다. … 무대에서 상연하는 어떤 비극에서도 그토록 강력하고 깊은 연민을 일으키는 모습을 본 적이 없었다."[31] 하지만 동정 이외에 바이런이 할 수 있는 일은 없었다. 새로운 소식을 들은 바가 없었다.

메리와 제인은 멈추지 않고 계속해서 리보르노로 가서 트렐러니를 만났다. 그는 셸리와 윌리엄스가 정말로 8일에 배를 타고 떠났다고 확인해주었다. 좋은 소식은 아무런 사고도 보고되지 않았다는 것이었다. 이제 그들은 카사 마니로 돌아가는 것 외에 달리 할 수 있는 일이 없었다. 트렐러니가 그들과 함께 출발했고, 도중에 항구마다 들러서 정보를 확인했다. 비아레지오에 도착했을 때 암울한 소식을 듣게 되었다. 소형 보트 한 척이 물병과 함께 해변으로 떠밀려왔다. 그 보트와 물병에 대한 묘사를 들었을 때 메리는 둘 다 셸리의 것이라고 확신했다. 바로 그 순간, 메리가 말했듯이, "우리의 재앙이 처음으로 명백히 드러나기 시작했다."[32] 메리는 자신을 위해서나 제인을 위해서나 절망에 굴복하고 싶지 않았다. 희망을 품으려고 애썼고, 울지 않으려고 최선을 다했다. 일단 울기 시작하면 멈출 수 없을까 봐 두려웠다. 하지만 마그라강을 건넜을 때 메리는 거의 자제력을 잃었다.

우리 바퀴에 물이 튀는 걸 느꼈다. 나는 숨이 막혔다. 숨을 쉬려고 헐떡였다. 경련을 일으킬 것 같아서 제인이 알아채지 못하도록 격렬하게 몸부림쳤다.[33]

메리가 바다를 얼핏 보았을 때, "내 안에서 어떤 목소리가 크게 울부짖는 것 같았다"라고 나중에 기록했다. "여기가 그의 무덤이라고."

하지만 확실히 알기 전까지는 두 사람의 생존 가능성이 여전히 남아 있었다. 트렐러니는 소식을 더 알아보러 떠났고, 카사 마니에서는 밤을 새우며 기다리는 끔찍한 시간이 시작되었다. "희망과 두려움에 휩싸인"[34] 메리는 셸리의 망원경 앞에 자리를 잡고, 배가 만을 지날 때마다 망원경으로 보았다. 아편팅크제를 먹고 잠을 자려 했지만 대부분의 시간을 절망에 빠져 지냈다. 불행히도, 평소 조용하던 마을 사람들이 축제를 열고 있었다. "그들은 밤새도록 우리 집 근처의 모래사장에서 춤을 추었다"라고 메리는 썼다. 그들은 "바다로 뛰어들었다가 다시 나오면서 내내 괴성을 지르며 어떤 곡조를 끊임없이 불러댔다. 세상에서 가장 혐오스러운 인간들."

마침내 7월 19일 저녁에 트렐러니가 돌아왔다. 데스마스크처럼 얼어붙은 그의 얼굴에 하녀 카테리나는 겁에 질렸다.[35] 그가 말을 꺼내기도 전에 제인은 기절했다. 그렇지만 메리는 말없이 창백하게, 단어 하나하나에 집중하며 그의 말을 들었다. 셸리, 윌리엄스, 그리고 찰스 비비언이라는 18세 소년의 시신이 마사와 비아레지오 사이의 해안 여러 곳에 밀려왔다. 찰스는 그들이 고용한 임시 선원이었다. 시신은 이미 부패하기 시작했고 일부는 물고기들이 먹어 사라졌다. 그들은 에드워드의 신원을 그의 부츠로 확인할 수 있었다. 셸리의 시신을 다른 시신과 구별할 수 있었던 것은 그의 무명 바지와 재킷 주머니에 꽂혀 있던 키츠의 시집뿐이었다.

서서히 사건의 조각들이 맞춰졌다. 셸리와 윌리엄스는 리보르노에 있는 바이런의 집에서 매우 즐거운 한 주를 보냈다. 셸리는 헌트의 아이들과 뛰어 놀았고, 헌트를 보고 너무 기뻐서 "말할 수 없이 행복하다"는 말을 멈추질 못했다.[36] 그들은 피사로 여행을 가서 사탑

1822년 7월에 난파한 아리엘호 잔해에서 발견된 에드워드 윌리엄스의 자화상. 아리엘
호에 탔던 윌리엄스와 퍼시 셸리는 해안에서 시신으로 발견되었다.

을 둘러보고 피사의 두오모 성당에서 오르간 연주를 들었다.[37] "셸리
는 과거 어느 때보다도 좋아 보였다"고 헌트는 회상했다.[38] "우리는
수천 가지 이야기를 나눴고, 수천 가지 즐거움을 기대했다." 매우 행
복하고, 편안하고, 햇볕에 그을린 셸리는 기분이 들떠 있었다. 한번은
출입구에 기대서서 눈물이 뺨을 타고 흘러내릴 정도로 친구들의 농
담에 큰 소리로 활기차게 웃었다.[39] 셸리는 새 잡지 〈더 리버럴(The
Liberal)〉을 창간할 생각에 흥분했다. 헌트와 바이런을 공모자로 삼아
고국의 의회를 격분하게 만들고 숨 막히는 보수파를 몰아낼 계획을
세우기 시작했다.

　7월 8일에 날씨는 변덕스러웠지만 셸리와 윌리엄스는 카사 마니에
돌아가기로 결정했다. 리보르노와 라스페치아 사이의 80킬로미터를
항해하려면 일곱 시간쯤 걸렸다. 그들은 오후 2시경에 출발했다. 해
가 높이 떠 있었기 때문에 평소와 같은 상황이었다면 저녁 9시쯤 마을
에 도착했을 것이다. 하지만 오후 5시나 6시쯤 남서쪽에서 갑자기 돌

풍이 불어왔다. 하늘이 시커멓게 변했다. 비가 쏟아지고 바람이 거세지면서 바닷물이 거대한 파도로 휘몰아쳤다. 아리엘호는 해안에서 약 16킬로미터, 라스페치아만의 보호 수역에서 최소 네 시간, 리보르노에서 세 시간 떨어진 외해(外海)에 있었다. 한두 척의 배가 아리엘호의 돛을 볼 수 있을 만큼 가까이 있었다. 하지만 이 배들은 그 지역의 선원들이 선장을 맡고 있었기에 폭풍이 심각하다는 것을 알고 즉시 해안으로 향했다. 선장 한 명이 아리엘호가 바람과 치솟는 파도에 맞서 북쪽으로 계속 항해하는 것을 보았다고 보고했다.

그 후 어떤 일이 일어났는지는 분명치 않다. 훗날 트렐러니는 해적들이 배의 측면을 들이받아 배가 침몰했을 거라고 말했다. 하지만 이 이야기는 아마도 그가 설계를 도와준 배가 항해에 적합하지 않았다는 죄책감에서 꾸며낸 말일 가능성이 높다.[40] 다른 이야기도 생겨났다. 이 이야기들에서 전형적인 낭만주의 시인인 셸리는 삶에 환멸을 느끼고 지상의 구속으로부터 자유를 갈망했기에 죽음을 갈망한 사람으로 그려졌다. 그 비극이 일어난 지 몇 년 후 나온 한 이야기에 따르면, 어느 이탈리아인 어부가 아리엘호 옆에 배를 대고 자기 배로 옮겨 타라고 그들에게 제안했으나 "(셸리의) 날카로운 목소리가 … '아니오'라고 분명히 말하는 소리가 들려왔다. … 산더미처럼 높은 파도가 밀려왔고, 엄청난 파도가 배 위에 쏟아졌는데 배에는 여전히 수많은 돛이 세워져 있어서 어부는 놀랐다. '이 배에 타지 않겠다면 제발 돛의 높이를 줄이시오. 그렇게 하지 않으면 죽어요.' 어부는 확성기에 대고 소리쳤다. 신사들 가운데 한 명(윌리엄스)이 … 돛을 내리려고 애쓰는 모습이 보였는데, 그의 동료가 화가 난 듯 그의 팔을 붙잡았다."[41]

사실 서른 번째 생일을 불과 몇 주 앞두고 셸리는 절망에 빠진 순간들이 있었지만, 바이런과 헌트가 증언하듯이, 사고가 날 무렵에는 신명이 나 있었다. 확실히 그는 작가로서 전성기에 이르렀다. 〈삶의 승리>와 인도 공주에 관한 희곡에 몰두해 있었고, 〈더 리버럴〉에 정치적인 글을 몹시 기고하고 싶어 했다. 제인에게 반했을지 모르지만 그렇다고 해서 메리나 어린 아들을 사랑하지 않은 것은 아니었다. 마지막으로 메리에게 보낸 쪽지에서 그는 이렇게 썼다. "내 최고의 메리, 어떻게 지내요? 특히 당신의 건강은 어떤지, 당신의 영혼은 어떤지 써서 보내줘요. … 언제나 가장 사랑하는 메리에게."[42] 셸리는 청산가리를 모으고 있었지만 아직 죽을 생각은 없었다. 적어도 아리엘호에서 그럴 생각은 없었음이 분명해 보인다. 오히려 그와 윌리엄스는 폭풍우를 피할 수 있다고 생각했고, 셸리가 볼리바르호보다 빠른 배를 만들려고 아리엘호를 죽음의 덫으로 만들었다고는 생각하지 않았다. 그는 배를 더 빠르게 하려고 돛을 추가했을 뿐만 아니라 배의 균형을 유지하고 강풍에 배가 뒤집히는 것을 방지하려고 선체에 '3톤 반'의 선철을 저장했다.[43] 문제는 이렇게 늘어난 무게 때문에 배에 물이 많이 차면 침몰할 가능성이 커진다는 것이었다.

당시 상황에서 폭풍을 뚫고 나아갈 유일한 희망은 사환인 찰스 비비언이 돛대에 올라가 중간 돛들을 내리거나 큰 돛의 크기를 줄이는 것이었다. 그러지 않았다면 돛을 올린 채 이미 항해할 수 없었던 아리엘호는 바람의 힘을 고스란히 맞았을 것이다. 해안으로 떠밀려 온 배를 나중에 조사한 결과 돛대들이 갑판에서 떨어져 나간 것을 보면 아마도 그렇게 하지 않았을 것이다. 게다가 방향타가 선체에서 뜯겨 나갔기 때문에 파도가 배 위에 쏟아질 때 세 사람은 무방비 상태였다. 덫에 빠져 있었으므로 이삼 분도 지나지 않아 배가 가라앉고 있다는 사실을 깨달았을 것이다. 윌리엄스는 "마치 셔츠를 벗으려고 한 듯 옷이 머리 위로 일부 끌어 올려진 채" 발견되었다.[44] 어린 사환은 셸리와 윌리엄스처럼 부츠를 신은 채 해안으로 떠밀려 왔다.

하녀가 제인을 정신 차리게 하려고 애쓰는 동안 트렐러니는 셸리를 칭찬하면서 메리를 위로하려 했다. 셸리보다 위대한 시인은 없고 그처럼 천상의 영혼을 가진 사람은 없다고 선언했다. 나중에 메리는 아버지에게 편지를 썼다. "그의 죽음이 친구에게서 이끌어낸 그런 찬사를 깊이 생각하며 … 저는 행복하다는 기분이 들 정도였어요. 제 주위의 몇몇 친구들은 그를 숭배합니다. 그들은 모두 그가 자연에 속한 존재였으며 죽음은 그에게 해당되지 않는다고 동의합니다. … 하지만 저는 아버지가 생각하는 것처럼 그렇게 고적하지 않습니다. 그는 늘 나와 함께 있고, 내가 그에게 합류할 가치가 있도록 지혜롭고 선해지라고 격려합니다."[45]

셸리의 도덕성에 대한 고드윈의 견해를 고려하면, 그의 딸이 자기 남편처럼 고결한 인물이 되려고 노력하겠다는 말을 들었을 때 아주 이상했을 것이다. 셸리는 그의 두 딸과 달라났고, 메리제인의 주장대로라면, 패니를 자살하게 만든 장본인이었다.

메리와 제인은 똑같이 슬픔에 빠진 클레어와 함께 피사로 돌아갔다. 그들의 첫 번째 과제는 시신을 처리하는 문제였다. 지역 관리들은 시신에 석회를 뿌리고 시신이 떠밀려 온 해변에 파묻었지만, 그들을 그곳에 둘 수는 없었다. 문제는 에드워드와 셸리가 쓸려 온 해변이 서로 수 킬로미터 떨어져 있다는 점이었다. 장례식을 두 번 치러야 했다.

제인은 남편이 영국에 묻히기를 원했다. 메리는 셸리가 로마에 있는 아들 옆에 묻히길 원했다. 이탈리아 관리들은 이 순간을 이용해서 특히 위세를 부렸다. 시신을 화장해야 하고, 관공서에 돈을 지불해야 한다고 했다. 메리는 거의 쓰러질 지경이었으므로, 셸리를 알게 된 지 6개월도 채 되지 않았지만 트렐러니가 그 일을 떠맡았다. 메리는 그의 도움에 감사했고, 트렐러니가 자신의 포기를, 윌리엄스 부부가 말했듯이, 셸리를 진심으로 좋아하지 않는 증거로 여길 거라고는 생각하지 않았다.[46] 여기에서 쉽게 한 걸음 더 나아가 트렐러니는 자신이 시인의 생전에나 사후에나 가장 가까운 사람이라고 굳게 믿었다.

언제나 극적인 것을 좋아했던 트렐러니는 메리라면 결코 선택하지 않았을 연극 같은 장례 의식을 선택했다. 인도에서 봤던 화장용 장작 더미에서 영감을 받은 그는 셸리를 화장해야 한다면 영광스러운 행사가 되어야 한다고 생각했다. 《프랑켄슈타인》을 읽지 않은 트렐러니는 이 계획이 실제로 메리가 소설에서 묘사한 괴물의 소원과 똑같다는 것을 알지 못했다. 괴물은 자신이 불에 타서 그 재가 "바람에 휘날려 바다에 흩어지는" 장례식을 원했다.[47]

그 후 몇 주간 셸리와 윌리엄스는 임시 무덤에 누워 있었다. 트렐러니는 괴팍한 이탈리아 관료들과 말다툼을 벌여 설득했고, 현지인 몇 명을 고용해 나무를 자르고, 토탄을 파고, 장작을 쌓아서 화장용 장작 더미를 두 개 만들었다. 마침내 8월 15일에 모든 준비가 끝났다. 그들은 윌리엄스를 먼저 화장하고 16일에는 셸리를 화장했다. 이탈리아 관리들이 지켜보는 가운데 트렐러니와 고용된 인부들은 시인의 시신을 파냈다. 셸리의 시신은 석회를 뿌린 탓에 "어둡고 무시무시한 남색"으로 변해 있었다.[48]

바이런과 헌트는 자신들의 친구에게 경의를 표하려고 피사에서 마차를 타고 내려왔지만, 트렐러니에 따르면, 두 사람 다 도움이 되지 못했다. 불을 피우기 전에 바이런이 셸리의 두개골을 달라고 요청했지만, 자칭 셸리의 보호자였던 트렐러니는 이를 거절했다. 나중에 그는 바이런이 한때 '두개골을 술잔으로 사용했다'는 소문을 들었다고 설명했다.[49] 헌트는 냄새와 섬뜩한 광경을 견디지 못하고 마차에 탔고, 셸리의 시신이 화염에 휩싸이자 바이런마저 물러났다. 결국 트렐러니 혼자 남아 이 의식을 목격했는데, 이것이 그에게는 자신이 셸리의 진정한 친구라는 '증거'였다. 그는 공기가 떨리고 불길이 묘하게 환해지는 것을 지켜보았다.[50] 그러고는 "시신이 벌어지고 심장이 드

루이 에두아르 푸르니에가 1889년에 퍼시 셸리의 장례식을 재구성해 그린 그림. 왼쪽부터 셸리의 친구였던 트렐러니, 리 헌트, 바이런 경이 보인다. 하지만 실제로 헌트는 화장 냄새와 섬뜩한 광경을 견디지 못해 마차에 있었고 바이런도 일찍 자리를 떴다.

러났다." 그것은 머리칼 한 타래나 수채화 한 점보다 훨씬 완벽한 기념품이었다. 트렐러니는 손을 뻗어, 불길에 그을렸지만 쪼글쪼글해지고 검게 변한 심장을 낚아챘다. 훗날 그가 기록했듯이, 그 후에 그와 바이런은 "우리 친구들을 압도해버린" 바로 그 파도 속으로 수영하러 갔다.[51]

이 시인이 미래에 얼마나 유명해질지 알았더라면 지역 주민들이 화장을 구경하러 나왔을지 모르지만, 실제 구경꾼은 거의 없었다. 한 무리의 관리들이 격리 규정이 준수되고 있는지 확인하려고 멀리서 모여 있었다. 영국 신사들의 색다른 행동에 관심을 느꼈던 소수의 마을 주민들은 더위에 지쳐 곧 자리를 떴다. 제인이나 메리도 그 자리에 없었다. 아무도 그들을 막지 않았지만 그들이 참석하리라고 기대도 하지 않은 것 같았다. 하지만 메리는 장례 절차의 세부 사항을 모두 알고 싶었다. 그녀는 일기에 트렐러니의 이야기를 꼼꼼하게 기록했고, 불길이 시신을 집어삼킨 장면도 생생하게 묘사했다. 메리는 마리아 기즈번에게 보낸 여덟 장가량의 편지에서 지난여름을 되돌아보고 일어난 사건을 솔직하고 애달프게 묘사하며 홀로 애도했다.

내 삶의 현장은 이제 닫혔습니다. 내 희망을 짓밟은 사건이 일어나기 이전의 상황들을 되짚어보려면 조금도 즐겁지 않지만 그렇게 해야 할 필요가 있는 것 같아서, 내게 강력히 촉구하는 충동에 따르려 합니다. … 내 인생에서 밝게 빛날 수 있었던 것이 이제 모두 황폐해졌습니다, 나 자신을 향상시키고, 아이를 돌보고, 내가 남편에게 합류할 자격이 있도록 살아가겠어요.[52]

한편 트렐러니는 실질적인 일을 계속 관리했다. 그는 셸리의 유골을 상자에 담아 로마 주재 영국 영사에게 보냈다. 그의 유골은 이듬해 봄까지 영사의 포도주 저장고에 보관되었다. 트렐러니는 로마에 셸리의 무덤을 파고 사이프러스 나무를 심고 비석을 사서 《템페스트》의 한 구절을 새겨 넣었다.

그의 어떤 부분도 시들지 않지만,
바다의 변화를 겪어
풍부하고 기이한 것이 되었지.

트렐러니는 셸리 옆에 자신의 매장지를 마련했고, 자기 차례가 되면 즉시 자기 몸을 안치할 수 있도록 자신의 무덤까지 파놓았다. 나중에 생각해보고 메리에게도 공간이 있을 거라고 편지를 보냈다.[53]
메리와 클레어가 셸리와 함께 달아난 이후로 거의 날짜까지 정확하게 8년이 지났다. 메리의 스물다섯 번째 생일은 조용히 지나갔다. 신경쇠약에 걸릴 지경이라서 그녀는 매일의 일과를 유지하려고 노력했다. 아직 돌봐야 할 아이가 있을 뿐만 아니라, 고드윈은 어릴 때부터 메리에게 용감해야 한다고 가르쳤고, 절망에 빠지기 쉬운 울스턴 크래프트의 병에 맞서 저항하라고 가르쳤다. 메리는 제인이 자기보다 약하다고 생각했고 슬픔에 빠진 친구를 위해 강해지고 싶었다. 그러나 거의 불가능했다. 유산을 하면서 이미 쇠약해진 그녀는 홀로 표류하는 느낌이었다. 지금까지 느껴 온 온갖 분노와 실망감에도 불구하고 셸리를 자기 세계의 중심—대립자이자 적일 뿐 아니라 남편이자 친구, 아버지이자 오빠—으로 삼았던 것이다. 이제 상심한 마음에 대처하기 위해서 메리는 아이들이 하나씩 죽었을 때 머물렀던 얼음으로 둘러싸인 풍경에 침잠했다.

그들의 친구들에게 메리는 냉정해 보였다.[54] 특히 헌트는 경악을 금치 못했다. 그는 메리의 침묵을 이해할 수 없었다. 지난번에 방문했을 때 메리가 감정이 없다고 셸리가 불평했었는데 이제 그 이유를 알 수 있었다. 우위를 차지하려는 다툼이 이미 시작되었다. 셸리가 누구를 가장 사랑했는가? 그가 죽어서 가장 상심한 사람은 누구인가? 헌트는 메리를 목록의 제일 아래쪽에, 그리고 자신을 맨 위에 올려놓았다. 이 목록에 동의한 트렐러니는 셸리의 심장을 헌트에게 주었다. 메리가 셸리의 심장을 줄 수 있겠느냐고 헌트에게 요청했을 때 그는 거절했다.[55] 메리가 자기 친구에게 불친절하게 대했다고 생각한다고 말했다. 이례적으로 너그럽게 제인이 메리가 그 심장을 갖게 해 달라고 헌트에게 부탁하고 나서야 그는 수그러들었다.

메리는 이번에는 승리했지만, 그것은 누가 셸리의 불꽃을 간직할 것인가를 두고 벌어진 긴 일련의 싸움에서 첫 번째 라운드에 불과했다.

34장

마지막 날들

메리 울스턴크래프트 1797

그해 봄에 날씨가 따뜻해지자 고드윈은 친구들과 도보 여행을 떠나기로 결정했다. 자신과 메리가 약간 거리를 두면 서로의 교류를 더욱 즐길 수 있을 거라고 말했다. 메리는 마지못해 고드윈의 계획에 동의했지만 남편을 놓아주는 것이 약간 불안했다. 남편이 여행을 떠나기 전에 핑커튼 양이라는 남편의 새로운 흠모자가 나타났는데, 그녀는 설레는 마음을 드러내는 쪽지를 보내고 자주 집에 들렀다. 너무 자주 온다고 메리는 생각했다. 고드윈은 그녀를 조금도 제지하지 않았다. 그녀에게 미안한 마음도 있었지만, 여하튼 젊고 예쁜 여자의 찬사를 받는 것은 즐거운 일이었기 때문이다.

메리는 걱정할 필요가 없었다. 고드윈은 거의 출발한 순간부터 이 여행을 제안한 것을 후회하며 고통을 느꼈다. 그가 여행을 제안한 것은 메리의 손안에서 벗어나고 싶었던 것이 아니라 금욕적인 성향 때문이었다. 도덕적으로 엄격한 칼뱅교 집안에서 자란 고드윈은 자신이 경험하는 큰 기쁨이 견딜 수 없는 정도라고 느꼈다. 그래서 자신이 누리는 행복에 대한 죄책감을 가라앉히고, 적어도 몇 주간 메리 없이 지낼 수 있는지 확인할 필요가 있었다.

메리와 패니에 대한 사랑을 상세히 열거한 고드윈의 첫 편지가 도착했을 때 메리는 안심했고 열정적인 답장을 보냈다. 그들은 그녀가 아들을 낳을 것이라고 가정해서 태아를 '마스터 윌리엄'이라고 불렀다.[1]

마스터 윌리엄이 기뻐서 약간 소동을 일으킨 것을 제외하면 나는 건강하고 평온해요. 당신이 자기를 기억한다는 것을 알고서 마스터 윌리엄이 조금 뛰놀아야겠다고 생각했거든요. 나는 이 작은 생명체를 사랑하기 시작했습니다. 나는 매듭을 풀고 싶진 않지만 아이의 탄생을 매듭의 새로운 전환점으로 기대합니다. 남자들은 여자가 솔직하게 말해주면 우쭐해져서 버릇이 나빠진다고 생각하지만, 당신을 영원히 사랑하겠다고 약속했을 때 예상했던 것보다 당신을 더 사랑한다고 말하지 않을 수 없군요. 당신의 마음은 아니더라도 당신의 자비심을 만족시킬 말을 덧붙이자면, 전체적으로 나는 행복하다고 말할 수 있어요.

고드윈은 메리보다도 훨씬 진심이 담긴 답장을 보냈다.

당신의 편지가 나를 얼마나 행복하게 만들었는지 상상할 수 없을 거예요. 어떤 피조물도 당신처럼 부드러운 애정을 완벽하게 표현할 수는 없습니다. 그들은 그런 애정을 느끼지 못하니까요. 어떤 사람의 철학에 관계없이, 우리의 행복에 관심을 기울이는 사람이 있다는 사실을 알게 되면 … 대단히 기쁘다는 것을 고백해야겠지요. 우리는 이를테면 우리의 의식을 확대하는 것을 사랑합니다. … 고통과 불행이 우리를 공격할 새로운 길을 여는 … 위험이 있더라도 말이지요.[2]

패니도 고드윈을 그리워했다. 메리는 패니가 그의 편지를 쥐고 놓지 않으려 한다고 알려주었다. 패니는 고드윈이 어디 갔느냐고 거듭 물었고 메리가 "시골에 갔다"고 대답하자 이 말을 없어진 것을 가리키는 표현으로 여겼다.[3] 패니는 잃어버린 장난감 원숭이가 "시골에 갔다"고 말해서 마리아 레블리를 아주 즐겁게 해주었다.

하지만 남편과 아내 두 사람의 복잡한 성격을 고려할 때 말다툼이 일어나는 것은 불가피했다. 고드윈은 코번트리 축제에 가서 레이디 고다이바*가 말 타는 모습을 재현하는 젊은 여성을 보고 싶었기에 집으로 돌아오는 일정을 연기했다. 고다이바 부인이라니! 메리의 온갖 불안감이 다시 표면으로 떠올랐다. 자신은 집에서 더위에 지치고, 몸이 불어나고, 외롭고, 짜증이 나는데 남편은 몸이 거의 다 드러난 옷을 입고 말을 타는 아름다운 젊은 여자를 감탄하며 바라보고 있었다. 메리는 답장을 보내 고드윈의 '얼음같이 냉정한 철학'을 비난했고,[4] 자신을 막대기나 돌로 생각하느냐고 따졌다. 비록 한 사건에 불과했지만, 그의 행동은 임레이를 떠올리게 했다. 온갖 지연과 깨진 약속.

마침내 고드윈이 F가 새겨진 머그잔과 몇 가지 장신구 등 패니의 선물을 들고 집에 도착했는데 핑커튼 양의 접근을 부추겨 상황을 악화시켰다. 혼자 핑커튼 양의 숙소를 찾아갔고 메리가 없을 때 찰튼 거리로 자신을 만나러 오라고 초대한 것이다. 바로 그 주에 날씨가 변해서 바람이 심하게 불고 비가 내려서 메리는 임레이에게 버림받고 목숨을 끊으려 했던 끔찍한 가을이 떠올랐다. 메리는 너무나 견디기 힘들었고, 임레이에게 보내곤 했던 편지와 매우 흡사하게 들리는 비난의 편지를 고드윈에게 보냈다.

---

* 11세기 고대 머시아 왕국(현재의 코벤트리)의 백작부인으로 알몸으로 말을 타고 코벤트리 거리를 지나면 주민들의 세금을 면해주겠다는 남편의 약속을 이행했다고 전해진다.

내 고통스러운 마음속에서만 발견했던 애정을 찾으려 했으니 내가 어처구니없었지요. 나는 지상에서 진실을 찾을 수 없다고 절망하고 있는데 당신은 어떻게 내가 신의 관념 속에서 피난처를 찾는다고 비난할 수 있나요? … 내 오래된 상처에서 다시 피가 흐릅니다.[5]

하지만 고드윈은 임레이가 아니었다. 그는 사무실에서 서둘러 메리에게 메모를 보내 앞으로 핑커튼 양을 만나지 않겠다고 동의했다. "무슨 일이 있어도 당신을 불행하게 만들 일은 자발적으로 하지 않겠어요."[6] 그날 오후에 메리는 핑커튼에게 그녀의 접근을 단호하게 질책하는 메모를 썼다. 그것을 보내기 전에 고드윈에게 다듬으라고 건네주었다.

핑커튼 양, 나는 당신의 기이한 행동에 대한 어떤 논평도 자제하겠어요. 하지만 당신이 예의 바르게 행동하겠다고 결심할 수 없다면, 우리 집에서 당신을 만나고 싶지 않다는 바람을 표현하는 것을 양해해야 합니다.[7]

고드윈은 '기이한 행동'을 '이해할 수 없는 행동'으로 수정했고 메리는 즉시 메모를 우편으로 보냈다.[8] 핑커튼 양은 바로 메리에게 답장을 보냈다. "제 행동이 부적절하다는 것을 잘 알고 있습니다." "눈물을 흘리고 소통을 하니 마음이 편해졌습니다."[9]

이 일은 메리에게 새로운 경험이었다. 과거에 그녀는 늘 바깥으로 밀려난 제삼자였다. 임레이의 여배우와 푸젤리 부인이 그녀를 쫓아냈다. 핑커튼 양과 고드윈이 실제로 바람을 피운 것은 아니었지만 이제 메리는 자신의 권리를 주장했다. 자기 남자를 공유하지 않겠다고 분명히 밝혔고 자신의 입지를 다졌다.

핑커튼 양을 상대하고 난 후 메리는 더 차분해지고 자신감이 생겼다. 지난달에 사람들이 나서서 고드윈 부부의 창의성에 칭찬과 감탄을 아끼지 않은 것도 도움이 되었다. 토머스 홀크로프트는 "나는 당신들이 세상에서 가장 특별한 부부라고 생각합니다"[10]라고 말했다. 젊은 시인들과 지식인들이 폴리건에 모여 이 중년의 급진주의자들에게 경의를 표하고 그들이 맺은 동반자 관계에 감탄했다. 고드윈과 울스턴크래프트의 결혼은 그들이 가장 소중하게 여기는 모든 원칙, 즉 자유, 정의, 이성, 감성, 상상력을 하나로 통합한 것처럼 보였다. 이는 본질적으로 계몽주의의 이상과 새롭고 흥미로운 낭만주의의 원칙이 결합한 것이었다.

훗날 영국의 위대한 수필가이자 비평가가 되는 당시 열아홉 살의 윌리엄 해즐릿은 그들 관계의 평등주의적 성격에 감탄했다. 메리는 공손하게 경의를 표하거나 조용히 있지 않았다. 그녀는 실제로 고드윈의 경직된 방식을 비웃으며 그를 놀렸다. 고드윈이 그녀에게 동의하지 않을 때면 그녀는 물러서지 않고 대신 "장난스럽고 편안한 태도"[11]를 취했다. 젊은 콜리지는 메리의 창조적 정신을 칭찬하며 그녀가 남편보다 훨씬 우월하다고 생각했다. "상상력을 지닌 사람"이 "단지 지성을 가진 사람"보다 "우위"에 있다고 평가했던 것이다.[12] 몇 년 후 콜리지는 고드윈에 대한 생각을 바꾸었지만, 당시에 이 철학자에게 깊은 인상을 받은 것은 대체로 그가 울스턴크래프트와 결혼했기 때문이었다.

임신 막바지의 몇 주 동안 메리는 낮잠이나 바느질 같은 당시 임산부에게 권장되는 일을 하지 않았다. 대신 활발하게 걸어 다녔고, 대개 패니를 데리고 들판으로 나가서 굴렁쇠나 장난감 갈퀴를 갖고 놀게 했다. 마리아 레블리와 그녀의 어린 아들 헨리는 종종 그들을 따라서 산책을 갔다. 메리는 곧 태어날 아기의 방해를 받지 않고 패니와 지낼 수 있는 마지막 날들을 소중히 여겼다. 메리의 유머와 아이들의 관점에 쉽게 공감할 수 있는 능력은 패니가 헨리에게 "구술한" 쪽지에 잘 드러난다.

어린 패니는 하루 이틀 안에 약속한 갈퀴를 갖게 되면 아주 기쁠 거야. 패니는 집 맞은편 들판에서 건초를 만들고 싶거든. 헨리가 갈퀴를 가져오면 패니는 건초 위에서 헨리와 구르고 싶을 거야. 쇠스랑은 매일 사용했어.

패니는 헨리에게 사랑을 보내며, 그의 다음 편지는 패니에게 보내주기를 바라. 그러면 패니는 그 편지를 옷장 안에 있는 책과 함께 보관할 거야.[13]

가끔 메리와 고드윈은 새들러스 웰스 마을이나 시내로 걸어가 존슨의 서점과 다른 서점들을 찾아갔다. 메리는 항상 새로 나온 책에 대한 이야기를 듣기 좋아했다. 그녀는 메리 헤이스와 차를 마셨고, 《마리아》를 집필했고, '윌리엄'이 태어난 후 패니가 읽을 이야기 몇 편을 끝냈다. 이 짧은 단락들은 메리와 패니의 일상을 흘끗 엿볼 수 있게 해주고 동시에 딸에 대한 메리의 애정과 자부심을 보여준다.

네가 윌리엄보다 얼마나 큰지 봐. 사 년 동안 넌 먹고, 걷고, 말하는 법을 배웠어. 왜 살짝 미소를 짓지? 훨씬 더 많은 걸 할 수 있다고 생각하는 거지? 넌 손과 얼굴을 씻을 수 있어. … 그리고 언제나 네 서랍 옆에 두는 예쁜 빗으로 머리를 빗을 수 있어. 정말이지, 넌 엄마와 산책 나가려면 이 모든 걸 준비하지. 네가 직접 머리를 빗지 않으면 집에 있어야 해. 베티는 저녁 식사를 준비하느라 바빠서 윌리엄의 머리만 빗겨줘. 윌리엄은 아직 혼자서 빗질을 할 수 없으니까.

그리고

얼마 전에 엄마가 감기에 걸렸을 때 머리가 너무 아파서 견딜 수 없을 정도였어. 아빠가 아주 조용히 문을 열었어. 아빠는 엄마를 사랑하니까. 너도 날 사랑하지. 그런데 네가 시끄러운 소리를 냈어. 그러면 엄마의 머리가 더 아프다는 걸 아빠가 말해주기 전까지 넌 몰랐으니까.

네가 어떻게 생각해야 하는지 모른다고 말했지. 아니야, 조금은 알아. 얼마 전에 아빠가 피곤하셨어. 아침 내내 걸어 다녔으니까. 저녁을 먹고 아빠는 소파에서 잠들었어. 엄마가 네게 조용히 하라고 말하지 않았지만, 넌 엄마 머리가 아팠을 때 아빠가 네게 했던 말을 생각했지. 그래서 아빠가 쉬고 있을 때 시끄러운 소리를 내면 안 된다고 생각했어. 넌 엄마에게 와서 아주 작은 소리로 말했지. 내 공을 갖다주세요. 그러면 아빠가 깨어날 때까지 정원에 나가서 놀겠어요.

너는 밖으로 나갔지. 하지만 다시 생각해보고 내게 발끝으로 걸어왔어. 속삭이고 속삭였어. 아빠가 깨면 엄마가 날 불러주세요. 내가 아빠를 방해할까 봐 문을 열고 들여다보는 게 겁나요.

넌 살금살금 걸어가서 엄마보다 더 조용히 문을 닫았지. 그게 생각하는 거란다. … 다음에 네가 다른 것에 대해서도 생각할 수 있는지 보자꾸나.[14]

8월 둘째 주에 그 유명한 혜성이, 메리 셸리의 말을 빌리자면 '이상한 별'이 밤하늘에 나타났다.[15] 혜성이 하늘을 가로지르는 모습을 본 사람들은 모두 당황했다. 메리는 그 별이 곧 아이가 태어나리라는 의미이기를 바랐다. 그녀는 "다시 활동을 재개하고 싶었고, 생각에 잠겨 산책할 때 눈에 보이는 뚱뚱한 그림자를 어느 정도 맵시 있게 줄이고 싶었다."16)

8월 말이 되자 메리와 고드윈은 따로 외출하던 습관을 버리고 늦은 여름날의 저녁 시간을 함께 독서하며 보냈다. 8월 마지막 주에는 두 사람이 좋아하는 소설 《젊은 베르테르의 슬픔》을 다시 읽기로 결정했다. 고드윈은 이때가 "진정으로 행복했던" 시간이었다고 나중에 회상했다. 그들은 이 우울한 소설에서 "예전에 보지 못했던 아름다움을 지적"하곤 했고, "서로 일치하는 감정을 언급하면서 즐거워했고, 매시간 늘어나는 동일한 감정을 느끼며 더욱 기뻐했다."17)

8월 30일 아침에 메리는 분만의 첫 진통을 느끼며 깨어났다. 르아브르에서처럼 메리는 의사를 부르지 않았고, 별일 없을 거라고 믿었다. 패니 출산은 아무 문제 없이 순조로웠다. 메리는 아기 윌리엄도 똑같을 거라고 기대했고, 평판이 좋은 조산사 블렌킨숍 부인을 고용했지만 조산사가 할 일은 별로 없을 거라고 생각했다. 메리는 평소처럼 고드윈을 그의 사무실로 보냈다. 몇 시간 후 진통이 규칙적으로 이어지자 "오늘 틀림없이 아기를 볼 수 있을 것 같다"고 남편에게 메모를 보냈다.18) 또한 진통을 오래 기다리는 사이에 가볍게 읽을 책이나 신문을 보내 달라고 부탁했다. 그러나 낙관적인 예상과 달리 정오가 되어도 메리는 여전히 집 안에서 서성거렸고, 진통은 패니 출산 때보다 훨씬 느리게 진행되었다. 2시가 되었을 때 메리는 침실로 올라가 조산사를 불렀고 고드윈에게 곧 아기가 태어날 거라고 메모를 썼다. 그러고 나서 어머니가 죽기 전에 했던 말을 되풀이했다. "약간 인내심을 가져야 해."

하지만 아기는 곧 나오지 않았다. 메리는 아홉 시간 더 진통을 견뎌야 했다. 고드윈은 레블리 부부와 함께 식사를 하고 어두워져서야 집에 돌아왔다. 그는 메리가 위층에서 여전히 진통을 견디고 있는 것을 보았다. 아기는 1797년 8월 30일 자정이 되어서야 태어났다. 조산사가 고드윈에게 아기를 보라고 했는데, 아기는 남자아이가 아니라 작고 약해 보이는 여자아이였다. 고드윈은 이 순간 엄숙함을 느꼈고 이후의 세월에서 그 순간을 종종 회상하곤 했다. 심지어 자신의 소설 《성 레옹(St. Leon)》에서 출산 후 부부가 서로 인사하는 장면을 묘사하기도 했다.

우리가 다시 얼굴을 본 순간을 나는 결코 잊지 못할 것이다. … 모든 위험이 가라앉은 듯이 보인 후 넘쳐흐르는 영혼으로 서로 만났고, 우리를 활기차게 해준 다정함은 위기와 고통을 생각하며 더욱 커졌고, 성스러운 느낌 … 흐뭇한 만족감을 느끼며 서로의 눈에서 부드러운 애정과 신성한 애착의 공통된 감정을 읽는다.[19]

경외감과 아내를 향한 사랑에 압도된 고드윈은 새 아기를 "우리의 공동의 애정이 결합한 결과"이자 "우리의 공감과 생명이 함께 부어져 결코 분리될 수 없는 전당"이라고 여겼다. "다른 연인들은 자신들의 서약을 선물과 징표로 증명할 것이다. 우리는 이 소중한 생명체에 우리의 애정을 기록하고 깊이 새긴다."

메리는 너무 피곤해서 말을 할 수 없었지만 고드윈은 어린 딸을 안고 무사히 출산한 것을 기뻐하며 그녀 곁에 머물렀다. 결국 조산사가 태반을 더 내보내야 한다며 그를 손짓으로 내보냈다. 그러나 두 시간이 더 지나도 후산(後産)이 진행되지 않았고 메리는 감염의 위험에 처했다. 블레킨솝 부인이 고드윈에게 급히 상황을 알렸다. 그는 "마음속에 … 갑자기 엄습한 절망감"을 느끼며 마차에 올라타 의사를 데려오려고 웨스트민스터 병원으로 달려갔다.[20]

고드윈과 의사 포이그낸드는 동트기 직전에 폴리곤에 도착했다. 포

메리 울스턴크래프트와 윌리엄 고드윈의 딸 '메리'가 태어난 날에 고드윈이 쓴 일기. 위에서 네 번째 항목에 "메리의 탄생, 밤 11시 20분"이라고 적혀 있다.

이그낸드는 곧바로 수술에 들어가 마취제 없이 태반 조각을 뜯어냈고, 메리는 지금까지 경험하지 못한 고통을 겪어야 했다. 메리는 계속해서 정신을 잃었고 때로 죽고 싶었지만 고드윈을 "떠나지 않기로 결심했다"고 속삭였다.[21] 마침내 몇 시간 후 포이그낸드는 모든 것을 적출했다고 그들에게 장담했다. 마음을 놓은 메리는 마침내 잠이 들었다. 하지만 포이그낸드는 돌이킬 수 없는 해를 끼친 것이었다. 메리를 살리려는 자신의 노력이 오히려 환자를 죽게 만들었다는 사실을 전혀 깨닫지 못한 채 포이그낸드는 환자를 죽음에 이르게 할 세균을 옮겼다. 1797년 당시에는 세균 이론이 아직 존재하지 않았다. 손을 씻지 않은 의사가 환자를 감염시킬 수 있다는 생각은 어이없게 보였을 것이다.

해가 뜨자 패니가 새 여동생을 만나려고 소리를 내지 않고 복도를 걸어갔다. 여동생은 어머니의 이름을 따서 메리라고 부르기로 했다. 패니가 아기에게 입맞춤을 하고 나자 지친 어머니는 작별 인사로 패니를 안아주었다. 마리아 레블리는 메리가 쉴 수 있도록 며칠 동안 패니를 돌봐주겠다고 제안했다. 고드윈은 그날 오후 아내 곁에 앉아 있었고 마리아는 그날 저녁에 다시 방문했다. 다음 날 아침에도 모든 것이 괜찮아 보였다. 그래서 사무실로 가서 잠깐 일을 하고 메리 헤이스를 방문해서 소식을 전한 후 저녁까지 집에 돌아오지 않았다. 그가 없는 동안 존슨이 메리를 찾아와 아기를 보았다. 고드윈은 메리의 오랜 친구인 조지 포다이스라는 새 의사를 불렀다. 포다이스는 메리의 상태를 확인하고 고드윈에게 메리의 회복을 낙관한다고 보고했다. 고드윈 부부는 함께 식사를 하며 앞으로 몇 달간 어떻게 생활할 것인지 결정했다. 고드윈은 일을 하고 메리는 아기를 돌볼 것이다. 그들은 서로에게 만족하고 새 가족에 기뻐하며 그날 밤 평온하게 잠들었다.

금요일과 토요일도 편안하고 행복하게 지나갔다. 메리는 아기에게 젖을 먹였다. 그리고 낮잠을 잤고, 앞으로 몇 주간의 계획을 세우기 시작했다. 첫 번째로 해야 할 일은 유모를 구하는 것이었다. 고드윈의 여동생의 친구 루이자 존스가 그 일자리에 관심이 있었다. 일요일에 그의 여동생은 친구가 면접을 보도록 폴리곤으로 데려왔다. 하지만 두 여성이 아래층에서 기다리는 동안 끔찍하게도 요란한 쿵쾅 소리가 벽들을 흔들기 시작했다. 갑작스럽게 고열이 난 메리가 너무 심하게 몸을 떨어 그녀의 철제 침대가 마룻바닥에 부딪치며 집 전체가 흔들렸다. 고뇌에 빠진 고드윈은 당장 의사를 부르러 사람을 보냈다. 그의 여동생과 루이자는 도망갔고 가족은 위기를 맞을 준비를 했다.

포다이스가 산욕열이라는 진단을 내리는 데는 시간이 오래 걸리지 않았다. 메리의 몸에 아직 떨어지지 않은 태반이 남아서 썩어 가고 있었다. 감염이 시작되었지만 할 수 있는 일이 없었다. 의사는 메리를 진정시키려고 거짓말을 하면서 곧 회복될 거라고 말하고, 왜 젖이 이제 아기에게 좋지 않은지 핑곗거리를 만들어냈다. 메리의 젖가슴이 고통스러울 정도로 팽팽해지자 강아지들을 데려와 젖을 먹였다. 이 18세기 관습에 메리는 애써 미소를 지으려 했지만 옆방에서 젖을 먹고 싶어 하는 어린 메리에게는 참을 수 없이 잔인한 일이었다.

한편 포다이스는 고드윈에게 진실을 말했다. 메리는 살 수 있다는 믿음에 매달렸지만 그녀의 남편은 절망 속으로 가라앉았다. 아기를 레블리 부부에게 보내 언니 패니와 함께 있게 했는데, 창백하고 저체중인 아기도 살 수 없을 것 같았다. 고드윈은 메리 방으로 옮겨 가 침대 옆 의자에서 잠을 잤다. 그는 "메리에게 빨리 나으라고 간청"했고 "애틋하고 떨리는 마음으로 온갖 상서로운 상황에 대해 길게 이야기했다. 메리는 그토록 끔찍한 고통 속에서도 미소와 친절한 말로 최선을 다해 나의 애정에 보답했다."[22] 메리 헤이스와 마리아 레블리를 비롯한 그녀의 친구들이 집에 머물렀고, 충직한 마르그리트는 메리의 곁을 떠나기를 거부했다. 고드윈의 남자 친구 네 명이 아래층에서 밤을 새웠다. 메리 헤이스가 말했듯이 "메리를 둘러싼 사람들의 애정과 애석한 마음이 시간이 갈수록 커지는 것 같았다."[23] 아직 의식이 남아 있던 메리는 그녀의 지지자들을 "염려하는 애정으로" 모두를 감동시켰다.

포다이스는 자주 방문했지만 아무 소용도 없었다. 고통을 덜어주려면 메리에게 포도주를 주라고 말했다. 고드윈은 순순히 따랐지만 얼마나 줘야 할지 알 수 없었다. 메리의 죽음을 앞당기고 싶지 않았지만 그렇다고 그녀가 고통받는 것도 원치 않았다. 고드윈은 "이제 우주에서 내게 소중한 단 하나의 생명과 놀이를 하라고 요청받은" 느낌이 들었다.[24] 그것은 "너무 끔찍한 일"이었다. 메리는 매시간 쇠약해졌다.

안심시켜주는 말을 필사적으로 듣고 싶었던 고드윈은 하녀 메리에게 여주인의 병세가 진행되는 상황을 어떻게 생각하는지 물었다. 여주인이 "최대한 빨리 진행되고 있다고 생각한다"고 하녀가 말하자 그는 더럭 겁이 났다. 마침내 9월 8일 금요일에 고드윈은 아내가 진실을 알고 있다고 생각하고는 거짓말을 포기했다. 그는 메리와 이른바 "엄숙한 대화"를 나누었고 딸들을 위해서 그녀가 무엇을 원하는지 알고 싶었다. 하지만 이때쯤 메리는 계획은 고사하고 말할 힘조차 없었다. 할 수 있는 말은 "당신이 무슨 생각 하는지 알아요"뿐이었다.[25]

그 후 48시간 동안 메리의 의식은 오락가락했다. 온몸이 떨리던 발작은 멈췄고, 고드윈이 예상했듯이, 자신이 죽어가고 있다는 사실을 아는 것 같았다. 메리가 마지막으로 남긴 말은 고드윈이 "세상에서 가장 친절한 최고의 남자"라는 것이었다.[26] 의사는 메리가 아직 살아 있는 것이 기적이고 "희망을 포기하는 것은 매우 적절하지 않다"고 말하며 그를 격려하려 했다.[27] 결국 이 병에서 누군가 살아남을 수 있다면 바로 메리일 거라고 말했다. 하지만 고드윈은 그것이 공허한 말이라는 것을 알았고 마지막을 대비하려고 최선을 다했다.

고드윈은 일요일 아침 일찍 어떤 변화가 있으면 깨우라고 지시하고 두세 시간 잠을 잤다. 6시에 의사가 그를 메리 곁으로 불렀고, 두 시간도 채 지나지 않아 9월 10일 아침 8시가 되기 조금 전에 메리가 숨을 거둘 때까지 그는 그녀 옆에 있었다. 그 후 고드윈은 일기에 무언의 선 세 개를 그었다. 메리는 그에게서 영원히 사라졌다. 그 후 이 년이 지나서야 고드윈은 자신이 느낀 감정을 묘사했다. 그것도 허구의 인물을 통해서였다. 아내가 출산 중에 사망했을 때 그 허구의 인물은 고드윈이 실제 생활에서 표현할 수 없었던 많은 감정을 전했다.

인간이란 무엇인가? 그리고 우리는 무엇으로 만들어졌는가? 그 보

런던의 옛 세인트 판크라스 교회 묘지 풍경. 1797년 9월 15일, 메리 울스턴크래프트가 이곳에 묻혔다.

잘것없는 몸속에 우리가 숭배하는 모든 것이 머물렀고, 우리가 알고 탁월하다고 상상할 수 있는 모든 것이 여러 해 동안 머물러 있었다. 심장이 이제 정지되었다. 이 온몸에는 생각도, 느낌도, 미덕도 존재하지 않는다. 이제 남은 것은 내 감각을 조롱하고 내 슬픔을 비웃고, 복잡하고 비교할 수 없고 표현할 수 없는 비통함으로 가슴을 찢는 일뿐이다.[28]

패니는 그날 저녁을 먹으러 집에 와서 엄마의 몸에 작별 키스를 할 수 있었고 레블리 부부에게 돌아갔다. 고드윈은 신을 믿지 않았기 때문에 천국에서 재회한다는 생각으로 위안을 얻을 수 없었다. 그의 마음속에서 메리는 사라졌다. 완전히 사라졌다. 메리의 친구들이 그녀를 기억하려고 머리 타래를 자르고, 유품을 나눠주고, 슬픈 소식을 전하는 편지를 쓰는 동안에 고드윈은 자기 서재에 틀어박혔다. 화가 존 오피가 조문을 왔고, 메리가 임신 말기였던 여름에 그가 그린 메리의 초상화를 고드윈에게 주었다. 고드윈은 깊이 감동받았다. 메리는 무슨 일이 일어날지 알고 있는 듯이 다감하고도 애석해하는 표정이었다.

고드윈의 친구 제임스 마셜이 장례식을 주관하고 고드윈이 조문객 명단을 작성했다. 메리가 사망한 지 닷새 후인 9월 15일에 메리의 친구들과 가족이 세인트 판크라스 교회 경내에 모였다. 메리와 고드윈이 5개월 전에 결혼했던 교회 건물이 겨우 몇 발짝 떨어져 있었다.

그러나 묘지에서 홀아비를 보길 바랐던 사람이 있었다면 실망할 수밖에 없었다. 고드윈은 그가 아는 유일한 방법으로, 홀로 서재에서 책을 펼쳐놓고 펜을 든 채 메리를 애도하고 있었다.

35장

"내 벗들은 나보다 먼저 소멸했다"

메리 셸리 1823~1828

셸리가 죽은 후 메리는 헌트가 이제 자신을 의심스럽게 여긴다는 사실을 알고 놀라고 슬펐다. 메리는 헌트를 아주 친한 벗으로 여겼는데, 그는 이탈리아에 도착한 이후 그녀에게 냉담하고 무관심하게 대했다. 제인이 헌트에게 영향을 끼쳐 자신에 대한 편견을 심어주고, 셸리의 마지막 몇 달간 메리가 그를 사랑하지 않고 비참하게 만들었다고 헌트에게 말했다는 것을 메리는 알 수 없었다. 셸리가 죽기 직전에 헌트를 만났을 때 메리에 대해 불평했다는 사실도 몰랐다. 어리둥절하고 마음이 상해서 그녀는 헌트가 셸리의 심장에 대해 자기와 다투고 나서 아직 화가 풀리지 않은 모양이라고 생각했다.

충격을 받은 메리는 일기장을 펴고 셸리가 여전히 살아 있는 듯이 말했다. "내 마음이 그대에게 냉담했다는 것은 사실이 아니에요. … 내가 가장 깊은 고독에 빠져 생각하면서 당신을 가진 것이 내 행운이라고 스스로 거듭거듭 말하지 않았나요?"[1] 하지만 메리는 인습적인 미망인 행세를 거부했고, 제인처럼 울고 한숨짓지 않았다. "누구도 나를 이해하거나 동정하지 않는 것 같다"라고 썼다가 괴로운 마음에 몇

단어에 줄을 그어 지웠다.[2] “(그들은) 나를 애정이 없는 사람이라고
여기는 것 같다. … 나는 그들 앞에서 낙담하고 주눅이 든 느낌이다.
마치 내가 그들이 ~~비난하는~~ 생각하는 대로 냉정한 ~~무감각한~~ 사람인
듯이 느낀다. 하지만 나는 그런 사람이 아니다.”

1822년 9월에 제인은 영국으로 떠났지만 메리는 헌트 부부와 바이
런과 함께 남았다. 이탈리아를 떠나는 것은 마치 셸리와 클라라, 그리
고 윌리엄을 버리는 것처럼 느껴졌다. 그래서 메리는 항상 해왔듯이
그리스와 중세 이탈리아 역사를 읽고 공부에 전념하며 자신을 지탱하
려고 애썼다. 윌리엄을 잃고 침묵에 빠졌던 때와는 달리 셸리의 죽음
은 그녀의 억눌린 마음에 분출구를 열어주었다. 메리는 비탄을 토로
하는 긴 글을 일기에 쓰며 자신의 말로 셸리를 불러오려고 애썼다. 헌
트와 바이런의 도움을 받아 메리는 셸리가 피사에서 구상하고 헌트에
게 편집을 의뢰했던 잡지 〈더 리버럴〉의 창간호를 제작했다. 셸리의
최근 작품들 중 괴테의 《파우스트》 번역 일부를 편집하고 인쇄할 수
있도록 준비해서 10월 15일에 발행된 창간호에 게재했다. 한 달 뒤에
발행된 두 번째 호에는 셸리가 죽기 전에 메리가 썼던 이야기 〈열정의
이야기: 또는 데스피나의 죽음〉을 기고했고 셸리의 시 〈인도 세레나
데〉를 실었다. 메리의 아버지와 어머니의 오랜 숭배자였던 해즐릿은
〈시인들과의 첫 만남〉이라는 가슴에 사무치는 에세이를 기고했고, 바
이런은 〈심판의 비전〉이라는 신랄한 시를 게재했다. 메리의 목표는 글
을 써서 생계를 유지하는 것이었다. 메리는 “오로지 책과 문학적 일거
리를 통해서 고통이 줄어들 수 있을 것”[3]이라고 그해 12월에 제인에
게 편지를 썼다. 특히 자기를 돌봐줄 새 남편을 얻으려 하지 않을 것이
다. 그리스 왕자를 흠모했고 트렐러니에게 자극적인 흥분을 느꼈지만
어떤 남자도 셸리에게 미치지 못했다.

바이런은 9월 중순에 피사를 떠나기로 결정했고 제노바로 가서 화

려한 카사 살루초에 거처를 마련했다. 메리와 헌트 부부는 바이런을 따라 카사 살루초 근처로 이사하여 카사 네그로토의 방을 임대했다. 방이 네 개인 이 저택은 정원이 있고 만곡을 이루는 계단이 두 개 있었다. 특히 카사 마니와 비교할 때 두 가족이 살 수 있는 공간이 충분하다고 메리는 생각했다. 하지만 헌트 부부는 즐거워할 기분이 아니었다. 그들은 새 잡지를 창간하려고 이탈리아에 왔는데, 그 잡지의 주요 후원자이며 기고자 한 명이 세상을 떠났다. 슬프기는 하지만 그들은 자신들의 장래를 생각해야 했다. 메리앤은 일곱 번째 아이를 임신 중이었고 런던이 그리웠다. 이탈리아는 그녀가 기대했던 만큼 낭만적이지 않았다. 새로 이사한 집도 적합하지 않았다. "문과 창문이 너무 많고 커서 집이 아늑해 보이지 않아요."[4]

그해 가을은 계절에 어울리지 않게 추웠다. 카사 네그로토에는 중앙 벽난로가 하나밖에 없어서 메리와 퍼시는 오로지 몸을 따뜻하게 하기 위해 헌트 가족과 바싹 붙어 있어야만 했다. 다루기 힘들기로 악명 높은 헌트네 아이들은 싸우고, 장난치고, 가구를 뒤집고, 팔꿈치를 긁히고, 쿵쾅거리며 계단을 오르내렸다. 외동아이로 조용한 생활에 익숙했던 퍼시는 시끄러운 아이들이 다가오면 울면서 엄마에게 매달렸다. 헌트 가족이 바이런과 함께 지낼 때 아이들이 그의 집을 약간 망가뜨렸는데 메리앤은 아이들을 꾸짖지 않고 바이런에게 분개했다.

아이들 서넛이 방 몇 칸의 벽을 흉하게 만들었다고 영국의 귀족이, 더군다나 시인이, 그렇게 야단법석을 치다니, 세상에 그보다 어처구니없는 일이 있겠어요. 오히려 아이들이 그가 부끄러워 얼굴을 붉힐 거예요. 쳇, B경, 쳇.[5]

클레어는 제노바로 함께 이사하지 않았다. 피사에 있을 때 두 자매

간에 또다시 긴장이 고조되었다. 클레어도 메리처럼 셸리의 죽음에 상심했지만 앨러그라의 죽음으로 여전히 비탄에 빠져 있었고, 또한 메리가 자기 슬픔에 사로잡혀 자기를 위로하지 못한다는 사실에 상처를 받았다. 그리고 금전 걱정도 있었다. 메리와 클레어는 모두 셸리에게 경제적으로 의존하고 있었다. 그들이 어떻게 스스로를 부양할 것인지, 셸리의 자산에서 무엇을 상속받을 수 있을지 분명치 않았다. 클레어는 가정교사로 일할 준비를 해왔지만 아직 마땅한 일자리를 찾지 못해 메리에게 지원을 요청했다. 퍼시와 자신의 장래에 대해 걱정이 많았던 메리는 선뜻 도와주지 못했다. 그녀는 나눠줄 수 있다고 생각한 만큼 돈을 주었지만 그리 많지 않았다. 그래서 클레어는 발끈해서 오스트리아에서 일자리를 구하기 바라며 오빠가 있는 빈으로 갔다. 클레어는 메리 울스턴크래프트의 방식으로 독립적인 여성이 되겠다는 생각을 버린 적이 없었고 적어도 한 번은 청혼을 거절했다. 마리아 기즈번의 아들 헨리 레블리가 클레어를 사랑해서 어쩔 줄 몰랐지만 클레어는 자신의 자유를 지키려고 그의 구애를 거절했다.

메리에게는 다행히도 피사 그룹의 가장 유명한 사람이 의리를 지켰다. 6년간 바이런과 메리는 문학적 동료이자 벗으로 지내 왔다. 그는 평소 여성들을 조롱하고 의심했지만 메리에 대한 존경심이나 애정은 잃은 적이 없었다. 바이런은 메리가 돈이 거의 바닥난 것을 알고는 그녀에게 자기의 새 작품을 정서하게 하고 돈을 주었다. 바이런은 메리의 제안에 따라 자신의 작품을 일부 수정했고, 자신의 회고록 출판에 대해 메리의 의견을 물었다. 그리고 셸리의 아버지가 그녀에게 매년 넉넉한 돈을 지급할 거라고 안심시켰다. 어찌 되었든 메리는 셸리의 어린 아들을 둔 미망인이었다.

하지만 바이런은 예외적인 사람이었다. 제노바의 영국인들은 메리를 알은 척하지 않았고, 계속해서 그녀를 충격적인 근친상간 모임의 일원으로 여겼다. 메리는 기즈번 부인에게 속마음을 털어놓았다. "내 주위 사람들은 내가 어떤 고통을 겪고 있는지 몰라요. 나는 평소처럼 말하고, 동의하고 미소를 짓습니다. 내 눈이 무표정하다는 것을 … 알아차릴 만큼 내게 관심 있는 사람도 없어요."[6] 트렐러니는 아름다운 새 정부를 데리고 제노바로 왔는데 그 여자는 이미 누군가와 결혼한 상태라서 간통을 숨기려고 애쓰고 있었다. 메리는 그녀의 행동이 위선적이라고 생각해서 그렇게 말했다.[7] 그 여자가 진정으로 사랑에 빠졌다면 트렐러니와 함께 있기 위해 자기 평판을 희생해야 했다. 메리가 셸리를 위해 했던 일이 결국 그것이었다. 메리의 말에 트렐러니는 분노했고 격렬하게 화를 내며 관계를 끊었다.

봄이 되자 메리는 무일푼이 되었다. 셸리는 복잡하게 얽힌 청구서를 남기고 떠났다. 티머시 경은 메리에게 한 번도 편지를 보내지 않았고, 셸리의 월 지급액을 계속 보내겠다고 제안하지도 않았다. 메리는 이 침묵이 거절을 의미한다고 생각했지만 바이런은 분명히 법적 절차 때문일 거라고 장담했다. 바이런은 메리를 위해서 셸리의 아버지에게 편지를 보내 재정적으로 궁핍한 며느리의 상태를 알렸다. 메리의 아버지는 집으로 돌아오라고 재촉하는 편지를 계속해서 보냈고, 메리가 티머시 경에게 대처하는 데 도움을 주겠다고 말했다. 그래서 메리는, 영국으로 돌아가고 싶지 않았지만, 오직 셸리 집안과 합의를 보기 위해서 귀국할 계획을 세웠다.

그러나 메리가 출발하기 전에 티머시 경에 대한 그녀의 판단이 옳았다는 소식이 왔다. 그의 변호사가 보낸 편지가 도착했다. 그는 "내 아들의 마음을 그의 가족으로부터 떼어놓고 인생의 첫째 의무를 모두 도외시하게 만든" 여자를 도와줄 의도가 전혀 없다고 선언했다.[8] 그는 퍼시의 양육은 지원하겠지만, 그것은 오로지 그녀가 아들과 헤어지겠다고 동의할 경우에만 가능하다고 말했다. 그러지 않으면 그녀는 아무것도 기대할 수 없다고 했다. 바이런은 메리에게 이 제안을 받아들이라고 권했지만 메리는 거절했다. "나는 (퍼시와) 열흘도 떨어져 살 수 없어요"라고 메리는 말했다.[9] 상황이 암울해 보였지만 메리는 귀국하기로 결심했고, 셸리의 아버지가 일단 손자를 만나면 마음이 누그러지기를 바랐다.

출발하기 몇 주 전에 메리는 헌트와 화해했다. 헌트는 겨우내 메리의 고요한 고통과 깊은 자존심을 지켜보았다. 말로에서 함께 여름을 보냈을 때 메리가 말이 없던 것을 떠올렸고, 그녀가 거짓말을 할 수 없다는 것을 알았다. 마침내 그는 제인이 거짓말을 퍼뜨렸다고 결론을 내리고 제인에게 분노에 찬 편지를 보냈다. 하지만 제인은 아무런 잘못도 인정하지 않았고 악의적인 이야기를 계속 늘어놓았다.

헌트와 다시 관계가 좋아져서 안도한 메리는 마지막 남은 30파운드를 집으로 돌아가는 여비로 썼다. 파리로 가는 덥고 먼지 자욱한 18일간의 긴 여정으로 여행길이 시작되었다. 이제 셸리가 없으므로 개인 마차도, 품위 있는 여관도 없었다. 메리는 퍼시를 무릎에 앉히고 성질이 고약한 땀투성이 승객들 틈에 끼어 공중 역마차를 타고 북쪽으로 달렸다. 울스턴크래프트의 《스웨덴에서 쓴 편지》를 아주 많이 읽었기에 그녀는 사랑하는 남자에게 버림받고 어린아이와 단둘이 여행하는 어머니의 입장이 되어 상상해볼 수 있었고, 이런 상상에서 위안을 받았다. 게다가 퍼시는 놀랍도록 차분한 성격이었다. 매일 아들의 얼굴을 들여다보며 그 불안정한 아버지의 흔적을 찾으려 했던 어머니에게 아들이 드러낸 온순함은 위안이 되기도 했고 동시에 애달프고 놀랍기도 했다.

마침내 8월 25일에 그들이 런던에 도착했을 때 메리는 스물여섯 번째 생일을 닷새 앞두고 있었다. 고드윈이 윌리엄과 함께 메리를 맞으러 부두에 나왔다. 메리는 이복동생이 열다섯 살이었을 때 이후로 한 번도 보지 못했는데 동생은 이제 스무 살이었다. 메리가 런던을 떠난 것이 오 년 전이었고, 그녀가 없는 동안 런던이 너무 많이 달라져서 아버지의 안내가 없었다면 완전히 길을 잃었을 것이다. "여기 그로브너 광장보다 로마의 콜로세움에 가는 길을 더 잘 찾을 것 같아요."[10] 메리는 다소 아쉬운 마음으로 말했다.

가장 놀라운 변화는 최근에 건설된 리젠트 운하였다. 이 운하는 도시를 일직선으로 관통하여 북쪽으로 메리가 어린 시절을 보냈던 마을까지 이어졌고, 주변의 도로들을 잘라내고 인근 지역의 형태를 바꾸고 있었다. 하지만 다른 중요한 변화도 눈에 띄었다.[11] 패딩턴, 세인트 판크라스, 캠든타운 근처에 거대한 공장들이 세워져서 이미 오염된 런던 공기에 매연을 내뿜었다. 길모퉁이마다 가스등이 켜져서, 런던의 밤을 먼지투성이의 깜깜한 토끼 굴에서 환한 불빛이 비치는 벌집으로 바꾸어놓았다. 디킨스가 훗날 《보즈의 스케치》에서 한탄한 변화였다. 새로 조성된 리젠트 거리의 상점들은 메이페어*로부터 사람들을 유혹했고, 그들은 공장에서 생산된 신기한 물건들, 값싼 도자기 접시와 기성복 망토, 대량 생산된 부채와 계피 가루를 얼빠진 듯 바라보았다.

메리는 이제 런던을 알지 못하더라도 런던은 그녀를 잊지 않았다. 8월 첫째 주에 라이시엄 극장에서 '추정: 혹은 프랑켄슈타인의 운명'이라는 제목의 연극이 무대에 올랐다. 그 극장 밖에서 시위대가 행진했는데, "《프랑켄슈타인》이라는 부적절한 작품에 기초한 괴물 같은 드라마"를 비난하는 플래카드를 들고 있었다.[12] 메리는 자기 책에 대한 이런 적대감에 놀랐지만 그래도 극장에 가서 그 연극을 보니 즐거웠다. 극장에서 "관객들의 숨 가쁜 열망"을 느낄 수 있었다.[13] 또한

---

* 런던 서부의 고급 주택 지구이고 옛날에는 5월에 정기 시장이 열렸다.

아버지가 자신을 자랑스럽게 여긴다고 느꼈다. 메리는 헌트에게 보낸 편지에 "자, 보세요! 내가 유명해졌더군요"라고 썼다.

안타깝게도 메리는 이 공연이나 자기 작품을 각색한 어떤 연극에서도 돈을 받지 못했다.[14] 19세기 영국에서 극작가들은 원작자에게 저작권 사용료를 지불하지 않고 자유롭게 소설을 차용할 수 있었다. 또한 그들은 원작의 줄거리를 따라야 할 의무가 없었다. 《프랑켄슈타인》의 무대용 버전은 소설의 복잡한 내용을 단순화해서 관객이 쉽게 이해할 수 있도록 만드는 데 초점을 맞추었다. 각색을 거치면서 메리의 다면적인 피조물은 메리가 의도했던 대로 희생자와 살인자가 복잡하게 뒤섞인 인물이 아니라 일차원적인 단순한 악당이 되었다. 또 한 가지 이상한 점은 시간이 지남에 따라 메리가 창조한 오만한 프랑켄슈타인 박사는 대중의 시야에서 거의 완전히 사라졌고, 1840년대에 '프랑켄슈타인'은 '괴물'과 동의어가 되었다. 초기의 한 예를 들자면, 〈펀치(Punch)〉의 한 만화가가 어떤 마을을 파괴하는 괴물을 그리고 그 이름을 '아일랜드의 프랑켄슈타인'이라고 붙였다.[15] 이 만화가는 아일랜드에서 영국의 지배를 완화하는 조치가 위험하다는 것을 지적하려 했다. 대중에게 메리의 이름은 살인적인 악마의 이름과 뗄 수 없이 뒤얽혔다. 메리가 유명해질수록 소설의 다양한 층위와 복합적 관점은 점차 잊혀졌다.

1823년 가을의 첫 몇 주 동안 메리와 아버지는 옛 친구들을 방문했고, 전시회에 가고, 배를 타고 리치먼드에 내려갔다. 남동생은 알고 보니 유쾌한 성격이었다. 동생은 67세가 된 고드윈을 '늙은 신사'라고 부르며 메리를 즐겁게 했다.[16] 메리는 절대로 하지 못할 불손한 언행이었다. 놀랍게도 메리제인은 메리를 거의 내버려 두었다. 당시 계모는 다소 걱정에 찌들고 신파조에다 신랄하고 가련한 사람으로 보였다.

마침내 그들은 티머시 경의 변호사 윌리엄 휘튼을 만났다. 그는 티머시 경의 적대감을 강조했다. 셸리의 아버지는 아들의 미망인이나 어린 퍼시와 아무 관계도 맺고 싶어 하지 않는다는 점을 명확히 했다. 티머시 경은 그들을 만나기를 거부했지만, 메리와 퍼시에게 각각 100파운드씩, 일 년에 200파운드를 주겠다고 제안했다. 지금 돈으로 환산하면 연간 2만 달러(약 1만 2천 파운드)가 채 되지 않는 적은 금액이었다. 게다가 그 돈에 메리가 영국에 계속 거주해야 한다는 조건을 붙였다. 그것보다 더 나쁜 요구 사항은 메리에게 일종의 재갈을 물리는 함구령이었다. 메리는 셸리의 작품을 출판하거나 셸리에 대한 어떤 글도 쓸 수 없었다. 메리가 이 두 가지 조건 중에서 하나라도 어기면 한 푼도 받지 못할 것이다. 마지막으로 메리가 빚을 지고 자신과 아들을 부양할 수 없다는 사실을 티머시 경이 알게 되면 퍼시를 데려갈 것이다. 이것은 메리가 가장 두려워하던 일이었다.

참담한 소식이었다. 메리는 남편의 전기를 쓸 생각으로 자신을 지탱해 왔고, 그의 천재성을 찬양하고 그의 이름에 아직도 붙어 있는, 부도덕한 인물이라는 주장을 반박하고 그를 옹호하겠다는 목표가 있었다. 셸리를 옹호하는 일이 위험하다는 사실에 흔들리지 않았다. 시인 존 초크 클라리스('아서 브룩')는 셸리를 위한 애도시를 감히 썼다가 다섯 군데 이상의 정기 간행물에서 혹평을 받았다.[17] 리 헌트의 처제 베스 켄트는 실내용 화초에 관한 식물학 논문에서 셸리의 시를 인용했다는 이유로 매도되었다.[18]

하지만 메리는 티머시 경의 돈이 필요했다. 그래서 셸리가 마땅히 받아야 할 것을 그에게 줄 수 있을 때까지 기다려야 했다. 메리는 수입을 늘리기 위해 잡지에 기고하기 시작했다. 고드윈이 메리를 문학계의 지인들에게 소개해주었지만 그 외에는 아무 도움도 주지 않았고, 남편이 죽었든 살았든 재정적으로 아버지를 부양하는 것이 메리의 의무라는 입장을 고수했다. 충실한 딸이었던 메리는 〈런던 매거진 (The London Magazine)〉에 글을 발표하고 여분의 돈을 모두 아버지에 게 주었다. 그해 늦가을에 메리는 자신이 벌어들인 수입으로 퍼시와 함께 둘만의 숙소로 이사했고, 글을 쓰지 않는 시간은 대부분 아버지 와 남동생과 함께 보내면서 외로움을 달랬다. 또한 어쩌다 런던 외곽 의 켄티시타운에 사는 제인 윌리엄스를 방문했다. 사생아 둘이 있는 미혼모였던 제인은 강요된 고립 속에서 고통스럽게 살고 있었다.

제인이 악의적인 험담을 퍼뜨린다는 것을 알지 못했던 메리는 옛 친구와 가까이 지내려고 런던을 떠나 제인이 사는 동네로 이사를 가 는 것도 고려하기 시작했다. 가끔 메리는 돈을 많이 벌어서 제인과 아 이들을 데리고 이탈리아로 돌아가는 것도 상상했다. 셸리의 죽음과 더 불어 자신도 살아 있는 사람들 가운데 속하지 않는다는 생각이 다시 떠올랐다. 죽은 남편뿐 아니라 아이들과 언니 패니, 그리고 어머니가 저세상에서 자신을 기다리고 있었다. 때로 그들은 만질 수 있을 만큼 가깝게 느껴졌다. 메리를 뒤덮은 우울한 껍질을 뚫고 들어올 수 있었 던 것은 오로지 퍼시뿐이었고, 이따금 아버지와 남동생이 그랬다.

티머시 경의 명령에도 불구하고 메리는 셸리의 작품집을 익명으로 제작하기로 결정했다. 그러나 이 작업은 처음에 예상했던 것보다 큰 일이었다.[19] 셸리는 잘 정돈하지 않는 사람이라서 그의 글들은 메리 의 기대보다 훨씬 어지럽게 뒤섞여 있었다. 그는 영감이 떠오르면 아 무 데나 손이 닿는 곳에 써놓았고, 책상 서랍에 종이 쪼가리와 공책을 잔뜩 쑤셔 넣었다. 봉투 뒷면에 시를 휘갈겨 쓰기도 했고, 읽고 있던 책에 뭔가 적은 종이를 끼워 두기도 했다. 많은 시들이 여러 종이에 적혀 있어서 새 시가 어디서 시작되고 이전 시가 어디서 끝나는지 구 분하기도 어려웠다. 종이 한 장에 적혀 있더라도 낙서처럼 그린 나무 와 돛단배들 사이에 끼워져 있는 경우가 많았다.

이 계획은 벅찬 과업이었지만 셸리의 글들을 샅샅이 훑어보며 추려내는 일은 남편의 존재를 되살리는 데 도움이 되었다. 두 사람이 여전히 대화를 나누고 있고, 그가 여전히 자신에게 말하고 있다는 느낌이 들었다. 메리는 남편이 지시하는 듯이 여겨지는 대로 붙이고 삭제하면서 최종 형태를 선택했고 다른 곳에 적힌 시행들을 결합했다.[20] 다행히도 완전히 낯선 자료를 작업하는 것은 아니었다. 셸리와 이야기를 나눴던 초고들도 있었다. 메리가 열여섯 살, 셸리가 스물한 살 때 파리에서 공동으로 일기를 쓰면서 시작된 남편과 아내의 협력 정신은 그가 죽은 후에도 지속되었다.

하지만 두 사람이 의논한 적이 없고 메리가 처음 읽는 시들도 많았다. 그런 시들 가운데 상당수는 지난 몇 년간 불행한 순간에 쓴 것이었다. 그는 외로움을 한탄하거나 메리를 폄훼하며 제인이나 에밀리아를 찬양했다. 그런 시들은 읽기 괴로웠지만, 대중에게 그의 최고 작품을 보여주려면 이런 시들도 이어 맞추도록 스스로 채찍질해야 한다는 것을 메리는 잘 알고 있었다. 고통스러운 작업이었지만 메리는 주저하지 않았다. 예술에 관한 문제에서 사적인 감정은 중요하지 않다고 믿었기 때문이었다. 고통을 주더라도 위대한 문학은 위대한 문학이었다. 메리는 연(聯)들을 이어 맞추고, 순서를 바꾸고, 삭제하는 일에 착수했고, 결국에 일관성 있는 셸리의 작품집을 창조했다. 그녀가 이룬 위대한 성취였지만, 이 업적은 전혀 칭찬받지 못했다.

흥미롭게도 셸리의 작품을 대중에게 소개하는 데 메리가 중요한 역할을 했는데도 셸리의 시를 그가 직접 쓴 것이 아니라고 비난하는 사람은 없었다. 메리가 기여한 바는 적어도 셸리가 《프랑켄슈타인》을 편집한 것을 능가하는 엄청난 일이었다. 그것은 셸리와 달리 메리가 자신의 흔적을 감추었기 때문이다.[21] 메리는 책에 익명으로 서문을 썼지만, 자신이 편집자 역할을 했다는 사실은 단 한 번도 언급하지 않았다. 한편으로 메리는 티머시 경에게 자기 정체를 숨겨야 했다. 또한 셸리를 편집이 필요 없는 위대한 예술가로 제시하고 싶었다. 게다가 여성으로서 감히 남편의 작품에 손을 댔다는 비판에 직면하리라는 사실을 잘 알고 있었다. 이런 비판은 사람들이 우선 셸리를 얼마나 비난하든 간에 그것과 무관한 일이었다.

6개월 이내에 《유고 시집》은 출판 준비가 완료되었다. 셸리의 시집은 1824년 6월에 판매되기 시작했고 티머시 경이 이 사실을 알게 될 때까지 잘 팔렸다. 입증할 수는 없지만 그것이 메리의 짓임을 알고 며느리에게 분노한 그는 시집 판매를 중단시켰고 판매되지 않은 책은 출판사가 모두 회수하도록 했다. 하지만 셸리에 대한 메리의 비전이 뿌리내리는 것을 막기에는 너무 늦었다. 운 좋게 책을 손에 넣은 사람들은 친구들에게 《유고 시집》을 전해주었고, 책이 없는 사람들은 다른 사람의 책에서 시를 베껴서 함께 나누는 것에 만족했다. 서명이 없는 서문에서 글쓴이는 셸리가 정치와 논쟁에서 벗어난 온유한 예술가이자 천상의 영혼이라고 선언했다. 메리는 셸리의 급진주의―개혁 요구, 무신론, 자유로운 사랑 선언―에 대해서는 언급하지 않았다. 메리의 의도는 대중을 격분시키려는 것이 아니라 그의 이름을 추문에서 벗어나게 하려는 것이었다.

하지만 1824년에 메리는 셸리의 새로운 명성을 구축하는 데 자신이 큰 성공을 거두었다는 것은 알 수 없었다. 셸리의 작품을 출간하는 것은 고사하고 인쇄물에 그의 이름을 언급할 권리조차 박탈당한 메리는 자기 글로 돌아왔다. 서서히 상상력이 되살아났고, 이야기의 윤곽이 잡히고, 마침내 새로운 소설 《최후의 인간》이 탄생했다. 제목이 암시하듯이 음산한 이 소설의 배경을 메리는 21세기로 설정했다. 알 수 없는 전염병이 인류를 전멸시키고 살아남은 단 한 사람이 "나는 번개에 쪼개진 나무다 … 나는 이 세상에 혼자다 …"라고 외친다.[22] 이 생존자의 감정은 메리 자신의 감정을 완벽하게 반영했다.

그해 5월 메리가《최후의 인간》의 첫 부분을 집필하고 있을 때 또다시 나쁜 소식이 도착했다. 그녀가 사랑한 사람들은 죽는다는 것이 '자연의 법칙'처럼 느껴지기 시작했다.[23] 이번에는 바이런이었다. 그는 튀르크에서 그리스의 독립을 위해 싸우다가 열병에 쓰러지고 말았다. 헌트 부부, 토머스 호그, 제인 윌리엄스, 에드워드 트렐러니, 클레어 등 남은 사람들은 셸리와 바이런, 즉 그녀가 "선택된 자들"이라고 불렀던 그들에게 결코 필적할 수 없었다. 메리는 새 소설이 이제 자신이 실제로 경험한 것을 더욱 적절하게 묘사하는 것 같다고 일기에 적었다. "최후의 인간! 그래, 나는 그 고독한 존재의 감정을 여실히 묘사할 수 있을 거야. 내 벗들은 나보다 앞서 소멸했고, 나 자신이 그 사랑하는 종족의 마지막 유물이라고 느끼니까."[24]

여름이 되자 메리는 제인과 가까이 있고 싶어 켄티시타운으로 이사했다. 이 한적한 시골 마을은 햄스테드의 숲이 우거진 고지대에 감싸여 있고 도시로 연결되는 길은 단 하나였다. 그 흙길이 메리의 새 숙소 바로 앞으로 지나갔다. 오래지 않아 철도가 서머스타운에서 멀지 않은 이 평화로운 마을로 침입할 테지만, 1820년대만 해도 농가와 신사들의 별장이 시골 지역 곳곳에 자리 잡고 있었다. 퍼시는 이탈리아에서 함께 놀던 제인의 아이들을 보고 기뻐했고, 메리는 어린 시절에 살았던 들판 근처에서 살게 되어 행복했다. 오후가 되면 메리는 집밖에서 노는 퍼시를 지켜보았다. 도시의 스모그와 먼지에서 멀리 벗어난 곳에서 아이는 건초 더미에 가기도 하고, 연을 날리기도 했다.

바이런의 장례 행렬이 집 앞을 지나 북쪽으로 구불구불한 길을 따라 뉴스테드에 있는 그의 조상 영지로 나아갈 때, 메리는 가장 최근에 겪은 상실을 뼈저리게 느꼈다. 메리는 고통스러운 마음으로 창가에서 지켜보았다. 자신은 알 수도 이해할 수도 없는 이유로 목숨이 붙어 있는 운명의 희생양처럼 느껴졌고, 이런 감정을 소설에 쏟아부었다. 소설의 클라이맥스에서 최후의 인간은 배에 올라타고 목적지도 없이 홀로 표류한다.

메리는 자신의 슬픔을 달래기 위해 제인에게 헌신했고, 가을이 온 뒤에도 계속 켄티시타운에 머물렀다. 오후에 두 여인은 시골을 몇 킬로미터씩 걸었다. 주간에는 퍼시가 길을 따라가면 나오는 작은 학교에 다녔기에 메리는 아침에 방해받지 않고 일할 수 있었다. 제인이 계속 이중적 태도를 취한다는 것을 메리는 알지 못했다. 최근의 새로운 비밀은 제인이 연애를 하고 있으며, 메리에게 언급하지 않은 방문객이 그녀의 저녁 시간을 즐겁게 해준다는 것이었다.

토머스 호그는 셸리의 아내와 애인들을 사랑하던 자신의 패턴에 따라 제인이 런던으로 돌아왔을 때 그녀에게 반했다. 셸리가 마지막에 진정으로 사랑한 사람은 메리가 아니라 자신이었다고 제인이 속삭이자 호그는 강한 흥미를 느꼈다. 제인은 평범하고 세련되지 못한 호그에게 특별히 매력을 느끼지는 않았지만 미혼모로 런던에 돌아왔을 때 힘들었다. 제인은 무시당하고 공격당하고 조롱을 받았다. 자신을 흠모하는 사람이 있다는 것은 기분 좋은 일이었기에 제인은 호그와 관계를 시작했고, 친구들과 가족에게는 이 사실을 숨겨야 한다고 강조했다. 그해 여름에 제인은 메리에게 일부만 고백해 호그의 접근에 대해 말하고 자신은 그를 거부했다고 암시했다. 메리는 제인이 호그를 거절한 것을 이해할 수 있었다. 자신도 호그를 물리친 적이 있을 뿐 아니라 잠재적인 구혼자들을 단념시켜야 했기 때문이었다. 미국인 극작가 존 하워드 페인은 메리 아버지의 집에서 메리를 만난 후 그녀에게 청혼했다. 메리가 구태여 일기에 이름을 적지 않은 여러 남자들도 그녀가 셸리의 미망인이라는 사실에 매료되고 뛰어난 재기와 세련된 매너에 끌려 접근했다. 메리는 슬픔에 잠긴 바이런의 정부 테레사에게 이렇게 한탄했다. "셸리와 윌리엄스의 후계자가 되겠다고 감히 꿈꾸는 남자들을 당신이 안다면, 맙소사! 우린 이런 신세로 영락했어요."[25]

이런 상황은 오래 지속될 수 없었다. 결국 1월 말에 파국이 닥쳤다. 어느 날 밤에 호그가 찾아왔을 때 메리와 퍼시는 아직 제인의 집에 있었고, 평소처럼 벽난로 옆에서 게임을 하고 대화를 나눌 거라고 예상했다. 하지만 호그와 단둘이 있고 싶었던 제인은 메리에게 돌아가 달라고 말했는데, 그 말이 너무나 갑작스럽고 너무나 불쾌해서 그 반향을 지금도 메리의 일기에서 들을 수 있다. "이제야 내가 왜 내쫓겼는지 알겠어! 그렇다면 좋아! … 나는 그녀를 행복하게 해주지 않아. 그녀는 지금 행복해. 하루 종일 행복했어. 반면에 나는 치욕감 속에서 '운명과 인간들의 눈 밖에 나고/ 나 홀로 추방된 처지에 눈물을 흘린다.'"[26] 메리는 격분했다. 제인과 호그의 관계의 실상을 너무 늦게 알아차린 것이었다. "오 한심한 바보여, 슬퍼하라. 그래도 광분하지 마라." 메리는 이렇게 휘갈겨 썼는데 그 나머지 페이지는 찢겨져 나갔다. 분명히 누군가, 어쩌면 메리가, 빅토리아 시대 그녀의 후손일 가능성이 더 높지만, 그녀가 쓴 글이 후손에게 너무 충격적이라고 생각했을 것이다. 메리가 제인과 호그의 성적 관계를 지나치게 노골적으로 비난했을지 모른다. 하지만 흥미롭게도, 메리가 자기 감정을 지나치게 명료하게 드러내면서 제인과 자신의 관계가 어떤 것인지 그 정확한 성격에 의문을 제기했을 수도 있다.

메리는 여자 애인을 둔 많은 여성들을 알고 있었다. 1780년 가족들의 반대를 피해 웨일스로 도망가서 함께 살았던 랑골렌의 유명한 여성들은 당대의 유명 인사들이었고, 고드윈을 친구로 여겼다. 셸리는 해리엇과 웨일스에 살 때 그 여성들을 방문한 적이 있었다. 바이런도 그들의 집에 순례를 간 적이 있었다. 랑골렌의 여성들은 자신들이 어떻게 사회의 규범이 아니라 마음의 지시를 따르며 사는지를 실제 생활의 구체적인 실례를 통해서 시인들과 친구들에게 보여주었다. 메리 자신도 메리 다이애나 도즈(메리 도디)와 친분을 맺게 되었는데, 어느 스코틀랜드 백작의 사생아였던 도디는 여성들과의 연애로 악명이 높았다. 메리는 제인이 참석을 권한 파티에서 도디를 소개받았고, 그녀의 "아름다움과 매력" 그리고 "대화에서 드러낸 … 비범한 재능"에 깊은 인상을 받았다.[27] 도디는 즉시 메리에게 반했다. 도디가 메리를 만나지 못할 때 느낀 고뇌를 묘사하는 편지를 물 밀듯이 보냈는데도 메리는 기분이 상하지 않았다.[28]

하지만 적어도 도디와의 관계에서 메리는 오로지 우정을 쌓는 데 관심이 있었다. 이 시점에 메리가 제인에게 어떤 감정을 품고 있었는지는 명확하지 않다. 호그를 경쟁자로 여긴 것은 확실하지만 그것이 연인의 질투인지 사랑하는 친구의 질투인지는 불분명하다. 분명한 사실은 메리가 즉시 반격을 개시했고, 호그는 윌리엄스의 후계자가 될 자격이 없다고 나약한 친구에게 설교했다는 점이다. 또한 제인이 앞으로 호그보다 더 자격 있는 남자를 만날 거라고 장담했고, 그동안은 자기와의 우정에 의지하라고 촉구했다. 자신이 제인을 돌봐주겠다고 약속했고, 언젠가 퍼시가 셸리 가문의 재산을 상속받을 테고 그러면 모두 안도의 한숨을 쉴 수 있을 거라고 상기시켰다. 제인은 메리의 말에 동의하고 호그를 떠나보냈다. 그가 로마에 가서 예술에 푹 빠져 지내면 더 시적인 전망을 얻을지 모른다고 메리는 예의상 제안했다. 제인은 호그에게 이 메시지를 전달했고, 호그는 제인의 호감을 사려고 유럽으로 장기 여행을 떠났다.

제인은 독자적으로 살아가는 것을 좋아한 적이 없었다. 호그가 떠나자 제인은 메리에게 자신의 매력을 한껏 발산했고, 메리를 사랑하며 누구보다 메리가 필요하다고 말했다. 이것은 셸리가 죽은 후 메리가 간절하게 듣고 싶었던 말이었다. 하지만 그녀가 간직한 남편의 이미지에 결코 따라올 수 없었던 구혼자들에게서 듣고 싶었던 것은 아니었다. 제인은 사정이 달랐다. 셸리는 제인을 좋아했고—얼마나 좋아했는지 메리는 아직 몰랐다—제인은 '선택받은 자' 그룹에 속했다. 제인과 함께 있으면 메리는 과거와의 관계를 이어갈 수 있었다. 제인은 과거의 메리, 준남작의 아내로서 예술과 문학에 헌신했던 메리를 기억하기 때문이었다.

제인이 충실한 마음을 고백하자 메리는 기뻐서 변함없이 헌신하겠다는 맹세를 재차 강조했다. 그렇지 않았더라면 셸리에게 쏟았을 사랑을 모두 제인에게 바쳤고, 여기서부터 두 사람의 관계는 급속도로 깊어졌다. 그해 여름에 메리가 제인에게 보낸 편지는 암시적이고, 새롱거리고, 찬사로 가득 차 있어서 분명 연애편지처럼 보였다. "이 편지를 남자들의 눈이 훑어보지 않으리라고 확신할 수 없으니 노처녀처럼 얌전한 체하겠어요"라고 메리는 장난스럽게 말했다.[29] 제인은 '화려한 백합'이고 '요정 소녀'였다. 메리는 제인의 건강을 걱정하면서 "우리의 예쁜 젖꼭— 이 단어는 너무 부적절하니 쓰면 안 되겠지요"라고 말하며 성적인 부위를 언급했다.[30] 메리는 헌트에게 말했다. "내 삶의 희망과 위안은 (제인과의) 교제입니다. 좋든 나쁘든 나는 그녀와 결혼했어요."[31]

겨울이 되자 그들의 관계는 매우 가까워졌다. 1826년 1월에 《최후의 인간》이 출간되어 혹평을 받았을 때 메리는 제인에게서 위안을 구했다. 한 비평가는 "구역질나는 반복적인 공포"에 충격을 받았고, 또 다른 비평가는 메리의 상상력이 "병들었고" 그녀의 작품은 "변태적"이고 "병적"이라고 불평했다.[32] 제임스 페니모어 쿠퍼의 《모히칸족의 최후》 같은 베스트셀러 소설이 "명백한 운명"*의 꿈을 찬양하며 제국의 정복과 확장을 찬미하던 시대에, 《최후의 인간》은 전쟁과 정복에 항의하는 유일한 목소리로 돋보인다.[33] 진보 같은 것은 없다고 메리는 말한다. 돛을 올리는 사람은 확장의 영광스러운 상징이 아니다. 오히려 탐험은 또 다른 무의미한 행동이며, 모든 제국이 쇠퇴하고 멸망하는 세상에서 헛된 몸짓이다.

《프랑켄슈타인》의 경우와 마찬가지로, 대체로 남성이었던 메리의 독자들은 어떤 부류의 여자가 이런 악몽 같은 환영을 상상해내는지 궁금해했다. 여성 소설가들의 책은 아름다움을 찬양하고, 어조는 온화하고, 주제는 부드럽고 다정해야 했다. 하지만 메리는 '나약하다'고 여겨지는 책을 쓰고 싶지 않았다. 자기 어머니와 마찬가지로 그녀는 힘과 활력, 대담함과 예언 같은 이른바 '남성적인' 미덕을 열망했다. 그녀는 극히 드문 긍정적 반응, 예술가 존 마틴이 이 소설에서 영감을 받아 '최후의 인간의 이상적 도안'이라는 제목으로 그린 일련의 작품과 프랑스어로 번역되어 출판되어 용기를 얻었지만 이 암울한 시기에 메리에게 진정한 위안을 주었던 것은 제인과의 관계뿐이었다. "사실 제인은 나의 전부이자 나의 유일한 기쁨"이라고 그녀는 리 헌트에게 보낸 편지에서 말했다.[34]

하지만 안타깝게도 제인의 본질은 변하지 않았다. 우선 제인은 클레어와 마찬가지로 메리에게 계속 질투를 느꼈다. 여전히 등 뒤에서 메리의 가슴을 찌르는 말을 했다. 메리가 셸리에게 잔인했고 셸리가 진정으로 사랑한 사람은 메리가 아니라 자신이었다는 옛 이야기를 반복했다. 게다가 제인은 호그처럼 세련되지 못한 남자라도 늘 남자의 보호가 그리웠다.

그해 봄에 호그는 유럽 여행에서 돌아와 지중해 문화의 즐거움에 대해 장황하게 늘어놓았지만 그외에는 변한 점이 없었다. 그녀를 사

명백한 운명(Manifest Destiny) 1840년대 미국의 영토 확장주의를 정당화한 개념으로 미국이 멕시코 영토인 텍사스를 병합하려던 당시에 유행했다.

메리 셸리의 이상화된 초상화. 사후에 데스마스크와, 아들과 며느리의 회상
을 바탕으로 만들어졌다.

랑한다는 그의 열렬한 주장에 저항할 수 없었던 제인은 1826년 12월
에 몰래 호그와의 관계를 다시 시작했다. 제인이 임신했다는 사실을
알게 되었을 때 마침내 진실이 드러났다. 이듬해 2월에 제인은 메리에
게 임신 사실을 고백했고, 호그와 아기와 함께 살 계획이라고 덧붙였
다. 분노하고 깊이 실망했지만 메리는 제인의 결정을 지지하려고 노
력했다. 메리는 일기에 제인이 행복하지 않을까 봐 걱정이라고 썼다.
하지만 그러고 나서는, 항상 스스로에게 솔직했던 그녀답게, 제인이
행복하기를 자신이 원하지 않는 것을 염려했다.

메리는 건강한 자기 보호 의식을 갖고 있었기에 그해 5월에 켄티시
타운의 집을 포기하고 임신한 제인과 떨어져 여행을 떠났다. 메리가
여행 동반자로 선택한 새 친구는 이저벨 로빈슨이라는 젊은 여성이었
다. 메리는 열아홉 살의 이저벨을 그해 봄 헌트 부부의 친구가 주최한

파티에서 만났다. 검은 눈동자에 짧은 곱슬머리, 숙고하는 성향을 지닌 이저벨은 만나는 사람들을 남녀 구분 없이 즐겁게 해주었다. 도디는 메리가 자신의 감정에 절대로 화답하지 않으리라는 것을 깨달았기에 은밀하게 절망적으로 메리를 사랑했다. 매혹적이고 유혹적인 이저벨은 이미 어느 미국인 기자와 한 차례 연애를 했고 아기를 낳으려고 프랑스로 달아났었다. 메리와 만났을 때 그녀는 말랐고, 우울했고, 마음을 털어놓을 친구를 간절히 원했다. 셸리의 비극적인 미망인 메리는 더할 나위 없는 적격자로 보였기에 이저벨은 메리를 구석으로 데리고 가서 슬픈 사연을 쏟아냈다. 그녀의 아기 애들린은 근처에서 유모와 살고 있었다. 이저벨의 아버지는 딸에게 아기가 있다는 것을 알게 되면 집에서 쫓아낼 것이다. 이저벨은 추방되기를 원하지 않았지만 딸이 너무 그리웠다. 눈물을 흘리며 그녀는 아기를 데리고 도망쳐 홀로 미래에 용감히 맞서겠다고 선언했다.

메리는 이 슬픈 이야기에 감동을 받고 행동에 나섰다. 그녀는 사생아의 부모가 겪는 비참한 상황을 잘 알고 있었다. 도디도 이저벨의 곱슬머리와 날씬한 몸매의 매력에 저항하기 어려웠기에 열렬히 돕고 싶어 했다. 마침내 메리와 도디는 긴 의논 끝에 계획을 세웠다. 도디는 자신을 남자로 보는 사람이 많다는 것을 알고 있었다.[35] 스스로도 남성적이라고 느꼈다. 그렇다면 사람들의 오해를 이용해서, 자신이 늘 원하던 삶을 살면서 동시에 멋진 이저벨을 구하지 않을 이유가 있을까? 도디는 남자로 변장해서 이저벨과 함께 프랑스로 떠나고, 그곳에서 두 사람은 부부로 가장할 것이다. 몇 년 후에 도디는 사라지고 이저벨은 아이와 함께 점잖은 미망인이 되어 영국으로 돌아올 수 있다. 이것은 터무니없는 계획이었고 정신 나간 짓이기도 했다. 하지만 메리는 울스턴크래프트의 딸이었다. 메리는 메이슨 부인이 남자로 가장하고 의대를 다닌 사실을 알고 있었다. 메리는 이저벨의 명분이 옳다고 생각했으므로 주모자로 일을 꾸몄다. 많은 위험이 있었다. 누군가 눈치를 채면 세 여성 모두 영원히 체면을 잃을 것이다. 여름이 끝날 무렵에 메리의 도움을 받아 이 기이한 부부는 프랑스로 이주했고 몇 년 후 이저벨은 딸과 함께 영국으로 돌아왔다. 누구도 알아차리지 못했다.

그런데 이저벨은 파리로 떠나기 전에 메리에게 은밀한 이야기를 들려주었다. 그녀는 메리와 친분을 쌓는 과정에서 제인을 만났는데, 예상할 수 있듯이 제인은 메리에 대한 끔찍한 이야기를 이저벨에게 속삭였다. 제인이 신뢰할 수 없는 인물이라는 것을 자신의 구세주인 메리가 알아야 한다고 생각했기에 이저벨은 셸리가 아내를 사랑한 적이 없었다는 소문을 포함해서 제인이 들려준 말을 모두 메리에게 전해주었다. 여기에는 왜곡된 새로운 이야기도 있었다. 이저벨에 따르면, 셸리가 결혼 생활이 너무 불행해서 그 운명의 날에 집으로 돌아오면서 죽기를 바랐다고 제인이 넌지시 말했다는 것이었다. 메리는 엄청난 충격을 받았다. "내 친구는 거짓을 일삼는 기만적 인물로 입증되었다."[36] 메리는 일기에 휘갈겼다. "나는 얼마나 바보였던가."

메리는 제인과 즉시 맞부딪치지 않았다. 11월에 제인의 아기가 태어난 지 며칠 만에 사망했기 때문이었다. 자기 감정을 밀쳐 두고 메리는 옛 친구에게 달려가 그녀의 상실에 충실히 공감을 표했고, 다음해 2월까지 기다렸다가 제인의 이중성에 대해 따졌다. 제인은 잘못한 것이 없다고 부인했지만 이저벨이 들려준 말은 반박할 수 없는 것 같았다. 그 말을 생각해보면 전에 이탈리아에서 헌트가 냉대했던 이유를 이해할 수 있었다. 또한 더는 부정할 수 없는 진실을 똑똑히 깨닫게 되었다. 제인은 이탈리아에서 메리의 경쟁자였고 지금도 여전히 경쟁자였다. 메리가 그 사실을 보지 않으려 했을 뿐이었다.

메리는 제인과의 관계를 끊지는 않았다. 제인이 잔인하기는 했지만 너무 소중한 존재라서 그녀를 완전히 포기할 수 없었다. 대신 메리는 제인과 신중하게 거리를 두었고 평생 그렇게 지냈다. 제인은 용서를 빌었지만 그들의 우정은 이제 전적으로 메리에게 달려 있었다. 가끔 가다 제인이 배신한 일에 대해서 해명하려고 하면 메리는 그 말을 가로막고 이미 저지른 일은 되돌릴 수 없다고 말했다.[37]

1828년 여름에 트렐러니가 다시 영국으로 돌아왔다. 셸리의 익사 후 그 끔찍한 몇 달 동안에 메리가 그의 정부에 대해 비판하면서 그와 충돌한 지 6년이 지났다. 그 사이에 메리는 그를 보지 못했지만 편지는 주고받았다. 트렐러니가 바이런과 함께 그리스에 가서 독립을 위해 싸웠기에 메리는 그를 존중했다. 제인이 자신을 배신했을 때는 그에게 긴 편지를 써서 자기 마음을 털어놓았고, 열렬한 우정과 그를 보고 싶은 열망을 표현했다. 그가 자신에게 친절하게 대해주었던 기억이 강렬하고 그들이 말다툼을 벌였던 기억은 희미해졌기에 메리는 "그를 보고 싶은 열렬한 욕구를 느낀다"고 제인에게 썼다.[38] 메리는 은밀한 희망을 드러내지 않았지만 몇 년 전 피사에서 열린 무도회에서 그의 품에 안겨 춤을 추며 느꼈던 전율을 잊지 못했다.

그러나 트렐러니는 그들 사이의 각별한 유대를 전혀 기억하지 못하는 것 같았고, 구애자의 열정 같은 것은 전혀 보이지 않았으며 심지어 친한 친구의 다정함도 드러내지 않았다. 메리는 지난가을에 퍼시를 문법학교(grammar school)에 입학시키려고 런던으로 이사했는데, 그는 런던에 도착했을 때 메리를 만나려고 당장 달려온 것이 아니라 여러 차례 미루었다. 마침내 방문해서는 오자마자 메리가 셸리의 문학적 유산을 처리하는 방식에 화를 내며 비판하기 시작했다.[39] 메리가 셸리의 시를 계속 출판해야 하며 셸리의 아버지에게 순종하지 말아야 한다고 말했다. 셸리는 메리가 반항하기를 바랐을 것이다.

자기 딸을 영원히 떠나온 참이었던 (그 딸을 그는 구태여 다시 보려고 애쓰지 않았다) 트렐러니는 티머시 경의 위협에 메리가 얼마나 시달리는지 이해하지 못했다. 티머시 경은 메리가 규정을 어기거나 빚을 지면 퍼시를 데려가겠다고 위협했다. 트렐러니는 바이런의 영웅처럼 살겠다고 작정했기 때문에 그런 걱정을 하찮게 여겼다. 메리 내면의 싸우려는 열망은 어디로 갔는가? 왜 그녀는 싸우지 않고 계속 타협하는가? 트렐러니에게 셸리의 이름은 기적을 만들어냈다. 죽은 시인과 맺은 친분 덕분에 그는 대담한 낭만주의자이자 용감한 모험가라는 명성을 높일 수 있었다. 또한 바이런과의 관계 못지않게 셸리와의 친분 덕분에 런던 사교계의 관심을 끌 수 있었다. 사람들은 셸리의 미망인과 말하는 것은 여전히 거부했지만 특별히 트렐러니의 이야기는 듣고 싶어 파티에 모였다.

트렐러니가 돌아오고 몇 달 후에 클레어도 영국으로 돌아왔다. 빈에서 지낸 후 클레어는 러시아에서 오 년간 가정교사로 일했다. 그러다 고용주가 어쩌다가 클레어와 바이런의 불륜 관계를 알게 되어 그녀를 해고했기에 어쩔 수 없이 러시아를 떠났다. 평판이 나쁜 여성으로 알려지자 고용하려는 사람이 없어 클레어는 직업도 없고 머물 곳도 없는 처지가 되었다. 이제 그녀는 오래 머물 작정을 하고 집에 돌아왔다. 만일 메리가 의붓동생의 지지를 기대했다면 실망할 수밖에 없었다. 클레어는 의붓언니가 나약하다는 트렐러니의 의견에 동의했고, 메리가 "부패한 사회에서 한몫을 챙기려고" 모든 것을 포기했다고 불평했다.[40] 자신은 그 정도로 원칙에서 벗어난 적이 없었다고 암시했고, 떨어져 지내는 동안 자신은 울스턴크래프트의 독립 철학에 따라 살았다는 사실을 메리에게 강조했다. 자신은 그 이상을 학생들에게 가르쳤지만 반면에 메리는 자기 어머니의 도덕적 규범을 떨어뜨렸다는 것이었다. 하지만 메리는 이 문제로 다투지 않았다. 그녀는 사람들의 관심과 주목을 받지 않아야 했다. 티머시 경은 《최후의 인간》

에 경악한 나머지 메리가 글을 쓰지 못하게 하려고 월 지급액을 중단했다가 최근에 와서야 마음이 누그러졌다. 고드윈 부부와 클레어 자신도 메리가 벌어들이는 돈에 의존해 살았다.

모순적인 사실은 클레어가 메리를 비난하면서도 메리의 음식을 먹으며 메리의 손님방에서 편안하게 지냈다는 점이다. 그녀는 고드윈 부부의 집에서 그리 멀지 않은 태런트 거리에 있는 메리의 집에서 안락하게 지냈다. 반면에 메리는 아침마다 혼자 방에 틀어박혀서 집세를 벌기 위해 이야기를 썼다. 불의에 대한 그녀의 저항은 늘 은밀하게 가려져야 했지만 그렇다고 해서 강력하지 않은 것은 아니었다. 메리는 계속해서 작품을 발표했다. 비록 연간 여성 잡지에 실렸더라도 메리의 이야기에는 여전히 많은 신념이 담겨 있었고, 위장되고 누그러졌더라도 두드러지게 보였다.[41] 막후에서 은밀히 조용하게 꾸준히 작업하는 것에는 그럴 만한 이유가 있었다. "고독한 여성은 세상의 희생자"라고 메리는 생각했다. "그리고 그녀의 헌신에는 영웅적인 면모가 있다."[42]

36장

《회고록》파문

메리 울스턴크래프트 1797~1801

윌리엄 고드윈은 자신에 관한 성찰에 빠져든 적이 없었다. 하지만 아내를 잃고 처음 몇 주일 동안에 그는 수십 년 전에 혹스턴의 잡화점에서 메리 울스턴크래프트를 만났으면 어떤 일이 일어났을지 생각해 보았다. 당시 열아홉 살이었던 그는 혹스턴 아카데미에 다니고 있었고, 열여섯 살이었던 메리는 불과 800미터쯤 떨어진 곳에 살고 있었다. 자신이 정중하게 문의해서 메리가 사는 곳을 알아내고 그녀의 무모한 아버지에게 결혼을 허락해 달라고 요청했더라면 그들의 삶이 완전히 달라졌을 거라고 즐겁게 상상하곤 했다. 그들은 22년간 함께 살면서 글을 쓰고, 책을 읽고, 서로를 사랑했을 것이다.

하지만 고드윈은 자신이 그녀를 바꿀 수 있었으리라고 생각할 만큼 자기를 속이지는 않았다. 그는 소심했고, 그녀는 열정적이었다. 그는 논리적이었고, 그녀는 상상력이 풍부했다. 그는 지금껏 읽은 모든 책보다 그녀에게서 더 많은 것을 배웠다. 메리와 함께 그는 감미롭고 '관능적인' 기쁨을 느꼈고, 그것은 뜻밖의 계시였다.

메리의 친구들은 그가 무덤에 세울 평범한 비석을 사도록 도와주었

다. 고드윈은 비석에 종교에 대한 언급이 전혀 없이 간단하게 글자를
새겼다.

메리 울스턴크래프트
고드윈
여성의 권리 옹호의
저자
출생 1759년 4월 27일
사망 1797년 9월 10일

하지만 이 비석만으로는 메리를 충분히 기념할 수 없다고 느꼈다.
이 비범한 여성의 삶이 그저 이렇게 끝날 수는 없다고 느끼는 사람들
이 많았고, 결국 누가 메리와 가장 가까웠고 누가 메리의 이야기에 대
한 권리를 갖고 있는가에 관한 경쟁이 그녀가 죽은 지 며칠 만에 시작
되었다. 그 경쟁은 셸리의 심장을 둘러싼 경쟁처럼 극적이지는 않았
지만, 그 파급 효과는 그 못지않게 강력했다.

고드윈은 장례식의 추모객 명단에서 헨리 푸젤리를 제외했다. 존슨
은 푸젤리가 이제는 메리와 가까운 사이가 아니지만 그는 '메리의 첫
번째 친구'였다고 말하면서 고드윈을 강하게 비판했다.[1] 푸젤리는 메
리가 고드윈을 알기 훨씬 오래전에 그녀를 만났고, 존슨도 마찬가지
였다. 하지만 고드윈은 물러서지 않았다. 그는 메리가 처음 자살을
시도하기 전에 푸젤리의 거절에 얼마나 큰 상처를 받았는지 알고 있
었다. 분개한 푸젤리는 열세 번째 요정*처럼 메리에 대해 악의적인

---

* 그림 형제 동화 〈잠자는 숲속의 미녀〉에서 공주를 낳은 국왕이 축하 파티에 열두
명의 요정을 초대했는데 초대를 받지 못해 분노한 열세 번째 요정이 나타나 저주를
퍼부었다는 이야기와 관련된 표현이다.

소문을 퍼뜨리며 복수를 했다. 메리가 자신의 사랑을 간절히 원해서 편지를 쉴 새 없이 퍼부었지만, 자신은 단 한 통도 읽지 않았다고 말했다. 또 메리가 섹스를 하려고 너무 끈질기게 쫓아다녀서 난처했다고도 했다.

고드윈은 메리의 여자 친구들과 여동생들과의 관계도 묵살했다. 메리가 임종하기 전에 고드윈은 메리 헤이스에게 싸움을 걸었고, 집 안에 사람이 너무 많으니 집으로 돌아가라고 말했다. 헤이스는 자신이 "순전히 하찮은 친구가 아니다"라고 항의했고[2] 죽어 가는 친구를 위로해준다고 느꼈지만, 고드윈은 헤이스에게 쏘아붙이며 그녀가 그의 슬픔을 존중하지 않고 그들의 우정을 해치고 있다고 말했다. 헤이스는 결코 고드윈을 용서하지 않았지만 푸젤리와 달리 메리에 대한 기억을 충실히 간직했다.

고드윈은 에버리나와 일라이자에게는 더 잔인했다. 메리가 죽은 후 그는 아내의 여동생들에게 직접 편지를 쓰지 않았고, 대신에 에버리나에게 편지를 보내 달라고 메리의 친구 일라이자 펜윅에게 부탁했다. 그런데 메리가 런던에 돌아온 후 언니와 대화하기를 거부한 일라이자에게는 편지를 쓰지 말라고 했다. 또한 고드윈은 에버리나에게 보내는 편지에 메리가 자신에 대해 "진실하고 진지한 애정"[3]을 간직했다는 메시지를 넣어 달라고 펜윅 부인에게 말했고, 펜윅 부인은 고드윈의 말에 따라 에버리나에게 편지를 썼다. "고드윈 부인은 누구보다도 행복한 결혼 생활을 했어요. 고드윈 씨보다 많은 괴로움을 견딘 사람이 어디 있겠어요?"

고드윈은 어쩌면 상실의 충격 때문에 그렇게 행동했다고 용서를 받을 수 있을지 모르지만, 일라이자 펜윅은 사리 판단을 더 잘했어야 했다. 고통을 겪은 사람은 고드윈뿐만이 아니었다. 여동생들도 상심한 홀아비만큼 고통을 느꼈을 것이다. 그들은 메리에게 화를 냈지만 그렇다고 해서 언니와의 관계가 끊어진 것은 아니었다. 메리는 그들에게 어머니보다 훨씬 나은 보호자였다. 마지막에 그들과 사이가 멀어졌을 때도 메리는 동생들의 장래를 걱정했고 죽기 몇 주 전에 동생들에게 보낼 돈을 구하고 있었다. 이제 메리는 결코 여동생들과 다시 화해할 수 없었고, 그들도 마찬가지였다. 세 자매의 갈등은 영원히 해결되지 않은 채 남았고, '소녀들'은 연옥처럼 고통스러운 상태에 빠졌으며, 고드윈은 이들을 돕는 일을 전혀 하지 않았다.

사실 고드윈은 한때 아내와 가까웠던 사람들과 적극적으로 거리를 두고 있었다. 푸젤리와 마찬가지로 메리의 많은 친구들은 자신이 메리를 진실로 이해하는 유일한 사람이라는 고드윈의 선언을 싫어했고, 그것은 위험한 파급효과를 불러일으켰다. 메리의 친구들은 작가로서 메리의 삶에 대해 자신이 이해한 대로 쓸 수 있었기 때문이다. 실제로 그들 중 몇 사람은 오로지 고드윈을 일부러 괴롭힐 생각으로 글을 썼다.

울스턴크래프트는 어쨌든 주목할 만한 인물이고 중요한 여성이었다. 사람들은 그녀에게 호기심을 느꼈고, 메리의 공적 얼굴 뒤에 가려진 실제 인생사를 알고 싶어 했다. 이미 〈먼슬리 매거진〉과 〈연례 사망자 명부〉에는 메리를 찬미하는 사망 공고와 사망 기사가 실렸다.[4]

분노에 찬 고드윈의 경쟁심이 고조되었다. 감히 메리에 대해 의견을 써댄 사람들의 콧대를 꺾어놓아야 했다. 메리가 사망한 지 일주일이 채 지나기 전에 고드윈은 메리의 이야기를 쓰기 시작했다. 그는 자신의 권리를 주장하고 딸들을 돌볼 돈을 벌 수 있을 것이다. 그리고 책이 잘 팔릴 것이라고 의심치 않았다.

고드윈이 참석하지 않은 장례식이 치러진 지 아흐레째인 9월 24일에 고드윈은 《여성의 권리 옹호 저자의 회고록》(이하 《회고록》)의 첫 두 쪽을 썼다고 일기에 기록했다. 거의 200년간 메리의 평판을 망쳐놓을 책이었다. "세상을 떠난 탁월한 미덕의 소유자의 인생을 기록하여 대중에게 제공하는 것은 살아남은 사람에게 지워진 의무라고 나는 늘 생각했다."[5] 이 첫 문장은 며칠 전에 아내를 잃은 사람의 발언치고는 이상하게도 냉담하게 들리지만, 고드윈은 자기 나름대로 최선을 다해 감정을 표현한 것이었다. 메리를 "탁월한 미덕의 소유자"라고 부른 것은 이 완고한 철학자에게는 대단한 찬사였다. 그는 메리 같은 사람을 만난 적이 없다고 했다. 메리는 무척이나 정직했고, 매우 적극적으로 해답을 찾았고, 대단히 용감하고, 심지가 굳었다.

고드윈은 자기 훈련이 잘 되어 있는 사람이었지만, 메리가 죽은 후 몇 주간 폴리곤에서 일하는 것이 쉽지 않았는데 오직 슬픔 때문만은 아니었다. 집안 전체가 대혼란에 빠져 있었다. 요리사는 저녁으로 무엇을 준비해야 할지 몰랐다. 세 살 된 패니가 입을 깨끗한 속옷도 없었다. 갓난아기 메리는 울음을 멈추지 않는 것 같았다. 고드윈이 차를 어떻게 마시는지 아무도 기억하지 못했다. 부엌에서는 달걀이 다 떨어졌다. 메리가 사라지자 하인들은 갈피를 잡지 못했을 뿐 아니라 상실감에 빠져 있었다. 울스턴크래프트는 하인들에게 지시를 내렸을 뿐만 아니라 그들의 생활에 대해 물어보고 골치 아픈 문제에 공감해주었다. 그들은 메리를 사랑했다. 슬픔에 빠진 메리의 친구들은 상황을 더 복잡하게 만들었다. 그들은 때를 가리지 않고 찾아와 응접실에서 울음을 터뜨렸다. 결코 섬세한 사람이 아니었던 고드윈은 방문객들을 날카롭게 대했고 하인들 때문에 짜증이 났다.

만일 메리가 이런 혼란 속에서 일을 하려고 허우적거리는 남편을 지켜봤다면 그에게 어느 정도 동정심을 느꼈겠지만 동시에 재미있어했을 것이다. 고드윈은 돈을 절약하고 질서를 회복하려고 찰튼 거리의 사무실을 포기하고 아내의 서재로 이사했다. 서재에 존 오피가 선물한 메리의 초상화를 벽난로 위에 걸고 메리의 책을 그의 서가에 꽂았다. 이제 비로소 아내의 자리에 있어보니 집안일이 큰 방해가 된다던 그녀의 말이 실감 났다. 글을 쓰려고 앉으면 패니가 말을 걸려고 했다. 하녀와 요리사는 난처한 문제가 있는데 고드윈만이 해결할 수 있을 것 같다고 했다. 상인들은 사람을 보내 밀린 돈을 독촉했다. 인부가 창틀을 수리하러 왔다.

고드윈은 그 많은 문제에 어쩔 줄 모르다가 마침내 새로운 규칙을 만들었다. 그가 글을 쓰는 시간에는 아무도 방해해서는 안 된다. 그의 의붓딸도 예외가 아니었다. 엄마의 서재를 늘 자유롭게 드나들던 패니에게 이 규칙은 또 하나의 견디기 힘든 상실이었다. 패니는 서재 문을 열고 그에게 속삭이는 것은 물론이고 문을 두드리는 것도 허용되지 않았다. 1시에 식사를 할 때까지는 아빠에게 접근할 수 없었다. 아래층 아기 방에서 울음소리가 들려도 이 규칙은 절대 흔들리지 않았다.

고드윈은 이러한 체계를 세우고 나서야 《회고록》을 집필하는 어려운 일에 정면으로 도전할 수 있었다. 자신이 메리를 안 시간은 그녀 인생의 마지막 18개월에 불과했지만 이는 사소한 문제라고 묵살했다. 메리가 자기 어린 시절에 대해 들려주었고, 고드윈은 메리의 정신을 이해했다. 그가 모르는 사실이 있다면 쉽게 찾아낼 수 있을 것이다. 중요한 것은 두 사람을 엮어준 깊은 사랑과 오로지 자신만이 메리의 성격을 꿰뚫어볼 수 있는 특별한 통찰이라고 고드윈은 확신했다.

고드윈은 출간되지 않은 메리의 원고를 샅샅이 살펴보고 추려내면서 시간을 보냈다. 미래의 학자들에게 경악스럽게도 그는 두 사람이 첫여름에 함께 살펴보았던 메리의 희곡이 메리의 재능에 어울리지 않는다고 판단해 불태워버렸다. 그는 후손을 위해 메리가 복사해 둔 옛 편지들을 읽었고, 메리의 친구들에게 편지를 보내서 혹시라도 그들이 가지고 있을지 모를 다른 편지들도 찾아보았다. 또한 메리가 가정교사로 일할 때 가르쳤던 마거릿 킹스버러—훗날 메이슨 부인—를 만났다. 그렇지만 그는 가장 명백한 조치를 취하지 않았다. 메리의 여동생들에게 연락하지 않은 것이다. 대신 메리를 거의 알지 못하는 사람에게 편지를 썼다. 그는 사망한 패니 블러드의 남편이었던 휴 스키스에게 편지를 보내 일라이자와 에버리나가 가장 잘 대답할 수 있는 기본적인 것들을 물어보았다. 메리는 오랫동안 휴와 만나지 않았고 그를 존중하지 않았지만 고드윈은 개의치 않았다. 그가 스키스에게 보낸 편지는 아내와 사별한 남편이 아니라 변호사가 보낸 것처럼 들린다. "메리가 다녔던 학교와 소녀 시절의 다른 일화와 관련된 정보를 알려주시면 기쁘겠습니다. 메리 어머니의 결혼 전 성과 부계와 모계 쪽 가족과 관련하여 어떤 상황이라도 알고 싶습니다."[6] 그는 나중에 생각나서 덧붙였다. "어쩌면 메리의 여동생들이 뉴잉턴그린에서 언니와 함께 살았던 기간에 대해 내게 도움이 될 만한 몇 가지 사항을 알려줄 수 있겠군요."

고드윈이 왜 메리의 남자 형제들에게 연락을 하지 않았는지는 이해할 수 있다. 메리는 그들과 오랫동안 교류가 없었다. 헨리가 어디 있는지는 아무도 몰랐고, 찰스는 미국으로 갔으며, 제임스는 프랑스에 있었지만 영국의 스파이라는 혐의로 기소되어 행방을 아는 사람이 없었다. 에드워드는 메리에 관해서는 전혀 대화할 가치가 없었다. 하지만 고드윈이 회고록을 집필하는 이 단계에 왜 울스턴크래프트의 여동생들에게 편지를 쓰지 않았는지 이해하기 어렵다. 어쩌면 그들을 화나게 할까 봐 걱정했을 것이다. 어쩌면 메리의 '전기'를 너무 신속하게 출간하는 것에 대한 그들의 반응을 염려했을 것이다. 하지만 고드윈이 '소녀들'의 감정을 상하게 하고 싶었다면, 이보다 더 효과적인 전략은 선택할 수 없었을 것이다. 에버리나와 일라이자는 고드윈이 자신들과 상의하지 않았다는 사실에 분개했다. 스키스가 그들에게 고드윈의 질문을 보냈지만, 고드윈이 《회고록》을 너무 빨리 진행했기 때문에 동생들은 의견을 보낼 시간이 없었다. 일단 무슨 일이 진행되고 있는지를 이해하자 에버리나는 고드윈에게 편지를 보내 우려를 전달했다.

일라이자와 저는 메리 언니의 생애를 출판하려는 형부의 의도를 처음 알았을 때, 언니의 회고록에 관한 의사를 밝힘으로써 다른 책들이 앞지르지 않도록 그저 대략적인 개요를 제공할 생각이라고 결론을 내렸습니다. … 형부가 명시한 시간 내에 착수한 작업을 완성하는 것이 가능하다고 생각했다면, 필요한 정보라면 무엇이든 기꺼이 제공했을 테고 지금도 그 일을 피하지 않을 겁니다. 그로 인해 떠오를 회상을 아무리 피하고 싶더라도, 그 일로 이어질 고통스러운 생각에 빠지는 것이 아무리 싫더라도 말입니다. … 형부가 웬만큼이라도 정확한 회고록을 쓰는 것은 불가능하다고 생각합니다.[7]

고드윈은 메리의 여동생들을 유명한 언니를 결코 인정하지 않은 질투심 많은 여자들로 묘사하지만, 이 편지를 보면 그들이 메리의 죽음에 충격을 받았고 분명히 괴로워하고 있었다는 것을 알 수 있다. 언니를 위해서라면 그들은 먼 과거로 돌아가서 그 시절을 기억하는 아픔을 견뎠을 거라고 에버리나는 언급한다.

에버리나는 메리가 종종 그랬듯이 활기차고 공정하게 편지를 썼다. 특히 훌륭한 전기를 쓰려면 많은 조사가 필수적이라는 것을 알고 있었고, 언니와 마찬가지로 고드윈의 여러 잘못을 두려워하지 않고 말했다. 결국 고드윈의 '전기'가 '시기상조'라는 경고였다. 고드윈은 심지어 메리 어머니의 처녀 시절 성도 몰랐다! 에버리나는 구태여 가장 절실한 질문은 던지지 않았다. 왜 자신들에게 직접 편지를 쓰지 않았는가? 그 답은 자명해 보였다. 그는 그들의 말에 개의치 않은 것이다. 고드윈은 논리적이고 철학적인 성향으로 유명한 사람이었지만 불행히도 에버리나의 경고를 무시했다. 에버리나는 고드윈이 자신의 감정이 가라앉을 때까지 물러나서 기다리기를 바랐지만, 그는 슬픔이 최고조에 달했을 때 회고록을 쓰고 싶었다. 이것이 실수였다. 고드윈은 일라이자와 에버리나가 간직한 풍부한 정보를 무시함으로써 《회고록》에 해를 입혔을 뿐 아니라, 메리와 함께 자랐고 어린 패니의 혈육이며 따라서 패니에게 적극적으로 관심을 기울일 바로 그 여자들과 불화가 깊어졌다.

현대의 전기 작가들은 이로 인한 손실을 애석해할 수밖에 없다. 메리의 인생 초반부에 대해 그녀의 여동생들보다 많은 이야기를 해줄 수 있는 사람은 없다. 그들은 메리와 함께 살았고, 메리에게 속마음을 털어놓았고, 어렸을 때 어떻게 메리의 보살핌을 받았는지를 고드윈에게 엿볼 수 있게 해주었을 것이다. 그들은 왜 메리에게 화가 났는지, 그녀를 미워하면서 혹은 그녀를 사랑하면서 어떻게 느꼈는지를 설명할 수 있었을 것이다. 그들은 어쨌든 메리가 주장한 자립적인 철학에 따라 살아갈 정도로 언니를 존중했다. 물론 동생들의 선택지는 제한되어 있었다. 하지만 두 사람 다 사랑 없는 결혼에 굴복하지 않았고, 오빠 네드에게 얹혀살지 않았다. 둘 다 스스로를 부양하겠다고 결심했다. 실로 그들이 자립할 수 있다는 생각은 언니가 동생들에게 가르친 가장 큰 교훈이었는데, 고드윈은 이런 사실을 완전히 간과했다. 왜냐하면 대담한 메리, 모험가이자 자매를 돌봐주고 그들에게 일자리를 찾아주고 학교를 세우고 아버지와 큰오빠에 맞서 싸우고 어떤 대가를 치르더라도 자유를 얻으라고 자매들을 가르쳤던 아가씨, 훌륭한 삶을 사는 데 남자가 필요하지 않다고 여겼고 동생들도 마찬가지라고 말했던 여성은 고드윈이 좋아한 아내의 모습이 아니었기 때문이다. 고드윈은 존슨의 집에서 토머스 페인과 함께 메리를 처음 만났을 때 메리의 자신만만한 태도에 거부감을 느꼈다. 당시 고드윈에게 메리는 너무 자기 주장이 강해 보였고, 너무 자신감이 넘쳤으며 너무 주제넘게 나섰다. 고귀한 사상을 내세웠더라도 고드윈은 여전히 그 시대의 산물이었다. 한번은 메리 헤이스를 질책하면서 그녀에게 여성스러움이 부족하다고 말했다. "솔직히 말해서 당신은 여자에게 아주 잘 어울리는 단순함, 겸손한 온유함을 약간 잊은 것 같군요."[8]

고드윈에게 메리의 여동생들은 중요한 사람이 아니었을 뿐 아니라 그들이 할 말을 그저 듣고 싶지 않은 것이었다. 그는 상처 입은 메리와 사랑에 빠졌다. 그들이 만나기 몇 달 전에 메리는 자살을 시도했는데, 아주 이상하게도 고드윈에게는 그 사건 때문에 그녀가 더욱 매력적으로 보였다. 메리는 진통을 시작하기 전날 밤에 그들이 함께 읽었던 소설의 주인공, 여자 베르테르 같았다. 베르테르도 사랑 때문에 정신이 나갔다. 베르테르도 상심해서 자살을 시도했다. 숭고한 열정, 사랑에 불타는 능력. 이것이 그가 메리에게서 흠모하는 점이었고, 그가 세상에 보여주고 싶은 것이었다. 메리는 온유하고 양보하는 여인, 연약한 심장을 짓밟힌 여인, 구조되어야 할 '미인', 로맨스 소설의 여주인공이었다. 《여성의 권리 옹호》가 출간된 후 고드윈을 포함한 많은 사람들이 생각했듯이 메리는 사나운 여자가 아니었다. 그는 이 점을 강조했다.

이런 면을 중요하게 꼽고 있었기에 고드윈은 자매들이 제공할 수 있는 집안의 온갖 시시콜콜한 사실은 필요하지 않다고 느꼈다. 심지어 메리의 문학적 업적도 이차적인 문제라고 생각했다. 정말 중요한 것은 메리의 인생에서 결정적인 사건이었고, 그것은 바로 그녀의 연애 문제였다. 베스트셀러 작가였던 고드윈은 이야기를 어떻게 만들어야 하는지 잘 알고 있었다. 그는 메리가 극복한 곤경을 독자에게 보여주기 위해 고통스러운 어린 시절을 자세히 다루었지만, 노부인의 말동무나 가정교사로 지낸 시절은 그저 간략하게 언급했다. 또한 전문적인 저널리스트 경험은 대충 훑고 넘어갔고, 푸젤리와 임레이, 그리고 자신과의 관계에 지나치게 집중적으로 관심을 쏟았다. 결국 고드윈이 그려낸 메리는 비극적 여주인공이 되었고, 스스로 선택하여 세상에서 자신의 길을 찾아가는 독자적 개인이 아니라 남성들과의 관계에서 삶이 결정되는 여성이 되고 말았다.

그 결과 고드윈의 책은 분석적인 연구가 아니라 책장이 잘 넘어가는 고딕 드라마처럼 읽힌다. 메리는 폭군 같은 아버지의 손에 고통당하고 푸젤리를 사랑하며 그가 거부하자 프랑스로 도망친다. 공포정치 기간에 프랑스에 머무르며 임레이를 향한 크나큰 열정의 결과로 혼외자식을 낳고 두 번 자살을 시도한다. 생애 마지막에 이르러서야 행복을 찾는다. 그 행복은 물론 고드윈과의 관계에서 얻은 것이었다.

메리의 지적 업적에 관해서 고드윈은 자신의 '플롯'에 방해되는 요소는 무엇이든 비판하거나 무시했다. 그는 《여성의 권리 옹호》가 "다소 남성적으로 묘사된 … 감성"[9] 때문에 결함이 있으며, "준엄하고 거친 구절들"이 너무 많아서 사나운 "여전사" 같다고 모욕적으로 지적했다. 메리는 에드먼드 버크를 "지나치게 경멸했다".[10] 이런 결함은 '작가의 본질적인 특성'과 '섬세하게 떨리는 감수성'과는 양립할 수 없는 일시적인 실수일 뿐이라고 고드윈은 독자에게 강조했다.[11] 하지만 그 실수는 메리의 가장 유명한 작품이 걸작이 아닌 이유이기도 했다. "오랜 세월에 걸쳐 확립된 문학 저술의 법칙에 따라 판단하면 《여성의 권리 옹호》는 인간이 산출한 최고 수준의 작품에 속할 권리를 주장할 수 없다." 메리는 감성적이고 열정적이어서 논리와 수사학의 규칙을 따를 수 없었다고 고드윈은 주장했다. 《여성의 권리 옹호》는 "균형이 잡히지 않은 저서이고 방법론과 구성의 측면에서 두드러진 결함이 있다." 고드윈은 이 책이 메리의 가장 유명한 저작이기 때문에 묘비에 그 제목을 새기는 데 동의했지만, 독자들이 메리를 "무례하고 박식한 체하며 강압적"이라고 여길까 봐 염려스러웠다. 그에게 가장 중요한 점은 대중이 메리를 "사랑스러운 용모에 … 여성스러운 매너를 갖춘" 여성으로 이해하는 것이었다.

이렇게 해석하는 과정에서 고드윈은 메리가 끼친 철학적 영향을 등한시했을 뿐 아니라 마지막으로 작가로서 자신의 목표를 가장 명료하게 밝힌 에세이 〈꾸며진 취향에 대하여〉를 무시했다. 따라서 《회고록》의 독자들은 모름지기 작가는 인위적인 구조와 문체의 정확성보다 자연에서 나오는 힘과 정직성을 얻기 위해 노력해야 한다는 울스턴크래프트의 신념을 결코 알 수 없었다. 메리는 고드윈의 《정치적 정의에 대한 고찰》처럼 독자들의 지성에만 호소한 것이 아니라 그들의 감정과 열정에도 닿으려 했다는 것을 독자들은 결코 알지 못했다. 고드윈은 아내의 목표가 일관성이 없고 이해할 수 없다고 여겼기 때문에 언급할 가치가 없다고 생각했다. 고드윈은 메리가 사용한 반복적 표현, 구어체 언어, 자전적인 여담을 싫어했고, 이런 요소들을 수사적 도구나 혁신으로 여기지 않고 미숙한 정신의 증거로 여겼다. 고드윈의 관점에서 보았을 때, 이보다 더 나쁜 문제점은 메리가 유머를 사용하고, 격식을 차린 언어에서 갑자기 일상적 언어로 전환한다는 점이었다. 그는 이런 서술 방식이 책의 완성도를 떨어뜨리고 작가로서 훈련이 부족하다는 사실을 드러낸다고 생각했다. 고드윈은 가엾게도 메리를 아무도 도와주지 않았다고 말했다. 메리는 마땅히 받아야 할 교육을 받지 못했고, (고드윈 본인과 달리) 학자로서 훈련을 받지 못했기 때문에 그런 사실이 그녀의 책에 나쁜 영향을 미칠 수밖에 없었다. 고드윈은 메리의 여담과 자신을 드러내는 성향이 일관성 있는 주장을 훼손했고 독창성이 아니라 사상가로서 메리의 약점을 드러냈다고 보았다. 고드윈은 프랑스혁명에 관한 메리의 책을 언급하지 않았다. 존 애덤스를 비롯한 다른 사람들이 메리 사후에도 오랫동안 그 책을 거듭해서 읽었는데도 말이다. 또한 그는 《스웨덴에서 쓴 편지》에서 메리가 이룬 문체의 혁신을 전혀 인정하지 않았다.

유감스럽게도 울스턴크래프트의 저술에 대한 고드윈의 평가는 이후 여러 세대에 걸친 독자들의 생각에 중요한 영향을 끼쳤다. 독자들은 메리가 감히 '남성적' 영역에 발을 들여놓았다고 비난했다. 많은 19세기 비평가들은 메리의 책에 너무 많은 것들이 동시에 공존하고 있고, 개인적이면서 허구적이고, 역사적이면서 자전적이며, 격식을 차리면서도 일상적이라고 판단했다. 현대 독자들에게는 이런 서술 양식이 이상해 보이지 않지만 당시에는 보기 흉하고, 생경하고, 교육받지 못하고, 뒤죽박죽으로 불완전하게 혼합된 결과물로 여겨졌다. 20세기에도 1929년에 버지니아 울프가 쓴 울스턴크래프트에 관한 에세이와 1951년에 출간된 랠프 워들스의 《메리 울스턴크래프트: 비판적 전기》처럼 소수의 주목할 만한 예외가 있기는 하지만, 대부분의 독자들은 울스턴크래프트가 철학적·정치적·역사적 저작에 개인적인 회고와 일상 언어를 포함시켰다고 비판했다. 1970년대에 들어서야 비로소 여성 문학에 대한 새로운 관심이 높아지면서 비평가들은 울스턴크래프트의 역사에 대한 공헌을 재검토하기 시작했다.[12] 이제 대부분의 학자들은 다양한 양식을 혼합한 메리 울스턴크래프트의 글을 엉성하다기보다는 세련되고, 전문적 지식이 없기보다는 혁신적인 시도로 간주한다.

마침내 메리는 고드윈이 묘사했듯이 지나치게 감정적이고 훈련이 부족한 아마추어가 아니라, 작가로서 자신이 성취하려는 바를 예리하게 인식한 노련한 전문가로 여겨지게 되었다. "그리 활력적이지 못한" 마음을 지닌 작가는 "우아하고 균일한" 작품을 생산하지만, "진실과 자연의 언어를 말하는" 작가는 필연적으로 "균일하지 않고," "거친" 작품을 만들어낼 거라고 메리는 말했다.[13] 그녀는 자신이 어느 범주에 속하는지 명시적으로 밝히지 않았어도 암암리에 알고 있었다. 메리 울스턴크래프트는 제약을 견디지 못해서 문체나 주제에서 규칙을 깨뜨리기를 바랐다. 인습을 타파하고 자기만의 길로 돌진하며 살았듯이, 작품을 쓸 때도 같은 방식으로 관례를 깨뜨리고 숨 막히는 관습을 파괴했다. 그녀는 다르게 쓸 수 없었다. 그녀는 결코 권위에 굴복할 수 없었다. 그녀의 글에서는 다듬어지지 않고 우아하지 않은 진실의 힘으로 가득 찬 목소리가 울려 퍼진다.

고드윈은 8주도 걸리지 않아 《회고록》을 완성했다. 메리의 장례식을 치른 지 두 달 만인 11월 15일에 그는 초고를 완성했다. 그리고 나흘 만에 초고를 수정하고 11월 19일에 존슨에게 원고를 넘겨 출판하게 했다. 결과는 재앙이었다. 에버리나가 예상했던 그대로 고드윈이 서둘러 책을 집필한 것이 회고록에 많은 해를 끼쳤다. 그는 사실을 면밀하게 살펴 걸러내지 않았고, 확인하지 않았고, 많은 사실을 누락했다. 자신의 편견으로 말미암아 메리가 정치철학에 기여한 점을 부정적으로 평가했다. 가장 고약한 것은 메리의 성적 경험을 솔직하게 기술하고 메리를 다양한 연애 사건의 여주인공처럼 묘사함으로써 마치 독자들을 내쫓아버릴 생각으로 쓴 책처럼 보였다는 점이다. 존슨은 이 책을 출간하는 데 의구심이 들었더라도 언급하지 않았다. 고드윈에게 얼마나 절실하게 돈이 필요한지 알았기 때문이었다. 그리고 논란의 여지가 크더라도 독자들에게 메리의 구체적인 삶을 제공해야 한다고 믿었다. 하지만 그 책을 전기가 아니라 회고록으로 불러야 한다고 제안한 사람은 아마도 존슨이었을 것이다. 여기에는 큰 차이가 있었다. 회고록이라는 제목을 붙임으로써 독자들에게 고드윈의 책을 균형 잡힌 기록이 아니라 개인적인 기억으로 보아야 한다는 점을 주지시켰다.

1798년 1월에 《회고록》이 도서 판매대에 등장하자 주간지와 신문에 실리던 메리를 향한 애도가 갑자기 사라졌다. 이제 메리는 계몽주의적 가치의 등불로 묘사되지 않았다. 메리의 사상은 이제 "창녀를 양성하는 … 경전"이 되었다고 〈안티 자코뱅 리뷰(The Anti-Jacobin Review)〉는 말했다. 메리의 추종자들은 그녀의 연애 행각을 이미 알고 있었기 때문에 그리 놀랄 일이 없었지만 고드윈이 그 일들을 폭로했다는 사실에 충격을 받았다.[14] 메리의 열렬한 추종자였던 로버트 사우디는 고드윈이 "죽은 아내를 발가벗기는 죄"를 지었다고 비판했다.[15] 어린 패니는 당대의 가장 악명 높은 사생아가 되었다. 울스턴크래프트의 사상은 이제 '타락한 여자'라는 악명에 완전히 뒤덮이고 말았다.

〈안티 자코뱅 리뷰〉에 은밀하게 자금을 지원했던 정부는 이 기회를 놓치지 않고 고드윈과 울스턴크래프트, 그리고 자유주의적 사회 가치 전반을 비난하는 기사와 논평의 출판을 독려함으로써 《정치적 정의에 대한 고찰》 저자의 평판을 떨어뜨렸다. 《회고록》이 출간되고 삼 년이 지난 후에도 정부의 캠페인은 여전히 강력하게 진행되었다. 가장 악명 높은 공격은 고드윈이 울스턴크래프트의 사생활을 폭로한 사실을 풍자한 외설적인 시였다.

> 윌리엄은 수레에 가득 차도록 글을 써 제꼈고,
> 마침내 메리의 생애를 꼭 써야 했다,
> 그녀의 난잡한 간음이 잘 알려지지 않았다고 생각해서,
> 혹백으로 아름답게 인쇄될 때까지.
> 놀랍도록 신이 나서 자랑스럽게 이 어리석은 인간은
> 남자와 놀아난 그녀의 음탕한 위업을 적어 내려가고,
> 배우자로서 그는 몹시 기뻐하며 말한다,

그녀가 그 어리석은 광대 몰래 숱하게 서방질을 했고,

그리고, 오 사랑스러운 것! 얼마나 자기 몸을 도시 절반에 빌려주었
는지.[16]

울스턴크래프트의 페미니즘 원칙을 조롱하는 대중 소설이 대거 등
장했고, 메리의 사상에 영향을 받은 진보의 흐름을 되돌려놓았다. 하
룻밤 사이에 여성 철학자의 지위는 악랄한 인간이나 전형적인 놀림감
이 된 것 같았다. 엘리자베스 해밀턴의 소설《현대 철학자의 회고록》
(1800)에서 여주인공 줄리아 디먼드는 고드윈과 울스턴크래프트의 사
상을 옹호하다가 결국 파멸에 이른다. 줄리아는 어느 난봉꾼을 철학
자라고 생각해서 사랑에 빠지지만 그는 줄리아가 임신하자 그녀를 버
리는 비열한으로 드러난다. 〈안티 자코뱅 리뷰〉는 '메리 고드윈의 방
탕한 교리'에 반대하는 해밀턴의 입장에 환호했다.[17] 마리아 에지워
스가 쓴《벨린다》(1801)의 여성 철학자 해리엇 프리크는 어리석고 '익
살맞은 행동'으로 자신과 친구들을 어처구니없고 위험한 곤경에 빠뜨
린다.[18] 패니 버니의《방랑자》(1814)에 등장하는 엘리너 조드렐은 한
심한 젊은 여성으로 그려진다. 그녀는 공포정치를 겪으면서 여성의
권리를 옹호하지만 사랑하는 남자에게 거절당하자 자살을 시도한다.
흥미롭게도 해리엇과 엘리너는 여러 주요 장면에서 남장을 하고 등장
한다. 이는 여성 철학자들이 이성과 논리의 '남성적' 세계로 넘어가려
고 시도하면서 여성적 정체성을 상실했기 때문에 '성적 특징이 없다'
는 통념을 반영한다. 심지어 고드윈의 '미인'인 어밀리아 올더슨도 소
설《애들라인 모브레이》(1804)에서 고드윈과 울스턴크래프트를 조롱
했다. 이 소설의 중요 인물들은 천재지만 결국 자신들의 터무니없는
이상을 실현할 수 없다는 것을 깨닫고 비통해한다.

《회고록》은 엄청난 소동을 일으켰지만 판매는 부진했다. 악의적인

기사를 쓰던 보수주의자들은 그 책을 구매함으로써 고드윈과 그의 애인의 악행을 지지해서는 안 된다고 사람들에게 말했다. 이와 관련해서 고드윈이나 울스턴크래프트의 책은 무엇이든 구입하는 행위 자체가 영국 사회의 도덕적 타락에 기여한다고 선언했다. 일부 자유주의 지지자들도 거리를 두었다. 《정치적 정의에 대한 고찰》 출간 후 유명세를 탔던 고드윈의 대중적인 평판은 추락했다. 한때 그의 이름은 이성과 자유라는 계몽주의적 가치를 대변했지만 이제는 부도덕과 퇴폐와 동의어가 되었다. 개혁 운동의 대변자로 존경받던 높은 위상은 산산조각 났다. 10여 년 후 셸리 같은 젊은이들이 고드윈을 순교자로 여기면서 제도권의 공격이 오히려 그에게 유리하게 작용하겠지만, 당시에 고드윈은 자신의 평판이 타격을 받은 것을 견디기 어려웠다.

그의 책이 끼친 진정한 해악을 인식한 사람은 고드윈의 동시대인들 가운데 소수에 불과했다. 메리가 기고했던 잡지 〈어낼리티컬 리뷰〉는 고드윈이 메리의 지성보다 열정을 강조함으로써 공정하게 평가하지 않았다고 주장했다. 《회고록》이 "고드윈 부인의 정신이 형성되는 과정에 대한 정확한 지식을 제공하지 않는다. 우리는 그녀가 좋아한 책이나 공부한 시간, 그녀가 언어와 철학에서 무엇을 습득했는지에 대해서 아무런 정보도 얻을 수 없다"고 지적했다.[19]

그런데도 자신의 정직성을 확고하게 믿었던 고드윈은 자신이 아내를 명예롭게 했다고 믿었다. 그는 사람들이 메리와 패니를 비난하리라는 것을 틀림없이 알았을 테지만 아내가 살아온 삶을 부끄럽게 여기지 않는다는 점을 분명히 하고 싶었다. 고드윈은 자신이 책을 집필한 동기가 수상쩍은 것이었을 수 있고, 그의 마음 일부는 자신을 버리고 떠난 여자를 파괴하고 스스로를 그녀의 구원자로 그리고 싶어 했으리라는 것을 알지 못했다. 그가 분명히 아는 것은 사랑하는 여자를 잃었다는 것뿐이었다. 메리의 딸들도 자기만큼 많은 것을 잃지는 않았다고 고드윈은 말했다. 《회고록》에서 그는 자신의 의식과 무의식이 명령하는 대로 이야기를 구성하면서 메리의 삶에 대한 최종적 권리를 주장했다. 그는 메리를 가장 잘 아는 사람이 바로 자신이고, 자신이 다른 경쟁자들을 물리치고 메리를 쟁취했다는 것을 입증하려 했다. 상심에 빠진 고드윈은 말할 필요도 없고 어느 누구도 그의 책이 끼칠 폐해를 예상하지 못했을 것이다.

37장

어머니의 유산
메리 셸리 1832~1836

1832년 봄에 서른네 살이 된 메리 셸리는 잘생기고 지적인 서른한 살의 오브리 보클러크의 관심을 끌었다. 셸리가 죽은 지 10년이 지났고 메리는 다시는 사랑에 빠지지 않을 거라고 생각했지만, 오브리는 그녀가 만났던 다른 남자들과 달리 유난히 눈에 띄었다. 그는 셸리처럼 이상주의적이고 온화하며 귀족적인 면모를 지녔고 또한 대부분의 사람들을 아연케 했던 메리의 저작이나 정치적 입장, 심지어 셸리와 함께 도망치기로 한 결정 같은 바로 그런 이유들 때문에 메리를 좋아하는 것 같았다. 오브리는 메리가 트렐러니와 춤을 추었던 피사 무도회를 주최한 보클러크 부인의 아들이었고, 그 진취적인 어머니가 거의 전적으로 그를 양육했다. 어머니와 활기차고 발랄한 누이들 덕택에 그는 여자를 편하게 대했다. 메리를 소개받았을 때 이미 연애 경험이 많았고 두 명의 여성에게서 낳은 사생아가 두 명 있었다. 오브리는 이 여성들과 결혼하지 않았지만 같은 계급의 많은 남성들과 달리 아이들에게 자기 성을 붙여주었고, 큰 재산을 양도해주었다.

오브리는 메리를 만나기 훨씬 전부터 어머니에게서 메리에 대한 눈부신 찬사를 들었다. 출신 배경이 같은 사람들 대다수보다 그의 어머니는 특이한 가족 관계에 훨씬 개방적이었다. 에밀리 보클러크는 악명 높은 레인스터 공작부인과 그녀의 두 번째 남편 윌리엄 오글비의 외동딸이었다. 첫 번째 남편인 공작이 죽은 후 공작부인은 아이들의 가정교사였던 오글비와 결혼해 가족과 친구들의 분노를 샀다. 기록에 따르면 공작부인과 그녀의 두 번째 남편은 긴 결혼 생활 내내 사랑을 유지했다. 에밀리는 부모의 행복을 지켜보며 자랐던 터라 자녀들에게 계급의 편견에서 벗어나 스스로 사랑을 추구하도록 가르쳤다. 에밀리 자신도 노골적으로 결혼 서약을 어겼다. 남편과 너무나 마음이 맞지 않아서 애인(더들리 경)을 두었고 그와 사이에서 아이를 여럿 낳았다고 알려져 있다. 결국 에밀리는 일곱 딸들의 남편감을 찾아주려고 딸들과 함께 이탈리아로 떠날 때, 아무런 거리낌 없이 자기 남편을 남겨두고 떠났다. 이러한 상황이었기에 틀림없이 더욱 공개적으로 무도회에서 메리를 환영했을 것이다.

1831년 겨울에 오브리와 메리는 자주 만났다. 오브리의 여동생 지가 남편 존 폴과 런던으로 왔을 때 메리의 친한 벗이 되었다. 메리보다 여덟 살 어린 지는 피사에서 처음 만났을 때부터 메리를 좋아했다. 메리와 셸리가 스스로 떠난 유형 생활이 멋있게 보였고, 사랑을 위해 모든 것을 포기한 그들은 지에게 전형적인 낭만적 영웅이었다. 메리는 지의 따뜻한 태도가 고마웠다. 셸리가 죽은 후 여러 해 동안 메리는 문학계와 예술계 사람들을 많이 만났지만 '점잖은' 런던 사람들 대부분은 여전히 메리를 아는 체하지 않았다.

지는 메리의 미덕에 대해 열광적으로 오빠에게 이야기했고, 오브리는 폴 부부의 집에서 메리를 만났을 때 메리를 이야기에 끌어들이려고 노력했다. 하지만 늘 쉽지는 않았다. 메리는 친구들에게 둘러싸여 있을 때는 들떠서 말을 잘 했지만 낯선 사람들과 함께 있으면 입을 다무는 경향이 있었다. 메리를 처음 만난 사람들은 악명 높은 시인의 아내가 거칠고 시끄럽지도 않고 유혹하는 여인이 아닌 것을 알고는 종종 놀랐다. 실제로 메리는 그와는 정반대라서 과묵하고 품위가 있었다. 어떤 새로운 친구는 그녀를 "온화하고, 여성답고, 숙녀답다"고 묘사했다.[1] 다른 지인은 《프랑켄슈타인》의 저자가 "다소 무분별하고 기발할" 거라고 예상했지만 오히려 "차분하고 조용하며 여성스럽다"는 것을 알았다.[2] 이는 메리의 동시대 사람들이 대담한 작품과 그 창작자를 일치시키는 것이 쉽지 않았음을 드러낸다. 메리는 요란하거나 '남성적'이지 않았고, 그들이 생각하는 '예의 바른' 여성성을 구현한 인물로 보였다.

그래도 오브리는 포기하지 않았다. 메리와 함께 보내는 시간이 많아질수록 점점 그녀에게 매료되었다. 메리의 머리는 젊은 시절처럼 독특하게 불그레한 금발이었고, 눈빛은 부드럽고 이해심이 넘쳤다. 메리는 여전히 연한 색깔의 드레스를 입었는데, 극장에 갈 때만 예외였다. 그때는 검은 드레스를 입었는데 가슴이 깊이 파여서 흰 어깨와 가슴의 굴곡이 드러났다. 메리는 또한 장난기가 많았다. 친구들의 십대 자녀들을 어른처럼 대우해서 찬사를 받았고, 더 어린 아이들에게는 이중 관절이 있는 자신의 손목을 보여주고 길고 가는 손가락을 불가능한 각도로 뒤로 구부려 즐겁게 해주었다.

하지만 지에게 위기가 닥치지 않았더라면 그들 사이에서는 아무 일도 일어나지 않았을 것이다. 1831년 11월에 아내가 바람을 핀다는 사실을 알게 된 지의 남편이 지를 집에서 쫓아냈다. 메리는 즉시 지를 구하려고 뛰어들었다. "처음 일어난 충동은 한 여자에게 친구가 되어주는 것"이었다고 메리는 말했다.[3] 추문이 퍼져 나가는 동안에 메리는 지의 곁에 있었고, 지가 런던을 떠나 아일랜드의 사촌과 함께 살려고 준비할 때 그녀를 위로했다. 보클러크 부부는 지를 지지해준 메리에게 고마워했다. 특히 오브리는 무척 고마워했다. 오브리와 지는 사이가 매우 가까워서 지는 첫 (유일한) 아이의 이름을 오브리라고 짓기도 했다.

　지의 문제로 가까워진 오브리와 메리는 함께 시골길을 산책하기 시작했고, 때로는 북쪽으로 메리가 어린 시절을 보낸 세인트 판크라스에 가기도 했다. 두 사람은 극장과 음악회에 갔고, 저녁 파티에서 만났고, 몇 달 후에는 서로의 품에서 메리가 "형언할 수 없는 행복"이라고 표현한 순간을 즐겼다.[4] 이스트서리(East Surrey)에서 의원으로 새로 선출된 오브리는 메리와 고드윈과 같은 정치적 견해를 갖고 있었다. 노예제 폐지를 위해 싸웠고, 아일랜드의 대의명분을 지지했으며, 그해 봄 의회에서 논의된 선거법 개정안을 더없이 열렬히 지지했다. 1828년 하원에서는 "자유는 편견과 무지의 무덤 위로 고개를 들어야 하며, 또한 고개를 들 것"이라고 선언했다.[5]

　전도가 유망한 정치인이었던 오브리는 자기 경력에 도움이 될 아내가 필요했다. 빚과 추문에 시달리는 메리 셸리는 그가 영웅으로 여기는 윌리엄 고드윈의 딸이기는 하지만 적격자는 아니었다. 하지만 오브리는 새로운 연인과 보내는 시간을 거부할 수 없었다. 메리와 대화를 나누면 매우 유쾌했다. 고드윈과 셸리, 그리고 바이런으로부터 메리는 일반적으로 여성에게 금지된 주제인 정치에 관해 이야기하는 방법을 배웠다. 메리는 유익한 질문을 던지고 새로운 주장과 견해를 제시하는 방법을 알고 있었다. 또한 자신만의 견해도 갖고 있었다. 정치적 전략에 대한 대화와 문학 토론은 메리의 강점이었다. 지식인이나 급진주의자들과 식사하는 데 익숙하지 않았던 귀족 출신의 오브리는 박식하고 자유주의 성향이 강한 메리에게 다소 겁을 먹기는 했지만, 과거에 메리가 만났던 남자들처럼 그녀에게 매력을 느꼈다. 메리는 아름다웠고, 오브리 자신을 포함해서 그가 아는 대부분의 남성보다 더 똑똑하고 교육 수준이 높았다.

메리에게 오브리는 길들여진 셸리 같았고, 신뢰할 수 있는 몽상가였으며, 점잖은 개혁가였다.[6] 사회 정의라는 대의에 헌신하면서도 거친 바위투성이의 험난한 곳으로 유형을 떠나지 않고 체제 안에서 일하는 길을 선택했다. 그는 무모하거나 거칠지 않았고, 신중하게 미래를 예측하며 행동을 계획했다. 오브리는 믿을 수 있는 사람, 안심하고 사랑할 수 있고 메리의 애정을 받을 가치가 있는 사람으로 보였다. 오브리가 발의를 도왔던 개정 법안이 통과되었을 때 두 사람은 이 승리가 그의 정치 경력을 보장한다고 여겼다. "모든 일이 잘 되기를 바라요. 그렇게 될 거라고 믿고요."[7] 자신이 다시 사랑을 하게 되면 반드시 알려주겠다고 맹세했기에 메리는 제인에게 편지를 썼다.

거의 일 년간 행복한 시간을 보낸 후, 메리는 오브리의 애정을 확신했기에 단호한 결단을 내려서 오브리를 아버지에게 소개하기로 하고, 1833년 4월 자신의 집에서 저녁 파티를 열고 오브리와 아버지를 초대했다. 고드윈은 괜찮다고 생각했고, 메리는 잠정적이긴 하지만 오브리와의 미래를 상상하며 그해 5월에 일기에 썼다. "내 삶의 양상이 바뀌었다. 나는 무척 즐겁게 지내지만, 아직 확실한 것은 없다."[8]

그해 여름에 메리는 시골에서 휴가를 보내다가 독감에 걸렸다. 회복하는 데 여러 주가 걸렸는데 오브리는 그동안 메리를 방문하지 않았고 편지도 보내지 않았다. 8월 초에 건강을 되찾았을 때, 메리는 그 이유를 알게 되었다. 오브리가 메리보다 열다섯 살 어린 열아홉 살의 젊고 부유한 준남작부인 아이다 고링에게 청혼했던 것이다. 아이다는 특별할 것 없는 여성이었지만 유력한 친지가 많았고 유리한 혼사였다.

메리의 눈에는 오브리가 비정한 결정을 내리고 사랑보다 인습과 사회적 적절함을 선택한 것으로 보였다. 메리는 "어두운 밤이 세상에 그림자를 드리웠다"라고 일기에 적었다.[9] 또한 올해가 자신에게 이 세상에서 마지막 해가 되기를 바란다고 클레어에게 편지를 썼다. 클레어는 깜짝 놀라 메리에게 아들과 아버지, 그리고 자신의 일을 기억하라고 강력히 설득했다. 낙심한 말을 하고 있었지만, 메리는 절망과 싸우는 방법을 알고 있었다.

오브리와 부딪치지 않기 위해 메리는 런던을 떠나 해로 마을에 집을 빌렸다. 지난해에 퍼시가 입학한 학교가 있는 곳이었다. 아들과 함께 살면 외로움을 덜 수 있을 테고, 학교 기숙사 비용 때문에 재정이 고갈되고 있었기에 경제적으로도 도움이 될 수 있었다. 많은 십 대들과 달리 열네 살의 퍼시는 엄마의 도착을 반겼다. 메리는 때로 퍼시에게 실망할 때가 있었지만—아들은 자세가 구부정했고, 사람들 앞에서 말하기를 거부했으며, 통통하고 키가 작고, 시에는 전혀 관심이 없었다—퍼시에게 헌신했고, 퍼시는 어머니에게 헌신했다. 두 사람은 관심사가 서로 달랐다. 퍼시는 사냥과, 더 고약하게도, 보트 타기를 좋아했고, 어머니의 바람과는 달리 철학자가 되기를 원하지 않았다. 하지만 충직한 마음과 다정한 성격, 순진함, 그리고 어머니를 보호하려는 열망을 결코 잃지 않았다. 가장 중요한 것은 퍼시는 살아 있고, 메리와 마찬가지로 생존자였다.

무사히 런던을 벗어난 후 메리는 재앙이 닥칠 때마다 늘 하던 대로 했다. 일에 전념했고, 새로운 소설 《로도어》의 세계에 빠져들었다. 이 작품은 오브리뿐만 아니라 고드윈과 셸리 등 그녀를 거듭해서 상심하게 했던 남자들에 대한 직접적인 응답이었다. 《로도어》의 세계에는 영웅이 없다. 남성 인물들이 너무 나약해서 여성들은 서로를 위험에서 구하고 스스로 행복을 찾아야 했다. 얼핏 보면 여주인공 같은 젊은 신부가 있지만, 이 소설에서 이상적으로 그려진 인물은 지적인 패니 더럼뿐이다. 패니는 철학 서적을 읽고 자신과 다른 사람들의 '특별한 재능'을 계발하는 데 헌신하는 독립적인 여성이다. 메리가 여주인 공의 이름을 패니라고 지은 것은 우연이 아니었다. 패니는 메리가 자기 언니에게 원했던 인생을 살고 있었다. 패니 더럼은 자립해서 살아가고, 남자들에게 구속되지 않고, 여성 친구들의 지지를 받으며, 패니 고드윈과 달리 자살하지 않는다. 오히려 패니는 스스로를 교육하고, 친구들을 돕고 그들에게 조언하며, 사회를 개혁하려고 노력하면서 울스턴크래프트의 원칙—여성에게 자유를 주어라, 그러면 세상은 모든 이들에게 더 나은 곳이 될 것이다—을 구현한다.

《로도어》를 집필하는 작업은 카타르시스를 느끼게 했다. 메리는 모든 여성들이 독자적으로 살아갈 때 생기는 이점을 옹호했고, 동시에 어머니의 사상을 폄하하려고 노력하는 사람들에 맞섰다. 작품을 끝냈을 때 오브리의 배신으로 인한 상처는 치유되었다. 메리는 자신과 어머니의 사상에서 힘을 얻었다. 1835년에 출간된 《로도어》는 메리의 다른 작품들보다 긍정적인 평가를 받고 꽤 잘 팔렸다.

이 경험에서 얻은 위안으로 메리의 목표는 확고해졌다. 작가로서 자신의 운명을 완수해야 했다. 메리는 남자가 필요하지 않았다. 메리는 오브리에게 거부당하기 전 몇 년 동안 작가로서 풍부한 업적을 쌓았다. 1830년에 〈아테나움(Athenaeum)〉은 메리를 당대의 가장 뛰어난 여성 작가로 선정했다. 1831년에 메리는 영국 왕좌에 대한 권리를 주장한 중세의 한 인물을 소재로 한 네 번째 소설 《퍼킨 워벡의 행운》을 출간했다. 이 작품은 잘 팔리지 않았지만 긍정적인 평가를 받았고 작가로서 메리의 위상을 높였다. 그리고 가장 중요한 일은 벤틀리 출판사에서 메리가 《프랑켄슈타인》을 수정하고 벤틀리가 판권을 소유하도록 해주면, 이 작품을 벤틀리 스탠더드 소설 시리즈의 목록에 올려주겠다는 제안이었다.

메리는 첫 소설을 다시 검토할 기회를 얻게 되어 기뻤다. 트렐러니와 클레어가 주장한 것과 달리 메리는 셸리가 죽은 후 인습적으로 변하기는커녕 일상생활에서 목격하는 위선에 점점 더 환멸을 느끼고 있었다. 메리는 책상 앞에 앉아서 원작보다 훨씬 황폐한 그림을 그리기 시작했고, 자신의 암울한 시각을 강조하는 변화를 시도했다. 원작에서 빅터 프랑켄슈타인은 인간을 창조하려는 야망을 추구할 것인지 여부를 선택할 자유를 갖고 있다. 그가 잘못된 선택을 하면 바로 그 행동이 그의 몰락을 야기한다. 소포클레스의 비극에 등장하는 인물처럼 그의 행동이 그의 미래를 결정한다. 하지만 1831년 판본에서 메리는 빅터에게서 주체적인 힘을 모두 박탈한다. 빅터는 냉혹한 내적, 외적 힘에 지배되는 꼭두각시이며, 자신의 충동에 순종해야 하고 운명에 지배당하는 무력한 인간이다.[10] 메리는 월턴이 누이에게 보낸 편지들을 대폭 늘리고, 프랑켄슈타인이 야망을 경고하는 부분을 늘렸다. "불행한 인간! 당신도 내 광기를 지니고 있는가?"[11] 프랑켄슈타인이 월턴에게 말한다. "당신도 독주를 마셨는가? 내 말을 들어보라. 그러면 당신의 입술에서 그 잔을 떼어 내동댕이칠 테니!" 프랑켄슈타인의 신부 엘리자베트는 초판에서도 강인한 여성의 본보기가 전혀 아니었지만 이제는 더 무력하고 고요하며 나약한 모습을 보인다. 엘리자베트는 남성에게 의존할 때 여성이 행복할 가능성이 있는지에 대한 메리의 비관적 전망을 반영한다.

메리가 개작한 이 새로운 《프랑켄슈타인》은 초판보다 더 사회 비판적이었다. 1831년 판본은 인간(남성)의 야망과 권력에 대한 탐욕이 야기하는 해악을 묘사한다. 여성 인물들은 자기 자신이나 다른 사람들을 구할 능력이 부족할지 모르지만 전적으로 결백하다. 그들은 오로지 프랑켄슈타인과 관련되었다는 이유만으로 고통을 받는다. 퍼시 셸리가 초판을 집필했다고 믿은 상습적인 비판가들이나 메리 셸리가 소심하게 타협했다고 비난한 트렐러니와 클레어 같은 사람들에게, 1831

년 판본 《프랑켄슈타인》은 최고의 독창적인 성취로 등장했고, 오로지 이 작품의 저자 메리 셸리가 창조한 디스토피아적 상상력을 보여준다. 셸리가 곁에 없었기 때문에 메리는 더욱 독자적일 수밖에 없었고, 결과적으로 애인이 살아 있었던 열아홉 살 때보다 훨씬 복잡하고 강력한 소설을 쓸 수 있었다.

비평가들의 반응은 대체로 부정적이었다. 《프랑켄슈타인》의 통렬한 메시지는 《최후의 인간》과 마찬가지로 대부분의 19세기 독자들이 소중히 여기고 셸리도 지지했던 이상—과학이 서구 문명의 장밋빛 미래를 보장할 것이라는—을 폄하했다. 하지만 메리는 그런 상투적인 생각을 참을 수 없었다. 그녀는 자신이 시대의 흐름에 역행한다는 것을 알았지만, 계급적 증오와 인종 차별주의, 조금도 수그러들지 않는 편견을 폭로해야 한다는 욕구에 이끌렸다.

메리의 사상은 인기가 없었지만 《프랑켄슈타인》이 재출간되면서 명성은 확고해졌다. 이 소설을 무대에 올린 연극은 원작의 이야기에서 계속 벗어났지만 지속적으로 인기가 높아졌고, 메리의 이름을 사람들 눈에 각인시켰다. 그렇지만 대중의 갈채에도 불구하고 메리는 여전히 가난했다. 셸리가 죽은 후 10년간 티머시 경은 메리에게 지급하는 돈을 한 번도 인상하지 않았다. 여성 잡지에서 비교적 많은 원고료를 지급했지만, 계속 재정적 지원을 의존하는 사람들에게 자금을 지원하는 것은 고사하고 퍼시의 학비를 충당하기에도 충분하지 않았다. 다행히도 《로도어》를 마무리하고 있을 때 아버지의 친구였던 다이어니셔스 라드너가 최초의 백과사전인 《캐비닛 사이클로피디아》에 에세이식의 전기를 써 달라고 제안했다. 라드너는 직접 저자를 선택했고 폭넓은 독자층에 다가가려고 의도했기 때문에 이것은 큰 영광이었다. 게다가 보수도 좋았다. 그가 메리에게 제시한 과제는 이탈리아, 에스파냐, 포르투갈, 프랑스의 문인들에 대해 에세이를 작성하는 것이었다. 메리는 이 도전을 감당하는 데 필요한 언어 능력과 학식과 재능을 갖춘, 그가 아는 극소수 작가에 속했다. 메리는 능력을 인정받아 기분이 좋았고, 라드너의 제안을 기쁘게 받아들였다. 월터 스콧 경과 같은 저명인사가 포함된 문단의 기고자 중에서 메리는 유일한 여성이었다.

새로운 문학적 도전에 자극받은 메리는 오브리가 배신한 지 세 달이 지난 1833년 11월에 집필 작업을 시작했다. 그 후 1838년 5월까지 사 년 반 동안 '이탈리아, 에스파냐, 포르투갈, 프랑스의 가장 저명한 문인과 과학자' 오십 명 이상의 생애를 조사하고 그들의 전기를 완성했다. 라드너가 에세이의 저자를 항상 밝히지는 않았기 때문에 오랫동안 학자들은 메리가 집필한 에세이의 분량을 과소평가했다. 총 1,757쪽에 달하는 이 프로젝트의 결과물 가운데 적어도 4분의 3 이상은 메리가 집필했다는 데 오늘날 의견이 일치한다.[12] 메리는 대체로 직접 번역한 자료를 바탕으로 삼아 전기를 구성했고, 그 결과물은 그녀의 최고의 문학적 노작에 속한다. 메리의 글은 단정하고 명료하며 힘이 넘친다. 그녀는 설득력 있는 세부 사항들을 선택해서 인물을 조명했는데, 그녀의 연구와 지식과 집필은 흠잡을 데가 없었다. 비극적인 사실은 현대 독자가 그녀의 에세이들을 찾기 어렵다는 점이다.

"나의 삶과 이성은 이 '전기'에 의해 구원받았다"라고 메리는 일기에 썼다.[13] 이 에세이들의 부분적 익명성―모든 에세이에 저자의 서명이 붙은 것은 아니었고 서명을 한 경우에도 대체로 이름의 첫 글자만 사용했다―덕분에 메리는 어머니가 평론가로서 초기에 그랬듯이 자기 글이 일으킬 반향을 두려워하지 않고 견해를 드러낼 수 있었다. 게다가 이 '전기'는 인물에 초점이 맞춰져 있고 사실을 제시하기 때문에 허구를 작성할 때의 제약에서 벗어날 수 있었다. 플롯을 발전시킬 필요 없이 그녀는 자신의 사색과 심지어 자신의 이야기도 일부 포함시킬 수 있었다. 물론 위인의 전기를 통해서 굴절되기는 했지만 말이다.

이런 목적을 위해서 메리는 전기에서 다룰 인물의 어머니와 아내, 딸, 누이들의 삶을 발굴하면서 많은 시간을 보냈다.[14] 그 결과 그녀의 전기에는 충실한 여자 친구들, 정부들, 미망인들이 넘친다. 실은 첫 단계로 조사를 한 후 이런 여성들의 삶에 큰 관심이 생겨서 메리는 라드너에게 역사적으로 유명한 여성들에 관한 책을 내자고 제안했다. 라드너가 이 제안을 거절하자 메리는 다시 은밀한 전략으로 돌아가서 남성의 전기에 여성들의 삶을 포함시켰고 때로는 여성들의 분량이 남성들을 앞지르기도 했다.

전기 집필 작업은 오브리를 잊는 데 도움이 되었을 뿐만 아니라 편협한 해로 교구의 쓰라린 고립감에서 벗어나게 해주었다. 이 프로젝트를 시작하기 전에는 아무도 없는 기나긴 저녁 시간에 주체할 수 없는 두려움에 시달렸지만, 전기 주인공들의 삶에 몰입하면서 작은 마을의 외로움을 견딜 수 있었다. 이 지역 목사는 앨러그라를 예배당 내부에 묻어주기를 거부했던, 젠체하고 고상한 척하는 악명 높은 인간이었다. 메리가 《캐비닛 사이클로피디아》에 글을 쓰기 전인 1832년에 아끼던 남동생 윌리엄이 콜레라로 사망했다. 아버지는 점점 쇠약해져서 런던에서 약 20킬로미터 떨어진 딸의 집에 찾아오려 하지 않았다. 친구들도 방문을 꺼려했다. 1836년 초에 제인이 딸을 낳아서 메리의 부러움을 샀다. 제인은 아기에게 프루덴티아*라는 이름을 지어주었는데, 아이 엄마의 무모하고 경솔한 삶을 생각하면 역설적인 이름이었다. 어쩌면 제인은 아기가 신중하게 생각한 후 선택하며 살기를 바랐을 것이다. 제인 자신은 불행했다. 호그와의 관계는 악화되었다. 제인은 지루하고 외로운 나머지 다른 남자와 불장난을 시작하려다가 호그

---

* '신중한'을 뜻하는 프루던트(prudent)나 프루덴셜(prudential)과 관련된 단어.

에게 들켰고, 이제 그들은 함께 덫에 빠져서 말다툼을 하고 짜증을 부리고 의심을 품었다.

클레어 또한 손이 닿지 않는 곳에 있었다. 그녀는 피사로 가서 낮에는 가정교사로 일하고, 밤에는 생각이 같은 여성들의 공동체를 만들기 위한 씨앗을 뿌리고 있었다. 이렇게 퍼시만 남은 상태에서 메리는 이 년 동안 자신의 일과 아들에 헌신했지만, 더는 고립감을 견딜 수 없었다. 1835년 여름에 메리는 마리아 기즈번에게 "저를 산 채로 매장된 사람이라 생각하셔야 합니다"라고 편지를 썼다.[15] 때로는 퍼시를 원망하며 "나는 내 삶을 퍼시의 행복과 바꾸었다"라고 말하기도 했지만,[16] 그런 순간은 드물었고 대체로는 퍼시에게 고마워했다. 기숙사에서 지내는 친구들이 퍼시를 집에서 산다고 놀리면, 메리는 그 친구들에게 관심을 보이고 티타임에 초대했다. 그녀는 돈을 빌려 아들에게 연미복을 사주었다. 퍼시는 간절히 말을 갖고 싶어 했지만 형편이 여의치 않았기에 대신 테리어를 사주었다.

메리는 퍼시의 저조한 학업 성취도—퍼시는 공부에 전혀 흥미를 보이지 않았고 간신히 따라갔다—가 걱정이었지만 혈색이 좋고 튼튼한 퍼시가 자랑스러웠다. 퍼시는 대체로 스포츠에 관심을 쏟았고, 아버지의 야심을 물려받아 노 젓기와 배 타기를 배우기 시작했다. 메리는 질겁했지만 퍼시는 셸리와 달리 늘 조심스러웠다.

퍼시가 해로 스쿨에서 보낸 마지막 해인 1836년 겨울에 그들은 어머니가 사랑했던 마리아 레블리의 남편 기즈번 씨가 사망했다는 슬픈 소식을 들었다. 몇 달 후 마리아도 사망했다. 메리와 어머니를 연결해주었던 가장 가까운 사람들이 사라진 것이다. 갑자기 메리는 해로에 사는 것이 견딜 수 없게 느껴졌다. 경악감에 허둥대면서 황급히 퍼시가 학교에서 배우는 것이 별로 없다고 (올바로) 판단하고는 학교를 그만두게 하고 런던의 리젠트 공원 근처로 이사했다. 그래도 퍼시의 대학 진학을 포기하지 않았기에 그해 겨울에 퍼시를 위해 가정교사를 고용했다. 하지만 이제는 시골에 고립되어 지내며 살 수 없다고 느꼈고, 아버지와 런던 친구들과 가까이 지낼 필요가 있었다.

여든 살이 된 고드윈은 그해 봄에 심한 기침과 고열 증세를 보였다. 4월 첫째 주가 되자 중태에 빠졌다. 고드윈은 "하인에게 맡겨지는 것을 몹시 두려워했기에"[17] 메리와 메리제인이 번갈아가며 그의 침상을 지켰다. 고드윈은 이따금 정신을 차리고 말을 했지만 메리가 어머니의 옛 친구 메리 헤이스에게 말했듯이 "그의 생각은 대체로 오락가락했다." 그들은 희망을 버리지 않았고, 고드윈은 회복될 거라고 믿었다. 하지만 1836년 4월 7일 저녁에 메리는 "달가닥 소리가 들려서 우리는 아버지 옆으로 다가갔다"고 기록했다. 그리고 두세 시간 동안 몸부림치다가 고드윈은 숨을 거두었다. 그의 심장이 멎었다.

메리는 고드윈이 단말마의 고통을 겪지 않았다고 자기를 달랬지만, 메리 자신이 느낀 고통은 엄청났다. "그때 아버지의 임종을 홀로 지켜보며 겪었던 감정을 생각하면!" 메리는 항상 그랬듯이 메리제인의 존재를 무시하며 일기에 이렇게 적었다.[18]

장례식은 섬뜩한 사건이었다. 고드윈은 살아 있는 사람들의 감정을 전혀 고려하지 않고 유언장에 "가급적" 첫 아내 "가까이" 묻히고 싶다고 적었던 것이다.[19] 그래서 메리, 퍼시, 메리제인은 무덤 파는 사람들이 메리 울스턴크래프트의 무덤에서 삽으로 흙을 파내는 것을 지켜보았다. "어머니의 관은 훼손되지 않은 채 발견되었다"고 메리는 썼다. 모두 구덩이를 내려다보고, 거기에 "여전히 시신을 덮고 있는 천과 변색되었지만 읽을 수 있는 명패"를 보았다. 메리가 생후 며칠 동안 어머니와 함께 있었던 이후로 가장 가까이 다가간 순간이었다. 그리고 이제는 아버지도 저세상으로 떠났다.

클레어와 찰스는 외국에 살았기 때문에, 미망인이 된 계모를 돌보는 일은 전적으로 메리의 책임이었다. 메리는 오랜 숙적이 정부로부터 연금을 받을 수 있도록 열심히 알아보았고, 자신의 수입으로 모자라는 연금을 보충해주었다. 또한 찾아가기 싫었지만 아버지를 위해 정기적으로 메리제인을 방문했다. 이러한 잡일은 집필 작업에 지장을 주었지만, 고드윈이 딸에게 요구한 일보다는 훨씬 부담이 적었다. 그는 죽기 전에 메리를 문학 유언 집행자로 임명했고, 메리가 자신의 전기를 쓰고 미완성 작품을 편집하여 출간함으로써 영문학의 신전에 그의 위상을 공고하게 구축하기를 기대한다고 명확히 언급했다. 본래 그의 방식이 그렇듯이 고드윈은 이 요구가 딸의 삶에 얼마나 엄청난 영향을 미칠 것인지에 대해 거의 생각하지 않았다. 메리는 아버지가 어머니에 대해 쓴 회고록과 같은 짧은 책에 만족하지 않으리라는 것을 알고 있었다. 그의 온 생애와 철학적 공헌을 종합적으로 해석하는 책이라야 만족할 것이다.

메리는 아버지에게 충실한 마음으로 작업을 시작했지만 오래지 않아 고드윈의 책상에 어질러져 있던 문서의 늪에 빠지고 말았다. 자신이 역사에서 차지할 위상을 확신했던 그는 거의 모든 문서의 사본뿐 아니라 받은 편지를 모두 보관해 두었다. 따라서 그의 회계 장부와 서신, 일기, 원고, 기사 등을 훑어보고 분류하는 작업은 무미건조하고 지루하고 고통스러운 일이었다. 그런데 고드윈은 자기 문서들이 미래에 중요할 거라고 확신하면서도 그것들을 엉망인 상태로 남겨놓았다. 게다가 그의 글들은 생략된 부분이 많았고 모호하고 혼란스러웠다. 그는 친구들의 이름을 첫 글자로만 표시했고 자신의 생각과 중요한 사건을 간단하게 사선이나 대시, 괄호 등 암호로 표시해서 해독이 거의 불가능했다.

그런 골치 아픈 습관이 있었지만 아버지는 이런 무질서를 그 일을 완수하지 못할 핑곗거리로 여기지 않으리라는 것을 메리는 알았다.

아버지라면 어머니의 회고록을 집필한 것에서 볼 수 있듯이 열심히 일해서 신속하게 작업을 마무리했을 것이다. 하지만 그의 울스턴크래프트 회고록은 끔찍한 결과를 낳았다. 메리는 아버지가 어머니의 사생활을 폭로한 사실에 대해 어떻게 느끼는지 명료하게 밝힌 적이 없었다. 하지만 자신이 비극적인 사실들과 옛 추문을 다시 꺼내면 어떤 일이 벌어질지 아주 잘 알고 있었다. 패니의 자살, 자신이 셸리와 달아난 일, 어머니의 연애, 정부 당국에 대한 고드윈의 공격에 대해 말한다면 자신과 퍼시는 영원히 매장될 것이다. 다시는 일거리를 얻지 못할 수도 있다. 이런 우려에도 불구하고 메리는 자가당착적이고 고집이 센 아버지에 대한 효심에서 그 일을 시작했고, 거의 사 년간 꾸준히 작업을 진행하다가 중단했다.

결국 포기하게 되었을 때 메리는 자신의 능력이 부족해서 또다시 아버지를 실망시킨다고 느끼며 자책했다. 하지만 자료를 검토하며 오랜 시간을 보낼수록 그런 책이 출간되면 퍼시의 장래를 망칠 거라는 확신이 들었다. 한번은 아버지가 어머니를 만나기 직전 시점에서 끝내는 타협안을 생각하기도 했다. 다른 계획안에서는 어머니를 포함했지만 그들의 결혼 날짜를 조작했다. 하지만 메리는 거짓말쟁이가 아니었다. 진실이 아닌 책은 출간할 수 없었다. 또한 아들에게 해를 끼칠 책을 쓸 수도 없었다.

또한 고드윈은 기독교를 본격적으로 비판한 마지막 원고를 메리가 정리해서 출간해주기를 원했다. 아버지는 특유의 엄밀함과 체계적인 논리로 가톨릭교회, 영국국교회, 개신교회를 비판했다. 그는 가장 핵심적이라고 생각한 포괄적인 논거를 구축했고, 역사에 대한 해박한 지식을 근거로 들어 자기 주장을 뒷받침했다.

메리는 예전에 고드윈의 사상에 대해서 고드윈 본인과 셸리에게서 많이 들었기 때문에 잘 알고 있었다. 아버지의 사상에 반대한 것은 아니지만, 어머니와 마찬가지로 메리는 때때로 영국국교회의 의식에서 위안을 얻었다. 어쨌든 그의 전기와 마찬가지로 그런 책도 대중이 읽을 준비가 되어 있지 않다고 판단해서 출판사에 원고를 보내지 않았다. 대중이 무신론자를 어떻게 생각하는지는 셸리의 경험을 통해 익히 알고 있었다. 게다가 문학 시장을 겪어본 바로는 고드윈의 책처럼 두껍고 학술적인 책을 출간하면 실패할 수밖에 없었다. 그런 책을 사거나 읽을 독자가 없을 터이므로, 종교에 대한 고드윈의 적대감을 굳이 드러내서 가족을 고통스러운 상황에 빠뜨릴 이유가 거의 없어 보였다. 그렇지만 이런 결정은 메리의 적들에게 공격의 실마리를 제공했다. 트렐러니가 어디선가 이 소식을 듣고 공격을 재개했다. 메리 셸리가 천박하고, 중요한 철학적 진리를 억압하며, 다른 사람들의 의견에 지나치게 신경을 쓴다고 비난했다. 하지만 메리는 꿋꿋이 버텼다. 이는 트렐러니가 도저히 이해할 수 없을 용감한 행동이었다.[20] 메리는 아버지의 소망보다 자신과 퍼시의 관심사를 위에 두고, 19세기의 딸들을 통제한 규범을 깨뜨리고 있었던 것이다.

고드윈이 맡긴 일 때문에 많은 시간을 허비했지만, 메리는 자신의 문학적 노력을 멈추지 않았다. 아버지가 사망한 지 일 년이 지난 후 마흔 살이 된 그녀는 새 소설 《포크너》를 완성했다. 흥미롭게도 그녀는 이 책을 자신의 최고 작품이라고 생각했다. 눈에 띄게 억지로 짜맞춘 플롯이나 부자연스러운 인물, 과장된 대화 등을 고려하면 현대 독자들은 메리의 의견에 동의하기 어려울 것이다. 그러나 메리는 일상생활의 실상이나 실제 대화의 리듬을 포착하는 능력으로 책을 판단하지 않았다. 그녀는 사상을 중요하게 생각했고, 자신의 책—그 문제와 관련해서 보자면 모든 책—을 그것이 담고 있는 사상에 따라 평가했다. 이러한 기준을 따른다면 메리의 판단이 옳다. 《포크너》에서 메리는 예전에 암시하기만 했던 많은 사상을 마침내 마음껏 표현했던 것이다.

《포크너》의 여주인공은 프랑켄슈타인의 신부와 이름이 같지만 첫 번째 엘리자베스보다 훨씬 강인하다.[21] 《프랑켄슈타인》에서 괴물에게 살해되는 엘리자베스는 무기력한 순수함의 상징인 반면에 《포크너》의 새로운 엘리자베스는 적들을 물리치고 자신과 관련된 남자들을 구한다. 메리의 초기 소설에서는 사랑하는 남자를 보호하는 여주인공을 상상할 수 없었을 것이다. 유서내시아 백작부인은 전사인 왕자 발페르가에게 패배하고, 《최후의 인간》에서는 모든 여성이 죽고, 더 낙관적인 《로도어》에서도 딸은 아버지를 구하지 못한다. 그러나 《포크너》에서 엘리자베스는 아버지와 연인에게 그들이 꿈꾸는 영광을 좇지 말고 조용히 가정생활을 해나가도록 설득한다. 그녀가 표방한 가치가 그들의 가치에 승리를 거두고 그로 인해 그들은 더 행복해진다.

메리의 작품은 여러 변화를 거쳐 제자리로 돌아왔다. 《프랑켄슈타인》에서 주인공의 야망은 그가 사랑하는 모든 사람을 파괴한다. 집은 소실되고 가족 간의 유대는 사라진다. 로버트 월턴의 누이 마거릿 새빌은 오빠를 구하려고 도와주지만, 프랑켄슈타인이 몰락하고 지식과 명성, 권력에 대한 욕망에 직면하여 월턴이 무력해지면서 마거릿의 도움은 빛을 잃는다. 반면에 《포크너》에서 메리는 남성 인물들을 야망으로부터 구하는 여주인공의 힘을 강조한다. 메리는 그들의 생명을 지키고 그들을 가족의 따뜻한 품으로 데려온다. 오늘날의 독자들은 이 작품의 혁명적 함의를 깨닫지 못할 수 있지만, 당대의 독자들에게 이 소설의 체제 전복적인 결론은 오해의 여지가 없었다.[22] 엘리자베스는 전사가 아니라 평화의 옹호자로 활약하며, 공감과 사랑, 가족이라는 '여성적' 가치에 기초한 유토피아를 창조한다. 남성의 야망 때문에 일어난 어리석은 행동이 없다면 더는 전쟁도, 희생되는 아이들도 없을 거라고 메리는 암시한다.

대개의 비평가들은 이와 같은 가치의 전도를 싫어했다.[23] 여성이 남성을 구하는 것이 아니라, 남성이 여성을 구한다고 여겼다. 게다가 전쟁은 영광스러운 일이었다. 오직 겁쟁이들만 전투에서 뒷걸음질쳤다. 하지만 소수의 비평가는 《포크너》에 상상력이 풍부하고 철학적 성찰이 돋보인다고 찬사를 보내기도 했다. 〈아테나움〉은 이 소설을 메리의 걸작 중 하나로 평가했다. 〈디 에이지(The Age)〉 역시 찬사를 보냈지만,[24] 〈이그재미너〉는 소설에 도덕성이 부족하다고 비판했고, 다른 평론가들은 다만 너무 음울하다고 생각했다. 《포크너》의 판매는 부진했다. 그해 여름에 완성된 에스파냐와 포르투갈의 '전기'를 집필 중이던 메리는 《포크너》 이후로 소설을 쓰지 않겠다고 결심했다. 책을 쓰고 나서 작품에 대한 사람들의 독설을 지켜보려면 감정적으로 너무 많은 대가를 치러야 했다.

38장

200년 동안 잠든 명성

메리 울스턴크래프트 1797~1798

고드윈은 《회고록》을 집필하며 메리의 원고를 살펴보던 중 미완성 소설 《마리아》와 임레이에게 보낸 편지에서 잘라낸 문단들을 발견했다. 그 문단들은 임레이에게 줄줄이 퍼부은 모욕과 그녀가 겪는 고통에 대한 반복적인 하소연, 자신을 버린 임레이에 대한 분노를 담고 있었다. 메리는 《스웨덴에서 쓴 편지》 최종본에서 이 부분들을 삭제함으로써 탁월한 문학적 판단력을 입증했지만, 고드윈은 아내의 결정에 주의를 기울이지 않았다. 그는 잘라낸 구절들을 다시 붙여서 《여성의 권리 옹호 저자의 유고집》(이하 《유고집》)이라는 새 책의 한 부분으로 출판했다.

《회고록》과 마찬가지로 이 책은 작가로서 아내의 위상에 심각한 해를 입혔지만, 고드윈이 아내의 유산에 해를 끼치려고 의도한 것은 아니었다. 그는 두 권의 《옹호》 같은 저서와는 다른 기준을 편지에 적용했다. 메리의 열정적인 편지는 논점을 증명하거나 논리적인 구조를 갖출 필요가 없었다. 편지의 깊은 '감정'이 긍정적인 특징이었고, 그런 점이 '여전사'가 아니라 부드럽고 여성적인 메리의 모습을 드러낸다고 믿었다. 이런 편지들이 독자들의 공감을 얻고 메리의 문학적 명성을 되찾는 데 도움이 되기를 바랐다. 반면에 고드윈은 메리의 다른 작품들, 특히 에세이 〈꾸며진 취향에 대하여〉를 편집해[1] 메리의 생각을 희석해서 덜 급진적으로 보이게 했고, 좋은 글을 구성하는 요소에 대한 자신의 관념에 부합하도록 다듬었다.[2]

고드윈은 아내가 대중에게 더 잘 수용되고 책이 잘 팔리게 하려고 많은 부분을 수정했지만 그것은 잘못된 시도였다. 메리와 자신이 진 빚을 갚기 위해 절박하게 돈이 필요했던 고드윈은 존슨에게 저작권을 넘겼고, 존슨은 그 대가로 메리의 채권자들에게 빚을 갚아주기로 약속했다. 존슨의 입장에서는 자선을 베푼 것이었다. 그 책으로 절대 돈을 벌 수 없다는 것을 알았기 때문이다. 울스턴크래프트의 생애를 다룬 고드윈의 이야기에 경악한 대중은 고드윈의 새 책도 사지 않을 것이었다. 하지만 존슨은 원칙을 지키는 사람이었다. 그는 옛 친구를 돕고 싶었고, 메리의 미발표 작품이 미완성이거나 결점이 있더라도 출판할 가치가 있다고 믿었다.

메리의 문학적 명성을 되찾아줄 책이 혹시 있더라도 그것이 《유고집》은 아니었다. 독자들은 메리가 임레이에게 보낸 편집되지 않은 편지의 분개한 어조와 집착하는 태도에 깜짝 놀라서 중요한 에세이 〈시 그리고 자연의 아름다움을 음미하는 것에 관하여〉*를 간과했다. 고드윈은 메리의 대담한 사랑 고백과 요구, 간청, 분노를 아내의 낭만적 성격의 증거로 여겼지만, 독자들에게는 그녀가 사랑과 섹스에 집착하는 방탕하고 히스테릭한 여자라는 인상이 굳어졌을 뿐이다. 이미 출간된 《스웨덴에서 쓴 편지》에서 입증된 모습과는 정반대로 메리는 무절제하고, 과장하고, 자기에게만 몰두한 여자라는 악명이 높아졌다.

---

* 고드윈이 〈꾸며진 취향에 대하여〉를 이렇게 제목을 바꾸어 《유고집》에 실었다.

고드윈의 《회고록》이 출간된 후 울스턴크래프트에게 조금이라도 남은 위상이 있었다면 1798년 봄에 《유고집》이 출판된 후에는 거의 완전히 사라졌다. 전문 작가이자 정치 특파원, 강단 있는 철학자, 교육 개혁가, 가족과 친구들을 혼자서 부양한 대범한 사업가였던 메리 울스턴크래프트는 사라졌다. 또한 다정한 어머니, 현명한 파트너, 단호한 연인이었던 울스턴크래프트도 사라졌다. 그 자리를 광적이고 자기 파괴적이며 섹스에 굶주린 급진주의자가 대체했다. 〈안티 자코뱅 리뷰〉의 색인에서 '매춘'을 찾아보면 첫 번째 항목이 '메리 울스턴크래프트 참조'라고 되어 있다.[3] 전문가들은 부모들에게 딸들이 울스턴크래프트의 책을 읽지 못하게 하라고 경고했다. 울스턴크래프트의 글은 자살을 부추기고 음탕함을 조장하며 점잖은 사회의 근간을 파괴할 수 있다고 주장했다.[4]

메리는 언제나 논란을 일으킨 인물이었다. 메리의 적들은 그녀의 도덕성과 정치관에 시도 때도 없이 욕설을 퍼부었지만, 이제 고드윈이 메리를 영원히 매장하는 데 필요한 탄약을 적들에게 제공한 것이다. 그들은 메리의 사상이 선동적일 뿐만 아니라 메리 자신도 꼴사나운 여자고 삶도 재앙의 연속이었다고 주장했다. 끝없이 이어지는 기사에서 그들은 선도적인 지식인으로서 메리의 위상을 해체했고, 그녀의 이름을 여성에게 너무 많은 자유를 허용할 경우 발생할 위험에 대한 경고이자 표어로 만들었다.

《유고집》이 출간되었을 무렵에 런던은 이미 긴박한 상태였다. 아일랜드인들이 반란을 일으켰고, 런던의 노동자들은 빵값에 분노해서 왕의 마차에 돌을 던지고 거리에서 항의 시위를 벌였다. 신문에서는 고드윈과 울스턴크래프트를 비롯한 급진주의자들이 영국에 무정부 상태를 초래했다고 비난했고, 그들이 프랑스의 스파이라고 암시했다. 위기에 처한 영국에서 이 개혁가들의 사상은 영국해협 건너편에서 나폴레옹이 소집하고 있는 군대만큼이나 위험하게 보였다.

《회고록》과 《유고집》의 출간과 거의 같은 시기에 일어난 추문 때문에 상황은 더욱 악화되었다. 과거에 메리가 가르쳤던, 킹스버러 경과 킹스버러 부인의 막내딸인 열여섯 살의 메리가 자기보다 나이가 두 배나 많은 유부남 사촌과 달아났다. 그녀의 오빠는 복수심으로 분노가 폭발해서 사촌을 살해했고 살인 혐의로 재판을 받았다. 재판 절차가 널리 알려졌고, 얼마 지나지 않아 소식에 밝은 어느 기자가 사건과 관련된 어떤 사실을 알아냈다. 메리의 가정교사가 바로 울스턴크래프트였다. 그러므로 《여성의 권리 옹호》의 난잡한 저자가 "자기 학생의 잘못된 행동"에 책임을 져야 했다. 그 학생은 "최근 자초하여 창피한 꼴이 되었고, 애인을 죽게 했고, 오빠와 아버지의 생명을 위험에 빠뜨리고, 모든 친척에게 불행을 가져왔다".[5] 울스턴크래프트가 메리를 가르친 지 10년이 지났지만, 이런 사실은 쏟아지는 비판을 막는 데 도움이 되지 못했다. 어느 비평가는 다른 여성들이 울스턴크래프트의 전례를 따른다면 "사회에 가장 유해한 결과를 일으킬 것"이라며 씩씩거렸다.[6] 메리의 영향력이 일가족뿐 아니라 왕국 전체의 해체로 이어질 수 있다는 것이었다.

울스턴크래프트의 많은 친구들 중에서 메리 헤이스만 메리를 옹호하는 글을 기꺼이 발표했다. 다른 친구들은 침묵을 지켰다. 고드윈은 너무 멀리 나갔고 시대는 너무 위험했다. 게다가 울스턴크래프트를 폄하하는 사람들의 주장이 여러 면에서 옳았기 때문에 메리를 옹호하기가 어려웠다. 실제로 그녀의 작품은 남성과 여성 모두의 자연권을 위한 지속적인 동원령이자 전투 슬로건이었다. 메리는 현재의 상황이 전복되기를 원했다. 그녀는 혁명의 편에 섰다. 그녀는 이른바 '훌륭한 옛 행동 규범'을 혐오했다.[7] 전반적으로 비난이 거셌지만 예외적인 경우도 있었다. 블레이크, 콜리지, 그리고 다른 낭만주의자들은 여전히 메리의 사상을 지지했고 그녀의 천재성을 굳게 믿었다. 하지만 그들은 특별한 도움이 되지 않았다. 그들 자신도 비평가들의 비판을 받았기에 그들은 적을 무시하는 법을 배웠다. 메리 울스턴크래프트를 옹호해줄 필요가 있다는 생각은 떠오르지 않았을 것이다.

하지만 불행히도 그 낭만주의자들은 그렇게 했어야 했다. 여성 작가로서 메리의 사례는 그들의 경우와 달랐다. 울스턴크래프트의 사망 이후 오랫동안 여성이 철학과 정치라는 '남성'의 영역에 과감하게 뛰어드는 일은 점점 위험해졌다. 울스턴크래프트의 발자취를 따르려는 여자는 창녀로 불리고 평판을 망치는 위험을 무릅써야 했다. 그녀가 죽은 후 다음 세기에 영국에서는 감히 '여성 문제'를 다룬 철학적 저작이 거의 없었다. 존 스튜어트 밀(John Stuart Mill, 1806~1873)이 양성의 평등에 대한 믿음을 선언한 《여성의 종속》만이 예외였다. 하지만 울스턴크래프트의 저서를 읽고 흠모한 밀조차 메리를 한 번도 언급하지 않았다. 이후 세대의 여성 권리 옹호자들은 울스턴크래프트의 악명이 그들의 대의에 해가 될 거라고 믿었기에 계속 그녀와 거리를 두었다. 1877년 빅토리아 시대의 개혁가 해리엇 마티노는 울스턴크래프트를 "가엾은 열정의 희생자"라고 폄하했다.[8] 마티노는 여성 운동의 "최고의 벗"은 "개인적 불행이 아니라 진리에 확신을 품고 발언하고 있음을 명백히 알 수 있는 … 여성들"이라고 주장했다. 로버트 브라우닝은 고드윈의 전기 작가인 C. 케건 폴이 긴급하게 편지를 보내 고드윈이 《회고록》을 쓸 때 푸젤리에게 속았으며 실제로 그는 아내의 젊은 시절에 대해 거의 알지 못했다고 말했는데도[9] 자신의 시 〈울스턴크래프트와 푸젤리〉에서 메리의 이미지를 "필사적인" 노처녀로 굳혀버렸다. 1885년 사회주의 단체의 지도자 칼 피어슨이 울스턴크래프트의 이름을 따서 단체명을 짓자고 제안했을 때 여성 회원들은 탈퇴하겠다고 위협했다.[10] 대중의 상상 속에서 한심한 인물이 된 메리와 관련되기를 원하는 사람은 거의 없었다.

하지만 아내를 기념하려는 고드윈의 잘못된 시도가 완전히 실패한 것은 아니었다. 《유고집》은 메리의 많은 원고, 편집되지 않은 편지, 미완성 작품을 엮어 보존했다. 미래의 학자들은 그 책에 담긴 자료에서 메리의 예술성의 증거를 얻었고, 작가로서 메리의 발전 과정에 대한 통찰을 얻었다. 또한 고드윈은 《회고록》에 도입한 질문, 메리 스스로도 거듭거듭 던졌던 질문을 《유고집》을 통해서 계속 탐구했다. 과연 그녀를 차별화한 점은 무엇인가? 그녀의 성격인가, 삶의 경험인가, 아니면 신비로운 개인적 속성인가? 메리도 자신의 모든 책에서 이 질문에 답하려고 애썼고, 자신이 만든 "모든 이야기의 주인공"이 자기 자신이라고 말했다.[11] 《메리》와 《마리아》에서 그녀는 "자신의 삶에서 어린 시절의 윤곽을 추적"하는 데 몰두했다.[12] 《스웨덴에서 쓴 편지》의 '통지문'에서 "인간은 자신(himself)에 대해 말할 … 권리가 있다"고 선언했다. 하지만 문법적으로 맞는 남성 대명사는 그녀가 여성인 자신(herself)에 대해 이야기하고 싶을 때 직면한 어려움을 드러낸다. 메리가 너무 잘 알고 있었듯이, 여성은 자신의 경험을 허구든 아니든 이야기의 중심에 두지 않아야 했다.

대체로 메리를 지탱해준 것은 깊이 박혀 있는 신념이었다. 다른 한편으로는 메리는 독특한 인물이었고 새로운 종족의 시조였지만, 다른 여성들과 마찬가지로 편견과 증오를 견뎌냈다. 메리의 고통이 그녀에게 독특한 것이었더라도 다른 사람들도 겪어야 하는 불의를 예시했다. 메리가 폭로하고 싶었던 것은 일반적인 경험이었다. 독자들에게 무력하다는 것이 어떤 느낌인지를, 법적으로 의지할 데가 없고 가난하고 학대받으며 타인의 자비에 의지하는 여성으로 사는 삶이 어떠한 것인지를 보여줄 수 있다면, 인간의 고통과 여성 혐오의 근본 원인을 밝힐 수 있다면, 메리는 아마도 독자들에게 활기를 불어넣고 다른 사람들을 동일한 불행에서 구할 수 있을 것이다.

다행히도 울스턴크래프트는 죽기 전에 이미 충실한 독자들을 확보하고 있었다. 이 선택된 독자들은 그녀의 이름을 지우려는 조직적 운동에도 굴하지 않고 메리의 사상이 죽지 않도록 간직했다. 그들에게 가장 중요한 것은 가장 큰 논란을 일으켰던 메리의 책들이었다. 울스턴크래프트가 사망했을 때 스물여섯 살에 불과했던 유토피아 사회주의자 로버트 오언(Robert Owen, 1771~1858)은 정의를 요구하는 그녀에게 영감을 받아서 그의 소논문과 팸플릿 거의 모두에 《옹호》 속 구절들을 인용했다. 1881년 엘리자베스 캐디 스탠튼(Elizabeth Cady Stanton, 1815~1902)과 수전 B. 앤서니(Susan B. Anthony, 1820~1906)는 그들의 기념비적 저서 《참정권의 역사》 제1권을 출간하면서 그들이 작성한 영웅적 여성의 목록 맨 위에 울스턴크래프트를 올려놓았다. "여성의 정치적 권리를 요구한 울스턴크래프트의 진지한 삶과 두려움 없는 발언은 이 책을 집필하는 데 끊임없이 영감을 주었다."[13] 국제여성참정권연맹의 회장인 캐리 채프먼 캐트(Carrie Chapman Catt, 1859~1947)는 모든 여성은 인류를 위해 자신을 희생한 울스턴크래프트에게 감사해야 한다고 선언했다.[14] 캐트는 심지어 연맹의 첫 연례회의 날짜를 울스턴크래프트 탄생 150주년인 1909년 4월 27일로 정했다.

여성 작가들도 울스턴크래프트의 용기에서 영감을 얻었다. 메리는 세대를 이어주는 은밀한 생명선이 되었고, 엘리자베스 배럿 브라우닝(Elizabeth Barrett Browning, 1806~1861)이 말했듯이 문학의 '대모'가 되었다.[15] 메리의 남편은 그의 시에서 울스턴크래프트를 부정적으로 묘사했지만, 엘리자베스에게 울스턴크래프트와 그녀의 딸 메리 셸리는 중요한 역할 모델이었다. 엘리자베스는 열두 살 때 울스턴크래프트의 책을 읽고 용기를 얻어 억압적인 아버지로부터 도망칠 수 있었다.[16] 브라우닝은 자신을 또 다른 메리 셸리라고 생각했고 무명 시인 로버트 브라우닝과 함께 달아난 이탈리아에서 여성의 진보라는 대의에 헌신했으며 예술과 시, 자유를 위해 여러 차례 청혼을 거절한 독립적인 여주인공 '오로라 리'를 창조했다.

1850년대 중반에 빅토리아 시대의 작가 메리 앤 에번스(Mary Ann Evans, 1819~1880)는 조지 엘리엇(George Eliot)이라는 필명으로 울스턴크래프트의 "숭고한 도덕적 기풍"[17]을 칭찬하는 에세이를 썼고, 울스턴크래프트의 이름에 아직도 붙어 있는 치욕적 먹구름에서 그녀를 떼어내려고 했다. 유부남과 동거하며 빅토리아 사회의 위선을 비판하는 책을 쓴 엘리엇에게 울스턴크래프트의 운명은 여성 지식인이 성행위의 규범을 어길 때 일어날 수 있는 현실을 보여주는 충격적인 실례였다. 《여성의 권리 옹호》가 이렇든 저렇든 혐오스러운 책이라는 편견"을 반박하기 위해서 엘리엇은 독자들에게 "이 책이 탁월하게 진지하고, 엄격하게 도덕적이며, 게다가 꽤 두껍다는 사실에 놀랄 것"이며, "아마 이러한 까닭에 1796년 이후로 출간된 판본이 없고 지금은 희귀한 책이 되었다"고 말했다.

거의 한 세기가 지나 버지니아 울프는 울스턴크래프트에 대한 현대인의 권리를 주장했고 1935년에 발표한 에세이에서 이렇게 선언했다.

(울스턴크래프트가) 묻힌 후 오랜 세월이 지나는 동안 … 수백만의 사람들이 죽고 잊혀졌다. 하지만 우리가 그녀의 편지를 읽고, 그녀의 주장을 듣고, 그녀의 실험을 숙고하고, 그녀가 독단적이고 저돌적인 방식으로 삶의 핵심으로 나아가는 것을 깨달을 때 의심할 바 없이 그녀는 불멸의 형태로 존재한다. 그녀는 살아 있고 활동하며, 논쟁하고 실험하며, 우리는 그녀의 목소리를 듣고 지금 살아 있는 사람들 속에

서도 그녀의 흔적을 찾아낸다.[18)]

엘리엇이 묘사한 울스턴크래프트가 진지한 빅토리아 시대의 철학자라면, 울프는 발랄한 젊은 여성으로 그려낸다. 메리는 정치에 대한 열정이 넘치고, 개혁과 사회 정의에 헌신하고, 부정직함이나 우둔함을 참지 못하는 완벽한 현대 여성의 상징이다. 울프의 손에서 울스턴크래프트는 갑자기 생기를 띠고, 재미있고, 심지어 그녀의 머리 위에 쏟아진 신랄한 비방에도 전혀 상처를 입지 않고, 본받을 가치가 있는 사상을 간직한 용감하고 충동적인 여성으로 보인다.

하지만 이런 작가들의 노력에도 불구하고 메리 울스턴크래프트는 1970년대에 여성 운동이 도래할 때까지 거의 읽히지 않았고, 아주 중요한 인물이라기보다는 별난 여자로 여겨졌다. 지난 40년간 수많은 전기와 비평적 연구가 발표되면서 울스턴크래프트의 작품이 다시 발견되었고, 그녀의 사상과 삶은 역사적·문화적 맥락 안에 자리 잡았다. 울스턴크래프트는 이제 철학, 영국 문학, 여성 문학 선집에서 고정된 자리를 차지하고 있으며, 그녀의 책은 지성사와 여성사, 페미니즘 이론에 관한 강의에서 중요한 교재로 사용된다. 이런 변화가 승리로 보일지 모르지만 그럼에도 불구하고 울스턴크래프트의 유산에 대한 이야기는 경고를 담고 있다. 그녀는 역사에서 사라질 뻔했고, 그녀의 이름은 지워질 뻔했다. 비평가들은 성추문을 이용해서 그녀를 침묵시키려 했고 거의 성공했다. 메리 울스턴크래프트는 거의 잊혀졌고, 《여성의 권리 옹호》는 읽히지 않았고, 정의를 위한 그녀의 외침은 들리지 않았다.

39장

남성적 세계를 뚫고 나가다
메리 셸리 1837~1848

    메리가 마흔한 살이 되기 직전인 1838년 여름에 시인 테니슨의 출판인 에드워드 목슨(Edward Moxon)은 퍼시 셸리의 네 권짜리 전집을 편집하는 작업에 500파운드를 제안했다. 또한 이미 셸리의 시를 접하고 시인에 대해 더 알고 싶어 하는 독자들을 위해 그의 전기적 자료를 제공해주기를 원했다. 마침내 메리가 10년 넘게 꿈꿔 왔던 기회가 찾아왔다. 하지만 티머시 경이 이 프로젝트의 진행을 허락할 것인가? 메리는 이 작업을 신속하게 끝내고 싶었다. 셸리가 사망한 후 그의 해적판 시집들이 실수와 오식으로 훼손된 채 갑자기 출간되어서 공인되지 않은 시집 다섯 편이 이미 유통되고 있었다.

    그 사이에 티머시 경의 변호사가 사망해서 새 대리인으로 고용된 존 그렉슨은 메리의 명분에 공감했다. 셸리의 시를 좋아했던 그는 티머시 경을 설득해서 퍼시의 케임브리지대학 학비를 지원하도록 했고, 결국 퍼시는 트리니티 칼리지에서 첫해를 마쳤다. 그리고 메리가 셸리의 작품을 출간하도록 허락해야 한다고 티머시 경을 설득했다. 그는 셸리의 아버지에게 아들의 시를 자랑스러워해야 한다고 말하고,

이제 셸리라는 이름은 추문을 의미하지 않는다고 알려주었다. 그러나 티머시 경은 전기 출간에는 선을 그었다. 그는 옛 이야기가 다시 회자되는 것을 원치 않았다. 16년의 시간이 걸렸지만, 마침내 시인으로서 셸리의 명성이 바람둥이이자 무신론자의 평판을 대체하기 시작했다. 메리의 《유고 시집》 서문이 셸리의 평판을 변화시키는 데 도움이 되었고, 세월의 흐름도 도움이 되었다. 추문을 퍼뜨리던 이전 세대의 많은 사람들이 죽었던 것이다.

메리는 셸리의 작품을 대중에게 선보일 기회를 얻게 되어 기뻤지만 티머시 경이 셸리의 생애에 대한 권위 있는 전기를 쓰도록 허락하지 않아서 좌절했다. 하지만 그의 거부를 예상했던 메리는 그의 관심을 피하면서 자기 나름대로 전기를 출판할 전략을 생각해냈다. 각각의 시에 광범위한 주석을 달아 1824년 판보다 훨씬 포괄적으로 작품의 맥락을 제시하고 대중이 알아야 한다고 생각하는 셸리의 경험을 밝힐 것이다. 하지만 이 모든 일을 전기 작가가 아니라 '편집자'로 위장하여 작업할 것이다.

메리는 즉시 착수해서 다시 일기를 펴고 10년 넘게 보지 않았던 문서들을 정리했다. 이것은 엄청난 작업이었고, 아버지의 글을 훑어보는 것보다 훨씬 고통스러운 일이었다. 셸리, 어린 클라라, 윌리엄, 앨러그라, 패니, 그리고 바이런이 되살아났다. 또한 자신의 젊은 자아, 차갑고 화내고 원망하던 자신도 돌아왔다. 제네바, 말로, 이탈리아에서 처음 머물렀던 시절 등 행복한 기억도 많았지만, 그런 기억이 오히려 더 견디기 어려웠다. 하지만 가장 진을 뺀 것은 해리엇의 유령과 마주하는 일이었다. "불쌍한 해리엇, 내 큰 비애의 많은 부분은 그녀의 슬픈 운명에서 비롯되었고, 해리엇의 죽음에 대해 운명이 요구하는 속죄"라고 메리는 썼다.[1]

메리는 일차 편집 과정에서 셸리의 비밀을 모두 발견했고, 여러 해

동안 일어난 이 고통스러운 일들을 어떻게 처리할지 곰곰이 생각했다. 남편의 명예를 위태롭게 하면서까지 독자들에게 이 비밀을 제공해야 할까? 메리는 아니라고 결정했다. 자신의 자존심 때문이 아니라 셸리의 문학적 유산 때문이었다. 만일 사람들이 셸리의 사생활에 대해 너무 많이 알게 되면 그의 작품을 읽지 않을 것이다. 고드윈이 모든 것을 까발리는 회고록을 쓴 후 사람들이 어머니의 책을 읽지 않았던 것과 마찬가지이다. 메리는 고드윈이 울스턴크래프트에게 저지른 일을 셸리에게 하지 않을 생각이었다.

가장 좋은 방법은 독자들에게 충격적으로 여겨질 전기적 사실을 생략하면서 자신이 생략하고 있음을 밝히는 것이라고 결정했다. 이렇게 하면 독자들은 비밀이 있다는 것 그리고 그녀가 비밀을 밝히지 않으리라는 것을 알 수 있다. 메리는 서문에 "지금은 진실을 이야기할 때가 아니"고 "나는 진실에 어떤 영향을 미치는 것도 거부해야 한다"라고 썼다.[2] 그리고 셸리 인생의 다른 여자들을 전혀 언급하지 않고, 자신과 함께 달아난 것에 대해서도 말하지 않았다. 그 대신 메리는 침묵을 검열관의 펜처럼 사용하여, 삭제된 문단을 표시하고 동시에 덮었다. 이는 자신이 쓸 수 없는 이야기, 더 큰 진실을 향해 나아가는 몸짓이었다.

삭제에 대한 일종의 보상으로 메리는 셸리가 시를 썼을 때 주변 환경을 묘사하는 매력적인 짧은 이야기를 곁들였고, 말로의 그늘진 공원을 거닐거나 피사 근처의 집 꼭대기에 있는 유리방에서 바다를 바라보는 남편을 그려냈다. 또한 남편이 보트의 돛대에 기대어 책을 읽거나 글을 쓰고, 바니 디 루카에서 반딧불에 감탄하고, 〈종달새에게〉를 쓰도록 영감을 준 새를 보게 된 장면을 묘사했다. 주석을 쓰면서 메리는 셸리의 서정적인 목소리와 그의 정신적 자질을 내내 강조했다. 얼마나 순수했는지, 세속적 명성을 얼마나 외면했는지, 얼마나 열

럽히 자기 예술을 사랑했는지를 보여주었다. 셸리는 오랫동안 비판의 표적이었기 때문에, 사람들이 시인 셸리를 받아들이고 사랑하게 하려면 그의 정치관이나 도덕에 대한 별난 생각, 신앙심 결핍과 관련된 문제를 피해야 한다는 것을 메리는 알고 있었다.

메리는 편집 작업에 수개월 동안 노력을 쏟았고 그러면서 병에 걸리고 기력이 고갈되었다. 1839년 2월이 되자 지칠 대로 지쳐서 일기에 "나는 기억에 의해 갈기갈기 찢어졌다"라고 적었다.[3] 템스 강변의 퍼트니에 위치한 새집에서 근처 언덕의 비탈진 공원을 내다보아도 기운을 회복하는 데 그리 도움이 되지 않았다. 3월에는 "이루 말할 수 없는 격분과 짜증"을 느꼈다.[4] 메리는 주기적으로 휴식을 취해야 했지만, 목슨이 제2권의 출간을 늦추자고 제안하자 거절했다. 그녀는 5월에 편집을 끝냈고 서문에 병 때문에 작업이 지연되었다고 사과했다.

제1권에 대한 논평에서 비평가들은 셸리에게 찬사를 보냈지만 메리에 대해서는 불평했다. 〈이그재미너〉는 셸리의 작품에 대한 그녀의 해석에 동의하지 않고,[5] 〈스펙테이터(The Spectator)〉와 〈아테나움〉은 메리의 편집에 대해 비판했다. 그들은 그녀가 빠뜨린 것이 너무 많다고 느꼈고, 이 의견에 셸리의 오랜 친구들, 물론 신랄한 트렐러니가 이끄는 옛 벗들은 동조했다. 트렐러니는 셸리의 작품을 편집할 수 있는 최악의 인물이 메리라고 주장했다. 이러한 비판에 대응해서 메리와 목슨은 제1권의 새 판본을 출간했는데 여기에는 논쟁의 소지가 있는 자료, 특히 당대의 기존 도덕을 노골적으로 깎아내리는 셸리의 정치적 운문과 시가 많이 포함되었다. 메리가 예상했던 대로 보수적인 독자들은 분노했고, 그 결과 목슨에게 신성모독으로 소송이 제기되었다. 이와 비슷한 소송으로는 영국에서 마지막으로 제기된 소송이었다. 이 책은 계속 인쇄되었지만, 그 뒤 이어진 법적 투쟁은 메리가 두려워했던 모든 것을 상기시키는 값비싼 대가를 치렀다.

여름과 가을 내내 메리는 산문집을 준비하면서 무엇을 포함하고, 무엇을 제외할지 고민했다. 셸리의 작품을 '훼손'하고 싶지 않았지만,[6) 그의 사상 일부는 너무 충격적이라서 대중이 수용할 수 없다는 것을 알고 있었다. 메리는 셸리가 고드윈에게 보낸 편지 가운데 많은 분량을 포함하지 않았다. 아버지는 그 편지들을 대부분 보관하고 있었지만 그들의 사생활을 너무 많이 드러냈기 때문이었다. 또한 메리는 무신론적인 글도 싣지 않았다. 그렇더라도 메리는 약간의 위험을 감수할 준비가 되어 있었다. 예를 들어 셸리가 번역한 플라톤의 《향연》 번역본에서 동성애에 대한 언급을 누그러뜨리라고 리 헌트가 제안했을 때, 메리는 "셸리 자신의 말을 가급적 많이" 포함하는 것이 중요하다며 거절했다.[7) 미래와 시인에 대한 책임감에 짓눌리며 셸리가 원했으리라 여겨지는 결정을 내리려고 애썼다. 마침내 1840년에 전집이 완성되었을 때, 그녀는 더는 한 단어도 덧붙일 수 없을 것 같았다.

메리의 사과에도 불구하고 네 권으로 이루어진 셸리 전집 판본은 그녀가 《유고 시집》으로 시작했던 작업을 완성했다. 셸리의 초상을 그리면서 메리는 1824년보다 한 걸음 더 나아갔고, 천사처럼 고결한 위상을 암시하는 데 그치지 않고 그가 더 높은 영역에 거주하기 위해 이 세상을 떠났다고 독자들에게 말했다.

그의 정신은 새로운 상태에서 … 그의 노력이 헛되지 않았다는 의식에서 그리고 그가 그토록 사랑했던 자유의 진전에서 평화를 얻는다. … 그처럼 순수한 마음을 지닌 고귀한 존재가 한때 우리들 사이에 머물렀고 언젠가 우리가 그와 만나기를 희망하는 곳에 지금 존재한다는 사실을 알고 있으므로 우리는 최고의 위안을 얻는다.[8)

유능한 소설(fiction) 작가였던 메리는 무신론자이자 자유연애주의자, 반정부주의자, 급진주의자인 남편을 빅토리아 시대의 순교자로 만들었다. 그 과정에서 사생활과 관련된 것, 대중이 이해할 수 없는 것, 그리고 여하튼 대중이 관여할 바가 아닌 것들을 제외한 일만 자기 마음대로 했을 뿐이라고 생각했다. 따라서 현대인의 눈에는 메리가 그린 셸리의 초상화가 불완전해 보이지만, 메리는 셸리의 '본질'을 포착해서 책 속에 담았다고 믿었다. 전집이 출간된 이후 그녀의 편집은 계속 비난을 받았지만 만일 메리가 편집을 하지 않았다면 19세기 독자들은 셸리의 작품을 만날 수 없었을 테고 어쩌면 영원히 사라졌을지 모른다. 메리의 어머니나 아버지와 달리, (또한 이 점에 있어서는 셸리와 달리) 메리는 독자들과 정면으로 부딪치지 않고 그들의 취향에 맞춰 주석을 조절하는 방식을 택했다. 혹자는 그녀를 변절자라고 부를지 모르지만 메리는 문학 시장의 베테랑이었다. 그녀는 독자들이 무엇을 좋아할지, 무엇을 싫어할지 잘 알고 있었다.

그리고 메리는 옳았다. 셸리의 급진적인 사상과 그의 이름에 붙은 추문을 알지 못하는 새로운 독자들은 셸리의 천재성에 머리를 숙이고 그를 위대한 영국 시인의 전당으로 모셨다. 돌이켜보면, 셸리가 어떻게 악명 높은 무신론자에서 '기독교도의 마음을 지닌 자'가 되었는지,[9] 어떻게 무명 시인에서 문학계의 스타가 될 수 있었는지 궁금해하는 사람이 없었다는 사실이 이상해 보인다. 하지만 메리는 자신이 하려는 일을 매우 뛰어나게 했기 때문에 아무도 그녀에게 성가신 질문을 하지 않았다. 셸리는 거의 어디서나 찬사를 받았고, 심지어 그가 살아 있었으면 퇴짜를 맞았을 곳에서도 찬사를 받았다. 이튼 칼리지의 까다로운 교목은 그를 기리는 과장된 애가를 헌정했고, 셸리의 정신적 덕성과 예술적 천재성에 감탄했다.

메리의 마무리 작업은 자신을 보이지 않게 하는 것이었다. 《유고 시집》에서 그랬듯이 그녀는 편집자로서 자신의 역할에 대해서 한 번도 언급하지 않았다. 사람들은 셸리가 출간 준비가 완료된 시와 에세이를 정연하게 쌓아 두고 떠난 줄 알았다. 메리는 자신이 그의 작품에 얼마나 노력을 쏟았는지 밝히지 않았다. 자신은 한낱 위대한 인간의 사도일 뿐이고, 셸리의 사랑과 순수함이라는 교훈은 그녀 자신은 말할 것도 없고 누구도 이해할 수 없을 거라고 말했다. 이렇게 해서 메리는 자신의 가장 위대한 소설을 창조했다. 빅토리아 시대의 겸손한 아내, '메리 셸리'는 실제의 메리와 거의 닮지 않은 인물이었고, 마찬가지로 '시인 셸리'도 실제의 셸리와 거의 유사하지 않았다.

이 시기에 메리 자신의 평판은 꾸준히 높아지고 있었다. 1839년 겨울에 친구인 리처드 로스웰은 왕립미술원에 전시하려고 메리의 초상화를 그렸다. 이 초상화를 위해 메리는 눈처럼 하얀 어깨에서 흘러내릴 듯한 검은 드레스를 골라서 입었다. 머리는 빗어 당겨서 뒤로 넘겼고, 얼굴은 창백하고 슬프고 지쳐 보인다. 실제로 메리는 너무 피곤해서 화가를 위해 미소를 짓거나 슬픔을 감출 수 없었다. 그녀는 헌트에게 "시간이 지나서… 과거를 되돌아보면 예리하고 선명한 의식이 더 한층 생생해질 뿐입니다"라고 말했다.[10] "비극적인 사건들과 더없이 쓰라린 극적 사건들이 벌어지던 당시에는 지금처럼 그 의미와 결과를 사무치게 느끼지 못했으니까요."

울적한 기분이었지만 마흔두 살의 메리는 인정을 받고 있었다. 새로운 친구들을 많이 사귀었는데, 벤저민 디즈레일리, 새뮤얼 로저스, 월터 새비지 랜더, 칼라일 부부를 포함한 인상적인 정치가와 독창적인 사상가들이었다. 오브리의 누이들과 좋은 관계를 유지했고, 오브리를 용서했기에 그의 아내 아이다와 자녀들을 만나주었다. 이보다 더 나은 사실은 그녀를 배신했거나 잔인하게 굴었던 사람들을 끊어냈다는 것이다. 메리는 제인을 거의 만나지 않았다. 그리고 늘 아슬아슬했던 트렐러니와의 관계는 1838년에 쓰라린 결말을 맞았다. 트렐러니

1840년에 영국왕립미술원에 전시된 메리 셸리의 초상화. 아일랜드 화가 리처드 로스웰이 그렸다.

가 메리의 친구이자 오브리 아내의 여동생인 유부녀 오거스타 고링과 달아났던 것이다. 트렐러니와 오거스타는 런던 사교계에서 배척되어 퍼트니에서 멀지 않은 곳에서 사실상 추방된 상태로 살았다. 메리는 대체로 그런 상황에 공감을 표했지만, 트렐러니가 오거스타에게 관심을 갖고 도와 달라고 요청했을 때 거절했다. 그는 메리를 공개적으로 너무 자주 비난했다. 훗날 트렐러니는 메리의 거절을 얄팍한 성품을 드러낸 또 다른 증거로 들었지만, 오히려 그것은 메리가 어렵게 얻은 지혜의 증거였다. 메리는 사회적 규범 밖에서 살기로 선택한 사람들을 아주 많이 도와주었지만, 트렐러니와 오거스타의 경우에는 자신의 사회적 지위를 (더 중요한 것은 퍼시의 지위를) 위태롭게 만들 이유를 찾을 수 없었다. 오거스타에게는 아무 잘못이 없다 하더라도, 트렐러니는 메리를 도운 적이 없었고 오히려 일부러 비판해서 상처를 준 사람이었다. 그 결과 두 사람은 다시는 말을 하지 않았고, 트렐러니는 더욱더 가열차게 메리를 헐뜯었으며, 클레어에게 이런 편지를 보냈다. "그녀는 헛소리로 먹고 삽니다. 사람들 대부분은 얼마나 형편없는 바보들인지!"[11]

그런데 1839년 말의 어느 날 메리는 오브리의 아내 아이다가 가족의 시골 사유지에서 사고로 익사했다는 소식을 들었다. 그 사고 직후에 오브리는 다시 메리에게 돌아와서 위로를 구했다. 돌봐야 할 어린 아이가 네 명이나 있는 상황에서 어쩔 줄 모르고 외로움을 느끼며 메리에게 어려움을 고백했다. 그들은 그가 결혼하기 전처럼 런던 공원을 산책하고 그녀의 응접실에서 차를 마시며 단둘이 많은 시간을 보냈다. 메리는 이번에는 그들이 결혼하기를 바랐지만, 여름이 되어도 그가 어떻게 느끼는지 확실히 알 수 없었다. "또 하나의 희망, 내가 한 번 더 희망을 가질 수 있을까?"[12] 메리는 일기에 적었다.

오브리는 애도 기간이 끝날 때까지 재혼할 수 없었다. 그가 계속 자기 입장을 밝히지 않았기 때문에 메리는 거의 20년간 꿈꿔 왔던 계획, 유럽으로 돌아가려는 계획을 진척시키기로 결심했다. 여러 해 동안 절약하며 살아왔기에 마침내 충분한 돈을 모았으므로 1840년 6월에 메리는 퍼시와 아들의 케임브리지대학 친구 한 명을 데리고 이탈리아로 떠났다. 길을 떠난 순간 메리는 솟아오르는 기분을 느꼈다. "나는 집시처럼 방랑하고 싶은 열망을 느낀다"라고 그녀는 적었다.[13]

그들은 라인강을 따라 프랑크푸르트와 취리히에 갔다. 마침내 알프스를 넘어 롬바르디아에 도착했을 때 메리는 "내 고향으로" 돌아왔다고 회상했다.[14] 그녀의 유창한 이탈리아어 실력이 되살아났다. 메리는 햇살과 노란 언덕, 포도밭, 신선한 레몬과 딸기를 보고 기뻐했다. 하지만 "거의 통증에 가까운" 슬픔을 느끼며 망연자실하기도 했다.[15] 소나무 숲과 코모 호수의 반짝이는 빛, 어부들이 서로를 부르는 소리… 이 모든 것이 하나도 변하지 않은 것 같았다. 셸리가 곁에 있고 월마우스가 손을 내밀어 그녀의 손을 잡으려 했다. 이따금 메리는 머리가 너무 아파서 몸져누울 수밖에 없었다. 때로 온몸이 격렬하게 떨리기도 했다. 그녀는 이런 증세가 자신이 견뎌온 슬픔과 사랑하고 잃은 사람들을 기억하는 고통 때문일 거라고 생각했다. 그것이 사실일 수도 있지만 메리의 신체적 고통에는 생물학적 원인이 있었고, 스스로 한 번도 의심해보지 않았다. 두통과 피로감은 뇌수막종의 초기 증세였고, 결국 그녀의 목숨을 앗아갈 병이었다.

퍼시가 친구와 보트를 타고 탐험을 하는 동안 메리는 긴 편지를 쓰고 호텔의 다른 투숙객들과 이야기를 나누었다. 메리는 오브리와의 미래에 희망을 두지 않으려고 노력했지만 꿈을 억누르기 어려웠다. 그해 초에 그녀는 일기에 적었다.

도움을 주는 확고한 우정—오래 지속되는 우정—너그러운 마음과의 결합—하지만 내가 위로하고 축복해줄, 고통을 겪는 마음과의 결합—만일 그렇다면 나는 진정으로 행복하다. … 나는 실로 A의 변함없는 온화함과 애정을 신뢰할 수 있다. … 어떤 일이 일어나도 우리를 갈라놓지 못할 거야—어떤 일이 일어나도 나는 그에게 위로가 될 거야—그는 내가 기댈 버팀목이 될 거야—두고 보면 알겠지—지금 황폐진 그의 삶에 내가 영원한 즐거움을 주고 진실하고 사심이 없는 애정의 힘으로 새로운 활기를 불어넣을 수 있다면—나는 행복할 거야.[16]

하지만 예전에도 그랬듯이 몇 주가 지나도 오브리에게서 편지가 오지 않았다. 메리의 불길한 예감은 점점 커졌다. 9월 말에 메리는 아이들이 대학에 돌아가도록 영국으로 보내고 자신은 북쪽 파리로 갔다. 오브리의 형제 찰스가 메리에게 라 페 거리에 있는 그의 아파트를 제공했다. 여기서 메리는 친구들을 접대하고, 시인 알퐁스 드 라마르틴과 작가 샤를 생트뵈브 등 그녀와 셸리의 작품을 좋아하는 방문객들을 맞이했다. 그러던 중 늙은 메리제인을 돌보려고 런던으로 돌아간 클레어가 나쁜 소식을 전했다. 오브리가 메리의 친구이자 13년 전 메리가 구출한 젊은 여성 이저벨의 여동생인 로자 로빈슨과 약혼했다는 소식이었다. 로자는 젊고 괜찮은 여자였다. 그녀는 아이를 더 가질 수 있다는 희망을 주었고 정치인의 좋은 아내가 될 것이었다. 그들은 12월에 결혼할 예정이었다.

메리는 굴욕감을 느끼며 1841년 1월까지 파리에 머물렀다. 마침내 텅 빈 자기 집으로 돌아왔는데, 힘든 귀향길이었다. 메리는 "불행하고, 배신당하고, 혼자"라고 일기에 적었다.[17] 그녀의 삶에서 유일한 빛은 케임브리지에서 학위를 받은 퍼시가 11월에 스물한 살이 되면 할아버지에게서 연간 400파운드를 받게 되어 있었다는 사실뿐이었다. 아들과 어머니의 수입을 합치면 두 사람이 생활하기에 충분하고 남을 것이다. 퍼시가 성년이 되자 그들은 축하하며 가구를 구입하고 메이페어의 세련된 지역인 하프문 거리로 이사했다.

하지만 빚에서 벗어나자 메리는 곰곰이 생각할 시간이 많아졌다. "나는 내 마음의 보물을 모두 주었고 (그는) 모든 것을 선뜻 받아들였다. 그리고 더욱더 많은 것을 요구했다. 내가 더 많이 줄 수 없었을 때―배신당하고 버림받은 나를 보라―끔찍하게 배신당해서 나는 차라리 죽고 싶다. 그들 중 누구도 더는…"[18] 그녀는 문장을 끝내지 않았다. 사실 그녀는 일기에 단 한 단어도 더 쓰지 않았다. 감정 소모가 너무 커서 견딜 수 없었다.

그해 6월에 한 시대의 종말이 찾아왔다. 메리제인 고드윈이 죽었고, 세인트 판크라스 교회 묘지에 고드윈 곁에 묻히고 싶다는 소원을 남겼다. 런던에 사는 것을 싫어했던 클레어는 묘지에서 메리를 만나 장례식을 치른 후, 메리에게 다시 돈을 빌려 파리로 떠났다. 두 자매 사이의 거리감은 이미 확고한 사실이었다. 어느 쪽도 더 긴밀한 관계를 원하지 않았고 그렇다고 해서 관계를 완전히 끊고 싶어 하지도 않았다. 각자 독립이 필요했지만 서로 상대방의 중요성을 인정했으며 정기적으로 편지를 주고받았고 늘 방문 계획을 세웠다. 그들은 너무 많은 것을 공유했기에 서로를 놓치고 싶지 않았다.

메리는 계모의 죽음에 특별히 슬픔을 느끼지 않았다. 한때 계모가 죽으면 안도감을 느낄 거라고 상상했지만 그런 느낌도 들지 않았다. 그 대신 어린 시절과 이어준 마지막 연결고리 하나가 사라진 느낌이었다. 이상하게 뒤섞인 그 가족에서 메리와 클레어몬트의 자식 클레어와 찰스만 남았다. 찰스는 결혼했고 자녀를 두었지만 유럽에 살고 있었다.

런던에서 홀로 살면서 메리는 자신이 퍼시에게 점점 의존하는 것을 알게 되었다. 하지만 퍼시는 멀어지기 시작했고, 젊은 여자들과 가벼운 연애를 즐겼다. 메리는 아들이 여자를 잘못 선택할까 봐 걱정이었다. 고드윈과 울스턴크래프트, 그리고 셸리의 피가 퍼시의 핏줄에 흐르고 있으므로 메리의 눈에 그는 왕세자나 다름없었고, 문학계의 왕족의 아들이었다. 퍼시가 배우자로 선택할 여성은 무척 중요했다. 여자를 잘못 선택하면, 며느리가 메리의 존재를 원망하고 모자를 갈라놓으려 할지 모른다는 걱정이 더해졌다. 그러면 메리에게는 재앙일 것이다. 퍼시는 여전히 메리의 삶에서 중심을 차지하고 있었고, 그녀는 성인이 된 아들이 자신을 두고 떠날까 봐 두려웠다. 그러나 퍼시는

로마의 공동묘지에 있는 퍼시 셸리의 묘비. 《템페스트》 한 구절이 필기체로 적혀 있고, "마음 가장 깊은 곳"이라는 뜻의 라틴어가 크게 새겨져 있다.

불만스러운 기색을 보이지 않았고 어머니와 떨어져 사는 것을 전혀 고려하지 않았다. 자신이 만난 젊은 여자들을 메리가 날카로운 눈으로 면밀히 살펴보아도 탓하지 않았고, 1842년 여름에 어머니가 적합하지 않다고 여긴 관계에서 그를 떼어내려고 신속히 유럽으로 데려갔을 때도 더없이 평온한 상태로 받아들였다.

하지만 메리에게 이 새로운 여행은 불길해 보였다. 드레스덴의 더위 때문에 진이 다 빠졌고, 그들과 함께 여행하자고 초대했던 친구들은 까다롭고 변덕스러웠으며, 모든 물가가 너무 비쌌다. 하지만 이탈리아에 도착하자 메리는 활기를 되찾았다. 메리는 베네치아, 피렌체, 로마, 특히 로마에서 즐거워했다. 하지만 그 기쁨은 예전과 마찬가지로 슬픔으로 물들었다. 이번에 메리는 클라라와 윌리엄의 무덤을 찾아보려 했지만 무덤에 표식이 없어서 찾을 수 없었다. 로마의 개신교 공동묘지에 셸리만 당당하게 누워 있었다. 트렐러니는 그의 묘비 주위에 사이프러스 나무를 심어놓았고, 놀랍게도 커다란 흰색 직사각형 석판이 거대한 포장용 돌처럼 땅에 박혀 있었다. 묘비에는 《템페스트》의 한 구절이 우아한 필기체로 적혀 있었고, 그 위에는 헌트가 제안한 '마음 가장 깊은 곳(cor cordium)'이라는 라틴어 구절이 큰 정자체로 새겨져 있었다.

하지만 스물세 살의 퍼시는 집을 그리워했고, 어머니가 화랑이나 유적지를 방문하자고 제안하면 꾸물거리며 마지못해 따라갔다. 학구적인 어머니와 달리 퍼시는 독서와 글쓰기로 시간 보내는 것을 좋아하지 않았다. 영국의 시골을 그리워했고 더위를 싫어했으며 예술에 거의 관심이 없었다. 사색에 잠겨 토스카나의 언덕을 바라보는 것보다 템스강에서 보트 타는 것을 훨씬 좋아했다.

마침내 1843년 8월에 일 년간 외국 생활을 하고 나서 퍼시는 충분히 겪었다고 생각했고 그렇게 말했다. 메리는 실망했지만 그의 말을 귀담아 들었다. 최선을 다해 아들을 시인이나 철학자, 고드윈이나 셸리, 울스턴크래프트 같은 인물로 만들려고 애썼지만, 시골 신사에 잘 어울리는 그의 자아는 변하지 않았다. 다행히도 메리는 아들을 있는 그대로, 다정하고, 충직하고, 건강한 인간으로 받아들일 때라는 것을 깨달았다. 그녀는 퍼시에게 영국으로 돌아가도록 권했고, 자신은 파리에서 클레어와 함께 한 달을 보냈다.

가을이 되었을 때 메리는 런던으로 돌아와 퍼시와 합류했고, 그들은 퍼트니로 돌아가기로 결정했다. 퍼시는 강 근처에서 살기를 원했고 메리는 도시 중심부에서 벗어나 행복했다. 집은 작았지만 조용했고 예쁜 정원이 있었다. 메리는 여기서 여행 중에 작성한 메모를 정리했고, 1844년 1월에 그녀의 마지막 작품이 될《독일과 이탈리아에서의 방랑》제1권을 끝냈다. 이 여행기는 메리가 어머니에게 바친 마지막 헌사였다. 그녀는 울스턴크래프트의《스웨덴에서 쓴 편지》를 의도적으로 모방하면서, "창조주의 헤아릴 길 없는 선함"으로 축복받은 자연에서 자신의 감정이 어떻게 고양되었는지를 묘사했다.[19] 어머니와 마찬가지로 메리는 고독과 자연의 치유력을 역설했고, 진정한 울스턴크래프트/고드윈/셀리의 방식으로 정치적 문제를 깊이 파고들면서 오스트리아의 이탈리아 점령에 반대했다.[20] 또한 자신이 접한 예술 작품에 많은 페이지를 할당했고,《향연》의 사상을 끌어내면서 자신만의 탁월한 분석을 드러냈다. 메리는 예술가들이 동성애적 사랑의 장면을 묘사했다고 해서 검열을 받아서는 안 된다고 주장했다. 대부분의 빅토리아 시대 사람들이 혐오스럽게 느낄 대담한 입장이었다.

그러나 책이 출판되었을 때 누구도 메리의 박식함이나 예술에 대한 논평에 주목하지 않았다. 그 중 많은 의견들은 50년도 채 지나지 않아 존 러스킨(John Ruskin, 1819~1900)이 그대로 되풀이했고, 그는 메리 셸리에게 주어지지 않았던 존경을 받았다.[21] 대부분의 평론가들은 오스트리아에 반대하는 메리의 입장에 주목했고 그것이 당시 유행한 외교 정책과 잘 맞았기 때문에 갈채를 보냈다. 물론 일부 평론가들은 여성이 감히 정치에 대해 논평했다는 사실에 불만을 토로했다. 자신의 글이 곡해되고 무시되는 것은 전혀 새로운 일이 아니었기에 메리는 지나치게 낙심하지 않았다. 그런데다 메리는 오랫동안 예상했던 소식을 듣게 되었다.

1844년 4월 24일에 티머시 경이 마침내 세상을 떠났던 것이다. 이제 퍼시가 퍼시 경이 되고 서섹스에 있는 셸리 조상의 저택, 필드 플레이스의 자랑스러운 주인이 되었다. 메리는 아들이 유산을 물려받게 되어 안도하면서도 한편으로는 티머시 경이 어떤 불공정한 방법으로 자기 아들에게서 자산을 빼앗았을지 모른다는 걱정이 들었다. 어쩌면 남은 돈이 하나도 없을지 모른다. 어쩌면 살아 있는 셸리 집안 사람들이 퍼시가 정당한 몫을 주장하지 못하도록 방해할지 모른다.

　메리의 걱정은 그럴 만한 근거가 충분했다. 셸리의 어머니는 필드 플레이스에서 난로의 쇠살대를 제외한 모든 가구를 치워버렸다. 또한 생전에 셸리는 클레어, 헌트, 피콕, 호그에게 유증(遺贈)을 약속했고, 해리엇이 낳은 딸 이안테에게 6천 파운드를 약속했다. 그 금액이 총 22,500파운드나 되었기에 메리와 퍼시는 자기들의 빚을 갚을 수도 없고 셸리의 의도를 존중할 수도 없는 극심한 궁지에 빠졌다. 다른 해 같았으면 연간 5천 파운드나 그 이상의 수입이 들어오던 셸리 집안의 소작지에 의지해서 자립할 수 있었을 것이다. 하지만 1845년에 여름 날씨가 끔찍해서 농작물이 죽는 바람에 농부들은 소작료를 낼 수 없었다. 다행히도 메리는 매우 심각한 재정 문제를 해결하는 데 베테랑이었기에 대처 방법을 알고 있었다. 토지를 일부 매각하고, 지출을 줄이고, 채권자들과 협의해서 서서히 부채를 갚고, 차차 셸리의 유증을 실행에 옮길 계획을 세웠다. 그러나 유증 수령자들은 왜 자신들이 돈을 받지 못하는지 의심했다. 클레어가 가장 메리의 기분을 상하게 했다. 그녀는 분노에 찬 편지를 자주 보냈다. 자기의 유산은 어디에 있는가? 퍼시와 메리가 자신의 정당한 몫을 빼앗으려는 게 아닌가? 클레어는 영국으로 돌아와 네 달간 지내면서 메리와 퍼시가 어려운 상황을 해결하려고 최선을 다하는 모습을 보고 나서야 마음이 누그러졌다. 파리로 돌아간 그녀는 화해의 편지를 썼고 그들과 함께 지내서 좋았다고 말했다.

언니와 퍼시 옆에서는 불행해질 수 없었어. 두 사람이 아주 매력적으로 결합해 있고, 언니 마음속에 가득한 평온과 행복이 더없이 유익한 영향을 주니까… 그리고 언니는 너무나 친절하고 너무나 지적인 대화를 나누기 때문에 상대를 자기만의 좁은 관심사에서 벗어나게 하지.[22]

메리는 자신의 목표는 "조금 좋은 일을 하고―소중한 사람들을 돌보고―고요함을 즐기고―그리고 할 수 있다면 조금 즐겁게 보내는 것, 그것뿐이야"라고 답장을 보냈다.[23]

메리와 퍼시는 무너져 가는 필드 플레이스에서 살 수 없어 계속 퍼트니에 머물렀다. 그곳으로 리 헌트, 놀랍게도 오브리와 그의 아내 로자를 포함한 옛 친구들이 자주 찾아왔다. 메리는 오브리의 두 번째 배신을 놀랍도록 품위 있게 받아들이게 되었다. 그 후 몇 해 동안 메리는 자신과 퍼시가 보유한 얼마 되지 않는 재원을 견실한 기반으로 바꾸어 가는 데 전념했다. 몇 해 풍작이 들고 신중하게 절약한 덕택에 메리는 빚을 청산했고 런던에 집을 살 수 있는 여유가 생겼다. 그들은 핌리코의 체스터 스퀘어 24번지에 있는 4층짜리 타운하우스를 구입했다. 그러고도 돈이 남아서 퍼시는 요트를 구입할 수 있었다. 메리는 애를 태우지 않으려고 애썼다. 퍼시는 자기 아버지보다 더 합리적이고 새 요트는 견고하며 어떤 날씨에도 적합하도록 장비가 잘 갖춰져 있다는 것을 알았다. 게다가 아들은 수영을 할 줄 알았다.

이제 안정된 생활에 정착했지만 메리는 점점 몸이 아팠다. 이탈리아에서 6년 전에 겪었던 두통이 간헐적으로 지속되더니 이제는 극도로 고통스러운 통증이 재발했다. 메리를 진찰한 의사는 "심장 신경통"[24]이라고 말했지만 그것은 오진이었다. 등이 아프고 신경이 따끔거리며 "전류가 흐르는" 느낌이 들었고 어떤 때는 "척추가 완전히 죽어버렸다"고 느꼈다.[25] 발작적인 떨림에 시달렸고 그것 때문에 글을 쓰거나 식사하고 걷고 일상적으로 필요한 일들을 처리하기 어려웠다. 당황한 의사들은 결국 메리와 같은 계급과 배경을 지닌 숙녀들에게 종종 그랬듯이 신경 과민증이라는 진단을 내렸다. 시인 엘리자베스 배럿이 메리와 셸리의 가출에 고무되어 브라우닝과 함께 이탈리아로 달아나기 전에 침대에 몸져 누워 있을 때도 의사들은 그런 진단을 내렸다.[26]

하지만 메리는 아직 침실로 물러날 수 없었다. 그녀는 바덴바덴과 브라이튼에서 치료 방법을 찾으려 했고 여러 의사와 상담했다. 하지만 등의 통증이 가라앉는 때가 있기는 해도 두통은 완전히 사라지지 않았다. 가벼운 소설을 읽거나 정치적 문제를 따라갈 수는 있었지만 아주 힘든 일은 할 수 없었다. 감당할 수 있다고 느낄 때는 친구들을 대접하고 퍼시에게 적합한 아내감을 찾는 일로 스스로를 달랬다. 마침내 1848년 3월, 베이스워터에 있는 친구의 집에서 적합한 젊은 여성을 발견했다.

작고 통통한 제인 깁슨 세인트 존은 이미 결혼한 적이 있었다. 남편의 죽음으로 스물네 살의 나이에 과부가 된 제인은 셸리가 죽었을 때 메리의 나이와 같았다. 그녀는 아름답지도 예술적이지도 않았지만 메리가 찾고 있던 미덕을 지니고 있었다. 분별력이 있고, 충실했으며, 퍼시에게 다정했다. 게다가 그녀는 메리에게 깊은 존경을 표했다. 몇 년 후 제인은 남편을 처음 만났을 때를 회상하며 퍼시가 아닌 시어머니를 묘사하곤 했다. 메리는 "키 크고 날씬했으며," "내가 지금껏 보지 못한 아름답고 움푹 들어간 눈"을 지니고 있었다.[27] "길고 부드러운 회색 직물의 드레스를 입었는데, 단순하고 아름다운 옷"이었다. 메리를 키가 크다고 묘사한 사람은 없었지만, 그도 그럴 것이 제인은 작고 통통했다.

메리는 마침내 딸이 생겼다고 느꼈다. 퍼시에게 제인이 딱 맞는 여성이라고 설득하는 데 많은 노력이 필요하지 않았다. 퍼시는 제인이 자신을 인정하고 심지어 흠모한다고 느꼈다. 지난번 유럽 여행 이후에 퍼시와 어머니는 서로를 이해하게 되었지만, 메리는 그래도 아들이 부족한 점이 많다고 느낄 때가 있었다. 아들에게 책을 많이 읽고, 정치에 관심을 갖고, 극장과 화랑에 가도록 독려했다. 퍼시는 어머니가 요트에 대한 자신의 열정을 염려하는 것을 알고 있었다. 반면에 제인은 자기를 있는 그대로 좋아하는 것 같았다. 그에게 무엇을 읽는지 물어보지 않았고 이탈리아 통일에 대한 그의 의견을 궁금해하지 않았다. 제인은 그에게 요트를 타러 가라고 권했다. 가장 좋은 점은, 제인이 그의 멋진 아버지를 만난 적이 없어서 두 사람을 비교하고 퍼시가 부족하다고 생각할 수 없다는 것이었다.

퍼시는 그리 열성적인 구혼자가 아니었지만 그들의 교제는 빠르게 진행되었다. 대체로는 두 여인이 이미 결정을 내렸기 때문이었다. 퍼시는 1848년 3월에 제인에게 청혼했고 6월 22일에 결혼했다. 그들은 자식이 없었지만 오랫동안 다정한 동반자 관계를 이뤄갔다. 제인은 기꺼이 퍼시가 강에서 보트를 타고 빈둥거리도록 허락해주었다. 퍼시의 옷과 식사를 보살폈고, 자기 시간의 대부분을 시어머니와 함께 조용히 책을 읽거나 얘기를 나누고 과거에 대한 이야기를 들으며 보냈다.

메리가 재정적인 문제를 잘 관리한 덕분에 가족의 경제 상황은 이제 훨씬 나아졌으므로, 젊은 부부는 1848년 가을에 필드 플레이스를 보수하고 메리와 함께 그곳으로 이사했다. 메리는 셸리의 옛 침실을 차지했고, 그곳에서 저택 경내 너머로 삼나무 숲을 내다보고 화사한 연자주색과 오렌지색으로 물드는 석양을 지켜볼 수 있었다. 셸리는 정원에 살던 '큰 늙은 뱀'과, 뱀을 만나러 잔디밭을 느릿느릿 기어다니던 '큰 거북이'에 대해 그녀에게 이야기한 적이 있었다.[28] 하지만 그 뱀은 정원사가 실수로 죽였고, 거북이를 보았다고 말한 사람은 셸리 외에는 없었다.

셸리의 할아버지는 한때 소박한 농가였던 이 집을 개조해서 신사의 대저택으로 바꾸었다. 집 정면은 조지 시대 양식으로 장식하고 본 건물 양쪽에 날개처럼 부속건물을 추가해서 넓은 초록 잔디밭을 둘러싸게 했다. 셸리는 한때 서까래 밑에 있는 다락방의 잠긴 문 뒤에 사는 연금술사 이야기를 지어내 어린 여동생들을 공포에 떨게 했다. 아주 널찍한 부엌 바닥에는 오래된 돌이 깔려 있었고 위층으로 올라가는 거대한 참나무 계단이 있었다. 길고 우아한 응접실에서 셸리의 부모는 지역 신사들을 접대했다. 그곳에서 어린 셸리는 차를 마신 후 라틴어 시를 낭송하여 아버지를 기쁘게 했고, 연극하듯이 양팔을 흔들어 어린 여동생들을 웃게 했다. 셸리는 또한 어머니가 좋아한 토머스 그레이의 시 〈금붕어 어항에서 익사한, 사랑하는 고양이의 죽음에 부치는 송가〉를 즐겨 낭송했다.[29] 저택 뒤쪽에 마구간과 과수원이 있었고, 남쪽의 들판 건너편에는 워넘 폰드라는 큰 호수가 있었다. 셸리의 아버지는 아들이 배를 타고 주변 강과 개천을 탐사할 수 있도록 그곳에 노 젓는 보트를 보관했다. 셸리 부부가 왜 어린 아들에게 수영을 가르치지 않았는지 의아한 마음이 들지 않을 수 없다.

필드 플레이스는 아름다운 곳이었지만 지대가 낮고 습해서 두 여인의 건강에 좋지 않았다. 메리는 클레어에게 보낸 편지에서 "이 지역 전체가 늪이야. 내 몸에 이보다 더 나쁜 건 없어."라고 말했다.[30] 메리가 앓는 병의 진짜 원인이 무엇인지 아직 밝혀지지 않았기 때문에 그녀는 자신의 고통을 집 탓으로 돌렸다. 주기적으로 한 번씩 마비 증상이 와서 혼란스러웠고 이제는 두려움을 느꼈다. 그녀는 짧은 산책에도 완전히 지쳤다. 마차도 거의 탈 수 없었다. 이제는 글을 많이 쓸 수 없었고 편지를 쓰는 것도 힘들었다. 의사들은 계속해서 메리의 통증을 신경과민 탓으로 돌리며 대구간유와 휴식을 처방했다. 1849년 2월에 메리는 클레어에게 최근 상태를 전했다. "난 걷는 것은 잘 해. 하지만 머리를 쓰면 안 돼. 그러면 이상한 느낌이 들거든."[31]

며느리 제인은 헌신적인 간호사였다. 메리의 건강에 안달복달하면서 베개를 푹신하게 해주고, 차를 끓여주고, 책을 읽어주었다. 또한 사유지 관리에 더 많은 책임을 맡았다. 퍼시는 아내에게 굴뚝새라는 별명을 붙였지만, 제인은 사랑하는 사람에 대해서는 매에 가까웠기 때문에 그 별명은 오해의 소지가 있었다. 예컨대 1849년 봄에 클레어가 찾아와서 끔찍한 분노를 터뜨렸을 때 메리와 퍼시를 보호한 사람이 바로 제인이었다.

클레어의 조카딸이자 찰스의 딸인 클라리는 고모보다 몇 주 먼저 필드 플레이스에 도착했다. 그리고 퍼시의 친구인 존 녹스를 만나자마자 바로 사랑에 빠졌다. 이 젊은 커플은 약혼했는데 안타깝게도 누구도 클레어에게 편지를 써서 이 사실을 알려줄 생각을 하지 못했다. 영국에 도착해서 질녀의 계획을 불시에 알게 되어 놀란 클레어는 클라리의 약혼이 언니가 꾸민 은밀한 음모라고 성급한 결론을 내렸다. 그러고는 메리와 클라리, 그리고 퍼시에게 격렬하게 화를 냈는데 제인이 재빨리 끼어들어서 사태를 정리했다. 제인은 손짓으로 시어머니를 이층에 있는 침실로 보냈고, 클레어를 협박해서 마침내 클레어는 다시는 돌아오지 않겠다고 맹세하며 집을 떠났다. 그러고 나서 제인은 클라리와 마주 앉아 결혼식 계획을 세웠다. 한 달 후, 제인이 지켜보는 가운데 클라리는 존 녹스와 결혼했고, 셸리 가족은 결혼을 축하하는 무도회를 열었다. 하지만 클레어는 초대받지 못했고 제인은 물론 퍼시도 결코 용서하지 않았다. 실제로 클레어는 자기 친척들에게 셸리 집안의 누구와도 접촉해서 안 된다는 최후의 말을 남겼다.

그들이 우리에 대한 무례한 행동을 배상할 때까지, 그들과 적대적이지 않은 방식으로 교류하는 우리 가족의 구성원은 누구든지 불명예의 낙인이 박힙니다. 나는 확고하게 결심했고, 그렇게 하는 친척과는 결별할 겁니다.[32]

메리는 이 사건을 보면서 제인을 더욱 높이 평가하게 되었다. 제인이 클레어를 제압할 수 있다면 무엇이든 감당할 수 있을 것이다. 그래서 메리는 전혀 유감스러운 마음 없이 가사의 통솔권을 단호한 며느리에게 넘겨주었다. 하지만 제인은 가사일 양도를 시어머니의 건강이 악화되었다는 또 다른 징후로 여겼다. 제인과 퍼시는 그해 가을에 메리와 함께 프랑스 남부로 여행을 떠났고, 온화한 날씨 덕에 메리가 기력을 회복하기를 바랐다. 처음에는 계획이 성공했다. 메리는 포도주를 조금 마시기도 하고 당나귀를 타고 해안가를 둘러볼 수 있을 정도로 기운을 차렸다. 이듬해 여름에 그들이 영국으로 돌아왔을 때 메리는 많이 나았다고 느꼈다. 정원에 앉아 퍼시의 개들이 자유롭게 뛰어다니는 모습을 보고 비둘기들이 집에서 구구대는 소리를 들을 수 있었다. 하지만 가을에 날씨가 악화되면서 두통이 점점 심해졌고 오른쪽 옆구리의 마비 증세가 계속 느껴졌다. 제인은 시어머니가 최고의 의사 가까이에 있어야 한다고 확신했다. 그래서 세 사람은 체스터 스퀘어에 정착했고, 이곳에서 마침내 1850년 12월 17일, 의사 리처드 브라이트—브라이트병의 발견자—는 메리에게 뇌종양 진단을 내렸다.

메리가 이 소식을 들었을 때 퍼시는 방에 없었다. 메리와 제인은 낮은 목소리로 이야기를 주고받았고, 퍼시가 알게 되면 걱정만 하게 될 테니 그 진단 결과를 비밀로 하자고 결정했다. 두 여자는 그 달 내내 퍼시에게 아무것도 알려주지 않았다. 메리는 매일 잠깐 일어나 앉아 있을 수 있었고, 퍼시와 제인이 번갈아가며 침상을 지켰다. 하지만 1

월 초가 되자 비밀을 더는 유지할 수 없었다. 메리의 왼쪽 다리가 완전히 마비되었고, 거의 말을 할 수 없게 되었다. 그들이 뇌종양에 대해 퍼시에게 알려주었을 때 그는 하얗게 질린 채 아무 말도 하지 못했다. 퍼시는 거의 평생을 어머니와 함께 살아왔다. 어머니와 몇 달 이상 떨어져 지낸 적도 거의 없었다. 퍼시는 어머니의 병상을 지키며 어머니의 회복을 위해 기도했지만 소용이 없었다.

1851년 1월 23일에 메리는 격렬한 발작을 여러 차례 일으켰고 다시는 의식을 회복하지 못했다. 메리는 8일간 혼수 상태로 있다가 1851년 2월 1일 저녁에 세상을 떠났다. 53세였다. 퍼시와 제인은 "어머니의 감미롭고 온화한 영혼이 한숨조차 쉬지 않고 세상을 떠났을 때" 메리와 함께 있었다고 제인은 훗날 회상했다.[33] 퍼시는 슬픔을 가눌 수 없었다. 어머니가 없는 세상은 상상할 수 없었다.

40장

자유를 향한 두 여성의 분투

메리와 메리

메리 셸리가 죽은 후 그녀의 평판이 서서히 달라지며 부당한 변화를 겪었다. 메리의 부고 기사는 아내와 딸의 역할에 초점을 맞추었고 작가와 편집자로서 그녀의 작업은 과소평가했다.[1] "그녀가 우리의 애정을 받을 가장 지속적이고 소중한 권리는… 심지어 《프랑켄슈타인》의 저자라는 점에서… 나오는 것이 아니다." 〈리터러리 가제트〉의 칼럼은 "퍼시 비시 셸리의 충실하고 헌신적인 아내"라는 점에서 비롯된다고 썼다. 진보적인 성향의 〈리더(Leader)〉조차 메리의 정체성을 먼저 울스턴크래프트와 고드윈의 딸로 언급했고, 그 다음은 "매우 기독교적 마음을 지닌" 퍼시 셸리의 아내로, 그리고 나중에 생각난 듯이 《프랑켄슈타인》의 작가라고 덧붙였다. 유일하게 〈아테나움〉이 그녀의 문학적 업적에 초점을 맞춘 사망 기사를 실었지만 《프랑켄슈타인》만 칭찬하고 다른 작품들은 대부분 무시했다. 메리가 집필한 전기 에세이와 여행기에 대해서는 간략하게만 언급했고 《최후의 인간》에 대해서는 미적지근하게나마 평가했지만 다른 소설은 언급조차 하지 않았다. 메리가 남편의 작품을 알리고 편집한 역할에 대해 언급한 평론가는 한 명도 없었다. 메리는 전체 그림을 그리며 자신을 거의 보이지 않게 만들었던 것이다.

메리 셸리는 위대한 시인의 아내일 뿐 그 이상은 아닌 보조적인 존재라고 여기는 시각이 거의 한 세기 내내 견고하게 이어졌다. 비평가들은 메리의 소설을 하찮은 작품이나 '로맨스'라고 무시하거나 오해했다. 최초의 백과사전에 실린 에세이는 읽히지 않았고, 여성들의 복지 증진을 위한 활동은 기록 보관소와 보이지 않는 편지에 묻혀 있었다. 1951년에 뮤리얼 스파크*가 획기적인 전기를 발간하고 나서야 독자들은 세련된 작가이자 빅토리아 시대의 주류 사조와 다른 확고한 사상가로서 메리 셸리를 접하게 되었다.[2] '셸리 부인'으로 알려진 인물은 언제나 허구였다는 사실이 마침내 밝혀졌다.

1970년대에 메리 셸리의 위상은 그 어머니와 마찬가지로 여성 운동의 혜택을 받았지만, 그녀의 명성을 다시 세우는 일은 더디게 진행되었다. 영문학자 베티 T. 베넷은 1980년에 메리 셸리의 첫 번째 서한집을 출간했을 때 어느 평론가가 "메리 셸리의 편지는 출간할 가치가 없다는 의견을 제시했다"고 언급했다.[3] 이러한 비판에 구애받지 않고 지난 30년간 많은 뛰어난 문학 연구자들이 메리 셸리의 작품을 분석하고 그녀의 혁신과 뛰어난 재기, 전략을 밝히는 데 전념했다. 전기 작가들은 미국과 영국, 이탈리아의 기록 보관소를 샅샅이 뒤져 그녀와 셸리의 복잡한 관계를 복원했고, 트렐러니의 선례에 따라 그녀가 천재적인 남편에게 걸맞지 않은 인물이라고 생각한 예선 삭가들의 수장을 반박했다. 이러한 노력의 결과로, 자기 훈련을 거친 뛰어난 작가이자 독창적인 소설가, 진지한 정치 사상가로서 메리 셸리의 참모습

---

* 스코틀랜드 출신의 영국 작가 뮤리얼 스파크(Muriel Spark)는 1951년에 《빛의 아이: 메리 셸리의 재평가》라는 전기적·비평적 연구서를 출간했고 1987년에 개정판 《메리 셸리: 전기》를 출간했다.

이 그녀의 이름을 영원히 지워버릴 듯한 안개에서 마침내 서서히 드러났다.

하지만 최근에 이르기까지 대부분의 독자들은 메리 셸리의 어머니가 딸에게 끼친 영향을 온전히 이해하지 못했다. 급진주의자들은 그녀가 어머니의 이상에서 벗어나 길을 잃었다고 비판했다. 그녀가 평생 어머니의 충실한 제자로 남아 있었다고 치더라도 겁쟁이였다고 비판했다. 하지만 메리 셸리의 모든 작품에서 주목할 만한 것은 여성의 권리에 대한 헌신과 남성의 억제되지 않은 야망에 대한 비판이다.[4] 그녀는 평생을 바쳐 어머니의 철학을 옹호했고, 자신이 울스턴크래프트의 탁월한 경지에 미치지 못할 것을 염려했다. 1827년에 친구에게 보낸 편지에서 메리는 이렇게 썼다.

어머니에 대한 기억은 언제나 내 삶의 자랑이고 기쁨이었어. 내가 누린 행복의 대부분은 … 어머니를 향한 다른 사람들의 흠모에서 비롯되었지. 어머니의 위대한 영혼은 나를 낳아준 분들로부터 내가 가급적 퇴보하지 않아야 한다고 끊임없이 상기시켜주었지.[5]

아버지의 사망 후 메리는 그의 전기를 쓰려고 애쓰던 중에 잠시 중단하고 어머니를 찬미하는 긴 글을 썼다.

메리 울스턴크래프트는 아마도 한 세대에 단 한 번 나타나서 어떠한 의견 차이나 우연한 상황으로도 가릴 수 없는 빛으로 인류를 빛나게 하는 존재였다. 누구도 그녀의 천재성을 부정할 수 없었다. 울스턴크래프트는 혹독한 역경을 겪으면서 배웠고 가난하고 억압받는 사람들의 삶에 따르는 슬픔을 경험했으므로, 이러한 슬픔을 덜어주려는 간절한 열망이 마음속에 불타올랐다. 건전한 판단력, 용맹함, 감수성,

열렬한 공감은 그녀의 모든 글에 강력하고 진실하게 새겨졌고, 그녀의 작품에 부드러운 매혹을 부여하여 황홀하게 해주었으며 동시에 깨달음을 주었다. 그녀를 본 적이 있는 사람은 누구나 그녀를 사랑했다. 고동치던 그녀의 심장이 차갑고 고요한 무덤에 묻힌 지 오랜 세월이 흘렀지만 그녀를 본 사람은 열렬한 존경심을 품고 그녀에 대해 이야기한다.[6]

1831년 고드윈의 《케일럽 윌리엄스의 모험》의 새로운 판본에 서문을 쓰면서 메리 셸리는 거리낌 없이 어머니의 급진적 전통과 자신을 연결하고 어머니를 향해 확고한 찬사를 표현했다.

이 유명한 여성의 저서는 도덕적 · 지적 탁월성을 보여주는 기념비이다. 그녀의 고귀한 정신과 여성의 권리에 대한 열렬한 주장은 《여성의 권리 옹호》에 생기를 불어넣었다. 그와 동시에 《스웨덴에서 쓴 편지》에서 보여주는 감미로움과 세련된 취향은 훌륭한 성품의 온유한 자질을 드러낸다. 메리 울스턴크래프트보다 더 오랜 세월을 살아온 사람들은 그녀에 대해 이야기할 때 지금도 억누를 수 없는 감격을 토로한다. 다른 사람들을 도우려는 지칠 줄 모르는 노력, 강직함, 독립성은 따뜻하고 다정한 마음과 더없이 세련되고 부드러운 매너와 결합되어서 울스턴크래프트는 그녀를 아는 모든 이들의 우상이 되었다.[7]

이 단락들의 칭송하는 어조를 살펴보면서 만일 메리 셸리가 울스턴크래프트의 사상과 혁신을 분석하는 글을 쓰면서 어머니의 명성을 회복하는 데 자기 재능을 썼더라면 어떤 일이 일어났을지 상상해보고 싶은 유혹을 느낀다.[8] 메리 셸리의 삶이 남편의 죽음에 의해 그리고 뇌종양으로 인해 중단되지 않았더라면 이 작업에 착수했을지 모른다.

작가로서 생애를 마감할 무렵에 그녀는 오로지 전기와 논픽션 집필에 힘을 쏟았다.

그러나 일부 비평가들은 메리에게 어머니에 대한 충실함이 보이지 않는다고 지적했다. 울스턴크래프트와 달리 메리는 정치판에 들어가지 않았고 정치철학에 관해서 글을 쓰지 않았기 때문이다. 자신의 어머니나 아버지 또는 남편보다도 메리는 입법 과정에 훨씬 많은 의혹을 품었는데, 가족들이 공적으로 입장을 표명해서 얻은 것은 거의 없고 잃은 것은 너무나 많다는 사실을 지켜보았기 때문이다. 물론 메리가 어머니의 급진주의와 거리를 두고 싶어 했다는 뜻은 아니다. 메리 셸리는 오로지 예술에 의해서, 개개인의 행동에 의해서, 진실한 관계에 의해서 변화를 일으킬 수 있다고 보았다. 메리 셸리는 다섯 권의 소설과 두 권의 여행기, 《캐비닛 사이클로피디아》에 쓴 저명한 작가들에 대한 전기 에세이, 수십 편에 이르는 이야기, 에세이, 번역, 논평, 생전에 발표한 시를 통해 메리 울스턴크래프트에 대한 충성을 선언했다. 자신의 모든 작품에서 여성의 독립과 교육의 중요성을 강조했고, 정복과 출세라는 전통적인 남성적 가치 체계를 비판했다.

또한 메리 셸리는 역사가들을 위해 방대한 양의 문서를 몰래 남겼다. 그래서 더욱 개방적인 시대를 사는 전기 작가들이 그 자료를 이용해서 자신이 할 수 없었던 이야기를 들려줄 수 있도록 했다. 남편의 진실한 전기가 아직 출판되지 않았다는 것을 괴롭게 생각하고 있었기에 그녀는 자신과 셸리 사이에 있었던 일을 결코 숨기지 않았다. 어느 작가가 그들의 연애 행각에서 해리엇에 대한 언급을 빼버리고 그들의 불륜을 눈가림하려고 했을 때 메리는 격렬하게 항의했다. 더 개인적인 차원에서 보면, 메리는 자신의 평판을 떨어뜨릴 위험도 감수하면서 다른 여성들을 도왔다. 오브리의 여동생 지가 남편과 헤어지도록 도왔고, 이저벨 로빈슨이 도디와 탈출하는 계획을 주도했다.

실제로 메리 셸리의 마지막 공적 행동은 그녀가 끝까지 어머니의 원칙에 충실했다는 사실을 보여준다. 메리가 사망하기 몇 달 전에 옛 친구 이저벨라 부스가 그녀에게 편지를 보내 왕립문학기금에 자신을 위한 도움을 청원해줄 수 있는지 물었다. 이저벨라는 자기보다 훨씬 나이가 많은 남편을 오랫동안 병간호하느라 돈도 한 푼 없고 지쳐 있었다. 메리는 스코틀랜드에 머물렀던 어린 시절 이후로 옛 친구를 본 적이 없었지만, 죽음을 앞두고 글자도 제대로 쓸 수 없는 상태에서 왕립문학기금에 청원 편지를 보냈다. 메리가 악명 높은 셸리와 달아났다는 이유로 자기 아내가 메리를 방문하지 못하게 막았던 남자의 아내를 위해 자신의 평판을 걸었던 것이다. 메리는 어머니가 생각했을 법하게 이저벨라의 곤경을 모든 여성의 고통과 관련지어 생각했다. "남편의 질병을 간호하려면 배려와 용기가 필요했습니다"라고 메리는 썼다.[9] "여성이 그 일을 홀로 떠맡아 버텨 나가려면 영웅적 분투가 필요했지요."

이저벨라의 "영웅적 분투"에 대한 메리의 언급은 더 큰 울림을 느끼게 한다. 그것이 메리가 쓴 마지막 말이기 때문이기도 하지만 자신의 삶 전체의 역정을 표현하는 말이기 때문이기도 하다. 이저벨라와 마찬가지로 메리가 직면한 도전은 감당하기 벅찬 것이었다. 물론 즐거운 순간도 있었다. 생애 마지막 해에 며느리 제인과 아들 퍼시와 함께 코모 호수에 갔을 때 메리는 이저벨라에게 편지를 썼다. "내 발밑에 있는 푸른 호수를 태양이 비추고, 더없이 징엄하고 아름나운 산들이 주위를 둘러싸고, 내가 사랑하는 자식들은 행복하고 건강해. 이 시간은 평화롭고 행복한 순간이라고 기록하지 않을 수 없구나."[10] 하지만 대체로 메리는 혼자라고 느꼈고, 열여섯 살 소녀일 때 내렸던 선택 때문에 자신을 강력하게 규탄한 세상에서 자기 자신과 자기에게 의지하는 사람들을 부양해야 했다.

왕립문학기금은 가난한 숙녀들에 대한 메리의 관심에 공감하지 않았고 그녀의 요청을 거부했다. 하지만 메리는 이저벨라를 저버리지 않았고, 이저벨라가 살아 있는 동안 매년 50파운드를 보내주도록 퍼시에게 부탁했다. 소설과 에세이, 이야기와 무대 뒤에서의 조용한 활동에서 메리 셸리는 어머니와 마찬가지로 여성들의 역경을 자기 삶의 원동력으로 삼고 나아갔다.

말년에 메리 셸리는 자신의 문학적 저작을 꼼꼼하게 순서대로 정리했다. 남편과 아버지의 뒤죽박죽인 문서들을 정리하는 일이 얼마나 어려웠는지 잘 기억했기에 자기의 일기와 편지와 셸리의 공책들을 다가올 세대를 위해 정돈해 두었다. 자신이 출간할 수 없었던 자료와 숨겨 두었던 노트들을 며느리 제인이 학자들에게 안내할 거라고 믿었다. 가장 중요한 보물은 어머니의 머리카락이었다. 메리는 머리카락에 '제인과 퍼시에게, 존중할 것'이라고 메모를 붙였다. 오랜 세월이 지나 제인은 숱이 많은 불그레한 머리칼로 목걸이를 만들었고, 그것은 지금도 옥스퍼드대학의 보들리 도서관에 보관되어 있다.

또한 메리는 제인에게 마지막으로 정리할 것들을 이야기하면서 자신을 세인트 판크라스 교회 묘지 부모님 곁에 묻어 달라고 부탁했다.[11] 셸리에게 헌신했고 수십 년간 그를 애도했으며 그들이 나누었던 사랑에도 불구하고 마지막 안식처로 남편이 아닌 부모 곁을 택했다. 메리는 어머니와 공유했던 견해와 이상을 어머니처럼 '옹호론'을 집필해서 주장할 수는 없다고 느꼈을지 모르지만, 자신을 이전 세대의 가장 유명한 급진적인 여성의 딸이자 《정치적 정의에 대한 고찰》을 쓴 저자의 딸로 여긴다는 점을 분명히 했다.

제인은 시어머니를 퍼시 셸리와 별도로 매장하는 것은 개의치 않았지만 세인트 판크라스 교회 묘지에 묻는 것은 경악했다. "사랑스러운 시어머니를 그렇게 끔찍한 곳에서 사라지게 한다면 내 가슴이 찢어졌을 것"이라고 제인은 말했다. 지난 이삼십 년 동안 교회는 버려져 있었다. 새로운 철도가 런던 북쪽으로 이어지며 메리가 살던 옛 이웃 동네를 갈라놓고 농지를 파괴했다. 묘지는 '낚시질' 혹은 무덤 도굴로 악명 높은 장소가 되었고, 그 섬뜩한 행위들은 찰스 디킨스의 《두 도시 이야기》를 통해 유명해졌다.

제인은 사랑하는 시어머니에게 적합한 새 장소를 찾아야 한다고 결정했다. 그리고 정부에서 철도를 놓으려고 세인트 판크라스 교회의 무덤을 대거 파헤치겠다고 공포했기 때문에 새 묘지를 빨리 찾아야 했다. 기묘하게도 장차 소설가가 될 젊은 토머스 하디가 이 공사를 감독했다. 런던 주교가 임명한 하디는 관과 묘비가 분리되지 않도록 정리하는 일을 맡았다. 오늘날 세인트 판크라스 교회에 가보면 물푸레나무의 뒤틀린 뿌리 주위에 묘비들이 깔끔하게 쌓여 있어서 이 교회 묘지에 얼마나 많은 무덤이 있었는지 알려준다.

몇 달간 열심히 찾아다닌 끝에 제인은 본머스의 성 베드로 교회에서 한적한 교회 묘지를 발견했다. 제인과 퍼시는 온화한 날씨와 바다 공기를 쫓아 그곳으로 이사했다. 제인은 묘지가 그들의 새집 보스컴 저택과 가까워서 기뻐했다. 그들은 내킬 때마다 자주 메리를 찾아가 경의를 표할 수 있을 것이다. 단 하나의 걸리는 것은 교구 목사가 유명한 급진주의자들이 자기 교회의 묘지에 묻히는 것을 원치 않았다는 점이었다. 자기 뜻대로 일을 추진하곤 했던 제인은 목사의 항의를 무시했고, 건장한 남자들을 여러 명 고용하여 울스턴크래프트와 고드원의 관을 파냈다. 일단 관을 개인 마차에 안전하게 실은 다음 마차를 본머스 교회 문 앞으로 몰고 가서 유골과 함께 기다렸다. 마침내 목사는 소란을 피울까 봐 마지못해 제인을 교회 경내에 들여오게 했다. 목사가 마지막으로 애처롭게 통고한 내용은 장례식을 밤늦게 치르라는

지금도 옛 세인트 판크라스 교회 묘지에서 메리 울스턴크래프트의 묘비를 볼 수 있다. 하지만 울스턴크래프트의 유해는 본머스로 이장되어 딸 메리 셸리와 함께 묻혔다.

것이었다.

고드윈과 울스턴크래프트는 교회 뒤편 언덕에 있는 큰 무덤에서 딸과 재회했다. 제인과 퍼시는 메리 셸리의 비문에 그녀의 신원을 딸이자 아내이자 어머니로 밝히고 "메리 울스턴크래프트 셸리, 윌리엄 고드윈과 메리 울스턴크래프트 고드윈의 딸, 그리고 고 퍼시 비시 셸리의 미망인"이라고 새겼다. 울스턴크래프트와 고드윈을 기념하기 위해서는 《여성의 권리 옹호》와 《정치적 정의에 대한 고찰》을 적었지만 《프랑켄슈타인》은 전혀 언급하지 않았다. 가족을 추모하는 명판(名板)에 메리제인은 언급하지 않았다. 클레어는 이 소식을 듣고 분노했다. 그녀의 어머니 메리제인은 세인트 판크라스 교회 묘지에 고드윈 곁에 묻혔지만 제인은 그녀를 영원히 거기 내버려 두었다. 또한 제인은 울스턴크래프트의 원래 묘비—메리 고드윈이 어렸을 때 손가락으로 어머니 이름의 글자를 더듬어 확인하던 묘비—도 남겨 두었다. 묘비는 지금도 세인트 판크라스에 그대로 서 있다.

제인은 클레어가 불쾌해하더라도 개의치 않았다. 《프랑켄슈타인》과 마찬가지로 메리제인은 제인이 창조하려는 유산의 일부가 아니었다. 제인은 시어머니가 반항적인 의붓딸이나 수치스러운 소설의 작가가 아니라 비통해하는 고상한 미망인, 사랑스러운 딸과 어머니로 보이기를 원했다. 특히 시어머니가 울스턴크래프트의 문란한 실례를 따르는 딸로 보이는 것을 원치 않았다. 제인은 보스컴 저택의 응접실 한쪽 구석에 붉은 휘장을 치고 신전을 만들었으며, 천장을 파란색으로 칠하고 작은 노란색 점들로 별을 표시했다.[12] 햇빛을 차단하는 오렌지색 새틴으로 감싸서 일렬로 늘어놓은 유리 상자들 뒤쪽 벽에 로스웰이 그린 메리의 초상화를 걸었다. 추종자들은 안내를 받아 들어와서 선반에 진열된 유물을 흘끗 보았다. 진열대에는 메리 셸리의 손거울, 메리 울스턴크래프트의 자수정 반지와 머리카락으로 만든 팔찌, 원고, 연애편지, 메리가 죽고 나서 일 년 후 퍼시가 발견한 셸리의 심장 유해가 담긴 항아리가 전시되어 있었다. 퍼시는 어머니의 책상을 열어볼 마음이 내키지 않았지만, 마침내 열어보았을 때 어머니의 일기와 아버지 셸리의 〈아도네이스〉 사본, 내부를 감싼 아버지의 유해가 먼지에 쌓여 있었다.

메리 셸리의 일기에는 편지와 마찬가지로 제인에게 달갑지 않은 놀라운 내용이 많이 담겨 있었다. 제인은 새롭게 알게 된 사실에 충격을 받고 셸리 가문의 명성에 해를 끼칠 수 있는 것은 무엇이든 파기했다. 아기 엘레나와 그 아기의 수상쩍은 내력을 둘러싼 나폴리 사건은, 셸리가 다른 여성들에게 보낸 많은 편지와 마찬가지로 연기로 사라졌다. 제인은 시어머니만큼 진실을 존중하지 않았고 진실에 헌신하지도 않았다. 사실 제인은 메리가 생각했던 것보다 훨씬 인습적이었고, 너무도 인습적이라서 그녀의 소행은 메리의 정치적·문학적 이상을 오랜 세월 동안 잘못 전해지게 만든 중요한 원인이었다.

아마도 제인이 가장 눈에 띄게 역사를 수정한 사례는 '셸리 연대기'라고 제목을 붙인 책에서 그려낸 메리와 셸리의 연애 이야기일 것이다. 1859년에 출간된, 부정적인 요소를 모두 배제한 이 얇은 책은 제인이 셸리 가족의 모든 추문을 지우려고 설계하고 편집한 책이었다. 제인은 메리의 입에서 직접 그들의 연애 이야기를 들었다고 주장했고, 셸리와 메리는 해리엇이 죽은 다음에야 처음으로 서로의 감정을 고백했으며 셸리는 메리를 향한 깊은 열정을 표현하려고 사심 없는 사랑 노래를 쏟아냈다고 썼다.

셸리는 타오르는 말로 자신의 거친 과거 이야기를 털어놓았다. 그가 얼마나 고통을 받았는지, 그가 얼마나 오도되었는지. 그리고 그녀의 사랑으로 지지를 받는다면, 앞으로 남은 세월에 동료 인간을 위해 싸워 왔고 휘몰아치는 역경에도 인간애라는 대의에 충실했던 현명하고 선한 사람들의 대열에 그가 얼마나 합류하기를 바라는지 토로했다.[13]

단숨에 제인은 부정적인 셸리의 모습을 지워버렸다. 비합리적이고, 혼란스럽고, 공포에 질리고, 한 젊은 여자와 결혼하고도 다른 여자와 사랑을 나눈 때로 이기적인 젊은이가 사라졌다. 또한 반항적인 붉은 머리의 미인, 유부남과 달아난 열정적인 십 대 소녀, 울스턴크래프트의 괘씸한 딸도 사라졌다. 그 자리에 이타적인 아내이자 딸, 순종적이고 나긋나긋하며 19세기 여성성을 구현한 빅토리아 시대의 이상형이 들어앉았다. 알았든 몰랐든 제인은 프랑켄슈타인 박사의 의도에 따라 행동했고, 실제의 시어머니와 거의 닮지 않은 새로운 피조물을 봉합해서 만들어냈다.

빅토리아 시대 사람들은 제인의 글을 읽었고 메리 셸리를 얌전하고 겸손한 미덕의 귀감으로 받아들였으며, 울스턴크래프트를 여전히 존경하는 용감한 사람들이 그녀의 딸을 위선자로 매도하도록 자극했다. 앙심을 품은 트렐러니는 셸리의 생애를 서술한 《셸리, 바이런, 그리고 작가의 기록》에서 이런 비판을 이용했고, 셸리가 메리와 결혼한 것을 "운명의 극단적 악의"라고 묘사하고 메리를 인습적이고 편협하며 내숭 떠는 여자라고 폄훼했다.[14]

> 메리 셸리의 질투는 셸리를 몹시 괴롭혔을 것이다. 실제로 그녀는 시인에게 적합한 동반자가 아니었다. 그의 첫 번째 아내 해리엇이 더 적합했을 것이다. 메리는 내가 여태껏 본 적 없는 인습의 노예였다. 사교계에 대한 열망으로 그녀는 심지어 경건한 척하며 속였다. 그녀에게는 상상력과 시가 전혀 없었다.[15]

트렐러니는 심지어 셸리의 심장을 둘러싼 이야기도 왜곡했다. 트렐러니는 화장이 끝난 후 그가 메리에게 심장을 건넸을 때 그녀가 혐오감을 느끼며 거부했고 두 번 다시 생각해보지도 않고 재빨리 심장을 리 헌트에게 주었다고 썼다.

물론 셸리 그룹의 마지막 생존자인 클레어도 그들이 함께 살아온 인생사에 관한 생각을 기록했다. 하지만 자유로운 사랑에 대한 클레어의 신랄한 발언이 몇 년 전에 밝혀지기까지는 메리가 쓴 셸리의 성인전이 한 세기가 지나도록 자리를 지켰다. 시인 셸리는 천상의 '행복한 정신'으로 19세기 독자들의 상상력을 지배했고, 제인이 이상적인 동반자로 그려낸 메리도 마찬가지였다. 독자들은 메리가 만들어낸 셸리―순수하고 약간 특이하며 눈부시게 상상력이 풍부한―를 흠모했고, 또한 제인이 만들어낸 메리―순수하고 순진하며 탁월하게 고상한―를 흠모했다. 이는 시대적 흐름이 만들어낸 것이기도 했다. 존 키츠 역시 성인이 되었다. 심지어 바이런도 빅토리아 시대의 눈가림 과정을 거치면서 '근친상간' 모임의 지도자에서 자유를 위해 목숨을 바친 영웅적 시인으로 변신했다.

두 메리의 평판이 부침을 겪은 과정을 보면 진지한 생각에 잠기게 된다. 과거를 정확하게 아는 것이 얼마나 어려운 일인지, 역사적 기록이란 얼마나 쉽게 변할 수 있는지 여실히 보여주기 때문이다. 거의 200년 동안 메리 울스턴크래프트는 처음에는 창녀로, 그 다음에는 히스테리를 부리는 여자로, 어쨌든 진지하게 읽어볼 가치가 없는 비이성적인 인물로 치부되었다.[16] 이러한 비방은 《여성의 권리 옹호》에서 피력한 이상을 훼손하는 데 매우 효과적이었으므로, 오늘날에도 여성주의의 원칙에 반대하는 사람들의 수사에 지속적으로 사용되고 있다. 반면에 메리 셸리는 천재적인 남편과 선구적인 어머니의 혁명적 가치를 더럽혔다는 비난을 받아왔다. 정치 사상이나 고결한 예술보다 사교계에서 자기 입지를 확보하는 데 더 신경을 쓰는 여성으로 간주된 메리는 지적으로 보잘것없는 사람으로 평가 절하되었고, 유일하게 중요한 그녀의 작품은 남편의 도움을 받아 쓴 것이라고 무시되었다. 두 메리에 대한 공격의 근거는 달랐지만, 그 공격은 똑같이 무시무시하게 성공적이었다.

말년에 메리 셸리는 자신과 어머니가 역사에서 그렇게 상이한 취급을 받으리라고는 상상도 하지 못했을 것이다. 메리 셸리는 어머니의 인도를 따르며 온 생애를 보냈다. 어린아이였을 때 묘비에 적힌 "메리 울스턴크래프트 고드윈, 《여성의 권리 옹호》의 저자"라는 구절을 바라보며 그녀는 바로 여기, 어머니 곁에서, 가장 자기다울 수 있다고 믿었다. 그것이 결국 메리 셸리가 가장 원했던 것이었고, 어머니와 딸이 공유한 욕망이었다. 자기 자신이 되는 것. 장애물이나 비판가들, 적대자들, 모욕, 추방, 배신, 무시, 심지어 마음을 찢어놓은 비통한 일들 그 어느 것도 그들을 막지 못했다.

오늘날 긴 드레스를 입고 엄숙한 표정을 짓고 있는 초상화 속의 모녀는 고루하고 덕망 있는 인물로 보인다. 마치 평생을 책상 앞에 앉아서 에세이와 소설을 구상하며 살아온 것 같다. 추문은 잊혀졌다. 떠들썩한 소리도 차츰 잦아들었다. 영문학 선집의 목차에 그들의 이름은 찰스 디킨스 앞에, 존 밀턴 뒤에 실려 있고, 그들의 작품은 당대 남성 작가들의 작품처럼 중요하고 비중 있게 다루어진다.

하지만 그들의 성공에 내재한 역설은 두 여성이 극복해야 했던 너무도 강력한 장애물을 현대 독자들이 대부분 의식하지 못한다는 것이다. 그 시대의 역사를 알지 못하면 메리 울스턴크래프트와 메리 셸리가 직면했던 난관이 거의 보이지 않고 그들의 용기도 이해할 수 없다. 두 여성은 울스턴크래프트가 이른바 스스로 "무법자"라고 지칭한 존재였다.[17] 그들은 세상을 변화시킬 책을 썼을 뿐만 아니라 여성의 행동을 규제한 속박을 한 번뿐만 아니라 거듭해서 깨뜨렸고, 당대의 도덕적 규범에 속속들이 도전했다. 머리를 조아리기를 거부하고, 주저앉아 항복하기를 거부하고, 입을 다물고 굽실대기를 거부하고, 사과하고 숨어버리기를 거부했기 때문에 두 메리의 삶은 그들이 뒤에 남긴 말 못지않게 기억할 가치가 있다. 그들은 자신의 운명을 결정할 권리가 있다고 주장했고, 그럼으로써 아직 끝나지 않은 혁명의 문을 열었다.

약어 및 약칭

MW　　Mary Wollstonecraft (메리 울스턴크래프트)

MWS　　Mary Wollstonecraft Godwin, later Mary Shelley (메리 울스턴크래프트 고드윈, 이후 메리 셸리)

CC　　Jane Clairmont, later Claire Clairmont (제인 클레어몬트, 이후 클레어 클레어몬트)

PBS　　Percy Bysshe Shelley (퍼시 비시 셸리)

Godwin　　William Godwin (윌리엄 고드윈)

Daughters　　Mary Wollstonecraft, *Thoughts on the Education of Daughters* (《딸들의 교육에 관한 성찰》)

The French Revolution　　Mary Wollstonecraft, *A Historical and Moral View of the Origin and Progress of the French Revolution* (《프랑스 혁명에 관한 역사적·도덕적 견해》)

Friends　　C. Kegan Paul, *William Godwin: His Friends and Contemporaries* (《윌리엄 고드윈: 그의 친구들과 동시대인들》)

HOW　　Diane Jacobs, *Her Own Woman: The Life of Mary Wollstonecraft* (《자기 자신의 여성: 메리 울스턴크래프트의 생애》)

Journals CC　　Marion Kingston Stocking, ed., *The Journals of Claire Clairmont* (《클레어 클레어몬트의 일기》)

Journals MWS　　Paula Feldman and Diana Scott-Kilvert, eds., *The Journals of Mary Shelley* (《메리 셸리의 일기》)

Letters from Abroad　　Mary Shelley, ed., *Essays, Letters from Abroad, Translations and Fragments* (《에세이, 외국에서 온 편지, 번역 및 단편》)

Letters from Sweden　　Mary Wollstonecraft, *Letters Written During a Short Residence in Sweden, Norway, and Denmark* (《스웨덴에서 쓴 편지》)

Letters MW　　Janet Todd, ed., *The Collected Letters of Mary Wollstonecraft* (《메리 울스턴크래프트의 편지》)

Letters MWS　　Betty T. Bennett, ed., *Selected Letters of Mary Wollstonecraft Shelley* (《메리 울스턴크래프트 셸리의 편지 선집》)

Letters PBS　　Frederick Jones, ed., *The Letters of Percy Bysshe Shelley* (2 vols.) (《퍼시 셸리의 편지》)

Maria　　Mary Wollstonecraft, *Maria: The Wrongs of Woman* (《마리아》)

Mary　　Mary Wollstonecraft, *Mary: A Fiction* (《메리》)

Matilda　　Mary Shelley, *Matilda* (《마틸다》)

Memoirs　　William Godwin, ed., *Memoirs of the Author of a Vindication of the Rights of Woman* (《여성의 권리 옹호 저자의 회고록》)

MS　　Miranda Seymour, *Mary Shelley* (《메리 셸리》)

MS: R&R　　Emily Sunstein, *Mary Shelley: Romance and Reality* (《메리 셸리: 로맨스와 현실》)

MW: ARL　　Janet Todd, *Mary Wollstonecraft: A Revolutionary Life* (《메리 울스턴 크래프트: 혁명적 삶》)

Political Justice　　William Godwin, *An Enquiry Concerning Political Justice* (《정치적 정의에 대한 고찰》)

Recollections　　Edward Trelawny, *Recollections of the Last Days of Shelley and Byron* (《셸리와 바이런의 마지막 날들에 대한 회상》)

Shelley's Friends　　Frederick Jones, ed., *Maria Gisborne and Edward E. Williams, Shelley's Friends: Their Journals and Letters* (《마리아 기즈번과 에드워드 윌리엄스, 셸리의 친구들: 일기와 편지》)

"Supplement"　　W. Clark Durant, "Supplement" in *Memoirs of the Author of a Vindication of the Rights of Woman*, ed. William Godwin (《여성의 권리 옹호 저자의 회고록》〈부록〉)

TCC   Marion Kingston Stocking, ed., *The Clairmont Correspondence* (《클레어몬트의 편지》)

VAL   Lyndall Gordon, *Vindication: A Life of Mary Wollstonecraft* (《옹호: 메리 울스턴크래프트의 생애》)

Vindication of Woman   Mary Wollstonecraft, *A Vindication of the Rights of Woman* (《여성의 권리 옹호》)

1장 메리와 메리 _ 죽음과 탄생 (1797-1801)

1) Emily W. Sunstein, *Mary Shelley: Romance and Reality* (Baltimore: Johns Hopkins University Press, 1989), 26.

2) 메리 셸리는 단편 〈큰아들〉의 이 구절에서 아버지가 보살펴 키운 허구적 인물의 감정을 묘사한다. Charles E. Robinson, ed., *Mary Shelley: Collected Tales and Stories* (Baltimore: Johns Hopkins University Press, 1976), 256. 메리는 후기 소설에서 소설 속 딸들과 자신의 직접적인 관련성을 강조하면서 아버지와 딸의 사랑을 신성한 유대로 표현했다. "아버지가 부친으로서 진정한 모습을 보일 때 … 딸이 느끼는 사랑은 인간 본성이 품을 수 있는 가장 순수한 열정으로 가장 깊고 강렬하다." Kegan Paul, *William Godwin: His Friends and Contemporaries* (Boston: Roberts Brothers, 1876), vol. I, 276.

3) Paul, *Friends*, 1:290.

4) William Hone, *The Year Book of Daily Recreation and Information* (London: 1838), 317.

5) Miranda Seymour, *Mary Shelley* (New York: Grove, 2000), 42. 이 구절은 폴리곤에 대한 미란다 시모어(Miranda Seymour)의 묘사와 에드워드 월포드(Edward Walford)의 서술에 근거하고 있다. "Somers Town and Euston Square" in "Somers Town and Euston Square," *Old and New London* (1878), 5:340-55. 또한 온라인 링크 http://www.british-history.ac.uk/report.aspx?compid=45241에서 볼 수 있다.

6) Sunstein, *MS: R&R*, 25.

7) Ibid., 26.

8) Camilla Jebb, *Mary Wollstonecraft* (Chicago: F. G. Browne & Co., 1913), 281.

9) Sunstein, *MS: R&R*, 21.

10) Paul, *Friends*, 2:214.

11) Una Taylor, *Guests and Memories: Annals of a Seaside Villa* (London: Oxford University Press, 1924), 28.

12) 콜리지의 이야기를 들은 누군가는 그의 목소리가 마치 "그윽한 향수가 퍼져나가듯이" 머리 위로 "흘러가는" 느낌이 들었다고 묘사했다. James Gillman, *The Life of Samuel Taylor Coleridge* (London: William Pickering, 1838), 1:112.

13) "The Elder Son," Robinson, ed., *Mary Shelley: Collected Tales and Stories*, 256.

14) Ernest Hartley Coleridge, ed., *Letters of Samuel Taylor Coleridge*, 2 vols. (Boston: Houghton Mifflin, 1895), 1:359.

15) Ibid., 321.

16) Samuel T. Coleridge to John Thewall, 1797, in Coleridge, ed., *Letters of Samuel Taylor Coleridge*, 1: 220.

17) Ernest Hartley Coleridge, ed., *The Poetical Works of Samuel Taylor Coleridge* (London: Oxford University Press, 1912), 30. 이 시를 알려준 Michael Dineen에게 감사드린다.

2장 메리 울스턴크래프트 _ 배움을 갈망하는 반항아 (1759-1774)

1) Mary Wollstonecraft, *"A Vindication of the Rights of Woman" and "The Wrongs of Woman: or, Maria,"* ed. Anne Mellor, Longman Cultural Editions (Pearson, 2007), 185.

2) 19세기의 역사가 에드워드 월포드가 말했듯이 "수 세기 동안 스피탈필즈 직조공들 사이에서 폭동이 빈번하게 발생했다." "Spitalfields" in *Old and New London* (London: 1878), 2:149-52 참조. 또한 온라인에서 찾아볼 수 있다. http://www.british-history.ac.uk/report.aspx?compid=45086.

3) Roy Porter, *English Society in the Eighteenth Century* (London: Penguin Books, 1982; reprint, 1990), 87. 로이 포터(Roy Porter)는 18세기의 빈부 격차에 대해 논하면서 당대 사람들의 목소리를 인용하여 하층 계급과 중산층의 분노를 입증한다. 울스턴크래프트 가족은 사회경제적으로 중산층에 속했다.

4) Elizabeth Ogborne, *The History of Essex: From the Earliest Period to the Present Time* (London:

Longman, Hurst, Rees, Orme and Brown, 1814), 161.

5) William Godwin, *Memoirs of the Author of a Vindication of the Rights of Woman*, 2nd ed. (London: J. Johnson, St. Pauls Church Yard, 1798), 13.

6) Mary Wollstonecraft, Maria (1798). In *Mary Wollstonecraft: Mary and Maria; Mary Shelley: Matilda*. Edited by Janet Todd, 55 – 148. London: Penguin Classics, 1992, 95.

7) Godwin, *Memoirs*, 7.

8) Ibid., 11.

9) Mary Wollstonecraft, *Mary* (1788). In *Mary Wollstonecraft: Mary and Maria; Mary Shelley: Matilda*, Edited by Janet Todd, 1 – 54. London: Penguin Classics, 1992, 8.

10) Ibid.

11) Godwin, *Memoirs*, 8.

12) Wollstonecraft, *Mary*, 9.

13) Wollstonecraft, *Maria*, 95.

14) Godwin, *Memoirs*, 15.

15) Porter, *English Society in the Eighteenth Century*, 215.

16) Ibid.

17) 베벌리 민스터, "History and Building," http://beverleyminster.org.uk/visit-us/history-and-building. 재닛 토드(Janet Todd)도 *Mary Wollstonecraft: A Revolutionary Life* (London: Weidenfeld and Nicolson, 2000), 10에서 민스터에 대해 묘사한다.

18) Wollstonecraft, *Vindication of Woman*, 159.

19) Yorkshire Dialect Society, "Word Recognition," http://www.yorkshiredialectsociety.org.uk/word-recognition/ (2014. 8. 24 접속). "A Fact Sheet on Yorkshire Dialect," West Winds, http://www.westwindsinyorkshire.co.uk/attachments/AnAncientTongueWestWinds.pdf (2014. 8. 23 접속)도 참조하라.

20) John Gregory, *A Father's Legacy to His Daughters* (London: 1774), Wollstonecraft, Vindication of Woman, 124에서 인용.

21) Arthur Ropes, ed. *Lady Mary Wortley Montagu: Select Passages from Her Letters* (London: 1892), 237.

22) 울스턴크래프트가 제인 아든에게 보낸 편지를 바탕으로 삼아 이들의 우정을 개략적으로 묘사했다. Janet Todd, ed., *The Collected Letters of Mary Wollstonecraft* (New York: Columbia University Press, 2003), 1 – 18.

23) MW to Jane Arden, c. mid – late 1773 – 11/16/1774, ibid., 13.

24) Ibid., 14.

25) Ibid., 15.

26) Lyndall Gordon, *Vindication: A Life of Mary Wollstonecraft* (New York: Harper Perennial, 2006), 12.

27) 당시 순회 강연자였던 벤저민 마틴(Benjamin Martin)은 "지식은 유행이 되었고 ··· 철학은 인기 있는 학문이 되었다"고 언급했다. Porter, *English Society in the Eighteenth Century*, 240.

28) Todd, *MW: ARL*, 14 – 15.

29) Gordon, *VAL*, 13.

30) MW to Jane Arden, mid – late 1773, *Letters MW*, 9. 제인과 메리의 말은 같은 편지에 나온다. 메리는 제인의 편지에서 특히 마음에 든 구절을 인용하고 그것에 답했다.

31) MW to Jane Arden, ?early 1780, ibid., 23.

32) The Hoxton Trust, "Real Hoxton: The Lunatic Asylums," http://www.realhoxton.co.uk/history.htm#lunatic-asylums.

33) Wollstonecraft, *Maria*, 67.

34) Ibid.

3장 메리 고드윈 _ 두 철학자의 딸 (1801-1812)

1) Paul, *Friends*, 2:58.

2) Maud Rolleston, *Talks with Lady Shelley* (London: Norwood Editions, 1897; reprint, 1978), 35.

3) 고드윈은 울스턴크래프트가 사망하고 열 달밖에 지나지 않았을 때 《회고록》을 출간했다. 이 회고록은 복잡한 책이었지만 죽은 아내에 대한 사랑을 공적으로 선언했다. 고드윈은 울스턴크래프트가 "탁월한 미덕의 소유자"이고 "걸출한 사람"이었다고 말하고 "《여성의 권리 옹호》의 저자만큼 공공복지 및 진보와 밀접하게 관련된 인격을 가진 사람은 거의 없다"고 주장했다(1-3). 그가 구애했던 여성들은 울스턴크래프트의 그림자에서 벗어나기 어려웠을 것이다.

4) May 5, 1801, Victoria Myers, David O'Shaughnessy, and Mark Philip, eds., *The Diary of William Godwin* (Oxford: Oxford Digital Library, http://godwindiary.bodleian.ox.ac.uk, 2010).

5) September 10, 1797, ibid.

6) March 29, 1797, ibid.

7) 고드윈과 울스턴크래프트의 성관계를 가리키는 기호에 대한 자세한 설명은 St. Clair, *The Godwins and the Shelleys*, 497-503를 참조하라.

8) July 13, 1801, Myers, O'Shaughnessy, and Philip, eds., *Diary of William Godwin*.

9) Paul, Friends, 2:75.

10) Ibid., 77.

11) William Godwin, *An Enquiry Concerning Political Justice*, 3rd ed., 2 vols. (London: Robinson, 1798), 2:508.

12) Paul, *Friends*, 2:77.

13) 메리제인의 실제 과거사는 최근에야 밝혀졌다. 메리제인의 내력에 관한 연구 현황의 포괄적인 설명은 Seymour, *MS*, 46-47를 참조하라.

14) Sunstein, *MS: R&R*, 32. Seymour, MS, 46도 참조.

15) MWS to Maria Gisborne, October 30-November 17, 1824, Betty Bennett, ed., *The Letters of Mary Wollstonecraft Shelley*, 3 vols. (Baltimore: Johns Hopkins University Press, 1980-88).

16) 고드윈 가족의 한 친구는 제인이 "상당히 다루기 힘든 아이"라고 회상했다. Florence Marshall, *The Life and Letters of Mary Wollstonecraft Shelley* (London: Bentley, 1889), 1:33-34.

17) 클레어몬트 가족과 고드윈 가족의 갈등에 대한 자세한 설명은 Seymour, *MS*, 49-50를 참조하라.

18) Sunstein, *MS: R&R*, 35.

19) 메리제인과 고드윈의 딸들의 복잡한 관계에 대해서는 Paul, *Friends*, 2:108; Seymour, *MS*, 47-50; Anne K. Mellor, *Mary Shelley: Her Life, Her Fiction, Her Monsters* (New York: Routledge, 1989), 12-13을 참조하라.

20) Paul, *Friends*, 2:58.

21) Coleridge, ed. *Poetical Works of Samuel Taylor Coleridge*, 191.

22) 고드윈이 사용한 이 단어는 이 무렵부터 그의 일기에 자주 등장한다. July 17, 1803, Myers, O'Shaughnessy, and Philip, eds., *Diary of William Godwin*.

23) Seymour, *MS*, 52.

24) 이 집에 대한 묘사는 미란다 시모어의 설명에 근거한다. ibid., 57.

25) Sunstein, MS: *R&R*, 59. 에밀리 서스테인(Emily Sunstein)은 메리가 친구들이나 가족들과 "논쟁"하기를 좋아했다고 말한다.

26) Aaron Burr, *The Private Journal of Aaron Burr, During His Residence of Four Years in Europe*, vol. 2, ed. Mathew L. Davis (New York: Harper &Brothers, 1838), 318.

27) Ibid., 307.

4장 메리 울스턴크래프트 _ 소녀 가장이 되다 (1774-1782)

1) MW to Jane Arden, ?April 1781, *Letters MW*, 28.

2) Wollstonecraft, *Mary*, 8.

3) 울스턴크래프트의 여주인공 메리는 어머니에게 비밀을 털어놓으려 하지만, 어머니는 그녀를 "비웃는다". Ibid., 9.

4) Godwin, Memoirs, 16 - 18. 후일 메리는 클레어 부부가 "나의 이해력을 키워주려고 무척 열심히 노력했으며 … 내게 적절한 책을 추천해주었을 뿐만 아니라 읽게 했다"고 회상했다. Letters MW, MW to Jane Arden, early 1780, 24.

5) John Locke, The Second Treatise of Government and a Letter Concerning Toleration, ed. Paul Negri (Dover Thrift Editions reprint, 2002), 2.

6) Ibid., 37.

7) Edmund Burke, The Works of the Right Honourable Edmund Burke, 3 vols. (London: Rivington, 1801), 3:124.

8) Godwin, Memoirs, 21.

9) 고드윈은 후일 "두 사람이 이야기를 끝내기 전에 … 메리는 영원히 친구가 되겠다고 마음속으로 맹세했다"고 기록했다. Ibid., 22.

10) Gordon, VAL, 16. 윌리엄 커티스의 업적에 대한 자세한 설명은 고드윈을 참조하라.

11) MW to Jane Arden?, early 1780, Letters MW, 25.

12) MW to Jane Arden?, early 1780, ibid. 패니와 메리의 관계는 "대단히 열렬해서 여러 해 동안 메리의 마음을 지배한 열정이었다." Godwin, Memoirs, 20.

13) MW to Jane Arden, ?early 1780, Letters MW, 25.

14) Wollstonecraft, Vindication of Woman, 157 - 58.

15) MW to Jane Arden, ?early 1780, Letters MW, 25.

16) 고드윈은 도슨 부인의 "성미가 매우 특이하다"고 묘사했다. 고드윈은 불쾌한 고용주를 참고 견디어낸 메리의 능력에 감탄했다. "메리는 낙담하지 않고 … 자신의 상황을 견디어 나가는 데 전념했다"고 기록했다. Memoirs, 26.

17) MW to Jane Arden, ?early 1780, Letters MW, 22.

18) MW to Jane Arden, ?April 1781, ibid., 28.

19) 이 시대 여성들의 패션에 대한 논의는 Gordon, VAL, 24를 참조하라.

20) Ibid.

21) MW to Jane Arden, ?April 1781, ibid.

22) Todd, MW: ARL, 34.

23) 이러한 세부 내용들은 그녀의 소설 《메리》의 주인공 "메리"의 묘사에 나온다. "메리"는 허구적인 캐릭터이지만 울스턴크래프트 자신의 삶에 근거를 둔 것이 분명하다. Wollstonecraft, Mary, 11를 참조하라.

24) MW to Jane Arden, late summer ?1781, Letters MW, 35.

25) MW to Jane Arden, ?late summer 1781, ibid., 34.

26) MW to Eliza Wollstonecraft, 8/17/?1781, ibid., 32. 메리는 이렇게 한탄했다. "최근에 어머니는 내게 안부를 전하고 싶어 하지도 않아.—언젠가는 이 세상에서든 더 나은 세상에서든 내 염려를 믿으시겠지—그러면 내가 가혹한 비난을 받을 이유가 없다고 생각하실 거야."

27) Ibid., 31 - 32. 예컨대 MW to Eliza Wollstonecraft, 8/17/?1781를 참조하라. 메리는 "네 편지에는 비꼬는 어조가 배어 있어서 내 마음을 상하게 해"라고 썼다.

28) MW to Jane Arden, c. mid - late 1782, ibid., 36.

29) Godwin, Memoirs, 28.

30) Wollstonecraft, Mary, 15.

31) MW to Jane Arden, c. mid - late 1782, Letters MW, 36.

32) Wollstonecraft, Vindication of Woman, 88. 울스턴크래프트는 이런 상황에 대해 숙고하며, 여자 형제가 오빠나 남동생과 함께 살 경우 남자 형제가 결혼할 때까지는 순조롭게 생활할 수 있지만 일단 결혼한 다음에는 "침입자나 불필요한 짐으로 외면당한다"라고 말한다.

33) MW to Jane Arden, c. late 1782, Letters MW, 38.

5장 메리 고드윈 _ 스코틀랜드의 백스터 가족 (1810-1814)

1) Anne K. Mellor, Mary Shelley, 13.

2) Gordon, VAL, 418에서 인용.

3) Paul, Friends, 2:214.

4) Ibid.

5) Paul, *Friends*, 1:36 – 38.

6) 고드윈은 자신이 아주 빈번히 "자기의 소망과 명령을 다소 독단적이고 권위주의적인 방식으로 선언하고 가끔 … 진지하게 힘주어 비난했다"고 썼다. Mrs. Julian Marshall, *The Life and Letters of Mary Wollstonecraft Shelley*, 2 vols. (London: Richard Bentley & Son, 1889), 28.

7) Ibid., 29.

8) Ibid.

9) 도로시 워즈워스는 스코틀랜드 아이들의 맨발을 되풀이해서 언급하고, 그들이 누리는 "자유로움"을 잉글랜드의 아이들이 견디는 제약과 비교한다. "스코틀랜드 아이들은 모두 신발과 양말을 신지 않아서 아프거나 다치는 걸 겁내지 않고 마음대로 팔다리를 움직였다. 잉글랜드 아이들에게서는 이런 모습을 전혀 본 적이 없다." *Recollections of a Tour Made in Scotland, 1803*, ed. Carol Kyros Walker (New Haven: Yale University Press, 1997), 127.

10) Ibid, 55.

11) Mary Shelley, introduction to *Frankenstein* (New York: Collier, 1978), 7 –8.

12) 고드윈은 윌리엄 백스터에게 긴 편지를 써서 딸의 결점을 설명했다. 또한 딸이 종종 너무 말을 하지 않아서 이해할 수 없다고 털어놓았다. Godwin to W. Baxter, August 6, 1812, Marshall, *The Life and Letters of Mary Wollstonecraft Shelley*, 1:27 – 29.

13) Seymour, MS, 74.

14) Ibid., 76.

15) 데이비드 부스와 이자벨라 백스터, 부스의 집, 그리고 브로프티 페리에 대한 자세한 묘사는 Seymour 참조. Ibid., 77.

16) Ibid., 76.

17) 이 금융적 관행에 대한 꼼꼼한 설명은 ibid., 88과 Richard Holmes, *Shelley: The Pursuit* (1974; New York: New York Review of Books, 1994), 219, 223 – 25 참조. 인용된 페이지는 New York Review of Books판.

18) Godwin, *Political Justice*, 2:507.

19) 셸리와 해리엇의 관계에 대한 전체적인 개요는 Holmes, *Shelley*, 222 –29 참조.

20) PBS to Thomas Hogg, October 1814, *The Letters of Percy Bysshe Shelley*, ed. Frederick Jones (Oxford: Clarendon Press, 1964), 1:402.

21) PBS to Hogg, October, 1814, ibid. 이 이야기는 사건에 대한 셸리의 설명에 근거를 두고 있다. 셸리는 "변화"를 기다리고 있었다.

22) 울스턴크래프트는 이 문제를 《딸들의 교육에 관한 성찰》, "교육을 받았지만 재산이 없는 여성의 불행한 상황" 장에서 논의한다. *Thoughts on the Education of Daughters* (London: 1788), 69 –78 참조.

6장 메리 울스턴크래프트 _ 뉴잉턴그린 학교의 교장 (1783–1785)

1) MW to Everina, c. late 1783, *Letters MW*, 39.

2) Ibid.

3) Ibid., 41.

4) Ibid., 40.

5) Wollstonecraft, *Maria*, 118.

6) MW to Everina, [January 5, 1784], *Letters MW*, 43.

7) MW to Everina, c. late 1783, ibid., 41.

8) Ibid.

9) 메리는 에버리나에게 "저 가엾은 애기가 내 마음을 사로잡았어. 언젠가 우리가 아이를 데려오기를 바라"라고 썼다. MW to Everina, [January 11, 18, or 25, 1784], ibid., 45.

10) MW to Everina, c. late 1783, ibid., 41.

11) MW to Everina, c. January 1784, ibid., 43.

12) MW to Everina, [c. January 1784], ibid., 43 –44.

13) MW to Everina, Tuesday night [c. January, 1784], ibid., 49.

14) 고든은 역사가 로런스 스톤을 인용한다. 스톤은 "남편이 아내에게 가할 수 있는 가장 끔찍한 운명 가운데 하나는 아내를 사설 정신병원에 … 가두고 … 몇 년간 거기 머물도록 하는 것"이라고 서술한다. *VAL*, 33-34.

15) MW to Everina, [c. January 1784], *Letters MW*, 47.

16) 클레어 부인이 "파이와 포도주"를 가져왔다. MW to Everina, [c. January 1784], ibid., 50.

17) MW to Jane Arden, ?April 1781, ibid., 29 - 30.

18) 고든은 버그 부인을 "요정 대모"라고 불렀다. *VAL*, 40.

19) 고든의 묘사 참조. Ibid., 42.

20) 울스턴크래프트는 자신의 교육 철학을 《딸들의 교육에 관한 성찰》에서 처음 개괄적으로 제시한다. *Daughters*, 22.

21) Ibid., 52.

22) Mary Wollstonecraft, *Original Stories* (London: 1906), xviii.

23) 프라이스는 "미국 혁명이 인류의 진보 과정에서 가장 중요한 단계로 판명될 것"이라고 주장했다. Richard Price, *Observations on the Importance of the American Revolution* (Bedford, MA: Applewood Books; reprint, 2009), 50 - 52, 6.

24) 울스턴크래프트는 "적당한 양의 적절한 음식이 우리의 지친 정신을 회복해준다"고 기술했다. *Original Stories from Real Life* (London: 1796), 39.

25) 고드윈의 말에 따르면 "메리의 교육 지침은 오로지 친절과 공감뿐이었다." 그는 "메리는 자신이 개인적으로 애정을 느끼지 않는 아이의 교육에는 관심을 두지 않았고 아이의 분노를 일으키지 않으려고 진심으로 배려했다"라고 말했다. Godwin, *Memoirs*, 35, 45.

26) Wollstonecraft, *Daughters*, 34. 울스턴크래프트는 "외적 성취"라고 이름 붙인 것들을 경멸했다. *Daughters*, 29.

27) Ibid., 45-46.

28) Ibid., 25.

29) 울스턴크래프트는 "우발적인 사건이나 어리석은 실수를 처벌하는 경우가 너무 빈번하다"고 지적했다. Ibid., 15.

30) MW to George Blood, July 20 [1785], Letters MW, 56.

31) 이 요약은 두 자매에 대한 재닛 토드의 서술에 의존한다. *MW: ARL*, 62.

32) 학교에서 패니의 역할과 울스턴크래프트 자매의 행동에 대한 자세한 설명은 Gordon, *VAL*, 61 참조.

33) Todd, *MW: ARL*, 62에서 인용.

34) MW to George Blood, July 20 [1785], *Letters MW*, 55.

35) Abigail Adams to Cotton Tufts, August 18, 1785, *The Adams Family Correspondence*, ed. Lyman H. Butterfield, Marc Friedlaender, and Richard Alan Ryerson, 6 vols. (Boston: Massachusetts Historical Society, 1993), 6:283.

36) David McCullough, *John Adams* (New York: Simon & Schuster, 2001), 417에서 인용.

37) Abigail Adams to John Adams, March 31, 1776, *The Letters of John and Abigail Adams*, ed. Frank Shuffleton (New York: Penguin, 2003), 91.

38) John Adams to Abigail Adams, January 22, 1794, *Adams Family Correspondence*, 6:254.

39) 메리 울스턴크래프트의 《프랑스혁명에 관한 역사적 · 도덕적 견해》에 대한 존 애덤스의 주석과 메모는 보스턴 공립도서관의 희귀본실에 있음. 온라인 링크 https://archive.org/details/historicalmoralv00woll에서 볼 수 있다.

40) 이 설명은 재닛 토드의 설명을 요약한 것이다. Todd, *MW: ARL*, 68.

41) MW to George Blood, February 4, 1786, *Letters MW*, 65.

7장 메리 고드윈 _ 퍼시 비시 셸리를 만나다 (1814)

1) 셸리는 호그에게 보낸 편지에서 "내게 다가오는 변화의 계시가 깨어 있는 생각을 물었다. … 일련의 환상적인 사건들이 내 상상 속에 자리를 잡았다."라고 썼다. PBS to Thomas Hogg, October 3, 1814, *Letters PBS*, 1:402.

2) Sunstein, *MS: R&R*, 58.

3) Holmes, *Pursuit*, 172.

4) Percy Shelley, dedication to "The Revolt of Islam", *The Poetical Works of Coleridge, Shelley, and Keats* (Philadelphia: Thomas, Cowperthwait & Co., 1844), 252–53.

5) *The Journals of Claire Clairmont*, ed. Marion Kingston Stocking (Cambridge, MA: Harvard University Press, 1968), 431.

6) Harriet Shelley to Catherine Nugent, ?October 1814. Seymour, *MS*, 79에서 인용.

7) Percy Shelley, dedication to "The Revolt of Islam", *Poetical Works of Coleridge, Shelley, and Keats*, 253.

8) Ibid.

9) 셸리의 친구 호그에 의하면, 셸리가 메리와 달아나기 전에 고드윈은 셸리의 비위를 맞추고 그의 호감을 사려고 애썼다. Holmes, *Pursuit*, 227.

10) Rosalie Glynn Grylls, *Claire Clairmont, Mother of Byron's Allegra* (London: John Murray, 1939), appendix D, 277.

11) T. J. Hogg, *The Life of Percy Bysshe Shelley* (London: 1858), 2:538.

12) Paul, Friends, 2:215.

13) 리처드 홈즈는 그의 책에서 메리와 셸리의 대화 내용을 추측한다. *Pursuit*, 230.

14) 메리 셸리는 자기 소설에서 이 표현을 자주 사용하여 사망한 부모에 대한 애도를 드러낸다. *Lodore* (London: 1835), 127과 *Falkner* (London: 1837; Google Books, 2009), 99 참조. http://books.google.com/books?id=cZk_AAAAYAAJ&dq=Falkner&source=gbs_navlinks.

15) PBS to Hogg, October 3–4, 1814, *Letters PBS*, 1:401–3.

16) Holmes, *Pursuit*, 231. 정확한 날짜는 6월 19일부터 29일 사이였다.

17) PBS to Hogg, October 4, 1814, *Letters PBS*, 1:403.

18) MWS, "Life of Shelley" (1823), Bodleian. 복사한 원고와 타자 원고 ed. A. M. Weinberg, Bodleian Shelley Manuscripts, 22 pt 2 (1997), 266–67. Seymour, MS, 92.

19) *Poetical Works of Coleridge, Shelley, and Keats*, 252.

20) Ibid., 403.

21) 셸리의 또 다른 거짓말에 대해서는 Seymour, *MS*, 92를 참조하라.

22) 미란다 시모어가 지적하듯이, 셸리는 "과거를 마음 내키는 대로 상상하는" 경향이 있었다. Ibid.

23) Harriet Shelley to Catherine Nugent, November 20, 1814, *Letters PBS*, 1:421. 해리엇의 편지는 시간 순서대로 셸리의 편지에 붙인 주처럼 제공된다. 메리와 셸리의 연애에 대한 상이한 기술과 더욱 포괄적인 설명은 Seymour, *MS*, 93를 참조하라.

24) 이 묘사는 고드윈 부인이 레이디 마운트캐셸(마거릿 킹)에게 보낸 편지에 근거하고 있다. August 20, 1814, in Edward Dowden, *The Life of Percy Bysshe Shelley* (London, 1886), 2:544와 Holmes, *Pursuit*, 233 참조.

25) 고드윈 부인의 설명과 Seymour를 보라. *MS*, 97–98 참조.

26) *Poetical Works of Coleridge*, Shelley, and Keats, 374.

27) Ibid.

28) St. Clair, *The Godwins and the Shelleys*, 366.

29) Ibid., 358.

30) Holmes, *Pursuit*, 23.

31) Ibid., 3.

32) Ibid., 13, 24.

33) Ibid., 3.

34) Hellen Shelley to Jane [Williams] Hogg in Hogg, *Life of Percy Bysshe Shelley*, 9.

35) Holmes, Pursuit, 18.

36) Ibid., 17.

37) Ibid., 24–25.

8장 메리 울스턴크래프트 _ 여성 교육의 옹호자 (1785-1787)

1) MW to George Blood, June 18, [1786], *Letters MW*, 72.

2) MW to George Blood, May 1, [1786], ibid., 68.

3) Ibid., 69.

4) Ibid., 72.

5) John Hewlett, *Sermons on Various Subjects*, 4th ed., 2 vols. (London: Johnson, 1798), 1:22.

6) Ibid., 10.

7) Wollstonecraft, *Daughters*, 70-71.

8) 커스틴 핸리(Kirstin Hanley)가 주장하듯이, "울스턴크래프트는 여성 교육이라는 주제에 대하여 장자 크 루소와 존 그레고리 의사 같은 18세기 작가들의 저술을 차용하고 수정하여, 훗날 제인 오스틴과 샬 럿 브론테가 (재)사용한 교훈적 페미니즘의 접근 방식을 전형적으로 보여준다." *Redefining Didactic Traditions: Mary Wollstonecraft and Feminist Discourses of Appropriation, 1749-1847* (미출간 박사논문, University of Pittsburgh, 2007). 그러나 일부 학자들은 《딸들의 교육에 관한 성찰》에서 흥미 로운 점이 거의 없다고 단언했다. 울스턴크래프트의 첫 전기 작가인 엘리자베스 로빈스 펜넬(Elizabeth Robins Pennell)은 이 책에 "내용의 독창성이 거의 없고 주제에 접근하는 방식에서 두드러진 장점이 없 다"고 말하며 미래에 울스턴크래프트가 받을 비평의 방향과 분위기를 조성했다. *Mary Wollstonecraft* (1884; Fairford, UK: Echo Library, 2008), 68.

9) William McCarthy and Elizabeth Kraft, eds., *The Poems of Anna Letitia Barbauld* (Athens: University of Georgia Press, 1994), 77.

10) Hannah More, *The Complete Works of Hannah More*, 2 vols. (New York: 1856), 2:568.

11) Wollstonecraft, *Vindication of Woman*, 26.

12) 메리는 에버리나에게 "바스티유에 들어간다"고 썼다. October 30 [1786], *Letters MW*, 84.

13) 메리는 에버리나에게 미첼스타운이 "근엄하게 어리석은" 곳이라고 썼다. Ibid.

14) 고든은 이 그림의 의미에 대해 논한다. VAL, 84.

15) Ibid., 93.

16) MW to Everina, October 30, 1786, *Letters MW*, 84-85.

17) Ibid.

18) MW to Everina, October 30, [1786], ibid., 86.

19) MW는 킹스버로 부인이 개에게 말할 때 "어린아이 같은 표현을 사용한다"고 에버리나에게 썼다. October 30, [1786], ibid., 85.

20) 메리는 "부인은 격식을 차려 [딸들을] 보러왔고 그들의 상황은 내 동정심을 불러일으켜서 나는 애들을 즐겁게 해주려고 애썼다"고 에버리나에게 썼다. November 17, [1786], ibid., 91.

21) MW to Eliza Bishop, November 5, [1786], ibid., 88.

22) MW는 마거릿이 "뛰어난 능력"을 지니고 있다고 일라이자에게 썼다. Ibid.

23) MW to Eliza Bishop, November 5, [1786], *etters MW*, 88.

24) MW to Everina, March 3, [1787], ibid., 108.

25) MW to Eliza Bishop, November 5, [1786], ibid., 88.

26) MW to Everina, March 25, [1787], ibid., 116.

27) 마거릿 킹의 미출간 자서전, ibid., 124 n286에서 인용.

28) MW to Everina, February 12, [1787], ibid., 104.

29) Wollstonecraft, *Vindication of Woman*, 43.

30) Advertisement" in Wollstonecraft, *Mary*, 3.

31) Ibid.

32) Ibid., 53.

33) Ibid., 6.

34) 마거릿의 미출간 자서전이다. Janet Todd, *MW: ARL*, 116에서 인용.

9장 메리 고드윈 _ 낭만적 연애 (1814)

1) 메리와 셸리는 셸리가 죽을 때까지 공동 일기를 썼다. 셸리는 두 사람의 도피에 대한 기록에서 "그녀는

내 품에 안겨 있었다"고 썼다. PBS, July 28, 1814. Paula Feldman and Diana Scott-Kilvert, eds., *The Journals of Mary Wollstonecraft Shelley 1814–1844* (Baltimore: Johns Hopkins University Press, 1987; reprint, 1995), 6.

2) July 28, 1814, *Journals MWS*, 7.

3) July 29, 1814, ibid.

4) PBS, July 29, 1814, ibid., 8.

5) 그런 편지의 일례로 Mary-Jane Godwin to Lady Mountcashell, November 15, 1814, in Dowden, *Life of Shelley*, appendix, 2:546–48를 참조하라.

6) Seymour, *MS*, 100.

7) 이것은 미란다 시모어의 주장이다. 그녀는 셸리가 "폭정을 격파했다"고 믿었다고 주장한다. Ibid., 99.

8) 미란다 시모어는 "단정하게 옷을 입고 보닛을 쓴 영국 소녀들은 노출이 많고 몸에 달라붙는 가운을 입은 파리 숙녀들 사이에서 당황하고 어색하게 느꼈다"고 기술한다. *MS*, 105.

9) August 2, 1814, *Journals MWS*, 9.

10) 〈이슬람의 반란〉. 셸리의 첫 장시 〈매브 여왕〉에 이은 두 번째 장시 〈이슬람의 반란〉에서 라온과 시스나의 낭만적인 결합에 대한 묘사는 메리와의 관계에 기반을 두고 있다. 메리와 셸리의 열정적인 첫날밤을 묘사하는 데 사용된 구절은 라온과 시스나의 뜨거운 첫날밤—33연 "간절한 입술," 29연 "하얀 팔," 34연 "나는 불타는 피를 느꼈다," 34연 "말로 표현할 수 없는, 기절할 것 같은"—묘사에 나온다. Thomas Hutchinson, ed. *The Complete Poetical Works of Percy Bysshe Shelley*, 2 vols., vol. 1 (Oxford: Oxford University Press, 1914).

11) 셸리는 공동 일기에서 "메리는 우리의 사랑만으로 재앙의 침입을 충분히 막아낼 수 있을 거라고 느낀다. 그녀는 내 가슴에 안겼고, 생명을 유지하는 데 필요한 음식을 먹는 것에도 관심이 없어 보였다."고 기록했다. August 7, 1814, *Journals MWS*, 11.

12) August 7, 1814, ibid.

13) PBS to HS, August 13, 1814, *Letters PBS*, 1:392.

14) August 12, 1814, *Journals MWS*, 13.

15) William Godwin, *Fleetwood* (London: 1853), 74.

16) PBS to HS, August 13, 1814, *Letters PBS*, 1:392.

17) August 19, 1814, *Journals MWS*, 17.

18) August 20, 1814, Marion Kingston Stocking, ed., *The Journals of Claire Clairmont* (Cambridge, MA: Harvard University Press, 1968). 제인은 이름을 클레어로 바꾸고, 원래 일기를 1820년에 수정하면서 이 이야기를 추가했다. 그녀의 일기 원본은 브리티시 도서관에 있다(Ashley 394).

19) Ibid.

20) August 25, 1814, ibid.

21) August 26, 1814, *Journals MWS*, 20.

22) Godwin, *Fleetwood*, 73.

23) August 26, 1814, *Journals MWS*, 20.

24) August 28, 1814, ibid.

25) 전설에 대한 자세한 내용은 Seymour, *MS*, 11를 참조하라.

10장 메리 울스턴크래프트 _ 런던의 급진주의자들 (1786–1787)

1) John Knowles, *The Life and Writings of Henry Fuseli* (London: 1831), 164.

2) 그해 가을 메리는 자신의 상황을 묘사하는 데 이런 구절을 사용했다. MW to Everina, November 7, [1787], *Letters MW*, 139.

3) Roy Porter, *London: A Social History* (Cambridge, MA: Harvard University Press, 2001), 131.

4) Henry Fielding, *The Works of Henry Fielding, with Memoir of the Author*, ed. Thomas Roscoe (Oxford: Oxford University Press, 1845), 121과 Google Books, http://books.google.com/books?id=JGYOAAAAQAAJ&printsec=frontcover&source=gbs_ge_summary_r&cad=0#v=onepage&q&f=false 참조.

5) Porter, London: *A Social History*, 162에서 인용.

6) Ibid에서 인용.

7) Porter, *English Society in the Eighteenth Century*, 13.

8) Ibid., 138.

9) Ibid., 136에서 인용.

10) MW to Everina, November 7, [1787], *Letters MW*, 139.

11) 학자인 메리 워터스(Mary Waters)는 "울스턴크래프트는 이전의 여성 작가들과 달랐다"고 기술한다. "그 것은 울스턴크래프트와 존슨의 관계가 단순히 저자와 완성된 원고를 사서 출판하는 서적상의 관계가 아 니었기 때문이다. … 울스턴크래프트는 전속 작가로 존슨에게 고용되었고, 할당된 작업을 받아들이고 그 대가로 문학적인 일감이 안정되게 공급되리라고 기대할 수 있었다." *British Women Writers and the Profession of Literary Criticism 1789 - 1832* (New York: Palgrave Macmillan, 2004), 86.

12) MW to George Blood, May 16, [1788], *Letters MW*, 154.

13) MW to George Blood, March 3, [1788], ibid., 148.

14) MW to Everina, March 22, [1788], ibid., 152.

15) 울스턴크래프트의 번역에 대한 논의는 재닛 토드의 설명에 기반을 두고 있다. Todd, *MW: ARL*, 135 - 36.

16) Christian Salzmann, *Elements of Morality, for the Use of Children*, 3 vols. (London: 1792), 2:106.

17) Ibid., 106-7.

18) Ibid., 114-17.

11장 메리 고드윈 _ 삼각관계 (1814-1815)

1) September 11, 1814, *Journals CC*.

2) Holmes, *Pursuit*, 251.

3) Sunstein, MS: R&R, 88 -89. 셸리는 메리에게 "난 고드윈의 부당한 냉담함에 휘청거릴 정도로 충격을 받았다"고 썼다. October 24, 1814, *Letters PBS*, 1:420.

4) 메리는 셸리에게 "당신의 메리를 가슴에 꼭 안아줘요. 어쩌면 언젠가 아버지가 다시 생길 때까지 당신은 내게 모든 것이 되어야 해요, 내 사랑"이라고 썼다. October 28, 1814, Bennett, ed., *Letters MWS*, 1:3.

5) October 7, 1814, *Journals MWS*, 32

6) Ibid., 33.

7) Mary Shelley, *Notes to the Complete Poetical Works of Percy Bysshe Shelley* (1839; Project Gutenberg, 2002, http://www.gutenberg.org /files/4695/4695.txt).

8) 제인에서 클레어로 이름을 바꾼 이유에 대해서는 Deirdre Coleman, "Claire Clairmont and Mary Shelley: Identification and Rivalry Within the 'Tribe of the Otaheite Philosophers,'" *Women's Writing* 6, no. 3 (1999), 309 - 28, http://www.tandfonline.com/doi/abs/10.1080/09699089900200075?journalCode =rwow20 #preview (September 18, 2013) 참조.

9) Jean-Jacques Rousseau, *The Confessions of Jean-Jacques Rousseau* (New York: Modern Library, 1945), 444.

10) 클레어의 일기 편집자인 매리언 킹스턴 스타킹(Marion Kingston Stocking)은 "여성 공동체"에 대한 클레 어의 생각이 루드비그 홀베르(Ludvig Holberg)의 《지하 세계로의 여행(A Journey to the World Under- Ground)》를 읽고 형성되었을 것이라고 제안한다. 홀베르의 책은 여성이 우월한 지위에 있는 지하 조직 사회의 모습을 묘사한다. October 7, 1814, Journals MWS, 32 n1.

11) *Journals CC*, 40

12) James Lawrence, introduction to *The Empire of the Nairs; or, The Rights of Women: An Utopian Romance, in Twelve Books*, 4 vols. (London: T. Hookham, 1811), I, xvii.

13) December 6, 1814, *Journals MWS*, 50.

14) November 29, 1814, ibid., 48.

15) Ibid. 호그에 대한 다양한 불만은 November 20, 1814, ibid를 참조하라.

16) MWS to Hogg, [March 6, 1815], *Letters MWS*, 1:11.

17) 셸리와 호그, 메리의 복잡한 관계에 대해서는 Seymour, MS, 125 - 30 참조.

18) MWS to Hogg, [March 6, 1815], *Letters MWS*, 1:11.

19) March 19, 1815, *Journals MWS*, 70.

20) 메리는 자기 자신을 "겨울잠쥐"라고 부르며 "겨울잠쥐는 오늘 푸른 들판과 외딴 오솔길에서 자신의 보금 자리를 다시 발견한 어떤 작은 동물보다도 행복하게 긴 시간을 거닐 겁니다"라고 호그에게 편지를 썼다. MWS to Hogg, April 25, 1815, *Letters MWS*, 1:14.

21) May 12, 1815, *Journals MWS*, 78.

22) CC to FG, May 5, 1815, *Letters CC*.

23) May [date?], 1815, *Journals MWS*, 79.

24) Sunstein, *MS: R&R*, 104에서 인용.

25) *Life of Shelley*, 2:320–22.

26) Sunstein, *MS: R&R*, 105에서 인용.

27) PBS to Hogg, October 4, 1814, *Letters PBS*, 1:403.

28) PBS to MWS, November 4, 1814, ibid., 1:419.

29) May 1815, *Journals MWS*, 80.

30) "Notes on Alastor, by Mrs. Shelley" in Percy Bysshe Shelley, *The Works of Percy Bysshe Shelley*, ed. Roger Ingpen and Walter E. Peck (1816; London: Scribner's, 1926–30), 10 vols., 1:198.

31) 미란다 시모어는 노예제와 관련한 메리의 독서에 대해 포괄적인 설명을 제공한다. Seymour, *MS*, 138–39.

32) PBS to Godwin, March 1816, *Letters PBS*, 1:460.

33) Brian Mitchell, *British Historical Statistics* (Cambridge: Cambridge University Press, 1988), 153.

12장 메리 울스턴크래프트 _ 《인간의 권리 옹호》 스캔들 (1787–1791)

1) Stuart Andrews, *The British Periodical Press and the French Revolution, 1789–99* (New York: Palgrave, 2000), 157.

2) Gerald Tyson, *Joseph Johnson: A Liberal Publisher* (Iowa City: University of Iowa Press, 1979), 99.

3) MW to Joseph Johnson, [c. July 1788], *Letters MW*, 156.

4) *Analytical Review* 2/1789, in Janet Todd and Marilyn Butler, eds., *The Works of Mary Wollstonecraft* (New York: New York University Press, 1989), 7:82–83.

5) Mitzi Myers, "Mary Wollstonecraft's Literary Reviews," in *The Cambridge Companion to Mary Wollstonecraft*, ed. Claudia Johnson (Cambridge: Cambridge University Press, 2002), 85.

6) Ibid에서 인용.

7) *Analytical Review*, in Todd and Butler, ed., *Works of Mary Wollstonecraft*, 7:228.

8) Myers, "Mary Wollstonecraft's Literary Reviews," in *Cambridge Companion to Mary Wollstonecraft*, 84 참조.

9) Knowles, *The Life and Writings of Henry Fuseli* (London: 1831), 165.

10) Todd, *MW: ARL*, 138에서 인용.

11) *Analytical Review* in Todd and Butler, ed., *Works of Mary Wollstonecraft*, 7:19.

12) "The Task" in William Cowper and James Thomson, *The Works of Cowper and Thomson* (Philadelphia: 1832), 88.

13) St. Clair, *The Godwins and the Shelleys*, 41.

14) Kirstin Olsen, *Daily Life in Eighteenth-Century England* (Westport, CT: Greenwood, 1999), 10에서 인용.

15) *The French Revolution*, 213. 울스턴크래프트는 몇 년 후 바스티유 점령을 자신이 처음에 바랐던 것보다 훨씬 복잡한 사건으로 보게 되었을 때 이 말을 썼다. 결국 그녀는 감옥 점령이 폭력을 촉발하여 공포정치로 귀결했다고 주장했다. 하지만 바스티유 함락을 프랑스혁명의 역사에서 언제나 중요한 사건으로 인정했고, 자신도 그것이 프랑스인들과 모든 인류에게 더 큰 자유를 가져다줄 것으로 믿었다고 회고했다. 다이앤 제이킵스(Diane Jacobs)는 혁명에 대해 차츰 달라진 울스턴크래프트의 인식을 철저하게 분석한다. 또한 바스티유에 관한 울스턴크래프트의 "변화된 감정"과 헨리 푸젤리와의 새로운 관계를 연결시킨다. *Her Own Woman: The Life of Mary Wollstonecraft* (New York: Simon & Schuster, 2001), 88.

16) Todd, *MW: ARL*, 153.

17) Simon Schama, *A History of Britain*, vol. 3, *The Fate of Empire, 1776–2000* (New York: Miramax

Books, Hyperion, 2002), 76.

18) 린들 고든(Lyndall Gordon)은 "존슨과 푸젤리의 평생에 걸친 친밀감의 중심에 사랑이 있다는 것을 메리가 우연히 알아차릴 수 있었을까? 푸젤리에 관해 메리가 유지한 침묵은 동성애 때문으로 설명할 수 있다. …"라고 기술한다. VAL, 386 - 87.

19) Wollstonecraft, *Vindication of Woman*, 26 - 27.

20) 울스턴크래프트가 낭만주의 운동의 선구적 인물이라는 주장에 많은 학자들이 동의하지만, 주목할 만한 몇 가지 예외가 있다. 바버라 테일러(Barbara Taylor)는 다음과 같이 주장한다. "울스턴크래프트를 낭만주의 작가나 낭만주의 이전 작가로 분류함으로써 얻을 수 있는 바가 별로 없다고 생각한다. 그녀의 '낭만적' 주제는 18세기 초의 원전에서 영향을 받았음을 쉽게 추적할 수 있고 … 그녀의 사상을 후기 낭만주의 모티프의 예시로 다루는 것보다 그 자체로 이해하는 것이 더 도움이 된다." *Mary Wollstonecraft and the Feminist Imagination* (Cambridge: Cambridge University Press, 2003), 282 n208.

21) *Analytic Review* 7 (May 1790). 다이앤 제이컵스는 이 기간 동안 울스턴크래프트의 시각 변화에 대해 광범위하게 논한다. *HOW*, 89 참조.

22) "불안한 마음," Todd, *MW*: *ARL*, 154.

23) MW to Everina, September 4, [1790], *Letters MW*, 178.

24) Edmund Burke, *Reflections on the Revolution in France, and on the Proceedings in Certain Societies in London* (London: J. Dodsley, 1790), 45.

25) Mary Wollstonecraft, *A Vindication of the Rights of Men in a Letter to the Right Honourable Edmund Burke* (London: J. Johnson, 1790), 62.

26) Ibid., 6. 울스턴크래프트는 《여성의 권리 옹호》에서도 이 주장을 사용하여 "화려한 수사"에 반대할 것이다. 로라 룽게(Laura Runge)가 기술하듯이, "가장 강력한 수사를 사용하여 울스턴크래프트는 설득력 있는 정중한 말, 즉 '남성들이 겸손한 척하며 우리의 노예적인 종속성을 누그러뜨리려고 사용하는 예쁜 여성적인 구절들'에 대항한다. … 그녀는 유혹적인 언어가 실제로는 여성을 아이로 취급하고 그들의 힘을 제약한다는 것을 강조함으로써 남성들의 정중한 언어에 모호한 암호처럼 배어 있는 여성의 지배가 환상임을 보여준다." *Gender and Language in British Literary Criticism* (Cambridge: Cambridge University Press, 2005), 24.

27) Ibid., 135 - 36.

28) Ibid., 11.

29) Ibid., 19.

30) Godwin, *Memoirs*, 78.

31) Horace Walpole to Hannah More, January 24, 1795. Helen Toynbee and Paget Toynbee, ed., *The Letters of Horace Walpole: Fourth Earl of Oxford*, vol. 15 (Oxford: Clarendon, 1905), 337.

32) *The Gentleman's Magazine* 1791, 151, http://books.google.com/books?id=1K5JAAAAYAAJ&pg=PA151&lpg=PA151&dq=The+rights+of+men+asserted+by+a+fair+lady!+.

33) Dr. Price to MW, January 17, 1790, Carl H. Pforzheimer Collection of Shelley and His Circle (New York: New York Public Library, Astor, Lenox, and Tilden Foundations, 1822).

13장 메리 고드윈 _ '근친상간' 모임 (1816)

1) Paul Douglas, *The Life of Lady Caroline Lamb* (New York: Palgrave Macmillan, 2004), 104에서 인용.

2) 결혼에 대한 클레어의 발언은 지옥문에 새겨진 단테의 말, "여기 들어오는 자는 모두 희망을 포기하라 (Lasciate ogni speranza, voi ch'entrate)"를 인용한 직후에 나온다. 클레어는 "이것이 결혼에 대한 가장 훌륭한 묘사라고 생각해요. 이 주제에 대해서는 장황하게 늘어놓게 됩니다."라고 편지에 썼다. CC to Byron, [March or April 1816], Marion Kingston Stocking, ed., *The Clairmont Correspondence: Letters of Claire Clairmont, Charles Clairmont, and Fanny Imlay Godwin* (Baltimore: Johns Hopkins University Press, 1995), 31.

3) "Stanzas for Music," Lord Byron, *The Works of Lord Byron*, ed. Ernest Hartley Coleridge (1900; Project Gutenberg, 2007, http://www.gutenberg.org/files/21811/21811.txt).

4) 클레어와 바이런의 관계에 대한 요약과 그들의 편지 발췌문은 Mayne, *Byron*, 62 - 65 참조.

5) 바이런에 대한 메리, 셸리, 클레어의 경탄에 대해서는 Seymour, *MS*, 148 - 49를 참조하라.

6) 〈매브 여왕〉 원고에 메리 셸리가 적은 글. St. Clair, *The Godwins and the Shelleys*, 366에서 인용.

7) Byron, "To Thyrza" in *The Works of Lord Byron*, ed. Coleridge.

8) 〈매브 여왕〉 원고에 메리 셸리가 적은 글. St. Clair, *The Godwins and the Shelleys*, 366에서 인용.

9) 바이런과 메리의 만남을 준비하면서 클레어는 그에게 시간을 잘 지키라고 요청하는 편지를 보냈다. "목요일 저녁에 나는 당신의 현관에서 거의 15분을 기다렸습니다. 나는 불쾌한 감정을 눈감을 수 있지만, 메리는 당신과 사랑에 빠져 있지 않으므로 간과하지 않을 겁니다. … 메리는 당신을 매우 만나고 싶어 합니다." CC to Byron, April 21, 1816, *TCC*, 39.

10) CC to Byron, April 21, 1816, ibid.

11) PBS to Godwin, February 21, 1816, *Letters PBS*, 1:453.

12) PBS to Godwin, December 1816, *Letters PBS*, 1:460.

13) CC to Byron, May 6, 1816, *TCC*, 43.

14) 화산 폭발이 전 세계에 미친 영향에 대한 설명은 Henry Stommel and Elizabeth Stommel, *Volcano Weather: The Story of the Year Without a Summer* (Los Angeles: Seven Seas Press, 1983)을 참조하라.

15) MWS to Fanny, May 17, 1816, *Letters MWS*, 1:13.

16) Ibid.

17) 엘리스에 대한 상세한 묘사는 Seymour, *MS*, 152 참조.

18) MWS to Fanny, May 17, 1816, *Letters MWS*, 1:13.

19) Ibid.

20) Mary Shelley, *Frankenstein*, 164.

21) "Ode to Napoleon," in Byron, *The Works of Lord Byron* (1828), 513. 나폴레옹에 대한 바이런의 찬미는 John Clubbe, "Between Emperor and Exile: Byron and Napoleon 1814-1816," *Napoleonic Scholarship: The Journal of the International Napoleonic Society* 1 (April 1997), http://www.napoleonicsociety.com/english/scholarship97/c_byron.html를 참조하라.

22) J. G. Lockhart, *Memoirs of Sir Walter Scott*, vol. 5 (Edinburgh: Adam and Charles Black, 1882), 140.

23) George Gordon, Lord Byron, *The Works of Lord Byron* (London: 1828), 537.

24) PBS to Peacock, August [10], 1821, Ingpen, ed., *The Letters of Percy Bysshe Shelley*, 2 vols. (London: Sir Isaac Pitman & Sons, 1912), 2:897. 이 편지는 제네바에서 여름을 보내고 6년 후에 쓴 것이지만 당시 사람들에 의하면 바이런이 수집한 동물들은 그리 달라지지 않았다.

25) Grylls, *Claire Clairmont: Mother of Byron's Allegra*, 65; CC to Byron, May 27, 1816, *TCC*, 47.

26) May 27, 1815. William Rossetti, ed., *The Diary of Dr. John William Polidori* (London: Elkin Mathews, 1911).

27) June 1-5, 1816, ibid., 113.

28) May 31, 1816, ibid.

29) "J.S." to "Stuart," June 6, 1816. Seymour, *MS*, 153에서 인용.

30) Byron to John Cam Hobhouse, November 11, 1818, John Murray, ed. *Lord Byron's Correspondence*, 2 vols. (New York: Charles Scribner's Sons, 1922), 2:89.

31) Thomas Medwin, *Conversations of Lord Byron: Noted During a Residence with His Lordship* (London: Henry Colburn, 1824), 14.

32) 바이런은 "호수 반대편에서 망원경을 보는 사람들이 나를 감시했다. 그 망원경은 매우 왜곡된 광학적 특성을 가졌던 것이 분명하다."고 회고했다. Ibid. 미란다 시모어는 "드장 씨는 호텔 투숙객들이 사용할 수 있도록 망원경을 재빨리 설치했다. 그들은 호수 반대편을 염탐하면서 엿볼 수 있었던 것이 셸리 부인의 잠옷이었는지 여동생의 잠옷이었는지를 두고 서로 다투었다."고 서술했다. MS, 153.

14장 메리 울스턴크래프트 _ "영혼에는 성별이 없다" (1791-1792)

1) MW to William Roscoe, October 6, 1791. *Letters MW*.

2) Ibid.

3) Wollstonecraft, *Vindication of Woman*, 53.

4) Ibid., 28.

5) Ibid.

6) Ibid., 45.

7) Ibid., 105-6.

8) Ibid., 52.

9) Ibid., 56.

10) Ibid., 65.

11) Ibid., 71.

12) 메리는 "루소는 원래 모든 것이 '옳았다'는 것을 증명하려고 애썼다. 이제 모든 것이 '옳다'고 주장하는 수 많은 작가들이 있다. 나는 모든 것이 미래에 '옳게 될 것'이라고 주장한다."고 썼다. Ibid., 31.

13) 이 작품은 익명으로 출판되었지만 브리티시 박물관에 있는 책을 보면 실제 저자는 토머스 테일러(Tomas Taylor)다. Thomas Taylor, *A Vindication of the Rights of Brutes* (London: 1792).

14) 메리 울스턴크래프트의 《여성의 권리 옹호》 논평. *Critical Review*, second series, vol. 5 (1792), 141.

15) Review of Mary Wollstonecraft's *A Vindication of the Rights of Woman in Critical Review*, second series, vol. 4 (1792), 389 - 90.

16) *Critical Review*, second series, vol. 5 (1792), 141.

17) Wollstonecraft, *Vindication of Woman*, 29.

18) Ibid., 23.

19) Godwin, *Political Justice*, vi.

20) Thomas Paine, *The American Crisis* (Rockville, MD: Wildside Press, 2010, 1776), 7.

21) Paul, *Friends*, 1:360.

22) Ibid.

23) Godwin, *Memoirs*, 57.

24) Wollstonecraft, *Vindication of Woman*, 41.

25) Godwin, *Memoirs*, 57..

26) William Godwin, *Things as They Are; or, The Adventures of Caleb Williams* (1794; London: Penguin, 1988), 50.

27) MW to William Roscoe, January 3, 1792, *Letters MW*, 194.

28) 안전한 파리에서 페인은 조지 왕에게 반격했다. "군주제의 사기와 기만을 폭로하고 … 보편적인 평화와 문명과 무역을 증진하고, 정치적 미신의 사슬을 끊고, 타락한 인간을 올바른 지위로 끌어 올리는 것, 만약 이런 주장이 중상이라면 … 중상자라고 내 묘비에 새겨라." "Letter Addressed to the Addressers on the Late Proclamation," in *The Thomas Paine Reader*, ed. Michael Foot and Isaac Kramnick (London: Penguin Classics, 1987), 374.

29) MW to Henry Fuseli, ?late 1792, *Letters MW*, 204 - 5. 이 편지는 실제로 푸젤리의 전기 작가가 기록한 상이한 편지 조각들을 재구성한 것이다. John Knowles, 204 n471.

30) MW to Joseph Johnson, ?October, 1792, *Letters MW*, 205.

31) John Knowles, *The Life and Writings of Henry Fuseli* (London, 1831), 167. 이것은 푸젤리의 충실한 비서 존 놀스(John Knowles)가 기록한 푸젤리 관점의 사건 설명이다. 메리는 자신의 설명을 남겨놓지 않 았다. 따라서 울스턴크래프트의 전기 작가들이 이 장면을 자주 상세하게 인용하지만, 그녀와 푸젤리의 관 계에 대한 정확한 사실을 확인하기는 실제로 어렵다. 훗날 푸젤리는 자신이 《여성의 권리 옹호》의 저자를 정복했다고 즐겨 뽐냈다. 푸젤리의 전기 작가로서 존 놀스는 메리와의 관계에 대한 푸젤리의 주장에 의문 을 제기하지 않았고, 메리는 편지에서 자기 감정에 대해 몇 차례 암시한 것을 제외하고는 별다른 증거를 남기지 않았다.

32) 키건 폴(Kegan Paul)은 다음과 같이 기술했다. "나는 메리와 푸젤리의 관계에서 젊은 여성과 나이든 '아 버지 같은' 유부남 친구와의 관계 이상이 존재했다고 전혀 믿지 않는다. 메리는 푸젤리의 아내와 매우 다 정한 관계를 유지했다. 고드윈은 부분적으로 이 이야기를 받아들였지만 실제로 아내의 젊은 시절에 대해 서 거의 알지 못했다. 심지어 그가 알았을 거라고 말한 많은 부분에서도 명백하게 틀렸다. … 푸젤리와 메 리가 주고받은, 현재 남아 있는 편지들은 지극히 일상적인 내용을 담고 있으며 나는 그것을 모두 읽었다." 예일대학교의 회귀도서 및 원고 도서관, Gordon, *VAL*, 387 - 88에서 인용. 린들 고든은 메리가 푸젤리에 대해 낭만적 감정을 품었지만 푸젤리와 존슨이 은밀한 관계라는 것을 알게 되었고, 바로 그로 인해 자신

이 거부되었다고 느꼈다고 제시함으로써 문제를 더욱 복잡하게 한다. *VAL*, 386-87. 이는 매우 흥미로운 주장이지만, 푸젤리와 메리의 관계가 정확히 어떠한 성격이었는지에 대해 학자들 간에 합의된 바가 없으 므로 추측이라고 여길 수밖에 없다. 메리가 푸젤리에 대해 깊은 감정을 품었던 것은 분명해 보인다. 또한 그녀가 그에게 거부되었다고 느꼈던 것도 사실로 보인다. 하지만 이에 관련한 세세한 내용과 메리가 품었 던 욕망의 실제 성격은 그녀의 문서에서 확인된 적이 없다.

33) MW to William Roscoe, November 12, 1792, *Letters MW*, 206.

34) Todd, *MW: ARL*, 199.

35) MW to William Roscoe, November 12, 1792, Letters MW, 208.

15장 메리 고드윈 _ 새로운 문학 실험 (1816)

1) Thomas Moore, *The Life of Lord Byron: With His Letters and Journals* (London: John Murray, 1851), 319. 바이런이 셸리 부부와 함께 제네바에서 지낸 여름에 대한 토머스 무어(Thomas Moore)의 이 야기 출처는 메리 셸리였다.

2) June 18, 1816. Rossetti, ed., Diary of Dr. *John William Polidori*, 127.

3) June 15, 1816, ibid., 123.

4) Richard Holmes, *The Age of Wonder* (New York: Vintage, 2010), 317에서 인용.

5) *Quarterly Review*, 1819, ibid., 318에서 인용.

6) 토머스 무어의 바이런과 셸리 비교가 여기서 유용하다. 그는 바이런이 셸리보다 실용주의자라고 지적한 다. 바이런은 "물질과 악의 존재를 믿었던 반면 그때까지 셸리는 버클리의 이론을 정교하게 다듬어 … 사 랑과 아름다움을 … 추가했다." Life of Lord Byron, 317.

7) Mary Shelley, introduction to *Frankenstein*, 10.

8) Ibid.

9) Moore, *Life of Lord Byron*, 394.

10) Mary Shelley, introduction to *Frankenstein*, 10.

11) Percy Shelley, "Preface to the 1818 Edition," in *The Original Frankenstein*, ed. Charles E. Robinson (New York: Vintage, 2009), 432.

12) 이 통찰을 얻은 것은 미란다 시모어 덕분이다. 시모어는 "메리의 주장은 폴리도리의 일기에 적힌 내용과 상충된다. 폴리도리는 당시에 썼던 일기에서 자신을 제외하고 모두 즉시 글을 쓰기 시작했다고 기록했다. 그에게 위안이 될 사실—그가 찬미하는 메리도 창작의 실마리를 잡지 못했다—을, 만일 그것이 사실이었 다면, 그는 간과하지 않았을 것 같다"라고 기술했다. *MS*, 157.

13) Mary Shelley, *Frankenstein*, 10.

14) 콜리지는 이 시를 짓는 경험을 꿈에서 깨어나는 순간으로 묘사했고 자신을 제3자로 지칭했다. "그것 은 마치 모든 이미지가 아무런 감각이나 의식적인 노력 없이 … 그의 눈앞에 사물로 솟아오르는 것 같았 다. 깨어났을 때 그는 전체를 또렷이 기억하는 것 같았고, 펜과 잉크와 종이를 들고 즉시 열렬히 시행들 을 써내려 갔다. 그것이 여기 보존되어 있다." M. H. Abrams, ed., *The Norton Anthology of English Literature*, 4th ed., 2 vols. (New York: W. W. Norton, 1979), 2:353.

15) Mary Shelley, introduction to *Frankenstein*, "내 상상력이 예상 밖으로 나를 사로잡고 이끌었다." 10.

16) 포는 〈까마귀〉를 쓴 과정을 묘사하면서 시작(詩作) 행위를 풀어야 할 논리적 수수께끼로 다루었고 흥 미롭게도 윌리엄 고드윈에게서 영향을 받았다고 말했다. 시작 과정에 대한 포의 진술은 Poe, "The Philosophy of Composition," Nina Baym, ed., *The Norton Anthology of American Literature*, 5th ed., 2 vols. (New York: W. W. Norton, 1998), 1:1573-80를 참조하라.

17) 피오나 매카시(Fiona MacCarthy)는 "이 시점에 바이런이 셸리를 만난 것은 스스로 인정한 것보다 더 중요했다. … 젊은 시인의 순수한 태도와 급진적 이상주의는 시의 내재적 가치와 최고의 시인으로서 자 기 자신과 다른 사람들에게 바이런이 느끼는 책임감에 대한 진지한 믿음을 지탱해주었다."고 기술했다. *Byron: Life and Legend* (London: John Murray, 2002), 291.

18) "티르자"는 실제로 트리니티대학의 성가대원인 존 에들스턴(John Edleston)이었다. 바이런은 1805년 에 들스턴을 만났고 그와 사랑에 빠졌다. 이 애정의 결정적인 증거는 1974년 바이런의 출판인 존 머리(John Murray)의 문서 보관소에서 새로운 시 〈티르자에게〉가 발견되었을 때 나타났다. 이 시의 첫 머리에는 "Edleston, Edleston, Edleston"이라고 적혀 있었다. MacCarthy, *Byron: Life and Legend*, 145-46.

19) 리처드 홈즈는 "나이 든 시인 앞에서 셸리가 평소와 달리 조용했다"고 기술하고, 또한 바이런이 셸리를 "편안하고 자연스럽게 행동하지 못하도록 억제했다"고 말한다. Pursuit, 334-36.

20) June 18, 1816. Rossetti, ed., Diary of Dr. John William Polidori, 128.

21) ll. 245-54, Abrams, ed., Norton Anthology of English Literature, 362.

22) June 18, 1816. Rossetti, ed., Diary of Dr. John William Polidori, 128.

23) 셸리가 보았던 환영의 기원에 대한 자세한 설명은 Sunstein, MS: R&R, 112와 Holmes, Pursuit, 328-29 을 참조하라.

24) Moore, Life of Byron, 394.

25) 리처드 홈즈는 이 시대에 상상력의 발휘와 과학적 실험이 상반된 활동이 아니라 직접적으로 관련되어 있 었다고 서술한다. 낭만주의적 과학과 낭만주의 시는 "경이로움이라는 개념"으로 연결되어 있었다. Age of Wonder, xv-xxi.

26) Mary Shelley, introduction to Frankenstein, 11.

27) Mary Shelley, Original Frankenstein, ed. Robinson, 80.

28) 《프랑켄슈타인》(1831)의 개정판 서문에서 메리 셸리는 꿈을 꾸었던 상황을 재창조한다. "나는 아직도 그 것을 본다―바로 그 방, 어두운 마루, 닫힌 덧문, 집안에 들어오려고 애쓰는 달빛, 그리고 저 너머에 유리 같은 호수와 높고 하얀 알프스가 있다는 느낌." Frankenstein, 11.

29) PBS to Thomas Love Peacock, July 12, 1816, Letters PBS, 483.

30) July 26, 1816, Journals MWS, 121.

31) Holmes, Pursuit, 343에서 인용.

32) Holmes, Pursuit, 342. Gavin de Beer, "The Atheist: An Incident at Chamonix," in Edmund Blunden, Gavin de Beer, and Sylva Norman, On Shelley (Oxford: Oxford University Press, 1938), 43-54 참조.

33) Mary Shelley, Frankenstein, 82.

34) 많은 학자들이 이런 점들을 비교했다. 나는 미란다 시모어 덕분에 그 유사성에 관심을 갖게 되었다. Seymour, MS, 159.

16장 메리 울스턴크래프트 _ 프랑스혁명의 한복판에서 (1792–1793)

1) 두 자매의 상황에 대한 분석은 Todd, MW: ARL, 174를 참조하라.

2) MW to Everina, December 24, 1792, Letters MW, 214.

3) MW to Johnson, December 26, 1792, ibid., 217.

4) MW to Everina, December 24, 1792, ibid., 214.

5) Richard Twiss, A Trip to Paris in July and August, 1792 (London: 1792), 105.

6) Ibid., 89.

7) 18세기 파리의 거리에 대한 상세한 묘사는 Jacobs, HOW, 118을 참조하라.

8) MW to Everina, December 24, 1792, Letters MW, 215.

9) Mary Wollstonecraft, Posthumous Works of the Author of a Vindication of the Rights of Woman, edited by William Godwin, 4 vols. (1798), 3:39-42.

10) MW to Johnson, December 26, 1792, Letters MW, 216.

11) Ibid.

12) Joseph Trapp, ed., Proceedings of the French National Convention on the Trial of Louis XVI, Late King of France and Navarre, from the Paper of the World (London: 1793), 53-58.

13) Wollstonecraft, Posthumous Works, 44.

14) 국왕 살해의 유산에 대한 연구는 Susan Dunn, The Deaths of Louis XVI: Regicide and the French Political Imagination (Princeton: Princeton University Press, 1994)를 참조하라.

15) MW to Ruth Barlow, February 1-14, 1793, Letters MW, 220.

16) Charles Seymour and Donald Paige Frary, How the World Votes: The Story of Democratic Development in Elections (New York: C. A. Nichols, 1918), 12.

17) William Wordsworth, The Prelude, in The Collected Poems of William Wordsworth (London: Wordsworth Editions, 1994), 245.

18) Ibid., 735.

19) MW to Everina, December 24, 1792, *Letters MW*, 215.

20) 섹슈얼리티에 대한 메리의 초기 태도를 이렇게 묘사하는 데 전기 작가들이 모두 동의하는 것은 아니다. 예컨대 재닛 토드는 다음과 같이 주장한다. "《여성의 권리 옹호》는 쾌락에 대한 청교주의적 태도, 즉 생식을 위한 섹스는 적합하지만 즐거움을 위한 섹스는 대체로 불쾌하고 어리석은 것이라는 입장을 드러냈고, 그것은 울스턴크래프트의 경험 및 양육 과정과 일치한다." *MW: ARL*, 235. 1986년 코라 캐플런(Cora Kaplan)은 울스턴크래프트가 여성의 성적 관능이 통제할 수 없고 위험한 것이라는 루소의 묘사에 사로잡혀서 여성의 성적 관능을 수용하지 못했다는 캐플런의의 1986년 주장은 유명하다. 캐플런은 "그녀는 여성의 열등성이 여성의 과도한 감수성에서 비롯된다는 루소의 견해를 받아들이고 루소보다 더 확고하게 규정한다"라고 기술한다. "Wild Nights: Pleasure/Sexuality/Feminism" in Sea *Changes: Essays in Culture and Feminism* (London: Verso, 1986), 38 – 39, 45 – 46 참조. 그러나 《여성의 권리 옹호》는 남성과 여성 사이의 권력 불균형과 그러한 체제에서 살아가는 여성에게 내재된 위험을 비판하려는 책이다. 여성의 관능성에 대한 비판이 아니라, 여성에 대한 학대와 강간을 허용하고 실제로 고무하는 체제를 비판하려는 의도로 쓰였다.

21) Emma Rauschenbusch-Clough, *A Study of Mary Wollstonecraft and the Rights of Woman* (London: Longmans, Green & Co., 1898), 201 – 2.

22) Olympe de Gouges, *The Rights of Woman*, trans. Nupur Chaudhuri, in *Women, the Family and Freedom: The Debate in Documents*, vol. 1, *1750 – 1880*, ed. Susan Groag Bell and Karen Offen (1791: Stanford: Stanford University Press, 1983), 104.

23) Olympe de Gouges, *Oeuvres*, ed. Benoîte Groult (Paris: Mercure de France, 1986), 105.

24) Megan Conway, "Olympe de Gouges: Revolutionary in Search of an Audience," in *Orthodoxy and Heresy in Eighteenth-Century Society: Essays from the Debartolo Conference*, ed. Regina Hewitt and Pat Rogers (Lewisburg, PA: Bucknell University Press, 2002), 253.

25) de Gouges, *The Rights of Woman*, 104 – 9.

26) Todd, *MW: ARL*, 211. 재닛 토드는 울스턴크래프트가 드 구주의 사상을 지나치게 극단적이라고 생각했다고 주장한다. 토드에 의하면, 울스턴크래프트의 《여성의 권리 옹호》는 드 구주의 전투 소집 명령 정도로 나아가지 않지만 그것은 대체로 상황이 다르기 때문이었다. 1790년대의 파리는 1780년대의 런던보다 훨씬 급진적이었으므로 울스턴크래프트가 보수적인 런던에서 과감하게 표현할 수 있었던 것보다 드 구주는 훨씬 혁명적인 입장을 취할 수 있었다.

27) Lucy Moore, *Liberty: The Lives and Times of Six Women in Revolutionary France* (London: Harper Perennial, 2011), 48 – 51.

28) Ibid., 49.

29) Ibid., 118과 Linda Kelly, *Women of the French Revolution* (London: Hamish Hamilton, 1989), 49 참조.

30) Gordon, VAL, 211, 250 – 51, 275, 281 – 82. 나중에 울스턴크래프트는 임레이가 여자에 대한 욕구를 통제할 능력이 없다고 자주 비난했다. 예컨대 MW to Imlay, February 10 1795, *Letters MW*, 283를 참조하라.

17장 메리 셸리 _ 《프랑켄슈타인》의 탄생 (1816–1817)

1) CC to Byron, August ?29, 1816, *TCC*, 70.

2) October 7, 1816, Edward A. Bloom and Lillian D. Bloom, eds., *The Piozzi Letters: 1811 – 1816* (Plainsboro, NJ: Associated University Presses, 1999), 521.

3) PBS to Byron, September 29, 1816, *Letters PBS*, 1:508.

4) Mary Shelley, *Frankenstein*, 185.

5) 월턴의 여동생 이름은 마거릿 월턴 새빌이다. 앤 멜러(Anne Mellor)는 그 이름의 첫 글자 M. W. S.이 "메리 울스턴크래프트 고드윈이 갈망했던 이름이었고 홀아비가 된 퍼시 셸리와 결혼했을 때 얻게 되었다"고 지적한다. 멜러는 이 여동생은 결코 독자에게 보이지 않지만, 월턴이 종종 자신을 누그러뜨려 야망의 충동을 물리치도록 도와주는 여동생의 영향력을 언급한다는 사실은 흥미롭고 주목할 만한 점이라고 지적한다. Anne Mellor, "Making a Monster': An Introduction to *Frankenstein*," in *The Cambridge Companion to Mary Shelley*, ed. Esther Schor (Cambridge: Cambridge University Press, 2003), 12.

6) Fanny to MWS, October 3, 1816, *TCC*, 81. 실제로 패니는 "이런 문제들을 고려하는 것이 너와 셸리의 의무가 아니니?"라고 말했다.

7) October 4, 1816, *Journals MWS*, 138.

8) "On Fanny Godwin," Hutchinson, ed., *Complete Poetical Works of Percy Bysshe Shelley*, 2:45.

9) October 9, 1816, *Journals MWS*, 139.

10) Godwin to MWS, October 13, 1816, Dowden, *Life of Percy Bysshe Shelley*, 58.

11) October 11, 1816, *Journals MWS*, 141.

12) Ibid., 139 – 40 n2에서 인용.

13) Sunstein, *MS: R&R*, 127.

14) Dowden, *Life of Percy Bysshe Shelley*, 57. See also *Journals MWS*, 139 – 40 n2.

15) 울스턴크래프트는 패니를 위한 초급 독본에 "나의 불운한 소녀를 위해 쓰려던 시리즈의 첫 번째 책"이라고 적었다. Jebb, *Mary Wollstonecraft*, 289.

16) Godwin to MWS, October 13, 1816. Dowden, *Life of Percy Bysshe Shelley*, 58. *Journals MWS*, 139 – 40 n2도 참조.

17) Godwin to MWS, October 13, 1816, Dowden, *Life of Percy Bysshe Shelley*, 58.

18) MWS to PBS, December 18, 1816, *Letters MWS*, 1:24.

19) 찰스 로빈슨(Charles Robinson)은 "공동 작업은 셸리 부부의 문학적 관계의 특징이었던 것 같다. … 원고에 드러난 것을 보면 우리는 셸리 부부가 1816년 8월과 9월부터 1817년 4월 중순 사이에 노트북을 서로 주고받은 방식을 실제로 상상할 수 있다." Introduction to Mary Shelley, *Original Frankenstein*, 25.

20) 셸리가 원고에 수정한 부분에 대한 간략한 개요는 ibid., 26 – 28을 참조하라.

21) Ibid., 25.

22) 편집자 맥스 퍼킨스(Max Perkins)는 F. 스콧 피츠제럴드가 "모호한" 인물을 그 유명한 제이 개츠비로 발전시키도록 압박했고, 개츠비가 무슨 말을 하고 어떤 행동을 해야 하는지에 대한 아이디어를 제공하기도 했다. 퍼킨스는 개츠비에 대한 피츠제럴드의 모호함에 대해서 "아마 어느 정도 예술적 의도가 있는 것이겠지만 나는 잘못이라고 생각합니다. 그를 다른 인물들처럼 신체적으로 뚜렷하게 묘사할 수 없습니까? '여보게(old sport)'라는 구절을 사용한다든가 아니면 말이 아닌 신체적 특징을 한두 가지 덧붙일 수 없습니까?"라고 피츠제럴드에게 말했다. Max Perkins to Scott Fitzgerald, November 20, 1924, in Gerald Gross, *Editors on Editing* (New York: Harper and Row, 1985), 281. 게다가 퍼킨스는 토머스 울프(Thomas Wolfe)의 《천사여, 고향을 돌아보라》의 초고에서 9만 단어를 삭제하기도 했다. 또 다른 유명한 협업의 예로는 T.S. 엘리엇의 《황무지》를 들 수 있다. 엘리엇의 친구인 시인 에즈라 파운드는 엘리엇이 정신병으로 입원한 동안 1,000행의 초고에서 거의 600행을 삭제했고, 원래 엘리엇이 쓴 압운(押韻) 형식과 운율을 제거하고 434행의 자유시만 온전히 남겨 두었다. 사실상 대부분의 학자들은 《황무지》가 공동 저작이라는 사실에 동의한다. 잭 스틸링어(Jack Stillinger)는 이렇게 언급했다. "《황무지》의 434행은 마치 미켈란젤로의 잠자는 인물들이 대리석 덩어리에서 구조되기를 기다리듯이, 1,000행의 초안에 처음부터 숨겨져 있었다는 것이 다수의 견해이다. 하지만 이 비유에서 미켈란젤로는 예술가인 동시에 수정자였다. 《황무지》의 경우에는 애초에 434행을 창조하는 데 한 명의 천재 시인이 필요했고, 434행을 둘러싸고 가리는 수백 행의 열등한 행을 삭제하는 데 또 다른 천재가 필요했다." *Multiple Authorship and the Myth of Solitary Genius* (New York: Oxford University Press, 1991).

23) 찰스 로빈슨은 "메리 셸리의 초고 텍스트를 퍼시 셸리가 수정한 부분이 모두 다 나아진 것은 아니다"라고 기술한다. Introduction to *Original Frankenstein*, 26.

24) 메리와 셸리뿐만 아니라 그들의 친구들에게도 교류와 협력이 지닌 중요성에 대한 자세한 논의는 데이지 헤이(Daisy Hay)를 참조하라. 헤이의 말에 따르면, "셸리의 《알라스토르》와 마찬가지로 《프랑켄슈타인》은 이기적이고 고립된 창조력에 대한 비판이다. … 프랑켄슈타인은 자아를 확대하려는 창조 행위를 통해 스스로 몰락을 초래하고, 그 창조 행위의 특징은 자신의 행동이 야기할 사회적 파급 효과를 고려하지 못한다는 것이다. 그는 잉골슈타트대학의 공동체적, 제도적 환경을 거부하고 시체 안치소와 그의 다락방에 숨어 개인적 영광을 추구한다. 《프랑켄슈타인》은 … 메리와 셸리가 모으려 했던 계몽된 개인들의 이상화된 공동체에 대한 메리의 명확한 표현이다." Daisy Hay, *Young Romantics: The Tangled Lives of English Poetry's Greatest Generation* (New York: Farrar, Straus and Giroux, 2010), 86 – 87.

25) T. Hookham to PBS, Dowden, *Life of Percy Bysshe Shelley*, 67에서 인용.

26) December 12, 1816, *The Times*, Seymour, MS, 175에서 인용.

27) 메리는 "불쌍한 해리엇의 슬픈 운명으로 인해 운명은 그녀의 죽음에 대한 속죄로서 내게 수많은 크나큰 슬픔을 요구한다"라고 일기에 적었다. February 12, 1839, *Journals MWS*, 560.

28) MWS to PBS, December 17, 1816, *Letters MWS*, 1:24.

29) PBS to Byron, January 17, 1817, *Letters PBS*, 1:539 – 40.

30) PBS to CC, December 30, 1816, ibid., 1:524 – 25.

31) Ibid.

32) PBS는 결혼이 고드윈 부부에게 끼친 놀라운 효과를 기술한다. Ibid.

33) MWS to PBS, December 17, 1816, *Letters MWS*, 1:24.

34) MWS to Marianne Hunt, January 13, 1817, ibid., 1:27.

35) 헌트에 대한 자세한 묘사는 Hay, *Young Romantics*, 54 – 57를 참조하라.

36) John Wilson Croker, "Keats, Endymion: A Poetic Romance," *Quarterly Review* (1818): 204.

37) John Gibson Lockhart, "On the Cockney School of Poetry," *Blackwood's Edinburgh Magazine* (1818): 519.

38) Roger Ingpen, ed., *The Autobiography of Leigh Hunt: With Reminiscences of Friends and Contemporaries, and with Thornton Hunt's Introduction and Postscript*, vol. 2 (London: 1903), 37.

39) Ibid.

40) 헌트와 엘리자베스 켄트에 관한 더 많은 정보는 Hay, *Young Romantics*, 7, 15 – 18, 55, 60, 70, 72 – 75, 96 – 97, 115 – 18, 226, 262를 참조하라.

18장 메리 울스턴크래프트 _ 사랑과 자립 사이에서 (1792)

1) Gilbert Imlay, *A Topographical Description of the Western Territory of North America* (London: 1792), 159.

2) Gilbert Imlay, *The Emigrants*, ed. W. Verhoeven and Amanda Gilroy (New York: Penguin, 1998), 101.

3) Mary Wollstonecraft, *An Historical and Moral View of the Origin and Progress of the French Revolution* (London: 1794), 476.

4) Joel to Ruth Barlow, April 19, 1793. Eleanor Flexner, *Mary Wollstonecraft: A Biography* (New York: Coward, McCann and Geoghegan, 1972), 181에서 인용.

5) MW to Imlay, December [date?], 1793, *Letters MW*, 234.

6) W. Clark Durant, "Supplement," in *Memoirs of the Author of a Vindication of the Rights of Woman*, ed. William Godwin (London: Constable and Co., 1927), 237.

7) MW to Imlay, December [date?], 1793, *Letters MW*, 234.

8) Wollstonecraft, *The French Revolution*, 162.

9) Ibid., 161.

10) Ibid., 163.

11) MW to Imlay, August [date?], 1793, *Letters MW*, 228.

12) Wollstonecraft, *A Vindication of the Rights of Men* (London: J. Johnson, 1790), 141.

13) Imlay, *Emigrants*, 54.

14) MW to Imlay, August [date?], 1793, *Letters MW*, 228.

15) Wollstonecraft, *The French Revolution*, 396.

16) Todd, *MW: ARL*, 240.

17) MW to Imlay, November [date?], 1793, *Letters MW*, 232.

18) Helen Maria Williams, *Letters Containing a Sketch of the Politics of France, from the 31st of May 1793, Till the 28th of July 1794, and of the Scenes Which Have Passed in the Prisons of Paris* (1795: University of Oxford Text Archive), 37, http://ota.ox.ac.uk/text/4517.html.

19) *The British Critic*, vol. 2 (1793: Google Books, 2008), 252, http://books.google.com/books?id=EP8vAAAAYAAJ&dq.

20) Deborah Kennedy, *Helen Maria and the Age of Revolution* (Plainsboro, NJ: Associated University Presses, 2002), 106에서 인용.

21) ibid., 115.

22) Lynn Avery Hunt, *The Family Romance of the French Revolution* (Berkeley: University of California Press, 1993), 121.

23) Ibid., 122에서 인용.

24) Ibid., 119에서 인용.

25) Linda Kelly, *Women of the French Revolution* (London: Hamish Hamilton, 1989), 123에서 인용.

26) M. J. Diamond, *Women and Revolution: Global Expressions* (New York: Springer, 1998), 14에서 인용.

27) Gary Kelly, *Women, Writing and Revolution, 1790 - 1827* (Oxford: Clarendon Press, 1993), 55 - 56 에서 인용.

28) MW to Imlay, November [date?], 1793. *Letters MW*, 232 - 33.

19장 메리 셸리 _ 공격받는 익명의 저자 (1817–1818)

1) PBS to MWS, December 16, 1816, *Letters PBS*, 1:521.

2) Leigh Hunt to MWS, November 16, 1821, *The Correspondence of Leigh Hunt*, ed. Thornton Hunt, 2 vols. (London: Smith, Elder and Co., 1862), 1:106.

3) Leigh Hunt to MWS, July 25 - 27, 1819, St. Clair, *The Godwins and the Shelleys*, 6:846.

4) MWS to PBS, January 17, 1817, *Catalogue of the Library of the Late Charles W. Frederickson: A Carefully Selected and Valuable Collection of English Literature, Comprising a Large Number of First and Other Rare Editions, Especially of Byron, Gray, Keats, Lamb, Shakspeare, Scott, and an Unrivalled Collection of the Works of Shelley and Shelleyanna. 또한 Autograph Letters and Manuscripts of the Greatest Intrinsic Interest and Value* (Cambridge, M A: D. Taylor & Company, 1897), 231, Seymour, *MS*, 180에서 인용. 이 구절은 그 해 초반에 나오지만 메리가 어린 윌리엄에게 느끼는 기쁨을 가장 생생하게 표현하고 있다.

5) MWS to Leigh Hunt, May 3, 1817, *Letters MWS*, 1:32.

6) Mary Shelley, introduction to *Frankenstein*, 11.

7) Ibid., 7.

8) 앤 멜러는 이 날짜들을 분석한다. "Making a 'Monster': An Introduction to Frankenstein," 12와 *Mary Shelley: Her Life, Her Fiction, Her Monsters* (New York: Routledge, 1989), 54 - 55.

9) 앤 멜러는 "이 소설은 저자가 독자 한 명, 즉 자신에게 들려준 작품"이라고 말한다. 이 견해에 대한 보다 자세한 논의는 *Mary Shelley*, 54 - 55를 참조하라.

10) 앤 멜러는 "빅터가 추구하는 바는 바로 생물학적 번식이라는 여성의 힘을 자연으로부터 찬탈하려는 것"이라고 서술한다. "Making a 'Monster,'" 19.

11) Dowden, *Life of Percy Bysshe Shelley*, 123.

12) Elizabeth Kent, *Flora Domestica* (London: 1823), xix.

13) Dowden, *Life of Percy Bysshe Shelley*, 123.

14) Ibid., 120-22.

15) Jeanne Moskal, "Introductory note" in Mary Shelley, *The Novels and Selected Works of Mary Shelley* (London: William Pickering, 1996), 8:4.

16) Benjamin Colbert, "Contemporary Notice of the Shelleys' *History of a Six Weeks' Tour*: Two New Early Reviews," *Keats-Shelley Journal* 48 (1999).

17) PBS to Byron, September 8, 1816, *Letters PBS*, 1:504.

18) *The Complete Poetry of Percy Bysshe Shelley*, ed. Donald H. Reiman, Neil Fraistat, and Nora Crook (Baltimore: Johns Hopkins University Press, 2012), 3:120.

19) Ibid., 3:167.

20) 이 시에 대한 포괄적인 분석은 Holmes, *Pursuit*, 390 - 402를 참조하라.

21) *Complete Poetry of Shelley*, ed. Reiman, Fraistat, and Crook, 123.

22) 메리는 "클레어가 쓸데없는 유치한 불평으로 끊임없이 피곤하게 한다"고 편지에 썼다. MWS to PBS, October 18, 1817, *Letters MWS*, 1:57.

23) PBS to Byron, September 24, 1817, *Letters PBS*, 1:557.

24) "가능한 한 빨리 돌아와요" MWS to PBS, September 26, 1817, *Letters MWS*, 1:52. September 24, 28, October 2, 16, 18도 참조. Mary는 앨바, 클레어, 헌트 부부에 대해 불평하지만 가장 일관된 주제는 셸리의 부재이다.

25) David Clark, ed., *Shelley's Prose: or, The Trumpet of a Prophecy* (Albuquerque: University of New Mexico Press, 1966), 168.

26) 고드윈은 셸리가 죽고 나서 오래 지난 후 "《프랑켄슈타인》은 내가 들어본 스무 살 된 작가가 쓴 책 중에 가장 놀라운 책이다"라고 메리에게 말했다. Paul, *Friends*, 2:282.

27) 미란다 시모어는 《프랑켄슈타인》에 대한 반응을 요약한다. Seymour, *MS*, 196.

28) MWS to Sir Walter Scott, June 14, 1818, *Letters MWS*, 1:34.

29) 비평가들의 반응에 대한 개관은 Holmes, *Pursuit*, 403-4를 참조하라.

30) 호그는 셸리가 너무 순수하고 "예민해서" 음식이 필요하지 않았다고 자주 언급한다. *Life of Shelley*, 2:114, 2:187, 2:305, 2:517.

31) PBS to Byron, December 17, 1817, *Letters PBS*, 1:557.

32) MWS to PBS, September 26, 1817, *Letters MWS*, 1:27.

33) *Complete Poetry of Shelley*, ed. Reiman, Fraistat, and Crook, 3:4-5.

20장 메리 울스턴크래프트 _ 공포정치의 비판자 (1793-1794)

1) MW to Imlay, January 1, 1794, *Letters MW*, 238.

2) MW to Ruth Barlow, [c. mid-1793], ibid., 229.

3) MW to Imlay, September [date?], 1793, ibid., 231.

4) Ibid.

5) MW to Imlay, December [date?], 1793, ibid., 234.

6) MW to Imlay, January 1, 1794, ibid., 238.

7) Ibid.

8) MW to Imlay, January 8, 1794, ibid., 241.

9) MW to Imlay, January 11, 1794, ibid., 243.

10) MW to Everina, March 10, 1794, ibid., 248.

11) MW to Ruth Barlow, February 3, 1794, ibid., 247.

12) Wollstonecraft, *The French Revolution*, 7.

13) Ibid., 13.

14) Ibid., 19.

15) 메리 울스턴크래프트의 《프랑스혁명에 관한 역사적·도덕적 견해》에 써넣은 존 애덤스의 주석과 논평. 보스턴 공립도서관 희귀도서실 소장. 온라인 링크: https://archive.org/details/historicalmoralv00woll. 대니얼 오닐(Daniel O'Neill)은 울스턴크래프트의 책에 남긴 애덤스의 주석이 "프랑스혁명의 의미를 둘러싼 매우 상이한 평가의 이론적 토대에 관한" 애덤스와 울스턴크래프트의 "대화"를 구성한다고 말한다. 오닐은 이 "대화"에 관한 학문적 연구가 이루어지지 않은 것은 "애덤스뿐 아니라 울스턴크래프트에 관한 문헌의 공백"을 보여준다고 덧붙인다. "John Adams versus Mary Wollstonecraft on the French Revolution and Democracy," *Journal of the History of Ideas* 68, no. 3 (July 2007), 453. 애덤스와 울스턴크래프트의 논쟁에 대한 또 다른 분석은 Gordon, *VAL*, 374, 461, 475 참조하라.

16) Wollstonecraft, *The French Revolution*, 254.

17) MW to Ruth Barlow, February 3, 1794, *Letters MW*, 247.

18) MW to Imlay, January 15, 1794, ibid., 246.

19) MW to Imlay, March [date?], 1794, ibid., 250.

20) MW to Ruth Barlow, April 27, 1794, ibid., 251.

21) Ibid., 252.

22) MW to Ruth Barlow, May 20, 1794, ibid., 253.

23) Ibid., 252.

24) MW to Ruth Barlow, July 8, 1794, ibid., 254.

25) MW to Ruth Barlow, May 20, 1794, ibid.

26) 2005년, 메리가 1796년에 덴마크 외무장관에게 쓴 편지가 발견되었다. 이 편지에 따르면 실제로 은을 보았던 마지막 영국인은 울스턴크래프트였고, 엘레프손이 항해를 떠날 때 임레이가 출장 중이었으므로 울스턴크래프트가 엘레프손에게 임레이의 지시를 전했다. 그녀는 "장관님, 제가 엘레프손에게 임레이의 마지막 지시를 전해주었습니다"라고 썼다. Lyndall Gordon and Gunnar Molder, "The Treasure Seeker," *The Guardian*, January 7, 2005 참조.

27) MW to Everina, September 20, 1794, *Letters MW*, 262.

28) MW to Imlay, August 20, 1794, ibid., 259.

29) MW to Imlay, August 17, 1794, ibid., 257.

30) MW to Imlay, August 19, 1794, ibid., 258.

31) MW to Imlay, August 20, 1794, ibid., 259.

32) Stefan Riedel, "Edward Jenner and the History of Smallpox and Vaccination," *Baylor University Medical Center Proceedings* 18, no. 1 (2005), http://www.ncbi.nlm.nih.gov/pmc/articles/PMC1200696/.

33) MW to Everina, September 20, 1794, *Letters MW*, 262.

34) MW to Imlay, September 28, 1794, ibid., 267.

35) MW to Imlay, August 19, 1794, ibid., 258.

21장 메리 셸리 _ 딸을 잃은 어머니 (1818-1819)

1) MWS to the Hunts, April [6], 1818, *Letters MWS*, 1:63.

2) PBS to Peacock, April 20, 1818, Percy Shelley, *Essays, Letters from Abroad, Translations and Fragments*, ed. Mary Shelley (London: Moxon, 1845), 106.

3) 메리가 《최후의 인간》에서 묘사한 허구의 빌라는 코모 호수 옆에 지어진 빌라 플리니아나에 기반하고 있다. Mary Shelley, The Last Man (1826; Rockville, MD: Wildside Press, 2007), 373.

4) 피오나 매카시는 바이런이 동성애 충동을 억제하고 제어하기 위해 수많은 여성들과 섹스를 했다고 주장한다. MacCarthy, *Byron*, 163, 173.

5) CC to Byron, April 27, 1818, *TCC*, 1:115.

6) CC to Byron, ibid.

7) *Journals MWS*, 209.

8) Maria Gisborne to MWS, *Maria Gisborne and Edward E. Williams, Shelley's Friends: Their Journals and Letters*, ed. Frederick Jones (Norman: University of Oklahoma Press, 1951), 53. 훗날 기즈번 부인은 셸리 부부에게 그들이 떠났을 때 오스카가 무척 괴로워했다고 편지에 썼다. *Letters from Abroad*, 186.

9) PBS to Peacock, August [22], 1819, *Letters PBS*, 2:114.

10) Mary Shelley, preface in *Letters from Abroad*, 1:xix.

11) MWS to Mrs. Gisborne, June 15, 1818, *Letters MWS*, 1:72.

12) Ibid.

13) MWS to Maria Gisborne, July 2, 1818, ibid., 1:74.

14) PBS to Peacock, July 25, 1818, *Letters PBS*, 2:96.

15) MWS to Maria Gisborne, August 17, 1818, *Letters MWS*, 1:77.

16) Richard Holmes, ed., *Shelley on Love* (Berkeley: University of California Press, 1980), 72.

17) Richard Shepherd, ed., *The Prose Works of Percy Bysshe Shelley*, 2 vols. (London: 1897), 2:45.

18) PBS to Hogg, April 10, 1814, *Letters PBS*, 1:389.

19) PBS to MWS, August 23, 1818, *Letters PBS*, 2:37-38

20) 메리는 고드윈의 딸답게 이 결정 과정을 일기에 "상의"라는 한 단어로 요약했다. August 28, 1818, *Journals MWS*, 225.

21) "To Mary," in Hutchinson, ed., *Complete Poetical Works of Percy Bysshe Shelley*, 549.

22) PBS to MWS, September 22, 1818, *Letters PBS*, 39 - 40.

23) Mary Shelley, "Editor's note" in *Poetical Works of Percy Bysshe Shelley*, ed. Mary Shelley (London, 1839), 160 - 61.

24) "Letter VI," Mary Shelley, *Rambles in Germany and Italy, in 1840, 1842, and 1843* (London, 1844), 79.

25) September 24, 1818, *Journals MWS*, 226.

26) "The Past" in Hutchinson, ed., *Complete Poetical Works of Percy Bysshe Shelley*, 549.

22장 메리 울스턴크래프트 _ 임레이에게 보낸 편지 (1794-1795)

1) MW to Imlay, September 22, 1794, *Letters MW*, 263.

2) Durant, "Supplement," 251 - 52.

3) MW to Imlay, September 23, 1794, *Letters MW*, 266.

4) Ibid.

5) MW to Imlay, September 28, 1794, ibid., 267.

6) MW to Imlay, February 10, 1795, ibid., 282.

7) MW to Imlay, October 1, 1794, ibid., 269.

8) MW to Imlay, October 26, 1794, ibid., 270.

9) William Drummond, ed., *The Autobiography of Archibald Hamilton Rowan* (Shannon: Irish University Press, 1972), 253 - 54, 56, 49.

10) MW to Imlay, October 26, 1794, *Letters MW*, 270.

11) Durant, "Supplement," 247.

12) MW to Imlay, February 10, 1795, *Letters MW*, 282.

13) MW to Imlay, September 22, 1794, ibid., 264.

14) MW to Imlay, February 9, 1795, ibid., 281.

15) 또한 린들 고든은 임레이와 메리의 갈등이 사적인 것일 뿐 아니라 철학적인 것이었다고 주장한다. Gordon, VAL, 242 - 52.

16) MW to Imlay, February 19, 1795, ibid., 284.

17) Ibid.

18) Imlay to MW, ibid., 285 n643에서 인용.

19) MW to Archibald Hamilton Rowan, April [date?], 1795, ibid., 288.

20) MW to Imlay, April 7, 1795, ibid., 286.

21) MW to Imlay, April 11, 1795, ibid., 289.

22) MW to Imlay, September 28, 1794, ibid., 267.

23) MW to Imlay, June 12, 1795, ibid., 297.

24) MW to Imlay, May 22, 1795, ibid., 293.

25) 메리는 편지에 다음과 같이 썼다. "내 마음이 얼마나 실망감으로 바뀌었는지!" "십 년 전 리스본에 갔을 때 내 머리는 알맞게 대처하는 능력이 있어서 피로감을 충분히 몰아냈어요." MW to Imlay, June 20, 1795, ibid., 304.

26) MW to Eliza, April 23, 1795, ibid., 290.

27) Wollstonecraft, *Maria*, 147.

23장 메리 셸리 _ "나는 살아 있는 저주였다" (1818-1819)

1) PBS to Peacock, December 22, 1818, *Letters from Abroad*, 140.*

2) MWS to Maria Gisborne, January 22, 1819, *Letters MWS*, 1:85.

3) November 30, 1818, *Journals MWS*, 241

4) MWS to Sophia Stacey, March 7, 1820. Betty Bennett, "Newly Uncovered Letters and Poems by Mary Wollstonecraft Shelley," *Keats-Shelley Memorial Bulletin* 46 (July 1997).

5) Sunstein, *MS: R&R*, 159.

6) Hutchinson, ed. *Complete Poetical Works of Percy Bysshe Shelley*, 567.

7) 이에 대해 많은 이론이 개진되었다. 그 이론들에 대한 개요를 보려면 Seymour, *MS*, 221 – 28을 참조하라. 더 이전의 개요를 보려면 Holmes, *Pursuit*, 481 – 84를 참조하라. 늘 그렇듯이 셸리 부부나 그 후손들은 자신들의 흔적을 감추는 데 탁월한 재능을 발휘했다. 불행하게도 핵심적인 편지가 적어도 한 통은 사라졌다. 여러 달 후에 메리가 기즈번 부부에게 편지를 보내서 그들이 1819년 여름에 6개월간 나폴리로 돌아가야 하는 이유를 설명했다는 것은 잘 알려져 있다. 기즈번 부부가 그런 편지를 받았다고 언급했기 때문이다. 하지만 그 편지는 폐기되었거나 분실되어서 내용을 알 수 없다.

8) 이런 주장의 증거는 클레어가 1818년 12월 27일에 "몸이 좋지 않았다"고 메리가 일기에 기록한 것뿐이다. *Journals MWS*, 246.

9) MWS to Isabella Hoppner, August 10, 1821, *Letters MWS*, 1:207.

10) PBS to Peacock, March 23, 1819, *Letters PBS*, 2:84.

11) Ibid.

12) Byron, "Childe Harold," Canto IV, LXXVIII, *Lord Byron: Selected Poems*, ed. Susan Wolfson and Peter Manning (New York: Penguin Classics, 2006), 537.

13) MWS to Marianne Hunt, March 12, 1819, *Letters MWS*, 1:88.

14) Holmes, *Pursuit*, 221.

15) MWS to Marianne Hunt, March 12, 1819, *Letters MWS*, 1:88 – 89.

16) MWS to Maria Gisborne, April 9, 1819, ibid., 1:93.

17) PBS to Peacock, March 23, 1819, *Letters PBS*, 2:84 – 85.

18) MWS to Marianne Hunt, March 12, 1819, *Letters MWS*, 1:89.

19) Mary Shelley, *Valperga* (Oxford: Oxford University Press, 2000), 96.

20) MWS to Marianne Hunt, March 12, 1819, *Letters MWS*, 1:88.

21) PBS to Peacock, March 23, 1819, *Letters PBS*, 2:85.

22) MWS to Maria Gisborne, April 9, 1819, *Letters MWS*, 1:93.

23) 커런에 대한 자세한 묘사는 Holmes, *Pursuit*, 513 – 14를 참조하라.

24) MWS to Maria Gisborne, May 30, 1819, *Letters MWS*, 1:98.

25) MWS to Mrs. Gisborne, June 5, 1819, ibid., 1:99.

26) MWS to Marianne Hunt, June 29, 1819, ibid., 1:101.

27) MWS to Leigh Hunt, September 24, 1819, ibid., 1:108.

28) MWS to Marianne Hunt, June 29, 1819, ibid., 1:102.

29) Hutchinson, ed. *Complete Poetical Works of Percy Bysshe Shelley*, 576.

30) Ibid., 577.

31) MWS to Amelia Curran, June 27, 1819, *Letters MWS*, 1:100.

32) PBS to Peacock, August 22, 1819, *Letters PBS*, 2:114.

33) Mary Shelley, "Preface" to The Cenci, in Hutchinson, ed., *Complete Poetical Works of Percy Bysshe Shelley*, 336.

34) MWS to Leigh Hunt, September 24, 1819, *Letters MWS*, 1:108.

35) MWS to Marianne Hunt, August 28, 1819, ibid., 1:102.

36) Godwin to MWS, September 9, 1819, Paul, *Friends*, 2:270.

24장 메리 울스턴크래프트 _ 스칸디나비아 여행 (1795)

1) Wollstonecraft, *Maria*, 147.

2) 임레이의 동기에 대해서는 Todd, *MW: ARL*, 303 – 5를 참조하라.

3) MW to Imlay, June 10, 1795, *Letters MW*, 295.

4) MW to Imlay, June 14, 1795, ibid., 300.

5) MW to Imlay, June 12, 1795, ibid., 299.

6) MW to Imlay, June 16, 1795, ibid., 301.

7) MW to Imlay, June 17, 1795, ibid., 303.

8) MW to Imlay, June 18, 1795, ibid., 303.

9) MW to Imlay, June 27, 1795, ibid., 306.

10) MW to Imlay, June 29, 1795, ibid., 307.

11) 메리의 편지 때문에 심란해진다고 임레이가 불평하자 메리는 다음과 같이 답장을 보냈다. "당신의 평온을 방해하지 않기 위해 내가 견디지 않을 고통은 없다는 걸 믿어주세요. (분명히 말하지만 내 눈에는 애정의 눈물이 넘쳐흐릅니다.)" MW to Imlay, July 3, 1795, ibid., 309.

12) MW to Imlay, July 4, 1795, ibid., 311.

13) 원래 '감성의 숭배(cult of sensibility)'로 알려진 이 용어는 G. J. 바커 벤필드(G. J. Barker Benfield)가 획기적인 연구서 *The Culture of Sensibility: Sex and Society in Eighteenth-Century Britain* (Chicago: University of Chicago Press, 1992)에서 도입했다.

14) MW to Imlay, July 4, 1795, ibid., 311.

15) "버림받음"의 이중적 의미에 대해서는 Lawrence Lipking, *Abandoned Women and Poetic Tradition* (Chicago: University of Chicago Press, 1988), 82를 참조하라.

16) Mary Robinson, Sonnet V, *Sappho and Phaon* (1796; Whitefish, MT: Kessinger Publishing, reprint, 2004), 14.

17) MW to Imlay, July 4, 1795, *Letters MW*, 311.

18) Mary Wollstonecraft, *Letters Written During a Short Residence in Sweden, Norway, and Denmark* (London: J. Johnson, 1796), 14.

19) Ibid., 66.

20) Ibid., 91.

21) Ibid., 93-95.

22) Ibid.

23) Ibid.

24) Ibid., 97.

25) Ibid., 100.

26) Ibid., 102.

27) Ibid., 104.

28) Ibid., 119.

29) Ibid., 132.

30) Ibid., 133.

31) 노르웨이의 역사가인 군나르 몰덴(Gunnar Molden)이 실종된 편지를 발견했다. 이 편지에 대한 자세한 설명은 Lyndall Gordon and Gunnar Molden, "The Treasure Seeker," *The Guardian*, January 7, 2005. Also VAL, 260 - 62를 참조하라.

32) Ibid., 167.

33) 엘리너 타이(Eleanor Ty)는 울스턴크래프트의 상실감이 임레이가 그녀를 거부한 것보다 훨씬 깊은 뿌리를 지니고 있었다고 주장한다. 타이는 다음과 같이 설명한다. "프로이트와 라캉의 정신분석 이론에서 욕망과 섹슈얼리티는 상실된 본래의 대상과 연결되어 있다. … 따라서 울스턴크래프트의 욕망은 단지 길버트 임레이나 다른 연인을 향한 것이 아니다." 이어서 임레이가 울스턴크래프트에게 헌신했다 하더라도 "그는 다른 어떤 것을 상징하는 대상일 뿐이기 때문에, 임레이의 사랑은 결코 그녀의 욕망을 충족시키지 못했을 것"이라고 주장한다. "'The History of My Own Heart': Inscribing Self, Inscribing Desire in Wollstonecraft's Letters from Norway," in *Mary Shelley and Mary Wollstonecraft: Writing Lives*, ed. Helen M. Buss, D. L. Macdonald, and Anne McWhir (Waterloo, Ontario: Wilfrid Laurier University Press, 2001), 71.

25장 메리 셸리 _ 어그러진 연인 (1819)

1) PBS to Peacock, July 6, 1819, Ingpen, ed., *Letters PBS*, 696.

2) 바버라 제인 오설리번(Barbara Jane O'Sullivan)은 메리 셸리의 비관주의가 너무 강해서 "카산드라 콤플렉스"를 지녔다고 말할 수 있다고 서술한다. "메리 셸리는 낭만주의의 프로메테우스적 낙관주의에 대한 대안을 제시한다. 퍼시 셸리는 사슬에서 풀린 프로메테우스를 형상화하면서 자신의 의기양양한 시적 비전을 알렸고, 그 인물은 창조적 에너지의 쇄신과 분출을 다룬 형이상학적 이야기의 중심에 있는 영웅 신이었다. 반면에 메리 셸리는 비극적이고 지극히 인간적인 여주인공을 그리는데 그 인물은 고대의 여성 예

언자 카산드라를 연상시킨다. 메리 셸리의 작품을 깊이 살펴보면 카산드라적 인물의 이미지가 널리 퍼져 있고 메리 셸리는 생애의 특정한 시기에 카산드라에게 강렬한 사적 동질감을 느꼈다는 것이 드러난다." "Beatrice in Valperga: A New Cassandra," in The Other Mary Shelley: Beyond Frankenstein, ed. Audrey A. Fisch, Anne K. Mellor, and Esther H. Schor (New York: Oxford University Press, 1993), 140.

3) MWS to Marianne Hunt, June 29, 1819, Letters MWS, 1:101.

4) August 4, 1819, Journals MWS, 293.

5) Ibid.

6) Mary Shelley, Matilda, in Mary Wollstonecraft: Mary and Maria;

7) 훗날 셸리는 이렇게 기술했다. "근친상간은 규범에 어긋난 다른 것들과 마찬가지로 매우 시적인 상황이다. 그것은 다른 것을 위해 모든 것에 저항하는 것일 수 있고 그 자체를 최고의 영웅 의식의 영광으로 뒤덮는다. 또는 그것은 이기심과 반감으로 반란을 일으킬 목적으로 선과 악에 대한 기존 관념을 혼란스럽게 하면서 그런 관념을 돌파하려는 냉소적인 분노일 수 있다." PBS to Mrs. Gisborne, November 16, 1819, Ingpen, ed., Letters PBS, 749.

8) 셸리의 전기 작가인 리처드 홈즈는 셸리의 베아트리체에 대한 묘사가 섬뜩하게도 셸리 자신을 닮았다고 믿지만 셸리가 사용한 형용사는 그가 종종 메리에 대해 사용하던 "창백한"과 "시원한"이라는 표현이었다. 그리고 메리의 눈은 울어서 확실히 부어 있었다. Holmes, Pursuit, 516-17.

9) 재닛 토드는 메리 셸리와 프랑스의 정신분석가 마리 보나파르트(Marie Bonaparte) 사이에 흥미로운 유사성을 지적한다. 프로이트의 매우 유명한 환자였던 보나파르트의 어머니는 그녀를 출산하다 사망했다. 보나파르트는 아버지의 아내(자기 어머니)이자 아버지의 자식이 되기를 동시에 갈망하는 딸의 심리에 대해 서술했다. "내게 죽는 것은 어머니와 동일시되는 것이었고, 아버지의 아내 자리에 있는 것이었고, 어머니처럼 죽는 것이었다." Revue française de psychanalyse 2.3 (1928), Janet Todd, introduction to Mary Wollstonecraft: Mary and Maria; Mary Shelley: Matilda (London: Penguin Classics, 1992), xx에서 인용.

10) Mary Shelley, Matilda, 199.

11) 클레어 레이먼드(Claire Raymond)는 메리 셸리가 명시적으로 〈첸치 일가〉를 인용한 것은 아니지만 《마틸다》가 "은연중에 퍼시 셸리의 텍스트에 반응하며, 용기를 형성하는 것에 대한 셸리의 비전을 반박한다. 《마틸다》는 퍼시 셸리의 희곡에 그려진 용감한 베아트리체 첸치의 이미지에 반박하며, 그 대신에 고통을 겪었지만 죄를 짓지 않은 패배한 딸이 자진해서 서서히 체계적으로 수행하는 고행을 제시한다. 하지만 마틸다는 텍스트를 통해서 복수하며, 그것은 배신에 대한 영속적인 반응"이라고 말한다. Claire Raymond, The Posthumous Voice in Women's Writing, from Mary Shelley to Sylvia Plath (Burlington, VT: Ashgate Publishing, 2006), 86.

12) Ibid., 210.

13) Mrs. Gisborne to PBS, October [date?], 1819, Mary Shelley, ed., Works of Percy Bysshe Shelley (Oxford: Oxford University Press, 1847), 133.

14) PBS to Mrs. Gisborne, October 13 or 14, 1819, Ingpen, ed., Letters PBS, 723.

15) 미란다 시모어는 이 유사성에 주목한다. Seymour, MS, 238 참조.

16) 메리는 기즈번 부인에게 보낸 편지에서 불평했다. "M 부인의 머리가 거위 수준만 되어도 성공하고 이익을 얻을 겁니다. 하지만 그녀의 머리는 sive[원문 그대로]하고 성미는 산불보다도 급해요." December 28, 1819, Letters MWS, 1:122.

17) PBS to the Gisbornes, November 6, 1819, Letters PBS, 2:150.

18) PBS to Ollier, October 15, 1819, Letters PBS, 2:128.

19) Newman Ivey White, The Unextinguished Hearth (London: Octagon Books, 1966), 141. 이 논평에 대한 자세한 논의는 Holmes, Pursuit, 545를 참조하라.

20) Thomas Medwin, The Life of Percy Bysshe Shelley (Oxford: Oxford University Press, 1913), 226.

21) PBS to Ollier, October 15, 1819, Letters PBS, 2:128. 이 시기의 셸리의 생활에 대한 상세한 설명은 Holmes, Pursuit, 545를 참조하라.

22) Holmes, Pursuit, 546.

23) Ibid.

26장 메리 울스턴크래프트 _ 《스웨덴에서 쓴 편지》 (1795-1796)

1) 임레이의 편지는 남아 있지 않지만 메리는 답장에서 그의 말을 인용한다. MW to Imlay, August 26, 1795, *Letters MW*, 319.

2) Ibid.

3) 엘리너 타이는 프로이트와 라캉의 이론을 사용해서 울스턴크래프트의 편지를 분석하고 울스턴크래프트가 말하는 연인을 향한 갈망은 실제로는 훨씬 깊은 욕망이었고 온갖 상실의 경험과 연결되어 있다고 주장한다. 타이에 따르면 "울스턴크래프트는 여행할 때 자기 연인과 하나가 되고 싶다는 소원을 표현했다. 그러나 라캉의 용어로 말하자면 이 뚜렷이 명시된 요구는 … 언제나 타자에게 건넨 말이고 자신이 필요로 하는 것에 미치지 못한다." "'The History of My Own Heart,'" in *Mary Wollstonecraft and Mary Shelley: Writing Lives*, ed. Buss, Macdonald, and McWhir, 71. Chapter 24의 마지막 주석도 참조하라.

4) Wollstonecraft, *Letters from Sweden*, 201–2.

5) MW to Imlay, September 6, 1795, ibid., 320.

6) Wollstonecraft, *Letters from Sweden*, 235.

7) MW to Imlay, October 10, 1795, *Letters MW*, 326.

8) MW to Imlay, ibid.

9) 재닛 토드는 "울스턴크래프트가 프랑스혁명 기간에 많은 정치인들의 '합리적' 자살을 목도했다"고 서술한다. *Letters MW*, 327 n694. 또한 *MW: ARL*, 354도 참조하라.

10) Wollstonecraft, *Letters from Sweden*, 174.

11) MW to Imlay, October 10, 1795, *Letters MW*, 326.

12) MW to Imlay, September 27, 1795, *Letters MW*, 322.

13) MW to Imlay, Sunday morning, [c. October 1795], *Letters MW*, 327.

14) Todd, *MW: ARL*, 356.

15) MW to Imlay, Sunday morning [c. October 1795], *Letters MW*, 327.

16) Ibid.

17) MW to Imlay, December 8, 1795, ibid., 334.

18) MW to Imlay, November 27, 1795, ibid., 332.

19) 메리 패브릿(Mary Favret)은 여기서 인용된 예를 제공했을 뿐 아니라 《스웨덴에서 쓴 편지》를 구성하고 집필하는 울스턴크래프트의 전략을 탁월하게 분석한다. Favret, *Romantic Correspondence: Women, Politics, and the Fiction of Letters* (Cambridge: Cambridge University Press, 2005), 102–3. 패브릿은 울스턴크래프트의 출간된 편지가 "의도적으로 연애 편지를 다시 쓰고 수정하면서 그녀의 정서적 의존과 개인적 슬픔을 변형해 사회적 부패에 대한 공적 대결로 만든다"고 주장한다. 101.

20) Wollstonecraft, *Letters from Sweden*, 187.

21) Ibid., 20.

22) Godwin, *Memoirs*, 133.

23) Gary Kelly, *Revolutionary Feminism: The Mind and Career of Mary Wollstonecraft* (New York: St. Martin's Press, 1992), 178–79.

24) Samuel Taylor Coleridge, *Dejection: An Ode*, in *The Poetical Works of Coleridge, Shelley, and Keats* (Philadelphia: Thomas Cowperthwait & Co., 1844), 48–49.

25) 콜리지, 워즈워스, 사우디의 이 시행들은 Richard Holmes, introduction to *A Short Residence in Sweden, Norway, and Denmark*와 *Memoirs of the Author of a Vindication of the Rights of Woman* (New York: Penguin, 1987), 17에서 인용했다.

26) Wollstonecraft, *Letters from Sweden*, 110.

27) Todd, *MW: ARL*, 369 n6에서 인용.

28) Mary Poovey, *The Proper Lady and the Woman Writer: Ideology as Style in the Works of Mary Wollstonecraft, Mary Shelley, and Jane Austen* (Chicago: University of Chicago Press, 1984), 256 n8에서 인용.

29) 애나 수어드는 "울스턴크래프트의 약점이 드러나게 되면 자신의 모든 원칙이 부적절하다고 밝혀질 터이므로 그녀가 그 약점을 숨길 거라고 우리는 예상했어야 했다"고 서술한다. Todd, *MW: ARL*, 369 n5에서 인용.

30) Ibid., 369 n6.

31) Richard Holmes, introduction to *Letters from Sweden*, 41. 리처드 홈즈가 처음으로 버드와 킹즐리와의 관련성을 확립했다.

32) Mary Shelley, introduction to *Frankenstein*, 7 - 8.

27장 메리 셸리 _ 사랑과 야망의 투쟁, 《발페르가》 (1819-1820)

1) 메리 셸리의 일기 1819년 9월, 10월, 11월 참조. *Journals MWS*, 294 - 301.

2) Holmes, *Pursuit*, 532.

3) Ibid., 530에서 인용.

4) PBS to Mrs. Gisborne, October 13 or 14, 1819, *Letters PBS*, 2:126.

5) Ibid.

6) 〈서풍에 붙이는 노래〉 창작 과정에 관한 셸리의 설명은 Hutchinson, ed., *Complete Poetical Works of Percy Bysshe Shelley*, 577을 참조하라.

7) 〈서풍에 붙이는 노래〉의 창작에 대한 포괄적인 분석은 Holmes, *Pursuit*, 547을 참조하라.

8) Hutchinson, ed., *Complete Poetical Works of Percy Bysshe Shelley*, 573.

9) Neville Rogers, *Shelley at Work: A Critical Inquiry* (Oxford: Clarendon Press, 1956), 228.

10) Jones, ed., *Shelley's Friends*, 44.

11) PBS to Leigh Hunt, November 13, 1819, *Letters PBS*, 2:151.

12) MWS to Mrs. Gisborne, November 13, 1819, *Letters MWS*, 1:112.

13) MWS to Marianne Hunt, November 24, 1819, ibid., 1:114.

14) MWS to Marianne Hunt, March 24, 1820, ibid., 1:136.

15) March 11, 1820, Seymour, MS, 240에서 인용.

16) February 8, 1820, *Journal CC*, 123.

17) 스테이시의 일기에서 발췌한 부분은 Helena Rossetti Angeli, *Shelley and His Friends in Italy* (London: 1911)와 Holmes, *Pursuit*, 564 - 68, 579, 632를 참조하라.

18) February 24 [error for March 24], 1820, *Letters MWS*, 1:136.

19) Ibid.

20) Hutchinson, ed., *Complete Poetical Works of Percy Bysshe Shelley*, 568.

21) PBS to Ollier, September 1819, *Letters PBS*, 2:17. 키츠의 시에 대한 셸리의 견해는 Holmes, *Pursuit*, 613 - 14를 참조하라.

22) PBS to Marianne Hunt, October 29, 1820, *Letters PBS*, 1:239 - 40.

23) Ibid.

24) John Keats to Leigh Hunt, May 10, 1817, *The Correspondence of Leigh Hunt*, ed. Thornton Hunt (London: Smith, Elder and Co., 1862), 1:106

25) July 4, 1820, *Journals CC*, 154.

26) PBS to Godwin, August 7, 1820, ibid., 2:229.

27) Hutchinson, ed., *Complete Poetical Works of Percy Bysshe Shelley*, 366.

28) PBS to Peacock, November 8, 1820, *Letters PBS*, 2:245.

29) 《발페르가》에서 메리 셸리의 급진적 정치에 대한 분석은 Stuart Curran, "Valperga," in *Cambridge Companion to Mary Shelley*, 111 - 15를 참조하라.

30) 스튜어트 커런(Stuart Curran)은 이 소설이 "그 시대의 정치에 대한 여성주의적 대안을 제시한다"고 말한다. Ibid., 110.

31) Mary Shelley, *Valperga*, 205 - 6.

28장 메리 울스턴크래프트 _ 두 번째 사랑, 윌리엄 고드윈 (1796)

1) William Godwin, *Caleb Williams*, ed. Maurice Hindle (New York: Penguin, 1988), 3.

2) William Hazlitt, *The Spirit of the Age* (1825; reprint, New York: E. P. Dutton, 1955), 182에서 인용.

3) Mary Hays to Godwin, January 11, 1796. 부록 A: 메리 헤이스와 윌리엄 고드윈의 서신 선집. *Memoirs of Emma Courtney*, ed. Marilyn L. Brooks (Peterborough, Ontario: Broadview Press, 2000), 236.

4) Godwin to Mary Hays, January [date?], 1796, in Durant, "Supplement," 311.

5) Mary Hays to Godwin, January 11, 1796, in "Appendix A: Selections from the Mary Hays and William Godwin Correspondence," *Memoirs of Emma Courtney*, ed. Brooks, 236.

6) Amelia Alderson to MW, August 28, 1796, Abinger MSS, Dep. b. 210/6. Todd, *MW: ARL*, 377에서 인용.

7) Robert Southey to Joseph Cottle, March 13, 1787, *Life and Correspondence of Robert Southey*, ed. C. C. Southey (London, 1849).

8) Amelia Alderson, August 28, 1796, Abinger MSS, Dep. b. 210/6, quoted in Todd, *MW: ARL*, 377.

9) St. Clair, *The Godwins and the Shelleys*, 162. 대부분의 학자들은 이 편지를 쓴 사람이 홀크로프트라고 거의 확신하지만 익명의 편지이기 때문에 홀크로프트의 정체는 추측으로 남을 수밖에 없다. 그러나 재닛 토드는 편지에 표현된 내용과 언어를 근거로 삼아 홀크로프트가 편지를 쓴 사람일 가능성이 크다고 주장한다. Todd, *MW: ARL*, 377 - 78 n20.

10) 재닛 토드는 "익명의 편지 작성자가 홀크로프트라는 것을 알았다면 그녀는 매우 요령 있게 상황을 처리했다"고 말한다. *MW*: ARL, 378.

11) 이것은 메리 울스턴크래프트가 죽은 후 고드윈이 마리아 레블리에게 결혼하자고 설득하려고 그녀에게 쓴 편지의 한 구절이다. 울스턴크래프트와 부부 관계였는데도 그는 여전히 당대 사회에 통용되던 여성에 대한 관점을 고수하고 있었음이 분명하다. "남성과 여성은 … 신체 구조에서 다릅니다. 교육에서는 더 다르겠지요. 여성들은 자신들을 지킬 남성의 용기, 여성들에게 결의를 북돋워줄 남성의 충실성, 그리고 적어도 현재로는 여성들에게 즐거움의 원천과 연구 자료를 제공해줄 남성의 과학적 지식과 정보가 필요합니다. 우리가 인류에게 제공할 수 있는 모든 것에 대해 여성들은 그들의 부드러운 성품과 섬세한 감정, 특이하고도 즉각적인 감수성으로 우리에게 풍부하게 보답하고, 그런 자질로 우리의 취향을 이끌어주고 우리의 회의주의를 바로잡아줍니다. 나로서는 이러한 성격상 차이가 없다면 어떻게 가정의 행복을 잘 만들어 갈 수 있을지 상상할 수 없습니다. 만일 내가 여성의 신체를 한 남성과 결혼할 수 있다면, 그것이 비너스의 육체일지라도 나는 결혼하지 않을 겁니다. September [date?], 1799, Paul, *Friends*, 336. 또한 Pforzheimer Collection, reel 6을 참조하라.

12) Godwin, *Memoirs*, 154.

13) Ibid., 133.

14) MW to Imlay, March [date?], 1796, *Letters MW*, 339.

15) Jebb, *Mary Wollstonecraft*, 291 - 92.

16) Paul, *Friends*, 74.

17) 콜리지는 완곡하게 말하지 않았다. "나는 인치볼드 부인을 전혀 좋아하지 않습니다. 그녀를 기억할 때마다 그녀가 더 싫어집니다. 눈꼬리로 곁눈질하는 표정은, 오, 하느님 맙소사! 너무 차갑고 교활합니다. 그 표정을, 심장을 후비는 그 표정을 피해 나는 황야 끝까지 도망갈 겁니다." Coleridge to Godwin, May 21, 1800, in *The Living Age* (Boston: 1864), vol. 81, 276. 또한 Pforzheimer Collection, reel 6을 참조하라.

18) Cecilia L. Brightwell, ed., *Memorials of the Life of Amelia Opie* (London: Longman, Brown, 1854), 57.

19) Amelia Alderson to Mrs. Taylor, in *The Living Age*, vol. 198 (Boston, 1893), 709.

20) Ibid.

21) Godwin, *Memoirs*, 152.

22) Wollstonecraft, *Maria*, 78.

23) MW to Godwin, July 1, 1796, *Letters MW*, 342.

24) Ralph Wardle, *Godwin and Mary* (Lincoln: University of Nebraska Press, 1977), 8.

29장 메리 셸리 _ 새로운 뮤즈 (1820-1821)

1) Mary Shelley, *Valperga*, 207.

2) 이 단계에서 클레어와 셸리의 관계에 대해서는 Holmes, *Pursuit*, 618, and Seymour, *MS*, 255, 57을 참조하라.

3) 메드윈의 성격과 외모에 대해서는 Seymour, *MS*, 255 - 56을 참조하라.

4) Thomas Medwin, *The Life of Percy Bysshe Shelley*, 2 vols. (London: 1847), 2:2.

5) Thomas Medwin, *Memoir of Percy Bysshe Shelley* (London: Whittaker, Treacher, &Co., 1833), 57.

6) October 29, 1820, *Letters* PBS, 2:241.

7) 메리의 외모에 대한 대략적 설명은 Seymour, *MS*, 260을 참조하라.

8) MWS to CC, January 21, 1821, *Letters MWS*, 1:182.

9) MWS to Marianne Hunt, December 3, 1820, ibid., 1:165, 167. 메리에 따르면 에밀리아는 "매우 아름답고 재능이 많으며" "매우 불행합니다. 그녀의 어머니는 아주 나쁜 여자고, 딸의 미모와 재능을 시기해서 딸을 수녀원에 가뒀어요."

10) Hutchinson, ed., Complete Poetical Works of Percy Bysshe Shelley, 420 - 21.

11) Emilia Viviani to MWS, December 24, 1820. 이탈리아어로 쓴 편지 원본은 Enrica Viviani della Robbia, *Vitadi unadonna* (Florence: G. C. Sansoni, 1936) 참조. Betty Bennett, ed., *Selected Letters of Mary Wollstonecraft Shelley* (Baltimore: Johns Hopkins University Press, 1995), 120 n5에서 인용.

12) Hutchinson, ed., *Complete Poetical Works of Percy Bysshe Shelley*, 413.

13) MWS to Maria Gisborne, March 7, 1822, *Letters MWS*, 1:222.

14) PBS to Byron, September 14, 1821, *Letters PBS*, 2:347.

15) PBS to Mr. Gisborne, June 18, 1822, ibid., 2:434.

16) 셸리는 바이런에게 이렇게 편지를 썼다. "〈히페리온〉에서 그토록 큰 가능성을 보여주었던 젊은 키츠가 〈쿼털리 리뷰〉에 그의 시집에 관해 실린 경멸적인 공격에 절망적인 발작을 일으키고 결국 혈관 파열로 최근에 로마에서 죽었습니다." April 16, 1821, *Letters PBS*, 2:284. 바이런은 키츠의 죽음에 대한 셸리의 설명에 동의하지 않았다. "키츠에 대해 언급한 당신의 말을 들으니 유감이오. 그런데 당신 말이 실제로 사실이오? 나는 비평이 그렇게 치명적이라고 생각하지 않았소. … 〈엔디미온〉에 관한 〈쿼털리 리뷰〉의 논평을 읽었소. 가혹한 비평이기는 하지만 그 잡지와 다른 잡지들에 게재된 다른 작가들에 대한 여러 논평들만큼 가혹하지는 않았소." Byron to PBS, April 26, 1821, ed. Thomas Moore, *Letters and Journals of Lord Byron: Complete in One Volume* (London: 1830), 479.

17) PBS to the Gisbornes, June 5, 1821, *Letters from Abroad*, 148.

18) "Adonais" in Hutchinson, ed., *Complete Poetical Works of Percy Bysshe Shelley*, 435.

19) 셸리는 존 기즈번에게 편지를 썼다. "제인이 점점 더 좋아지고, 윌리엄스는 더없이 붙임성이 좋은 친구라는 것을 알게 되었네." June 18, 1822, Dowden, *Life of Shelley*, 2:512.

20) 그가 구입한 새 보트에 대해서는 Holmes, *Pursuit*, 646 - 47을 참조하라.

21) PBS to Henry Reveley, April 17, 1821, *Letters PBS*, 2:285.

22) 미란다 시모어는 존 세인트 오빈 경이 메리에게 보낸 경고를 인용한다. "어떤 주제에 대해서 나는 사람들에게 거의 알려주지 않소. 그런데 윌리엄스 부인을 어떤 식으로 고려하든 간에 그녀는 내가 우리 편으로 선택할 사람이 아니오." Seymour, *MS*, 271n.

23) Hutchinson, ed., *Complete Poetical Works of Percy Bysshe Shelley*, 519.

24) Ibid., 636.

25) PBS to MWS, August 15, 1821, *Letters PBS*, 2:339.

26) PBS to Leigh Hunt, August 26, 1821, ibid., 2:344.

27) MWS to Mrs. Gisborne, November 30, 1821, *Letters MWS*, 1:209.

28) CC to Byron, May [date?], 1821, Isabel Constance Clarke, *Shelley and Byron: A Tragic Friendship* (1934; reprint, New York: Ardent Media), 163.

29) Sunstein, *MS: R&R*, 203.

30) Ibid.

30장 메리 울스턴크래프트 _ 평등한 동반자 관계를 맺다 (1796)

1) MW to Godwin, July 21, 1796, *Letters MW*, 343 - 44.

2) Godwin, *Memoirs*, 159.

3) Elizabeth Pennell, *Life of Mary Wollstonecraft* (Boston: Roberts Brothers, 1884), 290.

4) MW to Godwin, August 11, 1796, *Letters MW*, 347.

5) MW to Godwin, September 13, 1796, ibid., 363.

6) Godwin to MW, August [date?], 1796, ibid., 349 n733.

7) MW to Godwin, August 11, 1796, ibid., 347

8) MW to Godwin, August 16, 1796, ibid., 348.

9) Godwin to MW, August 16, 1796, Wardle, *Godwin and Mary*, 14.

10) MW to Godwin, August 17, 1796, *Letters MW*, 348.

11) Godwin to MW, August 17, 1796, Wardle, *Godwin and Mary*, 16.

12) Ibid., 17.

13) 고드윈의 기록 체계에 대한 간략한 설명은 Todd, *Letters MW*, 348 n730을 참조하라. "윌리엄 고드윈의 일기," 보들리 도서관, http://godwindiary.bodleian.ox.ac.uk.

14) Godwin to Mary, undated, 1796, Wardle, *Godwin and Mary*, 44.

15) "William Godwin's Diary," October 9, 1796,
http://godwindiary.bodleian.ox.ac.uk.

16) MW to Godwin, October 4, 1796, *Letters MW*, 371.

17) MW to Godwin, November 18, 1796, ibid., 376.

18) Godwin to MW, undated, 1796, Wardle, *Godwin and Mary*, 49.

19) MW to Godwin, November 28, 1796, *Letters MW*, 381.

20) MW to Godwin, October 7, 1796, ibid., 372.

21) 울스턴크래프트는 그의 비판에 답하는 편지에서 고드윈의 표현을 인용했다. September 4, 1796, ibid., 357 – 58.

22) Ibid.

23) MW to Godwin, September 15, 1796, ibid., 365.

24) MW to Godwin, September 17, 1796, ibid., 366.

25) MW to Godwin, September 19, 1796, ibid.

26) MW to Godwin, November 19, 1796, ibid., 377.

27) Godwin to MW, undated, Wardle, *Godwin and Mary*, 50.

28) MW to Godwin, September 10, 1796, ibid., 359.

29) MW to Godwin, November 19, 1796, ibid., 377.

30) MW to Godwin, December 6, 1796, ibid., 382.

31) MW to Godwin, December 7, 1796, ibid.

32) MW to Godwin, December 23, 1796, ibid., 386.

33) MW to Godwin, December 28, 1796, ibid., 387.

34) MW to Godwin, January 12, 1797, ibid., 391.

35) MW to Godwin, December 31, 1796, ibid., 388.

36) 《마리아》에서 광기에 대한 메리의 포괄적인 묘사는 Todd, *MW: ARL*의 36장을 참조하라. 특히 주(註) 23 – 28에 주목할 것.

37) 당시 베들럼에 대한 포괄적인 역사는 Catherine Arnold, *Bedlam* (London: Simon & Schuster, 2008), 172 – 80을 참조하라.

38) "William Godwin's Diary," http://godwindiary.bodleian.ox.ac.uk. 1797년 2월 6일 고드윈은 "존슨, 울스턴크래프트와 함께 늙은 옷장수와 베들럼"이라고 기록했다. 재닛 토드는 어쩌면 그들이 "옷장수"를 베들럼에서 보았을 것이라고 암시한다. *MW: ARL*, 492 n23.

39) William Godwin, *The Enquirer: Reflections on Education, Manners, and Literature* (London: G. G. and J. Robinson, 1797), 86.

40) MW to Godwin, early 1797, ibid., 400.

41) Virginia Woolf, *The Second Common Reader* (1932; reprint, New York: Harcourt, Brace and World, 1960), 148.

31장 메리 셸리 _ 피사의 '사탄 학파' (1821–1822)

1) MWS to Mrs. Gisborne, November 30, 1821, *Letters MWS*, 1:209.

2) Medwin, *Life of Shelley*, 329.

3) 바이런에 따르면 이런 소문을 퍼뜨린 사람은 시인 로버트 사우디였다. 1818년 바이런은 친구 존 캠 홉하

우스(John Cam Hobhouse)에게 보낸 편지에서 자신과 셸리가 스위스에 머무는 동안 "근친상간 그룹을 결성했다"고 사우디가 말했다고 썼다. Marchand, ed., *Byron's Letters and Journals*, 10.
4) 바이런의 이상한 식습관을 둘러싸고 다양한 이야기가 있다. 하지만 앤드류 스톳(Andrew Stott)은 바이런에게 체중은 단지 미학적인 문제만은 아니었다고 지적한다. 그는 날씬하게 보였을 때의 모습을 선호했지만, 체중이 늘어날 때 얼마나 활력을 느낄 것인지를 염려하기도 했다. 다른 한편으로는 이 활력을 즐겼지만 그 활력이 성적 폭식과 악명 높은 분노를 낳지 않을지 걱정했다. 그래서 그는 "악마를 굶겨 없애는 데" 전념했다. "The Diets of the Romantic Poets," *Lapham's Quarterly*, http://www.laphamsquarterly. org/roundtable/roundtable/the-diets-of-the-romantic-poets.php, 9/23/13.
5) Medwin, *Life of Shelley*, 335.
6) Ibid., 330 – 31.
7) Edward Trelawny, *Recollections of the Last Days of Shelley and Byron* (London: Edward Moxon, 1858), 39.
8) MWS to Marianne Hunt, March 5, 1822, *Letters MWS*, 1:221.
9) Hutchinson, ed., *Complete Poetical Works of Percy Bysshe Shelley*, 665. 셸리는 〈기타를 들고―제인에게〉라고 제목을 붙인 시에서 스스로를 아리엘로 묘사했다.

아리엘이 미란다에게:
그대의 노예인 그를 위해서
이 음악의 노예를 데려가
그대가 할 수 있는, 오직 그대만 할 수 있는
모든 화음을 가르쳐주오.

셸리는 존 기즈번에게 편지를 썼다. "제인의 음악 취향과 우아한 몸과 동작은 문학적 교양의 결핍을 어느 정도 보상합니다. 음악에 대한 내 무지를 알고 계시니 내가 테라스에서 저녁 내내 단순한 멜로디에 귀를 기울이며 지나치게 즐거워한다고 말해도 날 용서해주시겠지요." June 18, 1822. 셸리는 제인에게 그녀가 자신의 유일한 "위안의 … 원천"이라고 말했다. July 4, 1822, *Letters PBS*.
10) 트렐러니의 생애에 대한 최초의 회고록은 그의 회고록에 대한 에드워드 가넷(Edward Garnett)의 서문에 나온다. Trelawny, *Adventures of a Younger Son* (London: 1890), 8.
11) January 19, 1822, *Journals MWS*, 391.
12) Garnett, introduction to *Adventures*, 17.
13) January 19, 1822, *Journals MWS*, 391.
14) Hutchinson, ed., *Complete Poetical Works of Percy Bysshe Shelley*, 637.
15) PBS to Edward Williams, January [date?], 1822, *Letters PBS*, 2:384 – 86.
16) Jones, ed., *Shelley's Friends*, 125.
17) October 2, 1822, *Journals MWS*, 429.
18) October 2, 1822, ibid., 430.
19) PBS to MWS, August 8, 1821, *Letters from Abroad*, 253.
20) PBS to Ollier, September 25, 1821, *Letters PBS*, 2:353.
21) MWS to Mrs. Gisborne, February 9, 1822, *Letters MWS*, 1:218.
22) 이 소설이 수용되는 과정에 대한 설명은 Stuart Curran, "Valperga," in *Cambridge Companion to Mary Shelley*, 110 – 11을 참조하라.
23) 스튜어트 커런(Stuart Curran)은 메리가 자신이 《프랑켄슈타인》의 저자라고 선언했을 때 독자들에게 급진주의자로서 자신의 자격을 알리고 있다고 주장한다. 그는 "속표지에 자신을 '《프랑켄슈타인》의 저자'로 표시함으로써 메리가 여성들이 글에서 공적인 주제에 집중하지 못하도록 금지한 암묵적인 성적 제약을 명백히 거부하고 자기 방식으로 하겠다는 점을 분명히 한다"라고 주장한다. Ibid., 114.
24) 존 깁슨 록하트(John Gibson Lockhart)는 《발페르가》를 *Blackwood's Edinburgh Magazine*, March 1823에서 논평했다. Ibid., 111. Michael Rossington, "Introduction" to Valperga (Oxford: Oxford University Press, 2000), xii – xix도 참조하라.
25) February 8, 1822, *Journals MWS*, 396.

26) Trelawny, *Recollections*, 28 – 29.

27) Jones, ed., *Shelley's Friends*, 131.

28) "Portrait de Mme. Shelley par le Comte de Metaxa," in Sunstein, *MS: R&R*, 208.

29) February 9, 1822, *Letters MWS*, 1:218.

30) Trelawny, *Recollections*, xv.

31) Jones, ed., *Shelley's Friends*, 125.

32) Garnett, introduction to *Adventures*, 8.

33) Edward Trelawny, *Records of Shelley, Byron, and the Author* (London: 1878), xvi.

34) 바이런은 테레사에게 편지를 썼다. "나는 오늘 내 해적의 화신을 만났소. 그는 《해적》을 베개 밑에 깔고 잠을 자고, 그의 과거 모험과 현재 행동 방식은 모두 그 해적의 화신이 되려는 목표를 드러내더군." "La Vie de Lord Byron" by Teresa Guiccioli, *Journals MWS*, 392 n1에서 인용.

35) Trelawny, *Adventures of a Younger Son*, 20.

36) "봄은 우리에게 불길한 계절이다." MWS to CC, March 20, 1822, *Letters MWS*, 1:226.

37) 이것은 리처드 홈즈의 용어이다. *Pursuit*, 696.

38) 항해 계획을 대하는 제인의 태도에는 여러 해석이 있다. 일반적으로 대부분의 전기 작가들은 제인이 그 계획에 불안을 표현하지 않았다고 동의한다. 하지만 한 기록에 따르면, "메리가 제인에게 '난 아무 말도 하지 않겠지만 이 보트가 몹시 싫어요.'라고 말하자 제인은 '나도 그래요. 하지만 말해봐야 소용없고 즐거움만 망칠 뿐이죠.'라고 대답했다." Dowden, *Life of Percy Bysshe Shelley*, 2:465.

39) 클레어가 퍼시 비시 셸리에게 쓴 편지는 없어졌지만 그녀의 불안감과 알레그라를 납치하려는 소망은 주위 사람들에게 잘 알려져 있었다. *Journals CC*, 279 – 84를 참조하라.

40) Clarke, *Shelley and Byron: A Tragic Friendship*, 163에서 인용.

41) 옥스퍼드대학 보들리언 도서관 서가 기호 MS. Abinger c 69, fol. 1r. 온라인에서도 이용 가능. "Shelley's Ghost: Letter from Allegra to her father Lord Byron," http://shelleysghost.bodleian.ox.ac.uk/letter-from-allegra-to-her-father-lord-byron.

42) Clarke, *Shelley and Byron: A Tragic Friendship*, 163에서 인용.

43) April 23, 1822, *Journals MWS*, 408.

44) MWS to Mrs. Gisborne, June 2, 1822, *Letters MWS*, 1:236.

45) June 2, 1822, ibid.

32장 메리 울스턴크래프트 _ 파격적인 신혼 생활 (1797)

1) MW to Maria Reveley, Wednesday morning [c. spring/ summer 1797], *Letters MW*, 425.

2) Richard Holmes, *Sidetracks: Explorations of a Romantic Biographer* (New York: Random House, 2001), 208에서 인용.

3) MW to Amelia Alderson, April 11, 1797, *Letters MW*, 408 – 9.

4) Brightwell, ed., *Memorials of Amelia Opie*, 63.

5) Godwin to Mary Hays, April 10, 1797, C. Kegan Paul, "Prefatory Memoir" in *Letters to Imlay* by Mary Wollstonecraft, lv.

6) Thomas Holcroft to Godwin, April 6, 1797, in Paul, *Friends*, 1:240.

7) Godwin to Tom Wedgwood, April 1796, ibid.

8) Knowles, *Fuseli*, 170.

9) Durant, "Supplement," 313 – 14.

10) Paul, *Friends*, 1:240.

11) Ibid., 1:238.

12) MW to Amelia Alderson, April 11, 1797, ibid., 409.

13) MW to Mary Hays, April [date?], 1797, *Letters MW*, 410.

14) Paul, *Friends*, 1:238.

15) Ibid.

16) MW to Godwin, June 6, 1797, *Letters MW*, 418.

17) MW to Godwin, July 3, 1797, ibid., 427.

18) MW to Godwin, April 20, 1797, ibid., 410.

19) MW to Godwin, May 21, 1797, ibid., 414

20) MW to Godwin, July 4, 1797, ibid., 428.

21) MW to Godwin, July 3, 1797, ibid., 426.

22) Godwin, Memoirs, 174.

23) MW to Godwin, April 11, 1797, *Letters MW*, 407.

24) Ibid.

25) 재닛 토드는 "관찰에서 얻은 진실에 대한 믿음과 독자적 사고 및 자기 표현의 필요성을 반복해서 역설한 다는 점에서 울스턴크래프트의 에세이는 표면적으로는 예술, 자연 및 예술가를 고찰한 것이지만 그녀의 개인적 글쓰기 방식에 대한 고드윈의 몰이해와 그의 견해에 대한 또 하나의 답변이었다"라고 기술한다. *MW: ARL*, 425.

26) 해리엇 디바인 점프(Harriet Devine Jump)는 〈꾸며낸 취향에 대하여〉에서 울스턴크래프트가 낭만주 의 미학의 핵심적 신조인 상상력을 거의 완벽하게 옹호했다고 주장한다. "'A Kind of Witchcraft': Mary Wollstonecraft and the Poetic Imagination," *Women's Writing* 4, no. 2 (1997): 235 – 45를 참조하라.

27) Mary Wollstonecraft, "On Poetry, and Our Relish for the Beauties of Nature," in Posthumous Works of the Author of a Vindication of the Rights of Woman, 4 vols., ed. William Godwin (1798), 3:169 – 70.

28) Ibid.

29) Wollstonecraft, *Maria*, 59.

30) Wendy Moore, Wedlock: *The True Story of the Disastrous Marriage and Remarkable Divorce of Mary Eleanor Bowes, Countess of Strathmore* (New York: Crown, 2009), 288.

31) Ibid., 287.

32) MW to Imlay, January 1, 1794, *Letters MW*, 238.

33) Wollstonecraft, *Maria*, 142 – 43.

33장 메리 셸리 _ 유산, 악몽, 죽음 (1822)

1) MWS, "Notes on Poems of 1822," in Hutchinson, ed., *Complete Poetical Works of Percy Bysshe Shelley*, 670.

2) MWS to Mrs. Gisborne, August 15, 1822, *Letters MWS*, 1:244.

3) "Italy Revisited," in Henry James, *Collected Travel Writings* (Library of America, 1877; reprint, 1993), 399.

4) MWS to Mrs. Gisborne, August 15, 1822, *Letters MWS*, 1:244.

5) Ibid.

6) Dowden, *Life of Shelley*, 547. 메리 셸리는 마리아 기즈번에게 보낸 편지에서 약간 다르게 설명한다. 클 레어가 카사 마니에 도착하고 며칠 지난 후 피렌체로 돌아가기로 결정해서 셸리가 클레어에게 말할 수밖 에 없었다는 것이다. June 2, 1822, *Letters MWS*, 1:238.

7) PBS to Byron, May 8, 1822, *Letters PBS*, 2:416.

8) Clarke, *Shelley and Byron: A Tragic Friendship*, 163.

9) PBS to MWS, August 15, 1821, in Dowden, *Life of Shelley*, 435.

10) Claire Clairmont to Lady Mountcashell, September 24, 1822. 포르츠하이머 컬렉션(Pforzheimer Collection)의 분류되지 않은 원고. Hay, *Young Romantics: The Tangled Lives of English Poetry's Greatest Generation*, 307 – 9에 처음 출간됨.

11) "The Choice," in *Journals MWS*, 491.

12) Ibid.

13) Jones, ed., *Shelley's Friends*, 162.

14) Ibid., 147.

15) PBS to Trelawny, June 18, 1822, *Letters PBS*, 2:433.

16) Holmes, *The Pursuit*, 724. See also Donald H. Reiman, *Shelley's "The Triumph of Life": A Critical Study* (Champaign: University of Illinois Press, 1965).

17) MWS to Mrs. Gisborne, June 2, 1822, *Letters MWS*, 1:236.

18) Ibid.

19) PBS to Captain Roberts, May 12, 1822, *Letters PBS*, 2:419.

20) MWS to Mrs. Gisborne, August 15, 1822, *Letters MWS*, 1:236. 그 결과 많은 전기 작가들이 여전히 셸리의 보트를 돈 후안호라고 부른다.

21) August 15, 1822, MWS to Mrs. Gisborne, *Letters MWS*, 1:236.

22) MWS to Mrs. Gisborne, August 15, 1822, *Letters MWS*, 1:245.

23) May 15, 1822, Jones, ed., *Shelley's Friends*, 149.

24) MWS to Mrs. Gisborne, August 15, 1822, *Letters MWS*, 1:244.

25) Ibid.

26) Ibid.

27) Ibid.

28) MWS to Leigh Hunt, June 30, 1822, ibid., 1:238.

29) MWS to Mrs. Gisborne, August 15, 1822, ibid., 1:247.

30) Ernest J. Lovell, ed., *Lady Blessington's Conversations with Lord Byron* (Princeton: Princeton University Press, 1969), 53.

31) MWS to Mrs. Gisborne, August 15, 1822, *Letters MWS*, 3:247.

32) Ibid.

33) Ibid.

34) Ibid.

35) Trelawny, *Recollections*, 126.

36) Thornton Hunt, Dowden, *Life of Shelley*, 564에서 인용.

37) Ibid., 566.

38) Leigh Hunt, Ibid에서 인용.

39) Holmes, *Pursuit*, 728.

40) Trelawny, *Records of Shelley, Byron, and the Author*, 196.

41) *The Journal of Clarissa Trant* (London, 1826; reprint, 1925), 198-99. 사고에 대한 다양한 설명은 Dowden, *Life of Shelley*, 2:534-36과 Holmes, *Pursuit*, 729 n56을 참조하라.

42) PBS to MWS, July 4, 1822, *Letters PBS*, 2:720.

43) Trelawny, *Records of Shelley, Byron, and the Author*, 200.

44) Trelawny, *Recollections*, 123.

45) MWS to Godwin, July 19, 1822, St. Clair, *The Godwins and the Shelleys*, 555.

46) 트렐러니는 자신의 노력을 그의 두 회고록, *Records of Shelley, Byron, and the Author*와 *Recollections of the Last Days of Byron and Shelley*에 기록했고, 두 번째 회고록에서는 바이런과 셸리의 죽음에 대한 첫 번째 이야기를 미화했다. 두 회고록에서 트렐러니는 자신의 목적을 위해서 사실을 과장하고 이야기를 만들어내면서 시인들의 삶에 자신이 중요한 역할을 했다고 강조한다. 그러나 아리엘호가 항해에 적합하지 않았다는 설명처럼 자신의 이익과 관련이 없는 일부 회고록의 묘사는 신뢰할 수 있는 것으로 보인다. 하지만 장례식을 주관했을 때 그는 메리에게 불리한 재창조 과정에 착수했다. 미란다 시모어는 다음과 같이 썼다. "이때 트릴로니는 성지(聖地)의 파수꾼으로 변신했다. 그는 셸리를 알게 된 지 6개월도 채 지나지 않았지만 이제 그를 숭배하는 진지한 수호자가 되었고, 시간이 지나면서 셸리를 향한 메리의 헌신적인 사랑을 두고 경쟁하며 그녀를 위협했다." MS, 304-5. 셸리의 죽음이 남긴 유산, 새롭게 등장한 신화, 다양한 서사 간의 경쟁에 대한 자세한 내용은 Richard Holmes, "Death and Destiny," *Guardian*, January 24, 2004를 참조하라. http://www.theguardian.com/books/2004/jan/24/featuresreviews.guardianreview1.

47) Mary Shelley, *Frankenstein*, 190.

48) Trelawny, *Recollections*, 133.

49) Ibid.

50) Ibid., 134.

51) *Journals MWS*, 423.

52) MWS to Mrs. Gisborne, August 15, 1822, *Letters MWS*, 1:244-52.

53) Trelawny to MWS, April [date?], 1823. "나는 그의 유골을 무덤으로 옮겼고, 돌을 올려놓고, 이제 나무를 심고 있습니다. 그리고 내가 죽을 때 … 내 장례에 준비하려고 이 아름다운 은거지에 놓을 화강석을 주문했지요." Henry Buxton Forman, ed., *Letters of Edward John Trelawny* (London: Henry Frowde, Oxford University Press, 1910).

54) *Journals MWS*, 440.

55) 셸리의 심장을 둘러싼 이야기는 유명하다. 처음에 나온 이야기 요약은 Dowden, *Life of Shelley*, 2:534를 참조하라.

34장 메리 울스턴크래프트 _ 마지막 날들 (1797)

1) MW to Godwin, June 6, 1797, *Letters MW*, 416-17.

2) Godwin to MW, June [date?], 1797, Wardle, *Godwin and Mary*, 89.

3) MW to Godwin, June 10, 1797, *Letters MW*, 420.

4) MW to Godwin, June 19, 1797, ibid., 421.

5) MW to Godwin, July 4, 1797, ibid., 428.

6) Godwin to MW, July 4, 1797, 115.

7) MW to Miss Pinkerton, August 9, 1797, *Letters MW*, 434.

8) Ibid., 434 n951.

9) Miss Pinkerton to MW, [date?], 1797, ibid., 434 n952.

10) Thomas Holcroft to Godwin and MW, April 6, 1797, Paul, *Friends*, 1:334.

11) William Hazlitt, "My First Acquaintance with Poets," *Selected Essays*, ed. George Sampson (1823; reprint, Cambridge: Cambridge University Press, 1958), 7.

12) Coleridge, ibid에서 인용.

13) MW to Maria Reveley, spring/summer, 1797, *Letters MW*, 425.

14) Jebb, *Mary Wollstonecraft*, 291.

15) "The Choice," in *Journals MWS*, 491

16) MW to James Marshall, August 21, 1797, *Letters MW*, 435.

17) 고드윈의 소설 《성 레옹》에서 그가 홀아비의 슬픔을 묘사한 부분은 메리 울스턴크래프트를 잃은 경험에 바탕을 두고 있다. *St. Leon: A Tale of the Sixteenth Century*, ed. William Dean Brewer (Peterborough, Ontario: Broadview Press, 2006), 87.

18) MW to Godwin, August 30, 1797, *Letters MW*, 436.

19) Godwin, *St. Leon*, 89.

20) Godwin, *Memoirs*, 187.

21) Ibid., 182.

22) Ibid., 189.

23) Paul, *Friends*, 1:282.

24) Godwin, *Memoirs*, 189-90.

25) Paul, *Friends*, 1:197.

26) Ibid., 1:283.

27) Godwin, *Memoirs*, 199.

28) Godwin, *St. Leon*, 297.

35장 메리 셸리 _ "내 벗들은 나보다 먼저 소멸했다" (1823-1828)

1) October 2, 1822, *Journals MWS*, 429-30.

2) October 21, 1822, ibid., 440-41.

3) MWS to Jane Williams, December 5, 1822, *Letters MWS*, 265.

4) Marianne Hunt, October 7, 1822, "Unpublished Diary of Mrs. Leigh Hunt," *Bulletin and Review of the Keats-Shelley Memorial*, Issues 1-2 (New York: Macmillan, 1910), 68.

5) Marianne Hunt, September 23, 1822, "Unpublished Diary," 73.

6) MWS to Mrs. Gisborne, September 17, 1822, *Letters MWS* 1:261.

7) 메리 셸리는 제인에게 다음과 같이 편지를 썼다. "나는 결혼한 여자들이 꾸미는 음모를 증오하고 경멸해요. 관습 때문에 그들이 사슬에 묶여 있다고 해도 그들의 기만은 정당화할 수 없어요." December 5, 1822, ibid., 1:264.

8) Sir Timothy Shelley to Byron, February 6, 1823, in Doris Langley Moore, *Accounts Rendered* (London: John Murray, 1974), 404–5.

9) MWS to Byron, February 25, 1823, *Letters MWS*, 1:315.

10) MWS to Louisa Holcroft, October 2, 1823, ibid., 3:388.

11) "새로운" 런던의 전체적인 모습은 Porter, *London*, 200을 참조하라.

12) *Theatrical Observer*, August 9, 1823. 미란다 시모어는 이런 "시위자들"이 연극을 홍보하려고 극장 측이 고용한 사람들이었다고 암시한다. *MS*, 334.

13) MWS to Leigh Hunt, September 9–11, 1823, *Letters MWS*, 1:378.

14) 미란다 시모어는 "극작가들은 작품을 사용한 대가로 돈을 지불할 의무가 없었다"고 말한다. *MS*, 335.

15) November 4, 1843, *Mr. Punch's Victorian Era: An Illustrated Chronicle of the Reign of Her Majesty the Queen*, vol. 1 (London: Bradbury, Agnew & Co., 1887), 23.

16) 윌리엄 고드윈에 대한 추가적인 정보는 Seymour, *MS*, 333을 참조하라.

17) 〈리터러리 가제트〉는 다음과 같이 선언했다. "셸리의 비참하고 끔찍한 죽음을 다룬 이 형편없는 시는 … 비도덕적이다. 그 정서는 무기력하고 이해할 수 없거나 사악하며, 시적으로 볼 때 가장 불쾌한 단점이 있다." September 21, 1822, no. 296, 591. 1820년대 셸리에 대한 언급을 총망라한 목록은 Karsten Klejs Engelberg, *The Making of the Shelley Myth: An Annotated Bibliography of Criticism of Percy Bysshe Shelley*, 1822–60 (London: Mansell, 1988)을 참조하라.

18) *Monthly Magazine*, August 1, 1823, vol. 56, no. 385.

19) 편집자로서 메리의 역할에 대한 종합적인 해석은 Susan Wolfson, "Mary Shelley, Editor," in *The Cambridge Companion to Mary Shelley*, ed. Esther Schor (Cambridge: Cambridge University Press, 2003), 193–210을 참조하라.

20) 셸리의 작품과 문학적 유산을 형성하는 데 메리가 기여한 바를 예리하고 신중하게 분석한 ibid., 191–210을 참조하라.

21) 수전 울프슨은 메리가 주를 붙이고 전기적 사실들을 첨부하면서 저자로서 자신의 존재를 삽입했지만 동시대 독자들에게는 겸손한 아내이자 도움을 주는 제자로 행세했다고 지적한다. Ibid., 191–210을 참조하라. 울프슨은 "부분적으로나 전체적으로 메리 셸리는 '퍼시 비시 셸리'를 창조했다"고 기술한다. Ibid., 197.

22) Mary Shelley, *Last Man*, 391.

23) MWS to Teresa Guiccioli, May 16, 1824, *Letters MWS*, 1:422.

24) May 14, 1824, *Journals MWS*, 476.

25) MWS to Teresa Guiccioli, December 30, 1824, *Letters MWS*, 1:460.

26) January 30, 1825, *Journals MWS*, 489.

27) Eliza Rennie, *Traits of Character: Being Twenty-Five Years of Literary and Personal Recollections*, 2 vols. (London: 1860), 2:207–8.

28) 도디는 메리를 "내 예쁜이", "내 사랑(Meine Liebling)"이라고 부르고 메리를 닷새만 보지 못해도 고통을 느낀다고 말한다. "어젯밤 당신과 함께 있을 때 약속된 휴가를 기대하는 어린아이처럼 손가락을 세면서 나는 통증에 가까운 감정을 느꼈어요." Maria Diana Dods to MWS, n.d. (Oxford, Bodleian Library, Abinger Dep. c. 516/11).

29) MWS to Jane Williams, July 28, 1826, *Letters MWS*, 1:556.

30) MWS to Jane Williams, summer, 1826, ibid., 1:573. 훗날 메리는 이 관계를 돌이켜보면서 그것이 성적 관계라는 것을 강하게 시사하는 "tousy-mousy"라는 독특한 단어를 사용하며 트렐러니에게 이야기했다. "10년 전에 나는 스스로를 포기할 마음이었고 남자가 두려워서 걸핏하면 여자들에게 끌려다녔다(tousy-mousy)." (October 12, 1835, *Letters MWS*, 2:256). 메리 셸리의 편지 편집자이자 도디의 복장 도착자적 정체성을 발견한 학자인 베티 베넷(Betty Bennett)은 19세기의 "tousy-mousy"라는 단어에 대해 자세히 설명한다. "당대의 고상한 용례에 따르면 'to touse and mouse'은 '거칠게 끌고 다니다'라는 의미였

다. *Dictionary of Obsolete and Provincial English*, ed. Thomas Wright (London: Henry G. Bohn, 1851) 참조. 변이된 형태인 'towsy-mousy'는 여성의 외음부를 가리키는 속어이기도 했다. *Slang and Its Analogues*, eds. J. S. Farmer and W. E. Henley (1st ed., 1890–1904; reprint, New York: Arno Press, 1970)," in *Mary Diana Dods: A Gentleman and a Scholar* (Baltimore: Johns Hopkins Press, 1994), 286 n18 참조. 옥스퍼드 영어사전(OED)은 "tousy"나 "towsy"를 "단정치 못한, 난잡한, 헝클어진, 텁수룩한, 거친"이라는 뜻으로 정의하고 이 단어가 다른 단어와 결합되어 사용된다고 기록한다. 그러나 이 단어가 당대에 쓰였던 의미에도 불구하고 베넷은 메리 셸리가 여성들에게 성적으로 끌린 적이 있었다는 견해를 거부한다. 나는 베넷의 주장에 동의하지 않는다. 이 편지들을 보면 메리와 제인이 가끔 성적으로 중요하고 친밀한 관계를 공유했다고 해석할 수 있다.

31) MWS to Leigh Hunt, June 27, 1825, *Letters MWS*, 1:491.

32) Review of *The Last Man*, *Literary Gazette*, vol. 10 (London: Henry Colburn, 1826), 103; Google Books. *The Last Man*의 수용과 출간 역사에 대한 포괄적인 설명은 Morton D. Paley, "*The Last Man*: Apocalypse Without Millennium," in *The Other Mary Shelley: Beyond Frankenstein*, ed. Audrey A. Fisch, Anne K. Mellor, and Esther H. Schor (New York: Oxford University Press, 1993), 107–22를 참조하라.

33) 〈먼슬리 리뷰〉에 서명 없이 발표된 이 서평은 메리를 셸리와 고드윈, 울스턴크래프트와 연결한다. "셸리 부인은 자기 가족의 특별한 재능에 충실하게, 살아 숨 쉬는 세상과 여기에 활력을 부여하는 활동과 현장에는 솟아오르는 자신의 상상력을 발휘할 가치가 없다고 생각했다. 그래서 다시 한번 과감하게 자신의 세계를 창조하고, 자기 손으로 빚은 존재들로 그 세계를 채우고, 완벽한 지혜라고 오랫동안 배웠던 환상적 이론에서 도출한 법칙으로 그 세계를 지배하려 한다. … 그녀의 상상력은 일상적인 사건에 아무런 토대도 없고 인류의 공통된 동정심에는 전혀 매력적으로 보이지 않는 꾸며낸 것들에서 기쁨을 느끼는 듯하다. … 그녀의 야심은 자신의 머릿속에서만 존재할 수 있는 괴물들을 묘사하고, 세상이 여태까지 목격해 온 어떤 것과도 양립할 수 없는 장면과 사건에 그 괴물들을 연루시키는 것으로 나아갔다. … 작품 전체가 우리에게는 병든 상상력과 더없이 타락한 취향의 산물로 보인다." *Monthly Review, from January to April Inclusive*, vol. 1, 1826 (London: R Griffiths, 1826), Google Books, 335.

34) 모턴 페일리(Morton Paley)는 메리의 작품과 당대 다른 작가들의 작품을 비교한다. "*The Last Man*: Apocalypse Without Millennium," in *The Other Mary Shelley: Beyond Frankenstein*, ed. Audrey A. Fisch, Anne K. Mellor, and Esther H. Schor (New York: Oxford University Press, 1993), 107–22.

35) MWS to Leigh Hunt, August 12, 1826, *Letters MWS*, 1:528.

36) 문학 전기 작가로서 복장 도착증과 레즈비언 정체성에 관한 글의 문제적 이슈, 특히 도디의 젠더 정체성 문제에 초점을 맞춘 또 다른 논의로 Geraldine Friedman, "Pseudonymity, Passing, and Queer Biography: The Case of Mary Diana Dods," *Romanticism on the Net 23* (2001), Michael Eberle-Sinatra, ed., Richard Sha, guest ed., doi: 10:7202/005985ar를 참조하라. 베티 베넷은 복장 도착자로서 도디의 정체성을 처음으로 발견했고, 자신이 발견한 것과 그 증거에 대해 *Mary Diana Dods*에서 이야기한다.

37) July 13, 1827, *Journals MW*, 502–3.

38) "진심으로 바라건대 과거나 돌이킬 수 없는 변화를 언급하지 말아요." MWS to Jane Williams Hogg, June 5, 1828, *Selected Letters MWS*, 205.

39) MWS to Jane Williams Hogg, June 5, 1828, *Letters MWS*, 2:42.

40) 메리는 트럴러니의 비판에 맞서 자신을 옹호하는 긴 편지를 썼다. "당신은 내게 화를 내며 내가 회피한다고 이야기합니다. 당신이 요청한 것은 무엇이고, 내가 거절한 것은 무엇인가요? 내 마음에 대해 당신에게 이야기하려고 하니 이 편지를 누구에게도 보여주지 마세요. 당신은 셸리의 생애를 집필하겠다고 하고 내게 자료를 요청합니다. 대중과 관련해서 셸리의 삶에는 사건이 별로 없고 그것은 공개적으로 알려져 있습니다. 사적인 삶은 슬프고 비극적이었습니다." December 15, 1829, ibid., 2:94.

41) CC to Trelawny. 클레어가 편지 초반에 드레스덴에서 지낸 시절을 언급하기 때문에 매리언 킹스턴 스타킹은 이 편지의 날짜를 1828년 이후로 분류했다. 분명 클레어는 여전히 셸리를 이상적인 도덕성을 지닌 사람으로 옹호하고 있었기 때문에 자유로운 사랑을 대하는 셸리의 입장에 대해 아직은 그를 비난하지 않았다. 이 편지 후반부에서 클레어는 다음과 같이 선언한다. "빛나는 그(셸리)의 이름이 메리가 그 위에 뿌려놓은 오염으로 퇴색되지 않도록 메리가 주목받지 않고 기억되지 않은 채 죽을 수 있기를! 고귀하고 가

치 있는 것의 실체가 모두 사라졌을 때 겉만 번지르르하고 저속한 화려함을 추구하는 것은 얼마나 저급한 야망인가요." *Journals CC*, 432.

42) 메리 셸리는 1823년부터 1839년까지 잡지와 연감에 21편의 이야기를 게재했다. 메리 셸리의 여주인공들은 적들의 손에 고통을 당하고, 종종 사회의 요구에 따르느니 차라리 죽음을 택한다. 여러 면에서 이 이야기들은 결혼의 제약과 샬럿 서스먼(Charlotte Sussman)이 여성의 "상품화"라고 명명한 상황에 대한 메리의 저항을 표현한다. 서스먼에 따르면 "여성의 경제적 가치가 결혼 시장에 의해 통제되는 방식에 대한 메리 셸리의 비판을 전달한 매체─여성을 결혼할 수 있는 육체로 이해하는 육체로 이해할 뿐만 아니라 독자와 작가로 이해하는 매체─는 가정의 영역 내에서 다른 형태의 가치가 형성되도록 도움을 주었다. 만약 잡지에 실린 이미지가 호박에 보존된 여성성 한 조각을 제공한다면, 잡지 속에 포함된 이야기와 시는 그 여성성이라는 이상과 그러한 경제적 가치 구조를 약화시킨다." "Stories for the Keepsake," in *Cambridge Companion to Mary Shelley*, 178.

43) Mary Shelley, "Review, 'The Loves of the Poets,'" *Westminster Review* 11, October 2, 1829 (London: 1829), 476.

36장 메리 울스턴크래프트_ 〈회고록〉 파문 (1797-1801)

1) Johnson to Godwin, September 12, 1797, Gerald P. Tyson, *Joseph Johnson: A Liberal Publisher* (Iowa City: University of Iowa Press, 1979), 150-51.

2) Mary Hays to Godwin, October 1797, Abinger: Dep. b. 227/8.

3) Paul, Friends, 1:283.

4) 메리 헤이스는 〈먼슬리 매거진〉에 울스턴크래프트를 찬미하는 사망 기사를 썼을 뿐만 아니라 〈연례 사망자 명부〉에 50쪽에 이르는 그녀를 칭송하는 전기를 썼고 그 전기에서 이렇게 주장했다. "울스턴크래프트의 사상은 대담하고 독창적이었으며, 자유로운 사고와 여론을 저지하는 용기는 존경할 가치가 있다. 알려지지 않고 지원을 받지 못한 무명의 개인으로서 울스턴크래프트는 자신의 노력으로 탁월한 경지에 올랐고, 놀라울 정도로 대중의 관심을 자극하고 그녀를 낳은 국가의 경계를 넘어 확장되는 명성을 얻었다. 울스턴크래프트가 지닌 여성적 감수성과 다정함은 남성적 강인함과 불굴의 정신과 결합되었다. 그것은 희귀할 뿐 아니라 찬탄할 만한 조합이었다. … 이 비범한 여성의 때 이른 죽음으로 인해 여성들은 유능한 대변자를 상실했다. 그렇지만 울스턴크래프트의 노고는 헛되지 않았다. 개혁의 정신은 조용히 제 길을 따라간다. 어느 누가 그 한계를 그을 수 있겠는가?" Mary Hays, *The Annual Necrology for 1797-98: Various Articles of Neglected Biography*, vol. 1 (1798), 426도 참조하라.

5) Godwin, *Memoirs*, 1.

6) Godwin to Skeys, October [date?], 1797: Abinger: Dep. b. 227/8. 두 번째 주석도 참조하라. Dep. b. 229/1(a) October 17, 1797.

7) Everina to Godwin, November 24, 1797. Abinger: Dep. c. 523.

8) 헤이스와 고드윈의 언쟁에 대해서는 그들의 편지를 참조하라. October 5, 10, 22, and 27, 1797, Abinger: Dep. b. 227/8.

9) Godwin, *Memoirs*, 81-83.

10) Ibid., 76.

11) Ibid., 81-83.

12) 울스턴크래프트의 업적을 칭송한 최초의 본격적인 전기는 클레어 토멀린(Claire Tomalin)의 *The Life and Death of Mary Wollstonecraft* (London: Penguin, 1974)이었다.

13) Mary Wollstonecraft, *Posthumous Works of the Author of a Vindication of the Rights of Woman*, 4 vols. (London: 1798), 164.

14) *Anti-Jacobin Review and Magazine, or Monthly Political and Literary Censor* 5 (1800), 25.

15) Robert Southey to William Taylor, July 1, 1804, no. 958, in *A Memoir of the Life and Writings of the Late William Taylor of Norwich*, 2 vols. (London: 1843), 1:506. 온라인 접속과 관련해서는 다음을 참조하라. *The Collected Letters of Robert Southey*, Part 3: 1804-1809, ed. Carol Bolton and Tim Fulford: A Romantic Circles Electronic Edition, February 17, 2014, http://romantic.arhu.umd.edu/editions/southey_letters/Part_Three/HTML/letterEEd.26.958.html.

16) *Anti-Jacobin Review* 5 (1800), 25.

17) *Anti-Jacobin Review* 7 (1801), 374 (Google Books). 엘리자베스 해밀턴의 철학과 작품에 대한 개괄적
인 설명은 Claire Grogan, introduction to *Memoirs of Modern Philosophers* by Elizabeth Hamilton
(Peterborough, Ontario: Broadview Press, 2000)를 참조하라.
18) 데버라 와이스(Deborah Weiss)는 해리엇 프레크에 대한 에지워스의 서술이 울스턴크래프트를 희화화
하려는 것이 아니라, 실은 울스턴크래프트의 섹슈얼리티에 대한 이론을 확장하고 발전시킨다고 암시한
다. 울스턴크래프트처럼 에지워스도 "젠더에 대한 당대의 본질주의적 해석"을 거부했다고 와이스는 지
적한다. "The Extraordinary Ordinary Belinda: Maria Edgeworth's Female Philosopher," *Eighteenth
Century Fiction* 19, no. 4, article 5 (2007). http://digitalcommons.mcmaster.ca/ecf/vol19/iss4/5.
19) *Analytical Review* 27 (1798), 238.

37장 메리 셸리 _ 어머니의 유산 (1832-1836)

1) 포괄적인 설명은 Eliza Rennie, "An Evening at Dr Kitchiner's," in *Friendship's Offering* (London:
1842), 2:243 - 49를 참조하라.
2) Viscount Dillon to MWS, March 18, 1829, Marshall, *The Life and Letters of Mary Wollstonecraft
Shelley*, 2:197.
3) November 18, 1831, *Journals MWS*, 524.
4) October 5, 1839, ibid., 563.
5) Peter Beauclerk Dewar and Donald Adamson, *The House of Nell Gwynn: The Fortunes of the
Beauclerk Family* (London: William Kimber, 1974). Sunstein, *MS: R&R*, 316에서 인용.
6) 오브리 보클러크와 퍼시 셸리의 비교는 Sunstein, *MS: R&R*, 316 - 17에 근거한다.
7) MWS to Jane Hogg, May 5, 1833, *Letters MWS*, 2:189.
8) April or May, 1833, *Journals MWS*, 529.
9) August [date?], 1833, ibid., 530.
10) 앤 멜러(Anne Mellor)는 이 문제를 약간 다르게 해석하고, 두 판본에서 운명과 자연에 대한 메리 셸리
의 서술이 차이가 있다고 지적한다. 운명에 대한 메리의 비전은 1831년 판《프랑켄슈타인》에서 더 암울하
게 다루어지지만 인간의 본성과 프랑켄슈타인 자신에 대한 메리의 견해는 약간 더 긍정적이라고 주장한
다. "1818년에 빅터 프랑켄슈타인은 자유 의지가 있고 의미 있는 도덕적 선택을 할 수 있는 능력이 있었
다. 그는 '삶의 원칙'에 대한 탐색을 포기할 수 있고, 자기 피조물을 돌볼 수 있고, 엘리자베스를 보호할 수
있었다. 1831년 판본에서는 그러한 선택이 그에게 주어지지 않는다. 그는 자신의 지식이나 통제력을 넘
어선 힘의 인질이다." *Mary Shelley: Her Life, Her Fiction, Her Monsters* (1988: reprint, New York:
Routledge, 1989), 171. 따라서 멜러에 따르면, 1831년 판본에서 메리의 숙명론적 비전은 프랑켄슈타인이
무력한 인물이기 때문에 그가 저지른 일부 범죄를 용서한다. 또한 멜러는 메리가 스스로를 프랑켄슈타인
과 같이 운명의 손에 잡힌 무력한 역할로 제시한다는 중요한 점을 지적한다. 메리 셸리는 "자신의 끔찍한
피조물에 대한 책임을 부정하고 그 생에서 수동적으로 '그것의 핵심과 실체를 내버려 둔다'고 주장했다.
… 빅터 프랑켄슈타인처럼 메리는 '되돌릴 수 없는 악의 (내키지 않는) 창조자'가 되었다." *Mary Shelley:
Her Life*, 176.《프랑켄슈타인》의 상이한 두 판본에서 운명의 역할에 대한 또 다른 논의는 Mary Poovey,
*The Proper Lady and the Woman Writer: Ideology as Style in the Works of Mary Wollstonecraft,
Mary Shelley, and Jane Austen* (Chicago: University of Chicago Press, 1884), 133 - 41와 John R.
Reed, "Will and Fate in *Frankenstein*," *Bulletin of Research in the Humanities 83* (1980): 319 - 38
을 참조하라.
11) Mary Shelley, *Frankenstein*, 24.
12) 전기 작가로서 메리의 작품에 대한 포괄적인 논의는 Greg Kucich, "Biographer," in *The Cambridge
Companion to Mary Shelley*, ed. Esther Schor (Cambridge: Cambridge University Press, 2003),
226 - 41을 참조하라.
13) December 2, 1834, *Journals MWS*, 543.
14) 예를 들면 몽테뉴에 관한 메리의 묘사에서 몽테뉴의 젊은 찬미자인 마리 드 구르네(Marie de Gournay)
는 위대한 남성 작가보다 더 주목을 끌었다. 마리는 메리처럼 자신이 사랑한 남자의 작품을 널리 알리기
위해서 노력했다. "마리는 몽테뉴의 에세이를 편집하고 출판했고, 서문을 쓰면서 그의 작품을 향한 공격
으로부터 훌륭하게 작품을 방어했다." 사실상 메리가 그려낸 마리는 바로 메리 자신처럼 보인다. "마리는

매우 훌륭한 젊은 여성이었고 당대의 가장 학식 높고 탁월한 여성 가운데 한 명으로서 훗날 존경받았다. 그리고 업적과 지력 면에서 남성들을 능가한 것에 대한 보복으로 마리의 외모와 나이를 공격했던 현학자들의 부당한 비난 때문에 명예를 얻었다. 또한 당대 최고의 남성들의 존경과 우정을 누리며 존중받았다." Mary Shelley, *Lives of the Most Eminent French Writers* (Philadelphia: Lea and Blanchard, 1840), 44.

15) MWS to Mrs. Gisborne, June 11, 1835, *Letters MWS*, 2:245.

16) December 2, 1834, *Journals MWS*, 542.

17) MW Sto Mary Hays, April 20, 1836, *Letters MWS*, 2:270.

18) June 7, 1836, *Journals MWS*, 549.

19) MWS to Mary Hays, April 20, 1836, *Letters MWS*, 2:271.

20) 트렐러니의 비난을 두고 메리는 "당신은 내가 나를 구하려는 것이 아니라 내 아이를 악으로부터 구하려는 사심 없는 동기에서 노심초사하며 생각하고 신중하게 결정했다는 것을 믿을 수 없습니까?"라고 답장을 보냈다. MWS to Trelawny, January 26, 1837, *Letters MWS*, 2:282.

21) 두 명의 엘리자베스에 대한 통찰력 있는 비교는 Kate Ferguson Ellis, "*Falkner* and Other Fictions," in *Cambridge Companion to Mary Shelley*, 151-62를 참조하라.

22) 꽤 최근에 이르기까지 메리 셸리의 작품은 세월이 흐르면서 점점 보수적으로 변했다고 여겨졌다. 케이트 퍼거슨 엘리스(Kate Ferguson Ellis)는 "메리 셸리의 후기 소설은 특별히 페미니즘적인 작품으로 간주되지 않는다"고 지적했다. "*Falkner* and Other Fictions," in *Cambridge Companion to Mary Shelley*, 161. 1984에 메리 푸비(Mary Poovey)는 셸리가 정치적 주제에서 물러나 가정의 영역을 찬양하게 되면서 《포크너》는 《프랑켄슈타인》 같은 혁신적인 정치적 소설보다 훨씬 뒤떨어진다고 주장했다. *The Proper Lady and the Woman Writer*, 164-65. 하지만 앤 멜러가 *Mary Shelley: Her Life, Her Fiction, Her Monsters*에서 주장한 생각을 바탕으로 하여 엘리스가 지적하듯이 《포크너》에서 셸리는 급진적인 시도를 감행하여 멜러가 "평등주의적 부르주아 가족"이라고 부른 것을 묘사한다. "*Falkner* and Other Fictions," 161. 《포크너》에 나타난 셸리의 급진적 정치관에 대한 통찰은 Melissa Sites, "Utopian Domesticity as Social Reform in Mary Shelley's *Falkner*," *Keats-Shelley Journal* 54 (2005): 148-72를 참조하라.

23) 소설의 비평적 수용에 대한 개관은 Seymour, *MS*, 445-46을 참조하라.

24) April 2, 1837, 106.

38장 메리 울스턴크래프트 _ 200년 동안 잠든 명성 (1797-1798)

1) 해리엇 디바인 점프는 고드윈이 울스턴크래프트의 〈꾸며낸 취향에 대하여〉를 고쳐서 더욱 보수적으로 만들고 새로운 낭만주의 미학보다 계몽주의의 가치에 부합하도록 수정한 방식을 분석한다. 점프는 고드윈이 "상상력에 대한 언급을 네 군데 이상 삭제하거나 수정했다"고 지적한다. "'A Kind of Witchcraft': Mary Wollstonecraft and the Poetic Imagination," *Women's Writing* 4, no. 2 (1997): 242-43. 틸로마타 라잔(Tilomatta Rajan)은 고드윈이 울스턴크래프트를 "공적" 작가가 아니라 "사적이고 사색적인" 작가로 그려내려고 그녀의 《유고집》에 〈꾸며낸 취향에 대하여〉를 포함했다고 주장한다. "Framing the Corpus: Godwin's 'Editing' of Wollstonecraft in 1798," *Studies in Romanticism* 39 (2005): 511-31, 515를 참조하라.

2) 메리 울스턴크래프트는 최고의 글이란 마음과 상상력에서 바로 나와야 하고, 미덕이 거의 없는 지나치게 세련된 에세이보다 다듬어지지 않았더라도 정직하고 강력한 에세이가 더 낫다고 주장한다. 하지만 울스턴크래프트의 주장에 전혀 동의하지 않았던 고드윈은 그녀가 상상력을 언급한 부분을 네 군데 삭제했다. 울스턴크래프트에게 상상력은 민주적인 기회를 대표하는 것이었기에 고드윈의 행위는 그녀의 사상을 심각하게 왜곡한 것이었다. 상상력은 누구나 지닐 수 있지만 모든 사람이 교육을 받을 수 있는 것은 아니다. 게다가 울스턴크래프트는 "시적 몽상" 덕분에 젠더에 대한 고정관념과 이념적 경계를 무너뜨릴 수 있었다. 로런스 R. 케너드(Lawrence R. Kennard)가 지적하듯이 "울스턴크래프트의 감수성의 시학과 시적 몽상은 자아와 현실을 재구성하려는 시도를 의미한다. … 울스턴크래프트의 몽상은 … 일반적 관습뿐만 아니라 이데올로기적 이분법과 정형화된 주체에 대한 비판을 제공한다." "Reveries of Reality," in *Mary Wollstonecraft and Mary Shelley: Writing Lives*, eds. Buss, Macdonald, and McWhir, 66.

3) *European Magazine*, April 1798 (33: 246-51), in Durant, "Supplement," 340. 울스턴크래프트에 대한 탁월한 비평적 반응은 Claudia Johnson, "Introduction," and Cora Kaplan, "Mary Wollstonecraft'

s Reception and Legacies," in *The Cambridge Companion to Mary Wollstonecraft*, ed. Claudia Johnson (Cambridge: Cambridge University Press, 2002), 1-6, 246-70을 참조하라.

4) Durant, "Supplement," 344.

5) Ibid., 340.

6) Ibid.

7) Wollstonecraft, *Wrongs of Woman*, ed. Mellor, 354.

8) Miriam Wallraven, *Writing Halfway Between Theory and Fiction: Mediating Feminism from the Seventeenth to the Twentieth Century* (Würzburg, Ger.: Königshausen &Neumann, 2007), 93에서 인용.

9) Robert Browning, "Wollstonecraft and Fuseli," in *Jocoseria* (London: Smith, Elder, &Co., 1883), 48.

10) Gordon, *VAL*, 389.

11) Wollstonecraft, advertisement for *Letters from Sweden*.

12) Godwin, *Memoirs*, 8.

13) *History of Woman Suffrage*, ed. Elizabeth Cady Stanton, Susan B. Anthony, and Matilda Joslyn Gage, vol. 1 (1881; Project Gutenberg, 2007), 831, http://www.gutenberg.org/files/28020/28020-h/28020-h.htm# CHAPTER_I.

14) 1936년 6월 9일 스위트브라이어대학 졸업식 연설에서 캐트는 다음과 같이 말했다. "여성 운동이 언제 시작되었는지 아무도 모른다. 울스턴크래프트의 《여성의 권리 옹호》 때문에 서로 분리되고 널리 퍼져 있던 동요된 상태를 벗어나 명확한 여성 운동이 시작되었다고 생각하고 싶다." www.loc.gov/rr/mss/text/catt.html#speech.

15) "대모가 있나 사방을 둘러보아도 아무도 보이지 않는다"는 브라우닝의 발언은 문학에 여성 조상이 없다는 유명한 불평이다. Elizabeth Barrett Browning to Henry Chorley, January 7, 1845, in *The Letters of Elizabeth Barrett Browning*, ed. Frederic G. Kenyon, vol. 1 (London: Smith, Elder, &Co., 1898), 232.

16) "나는 열세 살, 아니 열두 살 때 메리 울스턴크래프트를 읽었다. ⋯ 그리고 어린 시절 내내 나를 여자로 만든 자연에 분개했다. 나는 놀이방에서 나오자마자 남자 옷을 입고 세상으로 나가 '내 운명을 찾으려고' 굳게 결심했다." Elizabeth Barrett Browning to Mary Russell Mitford, July 22, 1842, ibid. 울스턴크래프트가 어린 엘리자베스 배럿에게 끼친 영향에 대한 추가적인 논의는 Susan Wolfson, *Borderlines: The Shiftings of Gender in British Romanticism* (Redwood City, CA: Stanford University Press, 2006), 87을 참조하라.

17) George Eliot, "Margaret Fuller and Mary Wollstonecraft," *Leader* 6 (October 13, 1855), 988. Reprinted in *Essays of George Eliot*, ed. Thomas Pinney (London: Routledge, 1968).

18) Virginia Woolf, *The Second Common Reader* (1932, repr. London: Harcourt, Brace & World, 1960), 148.

39장 메리 셸리 _ 남성적 세계를 뚫고 나가다 (1837–1848)

1) February 12, 1839, *Journals MWS*, 560.

2) "Preface" in Hutchinson, ed., *Complete Poetical Works of Percy Bysshe Shelley*, 1:x.

3) February 12, 1839, *Journals MWS*, 559.

4) MWS to Leigh Hunt, July 20, 1839, *Letters MWS*, 2:318.

5) 편집자로서 메리의 작업에 대한 부정적인 반응은 *Letters MWS*, 2:282 n1을 참조하라.

6) MWS to Leigh Hunt, December 14, 1839, ibid., 2:326.

7) MWS to Leigh Hunt, October 10, 1839, ibid., 2:327.

8) Hutchinson, ed., *Complete Poetical Works of Percy Bysshe Shelley*, 1:xii -xiii.

9) George Lewes and Thornton Hunt, obituary in *The Leader*, 1851. *MS: R&R*, 384에서 인용.

10) MWS to Leigh Hunt, December 23, 1839, *Letters MWS*, 2:335.

11) Trelawny to CC, August 17, 1838, Forman, ed., *Letters of Edward Trelawny*, 209.

12) November 27, 1839, *Journals MWS*, 563-64.

13) Mary Shelley, *Rambles in Germany and Italy in 1840, 1842, and 1843* (London: Moxon, 1844), 1:9.

14) MWS to Abraham Hayward, October 26, 1840, *Letters MWS*, 3:5.

15) Shelley, *Rambles*, 1:61.

16) November 27, 1839, *Journals MWS*, 563.

17) 메리는 1841년 1월 12일 이 말을 이탈리아어로 썼다. Ibid., 570-71. "Pare che le mie calde preghiere sono udite esaudite—Pare—dio volesse che sara—ed io—se veramente tutto va bene—felice me! partire di questo paese fra poco." "내 따뜻한 기도가 응답을 받은 것 같다. 하느님이 원한다면 그렇게 되겠지. 그리고 난 사실 모든 일이 잘된다면, 행복한 나! 이 나라를 곧 떠날 거야."

18) February 26, 1841, ibid., 573.

19) Mary Shelley, Rambles, 1:12.

20) 《독일과 이탈리아에서의 방랑》에서 메리 셸리의 정치적 입장에 대한 분석은 Jeanne Moskal, "Travel Writing," in *Cambridge Companion to Mary Shelley*, ed. Esther Schor (Cambridge: Cambridge University Press, 2003), 247-50을 참조하라. 메리 셸리의 예술 비평은 Moskal, "Speaking the Unspeakable: Art Criticism as Life Writing in Mary Shelley's *Rambles in Germany and Italy*," in *Mary Wollstonecraft and Mary Shelley: Writing Lives*, ed. Helen Buss, D. L. Macdonald, and Anne McWhir (Waterloo, Ontario: Wilfrid Laurier University Press, 2001), 189-216을 참조하라.

21) 그러나 전반적으로 이 책에 대한 반응은 열광적이었다. 어느 평론가는 메리 셸리가 "모든 주제에 대해 스스로 생각하고 자신이 생각하는 것을 용기 있게 말할 수 있는 여성"이라는 것을 입증했다고 선언하면서 《독일과 이탈리아에서의 방랑》에 찬사를 보냈다. Elizabeth Nitchie, "Mary Shelley, Traveller," Keats-Shelley Journal 10 (1961): 22-42, 34에서 인용. 〈아틀라스〉에 게재된 한 평론은 메리 셸리의 "풍부한 공상, 자연에 대한 강렬한 사랑과 선하고 아름답고 자유로운 것에 대한 그녀의 섬세한 이해"를 칭송했다. Jeanne Moskal, introductory note to *Rambles in The Novels and Selected Works of Mary Shelley*, vol. 8, ed. Jeanne Moskal (London: Pickering and Chatto, 1996), 52에서 인용. 그렇지만 비판자도 일부 있었다. 〈옵저버〉의 한 논평가는 "모든 여성과 마찬가지로 메리 셸리에게 정치는 가슴의 문제이지 남성의 더 강건한 본성인 머리의 문제가 아니다. … 정치는 여성에게 쓸데없고 도움이 되지 않는 주제"라고 불만을 표시했다. Moskal, "Travel Writing," 250에서 인용.

22) CC to MWS, May 7, 1845, *TCC*, 428.

23) MWS to CC, June 6, 1845, *Letters MWS*, 3:185.

24) 메리의 병에 대한 포괄적인 논의는 Sunstein, *MS: R&R*, 373을 참조하라.

25) Ibid에서 인용.

26) 엘리자베스 배럿과의 관련성에 대해서는 Ibid를 참조하라.

27) Rolleston, *Talks with Lady Shelley*, 25-28.

28) 뱀과 거북이의 이야기는 셸리의 여동생 헬렌이 쓴 편지에 나온다. Hogg, *Life of Shelley*, 1:7 참조.

29) 헬렌 셸리는 다음과 같이 썼다. "나는 비시 셸리가 유난히 기억력이 뛰어나다고 들었다. 그는 어린아이였을 때에도 고양이와 금붕어에 대한 그레이의 시를 한 번 읽고 정확하게 단어 그대로 반복했다. 나는 어머니에게서 그 이야기를 자주 들었다." Ibid., 9.

30) MWS to CC, August 28, 1848, *Letters MWS*, 3:346.

31) MWS to CC, February 5, 1849, ibid., 3:356.

32) CC to Antonia Clairmont, August 1, 1850, *TCC*, 533.

33) Jane Shelley to Alexander Berry, March 7, 1851, *Letters MWS*, 3:394.

40장 메리와 메리 _ 자유를 향한 두 여성의 분투

1) Sunstein, *MS: R&R*, 384.

2) 스파크는 메리 셸리를 문학사의 전면에 등장시키려고 결심했고, 셸리가 최초의 SF 작가 가운데 한 명이며 그녀의 작품을 재평가할 시점이라고 주장했다. 스파크의 셸리 전기 *Child of Light: A Reassessment of Mary Wollstonecraft Shelley* (Essex, UK: Tower Bridge, 1951)를 참조하라. 스파크는 베티 T. 베넷이 메리 셸리의 편지를 편집하고 출판한 후 자신의 셸리 전기를 1988년에 수정했다. 확장된 판본은 훗날 *Mary Shelley* (London: Carcanet, 2013)로 출판되었다.

3) Betty T. Bennett, "Finding Mary Shelley in Her Letters," *Romantic Revisions*, ed. Robert Brinkley

and Keith Hanley (Cambridge: Cambridge University Press, 1992), 291.

4) 메리 셸리의 소설에 내재된 급진적 관점은 꽤 최근까지도 통상적으로 간과되었다. 베티 T. 베넷이 《최후의 인간》에 대해 서술했듯이 "이 소설의 정치적 의미가 거의 주목받지 못한 것은 틀림없이 여성이 정치 문제를 다룰 거라고 예상하지 않았기 때문일 것이다. 메리 셸리가 당시 독자들에게서 요즘에도 종종 직면했던 중요한 장벽은 그녀의 주요 작품들이 정치—시민 정치와 가정의 정치—를 중심으로 구성되어 있다는 것을 보지 못한다는 점이었다." "Radical Imagining: Mary Shelley's *The Last Man*," *The Wordsworth Circle26*, no. 3 (Summer 1995), 147-52. *Romantic Circles*, http://www.rc.umd.edu/editions/mws/lastman/bennett.htm.

5) MWS to Frances Wright, *Letters MWS*, 2:3-4.

6) Paul, *Friends*, 1:231.

7) Mary Shelley, preface to William Godwin, *The Adventures of Caleb Williams* (London: Harper &Brothers, 1870), 11.

8) 찰스 로빈슨(Charles Robinson)은 메리 셸리가 "남편이 아니라 어머니의 명예를 회복하는 일에 착수하여 편집과 전기 집필 작업을 했더라면" 어떤 일이 일어났을지 추측하면서 이 질문을 제기한다. Robinson, "A Mother's Daughter: An Intersection of Mary Shelley's *Frankenstein* and Mary Wollstonecraft's *A Vindication of the Rights of Woman*," in *Writing Lives*, ed. Buss, Macdonald, and McWhir, 130.

9) MWS to Octavian Blewitt, November 15, 1850, *Letters MWS*, 3:387.

10) MWS to Isabella Booth, May 26, 1850, ibid., 3:376.

11) Rolleston, *Talks with Lady Shelley*, 90.

12) 신전에 대한 묘사는 Seymour, *MS*, 542를 참조하라.

13) *Shelley Memorials*, ed. Lady Jane Gibson Shelley (London: Henry S. King & Co., 1859), 77.

14) Trelawny, *Records of Shelley, Byron, and the Author*, 230.

15) Trelawny to CC, April 3, 1870, Forman, ed., *Letters of Edward John Trelawny*.

16) 코라 캐플런(Cora Kaplan)은 울스턴크래프트라는 이름을 둘러싼 스캔들 때문에 메리 울스턴크래프트의 작품보다 그녀의 삶이 훨씬 세밀하게 분석되었다고 주장한다. "Wollstonecraft's Reception," in *The Cambridge Companion to Mary Wollstonecraft*, ed. Claudia Johnson, 247.

17) Wollstonecraft, *Maria*, 318.

메리 셸리의 편지를 편집한 베티 베넷은 분량도 많고 문제적인 메리 셸리의 편지들을 편집하던 중에 "중립적 사실이나 중립적 편집자란 존재하지 않는다"라고 독자들에게 주의를 주었다. "각자의 지론에 따른 해석적 편집 과정이 있을 뿐이고, 그것이 '보이지 않는 권능의 무시무시한 그림자'처럼 우리들 사이에 떠도는 것을 알아보지 못하면 안 된다."*이 말은 특히 퍼시 셸리의 편지에도 적용된다. 퍼시가 죽은 지 거의 200년이 지났지만, 그가 쓴 편지의 권위 있는 판본은 아직 존재하지 않는다. 서로 다투는 파벌들이 셸리의 편지를 출간하려는 상대편의 권리에 계속 이의를 제기하고 있다.

메리 셸리는 퍼시 셸리의 유고 관리인으로 며느리 제인 셸리를 지정했다. 그러나 제인은 사랑하는 시어머니에 관해 전기 작가들이 출간하는 책을 통제하기 위해서 연구자들이 원전에 접근하는 것을 제한했다. 결국에 제인은 자신이 직접 쓴 책 《셸리와 메리》를 펴냈고 그 책에서 셸리와 메리의 편지를 자신이 편집한 형태로 실었다.

제인 셸리가 1899년에 사망하고 10년 후인 1909년에 로저 잉펜이 처음으로 포괄적인 셸리 서한집을 출간했다. 그후 50여 년간 잉펜의 책은 표준 판본으로 사용되었다. 그러다 1964년에 프레더릭 존스가 셸리의 편지를 두 권으로 출간하면서 《셸리와 그의 서클》(1961)의 편집인들과 갈등이 벌어졌다. 그들은 존스가 포르츠하이머 컬렉션에 소장된 편지를 출간함으로써 월권행위를 했다고 주장했다. 이들의 분쟁은 완전히 해소되지 않았고, 그래서 오늘날에는 표준 판본이라고 주장하는 서로 다른 서한집 두 판본이 있다. 그런데 이 판본들은 확연히 다르다. 《셸리와 그의 서클》 판본은 원래 편지의 자연스러운 감

---

* 베티 베넷, "비평가로서 편지 편집자: 결백한 중립성의 부정", 《텍스트: 텍스트 연구 학회 보고서 6》(1994), p. 222. (원주)

정이 많이 담겨 있다. 편집자들이 각 편지를 세심하게 옮겨 썼고 주석을 달았으며, 봉랍과 우편 소인의 흔적까지 완벽하게 갖춰져 있어 독자들이 더욱 정밀하게 느끼게 해준다. 반면에 존스 판본은 훨씬 세련되게 다듬어졌지만 데이지 헤이가 지적했듯이 "원본의 충동적이고 독특하며 직접적인 특성"*이 결여되어 있다. 두 판본의 차이는 편지란 "언제나 편집에 의해 구성되며 출간된 서한은 자필로 휘갈겨 쓴 것과는 독자적으로 존재한다"**라는 사실을 독자에게 알려주는 데 필요한 경고인 셈이다. 이 책을 위해서 나는 《셸리와 그의 서클》 판본뿐 아니라 잉펜과 존스 판본까지, 손에 넣을 수 있는 자료를 모두 참조했다. 또한 퍼시가 죽은 후 메리 셸리가 '에세이', '외국에서 온 편지', '번역과 단편'이라는 제목을 붙인 판본에 실렸던 편지들도 사용했다. 존스와 잉펜 판본은 전기적 맥락을 제공할 때 특히 유용했고, 반면에 《셸리와 그의 서클》 판본은 셸리가 실제로 각각의 편지를 작성했을 때의 상황을 이해하는 데 도움이 되었다.

---

* 데이지 헤이, "셸리의 편지", 《퍼시 비시 셸리의 옥스퍼드 핸드북》, 마이클 오닐과 앤서니 하우 편집(옥스퍼드: 옥스퍼드대학 출판사, 2013), p. 210. (원주)
** 위의 책 p. 211. (원주)

Abrams, M. H., ed. *The Norton Anthology of English Literature*. 4th ed. 2 vols. New York: W. W. Norton, 1979.

The Age. April 2, 1837, 106.

Andrews, Stuart. *The British Periodical Press and the French Revolution, 1789 - 99*. New York: Palgrave, 2000.

Angeli, Helen Rossetti. *Shelley and His Friends in Italy*. London, 1911.

Arnold, Catherine. *Bedlam*. London: Simon & Schuster, 2008.

Barker-Benfield, G. J. *The Culture of Sensibility: Sex and Society in Eighteenth-Century Britain*. Chicago: University of Chicago Press, 1992.

Baym, Nina, ed. *The Norton Anthology of American Literature*. 5th ed. 2 vols. New York: W. W. Norton, 1998.

Bennett, Betty T. "Biographical Imaginings and Mary Shelley's (Extant and Missing) Correspondence." In *Mary Wollstonecraft and Mary Shelley: Writing Lives*. Edited by Helen M. Buss, D. L. Macdonald, and Anne McWhir, 217 - 32. Waterloo, Ontario: Wilfrid Laurier University Press, 2001.

————. "The Editor of Letters as Critic: A Denial of Blameless Neutrality." Text: *Transactions of the Society for Textual Scholarship* 6 (1994): 213 - 23.

————. "Finding Mary Shelley in Her Letters." In *Romantic Revisions*. Edited by Robert Brinkley and Keith Hanley. Cambridge: Cambridge University Press, 1992.

————, ed. *The Letters of Mary Wollstonecraft Shelley*. 3 vols. Baltimore: Johns Hopkins University Press, 1980 - 88.

————. *Mary Diana Dods: A Gentleman and a Scholar*. Baltimore: Johns Hopkins University Press, 1994.

————. *Mary Wollstonecraft Shelley: An Introduction*. Baltimore: Johns Hopkins University Press, 1998.

————. "Newly Uncovered Letters and Poems by Mary Wollstonecraft Shelley." *Keats-Shelley Memorial Bulletin* 46 (July 1997).

————. "Radical Imagining: Mary Shelley's *The Last Man*." *The Wordsworth Circle*, 26.3 Summer 1995, 147 - 52. Romantic Circles. http://www.rc.umd.edu/editions/mws/lastman/bennett.htm.

————. *Selected Letters of Mary Wollstonecraft Shelley*. Baltimore: Johns Hopkins University Press, 1995.

Beverley Minster. "Beverley Minster, History and Building." http://beverleyminster.org.uk/visit-us/history-and-building/.

Bloom, Edward A., and Lillian D. Bloom, eds. *The Piozzi Letters: 1811 - 1816*. London: Associated University Presses, 1999.

Blunden, Edmund, Gavin de Beer, and Sylva Norman. *On Shelley*. Oxford: Oxford University Press, 1938.

Bolton, Carol, and Tim Fulford, eds. *The Collected Letters of Robert Southey*, part 3: 1804 - 1809. A

Romantic Circles Electronic Edition. Accessed February 17, 2014.

Boswell, James. *Life of Johnson*. 3rd ed. London: 1799.

Braithwaite, Helen. *Romanticism, Publishing and Dissent: Joseph Johnson and the Cause of Liberty*. New York: Palgrave Macmillan, 2003.

Brant, Clara. *Eighteenth-Century Letters and British Culture*. Basingstoke: Palgrave Macmillan, 2006.

Brewer, William D. "Mary Shelley's Valperga: The Triumph of Euthanasia's Mind." *European Romantic Review* 5 (1995): 133–48.

Brightwell, C. L., ed. *Memorials of the Life of Amelia Opie*. London: Longman, Brown, 1854.

Brinkley, Robert, and Keith Hanley, eds. *Romantic Revisions*. Cambridge: Cambridge University Press, 1992.

The British Critic. Vol. 2. 1793. Via Google Books, 2008. http://books.google.com/books?id=EP8vAAAAYAAJ&dq.

Browning, Robert. *Jocoseria*. London: Smith, Elder, & Co., 1883.

Burke, Edmund. *Reflections on the Revolution in France, and on the Proceedings in Certain Societies in London*. 2nd ed. London: J. Dodsley, 1790.

———. *The Works of the Right Honourable Edmund Burke*. 3 vols. London: Rivington, 1801.

Burr, Aaron. *The Private Journal of Aaron Burr, During His Residence of Four Years in Europe*, vol.2. Edited by Mathew L. Davis. New York: Harper & Brothers, 1838.

Buss, Helen M. "Memoirs Discourse and William Godwin's *Memoirs of the Author of a Vindication of the Rights of Woman*." In *Mary Wollstonecraft and Mary Shelley: Writing Lives*. Edited by Helen M. Buss, D. L. Macdonald, and Anne McWhir, 113–26. Waterloo, Ontario: Wilfrid Laurier University Press, 2001.

———, D. L. Macdonald, and Anne McWhir, eds. Mary Wollstonecraft and Mary Shelley: Writing Lives. Waterloo, Ontario: Wilfrid Laurier University Press, 2001.

Butler, Marilyn. *Burke, Paine, Godwin, and the Revolution Controversy*. Cambridge: Cambridge University Press, 1984.

———. "Culture's Medium: The Role of the Review." In *The Cambridge Companion to British Romanticism*. Edited by Stuart Curran. Cambridge: Cambridge University Press, 1993.

———. *Romantics, Rebels and Reactionaries: English Literature and Its Background, 1760–1830*. Oxford: Oxford University Press, 1998.

Butterfield, Lyman H., Marc Friedlaender, and Richard Alan Ryerson, eds. *The Adams Family Correspondence*, 6 vols. Boston: Massachusetts Historical Society, 1993.

Byron, Allegra, letter to Lord Byron. [1822]. The Bodleian Library, University of Oxford, Shelfmark: MS. Abinger c 69, fol. 1r, Bodleian Library, Oxford University.

Byron, George Gordon, Lord. *The Works of Lord Byron*. Paris: Galignani, 1828.

———. The Works of Lord Byron, ed. Ernest Hartley Coleridge. 1900; Project Gutenberg, 2007. http://www.gutenberg.org/files/21811/21811.txt.

The Carl H. Pforzheimer Collection of Shelley and His Circle. New York: New York Public Library, Astor, Lenox, and Tilden Foundations, 1822.

Catt, Carrie Chapman. "A Message to Sweet Briar College."June 9, 1936. www.loc.gov/rr/mss/text/catt.html#speech.

"CK." *Anti-Jacobin Review and Magazine, or Monthly Political and Literary Censor*. April–August 1801, 515–20.

Clairmont, Claire. "Claire Clairmont to Lady Mountcashell, 24/09/1822." In Carl H. Pforzheimer Collection of Shelley and His Circle. New York: New York Public Library, Astor, Lenox, and Tilden Foundations, 1822.

Clark, David, ed. *Shelley's Prose; or, The Trumpet of a Prophecy*. Albuquerque: University of New Mexico Press, 1966.

Clarke, Isabel Constance. *Shelley and Byron: A Tragic Friendship*. London: Hutchinson & Co., 1934;

reprint, New York: Ardent Media, 1971.

Clemit, Pamela. "Holding Proteus: William Godwin in His Letters." In *Repossessing the Romantic Past*. Edited by Heather Glen and Paul Hamilton. Cambridge: Cambridge University Press, 2006.

———. "*Valperga*: 'A Book of Promise.'" In *The Godwinian Novel: The Rational Fictions of Godwin, Brockden Brown, and Mary Shelley*. Oxford: Oxford University Press, 1993, 175 – 83.

Clubbe, John. "Between Emperor and Exile: Byron and Napoleon 1814 – 1816." *Napoleonic Scholarship: The Journal of the International Napoleonic Society* (April 1997). http://www.napoleonicsociety.com/english/scholarship97/c _byron.html.

Colbert, Benjamin. "Contemporary Notice of the Shelleys' *History of a Six Weeks'Tour*: Two New Early Reviews." *Keats-Shelley Journal* 48, 1999.

———. *Shelley's Eye: Travel Writing and Aesthetic Vision*. Aldershot, UK: Ashgate Publishing, 2005.

Coleman, Deirdre. "Claire Clairmont and Mary Shelley: Identification and Rivalry Within the 'Tribe of the Otaheite Philosophers.'" *Women's Writing*, no. 3 (1999), http://www.tandfonline.com/doi/abs/10.1080/09699089900200075?journalCode=rwow20#preview.

Coleridge, Ernest Hartley, ed. *The Poetical Works of Samuel Taylor Coleridge*. London: Oxford University Press, 1912.

———, ed. *Letters of Samuel Taylor Coleridge*. 2 vols. Boston: Houghton Mifflin, 1895.

Coleridge, Samuel Taylor. *Biographia Literaria: Biographical Sketches of My Literary Life and Opinions*. 2 vols. London: William Pickering, 1847.

———, Percy Bysshe Shelley, and John Keats. *The Poetical Works of Coleridge, Shelley, and Keats*. Philadelphia: Thomas Cowperthwait & Co., 1844.

Conger, Syndy M., Frederick S. Frank, and Gregory O'Dea, eds. *Iconoclastic Departures: Mary Shelley After Frankenstein*. Madison: University of Wisconsin Press, 1997.

Conway, Megan. "Olympe de Gouges: Revolutionary in Search of an Audience." In *Orthodoxy and Heresy in Eighteenth-Century Society: Essays from the Debartolo Conference*. Edited by Regina Hewitt and Pat Rogers, 247 – 65. Lewisburg, PA: Bucknell University Press, 2002.

Cowden Clarke, Charles and Mary. *Recollections of Writers*. Sussex, UK: Centaur Press, 1969; first published 1878.

Cowden Clarke, Mary. *My Long Life*. London: T. Fisher Unwin, 1896.

Cowper, William, and James Thomson. *The Works of Cowper and Thomson*. Philadelphia: 1832.

Croker, John Wilson. "Keats, *Endymion*: A Poetic Romance." *Quarterly Review*, 1818, 204 – 8.

Curran, Stuart. "Valperga." In *The Cambridge Companion to Mary Shelley*. Edited by Esther Schor, 103 – 15. Cambridge: Cambridge University Press, 2003.

de Beer, Gavin. "The Atheist: An Incident at Chamonix." In Edmund Blunden, Gavin de Beer, and Sylva Norman, *On Shelley*. Oxford: Oxford University Press, 1938.

de Gouges, Olympe. *Oeuvres*. Edited by Benoîte Groult. Paris: Mercure de France, 1986.

———. *The Rights of Woman*. Translated by Nupur Chaudhuri. In Women, the *Family and Freedom: The Debate in Documents*, vol. 1, *1750 – 1880*. Edited by Susan Groag Bell and Karen Offen. Stanford: Stanford University Press, 1983.

Dewar, Peter Beauclerk, and Donald Adamson. *The House of Nell Gwynn: The Fortunes of the Beauclerk Family*. London: William Kimber, 1974.

Diamond, M. J. *Women and Revolution*. Dordrecht, Neth.: Kluewer Academic Publishers, 1998; reprint, New York: Springer, 1998.

Dods, Maria Diana, letter to Mary Shelley, n.d. Oxford, Bodleian Library, Abinger Dep. c. 516/11.

Douglas, Paul. *The Life of Lady Caroline Lamb*. New York: Palgrave Macmillan, 2004.

Dowden, Edward. *The Life of Percy Bysshe Shelley*. 2 vols. London: 1886.

Drummond, William, ed. *The Autobiography of Archibald Hamilton Rowan*. Shannon: Irish University Press, 1972.

Dunn, Susan. *The Deaths of Louis XVI: Regicide and the French Political Imagination*. Princeton:

Princeton University Press, 1994.

Durant, W. Clark. "Supplement." In *Memoirs of the Author of a Vindication of the Rights of Woman*. Edited by William Godwin. London: Constable and Co., 1927.

Eberle-Sinatra, Michael, ed. *Mary Shelley's Fictions: From Frankenstein to Falkner*. New York: St. Martin's Press, 2000.

Eliot, George. "Margaret Fuller and Mary Wollstonecraft." *The Leader*, October 13, 1855, 988–89. Reprinted in *Essays of George Eliot*. Edited by Thomas Pinney. London: Routledge, 1968.

Ellis, Kate Ferguson. "*Falkner* and Other Fictions." In *The Cambridge Companion to Mary Shelley*. Edited by Esther Schor. Cambridge: Cambridge University Press, 2003.

Engelberg, Karsten Klejs. *The Making of the Shelley Myth: An Annotated Bibliography of Criticism of Percy Bysshe Shelley, 1822–60*. London: Mansell, 1988.

Enno, Ruge. "Is the Entire Correspondence a Fiction? Shelley's Letters and the Eighteenth-Century Epistolary Novel." In *Alternative Romanticisms, Proceedings of the Grimma Conference 2001*. Edited by Werner Huber and Marie-Luise Egbert, 111–21, 2003.

Falco, Maria J., ed. *Feminist Interpretations of Mary Wollstonecraft*. University Park: Pennsylvania State University Press, 1996.

Farmer, J. S., and W. E. Henley, eds. *Slang and Its Analogues*. 1st ed., 1890–1904; reprint, New York: Arno Press, 1970.

Favret, Mary. *Romantic Correspondence: Women, Politics, and the Fiction of Letters*. Cambridge: Cambridge University Press, 2005.

Feldman, Paula R., and Diana Scott-Kilvert, eds. *The Journals of Mary Shelley, 1814–1844*. Baltimore: Johns Hopkins University Press, 1987.

Fielding, Henry. *The Works of Henry Fielding, with a Memoir of the Author*. Edited by Thomas Roscoe. Oxford: Oxford University Press, 1845.

Fisch, Audrey A., Anne K. Mellor, and Esther H. Schor, eds. *The Other Mary Shelley: Beyond Frankenstein*. New York: Oxford University Press, 1993.

Flexner, Eleanor. *Mary Wollstonecraft: A Biography*. New York: Coward, McCann and Geoghegan, 1972.

Foot, Michael, and Isaac Kramnick, eds. *The Thomas Paine Reader*. London: Penguin Classics, 1987.

Forman, Henry Buxton, ed. *Letters of Edward John Trelawny*. London: Henry Frowde, Oxford University Press, 1910.

Friedman, Geraldine. "Pseudonymity, Passing, and Queer Biography: The Case of Mary Diana Dods." Edited by Michael Eberle-Sinatra, Richard Sha, guest ed. *Romanticism on the Net* (2001). doi: 10:7202/005985ar.

Garnett, Edward. "Introduction" to *Adventures of a Younger Son* by Edward Trelawny. London: 1890.

Gay, Peter. *The Enlightenment: The Science of Freedom*. New York: W. W. Norton, 1996.

Gelpi, Barbara. *Shelley's Goddess: Maternity, Language, Subjectivity*. Oxford: Oxford University Press, 1992.

The Gentleman's Magazine. 1791, http://books.google.com/books?id=1K5JAAAAYAAJ&pg=PA151&l pg=PA151&dq=The+rights+of+men+asserted+by+a+fair+lady!+.

Gillman, James. *The Life of Samuel Taylor Coleridge*. Vol. 1. London: William Pickering, 1838.

Godwin, William. *An Enquiry Concerning Political Justice and Its Influence on Morals*. 2 vols. London: Robinson, 1798.

———. *The Enquirer: Reflections on Education, Manners, and Literature*. London: G. G. and J. Robinson, 1797.

———. *Fleetwood*. London, 1853.

———, ed. *Memoirs of the Author of a Vindication of the Rights of Woman*. 2nd ed. London: J. Johnson, St. Pauls Church Yard, 1798.

———. *St. Leon: A Tale of the Sixteenth Century*. Edited by William Dean Brewer. Peterborough,

Ontario: Broadview Press, 2006.

———. *Things as They Are: or, The Adventures of Caleb Williams*. Edited by Maurice Hindle: Penguin, 1988.

———. *Thoughts Occasioned by the Perusal of Dr. Parr's Spital Sermon, Preached at Christ Church, April 15, 1800*. London: Taylor and Wilks, 1801.

Gordon, Lyndall. *Vindication: A Life of Mary Wollstonecraft*. New York: Harper Perennial, 2006.

Greer, Germaine. "Yes, *Frankenstein* Really Was Written by Mary Shelley. It's Obvious—Because the Book Is So Bad." *The Guardian* (2007), http://www.guardian.co.uk/world/2007/apr/09/gender.books.

Grogan, Claire. "Introduction," in *Memoirs of Modern Philosophers* by Elizabeth Hamilton. Peterborough, Ontario: Broadview Press, 2000.

Gross, Gerald. *Editors on Editing*. New York: Harper and Row, 1985.

Grylls, Rosalie Glynn. *Claire Clairmont, Mother of Byron's Allegra*. London: J. Murray, 1939.

Hanley, Kirstin. "Redefining Didactic Traditions: Mary Wollstonecraft and Feminist Discourses of Appropriation, 1749 – 1847."Unpublished doctoral dissertation, University of Pittsburgh, 2007.

Harper, Henry H., ed. *Letters of Mary W. Shelley (Mostly Unpublished)*. Cornell University Library Digital Collections, 1918.

Hawtrey, E. C. *Sermons and Letters Delivered to Eton College Chapel, 1848 – 49*. Eton: 1849.

Hay, Daisy. "Shelley's Letters." In *The Oxford Handbook of Percy Bysshe Shelley*. Edited by Michael O' Neill and Anthony Howe, 208 – 24. Oxford: Oxford University Press, 2013.

———. *Young Romantics: The Tangled Lives of English Poetry's Greatest Generation*. New York: Farrar, Straus and Giroux, 2010.

Hays, Mary. *The Annual Necrology for 1797 – 98: Including, also, Various Articles of Neglected Biography*. Vol. 1 (1798): 426.

———. *Memoirs of Emma Courtney*. Edited by Marilyn L. Brooks. Peterborough, Ontario: Broadview Press, 2000.

Hazlitt, William. "My First Acquaintance with Poets." In *Selected Essays*. Edited by George Sampson. Cambridge: Cambridge University Press, 1958.

———. *The Spirit of the Age*. New York: E. P. Dutton, 1955.

Hewlett, John. *Sermons on Various Subjects*. 4th ed. 2 vols. London: Johnson, 1798.

Hill-Miller, Katherine C. *"My Hideous Progeny": Mary Shelley, William Godwin, and the Father-Daughter Relationship*. Newark: University of Delaware Press, 1995.

Hogg, Thomas Jefferson. *The Life of Percy Bysshe Shelley*. London: 1858.

Holbert, Ludvig. *A Journey to the World Under-Ground*. Trans. John Gierlow. Boston: Saxton, Pierce & Co., 1845. http://www.gutenberg.org/files/27884/27884-h/27884-h.htm.

Holmes, Richard. *The Age of Wonder*. New York: Vintage, 2010.

———. "Introduction." In *A Short Residence in Sweden, Norway, and Denmark and Memoirs of the Author of a Vindication of the Rights of Woman*. New York: Penguin, 1987.

———, ed. *Shelley on Love*. Berkeley: University of California Press, 1980.

———. *Shelley: The Pursuit*. New York: New York Review Books, 1994.

———. *Sidetracks: Explorations of a Romantic Biographer*. New York: Random House, 2001.

Hone, William. *The Year Book of Daily Recreation and Information*. London: 1838.

The Hoxton Trust. "Real Hoxton: The Lunatic Asylums,".htm#lunatic-asylums.

Hudson, Jane. *Language and Revolution in Burke, Wollstonecraft, Paine, and Godwin*. London: Ashgate, 2007.

Hunt, Leigh. *The Autobiography of Leigh Hunt with Reminiscences of Friends and Contemporaries*. 2 vols. London: Harper & Brothers, 1850.

———. *The Correspondence of Leigh Hunt*. Edited by Thornton Hunt. 2 vols. London: Smith, Elder and Co., 1862.

Hunt, Lynn Avery. *The Family Romance of the French Revolution*. Berkeley: University of California Press, 1993.

Hunt, Marianne. "The Unpublished Diary of Mrs. Leigh Hunt." *Bulletin and Review of the Keats-Shelley Memorial*. Issues 1 – 2. New York: Macmillan, 1910.

Hutchinson, Thomas, ed. *The Complete Poetical Works of Percy Bysshe Shelley*. 2 vols. Oxford: Oxford University Press, 1914.

Imlay, Gilbert. *The Emigrants*. Edited by W. Verhoeven and Amanda Gilroy. 1793; New York: Penguin, 1998.

———. *A Topographical Description of the Western Territory of North America*. London, 1792; reprint, New York: Penguin, 1998.

Ingpen, Roger, ed. *The Autobiography of Leigh Hunt: With Reminiscences of Friends and Contemporaries, and with Thornton Hunt's Introduction and Postscript*. Vol. 2. London, 1903.

———, ed. *The Letters of Percy Bysshe Shelley*. 2 vols. London: Sir Isaac Pitman and Sons, Ltd., 1912.

Jacob, Margaret C. *The Enlightenment: A Brief History with Documents*. Edited by Ernest R. May, Natalie Zemon Davis, and David W. Blight, Bedford Series in History and Culture. Boston: Bedford/ St. Martin's, 2001.

Jacobs, Diane. *Her Own Woman: The Life of Mary Wollstonecraft*. New York: Simon & Schuster, 2001.

James, Henry. "Italy Revisited." In *Collected Travel Writings*. Library of America, 1877. Reprint, 1993.

Jebb, Camilla. *Mary Wollstonecraft*. Chicago: F. G. Browne & Co., 1913.

Johnson, Barbara. "The Last Man." In *The Other Mary Shelley: Beyond Frankenstein*. Edited by Audrey A. Fisch, Anne K. Mellor, and Esther H. Schor. New York: Oxford University Press, 1993.

———. *A World of Difference*. Baltimore: Johns Hopkins University Press, 1987.

Johnson, Claudia. *Equivocal Beings: Politics, Gender, and Sentimentality in the 1790s*. Chicago: University of Chicago Press, 1995.

———. "Introduction." In *The Cambridge Companion to Mary Wollstonecraft*. Edited by Claudia Johnson. Cambridge: Cambridge University Press, 2002.

Johnson, Joseph. "Letters." In *Johnson's Letters*. In Carl H. Pforzheimer Collection of Shelley and His Circle. New York: New York Public Library, Astor, Lenox, and Tilden Foundations, 1822.

Jones, Chris. "Mary Wollstonecraft's Vindications and Their Political Tradition." In *The Cambridge Companion to Mary Wollstonecraft*. Edited by Claudia Johnson. Cambridge: Cambridge University Press, 2002.

Jones, Frederick L., ed. *The Letters of Mary W. Shelley*. Norman: University of Oklahoma Press, 1944.

———, ed. *The Letters of Percy Bysshe Shelley*. 2 vols. Oxford: Clarendon Press, 1964.

———, ed. *Maria Gisborne and Edward E. Williams, Shelley's Friends: Their Journals and Letters*. Norman: University of Oklahoma Press, 1951.

Jones, Vivien. "Women Writing Revolution: Narratives of History and Sexuality in Wollstonecraft and Williams." In *Beyond Romanticisim: New Approaches to Texts and Contexts, 1789 – 1832*. Edited by Stephen Copley and John Whale. London: Routledge, 1992.

Jump, Harriet Devine. "'A Kind of Witchcraft': Mary Wollstonecraft and the Poetic Imagination." *In Women's Writing* 4, no. 2 (1997): 235 – 45.

———. *Mary Wollstonecraft and the Critics, 1788 – 2001*. 2 vols. New York: Routledge, 2003.

———. *Mary Wollstonecraft: Writer*. London: Harvester Wheatsheaf, 1994.

Kaplan, Cora. "Mary Wollstonecraft's Reception and Legacies."In The Cambridge Companion to *Mary Wollstonecraft*. Edited by Claudia Johnson, 246 – 70. Cambridge: Cambridge University Press, 2002.

———. "Pandora's Box: Subjectivity, Class and Sexuality in Socialist-Feminist Criticism." In *Making a Difference: Feminist Literary Criticism*. Edited by Gayle Greene and Coppelia Kahn, 146 – 76. London: Methuen, 1985.

———. "Wild Nights: Pleasure/Sexuality/Feminism." in *Sea Changes*. London: Verso, 1986, 31–56.

Keats-Shelley Memorial, Rome. *Bulletin and Review of the Keats-Shelley Memorial*. Issues 1 and 2. New York: Macmillan, 1910.

Kelly, Gary. "The Politics of Autobiography in Mary Wollstonecraft and Mary Shelley." In *Mary Wollstonecraft and Mary Shelley: Writing Lives*. Edited by Helen M. Buss, D. L. Macdonald, and Anne McWhir, 19–30. Waterloo, Ontario: Wilfrid Laurier University Press, 2001.

———. *Revolutionary Feminism: The Mind and Career of Mary Wollstonecraft*. New York: St. Martin's Press, 1992.

———. *Women, Writing and Revolution, 1790–1827*. Oxford: Clarendon Press, 1993.

Kelly, Linda. *Women of the French Revolution*. London: Hamish Hamilton, 1989.

Kennard, Lawrence. "Reveries of Reality: Mary Wollstonecraft's Poetics of Sensibility." In *Mary Wollstonecraft and Mary Shelley: Writing Lives*. Edited by Helen M. Buss, D. L. Macdonald, and Anne McWhir, 55–68. Waterloo, Ontario: Wilfrid Laurier University Press, 2001.

Kennedy, Deborah. *Helen Maria and the Age of Revolution*. Cranbury, NJ: Associated University Presses, 2002.

Kent, Elizabeth. *Flora Domestica*. London: 1823.

Kenyon, Frederic G., ed. *The Letters of Elizabeth Barrett Browning*. London: Smith, Elder, and Co., 1898.

Kilgour, Maggie. "'One Immortality': The Shaping of the Shelleys in *The Last Man*." *European Romantic Review*, 2005, 563–88.

Knott, Sarah, and Barbara Taylor, eds. *Women, Gender and Enlightenment*. London: Palgrave Macmillan, 2005.

Knowles, John, ed. *The Life and Writings of Henry Fuseli*. London: 1831.

Kucich, Greg. "Biographer." In *The Cambridge Companion to Mary Shelley*. Edited by Esther Schor, 226–41. Cambridge: Cambridge University Press, 2003.

Lawrence, James. Introduction to *The Empire of the Nairs; or, The Rights of Women: An Utopian Romance, in Twelve Books*. 4 vols. London: T. Hookham, 1811.

Lew, Joseph W. "God's Sister: History and Ideology in *Valperga*." In *The Other Mary Shelley: Beyond Frankenstein*. Edited by Audrey A. Fisch, Anne K. Mellor, and Esther H. Schor, 159–84. New York: Oxford University Press, 1993.

Lipking, Lawrence. *Abandoned Women and Poetic Tradition*. Chicago: University of Chicago Press, 1988.

Literary Gazette. September 21, 1822, no. 296.

Literary Gazette. "Review of The Last Man." Vol. 10. London: Henry Colburn, 1826.

Locke, John. *The Second Treatise of Government and a Letter Concerning Toleration*. Edited by Paul Negri. Mineola, NY: Dover Thrift Editions, 2002.

Lockhart, J. G. *Memoirs of Sir Walter Scott*. Vol. 5. Edinburgh: Adam and Charles Black, 1882.

———. "On the Cockney School of Poetry." *Blackwood's Edinburgh Magazine*, 1818, 519–24.

Lovell, Ernest J., ed. *Lady Blessington's Conversations with Lord Byron*. Princeton: Princeton University Press, 1969.

Lynch, Deidre. "Historical Novelist." In *The Cambridge Companion to Mary Shelley*. Edited by Esther Schor, 135–50. Cambridge: Cambridge University Press, 2003.

Lyster, Gertrude, ed. *A Family Chronicle Derived from Notes and Letters Selected by Barbarina, the Honorable Lady Grey*. London, 1908.

MacCarthy, Fiona. *Byron: Life and Legend*. New York: Farrar, Straus and Giroux, 2002.

Marchand, Leslie, ed. *Byron's Letters and Journals*. Cambridge, MA: Harvard University Press, 1973.

Marshall, Mrs. Julian. *The Life and Letters of Mary Wollstonecraft Shelley*. 2 vols. London: Richard Bently and Son, 1889.

Marshall, Peter. *William Godwin*. New Haven: Yale University Press, 1984.

Mayne, Ethel. *Byron*. 2 vols. New York: Scribner's, 1912.

McCarthy, William, and Elizabeth Kraft, eds. *The Poems of Anna Letitia Barbauld*. Athens: University of Georgia Press, 1994.

McCullough, *John Adams*. New York: Simon & Schuster, 2001.

McWhir, Anne. "'Unconceiving Marble': Anatomy and Animation in *Frankenstein* and *The Last Man*." In *Mary Wollstonecraft and Mary Shelley: Writing Lives*. Edited by Helen M. Buss, D. L. Macdonald, and Anne McWhir, 159–76. Waterloo, Ontario: Wilfrid Laurier University Press, 2001.

Medwin, Thomas. *Conversations of Lord Byron: Noted During a Residence with His Lordship*. London: Henry Colburn, 1824.

———. *The Life of Percy Bysshe Shelley*. London: Oxford University Press, 1913.

———. *Memoir of Percy Bysshe Shelley*. London: Whittaker, Treacher, and Co., 1833.

Mellor, Anne K. "Making a 'Monster': An Introduction to *Frankenstein*." In *The Cambridge Companion to Mary Shelley*. Edited by Esther Schor, 9–25. Cambridge: Cambridge University Press, 2003.

———. *Mary Shelley: Her Life, Her Fiction, Her Monsters*. New York: Routledge, 1989.

———. "Reflections on Writing Mary Shelley's Life." In *Mary Wollstonecraft and Mary Shelley: Writing Lives*. Edited by Helen M. Buss, D. L. Macdonald, and Anne McWhir, 233–42. Waterloo, Ontario: Wilfrid Laurier University Press, 2001.

Middeke, Martin, and Werner Huber, eds. *Biofictions: The Rewriting of Romantic Lives in Contemporary Fiction and Drama*. Rochester, NY: Camden House, 1999.

Mitchell, Brian R. *British Historical Statistics*. Cambridge: Cambridge University Press, 1988.

Monthly Magazine, August 1, 1823, vol. 56, no. 385.

Monthly Review, from January to April inclusive, vol. 1, 1826. London: R. Griffiths, 1826. Google Books, 335.

Moore, Doris Langley. *Accounts Rendered*. London: John Murray, 1974.

Moore, Jane. "Plagiarism with a Difference: Subjectivity in *Kubla Khan* and *Letters Written During a Short Residence in Sweden, Norway, and Denmark*." In *Beyond Romanticism*. Edited by Stephen Copley and John Whale. London: Routledge, 1992.

Moore, Lucy. *Liberty: The Lives and Times of Six Women in Revolutionary France*. London: Harper Perennial, 2011.

Moore, Thomas, ed. *Letters and Journals of Lord Byron: Complete in One Volume*. London, 1830.

———. *The Life of Lord Byron: With His Letters and Journals*. London: John Murray, 1851.

Moore, Wendy. *Wedlock: The True Story of the Disastrous Marriage and Remarkable Divorce of Mary Eleanor Bowes, Countess of Strathmore*. New York: Crown, 2009.

More, Hannah. *The Complete Works of Hannah More*. 2 vols. New York: 1856.

Moskal, Jeanne. "Introductory Note." In *The Novels and Selected Works of Mary Shelley*, by Mary Shelley. London: William Pickering, 1996.

———. "Speaking the Unspeakable: Art Criticism as Life Writing in Mary Shelley's *Rambles in Germany and Italy*." In *Mary Wollstonecraft and Mary Shelley: Writing Lives*. Edited by Helen M. Buss, D. L. Macdonald, and Anne McWhir, 189–216. Waterloo, Ontario: Wilfrid Laurier University Press, 2001.

———. "Travel Writing." In *The Cambridge Companion to Mary Shelley*. Edited by Esther Schor. Cambridge: Cambridge University Press, 2003.

Mr. Punch's Victorian Era: An Illustrated Chronicle of the Reign of Her Majesty the Queen. Vol. 1. London: Bradbury, Agnew and Co., 1887.

Murray, John, ed. *Lord Byron's Correspondence*. 2 vols. New York: Charles Scribner's Sons, 1922.

Myers, Mitzi. "Mary Wollstonecraft's Literary Reviews." In *The Cambridge Companion to Mary Wollstonecraft*. Edited by Claudia Johnson. Cambridge: Cambridge University Press, 2002.

———. "Sensibility and the 'Walk of Reason': Mary Wollstonecraft's Literary Reviews as Cultural

Critique." In *Sensibility in Transformation: Creative Resistance to Sentiment from the Augustans to the Romantics*. Edited by Syndy Conger. Rutherford, NJ: Fairleigh Dickinson University Press, 1990.

Myers, Victoria, David O'Shaughnessy, and Mark Philip, eds. *The Diary of William Godwin*. Oxford: Oxford Digital Library. http://godwindiary.bodleian.ox.ac.uk, 2010.

Nitchie, Elizabeth. "Mary Shelley, Traveller." *Keats-Shelley Journal* 10 (1961).

Norman, Sylva, ed. *After Shelley: The Letters of Thomas Jefferson Hogg to Jane Williams*. Oxford: Oxford University Press, 1934.

Ogborne, Elizabeth. *The History of Essex: From the Earliest Period to the Present Time*. London: Longman, Hurst, Rees, Orme and Brown, 1814.

Olsen, Kirsten. *Daily Life in Eighteenth-Century England*. Westport, CT: Greenwood, 1999.

O'Neill, Daniel. *The Burke-Wollstonecraft Debate: Savagery, Civilization, and Democracy*. University Park: Pennsylvania State University Press, 2007.

———. "John Adams Versus Mary Wollstonecraft on the French Revolution and Democracy." *Journal of the History of Ideas*, no. 3 (2007).

Opie, Amelia. *Adeline Mowbray*. Edited by Shelley King and John Pierce. Oxford University Press, 2000.

O'Sullivan, Barbara Jane. "Beatrice in *Valperga*: A New Cassandra." In *The Other Mary Shelley: Beyond Frankenstein*. Edited by Audrey A. Fisch, Anne K. Mellor, and Esther H. Schor, 140–59. New York: Oxford University Press, 1993.

Overy, Richard, ed. *The Enlightenment: Studies in European History*. 2nd ed. New York: Palgrave, 2001.

Paine, Thomas. *The American Crisis: 16 Revolutionary War Pamphlets*. Rockville, MD: Wildside Press, 2010.

———. "Letter Addressed to the Addressers on the Late Proclamation." In *The Thomas Paine Reader*. Edited by Michael Foot and Isaac Kramnick. London: Penguin Classics, 1987.

Paley, Morton D. "*The Last Man*: Apocalypse Without Millennium." In *The Other Mary Shelley: Beyond Frankenstein*. Edited by Audrey A. Fisch, Anne K. Mellor, and Esther H. Schor. New York: Oxford University Press, 1993.

Paul, Charles Kegan. *William Godwin: His Friends and Contemporaries*. 2 vols. Boston: Roberts Brothers, 1876.

Pennell, Elizabeth. *Life of Mary Wollstonecraft*. Boston: Roberts Brothers, 1884.

Pennell, Elizabeth Robins. *Mary Wollstonecraft*. Fairford, UK: Echo Library, 2008.

Poovey, Mary. *The Proper Lady and the Woman Writer: Ideology as Style in the Works of Mary Wollstonecraft, Mary Shelley, and Jane Austen*. Chicago: University of Chicago Press, 1984.

Porter, Roy. *English Society in the Eighteenth Century*. London: Penguin Books, 1982. Reprint, 1990.

———. *London: A Social History*. 4th printing. Cambridge, MA: Harvard University Press, 2001.

Price, Richard. *Observations on the Importance of the American Revolution*. Bedford, MA: Applewood Books, 2009.

Rajan, Tilomatta. "Framing the Corpus: Godwin's 'Editing' of Wollstonecraft in 1798." *Studies in Romanticism* 39 (2005): 511–31.

Rauschenbusch-Clough, Emma. *A Study of Mary Wollstonecraft and the Rights of Woman*. Longmans, Green & Co., 1898.

Raymond, Claire. *The Posthumous Voice in Women's Writing, from Mary Shelley to Sylvia Plath*. Burlington, VT: Ashgate Publishing, 2006.

Reed, John R. "Will and Fate in *Frankenstein*." *Bulletin of Research in the Humanities* 83 (1980): 319–38.

Reiman, Donald H. *Shelley's "The Triumph of Life": A Critical Study*. Champaign: University of Illinois Press, 1965.

————, and Doucet Devin Fischer, eds. *Shelley and His Circle*. Cambridge, MA: Harvard University Press, 1961.

————, Neil Fraistat, and Nora Crook, eds. *The Complete Poetry of Percy Bysshe Shelley*. Vol. 3. Baltimore: Johns Hopkins University Press, 2012.

Rennie, Eliza. "An Evening at Dr Kitchiner's." In *Friendship's Offering*, 243–49. London: 1842.

————. *Traits of Character: Being Twenty-Five Years of Literary and Personal Recollections*. 2 vols. London: 1860.

Richardson, Alan. "Mary Wollstonecraft on Education." *In The Cambridge Companion to Mary Wollstonecraft*. Edited by Claudia Johnson. Cambridge: Cambridge University Press, 2002.

Riedel, Stefan. "Edward Jenner and the History of Smallpox and Vaccination." *Baylor University Medical Center Proceedings*, no. 1 (2005), http://www.ncbi.nlm.nih.gov/pmc/articles/PMC1200696/.

Robinson, Charles E., ed. *The Frankenstein Notebooks: A Facsimile Edition of Mary Shelley's Manuscript Novel, 1816–17*. 2 vols. New York: Routledge, 1996.

————, ed. *Mary Shelley: Collected Tales and Stories*. Baltimore: Johns Hopkins University Press, 1976.

————. "A Mother's Daughter: An Intersection of Mary Shelley's *Frankenstein* and Mary Wollstonecraft's *A Vindication of the Rights of Woman*." In *Mary Wollstonecraft and Mary Shelley: Writing Lives*. Edited by Helen M. Buss, D. L. Macdonald, and Anne McWhir, 127–38. Waterloo, Ontario: Wilfrid Laurier University Press, 2001.

————. *Shelley and Byron: The Snake and Eagle Wreathed in Fight*. Baltimore: Johns Hopkins University Press, 1976.

Robinson, Mary. *Sappho and Phaon*. London: S. Gosnell, 1796; reprint, Whitefish, MT: Kessinger Publishing, 2004.

Rogers, Neville. *Shelley at Work: A Critical Inquiry*. Oxford: Clarendon Press, 1956.

Rolleston, Maud. *Talks with Lady Shelley*. London: Norwood Editions, 1897. Reprint, 1978.

Ropes, Arthur, ed. *Lady Mary Wortley Montagu: Select Passages from Her Letters*. London, 1892.

Rossetti, William, ed. *The Diary of Dr. John William Polidori*. London: Elkin Mathews, 1911.

Rousseau, Jean-Jacques. *The Confessions of Jean-Jacques Rousseau*. New York: Modern Library, 1945.

————. *Émile; or, On Education*. Translated by Allan Bloom. New York: Basic Books, 1979.

Runge, Laura. *Gender and Language in British Literary Criticism, 1660–1790*. Cambridge: Cambridge University Press, 2005.

Sacks, Peter. *The English Elegy: Studies in the Genre from Spenser to Yeats*. Baltimore: Johns Hopkins University Press, 1985.

Salzmann, Christian. *Elements of Morality, for the Use of Children*. 3 vols. London: 1792.

Sapiro, Virginia. *A Vindication of Political Virtue: The Political Theory of Mary Wollstonecraft*. Chicago: University of Chicago Press, 1992.

Schama, Simon *A History of Britain, vol. 3: The Fate of Empire, 1776–2000*. New York: Miramax Books, Hyperion, 2002.

Seymour, Charles, and Donald Paige Frary. *How the World Votes: The Story of Democratic Development in Elections*. New York: C. A. Nichols, 1918.

Seymour, Miranda. *Mary Shelley*. New York: Grove, 2000.

Shelley, Lady, ed. *Shelley Memorials: From Authentic Sources*. Boston, 1859.

Shelley, Mary, ed. *Essays, Letters from Abroad*. 2 vols. London, 1852.

————. *Falkner*. London, 1837; Google Books, 2009.

————. *Frankenstein*. 1831; New York: Collier Books, 1978.

————. *The Last Man*. 1826; Rockville, MD: Wildside Press, 2007.

————. "Life of Shelley" (1823?) Bodleian, facsimile and transcript ed. A. M. Weinberg, The Bodleian Shelley Manuscripts, 22 pt 2 (1997).

————. *Lives of the Most Eminent French Writers*. 2 vols. Philadelphia: Lea and Blanchard, 1840.

————. *Lives of the Most Eminent Literary and Scientific Men of Italy, Spain, and Portugal*. 2 vols. London: 1835.

————. *Lodore*. 3 vols. London: 1835.

————. *Matilda*. In *Mary Wollstonecraft: Mary and Maria; Mary Shelley: Matilda*. Edited by Janet Todd, 148−210. London: Penguin Classics, 1992.

————. "Notes on *Alastor*, by Mrs. Shelley." In *The Works of Percy Bysshe Shelley*. Edited by Roger Ingpen and Walter E. Peck. 10 vols. London: Scribner's, 1926−30.

————. *The Novels and Selected Works of Mary Shelley*. Edited by Jeanne Moskal. London: William Pickering, 1996.

————(with Percy Shelley). *The Original Frankenstein*. Edited by Charles E. Robinson. New York: Vintage, 2009.

————, ed. *The Poetical Works of Percy Bysshe Shelley*. 2 vols. London, 1839.

————. "Preface." In *Things as They Are; or, The Adventures of Caleb Williams*, by William Godwin. London: Harper and Brothers, 1870.

————. *Rambles in Germany and Italy, in 1840, 1842, and 1843*. 2 vols. London: Moxon, 1844.

————. "Review, 'The Loves of the Poets.'" *Westminster Review*, October 2, 1829, 472−77.

————. *Valperga*. Oxford: Oxford University Press, 2000.

Shelley, Percy. "Preface to the 1818 Edition." In *The Original Frankenstein*. Edited by Charles E. Robinson. New York: Vintage, 2009.

Shepherd, Richard, ed. *The Prose Works of Percy Bysshe Shelley*. 2 vols. London: 1897.

Shuffleton, Frank, ed. *The Letters of John and Abigail Adams*. New York: Penguin, 2003.

Sites, Melissa. "Utopian Domesticity as Social Reform in Mary Shelley's *Falkner*." *Keats-Shelley Journal* 54 (2005): 148−72.

Smith, Johanna M. "'Hideous Progenies': Texts of *Frankenstein*." In *Texts and Textuality: Textual Instability, Theory and Interpretation*. Edited by Philip Cohen. New York: Garland Publishing, 1997, 121−40.

Smollett, Tobias. *The Critical Review, or Annals of Literature*. Second series. Vols. 4−5. 1792.

Southey, C. C., ed. *Life and Correspondence of Robert Southey*. London, 1849.

Spark, Muriel. *Child of Light: A Reassessment of Mary Wollstonecraft Shelley*. Essex, UK: Tower Bridge, 1951. Expanded edition published as *Mary Shelley*. London: Carcanet, 2013.

Stanton, Elizabeth Cady, Susan Anthony, Matilda Gage, and Ida Harper, eds. *History of Woman Suffrage: 1876−1885*. Vol. 3. Princeton: Gowler and Wells, 1886.

St. Clair, William. *The Godwins and the Shelleys*. London: Faber, 1989.

Stewart, Sally. "Mary Wollstonecraft's Contributions to the *Analytical Review*." *Essays in Literature* 11, no. 2 (1984): 187−99.

Stillinger, Jack. *Multiple Authorships and the Myth of Solitary Genius*. New York: Oxford University Press, 1991.

Stocking, Marion Kingston, ed. *The Clairmont Correspondence: Letters of Claire Clairmont, Charles Clairmont, and Fanny Imlay Godwin*. 2 vols. Baltimore: Johns Hopkins University Press, 1995.

————, ed. *The Journals of Claire Clairmont*. Cambridge, MA: Harvard University Press, 1968.

Stommel, Henry, and Elizabeth Stommel. *Volcano Weather: The Story of the Year Without a Summer*. Newport, RI: Seven Seas Press, 1983.

Stott, Andrew. "The Diets of the Romantic Poets." *Lapham's Quarterly* (2013), http://www.laphamsquarterly.org/roundtable/roundtable/the-diets-of-the-romantic-poets.php.

Sunstein, Emily W. *Mary Shelley: Romance and Reality*. Baltimore: Johns Hopkins University Press, 1989.

Sussman, Charlotte. "Stories for the Keepsake." In *The Cambridge Companion to Mary Shelley*. Edited by Esther Schor. Cambridge: Cambridge University Press, 2003.

Taylor, Thomas. "A Vindication of the Rights of Brutes." London: 1792.

Taylor, Una. *Guest and Memories: Annals of a Seaside Villa*. London: Oxford University Press, 1924.

Taylor, William. *A Memoir of the Life and Writings of the Late William Taylor of Norwich*. 2 vols. London: 1843.

Teich, Nathaniel. "The Analytical Review." *British Literary Magazines: The Augustan Age and the Age of Johnson, 1698–1788*. Edited by Alvin Sullivan. Westport, CT: Greenwood Press, 1983.

Theatrical Observer. August 9, 1823.

Todd, Janet, ed. *The Collected Letters of Mary Wollstonecraft*. New York: Columbia University Press, 2003.

———. *Daughters of Ireland: The Rebellious Kingsborough Sisters and the Making of a Modern Nation*. New York: Ballantine Books, 2003.

———. *Death and the Maidens: Fanny Wollstonecraft and the Shelley Circle*. London: Profile, 2007.

———. *Mary Wollstonecraft: A Revolutionary Life*. New York: Columbia University Press, 2000.

———, ed. *Mary Wollstonecraft: Mary and Maria; Mary Shelley: Matilda*. London: Penguin Classics, 1992.

Tomalin, Claire. *The Life and Death of Mary Wollstonecraft*. London: Penguin, 1974.

Toynbee, Helen, and Paget Toynbee, eds. *The Letters of Horace Walpole: Fourth Earl of Oxford*. Vols. 15 and 16. Oxford: Clarendon, 1905.

Trant, Clarissa. *The Journal of Clarissa Trant*. London, 1826. Reprint, 1925.

Trapp, Joseph, ed. *Proceedings of the French National Convention on the Trial of Louis XVI. Late King of France and Navarre from the Paper of the World*. London: 1793.

Trelawny, Edward. *Adventures of a Younger Son*. London: 1890.

———. *Recollections of the Last Days of Shelley and Byron*. London: Edward Moxon, 1858.

———. *Records of Shelley, Byron, and the Author*. London: 1878.

Twiss, Richard. *A Trip to Paris in July and August*, 1792. London: 1792.

Ty, Eleanor. "'The History of My Own Heart': Inscribing Self, Inscribing Desire in Wollstonecraft's *Letters from Norway*." In *Mary Wollstonecraft and Mary Shelley: Writing Lives*. Edited by Helen M. Buss, D. L. Macdonald, and Anne McWhir, 69–84. Waterloo, Ontario: Wilfrid Laurier University Press, 2001.

Tyson, Gerald P. *Joseph Johnson: A Liberal Publisher*. Iowa City: University of Iowa Press, 1979.

Vargo, Lisa. "Further Thoughts on the Education of Daughters: *Lodore* as an Imagined Conversation with Mary Wollstonecraft." In *Mary Wollstonecraft and Mary Shelley: Writing Lives*. Edited by Helen M. Buss, D. L. Macdonald, and Anne McWhir, 177–88. Waterloo, Ontario: Wilfrid Laurier University Press, 2001.

Walford, Edward. "Somers Town and Euston Square." *Old and New London* (1878), 5:340–55. http://www.british-history.ac.uk/report.aspx?compid=45241.

———. "Spitalfields." *Old and New London* (1878), 2:149–52. http://www.british-history.ac.uk/report.aspx?compid=45086.

Walker, Gina Luria, ed. *The Idea of Being Free: A Mary Hays Reader*. Peterborough, Ontario: Broadview Press, 2005.

Wallraven, Miriam. *A Writing Halfway between Theory and Fiction: Mediating Feminism from the Seventeenth to the Twentieth Century*. Würzburg, Ger.: Königshausen & Neumann, 2007.

Wardle, Ralph. *Godwin and Mary*. Lincoln: University of Nebraska Press, 1977.

———. *Mary Wollstonecraft: A Critical Biography*. Lincoln: University of Nebraska Press, 1951.

Waters, Mary. *British Women Writers and the Profession of Literary Criticism, 1789–1832*. New York: Palgrave Macmillan, 2004.

Weiss, Deborah. "The Extraordinary Ordinary Belinda: Maria Edgeworth's Female Philosopher." *Eighteenth-Century Fiction*, no. 4 (2007). http://digitalcommons.mcmaster.ca/ecf/vol19/iss4/5.

Wheelock, John Hall, ed. *Editor to Author: The Letters of Maxwell E. Perkins*. New York: Charles Scribner's Sons. Reprint, 1979.

White, Newman Ivey. *The Unextinguished Hearth*. London: Octagon Books, 1966.

Williams, Helen Maria. *Letters Containing a Sketch of the Politics of France, from the 31st of May 1793, Till the 28th of July 1794, and of the Scenes Which Have Passed in the Prisons of Paris*. London: 1795. University of Oxford Text Archive. http://ota.ox.ac.uk/text/4517.html.

Wilson, Ben. *The Making of Victorian Values: Decency and Dissent in Britain, 1789–1837*. New York: Penguin Press, 2007.

Wolfson, Susan. *Borderlines: The Shiftings of Gender in British Romanticism*. Redwood City, CA: Stanford University Press, 2006.

——. "Mary Shelley, Editor." In *The Cambridge Companion to Mary Shelley*. Edited by Esther Schor, 193–210. Cambridge: Cambridge University Press, 2003.

——, and Peter Manning, eds. *Lord Byron: Selected Poems*. New York: Penguin Classics, 2006.

Wollstonecraft, Mary. *Analytical Review* 2/1789. In *The Works of Mary Wollstonecraft*. Edited by Janet Todd and Marilyn Butler. New York: New York University Press, 1989.

——. *An Historical and Moral View of the Origin and Progress of the French Revolution*. London: 1794.

——. *Letters to Imlay with Prefatory Memoir by C. Kegan Paul*. London: 1879.

——. *Letters Written During a Short Residence in Sweden, Norway, and Denmark*. London: J. Johnson, 1796.

——. *Maria*. In *Mary Wollstonecraft: Mary and Maria; Mary Shelley: Matilda*. Edited by Janet Todd, 55–148. London: Penguin Classics, 1992.

——. *Mary*. In *Mary Wollstonecraft: Mary and Maria; Mary Shelley: Matilda*. Edited by Janet Todd, 1–54. London: Penguin Classics, 1992.

——. *Original Stories*. London: 1906.

——. *Original Stories from Real Life*. London: 1796.

——. *Posthumous Works of the Author of a Vindication of the Rights of Woman*. Edited by William Godwin. 4 vols. 1798.

——. *Thoughts on the Education of Daughters, with Reflections on Female Conduct*. London: J. Johnson, 1788.

——. *A Vindication of the Rights of Men in a Letter to the Right Honourable Edmund Burke*. London: J. Johnson, 1790.

——. "*A Vindication of the Rights of Woman" and "The Wrongs of Woman; or, Maria*." Edited by Anne Mellor and Noelle Chao. Longman Cultural Editions: Pearson, 2007.

Woodford, Adrian. "Brenta Canal River Cruise: At Home in a Watery Hinterland." *The Telegraph* (2009). http://www.telegraph.co.uk/travel/cruises/riversandcanals/5612695/Brenta-Canal-river-cruise-At-home-in-a-watery-hinterland.html.

Woolf, Virginia. *The Common Reader: Second Series*. 3 vols. London: Hogarth Press, 1953.

Wordsworth, Dorothy. *Recollections of a Tour Made in Scotland, 1803*. Edited by Carol Kyros Walker. New Haven: Yale University Press, 1997.

Wordsworth, William. *The Collected Poems of William Wordsworth*. London: Wordsworth Editions, 1994.

Wright, Thomas, ed. *Dictionary of Obsolete and Provincial English*. London: Henry G. Bohn, 1851.

메리 울스턴크래프트

1759년 4월 27일, 런던 스피탈필즈에서 에드워드 존 울스턴크래프트와 엘리
     자베스 딕슨의 일곱 자녀 중 둘째이자 장녀로 태어나다. 아버지는 알
     코올 중독자였고, 어머니는 첫째 아들 네드만 편애하며 메리를 포함
     한 다른 자식들은 매정하게 대했다.

1770년 아버지가 사업 실패로 재산을 탕진하자 바킹 근방의 대저택을 떠나
     소도시 베벌리로 이사를 가다. 베벌리에서 동생 일라이자, 에버리나
     와 함께 여학교를 다니다. 그곳에서 친구 제인 아든을 만나, 계몽주의
     과학자였던 제인의 아버지 존 아든에게서 집과 학교에서 배우지 못한
     다양한 지식을 접할 수 있었다.

1774년 런던 북쪽의 혹스턴으로 이사를 가다. 혹스턴에서 만난 목사 헨리 클
     레어를 통해 정치철학자 존 로크의 사상을 접하다. "동일한 인종과
     계층의 인간은 평등해야 한다"는 로크의 원칙은 훗날 메리가 쓴 모든
     저서에 영향을 끼칠 만큼 큰 영감을 주었다.

1775년 영혼의 동반자가 될 친구 패니 블러드를 만나다. 알코올 중독자 아버
     지를 둔 패니는 그림을 그리며 가족을 부양하고 있었다. 메리는 결혼
     하지 않고 패니와 독립해서 함께 살고 싶었지만 패니는 포르투갈에서
     사업을 벌인 휴 스키스와 약혼한 상태였다.

1778년 배스에 사는 상류층 미망인 도슨 부인의 시중을 드는 일을 맡다. 메리
     는 맏딸로서 가족의 생계를 책임져야 했다.

1781년 어머니의 병환 소식을 듣고 집으로 돌아와 2년간 어머니를 돌보다.

1782년 어머니가 세상을 떠나다. 아버지가 막냇동생 찰스를 데리고 새 아내
     와 웨일스로 가버리자 메리는 블러드 가족과 함께 살며 생계를 도왔

다.

1784년 교육 개혁가 해나 버그의 지원을 받아 런던 북쪽에 있는 시골 마을 뉴 잉턴그린에 소녀들의 교육을 위한 학교를 세우다. 당시 뉴잉턴그린은 비국교도와 급진주의자 들이 몰려드는 곳이었다. 벤저민 프랭클린, 존 애덤스 같은 혁명가들의 지도자였던 정치철학자 리처드 프라이스 와 가까워지면서 사회 개혁을 위해서는 교육이 중요하다는 계몽주의 의 가치를 받아들이게 된다.

1785년 포르투갈에서 결혼 생활 중이던 친구 패니가 아기를 낳고 며칠 뒤 세 상을 떠나고 아기도 곧 사망한다. 친구를 도우러 갔던 메리는 큰 슬픔 에 빠진 채 귀국한다.

1786년 뉴잉턴그린 학교를 폐교하고 《딸들의 교육에 관한 성찰》을 집필하다. 런던의 급진주의 출판업자 조지프 존슨이 이 책의 출간을 도왔다. 아 일랜드 미첼스타운에 있는 킹스버러 가문의 가정교사가 된다.

1787년 소설 《메리》의 초고를 완성하다. 가정교사직에서 해고당한 뒤 런던에 서 조지프 존슨과 함께 일하기 시작하다. 조지프 존슨을 통해 혁명 이 론가 토머스 페인, 화가 헨리 푸젤리, 수학자 존 버니캐슬, 자연철학 자 이래즈머스 다윈 등 런던의 급진주의자들과 교류했다.

1788년 《메리》, 아동 교육의 중요성을 강조한 《실생활 속의 참신한 이야기 들》 출간. 조지프 존슨이 창간한 잡지 〈어낼리티컬 리뷰〉에 'M.W.'라 는 필명으로 글을 기고하다. 존슨은 메리에게 주로 상상의 로맨스를 다룬 소설의 서평을 맡겼는데, 메리는 이 소설들을 "쓰레기"라고 부 르며 여성 교육, 자유의 미덕, 부의 해악 같은 주제가 담긴 글을 썼다.

1790년 《인간의 권리 옹호》를 익명으로 출간하다. 정치철학자 에드먼드 버크 가 《프랑스혁명에 대한 고찰》에서 프랑스혁명을 비판하자 이에 반론 을 제기한 책이었다. 책이 긍정적인 평가를 받자 저자를 공개했는데, 논평가들은 태도를 바꿔 "인간의 권리를 주장하는 건방진 여성"이라 며 메리를 비난했다. 하지만 토머스 페인, 리처드 프라이스 같은 동료 급진주의자들이 메리를 열렬히 지지했고 책도 당시에는 꽤 많은 부수 인 3천 부가 판매되어 메리는 큰돈을 벌 수 있었다.

1792년 1월, 《여성의 권리 옹호》 출간. 메리는 장자크 루소의 자연법 이론과 감정이 중요하다는 주장에는 깊이 공감했지만 여성 교육이 항상 남성과 관련되어야 한다는 생각에는 동의할 수 없었다. 개인의 자유가 기반이 되는 사회에서는 여성의 권리도 존중받아야 한다는 주장이 담긴 이 책은 근대 최초의 페미니즘 저서였고, 정치철학자로서 메리의 위상을 널리 알리는 계기가 되었다.

12월, 프랑스혁명을 직접 목격하고 느낀 점을 글로 써 〈어낼리티컬 리뷰〉에 싣기로 하고 홀로 파리로 떠나다.

1793년 1월, 프랑스 국왕 루이 16세가 처형되다. 메리는 파리에서 혁명 정부의 폭력을 보며 환멸을 느끼지만 초기 프랑스혁명은 여성의 삶에 긍정적인 역할을 했다고 생각했다. 이혼이 합법화되었고, 온건파인 지롱드파 지도자이자 국민공회의 대변인 콩도르세 후작은 여성 교육을 위한 계획을 세우기 위해 메리에게 도움을 청하기도 했다.

5월, 미국 출신의 사업가이자 작가인 길버트 임레이와 연인이 되다.

6월, 자코뱅파가 지롱드파를 축출하고 파리를 장악하다. 영국이 프랑스와 무역을 중단하자 신변이 위험해진 메리는 미국 대사관에 임레이의 아내로 등록한다.

10월, 왕비 마리 앙투아네트가 처형되다. 막시밀리앙 로베스피에르를 포함한 자코뱅파 지도자들은 여성이 혁명 단체에 가입하거나 정치 시위에 참여하는 것을 금지했고, 혁명 초기에 여성들에게 허용되었던 이혼·상속권 등의 권리를 철회했다.

1794년 4월, 《프랑스혁명에 관한 역사적·도덕적 견해》의 집필을 마치다. 메리는 이 책에서 프랑스혁명이 본래의 의의를 잃었다고 개탄하면서 지도자들이 권력을 향한 욕망을 바탕으로 행동할 때 자유가 아니라 죽음이 승리할 것이라고 주장했다.

5월, 첫째 딸 패니 임레이가 태어나다. 패니가 태어난 뒤 임레이는 사업을 위해 외국을 돌아다니며 거의 집에 들르지 않았다. 메리는 임레이가 가정에 애정이 없다는 의혹을 품기 시작했다.

7월, 자코뱅파 지도자 로베스피에르가 처형되다.

1795년 4월, 임레이를 만나기 위해 런던으로 가다. 하지만 임레이는 대화를 거부했고 메리는 자살을 시도했다.

6월, 임레이가 행방이 묘연한 선박에 실린 물건을 찾아주기를 간청하자 딸 패니, 하녀 마르그리트를 데리고 스웨덴으로 떠났다. 하지만 물건을 되찾는 데는 실패했다.

11월, 임레이와 결별 후 다시 집필 활동을 시작하다.

1796년 1월, 북유럽에 머물면서 집필한 여행기 《스웨덴에서 쓴 편지》 출간. 인간의 감정과 자연이 주는 위안에 관한 새로운 해석이 담긴 이 책은 메리가 절망에서 자기 수용으로 나아가는 심리적 여정을 보여준다. 이 책은 그동안 메리가 출간한 책 중 가장 많이 팔렸고, 낭만주의 작가들에게도 큰 영감을 주었다.

5월, 소설 《마리아》의 집필을 시작하다.

7월, 윌리엄 고드윈과 연인이 되다.

12월, 둘째 아이를 임신했다는 사실을 알게 되다. 메리와 고드윈 둘 다 결혼에 비판적인 시각을 지닌 학자로 유명했지만 자신들의 평판보다 사생아로 살아갈 아이들을 위해 결혼하기로 결심한다.

1797년 3월, 고드윈과 폴리곤에 신혼집을 차리고 결혼하다.

4월, 에세이 〈꾸며낸 취향에 대하여〉 발표. 메리는 이 글에서 전통적인 수사적 기교나 형식보다는 자연스럽고 정제되지 않은 아름다운 진실이 중요하다고 주장하면서 상상력과 따뜻한 감정의 힘을 강조한다. 나아가 단순히 감성과 지성, 감정과 이성을 대립하는 데 그치지 않고 여성이 정규 교육을 받지 못하고 학식이 부족하다는 사실은 오히려 남성보다 대담한 혁신과 창조성을 발휘할 수 있는 원천이라고 주장했다.

8월, 둘째 딸 메리 울스턴크래프트 고드윈이 태어나다.

9월, 딸이 태어난 지 열흘 만에 산욕열로 세상을 떠나다.

1798년 《마리아》 출간. 정신병원을 배경으로 삼아 당대 여성들이 직면한 불의와 고통을 폭로하는 미완성 상태의 원고를 남편 윌리엄 고드윈이 출간했다.

메리 셸리

1797년 8월 30일, 메리 울스턴크래프트와 윌리엄 고드윈 사이에서 태어나다. 태어난 지 열흘 만에 산욕열로 어머니를 잃는다.

1801년 윌리엄 고드윈이 메리제인 클레어몬트와 재혼하다. 이 결혼으로 메리에게는 패니 외에 의붓형제 제인(후에 클레어로 개명)과 윌리엄이 생긴다. 메리제인은 뛰어난 살림꾼이었으나 메리와 평생 반목했다.

1812년 6월, 계모와 갈등하던 메리는 스코틀랜드의 백스터 가족을 방문한다. 메리는 스코틀랜드에서 다섯 달가량 지내며 건강을 회복했다.

1814년 3월, 고드윈이 저녁 식사 자리에 귀족 청년 퍼시 셸리를 초대한다. 메리와 셸리는 서로 첫눈에 반한다.

7월, 은밀히 만남을 이어가던 메리와 셸리가 사랑의 도피를 계획하다. 제인도 이들과 함께 영국을 떠나 프랑스로 향했다.

8월, 메리, 셸리, 제인은 고드윈의 소설 《플리트우드》를 따라 여행지를 스위스로 변경한다. 메리는 아버지 소설에 그려진 여행의 발자취를 따르며 자신이 아버지를 얼마나 존경하고 사랑하는지 아버지가 알게 되기를 바랐다.

9월, 영국으로 되돌아가던 중 메리와 셸리는 게른스트하임에서 프랑켄슈타인이라는 성을 발견한다. 이들은 이 성에서 태어난 콘라트 디펠이라는 연금술사가 죽음에 대한 '치료법'을 찾는 데 집착했다는 섬뜩한 전설을 듣는다.

1815년 제인이 울스턴크래프트의 이상을 따르기로 하고 자신의 이름을 '클레어'로 바꾸다. 2월 22일, 메리가 조산한 딸이 사망한다.

1816년 1월, 아들 윌리엄을 낳는다. 조지 고든 바이런이 클레어, 메리, 셸리와 교류하기 시작하고 스위스 제네바에서 함께 지낸다.

6월, 메리, 셸리, 클레어, 바이런과 존 폴리도리가 괴담 경합을 벌이다. 메리는 《프랑켄슈타인》을 창작하기 시작한다.

9월, 메리, 셸리, 클레어가 영국으로 돌아와 배스에 거처를 마련한다. 메리의 언니 패니가 가출 후 자살한다.

12월, 셸리의 아내 해리엇이 서펜타인 다리에서 뛰어내렸다는 소식을 듣는다. 메리는 패니와 해리엇의 죽음에 심한 죄책감을 느낀다. 이달 말, 메리와 셸리가 결혼한다.

1817년 1월 12일, 클레어가 바이런의 딸 앨러그라를 출산한다. 메리는 작가 이자 편집자였던 리 헌트의 가족과 함께 생활한다.

3월, 《프랑켄슈타인》의 최종 원고를 완성한다.

9월, 《6주간의 여행 이야기》의 원고를 마무리하던 중 딸 클라라를 출산한다. 이 책은 출산 후 11월에 발표한다. 메리가 편집, 편찬, 정서 등 거의 모든 작업을 했지만 책 표지에는 셸리의 이름만 표기되었다.

1818년 1월, 익명으로 《프랑켄슈타인》 발표하다. 《프랑켄슈타인》의 판매가 저조하자 메리 부부는 셸리의 신작 〈이슬람의 반란〉에 희망을 건다. 그러나 이 작품 역시 평단의 주목을 받지 못한다. 셸리 가족과 클레어, 앨러그라가 이탈리아로 떠난다. 클레어는 바이런의 요구에 따라 딸 앨러그라를 바이런에게 보낸다.

8월, 앨러그라가 위험에 처해 있다는 편지를 받고 메리는 몸이 아픈 클라라를 데리고 베네치아로 떠난다. 9월에 클라라가 결국 사망한다.

1819년 클라라의 죽음으로 우울감에 침잠해 있던 메리가 가까스로 회복한 6 월, 아들 윌리엄이 사망한다. 메리는 소설 《마틸다》를 집필하면서 일상으로 돌아온다. 11월 12일, 아들 퍼시 플로렌스를 출산하다.

1820년 9월, 클레어가 셸리 부부와 헤어져 피렌체로 떠나다. 메리는 《발페르가》를 본격적으로 쓰기 시작한다.

1821년 바이런은 셸리와 다시 교류를 시작하고, 11월부터 셸리 가족, 바이런, 새로 알게 된 윌리엄스 가족이 피사에서 함께 지낸다.

1822년 7월, 셸리와 윌리엄스가 바이런의 집에서 라스페치아로 오는 항해 중에 난파되어 사망한다.

8월, 셸리를 화장하다.

1823년 8월, 런던으로 돌아오다. 시아버지 티머시 경은 메리가 셸리의 작품을 출판하거나 그에 대한 글을 쓸 수 없다는 조건, 영국에 계속 거주해야 한다는 조건을 지켜야 경제적인 지원을 해주겠다고 통보한다.

1824년 익명으로 셸리의 《유고 시집》을 편집하고 출간했지만 티머시 경의 반대로 판매가 중단된다. 메리는 《발페르가》를 발표한다.

1826년 1월,《최후의 인간》을 출간하다.

1830년 《퍼킨 워벡의 행운》을 발표하다. 잘 판매되지는 않았지만 작가로서
위상을 높여준 작품이었다.《프랑켄슈타인》을 개고하고 벤틀리 출판
사에 판권을 판매한다.

1831년 《프랑켄슈타인》개정판 발매.

1833년 11월, 아버지의 친구였던 라드너의 의뢰를 받아《캐비닛 사이클로피
디아》의 '이탈리아, 스페인, 포르투갈, 프랑스의 가장 저명한 문인과
과학자' 전기를 집필한다.

1835년 《로도어》를 출간하다. 메리는 모든 여성들이 독자적으로 살아갈 때
생기는 이점을 이 작품에서 보여준다.

1836년 4월, 아버지 윌리엄 고드윈 사망.

1837년 《포크너》를 완성하다. 메리는 이 책을 자신의 최고 작품으로 여겼다.
《포크너》에서 메리는 공감과 사랑, 가족이라는 가치를 강조하며 '여
성적' 가치가 중요하다고 역설한다.

1838년 여름, 출판인 에드워드 목슨이 메리에게 셸리 전집 출간을 제안한다.
메리는 방대한 주를 달아《퍼시 셸리 시선》을 편집한다. 이 전집은
1839년부터 1840년까지 총 4권으로 출간된다.

1844년 1월,《독일과 이탈리아에서의 방랑》을 발표하다. 이 여행기는 울스턴
크래프트의《스웨덴에서 쓴 편지》를 모방하면서 울스턴크래프트에
바치는 마지막 헌사였다.

1848년 아들 퍼시 플로렌스 셸리가 제인 깁슨 세인트 존과 결혼하다.

1851년 2월 1일, 뇌종양으로 세상을 떠나다.

메리 울스턴크래프트

《딸들의 교육에 관한 성찰》(Thoughts on the Education of Daughters: with reflections on female conduct, in the more important duties of life), 1787.

《메리》(Mary: A Fiction), 1788.

《실생활 속의 참신한 이야기들》(Original Stories from Real Life: with Conversations Calculated to Regulate the Affections, and Form the Mind to Truth and Goodness), 1788.

《인간의 권리 옹호》(A Vindication of the Rights of Men, in a Letter to the Right Honourable Edmund Burke; Occasioned by His Reflections on the Revolution in France), 1790.

《여성의 권리 옹호》(A Vindication of the Rights of Woman: with Strictures on Political and Moral Subjects), 1792.

《프랑스혁명에 관한 역사적·도덕적 견해》(An Historical and Moral View of the Origin and Progress of the French Revolution; and the effect it has produced in Europe), 1794.

《스웨덴에서 쓴 편지》(Letters Written During a Short Residence in Sweden, Norway, and Denmark), 1796.

〈꾸며낸 취향에 대하여〉(On Artificial Taste), 1797. 익명으로 1797년 4월 〈먼슬리 매거진〉에 기고한 에세이. 울스턴크래프트 사후에 윌리엄 고드윈이 《여성의 권리 옹호 저자의 유고집》을 출간하면서 이 에세이 제목을 '시, 그리고 자연의 아름다움을 음미하는 것에 대하여'라고 바꾸어 실었다.

《마리아》(Maria: or, The Wrongs of Woman), 1798.

《여성의 권리 옹호 저자의 유고집》(Posthumous Works of the Author of A Vindication of the Rights of Woman), 1798. 윌리엄 고드윈이 엮었다.

메리 셸리

《6주간의 여행 이야기》(History of a Six Weeks' Tour), 1818.

《프랑켄슈타인》(Frankenstein; or, The Modern Prometheus), 1818.

《마틸다》(Mathilda), 1819. 1819년에 집필했지만, 한 세기도 더 지난 후 1959년에 책으로 처음 출간되었다.

《발페르가》(Valperga; or, the Life and Adventures of Castruccio, Prince of Lucca), 1823.

《최후의 인간》(The Last Man), 1826.

《퍼킨 워벡의 행운》(The Fortunes of Perkin Warbeck; A Romance), 1831

《로도어》(Lodore), 1835.

《포크너》(Falkner), 1837.

《독일과 이탈리아에서의 방랑》(Rambles in Germany and Italy in 1840, 1842, and 1843), 1844.

윌리엄 고드윈

《정치적 정의에 대한 고찰》(Enquiry Concerning Political Justice and its Influence on Morals and Happiness), 1793.

《케일럽 윌리엄스의 모험》(Things as They Are; or, The Adventures of Caleb Williams), 1794.

《여성의 권리 옹호 저자의 회고록》(Memoirs of the Author of A Vindication of the Rights of Woman), 1798.

《성 레옹》(St. Leon; A Tale of the Sixteenth Century), 1799.

〈안토니오, 또는 병사의 귀환〉(Antonio; or, The Soldier's Return), 1800.

《플리트우드》(Fleetwood; Or, the New Man of Feeling), 1805.

《맨더빌》(Mandeville; A tale of the seventeenth century in England), 1817.

퍼시 비시 셸리

〈매브 여왕〉(Queen Mab; A Philosophical Poem; With Notes), 1813.

〈알라스토르〉(Alastor, or The Spirit of Solitude), 1815.

〈오지만디아스〉(Ozymandias), 1818.

〈이슬람의 반란〉(In The Revolt of Islam, A Poem, in Twelve Cantos), 1818.

〈첸치 일가〉(The Cenci), 1819.

⟨사슬에서 풀려난 프로메테우스⟩(Prometheus Unbound), 1820.

⟨서풍에 부치는 노래⟩(Ode to the West Wind), 1820.

⟨종달새에게⟩(To A Skylark), 1820.

《시의 옹호》(A Defence of Poetry), 1821. 1821년에 집필하여 1840년에 책으로
   출간되었다.

⟨아도네이스⟩(Adonais: An Elegy on the Death of John Keats), 1821.

⟨에피사이키디온⟩(Epipsychidion), 1821.

《유고 시집》(Posthumous Poems), 1824.

이미애

영국 소설 전공으로 서울대학교 영문학과에서 박사 학위를 받았고 동 대학교에서 강사와 연구원으로 활동했다. 조지프 콘래드, 존 파울즈, 제인 오스틴, 카리브 지역의 영어권 작가들에 대한 논문을 썼다. 옮긴 책으로는 《미들마치》, 《밸런트레이 귀공자》, 《노스트로모》, 《올랜도》, 《자기만의 방》, 《등대로》, 《엠마》, 《설득》, 《호빗》, 《J.R.R. 톨킨: 가운데땅의 창조자》 등이 있다. 《반지의 제왕》을 공역했다.

메리와 메리

2024년 4월 22일 초판 1쇄 발행

- 지은이 ──────── 샬럿 고든
- 옮긴이 ──────── 이미애
- 펴낸이 ──────── 한예원
- 편집 ──────── 이승희, 윤슬기, 양경아, 김지희, 유가람
- 본문 조판 ─── 성인기획
- 펴낸곳 **교양인**
  우04015 서울 마포구 망원로6길 57 3층
  전화 : 02)2266-2776 팩스 : 02)2266-2771
  e-mail : gyoyangin@naver.com

ⓒ 교양인, 2024
ISBN 979-11-93154-25-0 03990